U0531352

中华精神大历史

历史关键节点上的关键人物

傅绍万 著

人民东方出版传媒
东方出版社

序言

中华优秀传统文化的现代价值

青山满目日明媚，俗身虽去痴心随。

报人侧身史民列，识得前缘岁未迟。

大学学新闻，职业是报人，从事新闻工作四十年，在有八十多年历史的省报集团担任党委书记、董事长、总编辑十三年，从事的职业、履任的职务，读史、用史，因史而感、而发，是常事。从2009年开始，在报刊开设历史人物专栏，至今已历时十余年。从领导岗位上退下来之后，婉辞所有社会事务，专注于史。一个青山独对、夕阳晴好的瞬间，蓦然间悟得：此前的所学所务，莫非都是为此而准备？如果像古人所说，生命有前缘，前世当是做史之人。

本著述不是散篇的集纳，而是一个有机的整体，是尝试以人物书写的中国政治、思想、精神史，概要讲，是历史发展规律，政权成由败因，民族精神火炬。是以大历史的眼光，撷取历史重大关节点上关键人物，切入他们的心路历程，焦点式展示，既见人、见事，又见理、见情。根本目的，是以此彰显中华优秀传统文化的魅力和中华优秀传统文化的现代价值。

中国的政治制度，有周朝的分封宗法制度，秦所创成的封建君主专制。秦统一六国，将这一制度复制到全国。至汉武帝，补秦政之缺漏，统一全国意识形态，这一制度定型。至清乾隆朝，思想统治渗透到方方面面，封建专制走到顶峰。近代，孙中山等革命先驱拿来西方的民主制度，作了不成功的试验。

中国的思想演进，孔子在洪荒的思想界，一唱天下白。他是世变的觉者，播下的是救世的种子，终化作士人的灵魂，并以此开启了百家争鸣的时代。汉代董仲舒倡独尊儒术，为汉武帝所接受，儒学成为国家意识形态。儒学经历了与魏晋玄学、隋唐佛学的交融，至朱熹而发展为宋代理学。近代康有为回到文化源头，重新寻找孔子，打着儒学旗号，推行西方文化，实行变法，一时回光返照。

封建王朝的主流意识形态，实质是儒表内法，霸王道杂之。此外，唐代，六祖慧能创立中国佛教，写出中国人著述的唯一一部佛经《六祖坛经》，给中国思想文化带来深刻影响。明代，王阳明创立心学，在国人心中打下深重的烙印。明末清初，黄宗羲彻底否定君主制，顾炎武剖析亡国和亡天下的区别，提出"天下兴亡，匹夫有责"，是近代民主思想的中国声音。

三千年历史，孕育了无数伟人，创造了流传千古、照耀中国前行的精神，成为民族的基因。

历史演变有其规律，最可记取的规律是：

大变局：即一个长时间内发生的重要的、影响巨大的变化。中国所经历数千年未有之大变局共有两次。

第一次，春秋战国从分封制向封建制度转变。土地由国有到私有；权力由天子到诸侯、到大夫再到家臣；工商士阶层自由民大量出现，官学变私学，礼坏乐崩。

怎么应变？孔子讲仁爱，复礼归仁；墨子讲兼爱非攻，兼相爱，交相利；老庄讲无为，小国寡民；法家找到了法治。秦国变法最彻底，国策适应了最符合战争要求的高度集权的军国体制，走向强盛，实现统一。

第二次，晚清面对的是"三千年未有之大变局"。西方完成工业革命，建立比较先进的资本主义制度，西方文明对封建古国形成飓风般的冲击。列强打进家门，国家被瓜分。应对这个大变局，成为几代人的使命。路径是开放，由引进器物到引进制度再到引进文化，曾国藩、李鸿章、张之洞、康有为、孙中山等是具有代表性的人物。

大变局的常见形态，是王朝兴衰、政权更替。"天变"有道。周代殷，"皇天无亲，惟德是辅"。汉兴楚亡，除秦苛政，"约法三章"。光武中兴，与乃祖一脉相承。唐创"贞观之治""开元盛世"，吃透了"民可载舟，亦可覆舟"的道理。宋成三百年基业，得文治之精髓。近代，中华民国出世，顺应了浩浩荡荡的世界大潮。

秦始皇扫六合，秦朝走上鼎盛。这个时期，需要实现由战时体制向和平治理的转变，秦始皇却在集权专制的暴政路上变本加厉，秦朝成为短命王朝。汉武帝、隋炀帝承继了雄厚的国力，开始瞎折腾，大兴土木，穷兵黩武，使国家走向破产的边缘。唐玄宗懒政、怠政，军制危机爆发，将开元盛世引向战乱和分裂。宋徽宗、明崇祯是亡国之君。宋徽宗错判国际形势，认敌为友，引狼入室，北宋覆亡；明崇祯把复辽愿望做国策，脱离实际乱作为，身死国亡。乾隆朝似乎是整个封建王朝的极盛时代，但站在世界的高度看，乾隆六十多年的统治，实行高度的思想文化专制，与之相伴随，是闭关锁国政策，使中国落伍于世界，酿成近代数百年的民族灾难。王莽、武则天通过和平演变，登上皇帝宝座，是前代，或前几代帝王铺就的阶梯。王朝兴亡，有其周期律，也有各自的成因。

大因果：历史上，为国为民、祸福不避的仁人志士无数，而大奸大恶的乱臣贼子也多。很多时候，他们的生存状态令人气短：是非颠倒，黑白混淆，黄钟毁弃，瓦釜雷鸣，善者遭殃，身世悲凉、凄惨；恶者富贵荣华，寿终正寝。但是，以历史的眼光看，善恶最终分明，善恶之报总要来到。有的报在当朝，有的报在后来、报在后代。祖辈积德，后世得荫；祖辈作孽，报在子孙，甚至会加倍偿还。一个政权如此，一个家庭、一个人也如此。

大本原：就是人类之为人类、人之为人的价值。天地会变，环境会变，制度会变，朝代常变，但人类追求的美好价值不变，也不能变。为了功利、为了私利、为了一时，不守道，不守常，而一味取权，最终没有不失败的。严重者，大者灭国，小者亡身。

大人格：就是历史伟人的精神境界。帝王，将相，文人，僧道，身份不同，表现各异，却是相通的。

古公亶父贵生重民、立君为民，宋太祖以一颗仁心，为血腥时代注入祥和气象，农民皇帝朱元璋充溢着浓浓的农民情；诸葛亮"鞠躬尽瘁，死而后已"，李德裕只手托残阳，张居正救世不惧万箭攒，范仲淹"先天下之忧而忧，后天下之乐而乐"，包拯"清心为治本，直道是身谋"，为民撑起朗朗青天；孔子忧道不忧贫，培育了士人之魂；张载"为天地立心，为生民立命，为往圣继绝学，为万世开太平"，一抒士人情怀；王阳明此心光明，点亮暗夜中一盏明灯；玄奘舍身求法，丘处机万里传道，止杀救苍生；嵇康、陶渊明、李白、邵雍、苏东坡，让精神遨游于天地间。

大情义：中国传统文化重情、重义，患难见真情。三国英雄刘关张的结义，李勣对李密、单雄信的信义，太监、宫女保护幼年明孝宗的情义，让人性的光辉闪耀得多么明亮。

克罗齐说："一切真历史都是当代史。"其实，一切真历史也都是当代书写者的历史，书写的价值高低，就看它接近先贤心志的高度。书写者提升这样的高度，当完善史家要求的史才、史学、史识、史德，更重要的是提升书写者的境界、格局，怀一颗悲天悯人、拯世济民之心。这样的书写者，读史才能发现历史的真谛，论历史人物，才能贴近其心境。"高山仰止，景行行之，虽不能至，然心向往之。"

著述者深知学识浅陋，历史不是自己的专业。但自己也有独有的优势，所从事的新闻职业，立身思想文化前沿，历览时代风云变幻；整整二十年的领导工作，尤其是十多年主要领导岗位的历练，观人察事，是职业所使，对历史事件、历史人物的理解和认识，大有助益，并由此形成了自己在观点、视角和叙事等方面的一些特色。本著述力求探寻所撰写历史人物的心史，其中也刻下个人的心路历程，这样的写作尝试，也会为后来的著史者打开一条路径，让历史常写常新。

鉴于本著述所参考著作和引文浩繁，互联网时代极方便查阅，故不再一一列述。

引言

夏朝之前无文字可考，近代有商朝甲骨文字出土，共计三千五百个左右可辨认的文字，不足以看出一个王朝的概貌。西周政权保存了比较丰富的文化典籍，经孔子整理弘扬，形成数千年中华文明的主脉。本著述从周朝文王、武王先祖古公亶父开篇。

目录

孟　子　扯去君装是民装 ……… 四八

荀　子　异说天人世难容 ……… 五三

管　子　霸旗之下聚百家 ……… 五九

吕不韦　春秋大愿待谁成 ……… 六八

韩　非　家国飘摇心何系 ……… 七四

第三章　秦政汉儒　百代成法

秦始皇　万世江山一黄粱 ……… 八三

汉高祖　王命所膺人归心 ……… 九一

曹　参　无为方是兴汉策 ……… 九七

汉武帝　一场革命千年潮 ……… 一〇二

目录

第一章 周立邦基 崇德修礼

古公亶父 一脉文明源流长 ... 三

周　公　天命人事一点通 ... 一〇

第二章 诸子继起 济世为魂

孔子　终将忧道化士魂 ... 二二

墨子　墨家浩歌遏云响 ... 二六

老庄　何曾乐逍遥 ... 三一

孙子　欲把心史付兵书 ... 三六

商鞅　战车隆隆向何方 ... 四二

目录

魏孝文帝　终教中华垂衣裳　一八五

梁武帝　谀佛成魔孽何深　一九三

郦道元　人生畸重亦畸轻　二〇三

第五章　泱泱中华　傲然世界

隋炀帝　政急民竭大业崩　二〇九

唐高祖　会机运势展雄韬　二一六

唐太宗　镜鉴几时照君王　二二〇

魏徵　诤臣风貌智臣骨　二三三

李勣　留得情义暖人间　二三七

玄奘　亦圣亦俗两行之　二四一

目录

董仲舒　汉儒登堂成帝师 … 一〇七

王莽　新政为恶败新朝 … 一二二

汉光武帝　榻下对策心为魂 … 一二五

诸葛亮　铸魂成就万古名 … 一三〇

曹操　莫因汉贼乱忠奸 … 一四三

嵇康　怎将此身化永生 … 一五一

第四章　东渡南融　夷夏混成

王衍　清谈功罪怎评说 … 一六一

王导　把舵江涛稳行舟 … 一六八

陶渊明　终将诗意赋田园 … 一七六

目录

张　载　宋儒抱负可擎天　　　　　　　　　　三五二

邵　雍　孔颜之乐裕此生　　　　　　　　　　三五八

王安石　良法民愿不相契　　　　　　　　　　三六七

司马光　史圣何亏经纶才　　　　　　　　　　三七三

宋徽宗　昧对变局国运消　　　　　　　　　　三八七

苏　轼　古今谁人识坡翁　　　　　　　　　　三九二

完颜亮　欲望一纵必魔狂　　　　　　　　　　四〇三

岳　飞　千载传唱满江红　　　　　　　　　　四〇七

朱　熹　大儒名高路迢遥　　　　　　　　　　四一二

陆　游　且把诗书聚国魂　　　　　　　　　　四二一

成吉思汗　一代天骄怎长成　　　　　　　　　四三一

丘处机　神仙萦怀凡间事　　　　　　　　　　四四〇

耶律楚材　儒行佛心向治平　　　　　　　　　四四八

明太祖（上）如此变脸为哪般　　　　　　　　四五五

目录

武 曌	怎窃盛唐改武周	二四八
慧 能	佛国菩提凡间栽	二五九
唐玄宗（上）	依故事而开盛唐	二六九
唐玄宗（下）	胡儿一吼天塌了	二七四
张九龄	兰心桂质君子风	二八一
李 白	历史幽灵入唐来	二八六
李德裕	拼将只手托残阳	二九七
李嗣源	我祷上苍降圣人	三〇三
石敬瑭	汉奸皇帝祸中华	三〇八
宋太祖	心性淳淳蕴升平	三一三
宋真宗	神道设教举国狂	三二〇
宋仁宗	仁泽万物生光辉	三二六
范仲淹	一记留取万古名	三三四
包 拯	为民擎起是青天	三四三

目录

顾炎武　啼血声声哀兴亡　五二三

乾　隆　落后岂是因闭关　五二九

道　光　守成忍看南天倾　五三七

龚自珍　忧国莫轻是微官　五四一

曾国藩　功业本于学问成　五四六

李鸿章　筹策无奈应变局　五六一

康有为　书生狂飙救世潮　五七五

慈　禧　宪政畸变误晚清　五八六

张之洞　中体西用好立身　五九八

袁世凯　国情国体国事怎缠绕　六〇九

杨　度　卧龙沦落跳梁俦　六一八

张　謇　状元经世荡新潮　六二二

孙中山　天下几时可为公　六三三

目录

明太祖（下） 如此变脸为哪般 ……四六〇

明孝宗 人性的光辉有多明亮 ……四六五

张居正 救世何惧万箭攒 ……四六九

王世贞 难得难守是书生 ……四七五

王阳明 心路漫漫向圣堂 ……四七九

顾宪成 聚一股浩然正气天地间 ……四九二

崇祯 复辽终成亡国恨 ……四九九

第六章 千年变局 问路东西

皇太极 哪料诗书传国长 ……五〇九

黄宗羲 思想启蒙写新章 ……五一四

第一章 周立邦基 崇德修礼

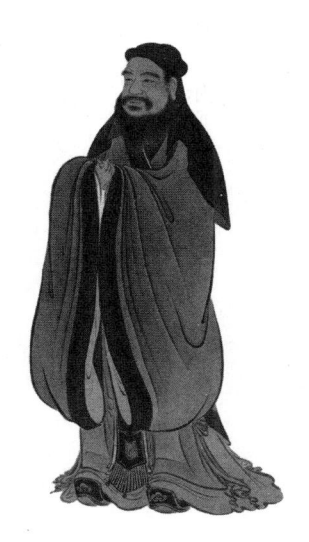

「周虽旧邦,其命维新。」周朝八百年基业,分西周、东周。西周的创立者,既有对五帝时代精神的传承,又与时俱进的创新发展。他们彰明了天下为公、民为邦本,敬天、明德、保民等思想观念,奠定了华夏以礼乐文化为特色的政治文明。

古公亶父

一脉文明源流长

　　古公亶父在周王朝建立中起到承先启后的作用。"古公亶父,来朝走马。率西水浒,至于岐下。"迁徙之前,周部族约万人,北方戎狄前来侵扰,古公亶父决定离开豳地。临行前,他对跟随他的人说:"有民立君,将以利之。今戎狄所为攻战,以吾地与民。民之在我,与其在彼,何异。民欲以我故战,杀人父子而君之,予不忍为。"

　　古公亶父贵生、重民,敬德、崇仁,成为文、武、周公以至后来儒家思想的重要根脉。

每一个民族的历史源头，无不起自神话传说。中国的神话传说，有开辟神话，讲盘古开天，女娲造人；有三皇神话，其中关于有巢、燧人、伏羲和神农的传说，分别代表了中国的旧石器时代（170万—1万年前）晚期和新石器时代（1万—4000年前）早期穴居、取火、渔猎、农耕等社会特征；还有黄帝、颛顼、帝喾、帝尧、帝舜等的五帝传说。史书讲中华五千年文明史，大抵是从黄帝开始，颛顼、帝喾、帝尧、帝舜生活的年代，则大致在龙山文化（4600—4000年前）后半期。司马迁认为，五帝的历史比较可信。他写《史记》从黄帝开始，并以五帝系牒、《尚书》为据形成世表，年代由黄帝以来到周朝周召共和时期。

在这一漫长的历史进程中，夏朝之前无文字可考，近代有商朝甲骨文字出土，共计三千五百个左右可辨认的文字，不足以看出一个王朝的概貌。周文王、周武王推翻殷商，建立西周政权，周朝保存了比较丰富的文化典籍，经孔子整理弘扬，形成数千年中华文明的主脉。可以说，是周朝奠定了中国社会制度基础，搭建起中华古代文明的基本架构。

文王、武王的先祖古公亶父，在周王朝建立中起到举足轻重的作用。他带领周人迈向文明进程的跳越，光耀华夏；他昌明的以人为本、贵生重民、敬德崇仁的民族精神，影响千古。

一

古公亶父是周的历史上承前启后的重要人物。

他是文王的祖父，武王的曾祖父，西周立国，谥号太王。古公亶父上承祖先优秀传统。他"复修后稷、公刘之业，积德行义，国人皆戴之"。后稷是周的始祖，名弃，与尧为同父异母兄弟。后稷小时候，有巨人之志，做游戏，喜欢种树麻菽，麻菽长得茂美。长大成人后，喜好耕农，相地之宜，宜谷者辟为耕地，民众争相效法。尧帝听说后，任命后稷为农师，民众得其利。舜帝时主稷。舜说："弃，黎民始饥，汝后稷播时百谷。""弃主稷，百谷丰茂。"大禹治水，后稷是主要辅佐者之一。他被封于邰，别姓姬氏。后稷在陶唐、虞、夏之际皆有令德。公刘是后稷的重孙。殷商失政，公刘的祖父不窋丢官，去了戎狄居住区甘肃庆阳。祖孙三代教民众发展农耕，垦殖播种，急人之难，受到土人的衷心爱戴。后来公刘带领周人迁到豳地，"复修后稷之业，务耕种，行地宜，自漆、沮度渭，取材用，行者有资，居者有畜积，民赖其庆，百姓怀之，多徙而保归焉"。司马迁认为，"周道之兴自此始"。

古公亶父高扬后稷、公刘的旗帜，为周人点燃凝聚人心、照耀前行的火炬，注入奋斗图强的不竭动力。

古公亶父下启周兴。他择定继承人，任德任能，一举定乾坤。古公亶父有三个儿子，长子太伯、次子虞仲、三子季历。季历娶太任为妃，"太任之性，端壹诚庄，维德之行。及其有身，目不视恶色，耳不听淫声，口不出傲言，能以胎教子，而生文王"。文王名姬昌，姬昌"有圣瑞"。古公说："我世当有兴者，其在昌乎？"太伯、虞仲知道古公欲立季历以传姬昌，二人逃往荆蛮，文身断发，失去音信，以让位给季历。

姬昌立，是为西伯。他遵后稷、公刘之业，则古公、季公之法，笃仁，敬老，慈少，礼贤，仁德之声遍闻各邦。诸侯折服于西伯的德治，纷纷向周靠拢。西伯遭佞臣陷害，被囚羑里，出狱后做的第一件事，是献出洛西的土地，换来纣王停用炮烙之刑，为天下去除一大虐政。

西伯的仁德惊动了一位高人，吕尚出山，垂钓渭水附近的磻溪。西伯与他交谈，深为折服，说："我的先君太公（古公亶父）说，有圣人到周，周就会兴起。你就是太公盼望的那个圣人啊。"西伯称吕尚为太公望，拜为师。吕尚为西伯谋划，先行攻灭西戎和密须，巩固后方；然后派人策反东夷，吸引商朝的大量军力，借机攻取周和商之间的崇国，将崇国都城改为丰京，使国力直接逼近商朝。此后，武王继承文王遗业，推翻商朝，建立西周。

周人迁岐，三代而灭商。武王去世后，经周公摄政，消灭殷商残余势力，从人出发，按照人—家—国的思想逻辑，实行分封制，建立家国同构的政治制度，制礼作乐，教化民众，政权坚如磐石。《诗经·闷宫》称："后稷之孙，实维大王。居山之阳，实始翦商。"周人认为，文王兴周、武王灭商的伟业，从古公亶父就开始了。

二

古公亶父带领周人去豳迁岐，是华夏文明的一次跳跃。

中原大地上，当夏王朝和商王朝创造着辉煌的文明时，周族还是一个偏居西北一隅、寂寂无名的小部族。周人真正出现在世人的视野中，是为避戎狄侵扰，由豳地迁居于渭河流域岐山脚下的周原之后。《诗经·绵》记载了古公亶父带领周人迁居的故事：

绵绵瓜瓞。民之初生，自土沮漆。古公亶父，陶复陶冗，未有家室。

古公亶父，来朝走马。率西水浒，至于岐下。爰及姜女，聿来胥宇。

译成白话：拖拖拉拉，大瓜连着小瓜，当初我们周族，杜沮漆是老家。古公亶父，把山洞挖，把地洞打，没把房子搭。顺着西水岸，来到岐山下。大伙儿商量停下，就在这儿安家。

迁徙之前，周部族约万人。北方戎狄前来侵扰，古公召集父老，问："狄人何欲？"

父老答："欲得菽粟财货。"

古公说："与之。"

狄人不得满足，又来侵扰。

古公问："狄人又何欲乎？"

父老答："又欲君土地。""欲得地与民。"民皆怒，欲战。

古公说:"与之。"古公决定离开豳地。

父老问:"君不为社稷乎?"

古公答:"社稷所以为民也,不可以所为民亡民也!"

父老问:"君纵不为社稷,不为宗庙乎?"

古公答:"宗庙,吾私也。不可以私害民!"

古公临行前,对跟随他的人说:"有民立君,将以利之。今戎狄所为攻战,以吾地与民。民之在我,与其在彼,何异?民欲以我故战,杀人父子而君之,予不忍为。"

豳人不舍,"举国扶老携幼",跟随古公迁徙,其他小国听说古公的仁义,也多来归顺,岐山脚下成为有三千户人家的聚落。

古公亶父带领周人迁至周原,向文明进步大步迈进。"贬戎狄之俗",由"把山洞挖,把地洞打,没把房子搭"的游牧性质转为农耕性质,划定疆界,建造房屋、城池、庙宇、社坛,建设中央机关,设官分职,官职庶务,建立了"封建制度的周国"(范文澜《中国通史》)。从此,中原文明开始在周族的推演下,向"礼乐文化"的文明更化,最终奠定了华夏以"礼乐文化"为特色的三千年政治文明。

三

古公亶父去豳迁岐,是一次民族精神的迸发和升华。儒家和道家,众多思想文化的大师,都从古公去豳迁岐的史实中汲取思想养料,启迪灵感智慧,发展自己的学说。

它体现的是"天下为公"的伟大政治理想。尧、舜之际,天下不属于一家一姓、一族一群,"天下为公,选贤与能"。《史记·五帝本纪》:

尧知子丹朱之不肖,不足授天下,于是乃权授舜。授舜,则天下得其利而丹朱病;授丹朱,则天下病而丹朱得其利。尧曰"终不以天下之病而利一人"，而卒授舜以天下。

舜以孝闻名。"舜举八元，使布教于四方，父义，母慈，兄友，弟恭，子孝，内平外成。"舜知子商均亦不肖，乃告天使禹摄位。

古公亶父上承尧、舜，下启后人，其"不可以所为民亡民"，"不可以私害民"，正是"天下为公"伟大理想的体现。周公制周礼，体现"天下为公"的理想追求，把尚德、尊尊、亲亲、敬老、慈幼作为普遍的社会伦理道德。孔子释礼，形成"大同"理想，《礼记·礼运》发出"大道之行也，天下为公"的震天撼地的强音：

大道之行也，天下为公，选贤与能，讲信修睦。故人不独亲其亲，不独子其子，使老有所终，壮有所用，幼有所长，矜寡孤独废疾者皆有所养，男有分，女有归。货，恶其弃于地也，不必藏于己；力，恶其不出于身也，不必为己。是故谋闭而不兴，盗窃乱贼而不作，故外户而不闭。是谓大同。

"大同"理想，激励中华民族一代又一代圣人贤哲为之奋斗，为之献身。

它体现的是"贵生重民"的政治伦理。远古土地为君所有，到春秋时才形成土地私有。国民、社稷、君位作为国之体，一分为三。强敌面前，古公亶父热爱脚下这片土地，故不忍其上发生战争。他亦热爱生活在这片土地上的同族的国人，更不忍其遭受苦难和屠戮。当国民、社稷、君位发生矛盾冲突，不能求全，他不惜弃国，去豳远走。他之所弃，是自己的社稷和君位，他以此护佑的，是周的国民，予取予弃，构成后来儒家"民为贵，君为轻，社稷次之"的价值链条。古公亶父的价值理念，民不是君的财产，不是君的工具，而是相反，"有民立君，将以利之"，保护民的生命、增进民的福祉是立君也是立国的唯一目的。《孔子家语》《庄子》《孟子》《吕氏春秋》《淮南子》等古代典籍，都对这种"贵生重民"

思想赞之以浓墨重笔。

它体现的是"为政以德"的治国理念。禹告诫子孙，"民可近，不可下，民惟邦本，本固邦宁"，"予临兆民，懔乎若朽索之驭六马"。禹的孙子太康继位后，游乐田猎，荒废政事，失去政权。太康的五个弟弟作《五子之歌》，述禹之诫。对此，无数的统治者始终没有清醒，没有引以为戒。殷纣王尊神敬鬼轻人，说："我生不有命在天乎！"贼民残德，终至国破身亡。周人重民，事敬鬼神而远之，提出"天命靡常，唯德是依"，敬德保民，由豳迁岐，三代而得国。古公亶父积德行义，承继先祖风范，启迪后人懿行，四夷来服，和合万邦。殷、周之兴亡，在于有德无德之兴亡，故周克殷之后犹兢兢以德治为务。孔子揭示这段历史的深刻内涵，形成他的仁德思想体系，成为历代政治家治国理政的行为规范。

近代学者王国维，依据甲骨文研究提供的新史料提出："殷、周间之大变革，自其表言之，不过一姓一家之兴亡与都邑之移转，自其里言之，则旧制度废而新制度兴，旧文化废而新文化兴。"新制度、新文化之兴，实质是对先人的天人、神鬼、家国进步观念的认知，是源自先人、一以贯之并与时俱进的仁、德理想的实现，是人的觉醒之后人之为人的良知良能的昌明。

古公亶父带领周人实现的文明跳跃，周人以人为中心推演的文明精神，继承了先人优秀的文化遗产，与五帝、禹、汤、周之先祖一脉相承。周人身上，最鲜明地承载了这些优秀文化遗产，他们借助这些优秀文化遗产，顺应人心，因应时代，变革求新，实现了文化的伟大复兴。它维持周朝八百年基业，仍不失其生命力，以至于不断有后贤继起，致力于继脉续统的遗业。

古公亶父留下的宝贵思想文化资源，取之不尽、常悟常新，它不仅属于周人，也属于中华民族，属于整个人类。

周公

天命人事一点通

  司马迁写《史记》，欲"究天人之际，通古今之变"。"天人之际"与"古今之变"，有一点可以贯通，这就是"民"。究通民事，就掌握了"究天人之际，通古今之变"的金钥匙。

  周公对待天人关系，有超越时代的觉醒。周公褒赞的成汤革命和武王革命，后世以"汤武革命"并称，它成为中国历史上正义取代非正义、进步政权取代腐朽没落政权的法理依据。

  周公治国理念的思想脉络，就是敬天—明德—保民。敬天要义在明德，明德之本在保民。民是衡量德业的标准，决定天的意志。得民则得天，天佑人和，便可以得天下，可以历久不败。

  周公建立分封制和宗法制，形成家国同构的政治结构；制礼作乐，确立"尊尊"和"亲亲"两大纲常，化为民族的血脉。

伟大的历史学家司马迁写《史记》，表达了自己的宏伟大愿，"欲以究天人之际，通古今之变"。"天人之际"重在说阴阳、山川、鬼神，"古今之变"言"王迹所兴，原始察终，见盛观衰"。对于治史、读史者，两者都是望之弥高、涉之弥深的高山大川。读周公事迹，让人豁然开朗："天人之际"与"古今之变"，有一点可以贯通，这就是"民"，"民"把天人、古今、变，贯通了，点活了！牢牢地把握住民，究通民事，就掌握了"究天人之际，通古今之变"的金钥匙。

一

周朝八百年基业开创，《史记》有"维弃作稷，德盛西伯，武王牧野，实抚天下"之说。周人的祖先名弃，做稷官。弃之后，文王、武王之先，还有必须提及的两个重要人物：一是公刘，他带领周族在豳地建邦立国；一是古公亶父，他面对狄人无休止的掳掠，抱定立君为民的宗旨，迁往岐地，周人从这里走向全国。到西伯姬昌，也就是后来的周文王，以德抚，以力征，奠定了统一天下的基础。武王灭商，收其大功。

武王、周公的时代，"天命观"还牢固地统治着人们的思想和心灵——天地间的一切，由上帝安排；人世的命运，由上帝主宰。成汤灭夏建立商朝，至纣王，历时六百余年。纣王当国之际，西伯姬昌向商朝发起进攻，占领了商的属国黎国。纣王的大臣祖伊感到恐惧，禀报纣王说：天子，上帝要断绝我殷国的天命了。就连我们的子民，也没有人不希望国家灭亡！纣王不以为然，说："呜呼！我生不有命在天？"谁又能拿我怎么样？但是，他说过这个话不出数年，公元前1046年（武王十一年）二月二十七日，武王伐殷，牧野一战，仅一天时间，纣王兵败自焚，殷商六百年基业就灰飞烟灭了。

武王灭商，登汾之阜，以望商都朝歌，咏叹说："呜呼，不淑兑天对。遂命一日，维显畏弗忘！"意思是说，啊，纣王不善，难以配天，于是殒命一日之间。多么可怕！这个教训，不能忘啊！武王返回周原，从鹿地到丘地，通宵不眠。他想到打江山不易，守江山更难，骤然而至的巨大成功，让他萌生了一种强烈的危机感。他革了殷商的命，创造了一套"革命理论"：上帝抛弃了殷商，把天命给予了周人；这也在义理上革了周人的命，上帝同样会抛弃周人，把天命赋予异族他邦。"天命无常"！他把这种强烈的危机意识传递给周公，带着对未竟事业的遗憾离开人世。

周公是文王的儿子，武王同母的弟弟。"文王在时，旦为子孝，笃仁，异于群子"，"及武王即位，用事居多。"特殊的家世，丰富的人生阅历，锻炼了他高度的政治智慧。处于三千多年前的时代环境下，周公不可能完全抛开天命；作为一个拨乱世、开新朝的政治家，他需要举起天命的旗帜，为政事的实施开辟道路。但是，对待天人关系，他有超越时代的觉醒。

在推翻殷商王朝的大革命中，他目睹了天命的可畏，领略了天命的无常，也觉悟了人事可恃可为。因此，当天呈祥瑞，他想到的是丝毫不能放松人的努力；当天象大凶，他坚定地相信，是吉是凶，终在人为。武王东观兵，有火从上天飞到武王住屋，化为赤乌，这是克殷的祥瑞。武王喜，众大臣皆喜，周公说：努力啊！努力啊！"'天之见此以劝之也'。恐恃之。"武王伐殷，"行之日以兵忌，东面而迎太岁。至汜水而泛，至怀而坏，至共头而山隧，霍叔惧曰：'出三日而五灾至，无乃不可乎？'周公曰：'（纣王）刳比干而囚箕子，飞廉、恶来知政，恶有不可焉！'遂选马而进，朝食于戚，暮宿于百泉，厌旦于牧之野。"

周公摄政，对"天命无常"有了更清醒的认知、更深入的思考：我周人接受了天命，我不敢说我们的基业能"永孚于休（善）"；我也不敢说我们的基业"终出于不祥"。但是，如果我们的后嗣子孙不能敬天理民，我们就会失去上天赐予的大命。

执政的合法性不是天然的，也不是一成不变的！周人的忧患意识、政治清醒，是对后世的统治者最有力的警戒。

二

天命予取予与的命门是什么？周公发布了一系列诰命，其中，"明德"是他对天命的解码，也是他最为核心的思想支柱。

周公对商朝贵族、遗民，鲜明地亮出"革命"旗帜：殷的先人有册有典，殷革夏命，因为夏的嗣王"大淫泆有辞"；周革殷命，因为殷的嗣王"诞淫厥泆，罔顾于天显民祗"。天不会将大命给予"不明厥德"者，失德者都难以逃脱亡国之祸。周公褒赞的成汤革命和武王革命，后世以"汤武革命"并称，它成为中国历史上正义取代非正义、进步政权取代腐朽没落政权的法理依据。

殷商政息人亡，失去大命，是因为丧德；周人夺得政权，接过大命，则是因为有德。"皇天无亲，惟德是辅"。

周公把文王作为天命的接受者。文王"以德配天"，"克明德慎罚，不敢侮鳏寡，庸庸，祗祗，威威，显民，用肇造我区夏"。意思是说，文王崇尚德治，谨慎地使用刑罚，不敢欺侮那些无依无靠的人，任用那些应当受到任用的人，尊重那些应当受到尊重的人，威慑那些应当被威慑的人，以此作为治国之道，并让庶民了解这些道理。这才有了周邦的强大。上帝知道后，非常高兴，就让文王灭了殷商，接受了天命。

周公用德阐释了天的意向，鲜明地提出：有德，就可以得到天助。"天惟纯佑命则"，"我道惟宁王德延，天不庸释于文王受命。"意思是说，天只护佑有德者，把文王的德政弘扬光大，天就不会废弃文王所受的大命了。

周公兢兢于以德治为务，那么，德的核心要义又是什么？是"保民"。武王盟津观兵，作《泰誓》，提出"天佑下民，作之君，作之师，惟其克相上帝，宠绥四方"。把上帝立君的目的看作为民，为辅助上帝爱护和安定天下庶民。"民之所欲，天必从之。""天视自我民视，天听自我民听。"周公发展了以民为本的思想，提出天作君，"作民主"，"天惟时求民主"，"惟王子子孙孙永保民"，平定管、蔡和武庚叛乱，全面转向和平建设，康叔受封于殷商的核心区域卫国，周公给他连发三诰，系统阐述自己的治国理念，其中，《康诰》就是一篇生动、深刻的"保民"宣言。

《康诰》开门见山，提出"明德慎罚"的治国纲领，以此为统领，训诫康叔担负起"用保乂民""用康保民""惟民其康乂"的大任，为官一域，保民一方。要视民若伤，像医治自身疾病那样对待民病民痛；要保民"若保赤子"，像保护小孩儿那样保护庶民，使民安康；要敬明乃罚，极其小心慎重地施用刑罚；要助王履行好上天的使命，改造殷民，使"作新民"；要倡明人伦，对不孝不恭不慈不友者，"刑兹无赦"。"天畏棐忱，民情大可见。"上帝是可怕的，它是不是诚心地帮助你，往往要通过臣民的情绪表现出来。小人难保，"怨不在大，亦不在小"，用心对待，民怨再大也不可怕；用心不够，民怨再小也会成为大患。

周公的治国理念，有一条清晰的思想脉络，一条缜密的逻辑链条，这就是敬天—明德—保民。敬天要义在明德，明德之本在保民。民是衡量德业的标准，决定天的意志。得民则得天，天佑人和，便可以得天下，可以历久不败。

这是周公参悟的天机。

三

周公在与召公奭交流政见的《君奭》中明确表示：不敢不"永远念天威"，系庶民。抱定信念：顺天理，遂民意，尽心人事，"罔尤违，惟人"，一切在人为。

参悟了天机，方能有天下为公的情怀。

周人灭商，是一个经济文化落后的小邦，取代了国力、军力强大，文化高度发达的大国，消灭殷商残余势力，稳定战后局势，施政举业，百废待兴。怎料武王身患重病，时日无多。武王有天下情怀，他确定兄弟相及，把王位交给周公。此举利天下，却病一人，这就是自己的儿子。

周公惶恐、感激，泪眼相对，却没有答应。他没有任何思想准备，他的心目中，让祖上的基业长青，不能没有武王；让新兴的西周政权存续、壮大，不能没有武王。周公设坛，祈求先祖在天之灵：为了周人的千秋大业，愿以自身代武王。

武王去世，成王年幼，一个随时可能分崩的政权交到周公手上，一个危机四伏的局面需要周公收拾。而最为紧迫、最为棘手，决定周人前途命运的大事，是确定怎样的政权格局。

商、周两朝，"父死子继，立长以嫡"的王位继承制度尚未确立。殷商王位继承，传子和传弟并存。周人传位，更无定制。古公亶父不传长子传季历，文王长子伯邑考救父罹难，文王不传长子传武王。还有更大的道理需要说清楚："周武革命"理论天下皆知，大命须有德者居之。年幼的成王无德业立，无功业见，又何以接受大命？何以服天下人？或许，周人内部，可以接受成王；但臣服于周的诸侯，新降附的敌国，要接受成王，不能！武王决定兄终弟及，是从现实政治着眼，更是出于服膺"革命"的高度自觉。

周公熟谙周的历史，吃透了人心向背。他深知，周的现实政治中，文王才是周人的灵魂，是周人凝聚诸侯，号令天下的旗帜。回顾历史，即便是久经历练，在朝野建立了很高威望的武王，也必须举文王这面大旗。武王继位，不敢改年号。盟津观兵，"为文王木主，载以车，中军。武王自称太子发，言奉文王以伐，不敢自专"。国殇凶变，山河摇荡，这个时候，作为文王的儿子，与武王相伯仲的周公，就成为文王的影像，甚至文王的化身。这个时候，也只有周公，才可以凝聚起将要离散的人心，让新兴政权的航船驶过激流险滩。

周公代成王当国摄政，"继天子之业，履天子之职，听天下之政"。不避嫌猜，不计毁誉，忍辱负重。

参悟了天机，方能有大度量，大格局，大功业。

周公面临的局面多么错综复杂！管叔、蔡叔及群弟流言于国，说："公将不利于孺子。"召公奭猜忌，太公尚起疑，连成王也对周公产生信任危机。不久，管叔、蔡叔和殷商残余势力武庚发动叛乱，周公动员东征，统治集团内部，反对势力占据了上风。周公向召公、太公坦陈心迹，"我之所以弗辟，而摄行政者，恐天下畔周，我无以告我先王"。周公赢得了召公、太公的理解、支持，成王从府库档案中，发现了周公欲以身代武王死的卜辞，知道了周公的一片忠心。周公摆开文王留下的大龟，以占卜的吉兆，宣示天命不可违，宣示消灭叛乱，将文王的事业弘扬光大的不可动摇的决心。

《尚书大传》称，"周公摄政，一年救乱，二年克殷，三年践奄，四年建侯卫，五年营成周，六年制礼作乐，七年致政成王"。这段话，大致概括了周公摄政的丰功伟业。

周公出征，时间跨度三个年头，首先平定了管、蔡和武庚叛乱。随后，北征、南伐，消灭了殷商旧盟国奄和薄姑，实现了国家真正的统一。洛邑营建完成，作为周的东都，与镐京东西贯通，西周政权对广大中原地区具备了强大控制力；建立分封制，所封宗亲、功臣就国；分析宋、卫、鲁、齐、燕、晋诸国所处位置，可见其布局的深谋远虑。宋、卫在殷商王畿之内，可以控制、消化殷商遗民。鲁、齐分别位于泰山南、北，可以镇抚东方。燕、晋分别"北迫蛮貊""匡有戎狄"。各个大国周围，又有许多小国，成为大国附庸。通过分封，西周政权迅速稳定了政局，实现了对全国疆域的有效控制。分封制与宗法制紧密相连，宗法制的根本是嫡长子继承制。分封制和宗法制的建立，形成了家国同构的政治结构。

影响至为深远的，是周公"制礼作乐"。礼、乐名实并举，围绕德治展开，覆盖思想、制度、日常行为等方方面面，具体为法律条文、行为规范。建设庙堂场所，以诗歌、音乐、舞蹈等多种形式，予以推广、普及。"法律是成文的道德，道德是内心的法律。"周公制礼作乐，确立的"尊尊"和"亲亲"两大纲常，化为民族的血脉；周公制礼作乐，架设起人类精神向上攀升的阶梯，让大写的人字高扬于太空。

七年，在历史长河中可谓一瞬间。七年，对周公来说，又何等漫长！因为他是顶着"篡逆"的流言和猜忌度过的。七年，周公鞠躬尽瘁，争分夺秒地劳作，"一沐三捉发，一饭三吐哺"。周的江山稳固了，基本的制度框架搭建成功了，天人秩序建立了，周公回归了。

周公是真正参悟了天机的人。参悟了天机的执政者，其理念和政事通向人类目标的终极。西周成为后代大儒心向往之的理想社会，周公的政治遗产成为孔子和儒家文化的源头，周公的民本、德治思想，成为政治伦理恒久的基石，以德治国，成为历久弥新的一派政治主张。

周公成为永远闪耀在民族精神星空的大星。孔子把他作为偶像，曾经感叹："甚矣，吾衰也！久矣，吾不复梦见周公。"

第二章 诸子继起 济世为魂

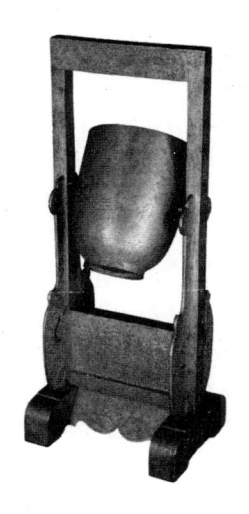

春秋末,「礼坏乐崩」「天下无道」,邦国板荡,民众困苦,时代面临数千年未有的大变局。

天生圣人,悲天悯人,济世拯民。儒、墨、道、法、兵诸家,各开出自己的济世药方:孔子讲仁爱,复礼归仁;墨子讲兼爱非攻,兼相爱,交相利;老庄讲无为,小国寡民;法家找到了法治。他们中间的代表人物,摩顶放踵,以救天下。

孔子

终将忧道化士魂

孔子带着他的弟子，周游列国，推销自己的政治主张，"匪兕匪虎，率彼旷野"，不是犀牛，也不是老虎，我为什么带着你们在旷野里跑来跑去呢？孔子心如明镜，"道之不行，已知之矣"。"天下有道，丘不与易也"，我就不会带领你们试图改变了。孔子不降志，不辱身，信念不泯，初心不改：一个人改变不了世界，一群人总可以有所作为；一时无法见到救世之功，千百年相继，世界一定会好起来！

孔子拉开了救世的大幕。经孔子言传身教，历数百年陶冶熔铸，"终将忧道化士魂"。千百年以继，它成为不易的价值尺度。

时代把孔子推上风口浪尖，造就一代哲人，行为"万世师表"。

孔子的伟业，由办学开启。追溯历史，自殷而周六七百年间，"土地国有，氏族统治，学在官府"。文化由祝、宗、卜、史等官员控制，受教育的权利，只属于贵族，与平民无缘。孔子成功创办私学，有教无类，让平民有了"学"的机会，泽被百代；教学相长，"斯文在兹"，整理文化典籍，由六艺而成六经，让中华文明薪火相传；创立儒家，为士人开出"出世入仕""授徒讲学"的人生道路，千年不易；"志于道，据于德，依于仁，游于艺""谋道不谋食""忧道不忧贫"，为士人立心铸魂，打下生命底色厚重的价值烙印。一家出世，百家竞起，洪荒中的中国思想界，"金鸡一鸣天下晓"。

做到这些，靠什么？

一恃地利。所谓地利：周室被犬戎驱逐东迁，文物丧尽，唯有孔子所在的鲁国，因为特别享受着"祝宗卜史、备物典策、官司彝器""周礼尽在鲁"。

二得天时。所谓天时："天子失官，学在四夷。"政权由天子到诸侯、到大夫、到家臣，文化官员流失，士、农、工、商阶层兴起，学而优则仕，办私学有了条件。孔子抓住时代机遇，创办私学。三十而立，直至生命终止。从布衣孔子，到一国辅宰，君主顾问；从门庭冷落，到弟子三千，贤者七十二，不以物喜，不以己悲，始终如一。

三靠"志道弘毅"使命意识的自觉。孔子所处的时代，"礼坏乐崩""天下无道"，邦国板荡，民众困苦。天生圣人，悲天悯人，济世拯民。孔子一生追求，郁郁而不得志。他的行为，不为时人理解，生前身后，毁誉互参。楚狂接舆对他高歌："凤兮凤兮，何德之衰？往者不可谏，来者犹可追。已而已而！"隐者桀溺朝他放言："滔滔者天下皆是也，而谁以易之？"鲁城守门人说孔子："是知其不可为而为之者与？"当周游列国，"在陈绝粮，从者病，莫能兴"，连子路都生气、灰心了："君子亦有穷乎？"孔子的心情是多么沉重！君子岂止有穷？分明是"君子固穷"！为此，孔子才有椎心之叹："匪兕匪虎，率彼旷野。"不是犀牛，也不是老虎，我为什么带着你们在旷野里跑来跑去呢？孔子心如明镜，"道之不行，已知之矣。""天下有道，丘不与易也"，我就不会带领你们试图改变了。孔子不降志，不辱身，信念不泯，初心不改：一个人改变不了世界，一群人总可以有所作为；一时无法见到救世之功，千百年相继，世界一定会好起来！

孔子之道不孤。他拨动了时代的神经，唤醒了一个民族的大脑，去探索救世的药方。中华大地，诸子百家，因之而起，或为救世，或因学术；或一脉相承，分枝开叶；或"攻乎异端"，新学纷起，百家争鸣，创造出中国思想文化史上的黄金时代。《盐铁论》描述百家争鸣盛况："齐宣王褒儒尊学，孟轲、淳于髡之徒受上大夫之禄，不任职而论国事，盖齐稷下先生千有余人。"

救世的大幕，因孔子拉开：

儒家旗帜，高扬仁爱。《论语》谈仁，105处。樊迟问仁，孔子回答："爱人。"颜渊问仁，孔子回答："克己复礼为仁。""为仁由己"，行仁完全靠自己。推己及人，由亲情之爱，施及他人和社会，"己欲立而立人，己欲达而达人"。君子人格，"刚、毅、木、讷，近仁。"志士仁人，"无求生以害仁，有杀身以成仁"，是大人格，大境界。推行仁爱，借助礼乐。孔子融通仁礼，以礼启仁，把仁作为礼的本质，行为规范合乎礼，也就是仁了。诗、礼、乐三者一体相关，《诗》以道志，《礼》以道行，《乐》以道和。孔子倡导，"兴于诗，立于礼，成于乐"。

墨家继起，持说兼爱。这种爱，不分男女老幼，无论亲疏远近，没有尊卑贵贱，一视同仁。兼爱才能消除纷争仇杀，仁爱是引起社会祸乱之源。墨子谈诗书，非儒非礼非乐。作为国民阶级的代言人，他清醒地意识到，彻底废除尊卑贵贱的等级制度，才能实现"官无常贵，民无终贱"的社会理想。墨家，儒家的反动派；墨子思想，本质上是孔子思想先进性一面的推进者。

道家面世，倡导无为。道家冷眼看世界，儒墨救世，越救越乱。道家批儒，"大道废，有仁义；智慧出，有大伪；六亲不和，有孝慈；国家昏乱，有忠臣"。"夫礼者，忠信之薄而乱之首"。道家反墨，"不尚贤，使民不争；不贵难得之货，使民不为盗；不见可欲，使民心不乱"。只有"无为而治"，才能"无为而无不为"。

法家后来居上，成为时之胜者。法家的集大成者韩非认为，仁爱、兼爱、礼乐都没用。大道理喊了几百年，君主照样作恶，民众照样犯罪，社会还是那么一团糟。治国还要"法术势"。明主之国，以法为本，法制民，术驭臣，势立威。韩非的老师荀子，看不惯秦国"无儒"，但因秦以"变法独早"之故，耕战之效已见，也不得不称其"四世有胜，非幸也，数也"，"类"于"治之至也"。

学术的论战，因孔子肇源：

诸子百家，各大流派，除了法家讲今世，各家都说法先王。因为处于危机时代，"今不如昔"，就要从过去寻找社会理想。孔子首说先王，重在西周文王、武王，尧舜还是虚悬的理想人物。孟子宣扬的先王，一变而为尧舜，并让臆想的先王成为真历史。墨子笔下，先王变成了当代化的模范人物，完全服务于墨家学说。道家则是和先王游戏，假造出尧舜以前的黄帝，试图超越儒墨之争。逻辑学肇始，孔子提出"正名"，墨子遂有"取实"，惠施、公孙龙的名辩思潮由此衍化而来，最终发展为韩非的矛盾说。孔子讲人性，"性相近，习相远"；墨子讲人性，人性"择"善；孟子讲人性，人性善，是向善；荀子讲人性，人性恶，是向恶；韩非讲人性，也就只有恶了。人性恶，也就成为法家的理论基础。学术与救世交融于一体，理论随着论战而完善。

各门各派，多数有孔子的血脉浸润：

"墨子学儒者之业，受孔子之术"，杀出了儒家阵营，成为儒之叛徒。法家鼻祖李悝，师事孔子的学生子夏。荀子是儒家的三大名人之一，却教出了韩非这样的法家徒弟。司马迁写《史记》，辟《老子韩非列传》，指出韩非师事荀子，却说他"喜刑名法术之学，而其归本于黄老"。曾子、子思、孟子一脉，发展为思孟学派，阴阳家却又从这里生发。到了战国末期，诸家相互吸收、融合，已经成为大势。韩非之"法"，实是老子、墨子、荀子和商鞅、李悝、慎到等学说的合流了。诸子百家互相渗透、相辅相成，高明的治国者斟酌去取，就可以达到"通万方之略""同归而殊途"的最佳境界（班固《汉书·艺文志》）。

争鸣是碰撞、互补、融合、升华，有豪情万丈，有电闪雷鸣，有灵蛇吐珠，有干将莫邪。儒、墨、道、法、名、杂、农、阴阳、纵横、小说，九流十派，诸子百家，叱咤于时代舞台，搅动着历史风云，他们不知道新到来的社会是什么，然而他们都有自己的理想图案，都企图说明未来世界自己的憧憬与梦想。他们都有一个共同的倾向，就是理想主义色彩。他们的主张，可以是空想，甚至近于虚幻，却不可以与世同流；他们的行为，可以明知不可为而为之，却不可以消极避世，不可以降格以求；他们的结局，可以一无所获，甚至一败涂地，却不可以不以道取荣。大浪淘沙，利己的杨朱，玩弄概念的惠施、公孙龙，史书上没有位置；苏秦、张仪之辈纵横家，为富贵和成功而不择手段，被举世痛斥，千古留骂名。

百家争鸣三百多年，影响中国二千余载。

这出波澜壮阔的历史活剧，由孔子启幕，由儒家主导，由法家胜出。但秦朝用法图强，统一中国，并非剧终之时。至汉初天下大定，却回到儒术独尊，还是由"孔子"落幕。百家争鸣，化育了中华文化博大浩瀚的源头活水，滋养着一个民族的生机气运。它也成为士人立心铸魂的生命淬砺，经孔子言传身教，历数百年陶冶熔铸，"终将忧道化士魂"。千百年以继，它成为不易的价值尺度，评判士人正邪、高下、雅俗，分辨君子还是小人、志士还是庸人。衡量一个人如此，看一个时代的士心士魂，也眼下分明。

士魂不泯，则学术必达淳正，政治必致清明。

墨 子

墨家浩歌遏云响

世界充斥着战争、仇杀、贫困、苦难，是所谓"仁爱"惹的祸。墨子的救世良方，是"以兼相爱，交相利之法易之。"

"兼相爱"：不分男女老少，不讲亲疏远近，不论尊卑贵贱，人人相亲相爱。"交相利"：互惠互利，公平正义。

墨家以自苦为乐，"裘褐为衣，跂蹻为服，日夜不休"，将真理传播于天下，把关爱播洒于人间，让仇杀消弭于即起，却因为没有扎根在现实的土地上，墨学终至湮灭。

中国历史的星河中，有这么一个学派、这么一群人、这么一种精神：他们高扬着理想主义的大旗，追求着一个充满人间大爱的美好社会，为着公平、正义、和平"赴火蹈刃，死不旋踵"。这就是墨家，这就是墨家精神。

墨家的创始人墨翟，是一个不世出的伟人。清代墨子研究专家孙诒让称：其权略足以持危应变，而脱屣利禄，不以累其心。所学尤该综道艺，洞究象数之微。其于战国诸子，有吴起商君之才，而济以仁厚；节操似鲁连，而质实亦过之。彼韩吕苏张辈，复安足算哉！文中涉及的战国人物，都是时代的骄子，而墨子更是其中的翘楚。

墨子生活的时代，晚于孔子、早于孟子。他传承着孔子的救世精神，以天下为己任，"其辈辈大者，劳其苦志，以振世之急"。他发展了孔子的进步思想，对现实社会的批判更彻底。孔子讲克己复礼，复于周礼，"吾从周"，而墨子宗于夏。孔子讲仁爱，从父母、子女亲情出发，将爱推己及人，推及社会，墨子公开反对。在他看来，这个世界充斥着战争、仇杀、贫困、苦难，乱源在哪里？乱在不相爱，乱在爱自己，不爱别人，亏人以利己：子自爱，不爱父，故亏父而自利。弟自爱，不爱兄，故亏兄而自利。臣自爱，不爱君，故亏君而自利。大夫各爱其家，不爱异家，故乱异家以利其家。诸侯各爱其国，不爱异国，故攻异国以利其国，天下之乱物，具此而已矣。这不是所谓仁爱惹的祸？墨子的救世良方，是"以兼相爱，交相利之法易之"，做到"视人之国若视其国，视人之家若视其家，视人之身若视其身，是故诸侯相爱，则不野战；家主相爱，则不相篡；人与人相爱，则不相贼；君臣相爱，则惠忠；父子相爱，则慈孝；兄弟相爱，则和调；天下之人皆相爱，强不执弱，众不劫寡，富不侮贫，贵不傲贱，诈不欺愚，凡天下祸篡怨恨，可使毋起"。在这个弱肉强食、公平缺失、正义缺位、爱心缺乏的世界，这是一幅多么美好、多么令人向往的图景！

"兼相爱"，是人类最高价值。这种爱，一视同仁，不分男女老少，不讲亲疏远近，不论尊卑贵贱，人人相亲相爱，世界充满大爱，祸篡怨恨消除。

"交相利",是人类利益实现法则。这种利,讲的是互惠互利,公平正义。人人都要劳动,"赖其力者生,不赖其力者不生";人人各展所长,天下百工"使各从事其所能";成果按劳分配,"强必饱,不强必饥","强必暖,不强必寒","强必贵,不强必贱";不与其劳,不获其实;能者多劳,多作贡献,它避免了强取豪夺,让剥削和欺诈绝迹。

义"尚同",是人类民主权利实现的途径。社会人人平等,民众的意愿怎样做到既充分表达,又有效集中?墨子设计了一个孤岛式的国度。在这个国度里,"选择天下贤良圣知辩慧之人,立以为天子,使从事乎一同天下之义"。天子总天下之义,形成一种既有自下而上,又有自上而下的"民主集中制"。里长顺天子政,而一同其里之义,率其里之万民,以尚同乎乡长;乡长率其万民,以尚同乎国君;国君率其国之万民,以尚同乎天子。"天子之所是,必亦是之;天子之所非,必亦非之。"举天下之万民,以法天子,天下怎么能够不大治呢?

祸乱皆起于贪欲。因此,墨子就节制人类欲望,设计了诸多方案。要节用:制衣、建居,能挡风寒、避暑热、防盗贼就行。饮食,足以充虚继气,强股肱,耳目聪明则止。要薄葬:棺三寸,衣衾三领即可。及其下葬,下毋及泉,上毋通臭,垄若三耕之亩则止。要去除劳民伤财的繁文缛节。因此,墨子非乐、非儒、非攻:非以大钟鸣鼓琴瑟竽笙之声,非以刻镂、华文章之色,非以牺豢煎炙之味,非以高台厚榭邃野之居。儒家"繁饰礼乐以淫人,久丧伪哀以谩亲",墨子说:此足以丧天下!

墨家是实践家,其领袖人物、精英分子,具有伟大的人格、高尚的情操。他们像一群天使,"裘褐为衣,跂蹻为服,日夜不休",以自苦为乐,将真理传播于天下,把关爱播洒于人间,让仇杀消弭于即起。公输般为楚国制造了攻宋的云梯,墨子急行十日,千里迢迢,赶赴楚国郢都劝阻。楚王和公输般都不愿放弃。墨子和公输演练攻守,几个回合下来,公输技穷,动了杀机。墨子说,杀我无益,我的弟子禽滑釐等三百人,已经掌握了我的方法和器械,正驻守在宋城之上,单等楚军送死。楚王听罢，只好放弃攻打宋国。墨子高蹈救世，知其不可为而为之，没有犹疑，无怨无悔。墨子与故人相见，故人说，现在天下无人行义，唯有你在坚持，何必这么自苦？他说，今十人食，一人耕，耕者不是更得多出力吗？你该劝我更加努力，不是劝我放弃。庄子评价墨子："真天下之好也，将求之不得也，虽枯槁不舍也。"

墨家学说一时风靡天下，在当时，与儒家并称世之显学。但其兴也勃，其衰也速。"犷秦隐儒，墨学亦微；至西汉儒复兴，而墨竟绝；墨子既蒙世大垢，而徒属名籍亦莫能纪述……彼勤生薄死以赴天下之急，而姓名渐灭与草木同尽者，殆不知凡几。呜呼悕已！"（《墨学传授考》）司马迁感叹墨子弟子"湮没无闻"，以无法为他们传记为憾事。笔者读史至此，不禁废书掷笔，拷问苍天：何以至此？吾为之一叹！

"兼爱"旗举，天下诘难：此路不通。人们凭什么爱别人如同爱自己、爱家人？墨子力辩：设有二君，一君执兼，一君执别，民众会选择谁？设有二士，一士执兼，一士执别，谁更有号召力？答案不言自明，但纵观历史，执兼的君主何时出现过？执兼之士虽不乏其人，但仅凭数人之力，又怎能倒转乾坤？只要存在私有制，存在家庭、国家，"兼相爱"就飘在半空里。

尚同，又怎么做得到？墨子的尚同有个前提，里长、乡长、国君、天子，都须是贤人、仁人。但当时的现实却恰恰相反，官僚不贤，君主暴虐，到头来，尚同只能是剥夺了民众的民主权利，剥夺了民众言论、意志和思想的自由，而走向封建专制。墨子的弟子们看到了墨子理论的致命伤，写下个《法仪篇》，提出只有"天纵之圣"，其主义才可作为法仪，却又坠入了玄虚一途。

墨学湮灭的根本原因，还是它给人的是个苦日子：衣以蔽寒，居可防盗，食能温饱，民众不会就此满足；劳以强力，息以去乐，死以薄葬，民众就更不买账了。日子过得太苦太累，哪怕领导人带头自苦、自累，最终也无补于世。而实现了公平、正义、平等、和平，民众的需求就要提升，就要求富、求乐、求美，而墨家的主张，就走向"反天下之心"了。

墨家浩歌遏云响，背心违世成浮云。因为它没有扎根在现实的土地上，理论难以实践，方案难以落实，成效难以持久。那些矢志不渝的分子，只好做了墨侠，单枪匹马，行侠仗义去了。这是墨家的悲剧根源。但墨家所为之奋斗的美好理想、大爱世界，永远值得人类向往，墨家精神价值永存，历史也应当永远记住这个为理想而生的特殊群体。

老庄

何曾乐逍遥

老庄并称,《道德经》《南华经》成为道家经典。老庄思想,有出世的因子,但骨子里却是积极入世。

老子治理观的核心是无为而治。"圣人处无为之事,行不言之教";"道常无为而无不为";"我无为而民自化;我好静而民自正;我无事而民自富;我无欲而民自朴。"无为而治活的灵魂,是对道的知行合一。

老子说"道":"有物混成,先天地生。寂兮寥兮,独立而不改,周行而不殆,可以为天地母。吾不知其名,强字之曰道,强为之名曰大。"

庄子将"道"投射到更加广阔的时间、空间和世间,探求天道、地道、人道,聚焦点也是天下治道。庄子就像《逍遥游》中那只大鹏鸟,但任它飞得再高再远,看到的却"都是人间城郭"。

庄子怀着对现实世界的悲观失望情绪,时常逃进虚幻的天地,发其奇思妙想,做着至人、真人、神人的梦。《南华经》成为士大夫们立朝处世的精神宝典。

在中国人的心目中，老子是神仙般的人物，庄子是得道的真人。作为道家的代表，他们的生活态度达观、出世，他们的人生过得洒脱、逍遥。但实际上，远不是那么回事。

中国士人的传统，是以天下为己任。中国伟大的思想家，著书立说，无不为了济世拯民。老子晚年，决定远离人世，出函谷关西去，守关官员尹喜让他留字，他写下五千言，也就是后人所称的《道德经》——一本治理天下的书。老子红尘未脱，心忧天下。庄子发挥老子思想，写出后人所称的《南华经》。老庄并称，《道德经》《南华经》成为道家经典。老庄思想，有出世的因子，但骨子里却是积极入世。老庄何曾乐逍遥！唐代诗人白居易写诗讥讽老子："言者不如知者默，此语吾闻于老君；若道老君是知者，缘何自著五千文？"这是不识中国古代先贤之心，是忘记了中国士人的大义。老夫子何苦多嘴，卖弄这个小聪明，示人以短呢？

老子的思维逻辑，是从宇宙观进入治理观，由自然之道进入君王、臣民之道。思想的河流溯源而上，又顺流而下，就显示出无与伦比的条畅和通达。《老子》一书，紧扣道德展开，主要对象是"圣人"，也就是得道的统治者，进而推及臣民。《老子》共81章，"圣人"一词出现32次，除去个别几章"圣人"一词重复出现，其余的，则都作为每一章中立论的落脚点。这81章中，"圣人"主语省略、或以其他词语（如王侯）替代的，约12处。此外，讲道与治国、从政、立身关系的，约24处。毫无疑问，《老子》是面向君王、面向臣子，讲述治理社会的哲学观、治国理政的大道理。因此，历代王朝、众多的统治者，无不对《道德经》青眼有加。汉代，高祖、吕后、文帝、景帝时期，黄老之术成为国家统治思想。唐宋元明清各个朝代，众多的帝王，都把《道德经》作为"君王南面之术"，治理国家之法，把学习《道德经》作为必修课。

庄子思想本源于老子。《庄子》继《老子》余绪，阐发《老子》思想，将"道"投射到更加广阔的时间、空间和世间；探求天道、地道、人道，聚焦点也是天下治道。他眼观天下（《天下》），心度帝王（《应帝王》《让王》），谈天说地（《天地》《天道》《天运》），筹谋人间（《人间世》）。庄子就像《逍遥游》中那只大鹏鸟，但任它飞得再高再远，看到的却"都是人间城郭"。他看到了老子"小国寡民"理想社会的图景：那是结绳记事时代，传说中的容成氏、大庭氏、伯皇氏、中央氏、栗陆氏、骊畜氏、轩辕氏、赫胥氏、尊卢氏、祝融氏、伏羲氏、神农氏等氏族首领，实现了天下至治，民众甘其食，美其服，乐其俗，邻国相望，鸡犬之声相闻，民至死不相往来；他对孔子、墨子心目中的理想先王猛烈抨击，不留丝毫情面：唐尧、虞舜、夏禹、周文王、周武王好智、无道，扰乱了天下；他看当世的统治者，都不满意，都看不顺眼，都缺乏信心。他怀着对现实世界的悲观失望情绪，时常逃进虚幻的天地，发其奇思妙想，做着至人、真人、神人的梦。历史上，庄子最风光的年代，是唐开元年间，他被唐玄宗李隆基诏封为南华真人，《庄子》被诏封为《南华经》。与《道德经》相比，《南华经》被历代帝王重视的程度差些，却成为士大夫们立朝处世的精神宝典。

老子治理观的核心是无为而治。《道德经》中论述颇多："圣人处无为之事，行不言之教"；"道常无为而无不为"；"我无为而民自化；我好静而民自正；我无事而民自富；我无欲而民自朴。"无为而治活的灵魂，是对道的知行合一。

要识道、明道。老子说道："有物混成，先天地生。寂兮寥兮，独立而不改，周行而不殆，可以为天地母。吾不知其名，强字之曰道，强为之名曰大。"这是老子谈道的关键章节，是走进大道之门、一览奇瑰道境的钥匙。

"有物混成"，是说道是一个混沌不分的整体。《庄子·应帝王》载："南海之帝为儵，北海之帝为忽，中央之帝为浑沌。儵与忽时相与遇于浑沌之地。浑沌待之甚善。儵与忽谋报浑沌之德，曰：'人皆有七窍以视听食息，此独无有，尝试凿之。'日凿一窍，七日而浑沌死。"对混混沌沌的万事万物，欲分，欲察，欲整齐划一，欲是非、曲直、善恶分明，不可得，也不可行，甚至危害极大。水域有鱼龙混杂，人间有善恶美丑。鱼有鱼道，虾有虾道，人群中有仙道，有佛道，有魔道，有圣道、凡道，无法强求一致。所谓水至清则无鱼，人至察则无徒。植物界，有香花，有毒草，良莠共存，方激发勃勃生机。

"独立不改"，道是绝对性存在，没有任何力量可以改变它，没有任何意志可以影响它，"天地不仁，以万物为刍狗"，只能顺应它，辅助它。逆道而动，以意为行，愿望再好，只能走向反面。用心越笃，用力越勤，为害越烈。

"周行不殆"，道遍布一切之中，无处不在，无时不在。天地有其道，万物有其道，众生有其道，每一个地方都有道的存在。青青翠竹，郁郁黄花，无非是道。明白这个道理，用心发现它，切身体悟它，有效运用它。

"为天地母"，道是万物之源，"道生一，一生二，二生三，三生万物。"万物依次呈现"道、德、物、器"四种形态，"道生之，德畜之，物形之，器成之"。域中有四大，"道大，天大，地大，人亦大"，它们各有取法，"人法地，地法天，天法道，道法自然"。遵循道的法则做事，万物万事将会自行化育繁生。

要守道、行道，"抱一为天下式"。要有对道的信念，对德的信心。

万物有道德，民众有道德，相信民众才是社会历史创造者。不自见，不自是，不自伐，不自矜。要有"阴阳对冲"的权道观。"为而不恃，长而不宰"，养育万物众生，而不仗恃己力，引导万物众生，而不加以控制。关键是抑制权力冲动。为政者粗疏，"其政闷闷"，民众就淳厚；为政者细苛，"其政察察"，民众就狡诈。"天下多忌讳，而民弥贫"，"法令滋彰，盗贼多有"。权力的法力无边。权力出手，一手遮天，机心泛滥，万事万物就会面目全非。要有"烹小鲜"的审慎。"治大国，若烹小鲜。"按河上公的注解，"烹小鲜不去肠，不去鳞，不敢挠，恐其糜也。"行政轻率，"躁则失君（主宰）"，则会乱折腾。

老庄为千载师，徒弟有智与愚。道是绝对性存在，对道的认识和把握却受人的才识、经历、偏好和外在环境影响。看三代开国打江山的帝王：唐太宗学《道德经》，读出了"古之帝王为政，皆志尚清静，以百姓之心为心"，执政为民做得比较出色。农民出身的明太祖学《道德经》，悟出了"淳风大化"，要建立一个静态的农业社会，重本抑末，禁止人口流动，圈禁人民在百里之内，"农业者不出一里之间，朝出暮入"。返朴化淳成效极大，商品经济和城市发展却停滞了。清世祖读《道德经》，读出了静笃、"包容"，他以宽为治，整顿赋税，刷新吏治，协调民族关系，缓和满汉对立，使初入中原的王朝站稳了脚跟。从总体上看，他们都是各取所需，不过所取和运用更恰当些。

老子著《道德经》至第七十章，想说的话说得差不多了，蓦然间心潮起伏，感慨万端："吾言甚易知，甚益行。天下莫能知，莫能行。"知我者少，效法我的人更不易得。唉！世上的圣人，别看他外面穿着粗布衣服，但怀内揣着美玉啊！看来他老人家也不是拿得起，放得下的人。纠结于自己说的话不被理解，不能行世，"至德之世"的理想社会无法实现，只好站出来自打圆场，自我安慰一番。神仙般的老子啊，仙风道骨何处去了？

庄子写《南华经》，该结尾了，想起他的好朋友惠施名辩天下的高谈阔论、"奇谈怪论"，禁不住大加挞伐：你惠施的学说和辛苦"其于物也何庸"，"悲夫"！（对于万物有什么用，可悲呀！）这不正是当年惠施对庄子一针见血的批判吗？"今子之言，大而无用，众所同去（抛弃）也。"庄子怎么也落入了"执着于用"的窠臼，忘记了自己反驳惠施的话：拙于用，是不能用其所用，是心灵茅塞不通；无所可用，对于万物又有什么祸害呢！心比天高的庄子，怎么像大鹏落地，变成个实用主义者了呢？"天下"情结难断！逍遥游的庄子啊，逍遥精神何处去了？

老庄，出世者？用世者？

孙子

欲把心史付兵书

唐太宗李世民说："朕观诸兵书，无出孙武；孙武十三篇，无出虚实。夫用兵，识虚实之势，则无不胜焉。"大军事家李靖说："千章万句，不出乎'致人而不致于人'而已。"

读孙子书，见满篇俱是忧患、痛悔、警告、遗憾、抱恨……历近三十年战火硝烟，出生入死，孙子对战争有了更深切的了解，对军人这个职业，有了透彻灵魂的体悟。他是把心史付兵书。

回首往事，他会不会无数次地反思：入吴，是不是一个极大的错误？为将，是不是"一失足成千古恨"？著兵法，是不是会成为千秋之罪？杀人的武器，消弭凶残的战争，也会助长罪恶和灾难。所幸天不灭孙子，让他有时日将《兵法》重修而面世，"其书通三才五行，本之仁义，佐以权谋，其说甚正"。

《孙子兵法》，是举世公认的天下第一兵书。这样一部名著，成书年代甚至作者是谁，却说法不一。最具代表性的观点：

一是司马迁《史记》中《孙子吴起列传》："孙子武者，齐人也。以兵法见于吴王阖庐（又作阖闾）。阖庐曰：'子之十三篇，吾尽观之矣，可以小试勒兵乎？'对曰：'可。'"接着，司马迁记载了孙子演练兵法的经过。时间在春秋末期，公元前512年，孙子26岁，伍子胥向吴王"七荐孙武"，孙子向吴王献上兵书。

二是著名汉学家、宾夕法尼亚大学教授梅维恒的观点：根据书中论及的战争规模和组织、战术、武器装备等，均较司马迁所说春秋时期发达，应实际成书于战国时期。他还运用文献学的方法，得出了《孙子兵法》各章完成的时间表：最早成书的是《行军第九》，时在公元前345年，距战国开始（前475）已经130年。最晚成书的是《用间第十三》，成书于公元前272年，早、晚相差73年。

三是北大教授李零的观点："《孙子》每篇，开头都有'孙子曰'三字。这点不容忽视。先秦子书，大部分都是记言式的作品，老师怎么讲，学生怎么记。前面这三个字可以说明，它是由学生整理，而不是老师直接写的。"他推测，《孙子兵法》是战国中期，齐威王下令整理齐国军法的产物。

众说纷纭，各成一家，信谁的呢？这倒给人留下了探索的空间：各家之言，都失之片面。可以这样推测：时代上演了亘古未闻、错综复杂的战局，军事家们风云际会，以其天才思维，孕育、创造出世上最为伟大的兵书。孙子初见吴王，献上的是《兵法》初稿。近三十年戎马生涯，使他的军事理论得到极大提升。吴国后期，吴王失道，奸佞当国，忠臣遭殃，面对"飞鸟尽，良弓藏；狡兔死，走狗烹"的严酷现实，他黯然退出吴国政坛，以百战之身，揽天下风云，重修《兵法》，交由子辈传诸后世。这才有了超越百代、独冠武林的兵法宝典。

兵法是克敌制胜之道。《汉书·艺文志》将兵法的学问分为四类，即权谋、形势、阴阳、技艺。《孙子兵法》四种学问兼备。《始计》《作战》

《谋攻》重点讲权谋，《军形》《兵势》《虚实》重点讲形势，《军争》等五篇重点讲地形，《火攻》讲时日，则与阴阳有关，其中多涉技艺。权谋，是从国家层面作庙算，是大战略。形势之形，是"大体得失之数"。《始计》所说五事（道天地将法）、由五事推衍的七情，《军形》所说一曰度（土地）、二曰量（粮食）、三曰数（兵员）、四曰称（实力比较）、五曰胜，是形的具体化。形是己所具备、易知易见。所以，孙子说："胜可知，而不可为。"势，是"临时进退之机"，因敌而设，因将而异，"兵无常势，水无常形"，变化无穷。所以，孙子又说："胜可为也。"形决定大势。大势改变，是持久功夫，难。大势已去，则无力回天，兵败如山倒。势可扭转局部之形，小形所积，化为大势，积小胜为大胜。阴阳，是数术之学和阴阳五行之说的应用。技巧，重在讲武器的使用和军事训练等。

《孙子兵法》历经战火检验，更为历代军事家所看重。古代曹操、诸葛亮、李世民，近代孙中山、蒋介石、毛泽东等，都曾论及。达到这样的境界，作者非指挥过千军万马的统帅莫属。书生纸上谈兵，绝无可能。唐太宗李世民说："朕观诸兵书，无出孙武；孙武十三篇，无出虚实。夫用兵，识虚实之势，则无不胜焉。"他和大军事家李靖讨论用兵作战，苦恼于将领将虚实挂在嘴上，却不会运用。李靖说："先教之以奇正相变之数，然后语之以虚实之形可也。""千章万句，不出乎'致人而不致于人'而已"。李世民、李靖的"君臣对"，抓住了《孙子兵法》的要中之要：孙子十三篇，《虚实》最重要；《虚实》的奥妙，又全在"致人而不致于人"。通过部队分合、配置、打走、迂直的变化和天时、地利、士气盛衰的利用，形成战场上我强敌弱、我众敌寡、我实敌虚的绝对优势，就赢得了主动权，有了取胜的把握。

读《孙子兵法》，见仁见智。军人看到的是战场厮杀，斗智斗勇；阴谋家揣摩出三十六计；学者从中领悟到兵法里面有哲学，芝加哥大学教授何炳棣断言，"《老子》辩证思想源于《孙子兵法》"；商家视商场作战场，日本人最早把《孙子兵法》用于商战。国人的《孙子》热，商家炒作，功莫大焉。师法司马迁追慕孔子，"读孙子书，想见其为人"，见满篇俱是忧患、痛悔、警告、遗憾、抱恨……历近三十年战火硝烟，出生入死，孙子对战争有了更深切的了解，对军人这个职业，有了透彻灵魂的体悟。他是把心史付兵书。

孙子重修兵书，挥泪泣血。他 21 岁去齐奔吴，26 岁拜将伐楚。公元前 484 年左右退出政坛，公元前 470 年前后离世。效命阖庐、夫差父子，为吴王阖庐成为春秋五霸之一立下汗马功劳。《史记·孙子吴起列传》说："（吴军）西破强楚，入郢，北威齐晋，显名诸侯，孙子与有力焉。"但是，一代兵圣，却在有生之年目睹了知己好友伍子胥误中谗言，被夫差赐剑自刎，经历了吴国由盛而衰的沉沦和亡国之恨。亡国之将何以言勇！重修兵法，恍若隔世。开篇落笔，怎能不万般滋味涌上心头！《兵法》开卷，警世之言如晴天霹雳："兵者，国之大事，死生之地，存亡之道，不可不察也。"《兵法》即将终卷，一声呐喊，如杜鹃啼血："非利不动，非得不用，非危不战……亡国不可以复存，死者不可以复生。故明君慎之，良将警之，此安国全军之道也。"

孙子警戒君主，更申饬将帅：将是决定民众生死的"司命"，将是国家安危的倚仗，将是"国之宝""国之辅"，"辅周则国必强，辅隙则国必弱"。覆军杀将，必以五危："必死可杀，必生可虏，忿速可侮，廉洁可辱，爱民可烦。"春秋战国，从戎拜将，是福是祸？是幸运还是不幸？

吴国覆亡，亡于"数战数胜"，似乎是个谜团。魏文侯问李克："数战数胜，国之福也。其所以亡何也？"李克说："数战则民疲；数胜则主骄。以骄主治疲民，此其所以亡也。"这段对话，大致点到了要害。对于亡国之痛，且看孙子的反思：

久战不决，屈力殚（耗尽）货，诸侯乘其弊：公元前 506 年，吴国打下楚国郢都，不撤兵，不作为，作威作福。半年之后，秦国派兵救楚，越国乘虚伐吴，阖庐之弟夫概潜回国内称王，吴军大败而归。破楚的大胜仗一无所获，还元气大伤。

溺于霸业，不能自拔，终致实祸："屈诸侯者以害，役诸侯者以业，趋诸侯者以利。"削弱诸侯的三招中，"役诸侯者以业"，想点事情，引诱他瞎忙活，祸害夫差不轻。"霸业梦"役使着他连年征战，穷兵黩武，金钱花光，民力耗尽，上至国家，下至民众，不堪重负，近于破产。夫差每次征战凯旋，勾践必定高接远迎，献上金银珠宝，极尽歌功颂德，让夫差飘飘然沉醉其中，乐此不疲。

强敌窥伺，知而不备，心存侥幸：越王勾践卧薪尝胆，图强雪耻，伺夫差北上，一击致命，吴国一蹶不振，不数年而国亡。"故用兵之法，无恃其不来，恃吾有以待之；无恃其不攻，恃吾有所不可攻也。"兵法像是事后诸葛亮，补牢已晚，可警后人！

"《孙子》开篇筹庙算，吴王失计国运消"，这才是吴国败亡的死穴。"夫未战而庙算胜者，得算多也；未战而庙算不胜者，得算少也。多算胜，少算不胜，而况于无算乎！吾以此观之，胜负见矣。"一国庙算，战略目标是旗帜、灵魂，敌友阵营区分，是必须"得算"的最重要的"形势"。正确的战略目标和战争部署，在于把握时代趋势，顺应时代潮流。春秋末期，战争的性质已经起了根本变化，即由"争霸战"转向"灭国战"，通过兼并，走向统一。吴国最大的战略失误，是逡巡于转变的边缘，终至逆潮流而动。吴国君臣，算不及此。孙子及其《兵法》，也没有达到这样的战略高度。战略目标不明，敌友阵营不清。公元前494年，灭越在即，夫差却突然接受了勾践臣服。惑于勾践奴颜婢膝，眼睁睁让越国再度坐大。明智的抉择，是"联齐灭越"，却又反其道而行，海陆齐出，频频伐齐。随后，攻鲁定盟，北上与晋争夺盟主于遥远的异国他邦，在争霸的不归路上越走越远，直至穷途末路，回头已晚。

名将的至高境界，是"出将入相"。孙子离夫差尚远，他所处的位置，没有这样的可能和机会。这制约了他军事才华的施展，影响了他所成就的军功的高度，也造成了孙子及其《兵法》战略构想的缺陷。唐玄宗、唐肃宗年间，开设武庙，以吕尚为"武宣王"，以十哲配享于庙堂。他们是汉太子少傅张良、齐大司马田穰苴、吴将军孙武、魏西河守吴起、燕昌国君乐毅、秦武安君白起、汉淮阴侯韩信、蜀丞相诸葛亮、唐卫国公李靖、唐英国公李勣。十一颗将星，"帝王之师""王佐武臣"居多。吕尚为周朝建井田，立军制，教战法，以成武功，是开创周朝八百年基业的第一功臣。张良辅佐刘邦"运筹策帷帐之中，决胜于千里之外"，下邑画策，建立起韩信、彭越两支战略部队，形成三路大军对付项羽的战略态势。楚汉议和、军队回撤之际，张良力主杀回马枪，一战定乾坤。因此，吕尚、张良无可争议地坐上武庙主、次二席。十哲中其他人，吴起治国治军，诸葛亮三分筹策，都起到改写历史之功效。按照这样的标准，孙子也就难以企及了。《尉缭子》评论军事家："有提十万之众而天下莫当者谁？曰桓公也。有提七万之众而天下莫当者谁？曰吴起也。有提三万之众而天下莫当者谁？曰武子也。"对此，即便孙子在世，也只能任其评说，抱恨而又无奈。

春秋无义战。至于战国，世风日下，乃至"诈谋用而仁义之路塞"。天下大乱，寄望于君。"君孰有道？"孙子所想，或许君若有道，战可有道。但是，这样的伟大人物出现，条件尚缺。时代无解的难题，孙子又能奈何？回首往事，他会不会无数次地反思：入吴，是不是一个极大的错误？为将，是不是"一失足成千古恨"？著兵法，是不是会成为千秋之罪？杀人的武器，消弭凶残的战争，也会助长罪恶和灾难。所幸天不灭孙子，让他有时日将《兵法》重修而面世，"其书通三才五行，本之仁义，佐以权谋，其说甚正"。

商鞅

战车隆隆向何方

商鞅变法的政治纲领："三代不同礼而王，五霸不同法而霸。""礼、法以时而定，制、令各顺其宜。"臣故曰："治世不一道，便国不必法古。"

商鞅变法，要把秦国打造成军国体制，打造成一部战争机器、一辆战车。实行"壹赏、壹刑、壹教"，使民乐于死战，"民闻战而相贺也，起居饮食所歌谣者，战也"。

商鞅禁锢思想，焚毁诗书，把仁义、孝悌等说成"六虱"，"六虱，曰礼乐，曰诗书，曰修善，曰孝弟，曰诚信，曰贞廉，曰仁义，曰非兵，曰羞战。"他要消灭"五民"：就是诗书谈说之士、处士、勇士、技艺和商贾之士。

商鞅变法，为秦统一六国奠定了基础，也种下了恶的基因，播下了后来加速灭亡的种子。

公元前361年，秦孝公即位。他急于改变兵弱主卑、诸侯以"夷狄遏之"的屈辱局面，下令召贤。商鞅闻讯，从魏国来到秦国。他三说秦孝公，祭出帝道、王道和霸道三套治国方案，最终以霸道强国之术打动了秦孝公。在朝廷讨论变法的会议上，他舌战甘龙、杜挚，亮出变法的政治纲领："三代不同礼而王，五霸不同法而霸。""礼、法以时而定，制、令各顺其宜。"臣故曰："治世不一道，便国不必法古。"

商鞅要把秦国变到哪里去？"国之所以兴者，农战也。"重农，也是为了达到尚武的目的。当时的时代特征是，"强国事兼并，弱国务力守"。战争胜败，决定国家生死存亡。商鞅变法，要把国家打造成一部战争机器、一辆战车，把人民造就成一支虎狼之师。

秦国实行全民皆兵，男女老少编为三军。壮男为一军，壮女为一军，男女老弱者为一军。国家激励、动员机制，采用战争体制，实行"壹赏、壹刑、壹教"。壹赏，就是"利禄官爵，皆出于兵，无有异施"。壹刑，就是刑无等级。自卿相、将军以至大夫、庶人，违反法律，一律同罪。所谓壹教，就是让全民皆知，国君需要我，"存战而已矣"。要以壹赏、壹刑、壹教，使民乐于死战，"民闻战而相贺也，起居饮食所歌谣者，战也"。

商鞅的户籍制，编织成一张制民的大网；连坐制，让这张大网更加密实。军队内，五人为一伍，编成名册，一人战死，其他四人没有出手救助，就要受到处罚。临阵脱逃的，无处藏身，打了败仗就没有生路。军队开拔，父亲告诉儿子、哥哥告诉弟弟、妻子告诉丈夫：不打胜仗，不要回来。违反了法令，你死，我也得死！所以，"三军之众，从令如流，死而不旋踵"。

任何变法、维新，无不立基于人对名利的欲求。商鞅一手握名，一手握利，"名与利交至"。利，有官爵、珠玉、土地，以及与官爵相对应的特权等。具体做法，有对利的重新分配，有组织、制度重构，终以法律形式明晰、固定。为奖赏战功，将军爵定为二十等，每斩首一级，晋爵一级，愿意做官的，授予相应官职。清除新法实施障碍，废除世卿世禄制，规定宗室没有军功，不得列入宗室簿籍，依功劳大小，确定爵位、田宅、奴婢和占有的车马、器物。废井田，开阡陌，取消一切禁限，任凭民众兼并、买卖土地。耕种土地不限数量，越多越好。

商鞅变法，触及面之广、力度之大，在诸侯国中是空前的。他以"徙木示信"："令既具，未布，恐民之不信，已乃立三丈之木于国都市南门，募民有能徙置北门者予十金。民怪之，莫敢徙。复曰'能徙者予五十金'。有一人徙之，辄予五十金，以明不欺。卒下令。"

变法遇到的阻力也大，其宁折不弯的意志力，也为史上所仅见。太子犯法，师傅代为受过，公子虔、公孙贾一个被割鼻，一个被黥面。商鞅下手狠辣，时时感受到自身生命之危，每次出门，必有几十辆车辆保护，由武装卫士戍卫。赵良见商鞅，以利害相劝："君之危若朝露，而尚贪商于之富，宠秦国之政，畜百姓之怨。"秦孝公一旦有个三长两短，秦国用来逮捕您的罪名还会少吗？"商君弗从，居五月而难作。"

一个政治家，为了实现自己的政治主张，必要有"虽千万人吾往矣"的毅力，但是，他不能只想到成功，不能只算计利益，他还要想到对人的精神升沉，对人类生活品质的影响。

商鞅变法，为秦统一六国奠定了基础，它也种下了恶的基因，播下了后来加速灭亡的种子。贾谊《治安策》称："商君弃礼义，背仁恩，并心于进取，行之二岁，秦俗日败。"秦统一全国后，历十五年，二世而亡。

当时的大势，其实并不在要不要法，要不要变法。立法、变法，是各诸侯国图存求强的不二选择。商鞅之前，有魏国、楚国的李悝、吴起变法。与商鞅同时，有韩国的申不害变法。商鞅之后，有赵武灵王胡服骑射。变法的关键，在于以什么样的指导理念，是道王者之法、道霸者之法，还是道苛暴之法？

按照商鞅的设计，国家成为战争机器，人民只需做耕地的牛马、捕猎的狼犬。但社会经济发展，却出现社会分工，形成士、农、工、商阶层；君主专制，只需要命令和服从，但民本意识、仁政、德政理念、人伦道德，却已经深入人心。这也是时宜，不合时宜甚至相悖逆，必然走向反民本、反文化、反道德、反人性的轨道。

商鞅与孟子同年生人。当时民本思想大盛，《尚书》有言："民惟邦本，本固邦宁。"孟子提出"民为贵，社稷次之，君为轻"的著名论断。民本思想体现为执政理念，则是君主顺从民众意愿，以仁政、德政收拢人心。至于孝悌之类人伦礼义，是人之为人的基本遵循。民本、仁政、德政、孝悌等，为儒法诸家所认同，为执政者所接受，不管是发自本心，还是不得不为。

商鞅活跃于秦国政治舞台，离李悝、吴起的年代不远。商鞅从魏至秦，所行新法，多效仿李悝、吴起。魏武侯与吴起，有一段精彩对话：

武侯乘船顺黄河而下，到达中流，对吴起说："美哉山河之固，此魏国之宝也！"吴起回答："在德不在险。昔三苗氏，左洞庭，右彭蠡；德义不修，禹灭之。夏桀之居，左河济，右泰华，伊阙在其南，羊肠在其北；修政不仁，汤放之。商纣之国，左孟门，右太行，常山在其北，大河经其南；修政不德，武王杀之。由此观之，在德不在险。"

这是法家人物说仁说德。

秦孝公和商鞅都崇尚霸道。再看秦穆公、晋文公两大霸主说仁说孝：晋献公死，秦穆公派使者向晋公子重耳（晋文公）吊唁，并试探他是否想乘机求位。重耳婉辞申明，自己身居父丧，哀伤欲绝，不敢有他志。秦穆公大为赞赏，说："仁夫公子重耳！"

法令可变，制度可变，朝代常变，但人类认同、向往并为之求取的价值不会改变！"二帝三王之治，其变固殊，其法固异，而其为国家天下之意，本末先后，未尝不同……盖法者所以适变也，不必尽同；道者所以立本也，不可不一。"（曾巩《战国策序》）

商鞅的变法理论和变法实践，违背了大道，走进了误区，走向了邪恶之路，具体表现为：

法律的制定，要由君主独断专行：法令，是君臣应当共同遵守的，但"权者，君之所独制也"。如果"人主为法于上，下民议之于下，是法令不定，以下为上也"。这叫名分不定，名分不定，连尧舜都可能走入歪门邪道，成为奸人，况且是老百姓呢？立法的目的，是制民、胜民："昔之能制天下者，必先制其民者也；能胜强敌者，必先胜其民者也。故胜民之本在制民，若冶于金，陶于土也。本不坚，则民如飞鸟禽兽，其孰能制之？"法是制民的根本，"故善治者塞民以法"。制民，必愚弱其民，畏吓其民，民愚则易治，民弱则易使，民畏则甘做羔羊。商鞅之法，由严刑峻法一步步走向酷刑、暴政。

禁锢思想，焚毁诗书，必欲消灭所有"非农战"人群而后快。他把仁义、孝悌等说成"六虱"。"六虱，曰礼乐，曰诗书，曰修善，曰孝弟，曰诚信，曰贞廉，曰仁义，曰非兵，曰羞战。""无六虱，必强"，"有六虱，必弱"，"好用六虱者亡。"他把诗书、礼乐等作为必去的十事，国以"诗、书、礼、乐、善、修、仁、廉、辩、慧"十者治，敌至必削，不至必贫。国去此十者，敌不敢至，至必败走。兴兵而伐，必取；按兵不伐，必富。对十大祸害怎么去？"燔诗书而明法令。"他要消灭"五民"：就是诗书谈说之士、处士、勇士、技艺之士和商贾之士，"五民加于国用，则田荒而兵弱"。把"六虱"、诗书连同"五民"一齐灭绝，就是他的理想社会了。

战车隆隆，一路奔腾，必将文明碾为尘土。大地上，只留下尸骨和瓦砾，活下嗜血的狼群。

好在大秦帝国没有走向极端军国主义。战国的历史，也没有以这种方式终结。秦统一六国，也就不能说是商鞅变法，甚至法家学说的成功。

商鞅变法积二十年时间，秦孝公死，商鞅遭车裂之刑。到秦统一六国，商鞅重农战的基本国策，始终为秦的历代国君所坚持。但其反民本、反文化、反道德、反人性的一面，从来就没有真正实行过。

商鞅死后，诗书游说之士一直活跃于秦国政治舞台。张仪、范雎、蔡泽、李斯之辈，作为"客卿"，都受到重用，位至宰相。官员也大都有一定文化，不是只会杀人的武夫。荀子到秦国考察，对秦国官场有很好的评价。技艺之士，大显身手。陕西博物院内陈列的秦代出土文物，铜马车制造技术之精巧，今人也无法复制。冶炼技术先进，刀剑箭镞，进入钢铁时代，而中原各国，多数还在青铜时代。冷兵器时代，其先进与落后的差别是巨大的。商贾之士也如鱼得水，大商人吕不韦到秦作政治投机，大获成功，说明商人很有市场。"燔诗书"甚至坑儒，是在秦始皇时代才下的手。把仁政、德政真正作为"六虱"之一，也是秦始皇。一个重要标志，是税收由十一税而至半数收入纳税，老百姓填饱肚子也难，加上无休止的徭役，真正成为君主的牛马、狼犬了。

  商鞅的学说见《商君书》。韩非继承商鞅之法，与申不害之术、慎到之势结合，形成"法术势"的封建专制制度理论体系。它把君主独裁专制，提升到更加突出的地位。它以君王权术，打开了地狱之门，煽起君主和众庶最恶劣的情欲，其手段之阴森，闻之即令人毛骨悚然。这一套彻骨的"法家理论"，倒是为"暴君王"秦始皇所全盘接纳了，大一统后的秦帝国不仁、不义、不德达到登峰造极，仅仅存在了十五年，成为一个短命王朝。

  秦国的胜出，因地缘、因机缘，因多种因素。秦有四塞之固。秦取守势，可休土息民；秦窥关外，可待良机。那个时代，一国君主的贤明或昏庸，直接决定国家兴衰；一国将领一战的胜败，直接决定一国力量强弱的转换。秦孝公去世，至秦王嬴政立，凡九十一年，历五君，而惠文王、昭襄王（在位五十六年）当国即达八十三年，且都是有为之君。政局稳定，是国家走向强盛的天赐机缘。

  这里有一个千年误会：秦成为胜者，似乎代表法家和商鞅的胜出。而后世每当国家危难关头，力图振衰求强、救亡图存的政治家，往往以法家为圭臬，以商鞅变法为砥砺，真正是大谬不然了。

孟子

扯去君装是民装

孟子被视为孔子之后儒家道统的传人。孟子说仁义，斥霸道，倡民权，抑君权，主性善，讲一个人只要尽心知性，养浩然正气，就可以修成大丈夫人格。

孟子思想闪烁着民权真理的光辉。他提出鲜明的民本思想，"民为贵，社稷次之，君为轻"；提出一种对等的君臣关系，"君之视臣如手足，则臣视君如腹心；君之视臣如犬马，则臣视君如国人；君之视臣如土芥，则臣视君如寇雠"；提出理想的君民关系，"乐民之乐者，民亦乐其乐；忧民之忧者，民亦忧其忧"。

《孟子》本可以走出人格独立、天赋人权的现代精神之路，却在深厚的封建土壤上，长成一颗硕大的封建果实。

读《孟子》七篇，怎么看怎么觉得孟子是一个革命者，怎么看怎么觉得孟子是一个平民思想家。但是，他又怎么和孔子纠扯在一起，成为"孔孟之道"？他的思想，又怎么被纳入了封建统治的思想体系；他这个人，又怎么被称为了"封建卫道士"？

孟子自称志学于孔子。因为两人年龄相差太多，他找了曾子、子思作中介，曾子是孔子的学生，子思是曾子的学生，孟轲师子思。唐代的韩愈，发明儒家道统说，把他作为孔子之后儒家道统的传人。孟子说仁义，斥霸道，倡民权，抑君权，主性善，讲一个人只要尽心知性，养浩然正气，就可以修成大丈夫人格。他的生前身后，始终有毁誉相伴随，有大红大紫的荣光，但多数时间际遇不佳。

孟子思想具有强烈的革命倾向、造反精神。他带领一众弟子周游列国，见到齐宣王。齐宣王问他："汤放桀，武王伐纣，有诸？"孟子说："于传有之。"齐宣王问："臣弑其君，可乎？"孟子说："贼仁者谓之贼，贼义者谓之残。残贼之人谓之一夫。闻诛一夫纣矣，未闻弑君也。"按孟子的解释，桀纣残仁害义，是暴君，是独夫，诛桀纣是除暴，是行仁义，不是弑君。孟子讲君臣关系，言辞更加犀利。他认为，君臣关系是一种对等关系，君行君道，则臣守臣道。君若不仁，臣则不义。他说："君之视臣如手足，则臣视君如腹心；君之视臣如犬马，则臣视君如国人；君之视臣如土芥，则臣视君如寇雠。"这样一些离经叛道的言论，几千年间不断地受到质疑和挞伐。

孟子思想闪烁着民权真理的光辉。他提出"民为贵，社稷次之，君为轻"的民本思想，他从理论上推翻了"君权天授"的神话。他的学生万章问他："尧以天下与舜，有诸？"孟子回答，没有的事。天子不能以天下与人。万章又问，那么，舜有天下是谁给的？孟子说，是天给的、民给的，"昔者尧荐舜于天而天受之，暴之于民而民受之。故曰：'天不言，以行与事示之而已矣。'"天又怎么以行与事示之呢？他引用《尚书·泰誓》中的话："天视自我民视，天听自我民听。"在这里，天与民的关系实现转换，"君权天授"实则就成为"君权民授"了。

孟子说民，金语纷呈。像"得民心者得天下，失民心者失天下"，被当政者频频引用。他说，桀纣失天下，是因为失去了民心。要维持政权，就要关心民生，培育民智，与民同忧同乐，因为"乐民之乐者，民亦乐其乐；忧民之忧者，民亦忧其忧。"孟子来自社会下层，知道老百姓所思所盼，描绘出一幅理想的社会图景："五亩之宅，树之以桑，五十者可以衣帛矣。鸡豚狗彘之畜，无失其时，七十者可以食肉矣。百亩之田，勿夺其时，八口之家可以无饥矣。谨庠序之教，申之以孝悌之义，颁白者不负戴于道路矣。"温饱和"小康"，成为中国民众的千年之梦。

孟子的革命理论与民本、民权思想，互为表里。民心是执政合法性的依据，失去了民心，一个政权就失去了存在的合理性，有道伐无道，朝代更替，也就成为历史发展的规律。孟子的革命维新理论和民本、民权思想，历久弥新，是中华文明中最可宝贵的财富，也是为人类文明贡献的宝贵遗产。

伟大的思想必定产生于特定的时代。孟子处于战国中期，百家争鸣，成为时代潮流，人心的争夺，成为富国强兵、适者生存的必然法则。孟子之前的公元前684年，齐国出兵进攻鲁国，曹刿与鲁庄公谈论战事。曹刿问鲁庄公靠什么打胜仗，鲁庄公连讲了几条理由，曹刿都认为不靠谱。当鲁庄公谈到对民众的态度，"小大之狱，虽不能察，必以情"，曹刿感到有了取胜的把握，说："忠之属也（尽心替人民办事了），可以一战。"鲁国打了大胜仗，并成为历史上的著名战例。孟子之后，战国末期，齐王派出使者到赵国，赵威后见使者，先问岁，次问民，最后才问王，使者听了很不高兴，说："臣奉使使威后，今不问王，而先问岁与民，岂先贱而后尊贵者乎？"赵威后说："不然。苟无岁，何有民？苟无民，何有君？故有问，舍本而问末者耶？"这样的思想、言论，在记载先秦历史的文献中比比皆是。这个时代，民众在国君心目中的分量很重，"民贵君轻"已经成为很多执政者的共识，这是孟子思想形成和传播的深厚土壤。

中国实现封建大一统，政治环境极大改变，孟子的主张也就越来越被统治者所厌弃。自汉至唐，孟子一直被冷落。到唐太宗重视儒学，升格孔子为先圣，在孔庙正中设孔子神位，其旁设孔子的弟子颜回、先秦的左丘明、卜子夏，汉魏晋的孔安国、郑玄、何休、杜预等22人配享孔子庙，却没有孟子的一席之地。孟子开始火起来，是在宋神宗时代，主要得益于王安石、朱熹。他们尊孟的共同目的，是防止意识形态被"释化"。佛教自东汉时传入中土，到唐代盛行，与道教一起，几欲取代儒学。到了宋代，愈演愈烈。《大慧语录》中记载，王安石曾有一问：孔子去世百年，生孟子亚圣。后绝无人，问题出在哪里？答案是，不是没人，有超过孔孟者。但是，"儒家淡薄，收拾不住，皆归释氏去"。作为一个国家政权，主流意识形态的动摇是极其危险的。宋神宗起用王安石变法，王安石利用手中的权力，在思想文化领域，重新阐释儒家经典，把孟子抬进孔庙，将《孟子》列为经书，作为科举考试内容。

以朱熹为代表的宋代理学家们尊孟，还有另一重目的，就是救世。他们认为，思想混乱，必然导致道德滑坡，是时，社会已经到了"无一毛一发不受病者"的程度。他们开出的救世药方是救心，让人心回到本有的善性上来。这是儒家自孔子之后，曾子、子思、孟子一脉的主张。朱熹作为理学的集大成者，突出《大学》《中庸》《论语》《孟子》等四书的作用，确立《孟子》作为经的特殊地位，建立起自己人本主义的复性学体系：《大学》专讲德，是纲领和方法论；《论语》专讲仁，讲复礼归仁；《孟子》专讲心，讲尽心知性；《中庸》专讲理，指示人们以道心克服人心，达到天理善性的复归。这是继董仲舒提出"独尊儒术"之后，儒学发展史上的又一次飞跃，儒学最核心的价值开始成为主流意识形态。但是，孔孟被一起绑到了理学的战车上，孟子思想在岔路口上偏了向：它本可以走出人格独立、天赋人权的现代精神之路，却在深厚的封建土壤上，长成一颗硕大的封建果实。理学借以实现人性复归的具体内容，又绕回到了仁义礼智、孝悌忠信、三从四德之类的儒家道德，从而被封建统治者接过去大加推行，孟子思想逐步变成奴化民众的工具。至王阳明创立心学，完全抛却外物。但人心中有个猛虎，没有关住它的笼子，一旦肆虐成性，危害会更烈。

名实不一，破绽自出。孟子地位被抬得最高的宋代，也是疑孟、诋孟最厉害的时代。冯休作《删孟子》、司马光作《疑孟》、李觏作《常语》、郑厚叔作《艺圃折衷》、晁说之作《诋孟》，叶适从反孟子到反朱熹，大批儒者都加入到这个反对阵营中。郑厚叔批孟："轲也，忍人（残忍的人）也，辩士也，仪、秦之雄也。其资薄，其性慧，其行轻，其说流。"其"挟仲尼以欺天下也"。李觏批孟子："孔子死不得其传矣！彼孟子者，名学孔子而实背之者也。"他无限上纲上线，说："孔子之道君君臣臣也，孟子之道人皆可以为君也。"针对孟子汤武伐桀纣说，李觏讲："呜呼！吾乃不知仁义之为篡器（篡夺政权的工具）也。"这就有点扣帽子、打棍子的嫌疑了。这些疑孟、诋孟者，是站在统治者的立场上，扯去孟子身上的君装，以妖魔化的手段，让世人认识所谓"亚圣"的骗局，但是，却从另一面让世人领悟到了孟子对孔子学说的发展，感受到孟子革命思想的光辉，看到一个本来的孟子面目。

荀子

异说天人世难容

荀子三任稷下学宫祭酒，坐到了那个时代学术象牙塔的塔尖上。他研究天，穷究人，遍览世间学问，推演世运之变，为即将到来的新时代勾勒出清晰的蓝图。

他处处代孔子立言，却走过了头，走得太远。一个大儒，世代有人把他抬进法家的殿堂。

他把天物质化，宣判了上帝的极刑：上帝死了。他把人物欲化，首倡人性恶，宣布圣贤死了。他在文化观上，提出"务息十二子之说"，《非十二子》可说是一篇典型的文化专制主义宣言。

他一生"名声不白，徒舆不众，光辉不博"，"术不用于当时，而名灭裂于后世"。

如果说，有谁真正能够做到"究天人之际，通古今之变"，荀况应当算作其中一人。他十五岁来到齐国，进入战国时代百家争鸣的学术中心稷下学宫。活到八十多岁，一生多数时间在此游学讲学，著书立说。齐襄王时（前283—前265），"最为老师"，三任祭酒，坐到了学术象牙塔的塔尖上。他研究天，穷究人，遍览世间学问，推演世运之变，为即将到来的新时代勾勒出清晰的蓝图。他是那个时代第一大儒，是诸子百家思想的集大成者。但是，他一生"名声不白，徒舆不众，光辉不博"，"术不用于当时，而名灭裂于后世"，这当是他人生、事业的一大失败吧！

他秉持孔子遗教。他的弟子们说，"观其善行，孔子弗过"。其著述《荀子》，篇目结构仿《论语》。《论语》开篇讲"学而"，《荀子》开篇为《劝学》；《论语》结语为"尧曰"，《荀子》终篇为《尧问》。孔子思想，中心是仁，把礼作为行仁的路径。荀子的《礼论》，理事精当，为后世创法。孔子讲天，有"天何言哉？四时行焉，百物生焉。天何言哉！"。荀子以天立论，《天论》提出他的主要哲学观点。孔子讲人性，只一次，共八字，"性相近也，习相远也"。荀子以人性为题，演成《性恶》篇，成为其法术思想的基石。他处处代孔子立言，却走过了头，走得太远。一个大儒，世代有人把他抬进法家的殿堂。

他把天物质化，宣判了上帝的极刑：上帝死了。天界高深难测。孔子讲天，天似有意志，又似无意志，是在有无之间。说有，如他常常提到天命；说无，如墨翟攻击"儒以天为不明"。自有史可据的殷代，天就是人世间的主宰。殷的祖先神就是上帝，人神一体。周代殷，这个道理说不通了，于是就有了人神为二。上帝不喜欢殷人了，重新选择了周人，周的祖先神假哉天命，克配上帝，天人又实现了"合一"。上天安排了人间的秩序：君主为天子，君权由神授。君主代行天命，做得出色，天降祥瑞；朝政失德失序，天降灾异，是为天谴。"国之大事，在祀与戎"，祀就是敬天地，祭祖宗。

荀子《天论》，扯去了天的神秘面纱，天是物质的天，自然的天，天无意志，天无上帝，天无神性："天行有常，不为尧存，不为桀亡。"治乱非天所为：日月、星辰、瑞历、桀、禹所同，禹以治，桀以乱。星坠、木鸣、日食、月食，都是自然现象，是"天地之变，阴阳之化，物之罕至者"，不值得大惊小怪。天旱祈雨、卜筮决定大事，都不过是文饰政事的手段罢了。在今人，听到这番道理，不会惊奇，但在荀子的时代，在两千多年前，就大不一样了。

上天的神性，带给人间以敬畏心。上帝死了，谁去制约手握天下的君主？谁去扼制人间的恶行？当民众还没有能力把握自己的命运，天就是他们最后的保护神；当法律和道德还不能完全维护人间正义，天就是他们心中的指望。天地不神，也与礼相悖。荀子说："上事天，下事地，尊先祖而隆君师，是礼之三本。""无天地恶生？无先祖恶出？无君师恶治？"荀子杀死了天，礼就被砍去了"头"。他写《礼论》，写到一个国家最为重要的天地之礼，只好一笔带过，语焉不详。天地不神，制天命而用之，人类"人定胜天"的自我膨胀，发展到在大自然身上任意施虐，大自然则一次次将它的惩罚还给人类。按照荀子《天论》，当让天地间的秩序重作安排。但那个时代，人类还没有这样一种能力。到了汉代，董仲舒创"天人感应说"，借汉武帝之手，又把天救活了。

他把人物欲化，首倡人性恶，宣布圣贤死了。天地人谓之三才。天地人互参，将人类精神提升到至大至高的境界。孔子讲"性相近"，学界结论性的观点，是说善的本性相近，确立"匹夫不可夺志"的命题，要弟子自勉，做仁者，做君子，做圣贤。孟子倡性善，"尽其心者知其性也，知其性则知天矣"，将人性与天打通、合一。他发明"神"人同形说，天降大任于斯人；善养浩然之气，其气至大至刚，塞于天地之间，化为一个人、一个民族的气节。人类精神的晴空，圣贤如大星丽天，化成人间一道风景。

荀子的《性恶》观："人之性恶，其善者伪（注：伪通为）也。"今人之性，生而好利、疾恶、好声色。"圣人之所以同于众其不异于众者，性也；所以异而过众者，伪也。""凡人之性者，尧、舜之与桀、跖，其性一也；君子之与小人，其性一也。"

性恶论说人，圣贤不圣也不贤，人也没有天生的良知良能，人为天地之灵的尊贵无存，世间活动着的是从洪荒中走来的一群动物，一伙桀、跖，一帮小人。其善全靠为，但有谁愿意灭人欲而为？礼义感化，又能有多少作用？人性恶的结局，必然走向对人类的悲观论、教化无用论。像他的弟子韩非，极力反对德化，强调只要用好棍棒和刀剑就行了。

性恶论架通了由礼入法的桥梁：人之性恶，所以才要明礼义以化之，起法政以治之，重刑罚以禁之。这让法家拿了过去，成为其理论基石。无怪乎，世代有人称他为法家。而他的两大弟子李斯和韩非，都成为法家的泰斗式人物。

按照马克思的观点，人是进化史中的人，是社会关系的总和，是在社会历史发展漫长链条上的一分子。人有生物阶段，有动物阶段，有社会意识造就阶段，是居于某一发展阶段、某一节点上的生命结晶体。从生理学角度讲，人的遗传基因，决定了人与生俱来的潜质。栽什么树苗结什么果，撒什么种子开什么花。基因的种子，待土壤、气候而长成，此所谓天造地设。

物质化了的天，物欲化了的人，还能指望社会好到哪里去？荀子对社会理想的追求，一步步滑向泥淖里。

战国纷争，统一已是大势。统一后的社会，是一幅什么图景？荀子的理想，是一个四海一家的礼法社会。怎么实现？他崇尚王道，天下归心之谓王。可惜天下无王。他再取霸道，重法爱民之为霸。很遗憾，天下也无霸。战国七雄，执鹿者属秦，似乎已经没有很大悬念。但是，"暴秦"闻名于世，它和仁爱完全不是一个路数。出人意料的是，荀子到秦国作了一次实地考察，秦政竟是如此合他的意。宰相范雎问其所见，他以古之民、古之吏、古之士大夫、古之政相称许，以"治之至也"而叹服。这说明，他的治理理念，本质上和奉行严刑峻法的法家已经没有太大差别了。他不认同的一点，只是秦国用人上的缺失。他告诉范雎：如果以王者的功业来衡量秦政，相距还是太远，"是何也？则其殆无儒耶。故曰：粹而王，杂（杂用）而霸，无一焉而亡"。这可激怒了秦昭王。秦昭王会见，单刀直入，说："儒无益于人之国。"荀子极言"儒效"，让秦昭王道了好。但是，他的主张，并没有对秦政带来多少改变；他作为大名鼎鼎的一代宗师，也没有受到挽留而得以重用。秦在逞力、施暴、用诈的路上越走越远。他带着极度的失意离开秦国，寓居兰陵，著书立说去了。到了后来，他的两大弟子却越陷越深。韩非造说，李斯为用，共同催熟了封建专制制度这颗果实，助成了秦始皇的暴虐无道。

他的天道观、人性观、社会观，都宗于一个机械的"物"，其文化观同样走向简单、粗暴。他的《非十二子》，可说是一篇典型的文化专制主义宣言。他痛斥十二子，"假今之世，饰邪说，文奸言，以枭乱天下"。十二子中著名者，有墨家的墨翟、宋钘，法家的慎到、田骈，名家的惠施、邓析等。对儒家的打击面最大，称孔子弟子子张、子夏、子游为"贱儒"。对孔门后生子思、孟轲，攻击的火力更猛，从历史观、人性说到哲学思想，进行全面清算。但是，人心思善，世道向善，子思、孟子学派的心性学不容易打倒。到南宋朱熹，以理学大行于世，以正心起性作为救世药方。

"邪说""奸言"泛滥，那该怎么办呢？荀子的办法，是上法舜禹，下则仲尼、子弓，"务息十二子之说，如是则天下之害除，仁人之事毕，圣王之迹著矣"。可谓师生一脉相承。他的弟子韩非、李斯也都主张燔书，李斯还促成了焚书坑儒。当然，所燔之书，首当其冲，却是儒家典籍。到汉武帝，又反了个儿，独尊儒术，应了荀子之愿，虽名同实异，都不过一文化专制。

荀子勾画的，是一幅唯物、唯法、世俗的一统江山图和治理模式。时空的挪移，述说着它的正误。但是，荀子杀死天神，捅破了天，统治者冷落他，老百姓也不会喜欢他；荀子齐一尧、舜和桀、跖，灭了圣贤，士大夫敌视他；荀子推行文化专制，搅乱儒家后院，世代读书人对他不会有好印象。这样一个荀子，其个人际遇不佳，时也？己也？当是再清楚不过了。不过，时移世易，西方文明传入之后，荀子坐上了唯物主义思想家的交椅。一个时期批儒评法，他又作为法家和进步思想家的代表人物备受推崇。看来，思想家和政治家一样，际遇都有沉浮。思想家的思想很有道理甚至完全正确，如果说不到人心里去，世人也不会买账。

管子

霸旗之下聚百家

春秋时期，桓管霸业无出其右者；战国争雄，齐国霸业依然威武雄壮。齐国霸业鼎盛时期，稷下学士一度达到三千多人。儒家、法家、道家、墨家、纵横家、名家、兵家、农家、阴阳家，都在张扬着各自的救世主张，展示着不凡的干世才华。

《管子》汇聚百家学说，以帝王霸主学术统领全书，是我国社会大动荡、大变革、大转型时代思想发展史的见证和文化成果的集中展示。它像江河东流，汇成大海。诸子百家，不会忘却自己来自何方，却已经不是来时模样。不过，它们由此获得新生。

管仲，是春秋时期（？—前645）齐桓公霸业的总导演；《管子》，是战国时期（前475—前221）服务诸侯争霸的霸政大书。霸旗之下，聚集起诸子百家，凝结了一个时代的思想智慧。

一

春秋战国，百家蜂起，士人阶层形成、壮大，一步步登上政治舞台。他们干谒诸侯，期冀封侯拜相，一展宏图。目光所向，主要是大国、强国，有为之君。

到战国前期，逐渐形成了东、西方两强并峙的态势。齐国自姜太公立国，一直雄踞东方。秦国自秦孝公用商鞅变法，迅速崛起。一东一西两个大国，走的是两条不同的路子。秦国"利出一孔"，一切围绕农战，农也是为了战；排斥文化，把诗书礼乐视为危害国家的"六虱"之一，将诗书游说之士视为必须消灭的"五民"中的一民，这就堵了士人的西进之路。齐国不同，这个老牌贵族国家，兴渔盐之利，通天下财货，重视文化。自田齐桓公（田午，前400—前357）在稷下设立学宫，招揽天下士人，至齐威王、齐宣王时期，文星群聚，百家争鸣，盛极一时。他们门派不同，主张各异，却有着共同的目标，就是让天下回归秩序，让黎民减少苦难，进而实现天下一统。实现这一天下目标，要由大国担当，靠有为君主举旗。稷下学者身在齐国，看好齐国，为齐国设计出一幅王霸蓝图，当是应尽的责任。

以孔子为代表的先哲，法先王，尚先贤。这一传统，在稷下学者身上得到充分体现。他们把目光投向历史深处，投向齐国最典型、最引以自豪的春秋早期的桓管霸业。管仲是可以祭起的一面旗帜，管仲留下的遗产，是可以广为利用的一笔宝贵财富。

二

从《管子·大匡》、《国语·齐语》和《史记·管晏列传》等文献，大致可以看到真实的管仲面貌。

管仲名夷吾，字仲，约生于公元前725年，卒于公元前645年，活了80岁左右。管仲早年，经过商，当过兵，为过吏，做过多种多样的事情。但经商赔本，打仗败北，做官被逐，后来参与宫廷斗争，成了齐桓公的阶下囚。

齐桓公小白是齐僖公三个儿子中最小的一个。鲍叔牙辅佐公子小白，管仲辅佐僖公次子公子纠。齐僖公死，公子诸儿以长子身份继位，称齐襄公。齐襄公无道、被弑，公子纠、公子小白争位，公子纠失败被杀。在这场君位争夺战中，管仲一箭射中桓公衣带钩，差点要了他的命。桓公登位，鲍叔牙荐管仲。桓公不计一箭之仇，任管仲为相。在管仲辅佐下，齐国厉行改革，富国强兵，高扬"尊王攘夷"的大旗，完成了称霸大业。

"尊王"是一个政治口号，短期目标，是统一于周室，霸主受王命而代行；远期目标，是建立一个大一统的中央集权国家。"攘夷"是联合诸侯，共同抗击外敌入侵。当北狄侵犯邢国之际，管仲喊出"诸夏亲昵"的口号，率先张起华夏意识的大旗，这在民族精神史上有其重要地位。晚管子一百七十多年出生的孔子说："微管仲，吾其被发左衽矣。"

管仲治国，"通货积财，富国强兵，与俗同好恶"，"贵轻重，慎权衡"。可圈可点的重大改革举措，一是"官山海"，开矿冶铁，海水煮盐，盐铁专卖；二是"相地而衰征"，根据土地等级确定财税轻重；三是实行士、农、工、商"四民分业"，即专业化分工，同业人群聚居；四是"寄军于政"，兵民合一，军政合一，建立一支掌握在君主手中的军队。当然，"管子行事"，是可考的事实，还是出于《管子》，实难分辨清晰。《史记·管晏列传》称："管仲既用，任政于齐，齐桓公以霸，九合诸侯，一匡天下，管仲之谋也。"

三

春秋时期，桓管霸业无出其右者；战国争雄，齐国霸业依然威武雄壮。

齐国发展史上，发生了田氏代姜氏，政权易姓的大事变。公元前391年，田和把名义上的齐康公迁于海上，自己做了国君。公元前375年，田齐桓公立，当国十七年，处于政权巩固期。桓公死后，雄才大略的君主迭代涌现。

公元前358年，齐威王继位，共当国三十八年。他的政治目标，是干一番像齐桓公小白称霸诸侯那样的大业，并称王天下。齐威王铸铜器铭文称："扬皇考昭统，高祖黄帝；尔嗣桓文，朝问诸侯，合扬厥德。"他用贤纳谏，霸业初成。战国前期，魏国连续称霸七十余年。齐威王改变了这一格局。齐、魏马陵之战，魏国统帅庞涓兵败自杀，魏太子被俘，霸主由魏国转向齐国。

同一时期，公元前361—公元前328年，三十三年间，秦孝公用商鞅变法，打下强盛的基础。秦惠文王继位，保持国策的连续性和国运上升的良好势头。

公元前319—公元前284年，三十五年间，齐国霸业进入鼎盛时期。

公元前319年，齐宣王继位，当国十九年。齐宣王的宏图大志，是"辟土地，朝秦、楚，莅中国而抚四夷"。当时的另外两个大国，在此前，楚怀王登基，是个昏君，楚国走向衰败。在此后，秦国是秦武王登基，只干了四年就死了。秦昭王继位，宣太后掌权，内平乱局，外抚义渠，无暇顾及中原，齐国霸业盛极一时。

公元前300年，齐湣王即位，当国十六年。齐湣王"奋二世之余烈，南举楚淮，北并巨宋，苞十二国，西摧三晋，却强秦，五国宾从，邹、鲁之君，泗上诸侯皆入臣"（《盐铁论·论儒》）。

但是，他错判了国际大势。这个时期，秦国已经强盛，燕昭王招贤，重用乐毅，燕国也在崛起。公元前284年，燕、韩、赵、魏、秦五国之师，由乐毅统领，联合攻齐，齐国首都陷落，齐湣王奔莒被杀，齐国走向衰落。

稷下学宫的发展，士人阶层的聚散，以及学术的繁荣与凋敝，与齐国国运共兴衰，与齐国君主霸业共沉浮。齐国霸业鼎盛时期，稷下学士一度达到三千多人。《史记·孟子荀卿列传》称："自驺衍与齐之稷下先生，如淳于髡、慎到、环渊、接子、田骈、邹奭之徒，各著书言治乱之事，以干世主，岂可胜道哉……于是，齐王嘉之，自如淳于髡以下，皆命曰列大夫，为开第康庄之衢，高门大屋，尊宠之。"

可以说，从齐威王至齐湣王的七十年，是齐国称霸诸侯，志在一统天下的七十年，也是诸子百家齐聚霸旗之下，酝酿、创作霸政大书《管子》的七十年。根据当代学术界的看法，《管子》成书于战国，其中为数众多的篇章，就产生于田齐争霸时代。至齐湣王末年，齐国霸势已去，霸旗摧折，续写者也就难以为继了。《韩非子·五蠹》中，有"藏商、管之法者家有之"，说明《管子》一书，在战国末年就流行开了。

这个时代，文星辈出，群星璀璨。先有孟轲、商鞅、惠施、申不害、张仪、许行、淳于髡、邹忌、田忌、孙膑，又有庄周、匡章、宋钘、环渊、慎到、田骈、接子、尹文、苏秦、荀况、邹衍、乐毅等继起。儒家、法家、道家、墨家、纵横家、名家、兵家、农家、阴阳家，都在张扬着各自的救世主张，展示着不凡的干世才华，交流、碰撞、融合、升华，这就决定了《管子》一书冠世的智慧和独具的特色。

四

《管子》汇聚百家学说，以帝王霸主学术统领全书。

《霸言》是《管子》的总纲，鲜明地亮出称霸的纲领："霸主之形，象天则地，化人易代，创制天下，等列诸侯，宾属四海，时匡天下；大国小之，曲国正之，强国弱之，重国轻之；乱国并之，暴王残之：僇其罪，卑其列，维其民，然后王之。夫丰国（本国富强）之谓霸，兼正之国（兼正诸国）之谓王。"成就王霸的必备条件是："德义胜之，智谋胜之，兵战胜之，地形胜之，动作胜之。"五者之间的关系是：德义为本，智谋为辅，兵战为用，地形为之势，而行动机宜为之机，"圣王能辅时，不能违时"，"以备待时，以时兴事"。

《管子》在史上多被列入法家。铁血时代，形势使然。《管子》论法，篇目众多，体系完备，倡导依法治国，顺应了时代趋势。而面对西方大国秦的崛起，必当给予极大关注。因此，《管子》也就浸染了商鞅严刑峻法的浓厚色彩，虐民、残民、箝制言论，阴气森森："夫至用民者，杀之危之，劳之苦之，饥之渴之；用民者将致之此极也，而民毋可与虑害己者，明王在上，道法行于国，民皆舍所好而行所恶。"（《法法》）对"倨傲易令，错仪画制，作议者尽诛。故强者折，锐者挫，坚者破。引之以绳墨，绳之以诛僇，故万民之心皆服而从上，推之而往，引之而来"（同上）。

《管子》尚法，也崇术、势，使"法、术、势"渐成一体。"明主者，有术数而不可欺也，审于法禁而不可犯也，察于分职而不可乱也。"（《明法解》）人君之所以为君，是因为势，"明主在上位，有必治之势，则群臣不敢为非"，"明主操必胜之数，以治必用之民；处必尊之势，以制必服之臣"（同上）。《任法》篇则详析，人主操六柄：生之，杀之，富之，贫之，贵之，贱之；处四位：文，武，刑，德。把六柄交给别人，叫"失权"；把四位交给别人，叫"失位"。

战国末年，曾经三为稷下学宫祭酒、被世人目为大儒的荀子，教出了一个叫韩非的学生。韩非集法家之大成，创立了以"法、术、势"为核心的封建专制理论体系，成为此后封建君主的统驭之术。秦主垂青于韩非，秦皇嬴政以暴虐遗臭万年，法家也因此无数次陪绑于历史的耻辱柱上。宋代学者叶适把《管子》成书年代上推至春秋末年，得出结论："此书方为申、韩之先驱，斯、鞅之初觉，民罹其祸，而不蒙其福也。哀哉！"

《汉志》将《管子》列入道家。齐国政权由田氏代姜氏，田氏自称黄帝后裔，以黄帝战胜姜姓炎帝，为夺权制造舆论。稷下道家学派也搞出个"高祖黄帝"，假托黄帝书，发明黄老之学。黄老之学改造了老子的道，融合儒、法、墨、名、阴阳等各家，变而为"道德刑名之学"。

黄老之学，将老子之道推演为治国理政的具体遵循和行为规范。道生万物，是统御世间万物的总规律。老子《道德经》，也就向来被作为帝王南面之术。不过，老子论道，醉心于抽象的哲学思辨领域；黄老之道，则延展到世俗社会的方方面面，"虚无无形谓之道，化育万物谓之德，君臣父子人间之事谓之义，登降揖让、贵贱有等、亲疏之体谓之礼，简物小未（末）一道，杀僇禁诛谓之法"（《心术上》）。"道在身，则言自顺，行自正，事君自忠，事父自孝，遇人自理。"（《形势解》）对诸子百家，由老子的排斥主义，变而为为我所化、为我所用。

黄老之学，对老子之道的精髓"无为而治"作出新的阐释："名正法备，则圣人无事。"（《白心》）它设定了前提条件"名正法备"，又不能打破"无为而治"的笼子，于是，提出了贵因的方法论："'无为之道'，因也。因也者，无益无损也。以其形，因为之名，此因之术也。""因也者，舍己而以物为法者也。""故道贵因。因者，因其能者，言所用也。"（《心术上》）因是因循，不增加也不减少，根据事物本来形态而命名；因是舍弃自己的主观意志，而以客观事物为依据；因是根据事物自身所能来发挥它应有的作用。做到这些，"名正法备"，则圣人无事，也就是"无为而治"了。

黄老之学，还回答了如何得道的命题。《内业》篇提出，精气是生之本原，道充实形体，但人们往往不能固守。保证"气"充盈于体，"善心安爱，心静气理，道乃可止（停留）。""精存自生，其外安荣。内藏以为泉原，浩然和平，以为气渊。""敬发其充，是谓内得。"如果不能回归这种境界，是养生上的过失造成的。

黄老之学，对老子之道，内参于人心，外演于俗世，贯通"心""气""道"，融合百家言，形成了一个完备的道学体系。

《管子》饱含儒家思想精华。《管子》一书，充篇可见儒家话语体系。孔子以"如其仁"评价管子功业，可谓上契管子之心，下启《管子》之智。孔子论经国施政，多讲仁、德、礼、义、廉、勇、智、信，他重精神也重物质，甚至于饮食男女。子贡问治国，他的回答是"足食，足兵，民信之"。《管子·牧民》篇则称："仓廪实，则知礼节；衣食足，则知荣辱；上服度，则六亲固；四维张，则君令行。"守国之度，在饰四维，国之四维，即礼义廉耻，"四维不张，国乃灭亡"。这是千古不易的治国大道，是孔门精义的发凡，是儒家思想发展最优秀的成果。

　　《管子》保存了先期儒家的革命思想、先进意识。齐威王、齐宣王时期，孟子两次游历齐国，在稷下的时间约三十年，被齐王授予上卿之位。他高扬王道，排斥霸道，但从《管子》和《孟子》的比较中，却可以看到相互间融会之深。《管子》《孟子》的忠贞观、王朝更替观和民本思想如出一辙。《管子·大匡》载，管仲不为故主公子纠殉死，"社稷破，宗庙灭，祭祀绝，则夷吾死之"。孟子的著名论断则有："民为贵，社稷次之，君为轻。"《管子》《孟子》中都有关于"汤武革命"之问。《管子·中匡》：桓公问："昔三王者既弑其君，今言仁义，则必以三王为法度，不识其故何也？"管仲回答：汤放桀，是定禹之功；武王伐纣，是定汤之功。"且善之伐不善也，自古至今，未有改之。君何疑焉！"孟子与齐宣王的问答：齐宣王问：汤放桀，武王伐纣，"臣弑其君，可乎？"孟子回答："贼仁者谓之贼，贼义者谓之残，残贼之人谓之一夫。闻诛一夫纣矣，未闻弑君也。"《管子》《孟子》，同是以民为本。《管子》提出了"利民""富民""顺民"主张，"政之所兴，在顺民心；政之所废，在逆民心。"（《管子·牧民》）《孟子·离娄》篇，则旗帜鲜明地作出结论："桀纣失天下也，失其民也；失其民者，失其心也。得天下有道：得其民，斯得天下矣；得其民有道：得其心，其得民矣；得其心有道：所欲，与之聚之，所恶，毋施尔也。"这都是服务"王霸"和"一统"目标，对君主的警戒、谏箴之言，作为进步的政治价值观，历久弥新。有《管子》在，《孟子》其道不孤！有《孟子》在，儒家如明月常耀星空！

战国争雄，战争胜负直接影响国家兴亡。故《管子》一书，论述军事的篇目占很大分量。齐国是著名军事家孙武、孙膑的故乡，有兵家的深厚土壤，《管子》继承了这一传统，丰富了古代军事思想宝库。此外，阴阳家"圣王务时而寄政"，将人事行为限定于顺守时令的用心，墨家非攻、尚俭的主张，农家对地利的谋划，都可以从《管子》中窥见端倪。

雄主争霸弄风雷，文星匡世写华章。《管子》是我国社会大动荡、大变革、大转型时代思想发展史的见证和文化成果的集中展示。它像江河东流，汇成大海。诸子百家，不会忘却自己来自何方，却已经不是来时模样。不过，它们由此获得新生。《管子》就是这样一方海域，由此奠定它在思想文化史上不可撼动的地位。

吕不韦
春秋大愿待谁成

自孔子著《春秋》，春秋就是大历史的同称。《吕氏春秋》，就是吕不韦的大历史。这分为两段：

他已经写就的历史非同寻常。一个毫无政坛人脉的商人，可以把太子庶子，一步步推上君主的宝座，这近乎天方夜谭。一个毫无从政经验的人，平步青云，当上大秦宰相，还干得相当出色。

他要创造开天辟地的大历史。一个伟大的时代即将到来：国家将从分裂走向统一，从战争、仇杀走向和平建设。正在加速推进这一历史进程的秦国，百多年间形成的军国体制，必须顺应这一趋势，实现根本性转变。

《吕氏春秋》是吕不韦的治国纲领，它以黄老思想为中心，"兼儒墨，合名法"，汲取诸子百家优秀文化成果。吕不韦的治国纲领，贯穿一个主题，就是转变。

吕不韦长成于他国的土壤，是个另类；吕不韦新政，则是偏离秦国正统政治路线的一条歧路，怎么可能走得通呢？

吕不韦做事，具有超常的想象力。一个成功的商人，正当财运亨通，却突发奇想，运作起上层政治：要把在赵国做人质的秦太子安国君庶子异人，立为嫡子。尔后，让他晋太子，做君主。吕不韦的动机是，做一笔"赢利无数"的大生意。

这似乎可能性不大。因为安国君有二十多个儿子，异人不上不下，母亲不受宠爱，他也备受冷落。可能性也不是没有。因为安国君宠幸华阳夫人，华阳夫人无子，却有立嫡的绝对发言权。吕不韦从这里入手，先让异人成为华阳夫人的儿子，继而一步步运作。这个过程可谓漫长，且风险极大。但他有耐心，有韧劲，终于大功告成，异人继位，封他为宰相，文信侯，食邑十万户。

吕不韦做宰相，又做了件出人意料的大事：在极度轻视文化的秦国，发起一项重大文化工程，组织门下宾客，编写《吕氏春秋》。这一举措，动机是什么？历代不乏评说。主要观点是，吕不韦"耻以贵显而不及荀卿子之徒著书布天下"，所以使其宾客著《吕氏春秋》。这一说法，实在是过于轻看吕不韦、轻看这部奇书了。

自孔子著《春秋》，春秋就是大历史的同称。吕氏春秋，就是吕不韦的大历史。这分为两段，他已经写就的历史，和他将要创造的历史。

他已经写就的历史非同寻常。一个毫无政坛人脉的商人，可以把太子庶子，一步步推上君主的宝座，这近乎天方夜谭。一个毫无从政经验的人，平步青云，当上大秦宰相，还干得相当出色：

调整过苛的法律，厚待王室宗亲，施恩普通民众；广揽天下英才，宾客三千，后来很多人成为国家栋梁；远交近攻，"欲以并天下"，韩、魏大部国土、赵国西部地区，都纳入秦国版图。占据战略要地成皋、荥阳，打通了秦国东进通道；"暴秦"闻名于世，他做了许多工作，改变国际形象，像灭了小东周，不杀王室成员，还划出一块地方，作为王室食邑。这行的就是儒家所谓王道了。吕不韦打破了政客统治政坛的神话，以当时情形论，颇像现代民主政治：英雄不问出处。

他要创造开天辟地的大历史。一个伟大的时代即将到来：国家将从分裂走向统一，从战争、仇杀走向和平建设。正在加速推进这一历史进程的秦国，百多年间形成的军国体制，必须顺应这一趋势，实现根本性转变，这关系到实现大一统之后，新型国家政权的兴衰存亡。吕不韦作为宰相和尚未亲政的秦王嬴政的仲父，无疑是这段大历史的书写者。当然，他也十分清醒，嬴政随着年龄增长，终将成为权力的执掌者。他要为年轻君主打好基础，让国家的大政方针平稳延续。

《吕氏春秋》是吕不韦的治国纲领，也是一部治国理政的百科全书。《吕氏春秋》分十二纪、八览、六论，二十多万言。中国思想史把《吕氏春秋》归为杂家，这恰好说到了它融萃百家的特点。汉代高诱为该书作注并序，称"此书所尚，以道德为标的，以无为为纲纪，以忠义为品式，以公方（儒）为检格，与孟轲、孙卿、淮南、扬雄相表里"。嬴政八年，吕不韦专门就"十二纪"的主旨作出阐释。他说，黄帝教诲颛顼说，圜天在上，方地在下，能法天地之理，就能为民父母。"凡十二纪者，所以纪治乱存亡也，所以知寿夭吉凶也。上揆之天，下验之地，中审之人，若此，则是非可不可无所遁矣。天曰顺，顺维生。地曰固，固维宁。人曰信，信维听。三者咸当，无为而行。"归纳各家观点，《吕氏春秋》以黄老思想为中心，"兼儒墨，合名法"，汲取诸子百家优秀文化成果。它作为治国纲领，最为重要的方面，是确立国家主流意识形态，特别是国家治理的指导思想，确立道德建设的基本原则，确立统一战争战略方针等。而后一项，则是迫在眉睫的大事。

国家治理指导思想：无为而治，无为而无不为。这是黄老之术的核心。到吕不韦时代，战国争雄已经二百五十多年，战争连年不断，国家元气几尽，民众穷疲至极。一旦具备了和平建设条件，亟须让民众休养生息，让经济恢复发展。黄老之术，符合时代要求，顺应民众意愿。"君道无知无为，而贤于有知有为"，权力无知无为，而贤于有知有为。减赋税，轻徭役，少对民众指手画脚，强迫命令，让民间才智自由发挥，让资源潜能最大限度释放，就是国家和民众最大的福祉。

统驭民众的方式手段：法德并用。儒家倡导为政以德，法家像商鞅之辈，非仁德，斥教化，"徒以刀锯绳民"。司马谈在《论六家要旨》中说得一针见血：法家严而少恩，"可行一时之计，而不可长用也。"庄襄王继位，吕不韦执政，就开始"纠偏"，借君主新立，布恩泽于天下。《吕氏春秋》则明确提出，治国"莫如以德，莫如行义。以德以义，不赏而民劝，不罚而邪正"。提出思想道德建设任务，以儒家道德伦理，培育臣民忠、孝、信、义节操。以孝为务国之本，"人主孝，则名章荣，下服听，天下誉。人臣孝，则事君忠，处官廉，临难死。士民孝，则耕耘疾，守战固，不罢北"。这就把家国、臣民的职守和忠、孝、节、义的关系融通了。

统一战争战略方针：提出兴义兵，攻战与攻心齐下。"虎狼之国""嗜杀成性"，是秦国留给各国的恶名。秦赵长平之战，一次坑杀赵国俘虏四十多万。《吕氏春秋》提出，出兵必先发声出号，"曰兵之来也，以救民之死"。"兵入于敌之境，则民知所庇矣，黔首知不死矣。至于国邑之郊，不虐五谷，不掘坟墓，不伐树木，不烧积聚，不焚室屋，不取六畜。得民虏奉而题（提）归之。"这是吕不韦的战争观，是当时一种普遍的愿望。真正能够实施，可以减轻民众的苦难，也可以加快统一步伐。吕不韦执政期间，秦国军队大规模屠杀俘虏和平民的事件明显减少。

当然，《吕氏春秋》还有教育秦王嬴政的良苦用心。提出作为君主，应当居安思危，得民心，用贤良，集众智，开言路，辨忠奸，抑私欲。

吕不韦的治国纲领，贯穿一个主题，就是转变——在一个新时代即将到来的前夜，政治路线、驭民政策、统一战争战略方针等的重大转变。郭沫若在《十批判书》中提出："假如沿着吕不韦的路线走下去，秦国依然是要统一中国的，而且统一了之后断不会仅仅十五年便迅速地彻底崩溃。"

历史没有假设。吕不韦新政，只不过是秦国天空一道流星的辉光闪耀，绝不可能长久。为什么这么说呢？

一种制度，是架构于经济基础、意识形态之上的上层建筑。历经数百年形成的一种制度，在自循环系统中，只能改良、革新，不可能改变。君主更替，只能在既有的舞台上，作出富有自身特点的表演，如有的开明些，有的专制些；有的开放些，有的保守些。制度的基因，生长于一代代君主的身心之内，塑造着他们的心智和灵魂。他们是制度的化身，又反过来成为制度的坚定维护者。这一制度下，当国家面临衰落、危难之际，新一代君主会作出变革、维新的选择；当国家处在强盛、繁荣之时，即使这种强盛、繁荣仅仅是一种表象，新一代君主会把它的本质特征演绎得更加鲜明、突出。这成为历史延进的一种常态。吕不韦长成于他国的土壤，是个另类；吕不韦新政，则是偏离秦国正统政治路线的一条歧路，怎么可能走得通呢？

强大的秦国，选择了嬴政，国家的走向也就不言自明了。嬴政十三岁即位，二十二岁亲政，九年间，他要学习国家的典章，历练领导一个大国的执政经验。自商鞅变法之后的百余年间，军国体制、严刑峻法，已经成为国家的标志性特征，成为国家运转的惯性机制，也成为新一代秦王的不二选择。嬴政读到法家大理论家韩非的文章，爱不释手，说："嗟乎，寡人得见此人与之游，死不恨矣！"这是一种多么天然的亲近感！嬴政亲政之后，把吕不韦逼上绝路，把新政一件件推翻，把《吕氏春秋》打入冷宫，把《韩非子》视作治国理政的至宝，取"法、术、势"帝王专制理论，倚新生代法家代表人物李斯为心腹，在暴虐的旧路上越走越远。

他不行无为而治，与民休息，驱民虐民变本加厉。一个二三千万人口的国家，服徭役人数竟达三百多万。由民众的累累白骨堆积而成的阿房宫、始皇陵和万里长城，成为他千年的耻辱柱。

他鄙弃"虚君实臣"，实行全面独裁，权力独揽。所有奏章，必当亲自批阅。那时的文字是写在竹简上，他每天称足重量，不批阅完不休息。政事过度劳累，加上纵欲无度，四十九岁就一命呜呼了。

他没有半点仁恩之心，刑更严，法更峻，致使"囚徒塞路，牢狱成市，天下愁怨，溃而叛之"。后来，陈胜、吴广走在服徭役的途中，因阴雨难行误期，造反亦死，不造反亦死，或许造反还可以争来一线生路，振臂一呼，天下风从，这个暴虐专制王朝就垮台了。

　　吕不韦的"春秋"大愿，本来寄望于秦的继任者承担；其结果，却在秦的掘墓人手中化为现实。秦末群雄并起，刘邦君臣深知世道人心，行仁义，除暴虐，"约法三章"，天下归心。政权稳固之后，用黄老之术，行无为而治，与民休息，创造了中华民族历史上可以为之自豪的大汉气象。这当是《吕氏春秋》的汉代篇章吧！

韩非

家国飘摇心何系

战国纵横,良禽择木而栖,良臣择主而事。"朝秦暮楚",韩非不为。韩非的心,系于自己的家国,至死不离不弃。

韩非将商鞅的法、申不害的术和慎到的势相结合,形成了"法、术、势"的理论体系。"国者,君之车也;势者,君之马也。无术以御之,身虽劳,犹不免乱;有术以御之,身处佚乐之地,又致帝王之功也。"

韩非"忠君+法术势"的理论体系,正是适应封建大一统的主流意识形态,正是为封建大一统的帝王打造的政治统御术。但后世的封建帝王,离其正,出其奇,取其愚忠、死忠,张其暴法、恶法,穷其阴术、诡术,虐臣残民,使民族深罹其祸。

韩非，一个经国大才，生在风雨飘摇的韩国，历经风雨如晦的时代，身为韩国公子——韩釐王或桓惠王之子，注定了他人生的坎坷，命运的悲剧。

一

陈千钧《韩非新传》考，韩非生卒年为公元前295年至公元前234年，活了六十一岁。在此六十一年中，"秦凡十侵韩，韩王五会秦王，一入朝，秦昭襄王卒，衰绖入吊祠，其辱国之甚，皆六国之所无"。韩国国小兵弱，又当秦东向之冲，虎狼窥视，只好一次次割地贿秦，"欲国家之不灭，岂可得乎"！

家国飘摇，此心何系？战国纵横，良禽择木而栖，良臣择主而事。韩非的老师荀子，赵国人，入齐三为祭酒，晚年入楚，任兰陵令。韩非的同窗李斯，楚国人，别师辞国，入秦谋富贵。闻名诸侯国的大商人吕不韦，卫国人，由贾货转向贾国，做了秦国丞相。

"朝秦暮楚"，韩非不为。韩非的心，系于自己的家国，至死不离不弃。他要倾己之力，让自己的祖国摆脱贫弱、耻辱，自立于民族之林。韩非的心，系于天下群生，他寄望于明主降世，君臣相得，建不世之功。"圣人者，审于是非之实，察于治乱之情也。故其治国也，正明法，陈严刑，将以救群生之乱，去天下之祸，使强不凌弱，众不暴寡，耆老得遂，幼孤得长，边境不侵，君臣相亲，父子相保，而无死亡系虏之患。"（《奸劫弑臣》）在那个战火漫天，尸枕成山，血流成河的年代，这就是人们梦寐以求的人间天堂。

二

韩非崇尚的明主，是齐桓公、秦孝公、楚庄王。"齐桓公九合诸侯，一匡天下，为五伯长，管仲佐之。"秦孝公用商鞅变法，"国治而兵强，地广而主尊"。楚庄王大器晚成，大音希声。"莅政三年，无令发，无政为也。右司马御座而与王隐曰：'有鸟止南方之阜，三年不翅，不飞不鸣，嘿然无声，此为何名？'王曰：'三年不翅，将以长羽翼；不飞不鸣，将以观民则。虽无飞，飞必冲天；虽无鸣，鸣必惊人。子释之，不穀知之矣。'处半年，乃自听政，所废者十，所起者九，诛大臣五，举处士六，而邦大治。举兵诛齐，败之于徐州，胜晋于河雍，合诸侯于宋，遂霸天下。"（《喻老》）韩非要做管仲、商鞅那样的大政治家，如"管仲之所以治齐，而商君之所以强秦也"。

韩非的治国理念，是全面、彻底地以法治国。他将商鞅的法、申不害的术和慎到的势相结合，形成了"法、术、势"的理论体系。

何为法？"明主之国，令者，言最贵者也；法者，事最适者也。言无二贵，法不两适，故言行而不轨于法令者必禁。"（《问辩》）"故以法治国，举措而已矣。法不阿贵，绳不挠曲。法之所加，智者弗能辞，勇者弗敢争。刑过不避大臣，赏善不遗匹夫。"（《有度》）

何为术？"术者，藏之于胸中，以偶众端而潜御群臣者也。"（《难三》）"术者，因任而授官，循名而责实，操杀生之柄，课群臣之能者也。"（《定法》）术是隐秘的，令人不可捉摸的，"法莫如显，而术不欲见"。术是君主独操的，"用术，则亲爱近习莫之得闻也"（《难三》）。概言之，术是领导艺术、权术、诡术等。

何为势？"势者，胜众之资也。"（《八经》）"势者，便治而利乱者也。"（《难势》）"立尺材于高山之上，则临千仞之溪，材非长也，位高也。桀为天子，能制天下，非贤也，势重也；尧为匹夫，不能正三家，非不肖也，位卑也。"（《功名》）"君执柄以处势，故令行禁止。"（《八经》）"人主失其势重于臣而不可复收也。"（《内储说下六微》）

徒术而无法，徒法而无术，都无法成大功。韩非评商鞅、申不害：商鞅有法无术，"无术以知奸，则以其富强也资人臣而已矣"。申不害知术却不擅法，宪令不一"则奸多"。韩非评慎到的势："飞龙乘云，腾蛇游雾，吾不以龙蛇为不托于云雾之势也。虽然，夫释贤而专任势，足以为治乎？则吾未得见也。"（《难势》）韩非对自己的"法、术、势"理论体系作出概括性、形象化表述："国者，君之车也；势者，君之马也。无术以御之，身虽劳，犹不免乱；有术以御之，身处佚乐之地，又致帝王之功也。"（《外储说右下》）

韩非的"法、术、势"理论体系，建立在忠君和人性"自为"的基石之上。"臣之所闻曰：'臣事君，子事父，妻事夫。三者顺则天下治，三者逆则天下乱，此天下之常道也。'"（《忠孝》）臣民成为君主俯首帖耳的工具，君主才能位固势重，"法、术、势"理论才能得以推行；设定人性"自为"——即自私自利，好逸恶劳，就打通了一条认识人与社会的通道，理清了密织"法、术、势"之网的经纬。

三

韩非有太强的危机感。他作《亡征》，一口气列出四十七种亡国征象："亡、王之机，必其治乱、其强弱相踦者也。木之折也必通蠹，墙之坏也必通隙。然木虽蠹，无疾风不折；墙虽隙，无大雨不坏。万乘之主，有能服术行法以为亡征之君风雨者，其兼天下不难矣！"秦国就是"亡征之君"迎面而来的疾风大雨，六国就是一株株蠹木，一堵堵坏墙，韩非作为韩国一臣子，就是蠹木之一枝、坏墙之一瓦，木折墙倒，一枝、一瓦，安得完躯？韩非为之悲，为之怨，为之呐喊、悲鸣，却徒唤奈何！

强烈的危机感，不能不导致他用世心太急，求功心太切，望君责人心太苛，不能不导致他的理论走向极端、偏执。

韩非将忠君绝对化，无论仁君、明君，还是暴君、昏君，即便是桀纣，都要忠。"今舜以贤取君之国，而汤、武以义放弑其君"，"尧、舜、汤、武或反君臣之义，乱后世之教者也"。"故人臣毋称尧、舜之贤，毋誉汤、武之伐，毋言烈士之高，尽力守法，专心于事主者为忠臣。"（《忠孝》）这就滑向维护暴政暴君、反动倒退一途了。

韩非由人性"自为"走向"人性恶"：人人之间，是赤裸裸的利害关系："舆人成舆，则欲人之富贵；匠人成棺，则欲人之夭死也。"（《备内》）君臣之间，是利益交换、生死博弈：田鲔教其子曰："主卖官爵，臣卖智力。故曰：'自恃勿恃人。'"（《外储说左下》）"臣尽死力以与君市，君重爵禄以与臣市。君臣之际，非父子之亲也，计数之所出也。"（《难一》）"后妃、夫人、太子之党成而欲君之死也；君不死，则势不重。情非憎君也，利在君之死也。"（《备内》）

韩非看历史，看到的是一部奸臣坐大、篡权的宫廷政变史，是一幕幕仁贤忠良有道之士不能逃死亡、避戮辱的政坛悲剧。韩非观现实，满眼都是"智法之士"受冷落、遭迫害、被杀戮，"当涂之人"惑主败法、坐收渔利的社会丑恶。韩非笔下很少见到阳光，甚至把人的良知良能、人类社会的仁义道德等一概作为祸害予以清除。

韩非一生，生活在屈辱、坎坷和挫折中。这种屈辱，是家国之耻；这种坎坷和挫折，是报国救世之志难酬。太多的屈辱、太多的坎坷和挫折，会导致人的心理扭曲、人性变态，韩非是否患上了这样的心疾？

人之思，发自心源。韩非的心性，在他的理论体系中打下深刻的烙印。

四

韩非的法，是严刑峻法，"诛莫如重，使民畏之；毁莫如恶，使民耻之"（《八经》）。"故明主之治国也，明赏，则民劝功；严刑，则民亲法。"（《心度》）"欲治者奚疑于重刑！"（《六反》）

韩非的势，无论天道、人心，政治正义。齐景公重敛而田成氏厚施，民心归向田成氏。晏婴、师旷谏齐景公必惠民，民将归君。韩非评论：齐景公是不知用势之主，而晏婴、师旷是不知除患之臣，对侵凌君主的田成氏，以禁诛了之，多么干净利落？何须靠行惠去和臣子争夺民心！

韩非的术，只要有用，可以不择手段。所谓"挟智而问""倒言反事""众端参观""疑诏诡使""听无门户"，奖励告奸，乃至行刺暗杀、爵禄引诱等，纯属政治阴谋和奸术邪行。

韩非只认"法、术、势"，诸子百家的救世之方，都不入他的法眼。惠施、宋钘、墨翟辈，像画竹筒者，"纤察微难而非务"；魏牟、瞻何、庄周辈，所言"迂深宏大""皆鬼魅""非用也"。对儒家，则视为大敌，"儒以文乱法，侠以武犯禁"。对"学者""言谈者""带剑者"等，干脆斥之为国之蠹虫！

五

韩非目光犀利，笔锋锐利，满眼敌情，四面出击。他让奸佞现形，让南郭先生无法容身，让当涂之人、贵重之臣碎了富贵梦，丢了利禄名。"是智法之士与当涂之人，不可两存之仇也。"他感受到了身旁的森森杀气，生命不虞的危险，于是，便有了《问田》，以韩子与堂谿公之对，自明本志。

堂谿公谓韩子曰："臣闻服礼辞让，全之术也；修行退智，遂之道也。今先生立法术，设度数，臣窃以为危于身而殆于躯……夫舍乎全遂之道而肆乎危殆之行，窃为先生无取焉。"韩子答：我明白先生的意思，"然所以废先生之教，而行贱臣之所取者，窃以为立法术，设度数，所以利民萌便众庶之道也。故不惮乱主暗上之患祸，而必思以齐民萌之资利者，仁智之行也。惮乱主暗上之患祸，而避乎死亡之害，知明而不见民萌之资夫科身者，贪鄙之为也。臣不忍向贪鄙之为，不敢伤仁智之行"。

当春秋战国之世，天下大乱，孔子大圣，席不暇暖；墨子大贤，摩顶放踵，无不欲其道之一行，乱世之可救。韩非与孔、墨，道不同，法或异，但他成败不计，福祸不避，其救世之志，勇敢直往牺牲精神，又何异于古之圣贤！

公元前234年，即秦嬴政十三年，韩王安五年，"秦急攻韩，韩王始不用非，及急，乃遣非使秦"。韩非使秦背后，更大的政治背景是：李斯说秦王，请先取韩，以恐他国。"韩王患之，与韩非谋弱秦。"韩非使秦，劝秦不举韩，为宗社图存，是砸李斯的场子，拆李斯所设之局。两个心中只有利害的同窗博弈，李斯处势，韩非的生命也就走到了尽头。当然，博弈的本质区别，一是为了家国，一是主要为了个人富贵谋。

六

"法与时转则治，治与世宜则有功。"（《心度》）韩非人生的坎坷，命运的悲剧，恰恰因为不知时，不谙世。

韩非处于大乱之世，人才大流动，是大潮流，何以谈忠？面对虎狼之秦，六国个个朝不保夕，君主失权、失势、失法、失度，国如一盘散沙，令不行，禁不止，"法、术、势"的治世之方还不是悬在半空里？

不过，时世是理论孕育之母。大乱之世，已经见到和平曙光。秦国统一天下已是大势所趋，君主专制的体制已经具备雏形，有驾国之车、御马之术的君主已经出现。韩非"忠君+法术势"的理论体系，正是适应封建大一统的主流意识形态，正是为封建大一统的帝王打造的政治统御术。秦王嬴政见韩非书，兴奋难抑，说："寡人得见此人与之游，死不恨矣！"

这是王朝的幸事，却是韩非的大不幸。他怎么会想到，后世的封建帝王，离其正，出其奇，取其愚忠、死忠，张其暴法、恶法，穷其阴术、诡术，虐臣残民，使民族深罹其祸。韩非地下有知，悔之必深。他当会告诫后人：

心中常擎光明烛，世间不传阴鸷文！

第三章

秦政汉儒　百代成法

秦统一中国，历史选择了封建大一统社会。汉承秦制，至汉武帝统一意识形态，封建制度基本定型。此后，形成治乱、分合的周期性规律。君明臣贤，对一个政权的稳固起到至关重要的作用。风节高标的历史伟人辈出，如大星丽天。

秦始皇
万世江山一黄粱

传制："朕为始皇帝，后世以计数，二世、三世，至千万世，传之无穷。"

看明白嬴政这个人，需要说清他的祖上播下的基因，还要涉及他对后世数千年民族历史的影响。

秦如一株大树，秦孝公进行了强力嫁接，转换了基因。这种基因，既有催发大树疯长的活力，也有能致大树死亡的病毒。秦王嬴政，所遇于大树疯长期，造就了一时辉煌；但也到了它病毒狂发，轰然倒地的死亡之期。

嬴政推进统一战争，比祖先更加野蛮、血腥、无道，嗜杀成性；天下定于一尊之后，在集权、专制、暴虐的路上越走越远。

嬴政的亡灵数千年不息。秦王朝后来的新兴政权、新任君王，本自天然地承继了集权专制制度，也本自天然地承继了为之服务的法家理论。这一专制的意识形态，使一部中国思想文化史，再无争鸣的机缘出现。这一制度下，君主个人的意志可以不受任何制约。王朝兴衰呈周期律，政权的更替只有暴力一途。

公元前221年，秦王嬴政扫灭六国，初并天下。他的功业达到鼎盛，他的专制、暴虐也将走到极端。他创立了皇帝这个名号，宣布"命为制，令为诏，天子自称朕"。将周代延续下来的谥法废除，不准"子议父，臣议君"。传制："朕为始皇帝，后世以计数，二世、三世，至千万世，传之无穷。"

为着这个万世基业，他建立了中央集权的政治体制、官僚体系，将全国划为三十六郡，全面推行郡县制；收天下兵器，聚之咸阳销毁，徙天下豪富于咸阳十二万户，以为强干弱枝之计；车同轨，书同文，统一度量衡；修天下驰道、直道，巡游全国，刻石纪功。

嬴政想不到，天下臣民大概也不会想到，这个庞大无比、不可一世的王朝，仅仅存在了十五年，黔首振臂一呼，神州震荡，它便轰然倒地。

嬴政的一生，走的是一条集权、专制、暴虐、覆亡之路。看明白嬴政这个人，需要说清他的祖上播下的基因，还要涉及他对后世数千年民族历史的影响。

兴秦，也同时埋下亡秦种子的，是秦孝公。嬴政的宿命也由此而决定。秦处西雍，经济文化落后，历史上曾经有过辉煌，秦穆公招贤任能，成为春秋五霸之一。此后，历八代君主，均无多大作为。至秦孝公，山河以东，六国强盛，南楚、东魏，两强侵凌，中原各国会盟，"以夷狄遏之"。为洗雪耻辱，秦孝公任用商鞅变法。

商鞅是法家著名的代表人物。一种理论产生和行世，必有其适宜的土壤和气候。当时的时代大势，是强兼弱，大并小，拳头硬才是硬道理。弱肉强食，最有效的生存法则是集权和聚势。所谓集权，就是把权力和资源集中于国家，也就是集中、控制于君主一人之手；所谓聚势，就是一切服从、服务于战争。集权和聚势，就要压缩臣民的权力空间，对权力和利益重新分配。集权和聚势愈烈，战争厮杀中胜出的概率愈高。商鞅的理论，就是这样一种理论；秦孝公所行商鞅之法，就是这样一种治政强国之道。

商鞅把秦国打造成一部战争机器，把人民造就成一支虎狼之师。秦国实行全民皆兵，国家激励动员机制，采用战争体制，实行"壹赏壹刑壹教"。"壹赏"就是"利出一孔"——农战，农也是为了战，升官加爵，看砍了敌人多少颗脑袋。按照这一标准，过去的井田、宗室世袭的荣名也废除了。"壹教"就是让臣民明白，对于君主，每一个人的用处，"存战而已矣"。管制手段方面，按照中央集权的思路，合并乡、邑、聚（村落）为县，编定户籍，实行什伍制和同罪连坐。对搞乱民众思想的诗书、礼乐，以及谈说游说之士，统统消灭。这一切，都以法律、制度予以规定。法律、制度的制定由君主独专，臣民只有遵从的义务。变法必然遇到阻力。在渭水河畔，一次就处决了七百多个闹事者。非议新法判罪，赞扬新法的人，同样受到惩罚，将他们迁移到边远地区。不过，做法者亦自毙。秦孝公死，商鞅遭车裂，与渭水河边那些冤魂为伍去了。

"可以说没有任何一种个别意志是比君主的意志具有更强大的控制力和更容易推动其他力量奔向同一个目标。"（卢梭《社会契约论》）但是，它从来就没有给民众和国家带来福祉。集权和聚势，以压榨民众，剥夺民众的权力、福祉为代价，严重侵蚀、毒化国家肌体，其效速，其祸深。

秦如一株大树，秦孝公进行了强力嫁接，转换了基因。这种基因，既有催发大树疯长的活力，也有能致大树死亡的病毒。秦王嬴政，所遇于大树疯长期，造就了一时辉煌。但也到了它病毒狂发，轰然倒地的死亡之期。嬴政灭六国，扫六合，功过五帝三王；嬴政也把祖宗的家业引向万劫不复的深渊。这是嬴政的罪过，也是祖宗欠下的孽债。后世评论，商鞅"并心于进取，行之二岁，秦俗日败"，秦用商鞅（之法），二世而亡。

对于秦的统一大业，秦昭王厥功至伟，同样，他给子孙积下的孽债也多。他在位五十六年，开疆拓土，锋芒所向，锐者挫，强者折。楚、齐、赵三强，被严重削弱，楚、赵几乎被灭国，延续八百年的周王室寿终正寝，象征江山社稷的九鼎也成了秦的宝器。秦昭王后期，天下归一，鹿死谁手，已经没有悬念。吕不韦执掌国政时期，"招致宾客游士，欲以并天下"。嬴政走上执政前台，仅用了十年时间，就完成了对六国的灭国之战，真正打仗的时间并不长：灭韩之役、灭齐之役皆是速战速决，灭魏之役仅用了三个月，灭赵、灭燕，激烈的战役也就一二次。灭楚之役，既要消灭楚国的军事力量，又要占领长江中下游和江南广袤的土地，也仅用了一年多时间。

统一的道路可以有多项选择，天下归心为王道，以力强取为霸道，秦以血腥杀戮和卑鄙、龌龊手段取天下，可谓无道。秦昭王在位，秦国的名声已经坏到了极点。说到秦，天下皆以"暴秦""虎狼之秦"相称。秦赵长平之战，将赵国四十多万俘虏活埋，只留下二百四十名儿童，割掉耳朵、截肢弄成残疾，放回赵国，让他们宣扬秦军"声威"，真是惨绝人寰！实现统一大业之后，实现由战争状态、战争体制向和平建国、建设的战略转变，决定着这个新兴国家的兴亡。重塑形象，收拢人心，取得政权的道义合法性，秦的子孙必须以加倍的付出为代价。

吕不韦当国，前后十多年时间，从理论到实践，勤力于这一转变，《吕氏春秋》是指导这一转变的政治纲领。他讲法治，也讲德义、仁礼，讲义战、义兵，讲君王无为而大臣有为，是对君主专制独裁的匡正。他的期望，寄托于少年天子嬴政，他所做的一切，都是为嬴政成年之后走上执政前台作准备。但是，最终决定秦朝命运的嬴政却认识不到这种转变，更无意实现这种转变。推进统一战争，比祖先更加野蛮、血腥、无道，嗜杀成性，兼之以收买、离间、暗杀等卑鄙手段；天下定于一尊之后，在集权、专制、暴虐的路上越走越远。

历史的机遇，在民族发展进程的节点上失之交臂。这是历史的必然还是偶然？西方一位哲人表达过这样的思想：在一种社会形态诞生之前，是国家的首领制定制度，此后，就是制度来塑造国家首领了。嬴政是在一种持续了百年的制度下，在自循环体制中陶铸成长的继位者，当这种制度使国势国运方兴方盛之际，无由去触动它，更无可能去改变它，唯一的可能性，是使这种制度的特征进一步强化；对权力的攫取、扩张，是帝王永不餍足的欲望，主张君主权力独专的法家理论，深契帝王攫取、扩张权力这一欲望，秦以法家理论治国形成的君主集权专制制度，秦的继任者怎么可能改变？大而言之，历史上又有哪一位君王愿意改变？

历史偏偏出现这样的巧合。这个时期，法家理论产生了一位集大成者。韩非扬弃商鞅的法、申不害的术和慎到的势，形成"法、术、势"的法家理论体系。处于大一统前夜的嬴政，需要找到服务于大一统的国家意识形态；建立了大一统帝国的嬴政，需要找到服务于大一统的政治统驭术。当他读到韩非的书，仿佛找到了梦寐以求的法宝，兴奋之情溢于言表："寡人得见此人与之游，死不恨矣！"

韩非"法、术、势"思想的核心，是由皇帝绝对控制权力，以"督责之术"驾驭群臣，以"法令"治理百姓。韩非强调绝对忠君，不管君主是仁、是明、是暴、是昏，臣民只有尽忠的本分；韩非主张人性恶，以人性恶为经纬，密织"法、术、势"罗网。比之以往的法家，他把集权推向极端："明主之道，在申子之劝独断也。"运用于国家制度的设计，"事在四方，要在中央。圣人执要，四方来效"。他把严刑峻法推向极端：商鞅倡导轻罪重罚，以刑去刑。韩非说："欲治者奚疑于重刑！"何以为重？"夫至用民者，杀之危之，劳之苦之，饥之渴之；用民者将致之此极也，而民毋可虑害已者"，"倨傲易令，错仪画制，作议者尽诛"。这是《管子·法法篇》中的一段话。伴随战国争霸应运而生的霸政大书《管子》，集合了当时各派学说，对商鞅的重刑思想备加推崇，"法、术、势"理论体系在书中已经具备雏形，成为韩非思想的重要源泉。

秦国土地上，法家之树常青，在嬴政时代结出了硕大而畸形的果实，晶莹饱满，却毒汁四溢。

独裁专制推向极点。民众的权力空间压缩殆尽。民众既是战争机器，捕猎的鹰犬，又是供一人满足奢淫之欲的工具。伐匈奴，发兵三十万；平百越，以谪徙民五十万戍五岭；筑阿房宫、骊山墓，用刑徒七十万。所筑离宫关中三百，关外四百余。筑万里长城，发刑徒四十万。按当时两千万人口计，戍役者占到总人口的十分之一多。征"泰半之赋"，竭民脂民膏。男不得耕，女不得织，病者不得养，死者不得葬。人民盼到了和平统一，才出火坑，又入地狱。

刑罚酷烈推向极点。法律"繁密苛酷"，修骊山墓，发刑徒七十万；戍五岭，发刑徒五十万。仅此两项计，被刑者即占到人口总数的5%以上。

文化专制推向极点。商鞅灭"六蚤"，除"五民"，还是一纸空文；韩非焚诗书，禁"五蠹"，不过书生议论。秦王嬴政"焚书坑儒"，文化灭绝政策古今中外闻所未闻。

嬴政操势弄术也推向极点，打开了帝王之心的地狱之门。嬴政行止，神龙见首不见尾。游梁山宫，遥见丞相李斯车骑重，嬴政不悦。有人透与李斯，李斯减车骑。嬴政大怒，"诏捕诸时在旁者皆杀之"。这样的朝廷，臣子天天在朝不保夕中度日。

暴法，让人民与嬴政势如水火；文化专制，将士人推向敌对阵营；六国复国志士，无时不在窥伺时机；嬴政君臣离心离德。大风暴已经酿成，雷霆狂飙将至。

始皇帝十三年（前234），刘邦藏身深山大泽，待机而起。彭越拉起杆子，走上造反的路。秦二世元年（前209）七月，发闾左戍渔阳，有一支九百人的队伍，陈胜、吴广为屯长。至泗水郡蕲县大泽乡（今安徽宿县），会天大雨，道不通，度已失期，失期法皆斩。陈胜、吴广密谋："今亡亦死，举大计亦死，等死，死国可乎？"带领这九百人，斩木为兵，揭竿为旗，誓师反秦。秦王朝制度之毒终于全面爆发。农民、士人和立志复国的六国志士合流，"伐无道，诛暴秦"的口号响彻大江南北，起义的烽火燃遍神州大地，仅仅两年多，暴秦覆亡。

嬴政只有五十年的生命，秦王朝不过十五年的历史，但是，嬴政的亡灵数千年不息，秦王朝引领着中华民族数千年的发展史。

秦王朝的兴亡史，是一部古代中国权力演绎史。人类结成团体，为利于与自然界、动物界的抗争，为利于一团体胜于另一团体。自人类组团起，便开始了权力的博弈。团体的首领，不断地扩张权力领地；团体的成员，则奋力坚守自己的领地。当外部环境趋紧，团体首领攫取更大权力便有了依据，团体成员会比较认同于首领的揽权行为，甚至主动让渡权力。因此，团体首领便一步步走向集权、专制。

古史所载商、周两代的制度，商是军事联盟性质的方国联合体。周灭商，行分封制，以宗族血缘关系为基础，建立大宗对小宗的统摄关系，形成统一而松散的王国。天子为天下共主，礼乐征伐自天子出。诸侯与诸侯所属各宗都具有相当大的权力。这和集权专制制度完全不同。春秋战国，发生天崩地裂的大事变，适应弱肉强食的丛林法则，新兴国家走上中央集权的发展道路。秦国所行君主专制的中央集权更彻底，聚势于战争更有效率。秦王嬴政统一六国，在前所未有的庞大规模之上，放大、复制和完善了这一国家政体。这一演变过程，从秦孝公变法算起，历时一百四十年。嬴政创设了皇帝这个怪物，将集权专制推向极端，并固化为延续了两千一百三十年的中国封建社会制度。

对权力的不断攫取，本自权力拥有者的天性。让权力拥有者主动让渡权力，则无异于痴人说梦。秦王朝垮台，后来的新兴政权、新任君王，本自天然地承继了这一集权专制制度。与此相适应，也本自天然地承继了为之服务的法家理论，不过在表现形式上，或外儒内法，或形儒实法罢了。这一专制的意识形态，使一部中国思想文化史，再无争鸣的机缘出现。

这一制度下，君主个人的意志可以不受任何制约。越是雄才大略的君主，越是热衷于开疆拓土、大兴土木的丰功伟业，人民和国家遭受的苦难越多。

这一制度下，王朝兴衰呈周期律，政权的更替只有暴力一途，也就是农民的起义和农民的战争。新王朝的建立者，对民众的力量尚有足够的清醒，政治相对宽松、清明，人民的生存环境也相对改善。但他的不肖子孙们，很快又会重蹈前代王朝的覆辙。"兴，百姓苦。亡，百姓苦。"人民的苦难永无尽头。

中华民族的集权专制政治源远流长，但存在的绝非就是合理的。民主民利，是人类结为团体的初衷，集权专制则是特殊境遇下的特例。民主的要义是分权、制衡，加上其政策制定以广泛的民意为基础。民主的阴暗面是真切存在的事实，但集权专制的弊端更多，更致命，更具灾难性、颠覆性。现代政党制国家，作出融合民主与集中的实验，取其两端，执乎其中，成功有之，败局同在，尚在探索改革途中。

汉高祖

王命所膺人归心

刘邦得天下，首在得"道"。他顺应了天下大势，赢得了天下人心。"父老苦秦苛法久矣，诽谤者族，偶语者弃市"，他约法三章：杀人者死，伤人及盗抵罪。余悉除去秦法。"

刘邦得天下，要在得人。他深谙驭心将人之道，让天下英雄归心。刘邦的创业军团，由三套人马组成，包括运筹帷幄的智囊、看家护院的管家和攻城略地的将领。这样一个智囊团队，优势互补，又是为刘邦这样一个从善如流的主子谋划，可谓如鱼得水，其作用就难以估量了。

按司马迁《史记》的说法，汉高祖刘邦不爱读书，不事田产，游手好闲，还有不少坑蒙拐骗的劣迹。这样一个人，试水宦途，做了泗水亭长。他解送民夫前往骊山，不断有人逃亡，估计到达目的地，也就剩不了几个人了。到了丰西泽，他把人全放了，隐于泽中，待机而起。

当时，陈涉起义的烽火，已经燃遍了大江南北。沛县的县令也要响应，掾、主吏萧何、曹参说：你是秦朝旧吏，沛县的子弟不会听你的，该把那些起事的当地人召回来。于是，刘邦回县，县令反悔、被杀，民选沛令，萧何、曹参都不敢领头，刘邦就此做了沛公。他领着沛县子弟，攻城略地，到打下砀郡，人马到了五六千人。这时候，项梁的队伍来到附近，他投靠项梁，又得了五千人马，就成为颇有实力的一方诸侯了。

项梁战死，楚怀王借机重构权力格局，要把军队抓在手中。他以宋义为上将军、项羽为副将、范增为末将，救援被围困的赵国，攻打秦军主力，"令沛公西略地入关。与诸将约，先入定关中者王之"。刘邦倒是先入了关，但实力派项羽却不让他当王，搞大分封时，把他赶到了四塞之固的汉中，欲困之于牢笼，这倒成了他夺天下的龙兴之地。

刘邦一介亭长，斩蛇起义，八年时间，就扫平群雄，一并天下，真是大奇、大怪、大异之事。史家班彪写了篇《王命论》，归之于天命，"神器有命，不可以智力求"。这篇大文，还被曾国藩选入自己的得意之作《经史百家钞》，我们无法轻率臧否之。从人事的角度着眼，看刘邦的成功，当给后人以极大启迪。

刘邦得天下，首在得道。他顺应了天下大势，赢得了天下人心。刘邦分析天下大势，吃透了世道人心，他认为，"天下苦秦久矣"，秦王朝已经面临灭亡的命运。刘邦征服三秦，就是顺应民意，征服了三秦人的人心。他入了咸阳，不杀降王，封锁府库，召诸县父老豪杰，并告谕县乡邑："父老苦秦苛法久矣，诽谤者族，偶语者弃市。吾与诸侯约，先入关者王之，吾当王关中。与父老约，法三章耳：杀人者死，伤人及盗抵罪。余悉除去秦法。诸吏人皆案堵如故。"秦人大喜，"唯恐沛公不为秦王"。

韩信的"汉中对",底气就在于看到了人心向背。刘邦、项羽争夺天下,已是不争的事实。项羽自立西楚霸王,放逐义帝,按照自己的好恶分封诸王,随后打道回乡,"屠烧咸阳秦宫室,所过无不残破。秦人大失望,然恐,不敢不服耳"。他还三分关中,立秦三将章邯、司马欣、董翳,分别为雍王、塞王、翟王,意在为他当好看家狗,看住刘邦,让他难以作为。

韩信先说项羽,"名虽为霸,实失天下心"。项羽分封的三个秦王,"为秦将,将秦子弟数岁矣,所杀亡不可胜计,又欺其众降诸侯,至新安,项王诈坑秦降卒二十余万,唯独邯、欣、翳得脱,秦父兄怨此三人,痛入骨髓"。韩信再说刘邦,"大王之入武关,秋毫无所害,除秦苛法,与秦民约,法三章耳,秦民无不欲得大王王秦者"。"今大王举而东,三秦可传檄而定也。"正如韩信所预言,汉军明修栈道,暗度陈仓,四个月时间,三秦就尽入囊中,它进可攻,退可守,成为争霸中原、一并天下的战略后方。

刘邦得天下,要在得人。他深谙驭心将人之道,让天下英雄归心。刘邦得人用人,从善如流,史上无人可出其右。

刘邦的创业军团,由三套人马组成,包括运筹帷幄的智囊、看家护院的管家和攻城略地的将领。刘邦封赏功臣,总结成功经验,说了这样一段话:

夫运筹策帷帐之中,决胜于千里之外,吾不如子房。镇国家,抚百姓,给馈饷,不绝粮道,吾不如萧何。连百万之军,战必胜,攻必取,吾不如韩信。此三者,皆人杰也,吾能用之,此吾所以取天下也。

刘邦提到的这三个人,是三套人马的代表人物。管家团队,史书着墨不多,但作为后方留守,又有太子坐镇,必定是一个人才济济的班底。从史书里提到的鲍生、召平看,两人为萧何各献一计,消除了刘邦对萧何的猜疑,且让刘邦大喜,就可看出管家班底中高人很多。将领团队,独当一面的战将，除了韩信，还有黥布、彭越。刘邦在正面战场和项羽对垒，韩信在北方攻城略地，黥布在项羽的大后方开辟战场，彭越作为游击战的战神，不断袭扰楚军的粮道，搞得项羽首尾难顾，东奔西跑。特别是智囊团队，刘邦把它排在首位，它的厉害和作为可想而知。

这个智囊团有这样几类人物：第一类，大智大勇，又有动手能力，比如韩信、萧何。两人分别是战将团队、管家团队的代表，又是最重要的智囊。第二类，有大智，从不动手，标准智囊，比如张良、陈平。在太史公司马迁笔下，张良"状貌如妇人好女"，生得秀气，身体又弱，是以三寸舌为帝者师，封万户侯，这就决定了他是只动口不动手。看史书记载，他动过一回手，收获不菲，就是为黄石公到桥下拾鞋，穿鞋，得了老人家一部奇书《太公兵法》；还踩了刘邦一脚。那是韩信灭齐以后，派出使者报告刘邦，要做假齐王。韩信野心膨胀，刘邦气得大骂。这时候可不能得罪韩信！张良还有陈平同时踩了刘邦一脚，刘邦立即醒悟说，做王就做真王，哪里能做假的！张良动手不行，动嘴动脑，却是世间无双。陈平也属此辈人物。第三类，论智慧，非一流高手，却有执行力，很能办成事。像郦食其、随何之流，行个贿，要个大忽悠，事情就摆平了。

这样一个智囊团队，优势互补，又是为刘邦这样一个从善如流的主子谋划，可谓如鱼得水，其作用就难以估量了：

一是作出战略谋划。韩信提出的汉中对策和经略北方，决定楚汉相争的成败。刘邦封坛拜将，韩信成为大将军，刘邦就问他，你有什么高招教我？韩信分析了刘邦、项羽的优点、缺点，希望刘邦扬长避短。接着话锋一转，提出先取关中，再夺天下，一招就打开了局面。后来，韩信奉刘邦之命，讨伐反叛的魏国，他自告奋勇，提出愿率三万精兵，"北举燕、赵，东击齐，南绝楚之粮道，西与大王会于荥阳"。当他灭了魏、代、赵，拿下燕、齐，从北面和刘邦形成对项羽的合围之势，楚汉相争的结局就开始见到分晓了。

萧何是管家团队的代表，也是第一等的智囊。萧何月下追韩信，史上留名；萧何入咸阳，抢到秦的律令图书，掌握了"天下厄塞，户口多少，强弱之势，民之疾苦"，对刘邦夺取天下起到重要作用。张良作为智囊之首，其下邑画策，奠定了楚汉相争的基本格局。刘邦兵败彭城，逃到下邑，提出要捐关东，作为封赏，来对付项羽，他问身边的谋士，谁能共举大事？张良早就成竹在胸，他建议刘邦，"九江王黥布，是楚的枭将，与项王有隙；彭越与齐王田荣反梁地；此二人可急使。而汉王之将独韩信可属大事，当一面。即欲捐之，捐之此三人，则楚可破也"。张良这一计成功之后，刘邦就拥有了独立作战的三大军团。如果说，汉中对策、经略北方是战略的大框架，下邑画策，就为这个大框架画出了经纬，而韩信、黥布、彭越的起用，使战略实施有了人才支撑。提出战略谋划，是刘邦智囊团的最大贡献。

二是打破战争僵局。刘邦和项羽对阵的正面战场，打得相当艰难，但刘邦多次化险为夷，由被动转为主动，全赖智囊之功。在刘邦被困荥阳的危急关头，陈平献上反间计，拿着刘邦给的巨款，反间于楚军。先说项羽的第一勇将钟离昧有大功不赏，要投降刘邦，和汉王平分项王的土地。项羽开始怀疑，到汉营打探消息，陈平让人摆下盛宴，却又换成了清水白菜，说搞错了、搞错了，把项王的使者当成亚父（范增）的使者了。项羽又怀疑范增，范增大怒："天下事大定矣，君王自为之！愿请骸骨归！"一气之下走人了，还没到彭城，就气得背上生疽去世了。项羽唯一一个谋士也不能用，范增死了，剩下一批武夫折腾，天下事差不多就大定了。

还有那些名不见经传的人物，作用也不能忽视。有个袁生，劝刘邦带兵去南阳，把项羽引过去，深沟高垒，对峙而不对阵，让荥阳和成皋的部队得到休整；郑忠的一计，则是增兵彭越，加大对项羽后方和粮道的袭扰，把项羽引过去，然后再和正面的楚军交战。项羽走了，大司马曹咎留守，经不住刘邦的激将，仓促出战，大败自杀，使项羽的战略要地失守，军需全部被刘邦缴获。

三是优势互补。这个智囊团，你有大计策，我有实招数。你有所长，我有所短，大家凑到一起，威力大无边。张良献过两计，一计靠郦食其实施，另一计靠随何忽悠。刘邦到达咸阳城外，张良献上贿赂秦军守将的计策，郦食其拿着钱走了一遭，就办成了。张良下邑画策，要策反黥布，随何请命出征，抓住黥布与项王有隙这一点，大做文章，居然忽悠成功。什么隙呢？项羽讨伐齐国，黥布没有亲往；彭城之战，黥布没有帮项羽的忙。仅此两点，项羽绝不至于和黥布翻脸，随何却策反成功了。刘邦封赏功臣，对随何说，你们这些书呆子，为天下怎么能用你们呢？随何就说，就这件事，您派出五万步兵、五千骑兵，能办成吗？刘邦承认没法办到。

四是为刘邦纠错。刘邦的智囊团队，还有个很突出的优点，就是关键时刻，对刘邦叫停。刘邦虽然天资聪明，却素质不高，打进咸阳，被秦宫中的美女迷住了眼，当夜就要留宿宫中。樊哙苦劝，嘴头子功夫不行，刘邦不听。张良一番话，就把刘邦劝止了，"今始入秦，即安其乐，此所谓助桀为虐"，沛公于是还军霸上。刘邦被项羽打得很惨，病急乱投医，听了郦食其的昏招，要册封六国君王的后裔。大印都刻好了，听了张良的"八不可"，立时明白过来：现在最需要封赏的是在前线为自己卖命的将士啊，接着就把大印销毁了。后来刘项讲和，商定以鸿沟为界，中分天下。"汉欲西归"，张良、陈平双双劝阻，趁楚军兵困马乏，粮草难继，乘胜追击，组织大决战，项羽兵败垓下，乌江自刎，从而结束了楚汉相争的局面，天下归汉。

这样一个智囊团队，真正千年一遇。刘邦能让他们充分发挥聪明才智，群雄逐鹿，刘项相争，天下不姓刘，又怎么可能呢？

曹参

无为方是兴汉策

黄老之术发源、绵延于齐国。曹参因为做了齐国宰相，找到了黄老之术的治齐方略；接替萧何做了汉朝宰相，把黄老之术推行全国，成为汉初的治国方略。惠帝、吕后、文帝、景帝朝，行的都是黄老之术，并出现了史上有名的"文景之治"。

黄老之术，博大精深。司马谈《论六家要旨》说：道家无为，又无不为。"其术以虚无为本，以因循为用。""虚"，意味着接受一切；"因"呢？"因者，君之纲"，即人君治国的总纲。"因"的内涵是什么？用管子的话说，"道贵因。因者，因其能者，言所用也。""因"就是因物性，顺自然，合人性，遂民愿。

曹参这个人，是和刘邦一起打天下的开国元勋。战乱年代，身经百战，战功卓著；和平建设时期，表现不俗，官至宰相。对这个人，历史上好评极多，但是，误解也不少。需要特别提及的是，他对汉初政治的重大贡献和影响，被史家之笔涂抹得面目全非了。

司马迁的《史记》、班固的《汉书》，都把曹参列为名相，《汉书》则把萧何、曹参合在一起作传。杜甫称颂诸葛亮，"伯仲之间见伊吕，指挥若定失萧曹"，说诸葛亮与伊尹、姜太公吕尚相比，不分上下，与萧何、曹参相比，就高出几分了。细究起来，并不见得恰当。越到后来的人，对曹参的贬词越多起来，主要的批评都集中在"萧规曹随"方面。

萧何去世之后，曹参为相，因袭原来的制度、做法，"举事无所变更，一遵萧何约束"。对此，司马迁的描写富于戏剧性：曹参上任之后，任何事都不做，整天喝酒。有的官员看不下去了，前来劝诫，他就让人家喝酒，不给人说话的机会。紧邻相府的官员家中，整天吆五喝六，让人难以忍受，一位官员请曹参前去视察，目的是让他管一管，结果，曹参却让人摆上酒席，和众人一起喝起酒来。孝惠帝都看不下去了，就让曹参的儿子问一下，你曹参身负重任，为什么这么无所作为？是不是因为我太年轻，不把我放在眼里？结果，曹参打了儿子的屁股，说"这不是你该管的"。这些戏剧化的描写，给后人指责曹参提供了口实，也让人产生疑问：这曹参到底是一个什么样的人？

曹参文韬武略。随刘邦起义之前，他和萧何都是沛县的刀笔吏，曹参为狱掾，萧何为主吏掾。刘邦夺了天下，"任萧、曹之文"，也就是说用的是萧何、曹参的文韬。

先看曹参的武略。曹参有大勇。他转战南北，作战勇猛，攻城略地，身被七十创，为汉朝的建立立下卓越功勋。《史记》记载，曹参凡下二国，县一百二十；得王二人，相三人，将军六人，大莫敖、郡守、司马、侯、御史各一人。刘邦打下天下后，论功行赏，大家一致推举曹参功最多，宜第一。

再看曹参的文韬。曹参有大智。曹参的大智之一，是圆融的做人做事之道。他见到别人的小过错，但总是为人遮掩。所以，府衙内部，大家就相安无事。他的功劳最大，总是被萧何压一头，两人的关系总有些疙瘩，但萧何去世之前，却推荐他接任。曹参那么大的功劳，却能全身而终，名垂青史，而许多当年和刘邦一起打天下的功臣，却一批批死在刘家的屠刀之下，从中的确可以看出曹参做人做事的高明之处。

曹参的大智之二，是杰出的治国才能。刘邦安排人事，把他的长子分封到最有实力的齐国，让曹参任齐国宰相。曹参到任，先作调查研究，谋划怎么治理齐国。他请了齐国的长者和读书人，集思广益，结果一人一个说法，让人不得要领。后来，他听说胶西有个盖公，善治黄老之术，就让人带着厚礼请来。盖公说，治道贵在清静，清静民就能安。曹参由此确定了治齐方略，治国要采黄老之术。他相齐九年，百姓安集，大称贤相。曹参在接替萧何之前，早就是一位杰出的政治家了。

曹参和齐国，早有渊源。刘邦、项羽争夺天下之时，他配合韩信，平了齐国，一段时间，留在齐国，稳定局势。或许因为这段经历，刘邦才让他做了齐国宰相。因为做了齐国宰相，找到了黄老之术的治齐方略；因为接替萧何，做了汉朝的宰相，他把黄老之术推行全国，成为汉初的治国方略。此后，惠帝、吕后、文帝、景帝朝，行的都是黄老之术，并出现了史上有名的"文景之治"。武帝初期，权力掌握在窦太后手中，"窦太后好黄帝、老子言，帝及太子诸窦不得不读黄帝、老子，尊其术。"

历史就是有如此多的巧合。黄老之术发源、绵延于齐国。曹参相齐，黄老之术才有了乘时而起的际遇。

齐国本是姜太公吕尚的封地，田齐取代姜齐，声称自己是黄帝之后，推翻炎帝之后的姜氏是顺天应人。这一举措，刺激了"黄帝之言"的发展。田齐在稷下设立学宫，聚天下英才。治老子之术的学者，投田齐所好，依托黄帝立言，创立了黄老学说。黄老学者以道论法，道法刑名结合，黄老学由学术变为治术。那个时候，学术靠师传。司马迁在《乐毅列传》中，梳理了这一师承脉络。乐氏（乐毅）之族有乐瑕公、乐臣公，居赵。秦灭赵，他们逃到了齐国高密。"乐臣公学黄帝、老子，其本师曰河上丈人，不知其所出。河上丈人教安期生，安期生教毛翕公，毛翕公教乐瑕公，乐瑕公教乐臣公，乐臣公教盖公。盖公教于齐高密、胶西，为曹相国师。"治术虽好，需要政治家去实施。曹参有丰富的政治经验，看得透民情，听得懂时代的声音。曹参礼贤下士，以盖公为师，黄老之术才得以登堂入室。

黄老之术，博大精深。司马谈《论六家要旨》，概括言简意赅。他说：道家无为，又无不为。"其术以虚无为本，以因循为用"。"虚"，意味着接受一切；"因"呢？"因者，君之纲"，即人君治国的总纲。"因"的内涵是什么？用管子的话说，"道贵因。因者，因其能者，言所用也"。"因"就是因物性，顺自然，合人性，遂民愿。

汉初久经战乱，老百姓流离失所，"人相食，死者过半"。老百姓需要安定。安定下来，大片荒芜的土地，就能长出绿油油的庄稼，就会出现牛羊满坡，村陌相连的太平盛景。不兴土木，不起战事，老百姓就能安定。庄稼地里，种什么，怎么种，老百姓最明白，不要官员去指手画脚。老百姓已经厌倦了动荡、战乱，衣食丰足，谁还愿意去惹是生非？这么一来，可以省官，可以简政，可以无为而治。社会秩序是保证，"萧何为法"，他根据社会发展需要，按照"约法三章"、省刑轻罚的立法理念，吸收秦法"宜于时者，作律九章"，足够了。

"参为汉相国，清静极言合道。然百姓离秦之酷后，参与休息无为，故天下俱称其美矣。"曹参当了三年相国，老百姓编了段顺口溜来歌颂他："萧何为法，讲若划一；曹参代之，守而勿失。载其清静，民以宁一。"像《淮南子·泰族》所说："圣王在上，廓然无形，寂然无声，官府若无事，朝廷若无人。"已经很有些无为而治的感觉了。

曹参和孝惠帝有段对话。他问孝惠帝，你和高皇帝相比，哪个强？孝惠帝说，我哪里敢和高皇帝比！曹参又问，我和萧何相比，哪个强？

孝惠帝说，你似乎不如萧何。曹参说，陛下说得对。高皇帝和萧何定天下，法令既明，陛下君临天下，我们守职，遵而勿失，不是很好吗？话虽这么说，司马迁及后来的班固、司马光结论也是这么下，但是，看事实却并非仅仅如此。

曹参所贡献，是汉初的治国方略；曹参所坚守，是"萧规"，即萧何制定的刑律；曹参的有为与无为，都是着眼于让治国的基本路线不动摇。他离开齐国，到中央上任，特别嘱咐接任者："以齐狱市为寄，慎勿扰也。"意思是这里可以对多种人并容，如果去搅动它，"奸人安所容也"？奸人没有了安身之地，就会跑到社会上作乱。他用人路线分明，措施果决，"择郡国吏木讷于文辞，重厚长者，即召除为丞相史。吏之言文刻深，欲务声名者，辄斥去之"。惠帝三年，"省法令妨吏民者，除挟书令"，废除了汉初延续秦律私藏书籍灭族的文化专制政策。

曹参与惠帝的对话，实际上是规劝惠帝，也是期望后来的帝王，顺应时代要求，遵从百姓意愿，谨守治国的基本路线不动摇。因此，文韬武略的曹参，"萧规曹随"，体现的是一种政治品德，一种博大胸怀，一种高超的政治智慧。

析事论人，近在眼前，身在其中，难免"不识庐山真面目"。司马迁离曹参生活的年代不远，他对曹参的历史地位，并没有足够的认识，就黄老之术对汉初政治的影响，也缺乏深识灼见。他以夸张的笔法，极言曹参之"不作为"，实是讽喻时事，用心良苦。因为汉武帝手握大权之后，多欲有为却无度，大兴土木，穷兵黩武，给百姓带来极大的苦难，将国家引向破产的边缘。但司马迁的笔锋这么一转，却把曹参的真实形象扭曲了，似乎曹参被萧何的光环耀花了眼，真的没法作为，也不去作为了。

汉武帝
一场革命千年潮

汉武帝刘彻继位，发起一场思想革命，国家指导思想，由姓黄老改为姓"孔"。

思想革命激荡千年潮。汉承秦制，延续秦代的政治制度，又由汉武帝承担起文化建设的大任，实现思想文化的大一统。自此之后，这个延续数千年的封建制度基本定型。

汉武帝让封建制度的能量得到一次高强度释放。汉武一朝，疆域比秦代扩大了一倍。汉武帝也让封建制度之恶暴露无遗。皇帝的权力达到了至高无上，却没有一种力量可以制约权力的滥用。汉武帝最终发展到穷奢极欲，滥刑滥罚，横征暴敛，穷兵黩武，把民族和人民引向灾难深重之中。

公元前140年，汉武帝刘彻继位，发起一场思想革命，国家指导思想，由姓黄老改为姓"孔"。这场思想革命影响中国数千年，使儒家思想融入国人的血液，重塑了一个民族的灵魂，也使一个延续数千年的制度由此而基本定型。

刘邦创建汉朝，推翻暴秦，消灭项羽，局势基本稳定之后，国家治理采用了"黄老之术"，也就是"无为而治"的方针。"无为而治"，是一种宽松、包容、忍让的宽容政治。对百姓，轻徭薄赋、与民休息；对王国，你不谋反我不干预，两相为安；对夷族特别是匈奴，输财、和亲，寻求一个和平发展环境；对文化，则是"百花齐放，百家争鸣"。从汉惠帝废除禁书令开始，民间藏书大量出现，私学盛行，诸子百家诸多大师涌现。朝廷还设立包括儒家《诗》《书》《春秋》在内的诸子学博士。汉武帝的两任老师卫绾和王臧，也都崇尚儒学。争鸣的氛围也很浓，像诗博士辕固和黄生，在景帝面前，就汤武革命展开激烈争辩，肯定与否定，各持己见。这样一种氛围，使社会呈现勃勃生机，同时也伴随许多乱象，思想文化领域就形成了"师异道，人异论，百家殊方"的局面。

"无为而治"，非不欲为，是不能也。历朝历代，一旦有了一定的基础和实力，大都由"无为而治"，转向"多欲有为"。汉武帝继位，汉朝已经建立66年，"文景之治"打下雄厚的家底，生产繁荣，国力增强，社会稳定，朝野上下，都期待着有一番更大作为。

建元元年（前140）十月，汉武帝下诏举荐贤良方正之士，到京城长安，就国家治理献计献策。治《春秋》博士董仲舒，把自己一生的学术成果转化为治国安邦的策论——"天人三策"，旗帜鲜明地提出："春秋大一统者，天地之常经，古今之通谊也。今师异道，人异论，百家殊方，指意不同，是以上亡以持一统；法制数变，下不知所守。臣愚以为诸不在六艺之科孔子之术者，皆绝其道，勿使并进。邪辟之说灭息，然后统纪可一而法度可明，民知所从矣。"《汉书·董仲舒传》称："及仲舒对册，推明孔氏，抑黜百家。立学校之官，州郡举茂才孝廉，皆自仲舒发之。"

儒术到底好在哪儿，可以独尊？儒学自孔子创立，糅合百家，与时俱进。天下大乱，枪杆子是硬道理，儒学难行于世，承平时期，却是治理天下的一剂良药。一是回答治理天下的大道。董仲舒提出天人感应说，设计出一个至高无上的天。天是宇宙间最高主宰，天有"天命""天志""天意"，人为天所造，人副天数，天人合一。人君受命于天，奉天承运，代表天的意志治理人世。天表彰君王，就降下祥瑞；警示谴告君王，就降下灾异。屈民而伸君，屈君而伸天，是春秋大义。天人感应说为神化皇权提供了最权威的理论根据。二是提出一整套建立良好社会秩序的伦理道德。"父为子纲，君为臣纲，夫为妻纲"的"三纲"说，成为社会普遍性的道德规范。这种建立在伦常关系基础上的伦理道德体系，易记又易行，具有长盛不衰的生命力。三是提出切实可行的实施方案。从孔子开始办私学，设六艺，育人才，"学而优则仕"，只不过需要当政者从体制外纳入体制内。

由崇黄老，转向尊儒术，这是一个时代的精神转向，其阻力之大不言而喻。思想为权力插上翱翔的翅膀，权力为思想鸣锣壮行。建元二年（前139），权力层大改组。任命好儒术的窦婴为丞相、田蚡为太尉，儒者赵绾为御史大夫、王臧为中大夫，两人的老师申培担任太中大夫。但是，操纵权力40年的太皇太后喜好黄老之术，讨厌儒者，她强行干预，将窦婴、田蚡免官，赵绾、王臧下狱自杀。直到建元六年（前135）太皇太后去世，汉武帝大权在握，田蚡二次拜相，"绌黄老、刑名百家之言，延文学儒者数百人，而公孙弘以《春秋》白衣为天子三公，封以平津侯，天下之学士靡然乡风矣"。汉武帝还多次下诏，或推举贤良，或要求上书言事，使大批社会优秀人才浮出水面，使思想革命团队不断壮大。教育制度的完善，则在思想普及、育人选官中显示出百年大计之效。元朔五年（前124），在长安举办太学，规定太学生为博士弟子，《诗》《书》《礼》《易》《春秋》五经为学习科目，学生可任选一经，学完考试合格者可以做官，太学博士子弟由起初的五十人，发展到三千人。在全国郡县设置学校，使儒学在全社会广泛普及。儒学成为士人的进身阶梯，天下士人为进入仕途，纷纷统一到儒家思想上来。

思想革命激荡千年潮。汉武帝发起的这场思想革命，历时十二年基本完成，它的影响却延续数千年。封建制度的大厦经由汉武帝而竣工。秦代基本实现民族大统一，建立起封建社会基本的政治制度，但"焚书坑儒"的文化政策，使整个社会缺乏思想的黏合剂和精神支撑。汉承秦制，延续秦代的政治制度，又由汉武帝承担起文化建设的大任，实现思想文化的大一统。自此之后，这个延续数千年的封建制度基本定型。思想文化方面，儒学成为国家意识形态，成为中华传统文化的四梁八柱。政治制度方面，"百代都行秦政法"，外儒内法成为封建制度的基本特征。

汉武帝让封建制度的能量得到一次高强度释放。经济上，实行强力控制，像盐铁官办、垄断商品运输和买卖价格、酒类专卖等强行推开，财富由民间向朝廷高度集中。军事与外交上，张扬武力，开疆拓土，"明犯强汉者，虽远必诛"。汉武一朝，疆域比秦代扩大了一倍。夏曾佑《中国古代史》称："中国之境，得汉武而后定。"他通过推恩制，也就是让诸侯王死后，其所有子孙都能分得一份土地、资产，这就肢解了诸侯王国，他们再也没有了对中央政权的威胁，除掉了国家稳定的一大毒瘤。

汉武帝也让封建制度之恶暴露无遗。皇帝的权力达到了至高无上，却没有一种力量可以制约权力的滥用。董仲舒设计出"天谴"的纸笼子，不过是个无用的摆设。汉武帝最终发展到穷奢极欲，滥刑滥罚，横征暴敛，穷兵黩武，把民族和人民引向灾难深重之中。

汉武帝把君主集权专制推向极端。他削弱相权，实行中朝制。由内侍、常侍等组成的"中朝"，成为实际的决策机构，以丞相为首的"外朝"官，逐渐成为执行一般政务的机关。他利用主宰一切的权力，滥刑滥杀。武帝时的十三位丞相，除一人在他死后留任外，其他十二位，被免职的七位，五人因犯罪自杀和下狱治罪；被免职的人中，有两位也属非正常死亡。人相猜忌，连太子也遭受巫蛊之祸，蒙冤而死。他大兴土木，建设宫殿，四处巡幸，求神访仙，以求长生不老。生活淫侈奢靡，后宫美人达七八千人。

开疆拓土，成为汉武帝"雄才大略"的标志。从元光元年（前134）

至征和三年（前90）的43年中，国家都是在战争状态中度过的。征匈奴、征楼兰、征姑师、征大宛、征南越、征朝鲜，征伐无度。连年战争，导致财政危机，财政政策，又倒向与民争利，把矿山湖海资源、贸易之利完全控制于中央，甚至通过卖官卖爵，来饮鸩止渴。民力屈，财用竭，因之以凶年，寇盗并起，人口减半，人并相食。国家处于破产的边缘，政权岌岌可危。

君主滥权，思想也就成为权力的奴仆。儒学也一度成为扼杀人性、窒息思想活力的绞索，给这个民族留下了极大的负面影响。

汉武帝晚年，幡然悔悟，下罪己诏。《资治通鉴》载，征和四年（前89），武帝曰："朕即位以来，所为狂悖，使天下愁苦，不可追悔。自今事有伤害百姓，糜费天下者，悉罢之。"这就是《轮台罪己诏》的基本精神。轮台诏悔征伐之事，禁苛暴、止擅赋、力本农，鼓励养马，罢斥方士，停止战争，发展生产，与民休息，使他部分挽回了名誉。

史书对汉武帝的评价，走向两个极端，一说其"雄才大略"，一说"其所以异于秦始皇者无几矣"。这是封建专制制度造就的两极，使这个伟大历史人物抱恨终生，也让一代代历史学家扼腕长叹。班固的《汉书·汉武帝纪赞》说："如武帝之雄才大略，不改文景之恭俭以济斯民，虽《诗》《书》所称何有加焉！"但是，在封建专制制度之下，怎样做到"多欲有为且有度"，却始终成为历代拥有雄才大略的当政者无法求解的斯芬克斯之谜。

董仲舒
汉儒登堂成帝师

汉武帝召集贤良方正，听取治国良策，董仲舒有幸成为其中一员。回答汉武帝第一问，董仲舒提出"天人感应""君权神授""天瑞""天谴"等崭新观点。汉武帝又提出第二问，董仲舒在对策中，阐述儒家治国思想，建议实行进取有为政策。汉武帝敏锐地意识到奏对无法估量的巨大价值，也觉察到董仲舒似乎有话要说，欲言又止，他让董仲舒再上奏对。

一个思想巨人，发出那个时代惊天动地的声音：罢黜百家，独尊儒术。

历史有许多偶然，有时候偶然会改写历史。历史的幸运，是汉武帝穷追不舍、究根问底，从而决定了一个民族的精神走向。如果汉武帝问策，只是做做表面文章，做个姿态，就没有这第三问，也就没有"天人三策"，那么，历史又会走向何方？

董仲舒是中国思想史上的一颗巨星，在华夏的文化星空闪耀千年。对董仲舒的评价，汉代最权威的两位史学家、两部史书，却差异巨大。班固的《汉书》，把董仲舒捧到天上；司马迁的《史记》，却近乎轻描淡写，避重就轻，甚至多含讥讽。因为这一点，引出许多历史官司，也引来史家不少猜疑。

中国的读书人，追求立德、立功、立言。董仲舒的功业，从立言起步。他是个典型的读书种子，研究学术，三年不窥园，保持着澄明的心境，遨游在精神的天穹，思接千载，文思泉涌。他在汉景帝时，被朝廷征为博士，在帝都这个政治文化中心，经历着时代的风云变幻，磨砺着品德、学识和人格。

董仲舒的代表作《春秋繁露》，影响当世，也流传百代。他的大一统原理、阴阳五行论、天人观、纲常说等，都蕴含其中。中国学术界自西汉末，出现了古文经学和今文经学之争。今文经学推崇董仲舒，因为他阐发《春秋》微言大义，提出三统说，即夏、商、周相继，是黑统、白统、赤统的历史循环。董仲舒分春秋时代（前722—前481）为三世：孔子所见世，所闻世，所传闻世。东汉后期的何休，进一步发挥三世说，以所传闻世配据乱世，所闻世配升平世，所见世配太平世，社会发展由据乱世而升平世而太平世。近代康有为释《礼记》，著《大同书》，据此将社会进化分为据乱世、小康世、大同世，通三统、张三世说，成为他变法维新的强大思想武器。

中国的书生，可不是只埋头钻故纸堆的书呆子，读书治学，志在修齐治平，经世致用。董仲舒身在书斋，胸中装着天下。他的幸运，是赶上了一个伟大的时代。刘邦建立的大汉王朝，经历了长时间的相对和平时期，尤其是经过"文景之治"，打下了坚实基础，经济走向繁荣，文化受到重视，汉武帝继位，一个年轻有为之主出世，这个时代注定要变了。董仲舒如炬的目光，观察到时代潮流的激荡，也清晰地看到社会矛盾的冲突：对"外"，输财求和，使匈奴王得寸进尺。对内，诸侯王尾大不掉，景帝时的七国之乱，还如在眼前。经济上，豪强兼并，财富不在国家、民众，而向少数人集中。文化建设，没有一个明确的指导思想，民族缺少精神的黏合剂。国家强大靠经济实力，怎么可以没有思想文化的支撑？

大鹏展翅待风起。机会终于来了。汉武帝召集贤良方正，听取治国良策，董仲舒有幸成为其中一员。回答汉武帝第一问，董仲舒提出"天人感应""君权神授""天瑞""天谴"等崭新观点，引起汉武帝极大兴趣。汉武帝又提出第二问，董仲舒在对策中，阐述儒家治国思想，建议实行进取有为政策，办太学，育人才，改吏治。话说到这个"度"，他已经尽到了臣子的本分。但是，雄才大略的汉武帝，却敏锐地意识到"奏对"无法估量的巨大价值，也觉察到董仲舒似乎有话要说，欲言又止，他以指责的口吻，让董仲舒再上奏对。

这个时候，董仲舒一定经历着激烈的思想斗争，徘徊踌躇，夜不成寐。他的主张，早已深思熟虑，就是政权的大一统，还必须有思想的大一统，必须让儒家思想登堂入室。但是，当时朝堂上下，黄老之术还占据着统治地位，稍有不慎，就可能祸从口出；朝中大臣，千门百派，哪一家想领袖群伦，必然四面树敌；还有历史的镜鉴不远，那个提出焚书的李斯，可是要遗臭万年，那段由极权走向暴政的秦朝旧事，会不会重演？这个时候，他一定有些乱了方寸，有些心乱如麻，也一定想到将来会怎样被后儒诟病。但是，儒生本色，还是让他挺身而出，一个思想巨人，发出那个时代惊天动地的声音：罢黜百家，独尊儒术。

历史有许多偶然，有时候偶然会改写历史。历史的幸运，是汉武帝穷追不舍、究根问底，从而决定了一个民族的精神走向。如果汉武帝问策，只是做做表面文章，做个姿态，就没有这第三问，也就没有"天人三策"，那么，历史又会走向何方？

汉儒登堂成帝师。董仲舒因为"天人三策"，成为汉武帝思想革命的设计师，儒学成为中华民族几千年占统治地位的思想。董仲舒这个人，也由此名垂青史。班固的《汉书》，专门为董仲舒立传，他引用刘向的话，称"董仲舒有王佐之才，虽伊、吕亡以加，管、晏之属，伯者之佐，殆不及也"。将董仲舒比作伊尹、吕尚，认为其功业远远胜过管仲和晏婴，可谓推崇备至了。汉代的王充，把董仲舒认定为孔子的继承人，"文王之文在孔子，孔子之文在仲舒"。近代的康有为则认为，不得董子发明，孔子之道本殆坠于地矣。董仲舒也因为"天人三策"，在仕途上飞黄腾达，一拜江都相，再拜胶西相。晚年辞官，居家著书立说，汉武帝每有大事，专门派遣心腹大臣登门问询。董仲舒去世后，汉武帝经过他的陵墓，下马致敬，留下"下马陵"的佳话。

令人疑惑的是，历史在这里留下一个谜团。董仲舒"天人三策"影响如此巨大，但是，司马迁著《史记》，却只字不提，也不单独为董仲舒立传，在《儒林传》中，把他和其他儒学博士并列，作为一个学者、一个庸吏对待。为此，有的史家以至于对司马迁的史德提出质疑。明代学者张溥说："凡人轻今贵古，贤者不免。太史公与董生并游武帝朝，或心易之。"

我想，司马迁此举，有其信仰倾向的影响，更有其沉重的历史与家国忧患。

前车之鉴不远。李斯的喧嚣言犹在耳：今诸生不师今而学古，以非当世，惑乱黔首，如此不禁，则主势降乎上，党与成乎下。臣请史官非秦记皆烧之；非博士官所职，天下有藏《诗》《书》百家语者，皆诣守、尉杂烧之。所不去者，医药、卜筮、种树之书。若有欲学法令者，以吏为师。再看董仲舒上汉武帝的奏对："今师异道，人异论，百家殊方，指意不同，是以上亡以持一统；法制数变，下不知所守。臣愚以为诸不在六艺之科孔子之术者，皆绝其道，勿使并进。邪辟之说灭息，然后统纪可一而法度可明，民知所从矣。"两相对照，何其相似乃尔！不同之处，是各自"灭息"的内容相异罢了。由此，是否会导致思想文化的沉寂和专制？

董仲舒"始推阴阳，而为儒者首"，他的儒学掺杂了太多私货，长此以往，是否会造成学术的混乱，使文化精华演变为糟粕？《荀子》有一篇《非十二子》，其中说："略法先王而不知其统……案往旧造说，谓之五行，甚僻违而无类，幽隐而无说，闭约而无解……子思唱之，孟轲和之。"学究天人的司马迁对此当然了然于心，怎能无自己的主见？"董、刘大儒，竟言灾异，实为谶纬滥觞。"谶纬迷信之风一代代演进，愈演愈烈，终至把汉代思想界闹得一片狼藉，乌烟瘴气！

董仲舒把皇权神化，使君主拥有了至高无上的权力，绝非国家黎民之福。司马迁具有穿透千年历史的目光，又目睹了汉武帝这个新一代暴君的出现，他本人也因言获罪，遭受了男人最耻辱的腐刑。董仲舒设计了限制帝王权力的枷锁——"天谴"，它在强权帝王面前又是多么软弱无力！

史公深意费猜量。对董仲舒也不可过度指摘，我们不能以今人的眼光苛责古人。一个学者，说出自己的主张，是基本的品德。同时，他可以参透历史，却难以预测千年；他可以看到一个有为之君出现，却难以知道他最终走向何方。书生空议冢中人，冢中笑尔书生气。此为一例吧。

王莽

新政为恶败新朝

王莽靠和平演变登上皇帝宝座。刘邦造了个大神话，刘彻搞出个神学观，为王莽夺走自家江山，助了关键的一臂之力。

王莽效周公，群臣造周公，王莽登基后，以行周政为标榜。

古代人评价王莽，是篡位的乱臣贼子。近现代人评价王莽，依据王莽新朝新政，让王莽摇身一变，成了"社会主义的皇帝""儒家理想的信徒"，新朝政治也成了以周公之仁政，拨秦朝之暴政，是儒君、儒臣的一次伟大治国实验。

王莽的王田奴婢政策，为王莽新政罩上了迷人的光环。如果没有这道光环，整个新政也就暗淡无光了，哪里值得后人热说数千年？而它的全部价值和意义，依存于一点，就是最核心的均田制有没有实施？基本可以判定，均田制只是画了张大饼，并没有实施。王莽的大话、空话，蒙骗了世人数千年。至于国家控制山泽资源、物价、流通，实行盐铁专卖、币制改革，不过是剥夺民众，为王朝聚敛财富的恶政。

西汉和东汉之间，生出一个王莽新朝。新朝出现得离奇，做的事情又大为超常，于是，就有了许多演义、传说附丽其上。

关于新朝的出现，有因果宿命论，有天时说。因果宿命论讲，《史记·高祖本纪》记载了刘邦斩蛇起义的故事，后来的《西汉演义》介绍斩蛇过程，还有神异的情节。被斩的那条白色大蛇，知道刘邦将做皇帝，在暗夜沉沉的丰西泽中，拦住刘邦的去路，有意和他捣乱。刘邦拔剑，蛇说：你斩我头，我闹你头；你斩我尾，我闹你尾。刘邦毅然将蛇拦腰斩断。后来的王莽，就是白蛇转生。莽，蟒也。因为它被腰斩，就闹了中间，在两汉之间，插进一个为时十五年的新朝。

天时说出自班固。《汉书·王莽传》结尾作出结论，王莽篡权得逞，"亦天时，非人力之致矣"。这个天时是什么？

还有对王莽的评价，古代人和近现代人判若云泥。古代人评价王莽，是篡位的乱臣贼子。近现代人评价王莽，淡化了正统的忠奸道德标准，从王莽新朝政治、经济制度着眼，因其提出王田制，因国家控制山泽资源、物价、流通，实行盐铁专卖，制礼作乐等，王莽成了"社会主义的皇帝""儒家理想的信徒"，新朝政治也成了以周公之仁政，拨秦朝之暴政，是儒君、儒臣的一次伟大治国实验。这样一些新论，虽然出自大家、权威笔下，是否又有些太过离谱了？

让我们拨开这重重迷雾，来看一看王莽和他的新朝的本来面目。

一

王莽在政坛上平步青云，因为有个好姑姑。她叫王政君，是汉元帝的皇后，汉成帝的生母。她奉陪了元、成、哀、平四代皇帝。从她的儿子汉成帝登基，王氏外戚开始辅政，时间长达二十余年，继王凤、王音、王商、王根之后，王莽成为王家选中的第五位大司马大将军，帝室的辅政者。王氏外戚"一门十侯，五大司马"，亲戚党羽布满中央、地方，成树大根固、不可摇动之势。

大司马大将军哪来这么大的权势？这还是汉武帝留下的政治遗产。武帝高度集权，设立中朝，架空了丞相。穷兵黩武，耗尽国家元气，内外矛盾交织，太子造反被杀，8岁的幼子刘弗陵继承了皇位。他又怕重蹈吕后擅权的覆辙，令刘弗陵的母亲自杀，找了个外戚霍光辅政，任命为大司马大将军，领尚书事，霍光就把朝内朝外、军政大权一把抓了。霍光是霍去病同父异母的弟弟，卫皇后的外甥，自此，外戚辅政就延续下来。

王氏家族族大人众，王莽从王家脱颖而出，离不开个人的资质、素养和奋斗。王莽的父辈兄弟八人，叔伯个个封侯，子弟声色犬马。唯王莽父亲早逝，自己没有继承到什么封赏，饱尝了世态炎凉，磨砺了志向、毅力。他拜名儒为师，结交青年才俊，抚爱幼弟，孝敬长亲。伯父大司马大将军王凤病重，王莽"侍疾，亲尝药，乱首垢面，不解衣带连月"。王凤临终前，把王莽托付给元后和成帝。

王莽进入仕途，封新都侯，迁骑都尉、光禄大夫、侍中。大司马大将军王根年老多病，提出退养，与元后选定了王莽接班。这一年，他三十八岁。

王莽赢得了良好的官声德誉。他爵位越尊，节操越谦，散舆马衣裘，振施宾客，家无所余。广泛结交将相、卿大夫，他的好口碑连元后、皇帝也时有耳闻。做了辅政，"克己不倦。聘诸贤良，以为掾吏。赏赐邑钱，悉以享士，愈为俭约。母病，公卿列侯遣夫人问疾，莽妻迎之，衣不曳地，布蔽膝，见之者以为僮使，问知其夫人，皆惊"。

王莽也遭遇过失意的重挫，辅政大权因换了皇帝易手。成帝无子，哀帝刘欣继位，为定陶共王刘康的儿子。哀帝母族丁氏、祖母族傅氏家人，纷纷争权夺利于朝堂。王莽因一次宴会排列座次，得罪了哀帝祖母傅氏，被逼无奈，回到自己封地，过了三年赋闲日子。

哀帝做了六年皇帝，25岁病死，无子，祖母傅老太后、母亲丁太后已不在人世，大司马大将军撑不住台面，年老却健硕的元后站出来收拾残局了。她得到哀帝病逝的消息，立即驾临未央宫，收取皇帝玺绶，命令使者火速召王莽进宫。同时，命令尚书将发兵符节、百官奏事及中黄门、期门等卫兵统帅权一并交给王莽，实际上由王莽接掌了汉王朝的全部权力。与王莽商定，选择元帝唯一直系、中山孝王年仅9岁的儿子刘衎继承帝位，是为平帝。王夫之评论："其提携刘氏之天下，授之王氏，在指顾之间耳！"

二

《汉书·王莽传》："始，风益州令塞外蛮夷献白雉，元始元年（1）正月，莽白太后下诏，以白雉荐宗庙。"

一件看似平常的事情，用意至深。这是王莽精心策划、正式亮出的施政纲领，也是个人的形象设计。

史载，周武王去世，成王年幼，周公姬旦辅成王执掌国事，王化播于四夷，有越裳氏入朝献白雉。现在，周公治世再一次出现，所以才有祥瑞临门。

群臣以特有的政治嗅觉，立即上言元后，称王莽之德泽可比周公。周公有辅周之大功，王莽有安汉之勋业，应加封安汉公，增封食邑，位在三公之上。王莽再三推辞，群臣固请，元后多次诏谕，王莽接受官爵名号。

王莽效周公，群臣造周公，现代周公的形象渐渐扎根于群臣和民众之中。

王莽推出一系列惠及官民的政策：封汉朝宗亲后裔王位；出钱百万、献田三十顷，付大司农救济灾民。在长安城中起五条街道、二百间房屋，给贫民居住；礼乐教化，文风拂拂：起明堂、辟雍、灵台，为学者筑舍万区，太学生增加至万余人，增加博士人数至每经五人，被排斥的古文经也和今文经一样，列入国学。这些经典有：古文《尚书》、《周官》（周礼)、《左传》等。王莽的威望不断攀升，8000多人上书元后，请求采伊尹、周公称号，名其官曰宰衡，位上公。在商、周历史上，伊尹称阿衡，周公称太宰，二者各取一字，成宰衡。

元始五年（5），臣民想到王莽施政五年的功德，想到他不受封赏之事，487572人上书，请为王莽加九锡。九锡说起来复杂，想想三国时代曹操加九锡、称魏王时的荣耀、显贵，就大致可知了。这一年，平帝病重。王莽效周公，撰成一篇祝文，祷告上帝，情愿以身代平帝。将祝文藏于金縢之中，嘱群臣不得泄露。也就在这一年，平帝病逝，年仅14岁。元后与王莽选择2岁的宣帝玄孙、广戚侯子婴作为继承人。

汉朝向何处去？这个时候，群臣和关心国事的民众，恐怕都要深思了。其实，围绕周公的造神运动，已经决定了汉朝的走向。王莽无法就此止步，群臣难以逆转，连被王莽封为神仙、为王夫之骂作老妖的元后，也无力回天了。

周公真实的政治面貌：他是周文王的儿子，周武王的弟弟，协助武王推翻商朝，提出"汤武革命"理论，称"皇天无亲，惟德是辅"，德就是保民，得民心。《史记·周本纪》《鲁周公世家》《淮南子·氾论训》均有记载：武王既崩，成王少，"周公继文王之业，履天子之职，听天下之政"。"周公乃践阼代成王摄行政当国。"以王莽比附周公，他可以推翻汉朝，建立新朝；可以摄天子之位，做皇帝。尤其是平帝死后，就成为流行朝野的话题了。

三

人类从神话世界，一步步走到世俗世界。古代，一个美妙的神话，可以造出一个人间的神。只不过，事情也会走向反面，后来者会用同样的神话，造出新的神，把过了气的神推倒。

刘邦造出斩蛇起义的神话，寓意为黑、白、赤三统说，即朝代更替，三统轮回。至武帝时，董仲舒形成系统的天人感应说，讲人间的秩序由天界安排，皇帝是天子，奉天承运。皇帝做得好，天降祥瑞，是对皇帝的嘉许；做得不好，灾异出现，是对皇帝的警示；屡教不改，灾异频频，离改朝换代就不远了。刘邦造了个大神话，刘彻搞出个神学观，大概不会想到，为王莽夺走自家江山，坐上皇帝宝座，助了关键的一臂之力。

武帝留下个烂摊子，社会矛盾尖锐，灾异频发，加上皇家子嗣不旺，"汉德已衰""气数已尽"的舆论便广为流行，希望另有贤德之人来取代刘氏的帝位。

昭帝元凤三年（前78）正月，泰山附近，冠石冒出地面。差不多同时，仆柳起于上林，昌邑枯死的社树复生。符节令眭弘依《春秋》推演灾异说，推断这是预示有匹夫当为天子，当今皇帝应当顺天应人，问择天下贤者，禅让帝位。他几经辗转，上书皇帝，劝谏昭帝禅位。

昭帝算是个贤明皇帝，可惜只活了21岁，无子。辅政大臣立昌邑王刘贺，因其荒淫无道，只做了27天皇帝，就被废除；又立武帝戾太子之孙刘询，是为宣帝。刘询长于民间，戾太子冤案尚未平反，继位的合法性便受质疑。他是个有为之君，骨子里却遗传了武帝的暴虐，一气杀了数十家外戚除患，大批忠良也被冤杀。司隶校尉盖宽饶上书，引《韩氏易传》为根据，说："五帝官天下，三王家天下，家以传子，官以传贤，若四时之运，功成者去，不得其人则不居其位。"隐约中劝宣帝让位。

后来的皇帝一代不如一代。元帝宽弛，成帝荒淫，哀帝纵恣。元帝时宦官专权，成帝时把大权交给舅舅王凤，王氏外戚擅权势成。哀帝任命二十二岁的男宠董贤为大司马大将军，领尚书事。三位皇帝都是创造故事的大腕。元帝与匈奴和亲，送王昭君出塞。原来，后宫佳丽太多，得借助画像作寻芳指南，后宫也是不正之风劲吹，宦官、画师作怪，王昭君画像被丑化，妾在深宫君不识，让他与古代四大美女之一失之交臂。成帝宫外冶游，把赵飞燕、赵合德姐妹引进宫中。这个赵飞燕，就是李白诗句"可怜飞燕倚新妆"中的飞燕。他留下段风流佳话，也流传了纵欲暴死的丑闻。元、成父子造就了历史上两位大名人。"断袖"的专利权属哀帝。他玩腻了宫中美女，出宫猎艳，后又迷恋男色，董贤因与他同性恋而得宠，"出则参乘，入御左右"，一日与哀帝同床共眠，枕了哀帝衣袖。哀帝先醒，想要起床，为了不惊动董贤，便用剑割断了袖子，这是"断袖"的渊源。

让汉室禅位的舆论，元帝时倒平静，因为宦官把儒学大师们害惨了，无暇顾及。成帝时，齐人甘忠可造《天官历》《包元太平经》，称"汉家遭天地之大终，当更受命于天"。后来，甘忠可的弟子夏贺良，是个比老师还厉害的角色，竟忽悠到哀帝面前，待诏黄门。哀帝数度殷殷垂询，接受他的建议，搞了一出"再受命"的闹剧。哀帝任命董贤做大司马大将军，领尚书事，册命文书中有"允执其中"四字，是尧禅位于舜的册文用语。哀帝与董贤宴饮，当着众人的面就说："我想效法尧禅帝位给舜的故事，把皇帝让给你做，怎么样？"

平帝、子婴年少，又为王氏所立，汉朝的气数不是尽了吗？这就是"天时"。汉室禅不禅位，王莽做不做皇帝，差不多只是个名分。识时务者多的是，有的是真心想让王莽上位，皇帝的宝座由"贤德者"居之，天地正大之理；有的则是投机捞一把，劝进表和祥瑞也就纷至沓来了。

元始五年（5）八月，泉陵侯刘庆捷足先登，上书元后，"周成王幼小，周公居摄。今帝富于春秋，宜令安汉公行天子事，如周公"。群臣都说："宜如庆言。"十二月，第一道符命也呈送上来。武功县淘井挖出白石，上圆下方，上有丹书"告安汉公莽为皇帝"。当月，王莽称"摄皇帝"。

居摄元年（6），汉宗亲安众侯刘崇起兵反王莽。事件平息后，群臣复白："刘崇等谋逆者，以莽权轻也；宜尊重以填海内。"五月，太后诏王莽，朝见太后称"假皇帝"。

居摄三年（8），广饶侯刘京、车骑将军千人扈云、太保属臧鸿，分别上奏显示天意、要求王莽做皇帝的符命。在长安太学读书的梓潼人哀章，赌了一把大的。他做了两个铜匮，内装两卷图谶，说王莽为真天子。其中开列的十一名高官，当然得写上自己的名字。他穿上黄衣，于黄昏后持铜匮至高祖庙，交于仆射，仆射立即报告王莽。王莽择吉日，先到高祖庙拜受铜匮，后来到未央宫前殿，宣布代汉而立，定国号为"新"。

王莽的登基大典结束，没有忘记对刘邦后人作个交代。他拉着孺子婴的手流涕唏嘘，说："昔周公摄位，终得复子明辟；今予独迫皇天威命，不得如意。"这对创造斩蛇起义神话的刘邦、确立神学观的刘彻，真是绝大的嘲弄！

四

王莽登基，"周公"做了皇帝，口不离诗书、《周官》，依《周官》的政治、社会构想，设计了一整套新政蓝图。他行的是不是除秦朝暴政的周政？给国家和民众带来的是福祉，还是苦难？

先看王莽的政治主张：

当年，王莽接受安汉公的封号，力辞封赏，说："愿须百姓家给，然后加赏。"就是说，等待天下百姓家给人足的时候，再给我封赏。这是天下情怀；他颁布王田奴婢政策法令，说"天地之性人为贵"，这是人本理念；他下达"五均""赊贷"诏令，说"所以齐众庶，抑并兼也"，这是伸张公平正义；他推行币制改革，说："承顺天心，快百姓意"，这是以百姓之心为心。

看他的宣言，的确是个好皇帝，仁君。

再看王莽的治国实践：

王莽最具创意，被近现代人热说的是王田奴婢政策。新朝建立第一年的四月，这道诏令颁发全国。诏令追溯了井田制为秦所坏，民众所历苦难，揭露汉代赋税名实不符的谎言，强调"我"初摄政时即下令按照人口，将天下公田划为井田，还出现了嘉禾祥瑞，因为逆贼叛乱中止了，郑重宣告：

"今更名天下田曰'王田'，奴婢曰'私属'，皆不得买卖。其男不盈八，而田过一井者，分余田予九族、邻里、乡党。故无田、今当受田者，如制度。敢有非井田圣制、无法惑众者，投诸四裔，以御魑魅，如皇始祖考虞帝故事。"

诏令中所说王田政策，依井田制为依据。《孟子·滕文公上》："方里而井，井九百亩，其中为公田。八家皆私百亩，同养公田。"

王田奴婢政策的大致内容为：一、天下土地称王田，奴婢称私属；二、皆不得买卖；三、实行均田制，一夫一妇受田百亩。土地拥有者超过这一数量，分给他人耕种。

王田奴婢政策，是王莽新朝对民愿最好的回应。民众心中的周公，当行周政。周政让民众安居乐业靠的是什么？是井田制。新朝民众最翘首以盼的是什么？是新的土地、人口政策。新朝面临的最突出矛盾是什么？是土地、人口矛盾。

汉承秦制。汉初社会安定下来之后，由土地私有制决定，土地兼并加剧，农户破产。在工商业还很弱小的情况下，破产农民只能沦为奴婢。贾谊、董仲舒、司马迁、贡禹等，都同声暴露这一尖锐的社会矛盾。但是，西汉历代君主，都难有多大作为。一代雄主武帝，也止于"假民公田"，就是把公田租给农民耕种。武帝时迁徙富豪，没收违法者土地，屯垦荒地，公田数量巨大。之后，就没有这样的条件了。哀帝时，地震、水旱灾害接连不断，百姓饥馑，流亡道路以十万数，民众面临"七死七亡"的苦难境遇。再不缓解土地、人口矛盾，王朝就将分崩离析了。大臣建议、筹划，哀帝出台限田、限奴令：

"诸王、列侯得名田国中，列侯在长安及公主名田县道，关内侯、吏民名田，皆无得过三十顷。诸侯王奴婢二百人，列侯公主百人，关内侯、吏民三十人。""期尽三年，诸名田畜奴婢过品，皆没入县官。"

这是西汉建立以来最有力度的土地、人口新政。方案公布，市场"田宅奴婢贾为减贱"，"元后诏外家王氏，田非冢茔，皆以赋平民"。但是，由于傅、丁外戚反对，董贤封侯，哀帝一次赏赐土地二千顷，"均田之制，从此堕坏"。

王莽的王田奴婢政策，可谓毕其功于一役，也为王莽新政罩上了迷人的光环。如果没有这道光环，整个新政也就暗淡无光了，哪里值得后人热说数千年？而它的全部价值和意义，依存于一点，就是最核心的均田制有没有实施？基本可以判定，均田制只是画了张大饼，并没有实施。王莽的大话、空话，蒙骗了世人数千年。

其一，诏令未定期限。如果五十年、一百年、一千年后去做、去做成的事，只能叫作愿望、理想或空想。其二，没有实施措施。实行均田制，要成立机构，任命官员，做好土地、人口普查两项基础工作，没有。其三，缺乏史料佐证。正史和野史，官员和民众，总会存留些均田的史实吧，还是没有。依王莽的作派，一个举措出台，差不多都是"群臣皆曰"，是数千、数万、数十万人上书拥护，群臣和民众哪里去了？与王莽的其他新政相对照，如"五均""六筦"，实施区域、官员出身、实际利害，均有明确记载，币制改革的规制，留存更加翔实。其四，可见的材料可以证伪，即证明没有实施。《汉书·王莽传》载："坐卖买田宅、奴婢、铸钱，自诸侯、卿大夫至于庶民，抵罪者不可胜数。"这句话涉及三种类型的犯罪，卖买田宅、卖买奴婢、私铸钱币，与王田政策相关的仅为卖买田宅。始建国四年（12），中郎区博上书，言井田制未可实行，王莽下诏："诸名食王田，皆得卖之，勿拘以法。"也仅涉及卖买。据此可以推测，禁止土地、奴婢买卖一项，真正实行了。这同样可以作为均田制没有实施的佐证。如果均田制真正实施，土地成为王田，全国上下，一夫一妇，土地平均占有，就不需要卖买，更没人蠢到去犯罪跳火坑了。

现代一些史家，已经意识到这个大关节。日本学者东晋次在《王莽》一书中提出："史料中并没有与这一土地政策的具体实施情况有关的记载。"他还举证：后来成为东汉光武帝的刘秀，曾经作为舂陵侯刘敞的代表，前往大司马府，追讨地皇元年（20）十二月之前征收的不正当田租二万六千斛，刍槀钱若干万。他援引宇都宫清吉的考据，当时刘敞拥有私田百顷，一顷百亩，百顷计万亩。东晋次因此质疑，均田制可能实行吗？孟祥才《王莽传》，评说王田奴婢政策，用了近万字的篇幅，极言王田制之不可行。这就成为一种悖论，这么容易看明白的事情，依王莽的智商，怎么可能不明白，硬生生去撞南墙，碰个头破血流？因此，为了自圆其说，《王莽传》极力证真，"从现有史料看，王莽的王田政策是曾经推行过的"。举证却只有一条：地皇二年（21），左将军公孙禄批评王莽新政，指出"明学男张邯、地理侯孙阳造井田，使民弃土业"。能有多大说服力？

由封建王朝私有制决定，解决土地兼并、不均绝无可能。均田办不到，限田也行不通，就是想摸清土地、人口底数也难。东汉初为此搞了一次度田，遇到强烈抵制，刘秀不得不大开杀戒，还引发暴乱，"郡国大姓及兵长、群盗处处并起，攻劫在所，杀害长吏"。完全以失败而告终。

王莽大约比谁都明白，解决土地问题基本难有作为。回避，绕开？民众再怎么拿你做周公？于是，干脆来个惊世骇俗的王田制，占据道义的制高点。让民众相信：我王莽是民意的代言人，是为民立命的体现者，我摄政时就要做这件事，尽管阻力重重，现在依然要做。做不成，做不好，办砸了，那是地主老财贪婪、无耻，是执行者不作为，乱作为，是和我王莽作对，也是和民众为敌！一箭双雕，一举多得；戳穿了，无非是历朝历代奸雄常用常新的一大权谋！

行不通的新政危害有限，行得通的新政毁了新朝，也害苦了民众。

王莽推行的经济政策，主要有六筦和币改。六筦分别为盐、酒、铁、名山大泽、五均赊贷和钱币铜冶六项。六筦政策规定，盐、酒、铁、山泽物产、金融和物价调整、采铜和货币铸造，由国家集中管理、征税。

六筦政策以《周礼》《乐语》为依据。新朝建立的第二年二月，王莽下诏："《周礼》有赊贷，《乐语》有五均，传记各有筦焉。今开赊贷、张五均、设诸筦者，所以齐众庶，抑并兼也。"抛开晃眼的诗书经义，实质性内容是建衙设官，管制物价，控制流通，经商、放贷、牟利。

六筦政策无论怎样包装，除赊贷之外，都不出武帝时盐铁官营、均输平准、酒类专卖范围，是武帝解决财政危机、聚敛财富的手段。武帝死后，一度作为恶政废弃。后来，这些做法成为封建王朝重要的财政来源，但武帝时过度攫取，竭泽而渔，导致民不聊生。具体说，盐铁专卖，只此一家，产品质次价高，民受其弊实深。政府经商，尽笼天下货物，自定价格，贵卖贱买，商人破产。商业搞死，经济也就失去活力了。以抑商贾"利齐民"，民商两害。山泽物产收税，更是加重了最底层民众的负担。

币制管理，则是政事应有之义。王莽先后搞了四次货币改革，无非是通过以旧换新，以贱易贵，将民间财富更多地集中到国家手中；是通过加大货币发行量，以通货膨胀政策，提高国库收入。最恶劣的一次币改，是政府用一文钱，兑换民间二十文，你不乖乖地服从，就当罪犯拿问。

六筦和币改，确实可以抑制兼并、打击豪强，控制贫富差距无限扩大。但是，财富向国家高度聚集，没有通过二次分配，用于公益，惠泽民众，反而损害了各个阶层的利益，还标榜什么"齐众庶""快百姓意"，就成为谎言，成为强奸民意。新朝后期的农民起义，开始不过是星星之火，民众因为没有饭吃，不愿饿死，才聚众结伙，啸聚山林，怎么不从国库拿出点银子，给民众一线活路，也给社会一些安宁呢？

王莽的新政，还涉及爵位、官制、礼乐等，不过是在名称、形式上折腾罢了，非要说成新创造，妙笔生花，还能说不出一大通道理？

滥用、盗用周公为恶，终究要遭周公惩罚。在民族关系处理上，王莽栽了大跟头。周朝的大一统，靠尊王攘夷维护。因此，王莽下诏："天无二日，土无二王，百王不易之道也。汉氏诸侯或称王，至于四夷亦如之，违于古典，缪于一统。其定诸侯王之号皆称公，及四夷僭号称王者皆更为侯。"来了个全面降格，少数民族首领首先闹起来。匈奴先反，出兵进攻边疆，西南夷和西域诸国纷纷声明，脱离新朝藩属地位，不断骚扰周边。王莽募天下囚徒、丁男30万人，六路出兵，誓灭匈奴。战线西起甘肃，东至北京，绵延近万里。全国各地，自南至北，到处征兵筹饷，出征军士、役夫络绎道路。地方官勒索，军士抢劫，农工破产，流民为盗，国家整个乱了。王室、贵族、豪强地主、流民会聚成反新朝的起义大军。

王莽被砍了脑袋，切去如簧巧舌，新朝灭亡。社稷苍生又经历一劫，饿殍遍野，血流成河，白骨如山，好端端的河山，成了万户萧疏鬼唱歌的人间地狱。

王莽的新政，不是周政，是打着周政的旗号欺骗、愚弄民众；王莽的新政，也不是仁政，是剥夺民众，为王朝聚敛财富的恶政。王莽的新政，不比历史上其他封建统治者高明多少。

从历史的原点，即原始史料起步，真实的王莽并不难辨认；以后人的所谓新解为立论基石，演绎发挥、膨胀起来的王莽，则很容易现出原形。

汉光武帝

榻下对策心为魂

汉代有三大名对，灵魂都是人心。按照现代管理学原理，战略决定成败，战略的核心是解决好定位，定位的关键是占领人的心智，占领心智的有效方法是去操控人们心智中已经存在的认知，去重组已经存在的关联认知。

刘秀按照邓禹的战略规划，扛着品牌夺天下，创造出中国历史上的奇迹：一个乡下士绅，本分的庄稼人，二十八岁参加农民起义队伍，三十三岁就建立东汉政权，当上皇帝，也成为历史上一个比较开明且有作为的君主。

刘邦、刘秀和刘备，分别建立了前汉、后汉和蜀汉政权。有三个重要人物，韩信、邓禹和诸葛亮，分别在他们创业的关键节点，献上了汉中对、榻下对和隆中对，"三大名对"成为他们求发展、夺天下的基本战略。韩信的汉中对：明修栈道，暗度陈仓，攻取关中，争霸天下；邓禹的榻下对：招纳人才，务悦民心，立高祖（刘邦）之业；诸葛亮的隆中对：夺取荆、益，联吴抗曹，三分天下。

战略应当有目标，有道路，有撬动全局的支撑点。汉中对、隆中对，格局宏大，架构清晰，而榻下对，类似书生空议，也能叫战略？用心揣摩，悟出了战略的深层结构、根本因素，这就是人心。按照现代管理学原理，战略决定成败，战略的核心是解决好定位，定位的关键是占领人的心智，占领心智的有效方法是去操控人们心智中已经存在的认知，去重组已经存在的关联认知。"三大名对"的灵魂都是人心。汉中对：刘邦入关中，约法三章，秋毫无犯，获得广泛拥戴；隆中对：刘备既帝室之胄，信义著于四海，总揽英雄，思贤若渴；榻下对呢？着重分析天下大势，直指人心。大意是：古今圣人之兴，由天时与人事。农民起义建立起来的更始政权，虽然推翻了王莽统治，占领了洛阳等中心城市，最终难成大事。更始帝刘玄庸人一个，将帅都是争权夺利之徒，没有忠良明智、深虑远图者尊主安民，四方分崩离析，形势可见。那么，谁能做这个"尊主安民"的圣人呢？刘秀"素有盛德大功，为天下响服，军政齐肃，赏罚分明"。"以公而虑天下，不足定也。"

榻下对的提出者邓禹，可不是一般人物。他和刘秀是长安太学时的同学，一个大神童。天下英雄纷起，很多人劝说、推荐他出来做官，他一概拒绝。刘秀以更始政权大司马、钦差大臣的身份"徇河北"，他杖策来追。两人见面，刘秀问他：我现在有任命官员的权力，你是想来做官吗？邓禹说，不想做官，"但愿明公威德加于四海，禹得效其尺寸，垂功名于竹帛耳"。邓禹明白天下大势，清楚河北的战略地位，更看好刘秀这个品牌。刘秀按照邓禹的战略规划，扛着品牌夺天下，创造出中国历史上的奇迹：一个乡下士绅，本分的庄稼人，二十八岁参加农民起义队伍，三十三岁就建立东汉政权,当上皇帝,也成为历史上一个比较开明且有作为的君主。

刘秀得人心,为天下响服,何以见得?首先,他是汉室宗亲。虽然到了刘秀这一代,已经沦落到靠种田填饱肚子,但毕竟骨子里流淌着刘邦的血液。王莽篡汉,残虐天下,百姓思汉,汉室宗亲的牌子,有相当的号召力。刘秀很珍惜这块牌子,努力把自己打造成汉室宗亲的代表。其二,他是更始政权的钦差大臣。更始帝刘玄也是汉室宗亲,更始政权兴旺之时,在民众中威望很高,这块牌子有很高的含金量。其三,刘秀的品牌形象主要还是靠自己创出来。他有良好的品德,生性"勤于稼穑",谨厚而比较内向。他的哥哥组织起义时,刘姓宗族的子弟们纷纷逃亡,扬言这是要置他们于死地。等刘秀着将军服出现,众人情绪就稳定了,"谨厚者亦复为之",我们还有什么可顾忌的呢?起义联军打了胜仗,财物分配不均,友军极其愤恨,准备刀枪相对。这时候,刘秀站出来做族人的工作,把所得的财物全部给了友军,使对方心悦诚服,再次展示出刘秀谨厚者的品德和魅力。昆阳战役成为起义军与王莽政权的生死决战。刘秀面对强敌,更见智慧胆略,他带队突出重围,带来援军,组织起三千人的敢死队,突入敌人中军,城内城外合势,一战打垮了王莽的四十万大军,一个优秀青年将领的形象在军中树立起来。

刘秀徇河北,"务悦民心",把品牌打造得更加响亮。他奔走于州县,恢复汉官制度,考察官吏,任命官员,除王莽苛政,赦免囚徒,抚慰鳏寡,广施恩德,"吏民喜悦,争持牛酒迎劳"。刘秀打败了"沙漠鹰"铜马军,战俘情绪极不稳定。他对铜马军将领封侯,让他们归营管束士兵,"单刀赴营",慰问安抚降军将士,降兵降将大为感动,相互说道:萧王(刘秀)对我们推心置腹,我们怎么能不以死相报!他成功改组铜马军,使实力得到极大提升。刘秀派出大军西征长安,谆谆嘱咐领军将领:征伐不一定非要略地、屠城,重要的是平定安顿百姓,维持社会稳定,获取人心。你要严格约束部下,千万不可给地方再添麻烦,给处在水深火热中的百姓再添灾害。领军将领严格遵守刘秀的命令,各地豪强纷纷以投降的方式迎接刘秀大军。

人心所向，英雄归心。冯异痴情待刘秀。他看到新政权将士横暴，唯独刘秀所到不掳掠，言语举止，不是平庸之辈，说服所在地父城的长官，耐心等待，向刘秀投诚。此后，更始政权将领"攻父城者前后十余辈，异坚守不下"，等到刘秀经过父城时"开门奉牛酒迎"。冯异成为刘秀的主簿，也成为刘秀的智囊、军中屈指可数的勇将，他为刘秀屡献奇策，屡立大功。

耿纯举族投刘秀。耿纯见到刘秀"官属将兵法度不与它将同，遂求结纳"，率领昆弟宗族宾客二千余人，前来追随，放火烧掉本族人所有的房屋，断绝后路，铁心追随刘秀打天下。他主动请缨，担任开路先锋，以雷霆之势迅速拿下曲阳、卢奴、易县、高阳等地，对邯郸形成合围之势。

汉中王荐才归刘秀。贾复本属汉中王刘嘉部下，他看到更始政权没有前途，建议刘嘉不可只盯着眼下的小地盘，应当为汉室中兴建功立业。刘嘉很赞赏贾复的话，但觉得自己不是那块料，就写了封举荐信，让他投奔刘秀，实现自己的人生志向。贾复成为刘秀的一员勇将，在云台二十八将中位居第三，名列邓禹、吴汉之后。最难打的硬仗，由他来打，就有了把握。他多次为被困的将领解危救急，身受十二处重伤，却从来不谈自己的战功。

众粉丝带来支铁骑兵。吴汉是刘秀的粉丝，素闻刘秀长者，"独欲归心"；耿弇一见刘秀，就不离左右。两人通过亲属、朋友关系，活动上谷、渔阳两郡的部队追随了刘秀，上谷、渔阳铁骑成为刘秀争天下的一支铁军。

得人心者得天下，群雄逐鹿之时，才看得分明。刘秀"单车临河北"，一年间，聚集起日后建国的文臣武将班底，拥有了数十万大军，建立起一个比较稳固的战略大后方。这个时候，更始政权加速腐败。更始帝刘玄沉溺酒色，权臣作威作福、滥授官爵，诸将在外者皆专行诛赏，各置牧守，"由是关中离心，四海怨叛"。这种形势下，刘秀与更始政权分道扬镳。他稳扎稳打，西进长安，东征洛阳，扫平群雄，一统天下，建立了东汉王朝。直到离世，他的品牌底色始终未褪。他屡屡下诏，恭行节俭，简寡治政，提倡薄葬，宽刑赦囚，释放奴婢，简政减租，偃武修文，裁并了四百多个县，合并了十个郡国，裁减了大小官吏数万人。建武六年（30）末，将田租十一之税，改为三十税一，极大地减轻了百姓负担。他临终前留下的遗诏，又为他的品牌形象增添了一抹亮色："朕无益百姓"，死后丧事一定要节俭；各地刺史、太守一律不许离开所在的城池，也不许派遣吏员通过邮传上奏吊唁。这个遗诏一下，就可以防止官员借机敛财扰民了。这再次表明，这位起自民间、靠民心得天下的开基创业之主，的确是把民心挂在心上，而不是仅仅挂在嘴上。

曹 操

莫因汉贼乱忠奸

东汉至桓、灵之际,"苍天已死",已经失去了天命,失去了执政的合法性。至建安(196—220)初,"四海荡覆,尺土一民,皆非汉有",已经成了一个空架子,名存实亡。

一个新兴王朝正在孕育之中。对腐朽的旧王朝和它的代表者汉献帝,已经不存在忠还是不忠,有的只是对这块朽烂的招牌,是不是还值得利用。

曹操马上打天下,消灭军阀割据,统一北方,成为曹魏王朝的实际缔造者,让人民赢得一个和平时期,休养生息,这正是"汤武革命"精神和王朝兴衰周期律的必然逻辑。

曹操本想把旧朝与天子尚存的资源为己所用,"挟天子以令诸侯",没想到却弄巧成拙。即便如此,奸臣的帽子也无法扣到曹操头上。

曹操抢来了个汉献帝,"挟天子以令诸侯"。结果是,"令诸侯"未见半点成效,与天子的关系却搞得水火不容,赚了个"汉贼"的恶名,弄了顶奸臣的帽子戴了千年。

曹操被定性为奸臣,又为封建纲常推演出一个不易的忠奸标准:一个王朝,尽管已经腐烂透顶;一个君主,尽管残虐形同恶魔,都必须对其绝对忠诚。忠,就是忠臣;不忠,就打入逆臣行列。由此,中国优秀传统文化"六经"所确立的"汤武革命"精神,也被扼杀殆尽了。

一

秦灭六国,建立封建大一统,至汉武帝铲除同姓王割据,思想文化"罢黜百家,独尊儒术",家天下的封建君主专制制度才算基本定型。此后,一个个王朝,陷入兴亡周期律,也伴生了一个无法解开的死结:皇帝早死,或意外死亡,新皇帝便由外戚拥立。开始,皇帝年幼,外戚擅权。随着皇帝成年,就要夺回权力,便培植宦官势力,诛灭外戚。皇帝、外戚、宦官一直呈生死博弈之势。这种博弈,在东汉王朝表现更为突出。

公元25年,在推翻王莽新朝的农民起义中,刘秀逐鹿得手,建立东汉,至汉孝献帝即位,共164年,历14帝。刘秀鉴于外戚擅权的教训,立下制度,"后宫之家,不得封侯与政"。孝明帝、孝章帝是成年后即位,孝明帝能够做到,孝章帝却没能关照到儿子,他33岁死,孝和帝10岁即位,由外戚拥立,重蹈覆辙。后来,孝和帝推倒外戚,"躬亲万机",却在27岁死了。之后的十个皇帝,五个"短命",孝殇帝、北乡侯、孝冲帝、孝质帝,都不到10岁即位,少则数月,多则一年多死,少帝即位仅几个月,即被废黜、杀害。其他五个皇帝,孝安帝13岁即位,32岁死,"权归邓氏"外戚。孝顺帝11岁即位,30岁死,贵戚擅权,嬖幸用事。他一气封了十九个宦官为侯,下诏宦官可以养子,袭封爵位。外戚梁冀,更是气焰熏天,在他手里就废、立了三个皇帝。孝桓帝、孝灵帝,同是少年即位，分别在 36 岁、34 岁死，东汉彻底毁在二人手中，"桓、灵之昏虐，保养奸回，过于骨肉；殄灭忠良，甚于寇仇；积多士之愤，蓄四海之怒"。朝堂上，宦官、外戚、门阀杀得血流成河，西北军阀董卓借机进京，窃取了国柄。州郡起兵讨伐董卓，军阀割据、兼并势成。朝堂外，黄巾起义发出"苍天已死，黄天当立"的呐喊，各地农民起义风起云涌，使东汉王朝土崩瓦解。至建安（196—220）初，"四海荡覆，尺土一民，皆非汉有"。东汉王朝已经成了一个空架子，名存实亡。

曹操所挟天子，是东汉最后一个皇帝孝献帝。董卓坐了朝堂，废除少帝，改立刘协，时年 9 岁。他放火烧了洛阳，把汉献帝挟持到长安。王允策反吕布，杀死董卓；董卓部将李傕、郭汜等杀进长安，又把汉献帝控制在手中。李、郭内讧，杨奉、董承、韩暹等保护汉献帝脱出牢笼，流亡回到故都洛阳。这段时间，汉献帝过的日子，如同乞丐。在长安时，向李傕求米五斗、牛骨五具，李傕回复："朝晡上饭，何用米为？"以臭牛骨与之。回到洛阳，宫室烧尽，百官披荆棘，依墙壁间，群僚饥乏，尚书郎以下自出采稆，或饥死墙壁间，或为兵士所杀。天子在洛阳饿肚子，诸侯们连个送点口粮的也没有，谁还把天子当盘菜！

天子蒙难，诸侯们都在干什么？袁绍欲废献帝，另立刘虞，刘虞宁死不从，响应者也不多，只好作罢。袁术弄到了传国玉玺，以为天赋大命，紧锣密鼓，筹备登基。王允灭了董卓，开关迎候勤王之师，却连半个人影也没见到。天下没有了天子，州郡牧守人人都是"天子"，再弄回个天子干什么！弱小者找个霸主，小兄弟找个大哥，给撑撑腰，被人欺负时，能出手帮一把，不就得了。

倒是袁绍、曹操集团，一直在估量天子的价值，决定自己的取舍。

二

初平二年（191），袁绍领冀州牧，沮授谏言："迎大驾于西京，复宗庙于洛邑，号令天下，以讨未复。"作为战略构想，袁绍赞同，却是如风过耳。兴平二年（195），汉献帝返回洛阳途中，沮授又谏："今州域粗定，兵强士附，西迎大驾，即宫邺都，挟天子而令诸侯，畜士马以讨不庭，谁能御之！"郭图、淳于琼站出来反对，说："汉室陵迟，为日久矣，今欲兴之，不亦难乎！且英雄并起，各据州郡，连徒聚众，动有万计，所谓秦失其鹿，先得者王。今迎天子自近，动辄表闻，从之则权轻，违之则拒命，非计之善者也。"这篇谏言，切中时、势、事，被袁绍采纳。袁绍腰杆子粗，本来就不把天子放在眼里。

曹操集团的做法不同。初平三年（192），曹操讨伐黄巾，占据兖州，在当地官员拥戴下，自领刺史。毛玠谏言："宜奉天子以令不臣，修耕植以畜军资，如此，则霸王之业可成也。"曹操采纳毛玠的建议，立即付诸行动。

奉天子和挟天子，区别极大。奉是尊重、崇奉，挟是挟制。奉天子，给天子上个表章，表个忠心，送上些颂词，或许就换来莫大的好处。曹操派出使者，走了趟长安，天子封曹操为兖州牧。曹操自领的刺史，原本是六百石的小官，负责监察、捕盗事宜，因为乱世割据，才逐渐成为地方军事首脑。作为州牧，起步就是二千石的封疆大吏。当时，这虽然是张空头支票，曹操却变身为名副其实的兖州王了。

挟天子，则要把天子弄到身边，还要有实力和能力控制。这虽然和自己做皇帝有本质区别，却把做天下之主的野心昭告于天下。改朝换代，自己做皇帝，极为不智，会成为众矢之的。挟天子，也会引起天下共愤，会被强大的对手视作必须清除的头号敌人。奉天子，当是当时最佳政治抉择。

建安元年（196），汉献帝回到洛阳，曹操的势力已经占据许昌，谋迎天子。众人反对说："山东未定，韩暹、杨奉，负功恣睢，未可卒制。"荀彧力持："昔晋文公纳周襄王，而诸侯景从，汉高祖为义帝缟素，而天下归心。""今銮驾旋轸，东京榛芜，义士有存本之思，兆民怀感旧之哀。诚因此时，奉主上以从人望"。荀彧所说的奉，实质是挟，和此前已经大不相同；荀彧所作的结论，纯是一种主观推理；所举史证，取义也不准确，且严重夸大其词。晋文故事，周王室内乱，周襄王被弟弟攻打出逃，晋文公领兵平乱，把周襄王送回都城洛邑，掌握了"王令"，取得了做霸主的资本。高祖故事，项羽叔父项梁起兵反秦，打出复兴楚国的旗号，立楚怀王。秦亡，怀王成了累赘，项羽封为义帝，暗中派人杀害。此前，秦军攻赵，怀王调兵遣将往救，"令沛公西略地入关。与诸将约，先入定关中者王之"。刘邦先入咸阳，项羽不守约，把刘邦封到偏僻的四塞之地汉中。刘邦起兵反楚，为义帝缟素，是向天下宣示师出有名，实是一种利益的算计。晋文公、汉高祖之举，不过是举手之劳。周襄王弟弟那点兵，让晋文公一吓唬，早就如鸟兽散了。汉高祖缟素，甚至连身丧服都不用做，佩戴点标志物足矣。挟天子就不同了，历代史家把挟天子的意义吹上了天，远不是那么回事。荀彧的建议被曹操采纳，后患无穷。

三

曹操的家世，对他的仕途助益极大。祖父曹腾，为中常侍、大长秋，封费亭侯。父亲曹嵩，曹腾养子，夏侯家子弟，官至太尉。但曹操的形象，完全靠自己打造。

为洛阳北部尉，造五色棒，悬门左右，各十余枚，有犯禁者，棒杀之。小黄门蹇硕叔夜行，即杀之。

为济南相，国有十余县，长吏多阿附贵戚，赃污狼藉，于是奏免其八，禁断淫祀，奸宄逃窜，郡县肃然。

初平元年（190），州郡起义兵讨伐董卓，以袁绍为盟主，董卓兵强，众军畏惧不前，唯曹操引兵西进，大败，为流矢所中，所乘马被创，从弟曹洪以马与，不受。曹洪说："天下可无洪，不可无君！"步行护着曹操逃脱。这一仗，曹操千辛万苦拉起的人马，差不多打光了，却让天下人看到了他的大英雄本色，具备了令豪杰归心的领袖风范。

曹操白手起家，建立起自己的文臣武将班底。曹操起家的本钱，是家族势力。曹仁、曹洪、夏侯惇、夏侯渊等，或为帅才，或为"万人敌"，兄弟同心，成为曹操集团的中流砥柱。曹操起家于兖州，兖州成为曹操稳固的根据地。兖州根据地七年创业聚集的文臣武将，文如荀彧、荀攸、郭嘉、毛玠、程昱、董昭，武将除曹氏、夏侯氏兄弟，如于禁、张辽、典韦、李典、乐进、徐晃等，搭建起曹操集团行政、军事组织和权力架构，打不散，摧不垮，具有极强的凝聚力。兖州创业团队追随曹操，走出兖州，走向全国，南征北战，统一北方，"十分天下而有其八"。

曹操的江山，是靠一刀一枪拼杀出来的。袁术、吕布、袁绍、刘表、孙权、刘备、马超、张鲁等，个个都与曹操在战场上见高低，论输赢。曹操挟天子，并不能使任何一个诸侯听令。且看建安初期的局势：

曹操掌握了天子，有点得意忘形，严诏责令袁绍："地广兵多，而专自树党，不闻勤王之师，但擅相讨伐。"袁绍非常恼火，但耐着性子上书陈诉。曹操让天子授袁绍太尉官衔，封邺侯，班在曹操之下，袁绍表辞不受，怒詈道："曹操当死数矣，我辄救存之，今乃挟天子以令我乎！"袁绍动怒，曹操害怕，不得不把大将军的称号让与袁绍，自己领司空衔，行车骑将军。

实力强的军阀，各扩各的势力，各争各的地盘。袁术称帝，孙策占据江东，吕布攻刘备，鸠占鹊巢，袁绍开始攻灭公孙瓒。还有些军阀，你给个官做，封个爵位，高兴了，我接受；要发什么令，就别想了。哪一天有了脾气，说变脸就变脸。天子的令不听，谁的拳头硬听谁的。乌桓王蹋顿，接受袁绍所赐的单于印绶，黑山帅眭固也归顺了袁绍。

曹操挟天子，背上沉重的包袱。洛阳残破，迁都于许，需要大规模建设，需要供养庞大的官僚机构，需要巨额开支维持国家机器运转。强敌环伺，存亡一决于战。本来应当一切围绕着战，服从于战，却不得不把宝贵的物力、财力用于后方。尤其是粮食的消耗，殊为可惜。战乱、灾荒交织，多少割据势力因粮而兴，又因粮而散！首都需要保卫，拖住一支战斗力最强、最可靠的常备军，对军力也是一种消减。

曹操挟天子，政治代价无可估量，甚者让他遗臭千古。天子就是个政治、权力中心，庞大的官员队伍，为数众多的人，"身在曹营心在汉"，形成巨大的离心力。那些失志、失意，或利益得不到满足者，结成内部反对势力。曹操前敌对阵，必须时时提防后院起火，无时不虑后顾之忧。天子是只真老虎。他不甘做傀儡，伸出利爪，露出獠牙要吃人。曹操做事，哪能动辄"表闻"，汉献帝"不任其愤"。曹操入见，汉献帝火气冲天，说："君若能相辅，则厚；不尔，幸垂恩相舍。"曹操大惊失色，汗流浃背，俯仰求出。旧仪，三公领兵朝见，令虎贲执刃挟之，此间稍有闪失，命就没了，曹操自后不敢复朝请。建安四年（199），汉献帝蓄谋已久后出手，任命董贵人之父董承为车骑将军，成为代行车骑将军曹操的顶头上司。传玉带诏于董承，诛杀曹操。董承联络了刘备、种辑、吴子兰、王服等手中有些兵权的人，却因事泄而败。这个汉天子脑子进水，全不想当时情势。如果诛曹失败，何以自存？即便诛曹得手，靠他的几个杀手根本不可能维持局面，他和他的官僚班底，又有谁愿意接手？命运岂不更加悲惨？

君臣撕破脸皮，刀兵相见，后宫难脱干系，董贵人怀有身孕，参与密谋，曹操欲除后患，汉天子求情，无用。伏皇后惊心，让父亲伏完除曹。事泄，"后废黜死，兄弟皆伏法"。吴人《曹瞒传》依《三国志》中这九个字，极力铺排、渲染曹操之恶，裴松之《三国志》注、《后汉书》和《资治通鉴》等，各书俱采：

使御史大夫郗虑持节收皇后玺绶，以尚书令华歆为副，勒兵入宫，收后。后闭户，藏壁中，歆坏户发壁，就牵后出。时帝在外殿，引虑于坐，后被发、徒跣、行泣，过诀曰："不能复相活邪？"帝曰："我亦不知命在何时！"顾谓虑曰："郗公，天下宁有是邪！"遂将后下暴室，以幽死；所生二皇子，皆鸩杀之，兄弟及宗族死者百余人。

从政治着眼，权力之争充满血腥，是生死之搏，曹操以牙还牙，又怎可妄发书生之议，过度指摘？单从纲常伦理观，曹操的行为，可谓丧尽天良，十恶不赦！这又何尝不是挟天子结出的苦果！

建安四年，袁绍消灭公孙瓒，精兵十万，骑万匹，就要枪打曹操这个欲挟天子号令天下的出头鸟了。袁绍、曹操官渡之战，是两个头等军事集团命运的对决，曹操集团处于明显劣势。大战在即，汉献帝背后捅刀子，密诏诛曹。刘备出许都，立即反水，占领徐州，搅乱战局。关中军阀坐山观虎斗。兵力短缺，曹操还得让自己的左膀右臂夏侯惇率军坐镇许昌。战况危急之际，前线、后方诸多官员暗通袁绍，诸多郡县停运军前粮草。曹操胜出，因为有一支自己亲手缔造，由小到大，由弱到强，指挥如臂使指的曹家军，因为曹操作为杰出军事家，作为统帅的雄才大略和战略战术正确无误。

《资治通鉴》写官渡之战，着意将袁绍、曹操对比着写。写袁绍，对谋臣、将帅的金玉良言，"绍不从"。写曹操，对来自各方的合理建议，"操从之"。"绍不从"，从战略，到战术。沮授谏："近讨公孙瓒，师出历年，百姓疲敝，仓库无积，未可动也。"袁绍不从，还削了他的兵权。田丰谏：对付曹操集团，当"以久持之"。简拔精锐，分为奇兵，乘虚迭出以扰河南，使敌疲于奔命，民不得安业，不及三年，可坐克也。"绍不从"。田丰强谏，触怒袁绍，被械系之。袁绍兵力数倍于曹操，官渡久持，许攸献策："曹操兵少而悉师拒我，许下余守，势必空弱。若分遣轻军，星行掩袭，许可拔也。许拔，则奉天子以讨操，操成禽矣。如其未溃，可令首尾奔命，破之必也。""绍不从"。一个个"绍不从"，让可避免的失误眼睁睁发生，让可成功的机会失之交臂。

"操从之"，从行政，到军事，一个个"操从之"，积弱为强，转危为安，转败势为胜势。官渡前线，曹操志力已竭，欲退守许都，荀彧力主坚壁持之，"操从之"。如果是操不从，恐怕就是另一种结局了。曹操兵疲粮尽之际，许攸从袁绍大营星夜来投，献乌巢焚粮之计。曹操大喜，自将步骑五千余人，奇袭乌巢。袁绍闻讯不救，却命高览、张郃率主力倾巢而出，强攻曹操大营。张郃谏言：乌巢破，则事去矣，请先往救之。袁绍还是不从。结果，乌巢粮草被焚，曹操大营难破，高览、张郃无奈降曹。袁军惊扰，袁绍带着儿子，领八百骑逃亡，七万多人马被曹操坑杀。

　　袁绍集团毕竟树大根深。官渡之战后，曹操又用了五年半时间，平邺城，并定州，才基本消灭了袁绍势力。曹操挟天子，又哪里见到半点人心、人望归附之效？

四

　　天子成为曹操集团最大的心病：天子是曹操集团最危险的敌人，是伏在曹操身旁的第一杀手。一旦有机可乘，会毫不容情，置曹操于死地，会对曹操集团进行血腥清洗。消除这种威胁，史上的惯常做法，无非是改朝换代，让曹操做皇帝，如此，追随者就成为开国元勋。这应当是曹操本人，也是曹操集团的最佳选择，对国家政局的稳定，也大有益处。

　　挟天子主张的构想和实施，有两个关键人物，除了荀彧，还有董昭，二人又是怎样依据变化了的形势，构想曹操集团未来的政治格局？

　　董昭为兖州人，原为袁绍部下，投长安途中，为河内太守张杨所留。张杨阻止曹操使者入长安，董昭认定曹操是天下英雄，劝说张杨结好曹操，放行使者。董昭见了汉献帝，拜为议郎，在朝堂上纵横捭阖，促成曹操领兖州牧诏令。汉献帝回到洛阳，董昭又设计让曹操进驻洛阳，移驾许昌。没有董昭，曹操挟天子的愿望就是空想。

　　建安十七年（212）十月，曹操东击孙权，董昭言于曹操说："自古以来，人臣匡世，未有今日之功；有今日之功，未有久处人臣之势者也。今明公耻有惭德，乐保名节；然处大臣之势，使人以大事疑己，诚不可不重虑也。"在董昭看来，曹操抢来个汉天子，如今已经骑虎难下，进退两难，他揣摩曹操之心，"乃与列侯诸将议，以丞相宜进爵国公。九锡备物，以彰殊勋"。后来曹操"遂受魏公、魏王之号，皆昭所创"。董昭推动曹操集团，加速改朝换代！

　　荀彧在曹操集团中的位置，有比之为刘邦之萧何，曹操则称"吾子房也"。每逢重大事件，重要关头，荀彧的意见，有一言九鼎之效。对董昭之议，荀彧取公然反对的立场，认为："曹公本兴义兵以匡朝宁国，秉忠贞之诚，守退让之实；君子爱人以德，不宜如此。"曹操不悦，及击孙权，表请彧劳军于谯，因辄留彧，参预军事，"以忧薨"。

荀彧论事，向来以史为鉴，建议曹操巩固兖州根据地、奉天子、官渡坚壁固持等，都无例外。曹操的两难处境，荀彧心中最明白，却没有自己的意见，岂非怪事？唯一的可能，是荀彧未契曹操之深心，把董昭的揣测当作了曹操的想法，以为曹操急于做皇帝。西汉末年，王莽加九锡，第二年即称假皇帝，第四年不就改立新朝了吗？曹操不是王莽，不会像王莽那么蠢。曹操把荀彧视为风雨同舟、最为信任的战友，荀彧却轻看了曹操，对曹操产生了信任危机，曹操当然不高兴。荀彧"以忧薨"，恐怕也因此而起。

曹操的人生足迹，辉煌功业，始终和汉朝紧密联系在一起。这种联系，他一而再、再而三地用他文学家的文字留在史册上。他对汉朝天子，感恩戴德，立下忠于朝廷，鞠躬尽瘁的誓愿，掷地有声。

兴平二年（195），汉献帝封曹操为兖州牧，曹操上表称，"臣以累叶受恩，膺荷洪施"，一吐感恩朝廷的挚情。建安元年，汉献帝封曹操为武平侯，曹操上表称，"臣三叶累宠，皆统极位，义在陨越"，表达了以死报效汉室的忠心。建安十五年（210），作《述志令》，公开向天下宣示，受恩汉朝，忠于汉室，绝无"不逊之志"。建安十八年（213），曹操加九锡，上表称，"臣蒙先帝厚恩，致位郎署"；"陛下加恩，授以上相，封爵宠禄，丰大弘厚，生平之愿实不望也"；"不意陛下乃发盛意，开国备锡，以贶愚臣，地比齐、鲁，礼同藩王"。曹操回顾汉朝两代帝王的隆宠，代表儿子，父子同誓："今奉疆土，备教藩翰，非敢远期，虑有后世；至于父子，相誓终身，灰躯尽命，报塞厚恩。"曹操还写下大量乐府诗，"歌以咏志"，他要做周公，辅汉室，"周公吐哺，天下归心"。

这些，是曹操一贯的声明。

曹操是个重实际的人，对本集团的未来，自有深谋远虑。他绝不图虚名，招实祸，凡是对巩固权力、稳定政权有利的事情，都可以做，可以不择手段。

建安十八年，诏并十四州为九州。以冀州十郡封曹操魏公，以丞相领冀州牧如故，又加九锡。秋七月，曹操以三个女儿入宫，为天子贵人。十一月，魏国置尚书、侍中、六卿。

建安十九年（214），诏曹操位在诸侯王上。冬十月，逮捕伏皇后。

建安二十年（215），立曹操中女为皇后。

建安二十一年（216），晋曹操为魏王。

建安二十二年（217），诏曹操设天子旌旗，出入称警跸，魏以五官中郎将曹丕为太子。颁《求逸才令》。

从建安十八年到建安二十二年，五年中，曹操封公、封王，出入与天子同。建立魏国，健全了国家行政机构，确立了接班人。还对东汉的国家价值观发起冲击。东汉诸帝谥号，都冠以"孝"字，选拔官吏，称举孝廉。曹操在此前发布了多道"唯才是举"的求贤令，《求逸才令》则公开号召天下，举用"不仁不孝而有治国用兵之术"的人才。这样，汉朝的权力转移到了魏国，成了空壳，统治基础瓦解殆尽，天子成了庙里的泥塑，威胁彻底解除。曹操集团有了未来的核心，可以保证权力顺利交接，确保政权稳固，国家政局稳定。曹操也就没有必要去做天子了。他把三个女儿送进宫中，也就容易理解：他以此昭告天下，曹魏和汉家骨肉相连，长久共处，决不会取而代之。

曹操说话是算数的。

董昭、荀彧都未深契曹操之心。荀彧死因，成为历史悬案。《资治通鉴》不取《三国志》"以忧薨"之说，改"饮药而死"，以长篇"臣光曰"推定，荀彧是为汉殉节。老夫子用心，无非为僵死的汉王朝注入点"人心""人望"，为定性曹操为篡汉逆臣添几分底气。

曹操可以主宰自己的言行，却管不了后代子孙。建安二十五年（220）正月，曹操去世，七月，曹丕称帝。这太突然，似乎曹操生前早有嘱咐，父子同唱了一段双簧。这个推论成立，则曹操所说，都是欺世的谎言，曹操这个人，就是两面三刀的奸人、伪君子。不过，这却很难推定是曹操本愿。如果不是曹丕，而是延续到曹操的孙子称帝，以传统观念看，不是让曹操的负面影响更小一些吗？司马氏篡魏，司马懿、司马师、司马昭都不做，司马懿的孙子司马炎做，老爷子司马懿的名声就不算太恶。

对这段历史悬案，不管结论怎么相去万里，不管曹操是否要当皇帝，或自己不做，让儿子来做，都与评价曹操是忠、是奸没有任何关系。曹操不做皇帝，倒是成全了他文学家的名声，留下他真正的"不朽之盛事"。作为建安文学的代表人物之一，他留下了诸多颇有影响的诗歌、表章和令教式散文，尤其他的乐府诗，"山不厌高，海不厌深。周公吐哺，天下归心"，胸襟如高山大海；"老骥伏枥，志在千里；烈士暮年，壮心不已"，豪情如烈焰腾空；"铠甲生虮虱，万姓以死亡。白骨露于野，千里无鸡鸣"，千钧史笔，字字如金镂石刻，为一代代人传诵。如果曹操做了皇帝，他的翰墨华章，就成了满篇的谎话和言不由衷的妄语，他的建安文章，早就被国人视为不耻的垃圾了。

五

抛开千年的喧嚣，方可听到历史的正声。

虽然曹操"性不信天命之事"，我们还得从天命说起。历代王朝建立，都说是服膺天命。《尚书》载，周文王战胜黎国，大臣恐惧，殷纣王说："呜呼！我生不有命在天。"等到周武王伐纣，只一天时间，五百多年基业的殷商灭亡，纣王自焚。周人看到天命的无常，得之商亡周兴的启迪，认识到"皇天无亲，惟德是辅"的道理。天命不可恃，只赋予有德者。德是什么？是为民而得民心。民心得失，决定一个王朝的兴亡，判定一个王朝执政的合法与非法。家天下肇始于禹，夏桀无道，为成汤推翻；商纣暴虐，为武王所灭。"汤武革命"理论，成为新兴政权取代腐朽政权、服膺天命的法理依据。

刘秀建立的东汉，至桓、灵之际，"苍天已死"，已经失去了天命，失去了执政的合法性，一个新兴王朝正在孕育之中。对腐朽的旧王朝和它的代表者汉献帝，已经不存在忠还是不忠，有的只是对这块朽烂的招牌，是不是还值得利用。曹操马上打天下，消灭军阀割据，统一北方，成为曹魏王朝的实际缔造者，让人民赢得一个和平时期，休养生息，这正是"汤武革命"精神和王朝兴衰周期律的必然逻辑。曹操本想把旧朝与天子尚存的资源为己所用，没想到却弄巧成拙。即便如此，奸臣的帽子也无法扣到曹操头上。

曹操脸上，涂上了太多的油彩，层层叠加，这油彩的底面，是王朝统治者和御用史官、封建卫道士所倡扬的腐朽反动的封建纲常伦理，它散发的腐臭气，至今还在污浊着清明的政治空间，毒害着国人的身心，不可不防。

诸葛亮

铸魂成就万古名

诸葛亮躬耕于隆中，却洞彻时代风云，推演天下运数，三分天下的宏图大略，了然于胸。

从"隆中对"提出兴复汉室，到成为一国政权的政治纲领，让天下感知到刘备、诸葛亮始终不渝的道义主张和信念坚守。依道义而立国，为道义而奋争，它赋予三国争战不朽的价值，为三国史立心，为蜀汉英雄立魂，它让仁、义、智、勇、忠、信超越了利益集团的局限。

"鞠躬尽瘁，死而后已"，是诸葛亮对忠、智作的最后的诠释。

诸葛亮以忠以智，助成了依道义立国的蜀汉政权，成就了蜀汉英雄群体的大仁、大义、大勇。他们把仁、义、智、勇、忠、信这些抽象的义理，化为可见的人事，日常的行为，以一个蜀汉英雄群体，走进朝野，活在黎庶心中。

三国时期，蜀汉政权国土不广，人口不多，延时不长，正史不作为正统政权。但是，丞相诸葛亮在历代名相中的位置、在民众心目中的影响，却无人超越。到底为什么？想出下面一段话，作为解开谜底的钥匙：

经天纬地有卧龙，三分筹策鼎足成。蜀汉无非汗青笔，铸魂成就万古名。仁义智勇忠为本，大星垂天拱月明。人心活个雄杰在，孔孟圣训气脉盈。

先儒圣贤，笃信人性是一个善，说出仁、义、智、勇、忠、信这些千古不易的道理。至两汉董仲舒发明新儒学，汉武帝独尊儒术，汉光武帝敦厉名实，任用经明行修之人，使这些价值观逐渐化为士大夫阶层的是非标准、行为范式。

蜀汉英雄群体，在离乱之世，正气凛凛，成为这些价值观的化身。在朝堂、在黎庶心中，树起可亲、可近、可效仿的楷模，乃至村野匹夫心中口中，都有个如自家邻里故友般的刘备、诸葛亮、关羽、张飞、赵云、马超、黄忠。以诸葛亮为代表，他们与先儒圣贤一脉相承，所从事的都是铸造民族魂的伟业，一个载于典籍，一个化身人间。

一

凡大才出世，半由天造，半由地设。诸葛亮出生于琅琊国阳都县，即今山东省沂南县。诸葛一门，诗书传家，齐鲁文化、先儒教诲，给了诸葛亮很深的影响。他父母早亡，十三岁时，叔叔带他和大姐、二姐、弟弟赴豫章太守任，几经辗转，落户于荆州。诸葛亮四岁时，黄巾起义爆发，中国北方到处是烽火连天的战场。但荆州这个地方，战火没有殃及，"关西、兖、豫学士归者盖有千数""士之避乱荆州者皆海内之俊杰"。诸葛氏在荆州扎下根，诸葛亮得到最杰出的师友培养。荆州牧刘表，是叔叔的好友、诸葛亮妻子的姨丈。大姐、二姐嫁入当地大族蒯氏、庞氏家门，与荆州实权人物蒯越、蔡瑁等沾亲带故。岳父黄承彦，老师司马徽、庞德公是荆州名士，一流学者。他一起游学的徐庶、庞统、向朗、崔州平等，都是一时才俊。诸葛亮因其杰出才华，享有卧龙的高名。

诸葛亮自比尊周拨乱的管仲、存燕继绝的乐毅，志在铲除祸乱天下的军阀，重振王纲，兴复汉室，再现光武中兴气象。他躬耕于隆中，却洞彻时代风云，推演天下运数，三分天下的宏图大略，了然于胸。

这是篇从荆州起步的天下文章。几十年军阀混战，曹操、孙权两大军事集团崛起，曹操统一北方，挟天子以令诸侯。孙权占据江东，已历三代，也成一时气象。但天下的棋局，仍有大子、妙子待落：荆州、益州占长江、山川之利，战略地位重要，但"其主不能守"，夺取荆、益，与曹操、孙权成鼎足之势，窥测时机，可两路齐出，逐鹿中原，一统天下。

卧龙只待执棋手。而起自北方的杀气，已经化作南来的漫天乌云，让他无法保持久卧隆中的那份宁静。刘备三顾茅庐，诸葛亮献三分策，以"霸业可成，汉室可兴"相期许。诸葛亮熟知刘备，刘备见诸葛亮，则心心相契。刘备大名鼎鼎，连曹操都说："今天下英雄，唯使君与操耳。"他有块很硬的招牌：皇室后裔，他有关羽、张飞、赵云等一流战将，他更有匡扶汉室、百折不回的大志。刘备寄身荆州六年，熟知荆、益的政局民事，对"隆中对"反应敏锐、领会至深。君臣风云际会，刘备集团有了明确的奋斗目标、行动纲领。

刘备得孔明，"如鱼得水"。曹操南征荆州，刘备、孙权集团面临巨大危机。诸葛亮渡江入吴，舌战群儒，促成孙、刘联合抗曹，打败曹操，刘备集团占据荆州，有了自己的立足之地。随后，占益州，并汉中，建立蜀汉政权，实现"隆中对"第一步战略目标。

一个国家政权，无不有自己的历史。此时，刘、关、张、赵、马、黄这些天降英杰，也就脱出草莽英雄、军阀武夫之列，留名于蜀汉史册，在后世不至成为孤魂野鬼而遭湮灭。

二

时人以"乱世之奸雄"为曹操画魂。他功业再大，也不过一军阀华丽转身。他嗜杀成性，大屠城记录就有七次。征徐州，遭惨杀者数十万人，泗水为之塞流。他有过奉迎天子于乱军中的义举，但地盘大了，人马多了，"名为汉相、实为汉贼"的嘴脸暴露无遗。

从建安十八年（213）到建安二十二年（217），他进魏公，封魏王，立太子，特许秉承皇帝旨意，封立诸侯，任命太守和相国。车马、服饰依天子规格，出行特许立天子旌旗。皇帝所有的权力他都已经拥有，所缺只有皇帝的封号了。让汉献帝提心吊胆的，不是曹操什么时候摘掉他的皇冠，而是哪一天拿走他的脑袋。曹操代汉紧锣密鼓，拥曹的文臣武将争相劝进。陈群、桓阶称，曹操十分天下而有其九，应该"畏天知命，无所与让"。夏侯惇则说，曹操"功德著于黎庶，应天顺民，复何疑哉"！

历史演进中，"天命"常常唯强梁者所归，但道义也从来没有沉默，没有无所作为。

川蜀大地，炸响一声惊雷，震动了天下。建安二十四年（219）七月，诸葛亮走出一步大棋：刘备手下大臣一百二十人，向名存实亡的汉朝廷上了一道表章。它向天下发出讨伐汉贼的檄文，亮出兴复汉室的旗帜："臣等辄依旧典，封备汉中王，拜大司马，董齐六军，纠合同盟，扫灭凶逆。"从"隆中对"提出兴复汉室，到成为一国政权的政治纲领，让天下感知到刘备、诸葛亮始终不渝的道义主张和信念坚守。依道义而立国，为道义而奋争，它赋予三国争战不朽的价值，为三国史立心，为蜀汉英雄立魂，它让仁、义、智、勇、忠、信超越了利益集团的局限。

刘备仁爱宽厚。徐州牧陶谦临终嘱咐："非刘备不能安此州也。"陶谦去世，徐州官员前往迎接刘备，刘备无功不受禄。北海相孔融劝导他："今日之事，百姓与能，天与不取，悔不可追。"曹操征荆州，刘琮投降，让刘备措手不及，南撤到达当阳，追随者达到十多万人，日行只十余里。有部下劝他甩掉这个尾巴，速行保江陵。刘备回答："夫济大事必以人为本，今人归吾，吾何忍弃去！"刘备的仁，此时已经升华为大仁，因为他所坚守的是道义。

关羽义薄云天。曹操征刘备，刘备败走。关羽为保护刘备妻小，投降了曹操。曹操敬重其为人，礼之甚厚。他让张辽探察关羽去留动向，关羽说："吾极知曹公待我厚，然吾受刘将军厚恩，誓以共死，不可背之。吾终不留，吾要当立效以报曹公乃去。"他阵前斩袁绍大将颜良，为曹操解了白马之围。曹操表关羽为汉寿亭侯，重加赏赐。但知悉刘备行踪后，关羽尽封所赐，拜书告辞，奔刘备而去。刘关张"结义"情深，成为千古美谈。他们的义，此时已经升华为大义，因为他们所奋争的是道义。

五虎上将个个勇冠三军。关羽是战神化身。赤兔马，偃月刀，于百万军中取上将首级。据荆州，征襄阳，斩庞德，擒于禁，水淹七军，威震华夏，逼得曹操议迁都以避其锋。猛张飞为"万人敌"。带二十余骑，立当阳长坂桥头，面对对岸曹操大军，瞋目横矛，如虎吼大野："身是张翼德也，可来共决死！"敌皆胆寒，无敢近者。常胜将军赵子龙"一身都为胆"。刘备为曹操所逼，弃妻子南走，赵云于乱军中寻回幼子阿斗和甘夫人，身抱幼子，保护着甘夫人，脱出大难。马超"有信、布之勇"，战潼关，曹操慨叹："马儿不死，吾无葬身之地也。"后来投奔刘备，刘备正久攻成都不下，听到马超来归，高兴地说："我得益州也。"马超屯军城北，未一旬而成都下。黄忠老当益壮。每战常先登陷阵，于定军山击曹操悍将夏侯渊，推锋必进，劝率士卒，金鼓震天，欢声动谷，一战斩渊，渊军大败。五虎上将之勇，此时已经升华为大勇，因为他们所为之献身的是道义。

诸葛亮之大忠、大智，也因为这个道义，放射出迷人的光彩。历史会腐朽，英雄伟业会化为过眼云烟，但道义不朽。成王败寇的正史，虽然字正腔圆，道义却常常不买它的账。正统的曹魏和东吴，豪杰辈出，猛将如云，却因蜀汉英雄才为人忆起，不过个个作为蜀汉英雄的配角、龙套。千百年以继，诗词、歌赋、小说、戏剧、说唱、塑像、祠庙，概无例外。其因，概缘于蜀汉英雄所守所争的是一个道义！

三

蜀汉章武三年（223），刘备病逝，托孤于诸葛亮。蜀汉事业走到了十字路口，蜀汉的安危系于诸葛亮一身，他以"鞠躬尽瘁，死而后已"的精神，对忠、智作了完美的诠释。

诸葛亮的忠是大忠，就是继承刘备遗愿，把灭贼兴汉的大业推向前进，这是蜀汉的政治纲领，也是凝聚蜀汉军心民心的旗帜。

"思惟北征，宜先入南。"定南中，然后可以固巴蜀；固巴蜀，然后可以图关中；据关中，然后可以窥天下。南中即今贵州、云南和四川西南地区。刘备病逝之后，南中四郡纷纷反叛。南中是片"不毛之地、瘴疠之乡"，传说瘴气剧毒，人触之便死。诸葛亮决定亲征，丞相长史王连力谏："不宜以一国之望，冒险而行。"但诸葛亮所想，是少数民族地区矛盾复杂，必要文武兼备的统帅，平、抚并用，以求长治久安之效。苟利国家，岂避生死！诸葛亮率军踏上征程，蹈危履险，尘霜染征衣，攻心为上，七擒孟获，诸夷咸服。传播中原文化，教蛮人饮井水、牛耕、引水灌田，现今八十七处遗址，记下人民对他的怀念之情。南中成为蜀汉巩固的后方。

诸葛亮驻汉中八年，五次北伐，两上《出师表》，字里行间，跳荡着他那颗大忠、大智的心。诸葛亮回顾平生：他与刘备，志向相同，"鱼水"情深，有推心置腹的信任。一篇隆中策，成就了蜀汉事业，也成就了诸葛亮的英名，让他成了未卜先知的"智圣"。刘备病重，托以后事："君才十倍曹丕，必能安国，终定大事。若嗣子可辅，辅之；如其不才，君可自取。"刘备所托，是定国安邦、灭贼兴汉的"大事"，才有了这千古遗言！后主继位，对诸葛亮"事之如父""政事无巨细，咸决于亮"。先主、后主于他，超越了君臣关系，如贤君待国士，这怎能不让诸葛亮披肝沥胆，为先主、后主，为蜀汉政权，为未竟事业，"竭股肱之力，效忠贞之节，继之以死！"出征在即，"今当远离，临表涕零，不知所言"。他多么期望后主成为一个有为之主，但以诸葛亮之智、之明，愈是期望殷殷，愈是忧心忡忡！

蜀汉的对手，是强大的曹魏，与诸葛亮对垒的，是杰出的军事统帅司马懿。首次北伐失利，蜀汉上下，悲观情绪蔓延。这个时候，东吴开辟东线战场，曹魏东顾，关中空虚，诸葛亮决定第二次北伐，却遇到了重重阻力。议者认为：蜀弱魏强，当守险自保；丞相奇才，都没法战胜曹军，北伐无望。朝议影响了后主，他向诸葛亮发出疑问：再次北伐，定能取胜否？诸葛亮心潮难平，他明白，只有解决了认识和信心，灭贼兴汉大业才不至半途而废。他再上《出师表》，向蜀汉君臣敲响警钟，偏安一隅，只能坐而待毙！他数说汉代历史，激励蜀汉君臣在不懈的开拓中改变强弱态势。他坦露不可动摇的决心，不计成败利钝，"鞠躬尽力，死而后已"！他使北伐大计终成蜀汉君臣的共识。二次、三次、四次、五次北伐，积小胜为大胜。把战场推向敌国，让蜀汉百姓乐耕悦织。七年北伐，除街亭失利，损失少量兵卒，拔西城千余家还汉中外，此后历次征战，没有损兵折将。第三、四次北伐均打了胜仗，夺得曹魏二郡，仅武都郡所领即有二万余户、八万余口。两次退军途中，击杀魏名将二人。

尽忠尽智，诸葛亮以其悲壮结局，激荡千古英雄心。第五次北伐，准备三年，十万大军出动，木牛流马运粮，东吴如约从东线出兵，协同攻魏。诸葛亮志在必得。分兵屯田渭北，作长期战争准备。进行战略意图调整，不以攻城为目的，消灭司马懿主力军团，进而控制雍、凉，进取关中。

两军对垒的前线，诸葛亮演八阵图，造木牛流马，兴屯田策，临机应变，出奇策制敌。司马懿二十万大军，不敢与之决战。魏国臣僚纷纷讥讽："公畏蜀如虎，奈天下笑何。"蜀汉后方，繁重的国事民事，还待诸葛亮处理。"诸葛一生唯谨慎"，他"夙兴夜寐，罚二十以上，皆亲览焉；所啖食不至数升"。泰山压顶般的国事民事，摧垮了他的健康。诸葛亮病体日重，不能复起，临近离世，强支着病体，令左右扶上小车，出寨再看一看各营将士。

苍天无语，山河含悲，秋风低咽，寒气彻骨，出师未捷，英雄抱恨！

他再不能临阵讨贼，再不能为蜀汉事业尽忠尽智，就连那隆中的田园，齐鲁的山水，也不能再见上一面！诸葛亮走了，时年五十四岁。遗命葬汉中定军山。他要在死后，亲眼看到王师北定中原，了却生前夙愿！"鞠躬尽瘁，死而后已"，也是他对忠、智作的最后的诠释。

诸葛亮以忠以智，助成了依道义立国的蜀汉政权，成就了蜀汉英雄群体的大仁、大义、大勇。这个英雄群体，因诸葛亮而不朽；诸葛亮因这个英雄群体，如众星拱月，其光辉更加明亮耀眼。他们的忠，天地可鉴；他们的仁，历代可法；他们的义，肝胆相照；他们的智勇，可冠古今。他们把仁、义、智、勇、忠、信这些抽象的义理，化为可见的人事、日常的行为。以一个蜀汉英雄群体，走进朝野，活在黎庶心中。

嵇康

怎将此身化永生

　　嵇康是魏晋风度的代表，他绝意于仕途，将身心放逐于自然，"游山泽，观鸟鱼，心甚乐之"，"愿守陋巷，教养子孙，时与亲旧叙离阔，陈说平生，浊酒一杯，弹琴一曲，志愿毕矣"！

　　嵇康"越名教而任自然"，或曰"越名任心"，就是撇开传统的是非标准，从宇宙本原和内心出发，"师心以遣论"，重估社会历史。

　　嵇康隐逸避世，"师心以遣论"，都埋下杀身的祸根。嵇康的悲剧结局，出人意料、似乎矛盾，却又是情理之中：他由隐士变身为斗士；由老、庄的"忠实信徒"，变身为儒家"志士仁人"，成就了"杀身成仁"的崇高人格。

虽然，《三国志·魏志》只留给他二十七个字，但是，世人却已经说了他千八百年。

这段文字，附在《王粲传》之后："时又有谯郡嵇康，文辞壮丽，好言老、庄，而尚奇任侠。至景元中，坐事诛。"

他是超凡的文士，著作颇丰。近代大文豪鲁迅尤其喜爱嵇康，校注《嵇康集》，嵇康对鲁迅思想产生深刻影响。

他是"出世"的高人，"竹林七贤"领袖，魏晋风度的代表，为人"萧萧肃肃，爽朗清举"，"岩岩若孤松之独立"，达观、超然的人生态度，为后世无数读书人所倾倒。

他是刚烈的斗士，侠骨柔情，勇担道义，面对暴虐者的屠刀，视死如归，以生命捍卫了人的价值和尊严，将短暂的一生化为永恒。

华表玉质侠士心，这就是嵇康。

嵇康的人生际遇，经历了大起大落。魏晋交替之际，社会极度混乱，思想信仰危机，汉代经学逐渐为清谈或玄学所取代。魏正始年间（240—249），清谈之风达到鼎盛，"正始之音"刻下时代深重的烙印。时任辅政大臣曹爽，重用清谈名士。何晏是清谈领袖，王弼等一大批后起之秀脱颖而出，嵇康是其中耀眼的新星。

嵇康的青少年时代，可谓春风得意。魏景初二年（238），嵇康十六岁，著《游山九咏》，魏明帝曹叡异其文词，问左右："斯人安在，吾欲擢之。"遂任嵇康为浔阳长。正始七年（246），嵇康二十四岁，入洛阳前，撰《养生论》，"入洛，京师谓之神人。"嵇康是与何晏、王弼、夏侯玄、钟会等同量级的清谈名士。他娶曹操沛太妃曾孙女长乐亭主为妻，"以魏长乐亭主婿迁郎中、拜中散大夫"。嵇康之妻与何晏之妻有血缘关系，何晏的妻子金乡公主是沛太妃之女。

曹魏王室政争激烈。曹爽擅权，同是辅政大臣的司马懿行韬晦之计，隐忍待机，于正始十年（249）发动政变，诛曹爽、何晏等八族。此后，发动一次次政治大清洗。高压的政治，禁锢的舆论，士人人人自危，朝不保夕，清谈噤声，嘴巴闭紧，心中的痛苦自不待言。士人是靠思想而生存，禁锢思想，就意味着禁锢士人的生命；扼杀思想自由，无异于扼杀士人的灵魂！

嵇康作为曹魏王室贵婿，又有与何晏的特殊关系，大难不死，已是万幸。惊悸的心安定下来，面临的首要问题是何去何从？也许，正是从这个时候开始，他才真正睁大眼睛，观察世事，对人生作出认真而深入的思考。

嵇康人生之思，贯穿其著述的始终。其中，《卜疑》最显其个性特征。它是嵇康的心路自白，性情表露，做人坦言。他假托宏达先生，求问太史贞父。这个宏达先生，具备了"超世独步"的境界，却无法脱离"大道既隐，智巧滋繁，世俗胶加，人情万端"的现实，"尔乃思丘中之隐士，乐川上之执竿"。他一口气提出十四组相互对立的问题，进行诘问：

是做刚直之臣，还是做庸碌之辈？是大德无私，还是趋利偷容？是龙潜深渊，还是鸿唳云空？是声色犬马，还是少私寡欲？是崇老子，还是慕庄周？……仙界的高人，世间的贤者，功业盖世者辈，隐逸优游者流，可见的生存状态，可知的人生道路，他都了然于胸。如何做人，何去何从，孰吉孰凶？

太史贞父说，像先生这样的人，"吕梁可以游，汤谷可以浴，方将观大鹏于南溟，又何忧于人间之委曲"！没有明确答案，却是取舍分明。

魏晋士人，多重有无、本末、性情、才性等玄远之思。嵇康则更加关注生命个体，关注人的自身价值实现，他的思想和行为，也就具有了鲜明的人学色彩。他珍视生命，通性命、辅养之理。他崇尚君子人格，称君子者，一是"情不系于所欲""心无措乎是非"，即不被人的欲望和社会是非标准所束缚，达到心地洞明的境界；二是物情通顺，即能够依据万物之理行事，达到"行不违乎道"的境界。怎样使人格升华到这样的高度？越名任心，故是非无措；物情通顺，故大道无违。对待"欲望"，则要"有重于中，以内乐外"："以太和为至乐，则荣华不足顾也；以恬淡为至味，则酒色不足钦也。"人生的最大幸福，是"被天和以自然，以道德为师友，玩阴阳之变化，得长生之永久，任自然以托身，并天地而不朽"。

西哲有言，"没有经过审视的生活是不值得过的"。嵇康的人生抉择，经过了深思熟虑。

嵇康绝意于仕途，将身心放逐于自然。他的生活史上，竹林七贤游，当是需要特别提及之事。所谓竹林七贤，是指谯国嵇康、陈留阮籍、河内山涛、沛国刘伶、陈留阮咸、河内向秀、琅琊王戎。他们志趣相投，都有一颗隐逸之心，一味放诞人生的情怀。郦道元《水经注》称，山阳城西北有七贤祠，筠篁列植，冬夏不变贞萎，人号为竹林。遥想当年，翠筱娟娟，友朋诗酒，丝竹琴弦，鸿雁声声，天籁时起，优游岁月，荡志浩然，那是多么快乐的生命时光！嵇康自白："游山泽，观鸟鱼，心甚乐之。""愿守陋巷，教养子孙，时与亲旧叙离阔，陈说平生，浊酒一杯，弹琴一曲，志愿毕矣！"

嵇康潜身于隐境，孤傲的心，还时常向往着羽化华岳，超游清霄，"沧水澡五藏，变化忽若神。姮娥进妙药，毛羽翕光新"。他与自然越亲近，对污浊现实的否定和批判就越强烈，"俗人不可亲，松乔是可邻。何为秽浊间，动摇增垢尘……哀哉人间世，何足久托身"？

但是，嵇康生于人世，难入仙境；化形为人，难蜕为仙。更何况，大名士赖文章以立世。中国的先贤，无论是孔孟还是老庄，他们立言创说，都是为了救世，分别只在方案道路不同。中国真正的读书人，无不跳荡着一颗悲天悯人的心。这种天然的基因，充溢于嵇康的血液。

嵇康著文，悯世忧时。《太师箴》，崇尚道家"大朴未亏"的治世，抨击"大道沉沦"的现实，箴太师，也是箴天子："治乱之原，岂无昌教？"《答难养生论》，说理想社会："君臣相忘于上，蒸民家足于下"；谈圣人治道："穆然以无事为业，坦尔以天下为公。"

嵇康著文，高标独立。因此，他才给文化长河留下炫目的浪花。嵇康思想，是"越名教而任自然"，或"越名任心"。名教是指由儒家学说发展而来的汉代经学，"越名教而任自然"，或"越名任心"，就是撇开传统的是非标准，从宇宙本原和内心出发，重估社会历史。以此种思想为文，"师心以遣论"，必然推倒许多的成见、偏见，将数千年的历史旧账簿子踢翻。像"轻贱唐、虞而笑大禹"，"非汤、武而薄周、孔"，可谓惊世骇俗！像《管蔡论》，翻了个千年铁案。周武王崩，成王少，周公旦专擅王室。管叔鲜、蔡叔度散布流言，说周公将不利于成王，举兵作乱。周公旦杀管叔，放蔡叔，管、蔡一向被公认为罪人。但是，这就造成一个悖论，起用管蔡的"三圣"周文王、周武王和周公，难辞用人失察之咎。魏帝曹髦幸太学，就此提出疑问。《尚书》博士庾峻回答："此皆先贤所疑，非臣寡见所能究论。"先贤之疑，天子有问，嵇康回应，写出《管蔡论》。嵇康说，管、蔡都是忠臣，他们反周公，是因为封地离京都太远，信息不通，情况不明。因此，"三圣"用人没有问题，周公伐罪得当，管、蔡之心也合乎情理。此为诛心之论，一家之言，却可一释千年之惑。

世情难料。嵇康隐逸避世，"师心以遣论"，都埋下杀身的祸根。

嵇康的悲剧结局，出人意料，似乎矛盾，却又是情理之中：他由隐士变身为斗士；由老、庄的"忠实信徒"，变身为儒家"志士仁人"，成就了"杀身成仁"的崇高人格。

司马氏篡权步伐加快，政治清洗变本加厉，心向曹魏的名士、重臣李丰、夏侯玄、王凌、毌丘俭、诸葛诞等，一个个先后遭诛夷或被逼自杀。甘露五年（260）五月，魏帝曹髦竟被杀死于光天化日之下。曹髦是个有血性的曹氏子孙。他不愿坐受废辱，帅僮仆数百，从宫中杀出，要与司马昭作个了断。将士慑于"天威"，纷纷退避。太子舍人成济无法阻止，问司马昭死党、中护军贾充："事情紧急，怎么办？"贾充下令："畜养你等，正为今日。今日之事，无所问也。"成济听令，即前刺帝，刃出于背。对这一弑君的滔天大罪，司马昭竟以杀掉成济了事。还发了个皇太后诏令，说什么曹髦"行悖逆不道，而又自陷大祸"，劣迹斑斑，贬为庶人，且以民礼葬之。

可悲啊，可悲！天地还有什么公道？世间还有什么是非？国家还有什么礼仪伦常？

朝堂无正臣，曹家宁无种？天下再无血性男儿？

嵇康的内心是多么痛苦，灵魂如在炼狱中煎熬。他的琴弦一次次崩断，《广陵散》的杀伐声撕裂着夜空，一遍遍述说着古代侠士聂政行侠仗义，惩恶除暴的义举。世间，终于听到了嵇康振聋发聩的声音：《与山巨源绝交书》，挑战司马氏政权的政治宣言。

山涛（字巨源）走出竹林，走进了朝堂，官越做越大。他职务升迁，推荐嵇康接任他的原任职务。这件事情，已经过去一年多，嵇康旧话重提，小题大做，用意分明。《绝交书》提出个"七不堪""二不可"，无非是：我崇尚老、庄，主张任心遂志，不做违背自己意志情趣的事，不愿强迫自己去做官；我"每非汤、武而薄周、孔"，与现实政治和名教格格不入，不能做官；禀性疏懒，愤世嫉俗，刚肠嫉恶，遇事便发，讨厌应酬，讨厌俗人，讨厌逢迎拍马，无法做好官。一句话，我嵇康不做你司马家的官！这哪里是与山涛绝交，分明是与司马氏政权绝交，是对司马氏政权僭越、滥杀的愤怒抗议！

暴虐者当政，仕途中人身心难安；文网密织，诗文也会惹祸上身。戴上政治的有色眼镜，则无处不见敌情，无处不见"别有用心"。嵇康"轻贱唐、虞而笑大禹"，"非汤、武而薄周、孔"，这不是阻止司马氏动用武力或采用禅让方式夺取曹魏政权吗？因为唐尧、虞舜禅让，商汤、周武革命，周公辅佐成王，孔子祖述尧舜，嵇康一概反对，让司马昭怎么办好呢？为管、蔡翻案，是为毌丘俭张目。因为司马执权，淮南三叛，《管蔡论》出笼，距毌丘俭之诛一年，"其事正对"。还有，嵇康作为"风誉扇于海内"的大名士，躲在山阳不仕，山阳竟成为一个与现政权不合作者的乐园！嵇康不是个对司马氏政权具有极端危险性的人物吗？

司马昭大怒、翻脸，一介书生，你算老几！敬酒不吃，是不识好歹！捏死你，不就像捏死一只蚂蚁？

吕安事件，把嵇康拖进绝境。吕安和向秀是嵇康最亲密的朋友。三人相邻而居，嵇康锻铁，向秀鼓风，吕安灌园，始终不离不弃。吕安同父异母的哥哥吕巽，也是嵇康好友。吕安妻美，吕巽奸淫了吕安妻。吕安欲告官，嵇康调解。吕巽恶人先告状，诬吕安不孝，吕安被徙边郡。嵇康出面为其辩护，不想他给嵇康的信件被当局查获。因为信件内容言词过激，嵇康被网罗入狱。深嫉嵇康之才的钟会做了主审，他秉承司马昭旨意，罗织一个"思想罪"判嵇康死刑，"康上不臣天子，下不事王侯，轻时傲进。不为物用，无益于今，有败于俗"，负才乱群惑众。因此，今不杀嵇康，无以清洁王道。

一介书生，却又不那么容易招惹。嵇康入狱，三千太学生上书请愿，请以嵇康为师。又有一时豪俊之士皆随嵇康入狱，搅起天下一场政治动荡。

嵇康之死，将司马氏政权钉上历史的耻辱柱，遗臭了千八百年。嵇康在狱中，作《幽愤诗》，写《家诫》，将年仅十岁的儿子，托付于已经公开绝交的山涛，说："巨源在，汝不孤也！"表明对挚友的相知与信任，也令天下不明真相者恍然大悟：嵇康的《绝交书》，绝交者原来不是山涛，而是司马氏政权；嵇康之死，是死于对暴虐政权的敌视和反抗！

嵇康心地坦然，大义凛然地走向刑场。洛阳东市，万头攒动。他在生命的最后时刻，留下令人难以忘怀的英姿，树立起一座顶天立地的大丈夫雕像：

面对死亡，他视死如归："临当就命，顾视日影，索琴而弹之。""托运遇于领会兮，寄余命于寸阴。"

面对死亡，他奏出反抗暴政的强音：奏《广陵散》曲，终，曰："《广陵散》从此绝矣！"肃杀的琴声中，侠士聂政的匕首，分明已经刺进暴虐者的胸膛；暴虐者统治的大厦，分明已经发出碎裂、倾颓的哀音！

面对死亡——生命的河水突然断流，短暂的人生却化作永恒。《广陵散》余韵千年悠扬。一千六百七十三年后，一个叫瞿秋白的共产党人，书生领袖，在刑场上，高唱亲手翻译的《国际歌》，发出"要为真理而斗争"

的吼声！

　　嵇康不死，其精神化作一股浩然正气，充塞于天地之间。"天地有正气，杂然赋流形。下则为河岳，上则为日星。"灿烂的星空，嵇康那颗星座永远星光闪耀！

第四章

東

渡南融　夷夏混成

西晋"八王之乱",导致晋政权东渡。随后,中国进入南北朝时期。这是中国历史一个特殊发展阶段,中国进入南北大融合、民族大融合、文化大融合时期。经济文化中心南移,北方少数民族加快汉化,佛教一度占据意识形态主流地位。这是本著述选择历史事件、历史人物的着眼点。

王衍

清谈功罪怎评说

  清谈之士丰神雅秀，出身高贵，少年早慧，身心放逸，神思妙想如不羁的江河之水。他们以老庄、周易、佛学作为谈资，孜孜不倦地探讨天人之际的各类问题，思维水平达到那个时代世界的顶端。

  王衍是元康谈座领袖人物，遭遇国破身亡，背了个"清谈误国"恶名。实则，西晋之乱，乱自皇家内哄；西晋之亡，亡于王室自戕，"由藩王争权，自相诛灭，遂使戎狄乘隙，毒流中原"。

  谈史的文人们，说什么"清谈误国""清谈亡国"，是太把口舌与笔墨当回事，太过于看高自己了。

魏晋南北朝（220—589）三百六十九年间的支配思想，称为清谈或玄学。

西晋统一中国，维持了三十七年（280—317，从西晋灭吴算起），出现过短暂的太平景象。但转瞬间政权覆亡，中原板荡，战乱连绵。因为西晋早期适逢清谈之风炽热，后人便把祸源归于清谈，"清谈误国""清谈亡国"仿佛成为铁案。直到清代，朱彝尊、钱大昕、章炳麟、刘师培等纷纷为之辩诬，现代学者余英时认为："'清谈误国'并不是一个有效的历史解释。"一支秃笔，一张嘴巴，口舌、笔墨的能量再怎么高估，能有那么大吗？

学界的观点，魏晋清谈发端于汉末清议。桓灵之际，外戚宦官专权，与士大夫阶层形成尖锐对立，制造两次党祸，知名之士多被其害。士林领袖郭林宗，"虽善人伦，而不为危言覈论"，遂能免祸全身。后来林下谈风，也就从"品覈公卿，裁量执政"的清议，转向避实就虚的清谈。

清谈之士，是丰神雅秀，手执麈尾，清言妙辞的名士。他们出身高贵，少年早慧，身心放逸，神思妙想如不羁的江河之水。他们以老庄、周易、佛学作为谈资，孜孜不倦地探讨宇宙、人生和社会本原，追问本与末、有与无、体与用、性与情、形与神、名教与自然等天人之际的各类问题，思维水平达到那个时代世界的顶端。

清谈成形，在魏明帝曹叡太和（227—233）初，关键人物是荀粲，提出"六经皆圣人之糠秕"，将固化的儒家经学体系撕开一个缺口。清谈有两次高潮。一是"正始之音"。正始是魏邵陵公齐王曹芳年号（240—249），"正始之音"代表人物是何晏、王弼，他们创立了一个以无为本、为体，以有为末、为用的理论框架，打通了儒道融合的路径。二是"元康谈座"。元康是晋惠帝年号（291—299），"元康谈座"领袖人物是王衍。他的身边，聚集着一批清谈高手，如乐广、裴頠、张华、王澄、郭象等。

王衍字夷甫，出身琅琊王氏豪门巨族。他端庄俊逸，聪明绝顶，品德出众。东晋丞相王导看王衍："岩岩清峙，壁立千仞。"大将军王敦称：

"夷甫处众中，如珠玉在瓦石间。"那个时候，金钱拜物教盛行，鲁褒作《钱神论》，讥讽时人"惟钱而已"。王衍希心玄远，从不言利。妻子郭氏，是贾皇后之亲，借着中宫之势，刚愎贪戾，聚敛无厌。王衍管不了，就拿京师大侠吓唬她，让她收手。郭氏不相信谁人不爱钱，有意试探王衍，让婢女以钱绕床，没法行走。王衍清晨起床，见到这种情景，对婢女说：把阿堵物给我挪开！

作为一个哲学家、清谈家，王衍绍述何晏、王弼，又自成体系，使"贵无"成为一时风尚。《晋书》本传称："魏正始中，何晏、王弼等祖述老庄，立论以为：'天地万物皆以无为本。无也者，开物成务，无往不存者也。阴阳恃以化生，万物恃以成形，贤者恃以成德，不肖恃以名身。故无之为用，无爵而贵矣。'衍甚重之。"因为他名声盖世，累居显职，后进之士无不景慕仿效，"矜高浮诞，遂成风俗"。时人批评清谈家们说，"立言藉于虚无，谓之玄妙；处官不亲所司，谓之雅远；奉身散其廉操，谓之旷达"。

王衍遭遇国破身亡，背了个"清谈误国"恶名。

怀帝永嘉五年（311）十一月，京城洛阳四周烽火连天，东海王司马越不顾怀帝旨意，以讨贼为名，撤出洛阳，在路途中忧愤病死。十多万朝中卿相、将军、士兵及其家属，拥着他的棺材东撤，准备到东海（今山东郯城）将其归葬。匈奴部刘渊帐下、羯族首领石勒的军队，在苦县宁平城（今河南鹿邑）将这支送葬大军围歼殆尽。襄阳王司马范、太尉王衍等成为俘虏。王衍具陈祸败之由，辩称朝廷大事，他无权参与，祸败不关他事，众人也纷纷为自己开脱。襄阳王司马范呵斥诸人：今日之事，何须再说个没完！

王衍其实并非一个对祸败甩锅的人。他自知难免一死，对周围人叹息说："呜呼！吾曹虽不如古人，向若不祖尚浮虚，勠力以匡天下，犹可不至今日。"他还端出一计，劝说石勒称帝。石勒如果听从，刘渊部就被分化瓦解。这个时候，石勒羽翼未丰，闻言勃然变色，斥责王衍：你名盖四海，身居重任，少壮登朝，至于白首，怎么能说无权参与朝中大事！使天下破坏如此，正是你的罪过所致！

王衍"无权"之说，当属实情。他出于一时激愤，一吐胸中块垒，并主动揽过绝非"吾曹"应负的罪责，从而引发了"清谈误国"的千年话题。石勒的斥责，看似义正词严，实则根本不懂独裁专制政权权力运作的基本规则。司马范力图堵人嘴巴，倒是大有深意。因为作为司马王室中人，他有一腔难咽的苦水，羞于将西晋覆亡极度丑恶的真相为世人道破。

西晋之乱，乱自皇家内哄；西晋之亡，亡于王室自戕。

晋武帝司马炎播下大乱的种子。公元280年，平定东吴，统一天下之后，他志得意满，整天浸淫于酒色天地里醉生梦死。后宫佳丽接近万人，羊车拉着他，车停在哪里，就在哪里宴宿。大臣文恬武嬉，穷奢极侈。司徒何曾，"食日万钱，犹曰无下箸处"。司空何勖，"食之必尽四方珍异，一日之供，以钱二万为限"。《世说新语》有汰侈十二则，专讲武帝时大臣纸醉金迷、炫财斗富的荒唐生活。

武帝立太子失策，选了个憨愚儿子司马衷。公元290年，武帝死，司马衷继位，是为惠帝。这个惠帝，憨愚到什么程度？"在华林园，闻虾蟆声，谓左右曰：'此鸣者为官乎，私乎？'或对曰：'在官地为官，在私地为私。'及天下荒乱，百姓饿死，帝曰：'何不食肉糜？'"这么一个皇帝，朝政可知。先是外戚专权，继之"八王之乱"，匈奴刘渊部乘势而起，点燃了中原大地遍地烽烟。

惠帝初立，太后之父杨骏擅权。贾后不满，联络楚王司马玮、汝南王司马亮，诛灭杨氏一族。接着，利用楚王、汝南王之间的矛盾，挑起二人火并，司马玮、司马亮死，"八王之乱"第一幕落幕。

朝中大权落入贾后之手。贾家无子，贾后之妹的儿子贾谧成为继承人。贾谧狂妄至极，与太子司马遹成仇，贾谧、贾后合谋，废黜并杀害太子，公开挑战司马氏政权。赵王司马伦、齐王司马冏共同举兵，发动突然袭击，贾氏一族及其党羽悉数被杀。

外戚专权历史终结，王室自戕愈演愈烈。赵王司马伦野心膨胀，于永宁元年（301）废黜惠帝，登基称帝。齐王司马冏以檄文致成都王司马颖、河间王司马颙、长沙王（时为常山王）司马乂，诸王联军围攻洛阳，赵王司马伦被俘、赐死，惠帝归位。随后，齐王司马冏辅政，浸淫酒色，大兴土木，天下失望。诸王联军再度围攻洛阳，齐王司马冏被杀。成都王、河间王、长沙王又起内哄，长沙王司马乂被烧死。成都王司马颖在领地邺城遥控朝政，又变身个荒暴王爷。东海王司马越等挺身而出，举兵讨伐。

内乱引发外患，北方游牧民族内迁。匈奴首领刘渊以招兵助战为名，挣脱成都王司马颖罗网，蛟龙终归大海，于惠帝永兴元年（304）登基称帝，建号元熙，在司马家族自相剪灭中壮大。羯、羌、氐、鲜卑各族，豪杰并起。

地方军事强人坐大，天下分崩。都督幽州诸军事王浚联合鲜卑、乌桓部，与司马越之弟司马腾合兵攻下邺城，惠帝、成都王司马颖等仅率十余人逃到洛阳。控制洛阳的是河间王司马颙部将张方，他纵兵奸杀掳掠，将洛阳洗劫一空，胁迫惠帝迁都长安。光熙元年（306），东海王司马越部将祁弘打进长安，抢回惠帝，还都洛阳，司马越成为实际权力执掌者。十一月，惠帝食物中毒死，司马炽继位，是为怀帝。这一年，成都王司马颖、河间王司马颙先后被杀。武帝时代共封了二十七个王，参与"八王之乱"的八王，这时只剩下东海王司马越。

苟延残喘的西晋王朝，还在酝酿内斗。东海王司马越擅权，目无君上，怀帝培植心腹自固。永嘉四年（310）十一月，司马越扔下怀帝，撤出洛阳。永嘉五年正月、三月，怀帝先后下诏讨伐司马越。四月，出现司马越忧愤病死、送葬大军被围歼的惨状。接着，洛阳失陷，怀帝被俘，二十万王公大臣、军人民众，被匈奴部军士像屠宰羔羊般杀个精光！公元313年，太子司马邺登基，是为愍帝。愍帝建兴四年（316），长安失陷，司马邺出降。

从公元291年"八王之乱"起，到公元311年"八王之乱"终，整整二十年，西晋已经被折腾得气息奄奄。北伐英雄祖逖向东晋元帝司马睿进言时说："晋室之乱，非上无道而下怨叛也。由藩王争权，自相诛灭，遂使戎狄乘隙，毒流中原。"

魏晋名士名声再大，官位再显，无非是依附于专制皇权的皮上之毛，其能量极其微弱，其生灭存于专制独裁者喜怒一念之间。

魏明帝曹叡太和四年（230）下诏，"其浮华不务道本者，皆罢退之"。南阳何晏、邓飏、李胜，沛国丁谧、东平毕轨咸有声名，进趣于时，明帝以其浮华，皆抑黜之。后来曹爽掌了实权，这些人个个得到重用，清谈之风达到高潮。公元249年，司马懿发动政变，杀曹爽、何晏等八族，极其残酷的杀戮政策之下，名士们命悬一线，嘴巴早就闭得紧紧的了。

晋惠帝登基后，朝中虎狼当道，王衍位高名显，看上去风光无限，实则保家全身都难。贾后擅权期间，太子司马遹瞩意王衍大女儿为妃，贾后却夺太子之美，把她聘给贾谧，另把王衍小女儿聘给太子，因为王衍大女儿更美。后来贾谧一族灭门，太子被废遇害，两株鲜葩，双遭摧折，王衍却无半点护犊之力！太子被废之初，他既怀怜女之情，又惧家族罹祸，上表绝婚，史书力诋其非，殃及对其一生评价，甚至连姣好的容貌都碍眼了。

小时候，王衍造访大名士山涛，山涛嗟叹良久，说：什么样的妇人，生出这样个宁馨儿。"然误天下苍生者，未必非此人也。"这又从何谈起呢？贾氏败亡，赵王司马伦擅权、篡位，辅政名臣裴颜、张华双双遭到杀戮。王衍向来看不起司马伦的为人，这个时候，不得不"阳狂砍婢"以求自保。司马伦倒台，齐王司马冏擅权，又是个荒淫无度的主子，他干脆以病去官。惠帝末年、怀帝时期，成都王司马颖、东海王司马越先后掌握朝中大权，王衍位居宰辅之重，西晋已是穷途末路，任谁也难于倒转乾坤了。

王衍并非不是经国治军之才。他建议司马越，中国已乱，当靠镇抚一方的地方长官支撑大局，宜派文武兼资者任之。司马越认可，王衍的弟弟王澄、堂弟王敦分别被派往荆州、青州任职。此举对司马氏政权的浮沉影响至重，后来王敦成为东晋军事统帅，长时间被朝廷倚为干城。石勒等寇掠京师，王衍都督军事，指挥部队打退围敌。洛阳危机，论者纷纷提出迁都避难，王衍却卖掉家中车牛，以安定众心。如果赶上朝运当兴，岁月承平，以王衍的品德、才识论，无疑是一颗政治明星。从这个角度讲，清谈误国国误君？

学术的当归于学术，政治的当归于政治，臆断的结论当归于"有效的历史解释"。魏晋清谈，是时代的思想潮流，是学术演进的手段，它促进了儒道释的交融，开启了唐宋学术思想先河。身处高位者置身其中，本不是坏事。但唯以清谈为务，化风成俗，绝非国家社稷之福。因此，斥其弊端，抑其流风的言论，从未消停。与王衍同朝为官的裴颜，写出《崇有论》，驳斥"贵无论"。东晋王羲之语于太傅谢安："虚谈废务，浮文妨要，恐非当今所宜。"史家干宝晋纪总论，也批判当时清谈流弊。不过，有晋一代，对清谈的是非功过，还在探讨的框架之内。像裴颜与王衍，既是论敌，又是谈友。谢安对王羲之的说法，也并不赞同。他说："秦任商鞅，二世而亡，岂清言致患邪？"

把清谈和国运相联系，早有东晋权臣桓温，他说："使神州陆沉，百年丘墟，王夷甫诸人不得不任其责。"这是对王衍生前反思语的发挥。南朝梁陶弘景是出世入世两由之的高人，陶弘景有诗："夷甫任散诞，平叔（何晏）坐空谈。不意昭阳殿，化作单于宫。"他有感于梁武帝谈玄废务，时局危机，直书"清谈亡国"。唐代房玄龄等撰《晋书·儒林传》，更加上纲上线，称因为清谈之风而使"五胡乘间而竞逐，二京继踵以沦胥（陷）"，说的哪里是历史本来情形！清代顾炎武因袭唐人之说，称"刘、石乱华本于清谈之流祸，人人知之"，就更加武断了。

岂有清谈倾社稷！口舌与笔墨，作用有效也有限。清谈之于误国、亡国，的确起了些煽风吹波的功用，应当引以为鉴。但谈史的文人们，说什么"清谈误国""清谈亡国"，是太把口舌与笔墨当回事，太过于看高自己了。其危害却不可小觑，因为把它拿来作为统治者钳制言论、打杀文人的口实，足矣。

王导

把舵江涛稳行舟

王导"江左之策",开东晋百年基业。

时谚,"王与马,共天下。"司马睿在登基仪式上,命王导升御床共坐,王导固辞,至于三四,说:"若太阳下同万物,苍生何由仰照!"司马睿也就不再勉强他了。

新亭面临长江,风景绝佳。王导与群僚共饮,有同僚凄然叹道:"风景不殊,举目有江河之异。"众人听罢,泪眼相向。王导愀然变色,说:"当共勠力王室,克复神州,何至作楚囚相对泣邪!"

王导辅政,务存大纲,不拘细目。自叹:"人言我愦愦,后人当思此愦愦。""愦愦"的字义是糊涂,"愦愦之政",实质是省简宽容之政。用王导非常赞赏的话说,就是"宁使网漏吞舟,不为察察之政"。"愦愦之政",实则是立足东晋的现实,以最大的宽容度,摆平各种利益关系,不让它失衡,不致酿成动乱。

东晋一百零三年（317—420），是一种门阀政治，世家大族支撑朝政，皇帝依靠世家大族坐镇朝堂。东晋政权，先后由王、庾、桓、谢四大家族左右。琅琊王氏一门，王导是东晋开国第一功臣，晋元帝司马睿以"仲父"相称。史称没有王导，就没有东晋。陈寅恪先生在《述东晋王导之功业》一文中，称他为"民族之功臣"。

一、"江左之策"开东晋

晋武帝司马炎统一中国仅十年，离开人世，惠帝司马衷继位，很快天下大乱。无论是"八王之乱"，还是匈奴、羯族豪杰竞雄，目标无不盯着朝堂，拉锯式争夺的地盘，主要是江北京都洛阳，以及邺城、长安等大城市。看天下棋局，江东空虚，下好江东这一盘大棋，进，可作为大后方；退，可划江而治。

王导"江左之策"，开东晋百年基业。琅琊王室与琅琊王氏，因同一地缘而增亲缘。惠帝末年，东海王司马越掌握朝政，王导参司马越军事。他调动朝中关系资源，帮助琅琊王司马睿谋得经营江东的权力，过江驻扎建邺（建康）。

经营江东，司马睿并非理想人选。他是皇室旁支，无实力，无功劳，无法统地位，无影响力。《晋书·元帝纪》载，他是父亲恭王妃夏侯氏私通小吏牛氏所生。

司马睿过江月余，衙门冷冷清清，江南地方大族根本不买账。王导深为忧虑。没有这些豪门士族的拥戴，根本不可能在江东立足。

没有王导，司马睿与江东之主无缘；同样，没有王导，司马睿两手空空过江，结局很可能是铩羽而归。江左开局，靠的是王氏家族的影响，王导兄弟的实力、王导个人的魅力。

琅琊王氏，汉代即为豪门巨族，历经数世而不衰。西晋末年，成都王司马颖、东海王司马越掌握朝政期间，王衍身为宰辅。司马睿过江之前，王氏兄弟早已在江东担任要职。王衍族弟王敦，先任青州刺史。永嘉三年（309），任扬州刺史。王敦是堂堂驸马爷，豪侠任气，英雄盖世。王衍弟王澄，任荆州刺史，文武兼备，名气比王敦还大。王导是王衍族弟，王敦从弟。王氏一族，在朝内朝外，在江左地盘上，实力和影响无人可与匹敌。

适逢王敦来见，王导对他说："琅邪王仁德虽厚，而名论犹轻。兄威风已振，宜有以匡济者。"

机会就在眼前：三月初三，江南风俗，合家欢聚，到水边举行祓禊仪式，以消除灾祸。这一天，王导精心导演，让司马睿前往观看，做足排场，"乘肩舆，具威仪，敦、导诸名胜皆骑从"。江南望族纪瞻、顾荣见状，都很惊讶：王氏家族，那是多么显赫的家族！王氏兄弟，那是什么样的人物！司马睿威权这么大吗？于是相率拜于道旁。

司马睿威信初立，王导借势进言：顾荣、贺循，江南士望所归，"未若引之以结人心，二子既至，则无不来矣"。根据司马睿的旨意，王导到顾荣、贺循家中造访，二人应命往见司马睿。消息很快传开，南方世家大族纷纷表示臣服，"由是吴会风靡，百姓归心"。

时谚，"王与马，共天下"。西晋覆亡，东晋开基，司马睿于公元318年登上皇帝宝座。他在登基仪式上，命王导升御床共坐，王导固辞，至于三四，说："若太阳下同万物，苍生何由仰照！"司马睿也就不再勉强他了。

二、大道至明谋国深

王导善决大事。这些大事，决定东晋兴衰，影响历史走向。

建邺城南劳劳山上有临沧观，有亭七间，名曰新亭，面临长江，风景绝佳。王导时常与群僚往游，设宴共饮。一次，周顗饮了数杯，不由得悲从中来，凄然叹道："风景不殊，举目有（长）江（黄）河之异。"众人听罢，泪眼相向。王导愀然变色，说："当共戮力王室，克复神州，何至作楚囚相对泣邪！"楚囚原指春秋时被俘到晋国的楚人钟仪，后来用以指处境窘迫的人。

江南初创，是个烂摊子。尤其是经历永嘉之乱，洛阳失陷，怀帝被俘，大批中原士族南渡，南迁人口多达百万。国破家亡，寄人篱下，前路渺茫，就像无根的浮萍，身心向何处安放？同时，北人南来，有喧宾夺主之嫌，求田问舍，又引发利益冲突。王导利用所有可利用的机会，提振大家的信心，以开基创业的大手笔，让国有所托，家有所安。

侨州郡县制度，夯实了江东基业的基础。这一制度的主要内容，是在江东专设与旧籍同名的州、郡、县，另立户籍，赋税优惠，冠以"南"字，以示与旧地区别。这样一种"筑巢引凤"的大政略，既缓解了主客矛盾，又使南迁游民在新家园逐步安顿下来，一代代繁衍生息。建康周边、京口晋陵一带、会稽郡、吴兴郡，成为他们的主要聚居区。一百多年间，南北通婚，文化交融，造就一个庞大的江南文化士族，带来千年江南文人、文化的繁盛。

苏峻之乱，使宗庙宫室并为灰烬，迁都之议沸沸扬扬。朝中重臣，提出迁都豫章，吴地豪门，请都会稽，一时难以决断。这时候，王导出来说话了。他说：建康是古之金陵，旧为帝里。古代的帝王，不以丰俭作为迁都的理由。现在北寇虎视眈眈，一旦示弱于人，容易使敌人乘隙而入。求之名实，迁都之议都非良策。"今特宜镇之以静，群情自安。"王导一言九鼎，迁都之议叫停。

这件事的影响可并不在一朝一代。《六朝事迹编类》卷一称："王导断然折会稽、豫章之论，而以建业为根本，自晋而下三百年之基业，导之力也。"

太子俗称国本。太子废立之争，一度闹得剑拔弩张。司马睿称帝，司马绍封皇太子。后来，司马睿宠爱郑妃，想废掉司马绍，立郑妃之子琅琊王昱。王敦也加入到废太子的行列，在朝堂上公开诬司马绍以不孝的罪名。司马睿征求王导的意见，王导坚决反对。他说，立子以长，且绍又贤，不宜改革。司马睿犹豫不决，王导"日夕陈谏，故太子卒定"。

军旅不息，学校久废。东晋初立，百废待兴，王导却上书兴学。史官未置，王导始立。这是些长远之计，重要不重要、做与不做，全在一念之间。王导的出身、涵养，决定着他的认知和作为。这种认知和作为，引领江东抛却野蛮、蒙昧，向着文明演进。

三、"愦愦之政"良相心

王导辅政，务存大纲，不拘细目。末年，"略不复省事"，只签字画圈。自叹："人言我愦愦，后人当思此愦愦。""愦愦"的字意是糊涂，"愦愦之政"，实质是省简宽容之政。用王导非常赞赏的话说，就是"宁使网漏吞舟，不为察察之政"。

东晋偏安，外敌压境，内部矛盾重重。皇权与门阀，门阀与门阀，南方士族与北方望族，南人与北人，关系错综复杂。再加上王导执政后期，皇帝年幼，外戚势重。稍有不慎，必将酿成大乱，导致黎民涂炭，甚至东晋翻船。

王导在元帝、明帝、成帝三朝，都居于宰辅之位。几十年间，风浪迭起，王敦、苏峻、祖约之乱，陶侃、庾亮倒阁之虞，家国风险无数。东晋政权屹立不倒，王导个人，也一次次化险为夷。

"愦愦之政"，实则是立足东晋的现实，以最大的宽容度，摆平各种利益关系，不让它失衡，不致酿成动乱。

王敦之乱，根子在皇权与门阀间的利益冲突。

司马睿做皇帝，王导内掌朝政，王敦外握兵权，坐镇建康上游。司马睿不甘心于这样一种政治格局，听信王府旧人刘隗、刁协之言，疏远、架空王导，削弱王敦兵权。御史中丞周嵩上书，王导"忠素竭诚，辅成大业，不宜听孤臣之言，惑疑似之说，放逐旧德，以佞伍贤，亏既往之恩，招将来之患"。

王导善处兴废，不计宠辱，淡然处之。王敦不同，他拍案而起，以讨刘隗为名，起兵杀向建康。王敦大军所向披靡，兵入石头城，朝官四散，司马睿不得不脱戎衣，著朝服，派人给王敦传话："欲得我处，但当早道，我自还琅邪，何至困百姓如此！"王敦没有废掉司马睿，司马睿不久忧愤而死。

王敦与明帝司马绍结有夙冤，旧仇加上新隙，他再次兴兵，却病倒在军中。王导带领子弟为王敦发丧，消除朝野的"恐敦症"。司马绍以王导节钺，统兵讨伐王敦，王敦身死兵败。

王敦之乱，很大程度上因为司马睿处置失当，猜忌功臣、听信谗言所致。如果以宽和处之，不使矛盾激化，祸乱本可以避免。

苏峻、祖约之乱，实在不该发生！

司马绍只活了两年多，成帝司马衍继位，年仅五岁。太后临朝，王导、庾亮同为辅政大臣。作为皇帝的舅舅，"政事一决于亮"。史书评价庾亮其人，是笔头子、嘴头子功夫，"笔敷华藻，吻纵涛波""智小谋大""才高识寡"。这个时期，政局更加复杂化了。

苏峻是"流民帅"，敌后拉杆子抗击外族侵略的英雄，在平王敦之乱中立下大功。祖约是北伐英雄祖逖的弟弟，祖逖死后，接手祖逖的地盘和部属。两人出身草莽，言行不那么合乎规矩。庾亮猜疑心重，却驭将无术，要夺苏峻的军权，安排他入朝做闲官。庾亮征求王导的意见，王导说："峻猜险，必不奉诏。且山薮藏疾，宜包容之。"王导力争，庾亮不从。苏峻被逼进死胡同，联合对庾亮一肚子意见的祖约一起造反，杀向京都。庾亮所部一触即溃，扔下皇帝跑了。后来陶侃出兵，讨平叛军。

苏峻、祖约之乱，使京都残破，继王敦之后，全国战斗力最强的另一支抗敌武装玩完。

"愦愦之政"，不是遇事取"鸵鸟政策"，或做缩头乌龟，而是尽可能采用一种宽容、平和的方式排解矛盾、化解危机。

苏峻、祖约之乱后的形势是，王导在朝执政，庾亮、陶侃、郗鉴等各拥重兵坐镇一方。其中，郗鉴、王导既是姻亲，政见也趋于一致。成帝年幼，庾亮在外，意在遥控朝政，却是力不从心，王导的治国理念得以比较顺畅的实施。此后七十年无内战，江左相对安定，不管是王导生前还是其身后，都厥功甚伟。

陶侃平乱有功，都督八州，据上游，握强兵，"潜有窥窬之志"，毕竟根基尚浅，又非望族，不成气候，在郗鉴斡旋之下消停。

陶侃死后，庾亮重操大权，都督江、荆、益、梁、雍六州诸军事，坐镇武昌。他写信给郗鉴，再倡废王导之议。理由是，王导在皇帝年幼时，不给找良师；皇帝成年后，不主动交权，挟震主之威临制百官。你我并荷托付之重，"大奸不扫，何以见先帝于地下"！

王导成竹在胸，谈笑自若，化解这场危机。他抓住庾亮移镇武昌的时机，在历阳、慈湖、牛渚、芜湖重新布阵，把庾亮治所附近要地夺回。郗鉴再助王导抗衡庾亮，并派出一支精锐部队拱卫京师，王导用之不疑。郗、王同心，既有私谊，更在道义。王导若去，庾氏外戚擅权势成，"必再乱天下矣"。

王导屡履险境，终为化解，天助，人助，自助？得道者多助。

王敦之乱，王导满门百余口命悬一线。他天天带着王邃、王彬、王侃等在朝廷任职的二十多人，跪在宫门外，等待不测的命运。司马睿不失仁厚、明智，"以导忠节有素，特还朝服，召见之"。王导稽首致谢，说："逆臣贼子，何世无之，岂意今者近出臣族！"司马睿光着脚来到王导身边，执手安抚，说："茂弘（王导字），方托百里之命于卿，是何言邪！"

苏峻、祖约之乱，乱军进城，王导入宫，把小皇帝抱在怀里，保护起来。苏峻"以导德望，不敢加害"，还将王导的官职居于自己之上。部下劝说苏峻，杀掉王导，尽诛大臣，更树心腹。"峻敬导，不纳"，部下因此离心。

庾亮倒阁阴谋，王导早就知悉。有人劝说，暗中作些戒备，以防不测。王导说，我与元规（庾亮字）虽俱王臣，本怀布衣之好。若其欲来，吾角巾还乌衣，何所稍严！于是谗间遂息，风尘自消，内外缉穆。王导以其大胸襟、大度量，维护了朝堂稳定。

东晋的政局，如滚滚长江，风高浪急。王导把舵中流，让东晋这条大船跨过了一个又一个激流险滩，民族因得以独立，民众因得以喘息，文化因得以续延。

陶渊明

终将诗意赋田园

凡人都有点傲骨，有几分傲气，"不为五斗米折腰"，与李白"安能摧眉折腰事权贵"，当是史上最能体现傲骨、傲气的人格宣言。

风雨如晦的年代，如何珍重生命，保全名节？陶渊明退隐田园，为士人提供了一种居乱世的生存路径，一种道德人格新范式。

"勤靡余劳，心有常闲。乐天委分，以至百年。"身劳心闲，相谐太难，"心有常闲"，世上能有几人做到？但是，只有心闲下来，才可以静，可以定，可以净，可以悟到道家的通透，释家的大彻，儒家穷达不可外求的坦然。"乐天委分"——尽心人事，坦然承当无常的命运，也就能过好一个人想要的人生。

陶渊明来自自然，性爱自然，回归自然，活出了自然质性。他活得洒脱、快意。他的活法，是大众的，众生都可以效仿，更有普世价值。

陶渊明出身士族，曾祖陶侃为东晋大司马，封长沙郡公。祖父做过太守，至父辈，就默默无闻了。他二十九岁投耒学仕，先后做过州祭酒、镇军将军及建威将军参军。四十一岁任彭泽令，干了八十多天，不堪县役，弃官归隐，作《归去来》以明心志，"寓形宇内复几时，曷不委心任去留"？

此后二十余年，陶渊明躬耕田园，直至老死。他告别官场，走得那么洒脱，那么决绝，那么快意！千百年来，让无数的"樊笼"中人心向往之。

一

陶渊明"委心任去留"，所委"心志"到底是什么？

陶渊明所委"心志"，是"不为五斗米折腰"的气节。宋史、晋史、南史、莲社高贤传和梁昭明太子萧统所撰《陶渊明传》均有记载：潜为彭泽令，素简贵，不私事上官。郡派督邮至县，县吏白，"应束带见之"。陶渊明感叹："吾不能为五斗米，折腰拳拳事乡里小人。"即日解印绶去，赋《归去来》以遂其志。

凡人都有点傲骨，有几分傲气，"不为五斗米折腰"，与李白"安能摧眉折腰事权贵"，当是史上最能体现傲骨、傲气的人格宣言。相比于李白所言，"不为五斗米折腰"，更近人间烟火气。

陶渊明所委"心志"，是"性本爱丘山"的天性。他在《归去来》序中说得明白："质性自然，非矫厉所得，饥冻虽切，违己交病。"何谓"质性自然"？陶渊明《与子俨等疏》，作了最好的诠释："少学琴书，偶爱闲静，开卷有得，便欣然忘食。见树木交荫，时鸟变声，亦复欢然有喜。常言五六月中，北窗下卧，遇凉风暂至，自谓是羲皇上人。"

人的性情最难改变。陶渊明即便身入仕途，心也留在田园："静念园林好，人间良可辞。""商歌非吾事，依依在耦耕。投冠旋旧墟，不为好爵紫。"脱离了官场,回归田园,仿佛笼中鸟儿展翅长空,"久在樊笼里,复得返自然"!

陶渊明所委"心志",是"丈夫志四海"的士心。陶渊明所受儒家教育根深蒂固,"少年罕人事,游好在六经"。"先师遗训,余岂云坠……脂我名车,策我名骥。千里虽遥,孰敢不至。"但是,现实与理想相去太远,时代偏偏没有留给他这样的机会。

东晋政权,前期由门阀支撑,后期由军阀掌控。陶渊明所处的东晋末世,城头变幻大王旗。桓玄推翻东晋,做了皇帝。刘裕打败了桓玄,又把晋废帝扶上宝座。他并非对东晋怀有忠心,存有恋情,不过是等待时机成熟,篡位自代。军阀斗法,无论哪一方胜出,都伴随着党同伐异,搜寻杀捕,"密网裁而鱼骇,宏罗制而鸟惊。彼达人之觉善,乃逃禄而归耕"。

陶渊明心目中,刘裕政权犹如赢秦,刘裕上位,不过一暴虐君主,"文盲"皇帝。刘裕靠镇压农民起义发迹,军纪极坏,"纵军士暴掠,士民失望,郡县中无复人迹,月余,乃稍有还者"。"初,裕名微位薄,轻狡无行,盛流皆不与相知。"对东晋,陶渊明说不上忠与不忠;对刘宋政权,却是臧否鲜明。眷恋官场,无异于助纣为虐;退隐而不合作,正如嵇康辈先贤,是无声的、积极的反抗。

陶渊明聚集起一批隐士朋友,写出一篇篇对友人的规讽诗文。《陶渊明全集》开篇《停云》,"停云,思亲友也",亲友有仕于宋者,"愿言不从,叹息弥襟"。周续之、刘遗民和陶渊明为"浔阳三隐"。周续之等应召为刘裕世子讲《礼》月余。陶渊明撰《示周续之祖企谢景夷三郎》,"马队非讲肆,校书亦已勤。老夫有所爱,思与尔为邻。愿言诲诸子,从我颍水滨"。

风雨如晦的年代,当有"士当自全"的坚守。如何珍重生命,保全名节?陶渊明退隐田园,为士人提供了一种居乱世的生存路径,一种道德人格新范式。

二

陶渊明归隐田园，让世人看到了一个大美的田园世界，将"诗意的田园"定格于历史。

在乡土中国，这是一个极普通的村庄："暧暧远人村，依依墟里烟。狗吠深巷中，鸡鸣桑树颠……"

这个普通的村庄，又是多么鲜活、明丽，多么温馨。她像希腊神话中安泰的大地母亲，她是人行千里也不会成为游魂的牵系。

一代代农人，恪守着先人的遗训，"耕读传家远，积善继世长"，耕种于这片土地上。耕种是辛劳的，也是快乐的；耕种是繁忙的，也有闲适的日子，"既耕亦已种，时还读我书……欢言酌春酒，摘我园中蔬。微雨从东来，好风与之俱。泛览周王传，流观《山海图》。俯仰终宇宙，不乐复何如？"

人不管在何处，总要交几个朋友。好友相约，远足野外，则别有一番情趣："或命巾车，或棹孤舟。既窈窕以寻壑，亦崎岖而经丘。木欣欣以向荣，泉涓涓而始流。""云无心以出岫，鸟倦飞而知还。"

日月迢递，四季转换。暖风催春，桃李的芬芳弥漫了庭院。夏雨浥暑，枝头时鸟频传好音。秋高气爽，重阳日到，信步闲园，"采菊东篱下，悠然见南山"。

那颗原本躁动的心，回归了，定住了，眼中就有了不一样的田园。

"结庐在人境，而无车马喧。问君何能尔，心远地自偏。"

田园可乐，为农苦多。有风吹日晒雨淋霜打的辛劳，有面对旱涝虫病肆虐和战乱摧残的无奈。陶渊明家中的日子，由自足，而匮乏，而至于忍饥受冻。"炎火屡焚如，螟蜮恣中田。风雨纵横至，收敛不盈廛。夏日长抱饥，寒夜无被眠。造夕思鸡鸣，及晨愿乌迁。"

陶渊明正视苦难，不惧苦难，凭着道义的力量，战胜了苦难。"先师有遗训，忧道不忧贫。""历览千载书，时时见遗烈。高操非所攀，谬得固穷节。"他以黔娄自勉，"安贫守贱者，自古有黔娄"，"不戚戚于贫贱，不汲汲于富贵"。他"宁固穷以济意,不委屈而累己",辛苦不算什么,饥寒又何所惧,困扰他的是什么?是"贫富常交战"!他心灵的大堤是坚固的,生活的大风大浪冲不垮。

"道胜无戚颜"。最终,他让"诗意的田园"不减颜色,让不适俗韵、"质性自然"、本爱丘山的情性获得胜利。

三

陶渊明归隐田园,完成了由士人向农人、由小我向大我的蜕变,将"诗意地栖居"赋予田园。

陶渊明《归园田居》,说到当时家境,"方宅十余亩,草屋八九间"。作为一个乡间士绅,当他徘徊于仕与耕之际,还像个旁观者,有些高高在上,作《劝农》诗,对农人指手画脚,"秉耒欢时务,解颜劝农人。平畴交远风,良苗亦怀新"。知识中年回乡,扑下身子种地了,夕露沾衣,带月荷锄,不可谓不用心,不可谓不尽力,自己的田地,却是"草盛豆苗稀"。他开始虚心向农人求教,"相见无杂言,但道桑麻长"。这个时候,他大概已是两手老茧,双脚沾满泥巴,有个农人的模样了。最大的转变,还是秋熟的期盼,收获的喜悦,灾害的焦心,饥饿的煎熬,让他的心真正和农人的心贴近了。

陶渊明由自乐,想到黎元之乐;由自苦,想到黎元之苦。看《时运》并序,"春服既成,景物斯和,偶景独游,欣慨交心"。春风拂拂,新苗欢快地起舞,陶渊明坐在水泽之畔,引觞自乐,心中蓦然生起孔子浴沂之思。他由田园自乐,而孔颜之乐,而及于黎元之苦乐,"黄唐莫逮,慨独在余"。

他一次又一次思索:农人何以过上好生活?

他向往黄帝、唐尧的上古时代,"仰想东户时,余粮宿中田。鼓腹无所思,朝起暮归眠"。

他想到秦汉风云、三国乱世，黄绮之商山，田畴之徐无山。夏黄公崔广、绮里季吴实等"四皓"避秦时乱，入商山，作《紫芝歌》，"莫莫高山，深行逶迤。奕奕紫芝，可以疗饥。唐虞世远，吾将安归"？田畴值董卓乱国，迁汉献帝于长安。他代刘虞历险面帝，向献帝陈忠，辞官不受。入徐无山中，营深险平敞地而居，躬耕养父母。百姓归之，数年间，五千余家。制礼兴学，至道不拾遗。

王朝兴亡，乱世迭见，"四皓"、田畴辈和前往归附的农人们今在何方？陶渊明那颗悲天悯人的心，渐渐构画出一个农人的理想田园——桃花源：

山色氤氲，清溪环流，夹岸桃林，落英缤纷。桃花源，一方人间乐土，便隐逸于山光水色、鲜花芳草之际。渔人偶一身临，复寻再无觅处。其处土地平旷，屋舍俨然，有良田、美池、桑竹之属。阡陌交通，鸡犬相闻。其中往来种作，男女衣着，悉如外人。黄发垂髫，并怡然自乐……自云先世避秦时乱，率妻子邑人来此绝境，不复出焉，遂与外人间隔。问今是何世，乃不知有汉，无论魏晋。

桃花源中生活：相命肆农耕，日入从所憩。桑竹垂余荫，菽稷随时艺。春蚕收长丝，秋熟靡王税。荒路暧交通，鸡犬互鸣吠。俎豆犹古法，衣裳无新制。童孺纵行歌，斑白欢游诣。

这一方桃花源，是乱世中的理想国，也是太平世的乌托邦，是人类安放身心的栖居地。海德格尔提出，"人诗意地栖居"，桃花源当之无愧。

人类本来生活在乡野，是从乡野走出来的。人类不管走向何方，总不能断了根，失了魂，总有浓浓的乡愁记忆，总不会放弃对美好理想的追求：那个世界，有山青水绿天蓝草碧花红的家园，过着和平、富足、遂心的日子，民风淳朴，相互关爱，没有压迫，没有剥削，人人平等。

因为陶渊明，把这一方桃花源赋予了田园，让"诗意地栖居"永驻田园，让人类怀着热望，在山水乡野间寻寻觅觅。

四

陶渊明归隐田园,追寻的是一种生命体验,人生价值。他在"归去来"之际,已经就此作出明确回答,"聊乘化以归尽,乐夫天命复奚疑!"

看陶渊明的归隐生活,无非是农家日常柴米油盐的日子,日常面对的悲喜苦乐。陶渊明六十三岁,生命将息,作《自祭文》,是对平生一次最详尽的总结:"自余为人,逢运之贫,箪瓢屡罄,絺谷冬陈。含欢谷汲,行歌负薪,翳翳柴门,事我宵晨。春秋代谢,有务中园,载耘载耔,乃育乃繁。欣以素牍,和以七弦。冬曝其日,夏濯其泉。勤靡余劳,心有常闲。乐天委分,以至百年。"

这一番夫子自道,苦乐互参,赋予平凡的农耕生活以精神的灵光,阐发的是关于人生态度的大道理。做个农人和做个官员,遵循的道理没有不同。按照这样的道理行世,在乡可为大贤,在朝当成名宦。

"天行健,君子以自强不息",是《周易》所蕴含、孔子所阐发的大道。"勤靡余劳",就尽了一个君子做人的职分;"心有常闲",是得自自然的神谕,是唯属田园的厚赐,是快意人生的最高境界了。身劳心闲,相谐太难,"心有常闲",世上能有几人做到?但是,只有心闲下来,才可以静,可以定,可以净,可以悟到道家的通透,释家的大彻,儒家穷达不可外求的坦然。命运无常。子夏说命,"死生有命,富贵在天"。陶渊明慨叹,"发斯谈者,将非穷达不可外求,寿夭永无外请故耶"!政坛有惊涛骇浪,生死博弈;旅人有道路崎岖,江河潜流;作为庄稼人,面对洪水肆虐、病害横行,忍饥受冻,也是些再平常不过的事了。"乐天委分"——尽心人事,坦然承当无常的命运,也就能过好一个人想要的人生。

人生的意义是什么,人怎样才算活得有价值?对此,人类从来没有停止思考。天地赋命,生必有死。人生乱世,生命轻贱如同草芥,如何对待死亡,便成为常萦于怀的话题。一部《陶渊明全集》,对生死的思考贯穿始终。

《形影神》的问答，是陶渊明对人生之思的哲理性概括。《形赠影》："草木得常理，霜露荣悴之。谓人最灵智，独复不如兹……我无腾化术，必尔不复疑。"《影答形》："存生不可言，卫生每苦拙……身没名亦尽，念之五情热。立善有遗爱，胡为不自竭？"《神释》对神高看一等，"人为三才中，岂不以我故"。但是，接下来却说出这样一番道理，"三皇大圣人，今复在何处？彭祖爱永年，欲留不得住……立善常所欣，谁当为汝誉？甚念伤吾生，正宜委运去。纵浪大化中，不喜亦不惧，应尽便须尽，无复独所虑"。

　　陶渊明的《形影神》问答，非儒非释非道。腾化无术，卫生苦拙，身死名灭，道家任自然，他则似乎走向了纯客观的自然，更为极端，彻底"唯物"了。但是，这还是他内心深处尚未止息的论辩，他写这首问答诗时，还不到五十岁。他思想和人生思考的定型，还有个过程。

　　《自祭文》和《挽歌诗》，是陶渊明人生之思的终结，也是一次升华。《自祭文》讲生的澄明坦荡，"宠非己荣，涅岂吾缁？捽兀穷庐，酣饮赋诗。识运知命，畴能罔眷？余今斯化，可以无恨"。《挽歌诗》讲死亦有归，"死去何所道，托体同山阿"。人本自然来，亦当自然去。来去的过程，纵浪大化，委心去留，"匪贵前誉，孰重后歌"，不喜不惧不虑。无论何时何地，何种境遇，都葆有那颗活泼泼的"民胞物与"的心。人死之后，甚或为自然界中的一粒尘埃，甚或浩阔如大地，巍峨如崇山，千百载永不堙灭。

　　人非块然血肉，否则，怎么与天地并称？精神如日月经天，江河行地，精神不朽，"三皇虽云没，至今在我前"。陶渊明《咏二疏》，"谁云其人亡，久而道弥著"。《咏荆轲》，"其人虽已没，千载有余情"。咏夸父，"余迹寄邓林，功竟在身后"。他还有其他诸多咏先贤的诗文，哪有那么"唯物"？倾向性是多么鲜明！这才是本真的陶渊明。

　　陶渊明来自自然，性爱自然，回归自然，活出了自然质性，最终大化于自然，"奚所复恋"，无怨无愧无悔。他二十二年的归隐生活，是对道义的坚守，是对"诗意的田园"的呵护，是对"诗意地栖居"的求索，是对一种新的道德范式的践行。他活得洒脱、快意。他的活法，是大众的，众生都可以效仿，更有普世价值。

"陶令不知何处去？"他化作了田园魂，化在了春天的花海、秋天的收获，化在了淳朴和煦的民风里。

魏孝文帝
终教中华垂衣裳

拓跋鲜卑统一北方的过程，也是推进民族融合的过程。孝文帝为北魏开国皇帝拓跋珪的六世孙，一代代推演下来，孝文帝的血统，六十四分之五十为汉，六十四分之八为柔然，六十四分之五为鲜卑，六十四分之一为匈奴。

孝文帝推进统一，推行汉文化，与历史上众多少数民族统治者的根本区别在于：武力统一与文化统一，文化统一先行。文化统一，由鲜卑贵族主动放弃本民族文化，接受和融入汉文化。

行非常之事，需待非常之策。孝文帝的非常之策是，"外示南讨，意在谋迁"。他率三十万大军到达洛阳，阵前亮出迁都意图，"若不南銮，即当移都于此，光宅土中，机亦时矣"。

迁都洛阳和一项项汉化措施的推行，在形式上消除了胡汉差异，在实质性融合上形成不可阻挡之势。

太和十年（486），北魏孝文帝拓跋宏开始走上执政前台，独立决策重大国事。又过了四年，临朝听政的太皇太后冯氏去世，孝文帝大权独揽。这一年，他二十四岁，名义上已经做了十九年皇帝。

　　进入孝文帝时代，中国分裂为南方、北方，已经一百八十多年。自从西晋八王之乱，中原政权东渡，在北方，匈奴、羯、鲜卑、氐、羌等少数民族先后登上政治舞台，建立二十多个国家政权。其中，鲜卑拓跋氏建立的北魏，已经立国一百多年，统一北方五十多年。经过太和前期的班禄制、均田制和三长制改革，政权稳固、社会稳定、国力日强。

　　与北方不同，在南方，先是东晋政权内部，权臣挑起的大战不断。东晋灭，刘宋兴，刘宋灭，萧齐兴，战乱消耗掉不可数计的民力、物力，北强南弱，格局分明。此一情势下，统一天下，成为北魏国内一种很强的声音、一种国家诉求。孝文帝作为一代有为之君，敏锐地把握住了时代脉搏和历史大势。

一

　　统一天下，靠武功，也靠文治，二者缺一不可。历史上，人口只占少数、文化落后的民族，要成为中国共主，只靠武力征服者，基本无从立足。注重文治者，则是先以武力征服，再去被动地适应中原文化，最终被中原文化所同化。孝文帝因其特殊的身世和个人的文化素养，走出了一条完全不同的统一之路。

　　拓跋鲜卑统一北方的过程，也是推进民族融合的过程，是自身为汉文化改造，本民族一步步汉化的过程。说孝文帝是一个胡人，毋宁说他是一个汉人。如果抛开种族因素，则孝文帝在文化上体现的是汉族士人特性。

　　孝文帝为北魏开国皇帝拓跋珪的六世孙，在他的六个母系祖先中，有一个匈奴人，两个鲜卑八姓贵族之女，三个汉族人。一代代推演下来，孝文帝的血统，六十四分之五十为汉，六十四分之八为柔然，六十四分之五为鲜卑，六十四分之一为匈奴（张金龙《北魏政治史》）。因此，称孝文帝为汉族，恐怕更符合其血统实际。

孝文帝由祖母太皇太后冯氏抚养成人。冯氏为北燕国君孙女，北魏文成帝皇后，是深受中原文化熏陶的汉人女子，听政时间长达二十多年。长成于这样一种环境，孝文帝"雅好读书，手不释卷。五经之义，览之便讲，学不师受，探其精奥。史传百家，无不该涉。善谈《庄》《老》，尤精释义。才藻富赡，好为文章，诗赋铭颂，任兴而作。有大文笔，马上口授，及其成也，不改一字"（《魏书·高祖纪》）。俨然一个大儒，一位文章大家。陈寅恪说："汉人与胡人之分别，在北朝时代文化较血统尤为重要。凡汉化之人即目为汉人，胡化之人即目为胡人，其血统如何，在所不论。"

这样一位帝王治国理政，体现出极强的文化取向。他要把江山社稷引向文明进步，要让鲜卑民族摆脱愚昧落后，成为一个有文化的民族。孝文帝推进统一，推行汉文化，与历史上众多少数民族统治者的根本区别在于：武力统一与文化统一，文化统一先行。文化统一，由鲜卑贵族主动放弃本民族文化，接受和融入汉文化。他勇于正视鲜卑民族文化的落后，有着改变落后的紧迫感，他告诉陆睿、元赞等皇室、贵族大臣："朕自行礼九年，置官三载，正欲开导兆人，致之礼教。朕为天子，何假中原，欲令卿等子孙，博见多知。若永居恒北，值不好文主，卿等子孙，不免面墙也。"

二

考量北魏的国情，统一天下的条件还很不成熟。其一，北魏首都平城（今山西大同），地理位置偏僻，交通不便，不能作为支撑南征的战略基地。其二，鲜卑贵族陈旧、落后的积习深重，推进汉化，举步维艰。首都平城是"用武之地，非可文治，移风易俗，信为甚难"。

孝文帝雄才大略，在于他超越时代、超越地域、超越同时代人的思想和眼界，在于他作为年轻帝王锐气横溢，果决能断和行动力超常。他想到了一着大棋：迁都洛阳。洛阳地处天下之中，临近南朝，水网密布，舟楫可以"通运四方"，是理想的南伐战略基地。洛阳是东汉、曹魏、西晋故都，中原文明的中心。北朝汉人有认庙不认神的观念，谁能定鼎嵩洛，谁便是文化正统所在。因此，洛阳又是推行文化统一的理想的大本营。

迁都洛阳，一举两得，此子落地，满盘可活。

迁都洛阳，千难万难。

北魏道武帝拓跋珪于天兴元年（398）把都城由盛乐（今内蒙古和林格尔北）迁到平城，已经接近百年了。树老根深，挪移尚且不易，何况举家老幼，背井离乡，永别故土。一旦迁都，作为鲜卑贵族和平城豪门，面对的将是豪宅废弃，庄园抛掷，关系网无存。更何况，洛阳炎热，北人适应不易。路途跋涉，还要历经千辛万苦。平心而论，不管是王公贵族，达官贵人，还是平民百姓，都将以巨大的利益损失为代价。

愿意迁都者寡，反对迁都者众，议于朝堂，会被众口一辞，彻底否定。

行非常之事，需待非常之策。孝文帝的非常之策，让历史为之震惊，这就是"外示南讨，意在谋迁"。南讨推进统一，是北魏历代帝王的宏愿，是国人的美好向往，理由堂堂正正。必要时，可以靠皇帝的威权独断专行。

朝堂上，孝文帝宣布南讨决定，并安排了占卜，卦相为吉。事出非常，群臣愕然。这个时候进行南讨，内外条件并不具备。外，十余年间一直与南朝萧齐政权通好，师出无义。内，缺乏基本的大规模战争动员和准备。任城王拓跋澄提出异议，孝文帝厉声制止："社稷我之社稷，任城欲沮众邪！"拓跋澄正言以对："社稷虽为陛下之有，臣为社稷之臣，安可知危而不言！"拓跋澄是孝文帝的左膀右臂，是被孝文帝视为郑国之子产、汉朝之子房一类人物，做不通拓跋澄的工作，迁都大计可就是孤家寡人行了。"

孝文帝单独召见拓跋澄，说明真实意图。拓跋澄心中装着天下，对迁都之行有极深的领悟。他说："伊洛中区，均天下所据，陛下制御华夏，辑平九服，苍生闻此，应当大庆。"孝文帝说："北人习常恋故，必将惊扰，奈何？"拓跋澄说："此既非常之事，当非常人所知，唯须决之圣怀，此辈亦何能为也？"

太和十七年（493）七月，孝文帝统领三十万大军，从平城出发南下。一个多月后，到达洛阳。一路上阴雨靡靡，道路泥泞难行，南讨大军极度疲乏。孝文帝考察旧朝遗址，触景生情，吟起《黍离》之诗，心潮难平，止不住泪流满面，"行迈靡靡，中心如噎。知我者，谓我心忧。不知我者，谓我何求"。一出决定国家前途命运的活剧即将揭幕，剧情将会如何演进，剧终将是一个怎样的结局？

大雨如注。孝文帝戎服执鞭，御马而出，诏大军进发。这时候，鲜卑贵族和群臣一个个跪倒在孝文帝马前，哭泣进谏，请求停止南伐。孝文帝见时机成熟，亮出迁都意图。他说："今者兴动不小，动而无成，何以示后？……若不南銮，即当移都于此，光宅土中，机亦时矣，王公等以为何如？议之所决，不得旋踵，欲迁者左，不欲者右。"此言一出，南安王拓跋祯等立即站到了左边，愿意迁都，群臣跟进，表示拥护，高呼"万岁"！不愿迁都的鲜卑贵族迫于形势，已无可奈何。

迁都洛阳的重大决定，就这样定下来了。

三

迁都洛阳，隐藏着巨大风险。

反对迁都的鲜卑贵族，怂恿太子恂逃离洛阳，企图另立朝廷。穆泰、陆睿举兵叛乱。太尉、东阳王拓跋丕父子反。拓跋丕、穆泰有大功于北魏，也有大恩于孝文帝。当年太皇太后冯氏一度欲废孝文帝，二人力谏方止。拓跋丕、陆睿还被冯氏许以有罪不死。

庙堂、江湖、朝野，洛阳、邺城、平城，可谓处处刀光剑影，杀机四伏。

孝文帝从容布阵，沉着应对。他派任城王拓跋澄赶回平城，向留在那里的鲜卑贵族、文武百官宣布迁都决定，派卫尉卿、镇南将军于烈回平城主持日常政务，派安定王拓跋休迎接眷属，派大臣李冲、穆亮等营建洛都。孝文帝数度往返于邺城—平城—洛阳之间，遥制局势，巡察南北，把迁都洛阳的意义和以礼仪教化治国的意图宣示四方。

孝文帝临危不惧，铁腕平乱。他大义灭亲，废太子恂，赐死。严惩不法的王公贵族，穆泰、陆睿叛乱平定后，"穷其党与，罪人皆得，巨鹿公陆睿、安乐侯元隆等百余人皆狱禁"。

闯过了激流险滩，战胜了大风大浪，便进入了风正一帆悬的佳境。

汉化举措惊世骇俗，势如破竹。

太和十八年（494）十二月，革衣服之制，朝服"褒衣博带"，士民禁胡服。

十九年（495）六月，改籍贯，诏迁洛之民，死葬河南，不得还北。代人南迁者，悉为河南洛阳人。

同月，诏不得以北俗之语，言于朝廷。若有违者，免所居官。"断诸北语，一从正音"，正音，就是洛阳士大夫所操之雅音。共同的语言，是民族共同体的最重要特征。一个民族改变了自己的语言，这个民族的重要特征也就逐渐消失了。

二十年（496）春正月，诏改姓为元氏。孝文帝说："北人谓土为拓，后为跋。魏之先出于黄帝，以土德王，故为拓跋氏。夫土者，黄中之色，万物之元也，宜改姓元氏。"诸功臣旧族，自代来者皆改。

建立门阀制度，定族姓。鲜卑贵族八姓，即穆、陆、贺、刘、楼、于、嵇、尉为最高，汉族以崔、卢、李、郑四姓为最高。八姓之外的贵族也各有等级，并按门阀等级，确定官职的高低，选拔、任用官员。这种制度，是从鲜卑贵族尚无文化的实际出发，目的是使鲜卑贵族的政治社会地位，能与北方汉人世家大族崔、卢、李、郑等迅速一致起来。在婚姻上，推进与北方汉人世家大族的结合，孝文帝纳崔、卢、郑、李、王五家女为嫔妃，为他的五个弟弟聘汉人世家大族女儿为妃，让鲜卑王室贵族女嫁给汉人世家大族。

一项项汉化措施的推行，在形式上消除了胡汉差异，在实质性融合上形成不可阻挡之势。

迁都和汉化，铸成了南伐一统之势。太和十八年十二月辛丑，迁都尚未全部完成，孝文帝第一次南伐，历时五个月。其时，南齐有变，萧鸾废杀幼主萧昭文，自立为帝，北魏还同时接到了萧鸾雍州刺史曹虎据襄阳请降的消息，南伐师出有名。

第二次南伐，自太和二十一年（497）开始，持续一年半，南齐沔北五郡被并入北魏版图，保证了北魏洛阳南大门的安全，南齐长江中游的北大门危在旦夕。北魏下一步的目标，是沔南重镇雍州治所襄阳城，若占领襄阳，则可沿汉水南下，直达长江沿岸。

第三次南伐，《南齐书》之《魏虏传》称，"闻太尉陈显达经略五郡，围马圈，宏复率大众南攻，破显达而死"。南齐派太尉陈显达率领大军，欲夺回沔北失地，孝文帝抱病南下指挥，巩固了二次南伐成果，稳固了南北朝之间重新形成的边境线。回军途中，孝文帝病逝于谷塘原行宫，时年三十三岁。遗诏说："迁都嵩极，定鼎河瀍，庶南荡瓯吴，复礼万国，以仰光七庙，俯济苍生。困穷早灭，不永乃志。"怀着"白日光天兮无不耀，江左一隅独未照"的遗憾离开了人世。

南北统一的历史进程延缓。直至公元589年隋灭南陈，才得以实现，离孝文帝去世九十年。其间，我们的民族又历经多少劫难！孝文帝后辈太不成器，他去世后的三十年间，政治腐败，外戚专权，政权分裂。北方，历东魏、西魏，北齐，北周，隋。南方，梁代齐，陈代梁，宫廷惊变的血腥，改朝换代战争的惨烈，使多少生命死于战火，多少田园毁于兵燹！

英雄怎样创造历史？孝文帝时代，统一天下，是国人之愿，孝文帝创造条件，铸势成行。历史上，统一天下，多是铁血征服，孝文帝志在造一个文明中华。天下大势，"分久必合，合久必分"的周期律，让一代代帝王的统一大业终成过眼烟云。孝文帝主导的民族融合、汉化文明之功，为推进统一的帝业，赋予了永恒的历史进步意义。

滚滚长江东逝水，浪花淘尽英雄。千秋功过难泯，历史并不虚无。终教中华垂衣裳，是英雄伟业不朽的价值。

梁武帝
谀佛成魔孽何深

达摩祖师见梁武帝，意在点化他，为他破魔，似乎并不成功。他是怎样在倡佛的路上越走越远，走进了深渊？

梁武帝倡佛，目的是控制佛教的主导权，还出于称霸中国的野心。梁天监年间（502—519），北魏佛教发展达于鼎盛，距建康不远的洛阳龙门，正进行着费时二十四年的"帝王佛"石窟开凿工程。"自佛法入中国，塔庙之盛，未之有也。"梁武帝称霸中国，争胜北朝的野心膨胀，这佛事，不管想做还是不想做，都得做！

梁武帝倡佛，旨归是收拾世道人心。他要自己带个好头，家族做个榜样，让梁国变成佛国，世间成为佛界。美妙的理想固然诱人，当它燃成愚莽的火焰，让人疯魔，世界就不得安宁了。

西晋覆亡，晋室南迁，于公元317年立朝于江南，史称东晋。中国北方，进入胡人争雄的时代，历五胡十六国等二十几个国家。中国南方，东晋之后，历宋、齐、梁、陈四朝，史称南朝。

梁武帝萧衍建立的梁朝，存在了五十多年。他和他的短命王朝本不足道，但梁武帝其人，因为和佛家的一段孽缘，至今还常常为人提起。

一

梁武帝倡佛，可谓一片痴心，也大有作为。因此，当达摩祖师东渡来到广东，地方官员上奏之后，梁武帝急于一见。时值普通元年（520），"时上方崇释氏，士民无不从风而靡"。达摩祖师感受尤深，有话要说，故欣然前往。

梁武帝见达摩祖师，提出三大问题，祖师三答。

问："朕即位以来，造寺、写经、度僧，不可胜记，有何功德？"

答："并无功德。"

梁武帝大感意外："何以无功德？"

答："此但人天小果，有漏之因，如影随形，虽有非实。"

梁武帝开始犯迷糊："如何是真功德？"

答："净智妙圆，体自空寂，如是功德，不以世求。"

佛经明明说，造寺、写经、度僧有功德，只是未明何种功德，怎么会无功德呢？祖师说，这是世间众生所求福报，不是功德，弄不好，还是引发贪、嗔、痴的原因。真正的功德，"净智妙圆，体自空寂"，用世俗的做法是求不到的。凡夫俗子行布施，求福报，是自掏腰包。这个梁武帝，花的可是国库的银子，是民脂民膏，滥行无度，非但不得福报，将会成为罪孽！梁武帝追求功德的做法，适得其反！

第一轮问答完毕，达摩祖师对梁武帝其人已经看了个明白。他执迷不悟，迷在一个"执"上。祖师对症下药，破其法执、我执。

梁武帝问："如何是圣谛第一义？"什么是佛所说法的第一要义？

答："廓然无圣。"

达摩祖师是禅宗传人，教法是以心传心。佛说："我从某夜得正觉，乃至某夜入涅槃，于其中间不说一字，亦不已说当说。"佛所说法，不过是以筏喻、月指为迷人指迷罢了。"故诸法空相""无苦集灭道（四圣谛），无智亦无得"。

梁武帝倡佛，自觉已经功德无量，修为域中一人，处处颂歌盈耳，举朝皆呼"菩萨皇帝"，他机锋屡起屡挫，很没面子。想到给达摩戴顶高帽，就能换回几句赞语。

问："对朕者谁？"我对面坐的，不就是得道的圣人吗？

答："不识。"

佛门中人，修炼到一定境界，就将"无我""我本非我"了。

梁武帝是个标准的世俗和尚，执心太重，也缺乏慧根灵性。修佛修到一定阶段，不走火入魔才怪呢！一个个人走火入魔，危及一人；一个帝王走火入魔，却祸及一个国家。

达摩祖师见梁武帝，意在点化他，为他破魔，似乎并不成功。

这不识趣的和尚，被打发走了。祖师北上，创出中国禅宗一脉。

二

《梁书》记载，梁武帝本是一个文韬武略兼备的人，也是一个品德不错的帝王。他天性睿敏，下笔成章，又勇冠三军，雄才大略。南齐明帝去世，天下将乱。他时任雍州刺史，判明天下大势，早作筹谋，命令将士砍伐竹木，沉到檀溪中。当他的长兄被杀后，立即起兵，收集甲士万余人，马千余匹，把沉到檀溪中的竹木打捞上来，很快装备了三千艘战船，直捣首都建康，最终逼迫南齐皇帝让出皇位。他做皇帝前期，勤于政事，孜孜无怠，生活简朴，"身衣布衣，木绵皂帐，一冠三载，一被三年"。

他的个人信仰，一变，二变，而至于三变。他的《会三教诗》说："少时学周孔，弱冠穷六经……中复观道书，有名与无名……晚年开释卷，犹日映众星……"他即位前期，以儒治国，兼及他说，历十余载，制成吉、凶、军、宾、嘉五礼，作为国民道德行为规范。

他又是怎样在倡佛的路上越走越远，走进了深渊？

三

梁武帝倡佛，是迫于天下大势，不得不为，不能不为。

南北隔江为治时期，是个大乱世。政权更迭，战争连年，人生无常。处在水深火热中的民众，需要宗教慰藉心灵，祈愿大慈大悲的佛菩萨为他们解苦救难，送来幸福。佛教传播有合适的气候和土壤，统治者因势利导，就可以拿来服务于政权的巩固。中国北方，有影响的大国后赵、前秦、后秦、北凉等，最高统治者信仰、支持，佛教得以迅速发展。四五世纪中国佛教的三大领袖竺佛图澄、释道安、释慧远三代师徒，因应各自时代和国家环境，开出南北不同形态的政教关系。

竺佛图澄把巫术神异、军国机要同佛教教义融为一体，为后赵石勒、石虎父子尊为"大和上""国之至宝"，成为石赵的精神支柱。中国历史上，佛教第一次被国主作为信仰所崇奉。释道安主张"依国主，立法事"，使佛教确立于北方各国。北魏在统一北方的过程中，吸收、融合河北地区佛图澄、道安教派、长安地区鸠摩罗什教派、凉州昙无谶教派，创造出"皇帝即如来观"的政教关系。后来，大同云门石窟、洛阳龙门石窟"皇帝如来佛"凿成，僧官中央集权管理和僧祇户、佛图户制度建立，佛教完全纳入国家体制之内。

南北相较，南方则有极大不同。沙门不敬王者，从东晋前期开始延续下来，成为传统。庐山释慧远撰《沙门不敬王者论》，塑造僧侣超然尊贵的地位，沙门自主甚至凌驾于帝王之上的意识高涨。《续高僧传》卷五《智藏传》：

时梁武崇信佛门，宫阙恣其游践。主者以负扆南面，域中一人。议以御座之法，唯天子所升，沙门不一霑遇。智藏闻之，勃然厉声，即入金门，上正殿，距法座，抗声曰："贫道昔为吴中顾郎，尚不惭御座，况复乃祖定光，金轮释子也。"

智藏亮出门阀和师门的尊贵，坐上皇帝的御座，当面挑战梁武帝的权威。

梁武帝要以帝王的君权兼任僧王的教权，管理教团，同样受阻。还是这个智藏，硬是不买账，说："佛法大海，非俗人所知。"梁武帝无可奈何，不得不放弃。

封建帝王心目中，岂容释家置身于皇权之外！靠武力坐上江山的梁武帝，从即位之日起，就开始谋划、插手佛门事务了。

四

梁武帝倡佛，首要的目的是控制佛教的主导权。鉴于宗教势力的强大，他从打基础起步，走了一条温和路线。

他即位于佛诞日四月八日，似乎即包含着一种宗教的意义。

他建造寺庙，聘用家僧，组建"建康教团"，罗致神异、明律、义解各科高僧，纳入体制之内，为我所用。

他组织编纂、译注佛典达三十三种之多，包括佛经、佛教类书、工具书、律藏与戒本等，掌握了佛法的解释权，建立起符合王朝意志的佛学理论体系。

他通过主导教团工作，打破了东晋以来"沙门不敬王者"的固有传统，重新获得了皇权对佛教的领导权。

天监十八年（519）四月八日，梁武帝亲受菩萨戒，以"皇帝菩萨"

临御臣民，将政教结合的政策理念，以"皇帝菩萨"的名号颁布于世上。

梁武帝倡佛，还出于称霸中国的野心。南北形势，南弱北强。北魏孝文帝南伐，开启统一大业，对南朝形成极大压力。梁武帝建立梁朝（502）后，形势陡转。公元499年，孝文帝去世，子幼，太后、外戚专权，先是胡太后听政、被幽、复出，接着柔然反叛，北方六镇起义，尔朱荣血洗洛阳。梁中大通六年（534），北魏分裂为东、西魏，相互攻伐。强敌压境的威胁解除，南朝由守转攻，梁武帝组织两次北伐，六次遣送降梁的原北魏宗室亲王入北主持魏室军政，扶持傀儡政权。

梁武帝执政期间，北魏佛教发展达于鼎盛。天监年间（502—519），距建康不远的洛阳龙门正进行着费时二十四年、用工八十万二千三百六十六的"帝王佛"石窟开凿工程。"自佛法入中国，塔庙之盛，未之有也。"梁武帝称霸中国，争胜北朝的野心膨胀，这佛事，不管想做还是不想做，都得做！

梁武帝倡佛，旨归是收拾世道人心。他在《金刚般若忏文》中说："克己行法，方欲以家刑国，自近及远。一念之善，千里斯应；一心之力，万国皆欢。恒河众生，皆为法侣；微尘世界，悉是道场。"他要自己带个好头，家族做个榜样，让梁国变成佛国，世间成为佛界。

美妙的理想固然诱人，当它燃成愚莽的火焰，让人疯魔，世界就不得安宁了。

五

梁武帝倡佛，问题出在一个溺，一个谀。

梁武帝醉心于佛典的阐发和讲说，来满足他做佛教大宗师的虚荣心。他"制涅槃、大品、净名、三慧诸经义记，复数百卷。听览余闲，即于重云殿及同泰寺讲说，名僧硕学、四部听众，常万余人"。中大通五年（533），梁武帝讲般若经，自太子、王侯、官吏、信众乃至外国高僧、使节三十一万九千余人，会聚于同泰寺周围，昼夜持续二十多天。

梁武帝带头，"君臣唯讲佛典、谈玄而已""公卿唯以谈玄为务"，朝野都把心思用到了佛事上，谁还去出力实心做事？玄谈、空谈风越刮越猛，刮得坐在深山中潜修的大道士陶仲景都坐不住了，写了首咏史诗，借晋何晏、王衍谈玄误国的历史，讽喻时事："夷甫任散诞，平叔坐空谈，不意昭阳殿，化作单于宫。"

梁武帝"溺情内教""厌于万机""不以政事为意"，但国家的事总得办啊，那就只好让臣下去办了，这就必然出权臣、奸臣。梁武帝宠信朱异，朱异"善伺人主意为阿谀""言于梁主无不从"。他集内外大权于一身，权侔人主，势若中天，贪得无厌，纵情享乐，导致"朝政纵弛""国事日非"，梁武帝陷在"专听生奸，独任成乱"的泥淖里不能自拔。

梁武帝谀佛，让国家财力流水般进入佛门。

一是大建寺庙。杜牧《咏江南春》中，有"南朝四百八十寺，多少楼台烟雨中"。道世《法苑珠林》载，南朝宋时有寺1913所，齐时有寺2015所，梁时有寺2846所，陈时有寺1232所。南朝所建寺庙，远远超过其他三朝。仅京城建康一地，佛寺超过五百所。梁武帝在皇宫旁为自己建的同泰寺，九层宝塔，大殿六层，小殿及堂十余所，东西有般若台各三层，所铸十方金像、十方银像，宏伟壮丽。

二是广度僧众。东晋有僧人两万多，南朝宋、齐两代达到三万多人，梁代则一下子增加了近两倍，人数猛增到八万二千七百多人。"道人又有白徒，尼则皆蓄养女，皆不贯人籍，天下人口几亡其半。"僧尼有免除兵役、劳役和税收的特权，劳动力汹汹涌入佛门，国家一天天走向贫弱，百姓的负担一天比一天沉重！

三是滥行布施。梁武帝四次舍身同泰寺，出家做和尚，又四次还俗，导演了四场大戏。每次还俗，都得朝廷出钱，把他赎回来，四次算下来，支付寺庙的钱是四万亿。他每次讲法，银子也像流水般进了佛门、僧人腰包。中大通五年二月法会讲法，各类布施合计2823万钱。这些钱是国库的？萧衍的？臣子的？无非民脂民膏！

梁武帝皈依佛门，就必须发誓愿舍弃其他宗教。他下"舍道事佛诏"，称"弃迷知返""归凭正觉"。儒学并非宗教，也在排斥之列。他敕门下："老子、周公、孔子等，虽是如来弟子，而化迹既邪，止是世间之善，不能革凡成圣。其公卿、百官、侯、王、宗族，宜反伪就真，舍邪入正。"

他把自己的信仰强加于社会，以自己的信仰为民众的信仰，宗教一元，文化排他，排的还是长在中国人基因里的道德观念、行为方式，他的主张又怎么可能为民众所认同、所接受？引发思想混乱、社会动荡就难免了。

六

梁武帝不是普通僧众，他是皇帝，是一个政治家。政治家遵循的法则是"允执厥中"，这是中华传统政治的根本要义。尧传舜，传这四个字。舜传禹，成了三句话："人心惟危，道心惟微，惟精惟一，允执厥中。"到了孔子，发展为"中庸"，孔子的嫡孙子思，专门写成《中庸》一书。人有私利心，不容易安定，是危险的。治理天下的道理，是微妙的，很不容易把握，但惟精惟一者，是"允执厥中"：事有两端，执其两而用其中，做到不偏不倚；行成于思，思源于内而发乎外，做到内外俱合其度，人心就向善，社会就安定、和谐。

梁武帝恰恰偏离了政治家的准则，有悖治国之道，也不合佛家法旨。治国理政不外德、法两途，或德法相辅，或者说"儒表内法""霸王道杂之"，从来没有清一色的治道，没有纯而又纯的国家意识形态。梁武帝"溺于释教，弛于刑典"，致使宗室奢淫，奸佞弄权，牧守贪财，民不聊生，国将不国。法律是正义的天平。惩一恶则扬百善，纵一恶而百害生。因此，梁武帝以佛法救治世道人心之举，效果也好不到哪里去。

佛家讲众生平等，梁武帝重亲疏贵贱。朝士有犯罪者，皆屈法申之，百姓有罪，则案之如法，其缘坐则老幼不免。一人逃亡，举家成人质，服苦役。梁武帝弟弟萧宏，为将则覆三军，为臣则涉大逆，与武帝女儿私通，合谋弑君。梁武帝免其死罪也就罢了，数旬之后，还为三公。侄子萧正德，曾做过武帝养子，太子萧统出生后还本。他心常怏怏，以废太子的身份投奔北魏，因北魏"不礼之"而逃归。梁武帝特复其本封。武帝八子，长子、四子早夭，而不肖的诸子却横行非法，贪污纳贿，杀人于街巷，武帝纵容。梁武帝讲"以家刑国"，如此家不成家，国又会好到哪里去？

佛家讲慈悲为怀，梁武帝对百姓残虐盘剥。他广结佛缘，痴迷功德福报，花钱如流水，银子哪有那么多，就只能狂吸民众膏血。他"自铸五铢及女钱，二品并行，禁诸古钱。普通中，更铸铁钱。由是民私铸者多，物价腾踊，交易者至以车载钱，不复计数"。后又下诏"通用足陌钱""诏下而人不从，钱陌益少；至于季年，遂以三十五为百"，这比强盗强取豪夺还要可怕。梁武帝讲"克己行法"，真正说的是一套，行的是另一套，民众的日子，是苦是乐，是身处佛国，还是人间地狱？

佛家讲大度圆融，梁武帝小肚鸡肠。中大通三年（531），丁贵妃去世，太子购地葬母，奸人告梁武帝说，太子所得地不如今地于上为吉，武帝就派人把地卖了。葬毕，有道士说，此地不利太子，若厌之，或可申延。太子一时糊涂，照做了，这对梁武帝没有丝毫不吉。奸人告发，他便要彻查穷究，大臣力谏，诛杀了道士泄愤方罢。太子终身惭愤，难以自明，抑郁而死。梁武帝本该立太子长子为继承人，"衔其前事，犹豫久之，卒不立"。由此酿成后来诸子争储，骨肉相残的悲剧。

梁武帝治下的梁朝，貌似太平盛世，实则危机四伏，就差一根压垮它的稻草了。

太清元年（547），这根稻草从北方飘然而至。

北朝侯景在东、西魏的夹攻下，以河南地十三州来降，请求出师援助。几天前的一个夜晚，梁武帝做了一梦，南北一统了。他觉得，侯景来降，正是大梦成真的征兆。于是，不顾群臣反对，接纳了这位降将，并派侄子萧渊明率军进攻东魏，支援侯景。萧渊明战败被俘，东魏告梁武帝，南朝灭侯景，可立释萧渊明。梁武帝允诺，逼反侯景。

一个降将，以八百名东魏亡命士卒，纠集起八千人的乌合之众起事，竟获成功。因为萧正德守卫京都和长江要隘，侯景利诱，事成后拥立他做皇帝。萧正德接应侯景，渡过长江，直逼建康，围困台城。而梁武帝诸子，集结了二三十万勤王军，却不与敌斗，坐视百余日，望父皇早日归天，各谋所图。梁武帝饿死台城，梁朝也就算是亡了。江南的土地上，"百姓流亡，死者涂地。千里绝烟，人迹罕见。白骨成聚，如丘陇焉"。

位高势重的梁武帝，心魔附身，连达摩祖师也没法破得了。他个人身死名裂也就罢了，给黎民社稷造成的祸害，多么耸人听闻！

郦道元

人生畸重亦畸轻

宦海失意人，从江河书山找回了生存的意义。《水经注》绝非仅仅是一部学术巨著。河山因其而增色，文化因其而繁兴，科学家郦道元的名字也因此而恒久闪耀在祖国历史文化星空。

人生于世，总是不断地希冀与奋争。人生的价值又如何考量和衡定？它是春花的烂漫，秋叶的洇红，还是枯萎的枝头留存的哪怕一粒并不饱满的果实？它是青年的朝气，中年的成熟，还是晚年岁月的青山夕照？它是官场的步步攀升，前呼后拥的世俗排场，还是无言的耕耘留下的冷寂中的那点快乐？

令人难以置信，一位伟大的地理学家，居然身背酷吏的恶名。《水经注》作者郦道元，史书有载，《魏书·酷吏传》列名其中。以"失败的官场、不朽的学术"，来评说他的一生，当属合宜。

官场顺逆难料，宦海浮沉无常。郦道元初入仕途，算得上春风得意。他有门楣的仰仗，曾祖父、祖父、父亲三代在北朝为官。他有优越的条件，尚书郎的位置，让他有机会随侍魏孝文帝左右。任职京城洛阳、主政地方，他一度踌躇满志。但是，残酷的现实却一次次让他的理想破灭。北魏政权，内忧外患，外有强邻南齐虎视，内有贵族敌对势力猖獗。处理复杂的矛盾和争斗，郦道元缺乏足够的经验和智慧。他因"执法情刻"，与北魏皇族汝南王元悦结下深仇，也埋下后来的灭身之祸。他在东荆州刺史任上，"威猛为治"，因酿成百姓进京上访事件而被免官。他有不解，有不平，有怨愤，又徒唤奈何。但是，他没有消沉，没有一蹶不振，也不愿"空倾岁月"，躲进书斋，开始专心撰写《水经注》。这一躲就是七八年。这七八年，让他灰暗的人生绽放出光彩，失之东隅，而收之桑榆。

名山事业细思量，我国重要的历史典籍，极重江河水系的搜求，水汽氤氲，水脉酣畅，却缺憾极多："《大禹记》著山海，周而不备；《地理志》其所录，简而不周；《尚书》、《本纪》与《职方》俱略；都赋所述，裁不宣意；《水经》虽粗缀津绪，又阙旁通。"《水经》一书，粗略地梳理出137条江河的源流，却没有理清各水道间的联系。对《水经》作系统、周密的阐述，撰写一部祖国河山图，必将成为文化史上的一大盛事！

宦海失意人，从江河书山找回了生存的意义。他调动平生游历积累，并一头扎进山河大地，作实地考察，所到之处，"脉其枝流之吐纳，诊其沿路之所躔，访渎搜渠，辑而缀之"。他以严谨的治学态度，"历览奇书"，旁征博引，参考和引述前人著作多达437种，辑录金石碑刻350种，直欲穷尽前人成果。他理清江河的源流和相互间的交汇，编织出一张纵横交错的水网图。他将自然景观人文化，熔地理、历史于一炉，浑然天成。他精雕细镂，对《水经注》不断丰富、完善，让人从中感受到水流的缓急寒温，看到古迹的色彩变幻，听到战场的厮杀啸叫声。壮丽的祖国河山图，任何丹青妙手，穷尽毕生心血，也难尽其美妙之万一啊！据研究者统计，《水经注》记述大小河流达1252条，湖泊沼泽500多处，泉水、井水200多处，瀑布和岩溶洞穴各数十处，此外还有古城邑遗址数以百计，宫殿百余处，陵墓260多处，寺院26座。他将涓涓细流，汇成学问的江河，壮阔、浩瀚而博大。

《水经注》绝非仅仅是一部学术巨著。河山因其而增色，文化因其而繁兴，科学家郦道元的名字也因此而恒久闪耀在祖国历史文化星空。

《水经注》让人读懂了河山。河山构成祖国和家园，江河乃大地的血脉，文明的渊薮。《水经注》将河山尽收眼底。河湖泉瀑，云蒸霞蔚。风景奇观，气象万千。江河文明，扑面而来。那城堡、宫殿、寺院和陵墓遗址，那历史人物、古代战场、民间传说、诗歌民谣，让河山有了呼吸，有了脉动，有了勃勃生机，有了金戈铁马的阳刚，春雨江南的妩媚，也引来无尽的眷恋和乡愁。

《水经注》像一座文化宝库，成为文人墨客灵感的源头。与北魏血缘相续的大唐，山河壮阔，物质丰饶，文星天降。"谪仙"李白，仗剑去国，辞亲远游，看遍了三峡奇险、浔阳飞瀑、金陵王气、扬州烟花、齐鲁文脉和长安繁华，"绣口一开，吐半个盛唐"，他的行囊中一定珍藏了一本《水经注》吧？李白诗词名篇《朝辞白帝城》，就脱胎于《水经注》。诗共四句，"朝辞白帝彩云间，千里江陵一日还。两岸猿声啼不住，轻舟已过万重山"。《水经注·江水》写巫峡、石门滩：两岸连山，略无阙处，"或有王命急宣，有时朝发白帝，暮到江陵，其间千二百里，虽乘奔御风，不以疾也"。"每至晴初霜旦，林寒涧肃，常有高猿长啸，属引凄异，空谷传响，哀转久绝。故渔者歌曰：'巴东三峡巫峡长，猿鸣三声泪沾裳。'"两相对照，同曲异工，只不过生花的散文妙笔，化作了诗歌，后人又化作丹青水墨，令千秋万代传诵不绝。

还有另一座中国诗歌的奇峰，诗圣杜甫，对《水经注》一定熟谙于心，并一次次循着它的导引去采风吟唱吧？他因安史之乱，困身夔州一年零九个月的时光，写下约400首诗，《水经注》给了他多少灵感、多少创作的素材！他群山万壑赴荆门，去唤醒王昭君的乡魂、乡恋，以寄托自己去国离家的愁绪；他徘徊于白帝城头、古战场遗址，追怀刘备和诸葛亮君臣际遇、牵动三国风云的旧事，以浇心中之块垒。"功盖三分国，名成八阵图。江流石不转，遗恨失吞吴"，那是郦道元用《水经注》帮他谋篇，江水又东经诸葛亮图垒南，"亮所造八阵图，东跨故垒，皆累细石为之。自垒西去，聚石八行，行间相去二丈，因曰：'八阵既成，自今行师，庶不覆败。'""今夏水漂荡，岁月消损，高处可二三尺，下处磨灭殆尽。"古代交通闭塞，"走万里路"主要靠行舟水上。我们难以一一考证，《水经注》启悟了多少与李白、杜甫相同和不同时代的天才人物，留下了多少文化史上不朽的名篇。

　　《水经注》启迪人生价值的思考。北魏孝明帝孝昌三年（527），雍州刺史萧宝夤割据反叛意图暴露，汝南王元悦荐举郦道元任关右大使，对萧宝夤行监督之责。郦道元遇害于关中任上，以酷吏而盖棺论定，让祖宗和后代蒙羞。但他在学术上却立下不朽勋业，《水经注》被一代又一代人研究，甚至一些硕学大儒为此耗尽毕生心血。清代戴震校勘《水经注》，历时十载，剔除后人的删加，还它以本来面目，得到乾隆皇帝赞赏。著名学者胡适，用功二十年，醉心于《水经注》的研究、考证和训诂而不能自拔。在他晚年，学术的痴迷分明已经化作对一纸河山故土的依恋。日月流转，江河奔腾不息，《水经注》也必将生命永驻。

　　人生于世，总是不断地希冀与奋争。人生的价值又如何考量和衡定？它是春花的烂漫，秋叶的洇红，还是枯萎的枝头留存的哪怕一粒并不饱满的果实？它是青年的朝气，中年的成熟，还是晚年岁月的青山夕照？它是官场的步步攀升，前呼后拥的世俗排场，还是无言的耕耘留下的冷寂中的那点快乐？

第五章 泱决中华 傲然世界

隋朝统一中国，结束近四百年的南北分裂局面。唐代隋，唐末军阀割据、混战，形成五代十国。宋朝建立，多个少数民族国家与宋并峙，先后有辽、西夏、金、蒙古、元等。看这个时期的历史，当树立大中华观，方能有正确的史识。本著述选择人物，也适当兼顾这一历史特点。

从隋到明，一千多年间，泱泱中华以强大的国力、灿烂的文化、先进的科技，傲然屹立于世界。

隋炀帝
政急民竭大业崩

到隋炀帝杨广继位，中国形式上的统一，远未达到实质上的融合。大业元年（605）三月十八日、廿一日、廿五日，杨广连下三诏，分别为：营建东京（后改东都），开凿运河，游历江淮。

东都建成，把隋朝东西连成一片；运河凿通，把隋朝南北连成一片；两大工程完成，使西边的隋、东边的原北齐和南边的原陈融合为一个有机的整体，隋朝实现真正的政治和经济统一。运河首段开通，隋炀帝扬帆江南，巡幸江都，炫示泱泱大隋的大国风范，同样称得上安抚江南、收拢人心的大手笔。

三大举措，足见其雄才大略。边疆和国际关系处理，他经略西域，重新打通了汉代开辟的丝绸之路，大隋疆域超出了汉武帝时代。

杨广的大业要民众买单，要民众流血、流汗，建立在民众的累累白骨之上。他"肆其淫放，虐用其民，视亿兆如草芥"，也就弄不懂民众的力量到底有多大。隋朝最终被民众起义的浪潮所淹没，建立在民众白骨之上的大业，像沙崩一样倒塌了。

君，舟也；民，水也。水能载舟，亦能覆舟。杨广是否死了个明白？

唐人胡曾《阿房宫》诗说："新建阿房壁未干，沛公兵已入长安。帝王若竭生灵力，大业沙崩固不难。"若以此诗后两句，概括隋炀帝杨广的十四年帝王生涯，至为确当。

一

杨广是隋文帝杨坚的第二子，隋朝的第二代也可说是末代皇帝。他出身显贵，人生经历不凡。他的祖、父和外祖父辈，是北周权力核心——八大柱国、十二大将军成员。母亲独孤氏一门，出了三朝皇后。他十二岁时，父亲杨坚篡权成功，建立隋朝，他从北周的雁门郡公变成晋王。《资治通鉴》《隋书》讲到他的青年时代，那可称得上人中龙凤："晋王广美姿仪，性敏慧，沉深严重；好学，善属文；敬接朝士，礼极卑屈；由是声名藉甚，冠于诸王。"他"爰在弱龄，早有令闻，南平吴、会，北却匈奴（突厥），昆弟之中，独著声绩"。"南平吴、会"，是讲他二十岁时，隋灭陈，总领伐陈事宜，为伐陈大军统帅，虽是名誉职务，却经受了历练。不久，任职扬州总管，坐镇江都，统辖南方整整十年。"北却匈奴"，是讲他受封晋王，坐镇并州，防御塞外大敌突厥，并多次亲历战阵。

机缘垂青，他接手的是一个大好江山。隋文帝末年，国库充盈，"天下储积得供五六十年"。元人马端临说："古今称国计之富者，莫如隋。"清人王夫之也说："隋之富，汉、唐之盛未之逮也。"

具备这样的资质、经历、条件，处在一个伟大的时代，隋炀帝杨广立下高远之志。他改元大业，要建立"轥轹轩唐，奄吞周汉"的伟业，成为"子孙万代人莫能窥"的千古一帝。

二

杨广敏锐地把握住国内矛盾的焦点。

隋朝政权由原北周、北齐和南陈组成。公元577年，北周灭齐。公元581年，隋代北周。公元589年，隋灭陈，中国南北分裂近400年的局面得以改变。具体来说，到隋炀帝杨广继位，三大政权合而为一，隋（北周）与北齐历27年，隋与陈仅仅15年。形式上的统一，远未达到实质上的融合，怎样促成天下一家的中华大帝国？

大业元年三月十八日、廿一日、廿五日，杨广连下三诏，分别为：营建东京（后改东都），开凿运河，游历江淮。

洛阳适合建都，它形势险固，便利漕运，居天下之中以应四方。东都十个月建成，杨广在现场四个月，参与规划指导。因为他的重视，"东京制度穷极壮丽"。东都落成，他下令大规模迁移人口，使洛阳很快成为百万人口的国际大都市，也成为隋朝真正的政治、经济中心。大运河工程分段推进，前后六年方得竣工，全长四千多里，北起涿郡，南到余杭，沟通海河、黄河、淮河、长江、钱塘江五大水系。它促成了南北经济大流通，奠定了隋朝富强的基础，在唐、宋、元、明和清代铁路发达起来之前，始终发挥着交通大动脉作用，称得上造福子孙万代了。

东都建成，把隋朝东西连成一片；运河凿通，把隋朝南北连成一片；两大工程完成，使西边的隋、东边的原北齐和南边的原陈融合为一个有机的整体，隋朝实现真正的政治和经济统一。运河首段开通，隋炀帝扬帆江南，巡幸江都，坐镇扬州，炫示泱泱大隋的大国风范，同样称得上安抚江南、收拢人心的大手笔。

三大举措，足见其雄才大略。边疆和国际关系处理，则完全称得上"奄吞周、汉"了。

杨广具有清醒的大国责任意识。解决国内矛盾告一段落，他立即转向北部边疆局势的稳定，着手东亚国际新秩序的建立。

隋朝的外患，主要来自北方草原的游牧民族，除突厥外，还有铁勒、奚、契丹、室韦等。隋之前，突厥和盘踞辽东半岛、朝鲜半岛的高丽，成为中国之外的东亚霸主。隋朝建立，东突厥臣服。大业三年（607），隋炀帝杨广出塞北巡突厥，他和皇后分别临幸可汗和公主牙帐，开中原王朝皇帝先例；大业五年（609），他西出玉门，经略西域，到达了青海和河西走廊，是中国历史上统一王朝皇帝第一人。大业八年（612），他东征高丽，这是隋文帝杨坚和后来的唐太宗李世民、唐高宗李治都做过的事情。

值得大书一笔的事件是，他经略西域，重新打通了汉代开辟的丝绸之路，让西突厥可汗臣服，将吐谷浑赶出盘踞的甘肃、新疆，东西四千里、南北二千里皆为隋有，整个青海和新疆东部纳入大隋版图，使大隋疆域超出了汉武帝时代。

杨广做的大事太多了，可入史册的还有：首开科举，制定刑律，改革官制，普查人口，派出使者出使日本，开了外国派留学生来华的先河。日本派来留学生，把中华文化传播到东瀛。一件件，一桩桩，意义重大。那么，他怎么没有成为"子孙万代人莫能窥"的千古一帝，反而走向了反面？

三

杨广的大业，不利民，反害民，严重超出了民众的承受力，超出了那个时代国力可以承受的极限，与民众势同水火。

杨广时常把民众挂在嘴上，把民生写在纸上，话说得动听，诏令下得悦耳。营建东都诏说："非天下以奉一人，乃一人以主天下也。民惟邦本，本固邦宁。百姓足，孰与不足！"从大业元年到大业五年，五年之中七次下诏免除赋役。大业二年（606），甚至有"大赦天下，免今年租赋"的诏令。但实情却是，租赋之外，征税百端，"奸吏侵渔，内外虚竭，头会箕敛，人不聊生"。

杨广说的是尧、舜之言，行的是桀、纣之事，心中无民，行为无仁，他根本就没把人当人，穷民力，竭民财，驱民于沟壑。

他要的是大干快上。他从继位到大业八年东征高丽，共兴修大型公共工程22项，总动用人力达到3012万人次。当时全国总人口4600万，每年动用劳动力占到总人口的近十分之一，几乎是全国男丁的总数了。大业元年营东都，每个月役使的壮丁二百万，总役丁达2400万人次。为促期完工，在凶神恶煞的督役皮鞭下，"役丁死者十四五，所司以车载死丁，东至城皋，北至河阳，相望于道"。大业三年"发丁男百余万筑长城，西踞榆林，东至紫河，一旬而罢，死者十五六"。

他极尽铺排奢靡。南下江淮，通济渠上舳舻相接二百余里，挽船役工八万人，南巡船队和两岸士兵二三十万，"所过州县，五百里内皆令献食"，每天献食者都在十多万人。沿途骚然，农民抛荒，民不得安居。北巡突厥，耀武草原，随从甲士50余万，马10万匹，旌旗辎重，千里不绝。突厥举国动员，开出宽百步、长三千里的御道。他在位十四年间，待在两京的时间不足五年，多在巡游的路上，看似勤政，实则劳民至甚！

他做事求名忘实。大业八年征高丽，大军齐集涿郡，总兵力113万，"馈运者倍之"。从上年七月，即发江淮以南民夫及船只，运送粮草和战备物资，舳舻相次千余里，往返在道常数十万人，填咽于道，昼夜不绝，死者枕藉，臭秽盈路，天下骚动。这一扫地为兵，举国东征的大事，却被他导演为一场武装大游行。他招各国使臣和藩臣君王随军，还带着后妃、宫女、公卿百官、僧尼道士、仪卫鼓吹，他要让天下看一场不战而让高丽臣服的好戏。高丽寒冻期长达半年之久，又有两个月淋雨天气，人海战术根本派不上用场。高丽国又是个坚持久守的劲敌。很快，缺粮危机逼近，征高丽铩羽而归，渡过辽河的355000健儿，回到辽东城的仅2700人。

天灾人祸，引燃了农民起义的燎原之火。他还又来个二征、三征，纯粹是拿国家命运、千千万万人的生命，争个一己的面子了。

他的大业要民众买单，要民众流血、流汗。他的大业，建立在民众的累累白骨之上。他"肆其淫放，虐用其民，视亿兆如草芥"，也就弄不懂民众的力量到底有多大，最终被民众起义的浪潮所淹没，建立在人民白骨之上的大业，像沙崩一样倒塌了。

君，舟也；民，水也。水能载舟，亦能覆舟。杨广是否死了个明白？

四

《隋书》作者魏徵，将隋朝的两代君王作比较，称隋文帝杨坚之兴、隋炀帝杨广之亡，"所为之迹同，所用之心异也"。征战、建设、外交诸事，是杨坚、杨广父子，也是所有当政者经国的大事，杨广"所用之心"，"异"在何处？

论史俱重论人，论人也当论心。心为用，称用心。作为人，有人性，其心正，心用则正，则仁；无人性，其心恶，心用则邪，则不仁不义。作为帝王，也不能排除在外。那么，杨广"美姿仪"的外表下，藏的又是一颗怎样的心呢？

隋文帝杨坚有五个儿子，五子同母。老大杨勇，以嫡长立为皇储，名分早定。但老二杨广，随着名声日隆，野心膨胀，盯上了皇储的宝座。他组成夺嫡集团，制订夺嫡计划，做好两手准备。夺嫡成功，可为皇太子，进而龙飞九五。如果不成功，可据淮海，复梁、陈之旧，重建割据政权。

他费尽心机，讨得父皇、母后欢喜。他知道母后"性忌妾媵"，父皇好尚节俭，平时便唯与萧妃居处，侍女也用老丑，衣饰多着粗布。他和其他女人生的孩子，偷偷弄死。待人接物方面，父母所派使者，不论贵贱，他与萧妃都是迎门接引，摆盛宴，赠厚礼。这些人回朝后，个个称颂杨广仁孝。

杨广以情打动母后，以虚假迷惑父皇，又以权术交结权相杨素，把杨素拉上帮他夺嫡的贼船。杨素做事没有半点底线，他"舞文巧诋，锻炼成狱"。最毒的一手，是买通杨勇的宠臣，让他当着隋文帝杨坚的面，诬太子图谋不轨，盼文帝早死。这一切，杨勇始终蒙在鼓里，蒙受不白之冤，无辜被废，终被杀害。杨广晋位皇太子，又诬四弟蜀王杨秀，制造出确凿的谋反"证据"，杨秀被废，仅保住了性命。

隋文帝杨坚病重之际，杨广侍疾，与杨素书信往来，计议父皇死后之事，还调戏父皇的宠妃宣华夫人。事情暴露，杨坚一怒之下，欲废杨广，重立杨勇。杨广撤换宫中侍卫，让其死党害死杨坚，喋血宫门，登上皇位。当晚，就把宣华夫人弄到了床上。

杨广上位之后，没有半点愧疚之心，更不见分毫自我救赎举动，长的是一颗什么样的心！一个连人心、人性都没有的君王，人们怎能相信他会生出善意、仁政？他用心异，异在个人恶欲的满足，异在个人野心的实现，异在沉迷于一代帝王的不世之功。

杨广死后，谥号"炀"。什么是"炀"？"好内远礼曰炀；去礼远众曰炀；逆天虐民曰炀"，一句话说，就是荒淫昏暴，一个坏得不能再坏的皇帝。天下所有的恶，都可以加在他身上。他所有的好处，都不被提及了。客观评价，他无疑是一个暴君，但也是一个大有为之君，而不是一个昏君、庸君。

唐高祖

会机运势展雄韬

李渊起事之初，李密已经是兵多将广粮足，建号魏公，四方豪杰纷纷归附。李渊何以后来居上，最终胜出呢？一是做事善抓时机，沉稳而有定力。全国已成割据局面，他才举起义旗。二是策略高明，高举尊隋的旗号，反暴君不反朝廷，争取到广大上层人士支持。三是战略目标明确，且不避艰险，矢志不移。

李渊"卑词推奖以骄李密"，让李密"无心外略"，卖力地为李渊当起了炮灰。李渊借这段宝贵的时间，解决了北部强敌，为逐鹿中原、统一全国做好了准备。李渊说，把李密安抚在洛阳附近，抗击东都的隋军，比当年刘邦找到了韩信、彭越还要得力。

《说唐》一书形容隋末的乱势："十八路反王，六十四路烽烟。"在这个英雄豪杰群体中，最有可能成气候的，首先是李密，其次才是李渊。

　　李渊和李密，都出身望族，祖父辈都是国公，政治根基雄厚。李密是最早一代"革命家"。宰相杨素之子杨玄感起兵造反，李密就被封为"谋主"。但李密这个人，跟着人干行，自己领头干不行；当参谋行，当主要领导却很昏庸。碰上了一个对头李渊，个性和李密恰恰相反，天生是块领头干大事的料，两人过招，李密就必败无疑了。

　　李密做军师，可谓一流。他刚一出山，就为杨玄感献出上、中、下三计。上计是：乘隋炀帝正在征高丽前线，赶到蓟地，据险断敌退路，隋军粮草用尽，很快就会不战自溃。中计是：尽量避免城池争夺战，快速进军，拿下长安，足以自保。下计是：就近攻取洛阳，屯兵坚城之下，一决胜负。细加分析，这样高明的战略谋划，在历史上并不多见。李密还有个长处，提个建议，别人拍了板，执行力也很强。杨玄感造反失败，李密投奔瓦岗寨，建议寨主翟让攻取兴洛粮仓，取得成功，对瓦岗军发展壮大起了重大作用。隋军勇将张须陀来攻，翟让怯战，因为他是张须陀的手下败将。李密说来敌有勇无谋，并不可怕，通过打伏击战，把张须陀灭掉了。

　　李密做上瓦岗寨主公，领头干事了，却像换了一个人，变成一个昏庸之主。一是战略决策错误。柴孝和献计：关中是夺取天下最好的根据地，应当留下部分部队坚守现有地盘，抓紧进军长安，否则，被人抢了先机，后悔就来不及了。这个时候，局势已经分明，隋炀帝被困江都，对洛阳还可以增兵救援，对关中已经鞭长莫及了。李密认为这是上策，却不采纳，还是拼死攻取洛阳。因为李密心存顾忌，担心部下多为山东人，不会一心跟他西进长安，一旦战事失利，队伍就会溃散。自己一拍脑袋，不做深入分析，也不思考有没有解决的对策，很随意地就把战略发展引向错误方向，李密集团的未来也就基本定局了。二是战役决策糊涂。他和洛阳守军打了六十余仗，又和隋炀帝带到江都的关中部队进行了一次生死较量，这时候"劲卒良马多死，士卒疲病"，洛阳守军头领王世充借机找他决战。仗怎么打？李密对敌情作出精辟分析，眼下洛阳兵马有三不可挡：一是器械；二是破釜沉舟之决心；三是粮食耗尽，以战求生。因此，此战自然应当先避其锋芒。大将裴仁基提出致敌疲劳战术，魏徵献上打敌软肋战法：困而不战，深沟高垒，待他们粮草用光，一战而胜。但是，当手下有勇无谋的战将出来起哄，他就乱了方寸，轻率出战，搞得一败涂地。这时候，李密本想率众转向黎阳，重整旗鼓，部下提出不同意见，他就脑袋一晕，率部投降李渊，做寓公去了。三是人生重大关头轻率任性。对李渊先降后叛，他最忠诚的部下规劝，这么做必败无疑，他却一意孤行，终被乱箭射死，身败名裂。

李渊起事，已经过了知天命之年，宦海沉浮，把他历练成一个成熟的政治家。李渊起事之初，李密已经是兵多将广粮足，建号魏公，四方豪杰纷纷归附。但李渊何以后来居上，最终胜出呢？一是做事善抓时机，沉稳而有定力。当反隋起义烽烟四起，多方高人劝他早定大计，他却认为时机未到，暗处用力，引而不发。当隋炀帝被困江都，全国已成割据局面，他才举起义旗。二是策略高明，打出政治牌，收拢人心。他高举尊隋的旗号，反暴君不反朝廷，争取到广大上层人士支持。三是战略目标明确，"北和突厥，东平燕赵，西进关中"，目标一旦确定，就不避艰险，矢志不移。

按照战略学一般理论，战略不是怎么防止风险，而是怎么让领导者能够承担最大风险，发挥最大潜能。战略实施的成效，关键在于领导者在风险面前的决断、担当能力。李渊进军长安，多次面临进和退的抉择，承担的风险巨大，其中最为关键的当数霍邑决策。唐军到达霍邑，赶上秋雨连绵，粮草供应受阻，又传来刘武周联合突厥，袭击太原的坏消息。太原是李渊的根基，又关系将士家属的安危，这时候，两种意见针锋相对。李渊最信任的谋臣裴寂建议撤军回援，李渊的两个儿子李建成、李世民则坚持进军计划不变，因为大军一撤，将前功尽弃，起义大业也可能毁于一旦。李渊最后拍板，刘武周没有进攻太原的可能，大军继续挺进长安。这一决策，决定了大唐的前途命运。但是，作为一个领导者，作出这样的决断，承担的风险和心理压力会是多么巨大！假如刘武周真的乘虚而入呢？假如喜怒无常的突厥真的跑出来趁火打劫呢？在进军路上，这个"假如"会使李渊时时经受着炼狱般的煎熬。

李渊还在进军长安的路上，出了一段插曲，李密给他来信，相约共谋倒隋大业，并俨然以盟主自居。李渊接到来信，来了个将计就计：这时候不能和李密为敌，可以给他戴戴高帽，让他在洛阳和隋军苦战，自己坐收渔人之利。他让记室参军给李密回信，"卑词推奖以骄李密"，说天下盟主非你莫属，他日大功告成时，希望能够攀鳞附翼，只要再获封唐公就深感荣幸了。李渊一封书信，换来的是借力打力的功效。李密接信后"无心外略"，卖力地为李渊当起了炮灰。

洛阳城下之战，成为与隋军主力的对决。隋炀帝两次调兵遣将，增援洛阳。隋炀帝被杀之后，来自关中的部队从江都回返长安，经过洛阳和李密的地盘，瓦岗军又和关中部队打了一场恶仗。李密兵疲马乏，已是强弩之末，龟缩在洛阳城中的王世充集团趁火打劫，把瓦岗军彻底打败。两虎相争，李渊也没闲着，借这段宝贵的时间，打败了刘武周，灭掉了薛举父子和李轨集团，解决了北部强敌，为逐鹿中原、统一全国做好了准备。李渊说，把李密安抚在洛阳附近，抗击东都的隋军，比当年刘邦找到了韩信、彭越还要得力，真正鞭辟入里。

李渊 PK 李密，揭示出一个道理，当主官与当副手、当高参，是不同的角色，职责必须分明。做主官，是领着走；做副手，是跟着走；做高参，可以有无数个怎么走，有无数个方案提出来，可以正确，也可以错误。但当主官，就往往只能有一个方案，只允许把事情做正确，多数时候是错不起的。这就需要在关键时候，审慎行事，防止一着不慎，满盘皆输，又要敢于拍板决策，而不能犹豫不决，丧失了机遇。还有重要的一点，大凡做到一定级别的领导，自己大都有些本事。但是，作为领导者，个人本事再大，首在用人、用众，切忌自恃、自用。用人、用众，众智可以汇成江河，众力可以撼动泰山。自恃、自用，一支队伍只会产生庸人，人才最终也会变成平庸之辈，领导者也会由明而昏，由智而庸，最后成为一个孤家寡人。

唐太宗
镜鉴几时照君王

　　唐太宗李世民以非正义和暴力手段登上皇位，但他时时以一种负罪心做事情，励精图治，开创贞观之治。

　　贞观治世最让国人自豪、向往之处，是包容、开放、海纳百川的大唐气象。这是贞观治世的精气神，或者说是贞观治世的灵魂。

　　唐太宗常说："君，舟也；民，水也。水能载舟，亦能覆舟。""以铜为镜，可以正衣冠；以古为镜，可以知兴替；以人为镜，可以明得失。"

　　贞观共二十三年，以贞观十一年为界，出现后不如前的景况。贞观后期，宫室互兴，锦绣珠玉不绝于前，犬马鹰隼无远不致。曲相谀悦代替了直言规谏，阿谀之臣取代了谔谔之士。

　　镜鉴几时照君王？又几时被厌之、弃之、毁之？又几时成为哈哈镜，照出扭曲的面容，呈现修饰得过分虚假的"美图"？

封建社会最好的时期，是治世、盛世。史家大致认同的治世，有文景之治、贞观之治，盛世则有开元盛世，还有存疑的乾隆盛世等。

治世的标志，不像数学题那样有标准答案。所以，谈历史的人，当可以有不同的看法。如果找共同点，治世当是国泰民安，政治清明。政治清明，必以君明臣贤作保障。盛世必是治世，同时，又有一段较长时期的积累，国力强盛，经济文化繁荣，外部没有强敌的威胁。按照这样的标准，贞观治世名副其实。可惜此际立朝尚浅，财富积累程度还不高，不过，它为后来开元盛世的出现打下了坚实基础。

贞观之治的创造者是唐太宗李世民。李世民生活的时代，是由隋末丧乱向唐初大治的历史转变时期。他切准了时代脉搏，回应民众意愿，带领一个新兴王朝，实现这一重大转变。

一

唐武德四年（621），秦王李世民做了两件事情，朝野为之震动。

一件是：消灭了王世充、窦建德两大割据势力，大军凯旋，举行了声势浩大的入城式。李世民作为领军主帅，身披黄金甲，走在队伍前列，尉迟敬德、秦叔宝、程咬金等二十五员大将骑马紧随其后，再后面是李世民的王牌军——一万名玄甲兵，最后面又有三万名骑兵，鼓乐喧天，声威雄壮。一说这是为了炫耀大唐军力，一说这是李世民向朝廷示威，以谋取高位。

另一件是：在长安设置文学馆，颁布《置文学馆学士教》，招引十八人兼任"文馆学士"。他还让大画家阎立本为他们画了像，让褚亮写了赞语，将各自的名、字、爵位、籍贯题在上面，藏在国家书库。

一个强大的枪杆子集团，又开始抓起笔杆子，这另一手，对秦王集团的发展和唐朝朝政都产生巨大影响。这十八学士个个学识渊博，满腹经纶。他们成为李世民的智囊，也成为治国能臣，太宗、高宗两朝，四人做了宰相；带动了文化事业繁荣，像中国的二十四史，完成于唐初的就有八部，占了三分之一份额。房玄龄、杜如晦，一个能谋，一个善断，史称"房谋杜断"，为李世民打天下、夺政权立下首功。姚思廉、虞世南，学问人品俱是一流。隋朝灭亡前，姚思廉做代王杨侑侍读。李渊大军攻克长安时，杨侑身边只剩下姚思廉一人。李渊的军队直往朝堂里闯，姚思廉厉声制止：唐公举义旗是为了匡辅王室，你们不得对代王无礼！众人慑于他的气势，在台阶下列队待命。李世民即位后，他上书要求继承父亲遗愿，最终撰成《梁书》五十卷、《陈书》三十卷，均被列入二十四史。虞世南是大书法家。他外表柔弱，内心刚烈正直。唐太宗一有优点，他就及时鼓励；一有缺点，他就及时劝谏。他还是太宗诗词方面的挚友兼老师。太宗写了一首宫体诗，越看越得意，请虞世南相和。虞世南说：您的诗韵律工整，但诗意不雅。我担心上行下效，不敢奉诏。太宗悻悻地说，我不过试试你罢了。孔颖达主持修订《五经正义》，成为唐朝的统编教材，也是继汉武帝罢黜百家、独尊儒术之后，儒学发展史上的重要里程碑。可以说，十八学士凭自身学问成就，个个都可以史上留名。

对待这么大一个事件，《旧唐书》《新唐书》《资治通鉴》等重要史籍，态度却截然不同。

后晋刘昫著《旧唐书·太宗本纪》，作了比较客观的记载：武德四年，"于时海内渐平，太宗乃锐意经籍，开文学馆以待四方之士。行台司勋郎中杜如晦等十有八人为学士，每更直阁下，降以温颜，与之讨论经义，或夜分而罢"。

宋司马光等著《资治通鉴·唐纪》，大书特书，详细记载当时背景、十八学士各自职务，突出强调他们受到的隆重礼遇，"供给珍膳，恩礼优厚。世民朝谒公事之暇，辄至馆中，引诸学士讨论文籍，或夜分乃寝。又使库直阎立本图像，褚亮为赞，号十八学士。士大夫得预其选者，时人谓之登瀛洲"。武德九年（626）李世民即位，司马光又就此事写下分量很重的一笔："上于弘文殿聚四部书二十余万卷，置弘文馆于殿侧，精选天下文学之士虞世南、褚亮、姚思廉、欧阳询、蔡允恭、萧德言等，以本官兼学士，令更日宿直，听朝之隙，引入内殿，讲论前言往行，商榷政事，或至夜分乃罢。"

宋欧阳修等著《新唐书·太宗本纪》，无记载。

不难看出，对这一重大事件，司马光下笔浓墨重彩，欧阳修笔下不着片语，实则都是用心良苦。司马光、欧阳修著史的时代，已经不是孔子修春秋，让乱臣贼子惧，他们为的是探究朝代兴亡的规律，还要给统治者提供可以效法的典范。不过，两人的侧重点又各有不同。司马光写史，以资治为主旨；而欧阳修写史，修的是正宗国史，首要的是对是非忠奸盖棺论定。李世民这样一个武皇帝，注重文治，厚待文士，文治武备兼隆，司马光自然要大书特书。欧阳修更是把唐太宗作为一个"不世出"的至治之君、一个帝王学习的榜样，但是，在这一事件的处理上，想得更深，因为他非常清楚这一事件在论定是非忠奸中的千钧重量，他采用的是"为尊者讳"的春秋笔法。

李世民置馆、出教之时，上有皇帝，有太子，他还只是秦王，是一个臣子。臣子对皇上必须尽忠，太子是法定接班人，有时候可以代行皇帝的权力。他这个秦王做的事情，僭越了职分。说穿了，他这是在培植个人势力，是个人野心的暴露和极度膨胀。由此开始，一个文武兼备的秦王集团坐大，威慑朝廷，逼轧太子，成为国家动乱的祸源。这样一个独立王国如果不予铲除，最终必然导致兄弟相残，甚至引发大规模战乱。武德九年发生的玄武门事变，李世民杀兄屠弟逼父，登上皇位，不过是埋藏已久的祸乱的总爆发。

探究玄武门事变爆发的原因，评说玄武门事变是非曲直，从大处着眼，结论清晰；陷入历史细节，则容易把人搞糊涂，所谓公说公有理，婆说婆有理，甚至黑白颠倒，是非倒置。"成者王侯败者贼"，写史的人，自然要抹黑李建成，而粉饰李世民。即使这样，李建成也绝非昏庸之辈。看《旧唐书》《新唐书》等记载，李建成的弱点主要是在起义初期，处理问题不够策略。当了太子之后，他的周围聚拢着大批名臣，李纲、裴矩、王珪、郑善果、魏徵等，都直言敢谏，后来也都为李世民所用。这样一个群体，如果李建成有太多劣迹，能不多有进谏？令人疑惑的是，翻遍这些人的传记，所见不过"只言片语"。李纲所谏，是"不宜听受邪言，妄生猜忌"，大约是指对待李世民的态度吧？对此，魏徵、王珪的看法就截然不同，他们都建议太子早作了断。玄武门事变之后，李世民责问魏徵，你为什么离间我们兄弟关系？魏徵说："太子蚤从徵言，不死今日之祸。"《魏徵传》中，无一条对李建成不良行为的进谏记载。在《李建成传》中，魏徵两次建言。他劝李建成出征消灭刘黑闼，李建成采纳了；阵前，他建议李建成优待、释放俘虏，瓦解了对方军心，刘黑闼的队伍不战自乱。史家所要表达的，大概是说李建成没有什么本事，却让人从中看到了他从善如流的一面。从这些角度去考证一下，会有很多新发现，甚至能解开一些谜团。

李世民以非正义和暴力手段登上皇位，但他时时以一种负罪心做事情，用贤、纳谏、爱民、戒奢，励精图治，开创贞观之治。因为他给黎民社稷带来的福祉，历史宽宥了他。

二

贞观十七年（643）正月，魏徵病逝。唐太宗面对群臣，异常悲痛地说："以铜为镜，可以正衣冠；以古为镜，可以知兴替；以人为镜，可以明得失。朕尝宝此三镜，用防己过。今魏徵殂逝，遂亡一镜矣。"

太宗是一个勤于学习的帝王。他尤其喜欢读史、议史，从历史中总结致治、知治的经验。用他自己的说法，"贞观以来，手不释卷，知风化之本，见理政之源"。他还特意嘱咐魏徵等编纂《群书治要》，在《答魏徵上〈群书治要〉手诏》中说："朕少尚威武，不精学业，先王之道，茫若涉海。览所撰书，博而且要，见所未见，闻所未闻，使朕致治稽古，临事不惑，其为劳也，不亦大哉。"从《金镜》中的一段话，就可以看出"以古为镜"对他为君目标的形成产生的巨大影响。他说："朕以万机暇日，游心前史。仰六代之高风，观百王之遗迹，兴亡之运，可得言矣。每至轩昊之无为，唐虞之至治，未尝不留连赞咏，不能已已。及于夏殷末世，秦汉暴君，使人懔懔然兢惧，如履朽薄。"

唐初多能臣，能臣中谏臣济济，都成为唐太宗的镜子。魏徵"雅有经国之才，性又抗直，无所屈挠"。贞观初的短短几年间，魏徵所陈谏多达二百余事。王珪以激浊扬清而闻名，唐太宗赞叹："卿所论皆中朕之失。""卿若常居谏官，朕必永无过失。"后起者如褚遂良，"前后谏奏及陈便宜书数十上，多见采纳"。《旧唐书》史臣评论说："魏徵、王珪之后，骨鲠风采，落落负王佐器者，殆难其人，名臣事业，河南（褚遂良）有焉。"

唐太宗的治国团队，囊括了士族、庶族和民间草根各个阶层，"以人为镜"就不致失准。对他影响最大的房玄龄来自庶族，魏徵、马周等则起自草根，来自民间，更加贴近普通民众的脉搏。武德九年十月，唐太宗主持关于"自古理政得失"的讨论，力图找到一条"天下大治"的途径。封德彝和魏徵展开激烈争论。封德彝力主大乱之后，应当任刑罚而致化，强调"秦任法律，汉杂霸道"，他们不是能教化而不想，而是想教化而不能。魏徵针锋相对，主张行仁义以致化。他说："久安之民骄佚，骄佚则难教；经乱之民愁苦，愁苦则易化。譬犹饥者易为食，渴者易为饮也。"魏徵是隋末农民起义队伍中的一员，他深知，农民哪一家、哪一人不愿做安分守己的顺民？因为没有活路了，才向死求生。唐太宗采纳了魏徵的建议，至贞观四年（630）即实现大治。魏徵"行王政"的政治主张，对初唐的影响及于方方面面，太宗"遂以宽仁治天下，而于刑法尤慎"。

放眼历史长河，哪个帝王不想江山永固？哪个帝王对先哲的圣训、治国的道理不能明白？哪个帝王没有贤臣、诤臣立身朝堂？又有哪个帝王不明白一家一姓的王朝亡国灭族之痛？但是，真正恪守为君之道，"以古为镜""以人为镜"的明君又有几人？梳理历史，这样的明君，大都出自创业的君主，他们亲历的前朝乱亡，才是最好的镜鉴。

太宗最重视《隋史》的编纂，隋朝的历史实是他亲身的经历。隋自建立到灭亡，仅三十七年，太宗历二十年。隋炀帝在位十四年，太宗历十二年。隋炀帝即位的大业元年（605），太宗六岁。隋篡北周立朝，太宗的曾祖、祖父为北周的柱国大将军、封公。父亲李渊袭封唐公，为隋文帝独孤皇后的姨侄。母亲窦氏，是隋朝贵族神武公窦毅的女儿。特殊的家世，使他对隋朝的治乱看得比别人更清楚，感受更深。

隋炀帝即位之初，隋朝是多么强大！雄才大略的隋炀帝，建东都，开运河，巡视江南，开边拓土，疆域之广，超过了汉武帝时代，帝王事业可谓雄迈千古。但是，他虐民、竭民，行的是急政、暴政，民众揭竿而起，隋炀帝的大业就沙崩了。还有太宗身边跃马疆场的猛将，程咬金、秦叔宝和文武兼备的魏徵、李勣，都是瓦岗寨中豪杰。敌营中那员差点要了他性命的猛将单雄信，是李勣瓦岗寨中结义的可托生死的兄弟。远看近观，太宗怎么能不重民，怎么能不对民众起一种敬畏之心！

"君，舟也；民，水也。水能载舟，亦能覆舟。"这金声玉振、千古不废的警言，是太宗从亲身经历中得来，比书中读来、辅臣道来更能透彻灵魂，更容易化为国策。

太宗对大臣们说："凡事皆须务本。国以人为本，人以衣食为本，凡营衣食，以不失时为本。"行之于施政方针、政策，就是"抚民以静""轻徭薄赋""不夺农时""与民休息"，具体措施有：推行均田制、奖励垦荒、劝课农桑、设置义仓、救灾备荒、兴修水利等。此外，还有不可忽视的一点，太宗"抑情损欲，克己自励"，以身垂范，"去奢省费"。这些大到治国之道，小至具体做法，共同发力，让国家加快治愈战乱的疮痍，恢复健康的肌体。

三

"兴替"与"得失"，相依相成。"得失"直接关乎"兴替"。太宗"以古""以人"两面镜子，照出了强烈的忧患意识，悟出君臣命运一体的道理,从而形成了极其可贵的君臣共治天下的政治观。

太宗说:"君臣本同治乱,共安危。""君失其国,臣亦不能独全其家。"他竭诚期望"君臣上下,各尽至公,共相切磋,以成治道"。他反复强调君臣"共治""共理"天下的政治主张。他在《帝范·建亲》中说:"夫六合旷道,大宝重任。旷道不可偏制,故与人共理之;重任不可独居,故与人共守之。"贞观六年(632)七月,他在丹霄殿宴请三品以上大臣时提出:"朕与公辈,共理天下,今中夏乂安,四方肃静,并由公等咸尽忠诚,共康庶绩之所致耳。"在贞观十一年(637)七月的手诏中,他再次申明这一政治观,提出:"夫为人臣,当进思尽忠,退思补过,将顺其美,匡救其恶,所以共为治也。"有了这种"共理""共治"的自觉,太宗才能广开贤路、从善如流,才能恐人不言、导之使言,形成贞观一代谏诤之风,造就了君臣共商国是的开明政局。

君臣共治成为宝贵的政治遗产,至北宋发展为"与士大夫治天下",形成成熟的君臣共治模式,即"君主垂拱而治",措置天下事"付之公议,令宰相行之。行之而天下以为不便,则台谏得言其失,于是改之为易矣"。太宗所主,离此还相去甚远,但主旨相同,也见出制度设计的初衷,为贞观之治提供了重要保障。

唐初实行三省六部制,三省即尚书省、中书省和门下省。皇帝的诏命,由中书省起草,门下省审核,又称封驳,然后由尚书省执行。太宗说:"元置中书、门下,本拟相防过误。"发挥好门下省职能,避免决策失误,关键在增强封驳的制度刚性,进而强化谏官的作用。太宗发布诏令,规定"中书及三品以上入阁议事,皆命谏官随之,有失辄谏"。谏官可以随宰相到两仪殿"平章国计"。唐朝谏官,包括左右散骑常侍四人,左右谏议大夫八人,左右补阙十二人,左右拾遗十二人。魏徵、王珪、褚遂良、马周等都做过谏议大夫,王珪、褚遂良曾任黄门侍郎,魏徵知门下省,他们都升到宰相之职。谏官恪尽职守,三省决策、封驳、执行作用得以充分发挥,贞观时期的政令也就比较符合实际了。

人治社会,"朕即法律",君主以言代法,官员弄法、枉法,就让法律有名无实。太宗对法律怀有一颗敬畏之心，他说："法者，非朕一人之法，乃天下之法。"他尊重执法机关的权力，尤其注重大理寺官员的配备，"大理之职，人命所悬，当须妙选"。由此，使执法官员有尊严，法律有权威。

贞观元年（627），发生一次权法的较量。"是时，朝廷大开选举，或有诈伪阶资者，太宗令其自首，不首，罪至于死。"柳雄隐瞒伪造资历事发，案归大理寺判决。大理少卿戴胄据法判为流刑。太宗质问戴胄，为何不尊敕令，"是示天下以不信矣"。戴胄答："臣不敢亏法。"依当时法律诈伪律条量刑，只能判处徒刑。太宗说："卿自守法，而令朕失信耶？"戴胄答："法者，国家所以布大信于天下；言者，当时喜怒之所发耳！陛下发一朝之忿而许杀之。既知不可而置之以法，此乃忍小忿而存大信。"太宗收回成命，说："法有所失，卿能正之，朕复何忧也？"后来，太宗对大臣们说，"人死不可复生"，建议处决死因，要由中书、门下四品以上及尚书九卿共同议定，"如此，庶免冤滥"。至贞观四年，全国判死刑者仅二十九人。

治世必是政治清明，政治清明必是有法可依，执法严明。这是政治清明最可靠的保证，也是最重要的标志之一。

贞观四年，唐太宗的目标达成，连续几年农业丰收，一个农业社会全面兴旺起来。房玄龄上奏："府库甲兵，远胜于隋。"同年，唐朝打败东突厥，解决了长期困扰国家的外患，西北各族君长给太宗上"天可汗"尊号。史家认为，这一年，贞观之治开始了。

四

贞观治世，最让国人自豪、向往之处，是包容、开放、海纳百川的大唐气象。这是贞观治世的精气神，或者说是贞观治世的灵魂。

武德九年八月，太宗即位不久。玄武门事变内乱正炽，突厥颉利可汗趁火打劫，亲率二十万精骑大举进扰，打到长安附近，列阵渭水北岸，并派出使者，对唐进行军事讹诈。太宗隔河相向，斗勇斗智，颉利只得与太宗在渭桥上"刑白马设盟"退兵。这一事件足以说明，当时的国内外局势多么严峻。

按照惯常做法，是严控思想文化，以意识形态安全维护国家安定。太宗却反其道而行，推行思想文化开放政策。宣武门事变当天，就迫使高祖李渊撤销了"四月辛巳，废浮图、老子法"的禁令。

常言道：佛治心，道治身，儒治国。魏晋南北朝绵延不断的战争、乱离，给民族带来太多的苦难，佛教因此走向兴盛，并进入统治者的殿堂，成为国教。但是，作为中华正统王朝，文化一脉是周公、孔子之学，或曰儒学，崇佛局面迟早要改变。武德七年（624），太史令傅奕连上了排佛十一疏，极言佛法之害："佛在西域，言妖路远，汉译胡书，恣其假托。故使不忠不孝，削发而揖君亲；游手游食，易服以逃租赋……遂使愚迷，妄求功德，不惮科禁，轻犯宪章。"对傅奕"除去释教"的疏文，大多数朝臣激烈反对，但高祖李渊支持。武德八年（625），他亲临国子监，宣布道第一、儒第二、佛第三。武德九年四月，下诏重申佛教祸国蠹民之害，大量裁减寺观，沙汰僧侣，当然也包括一些不法道人。

太宗对待思想文化，则采取兼容并蓄的方针，"示存异方之教"，抑扬因时，开放合度，始终没有改变。

太宗说："朕所好者，唯尧舜周孔之道，以为如鸟有翼，如鱼有水，失之则死，不可暂无耳。"对于道教，他尊崇道义，追认老子为皇祖，对其中方术，则采取贬黜态度："神仙事本虚妄，空有其名。"对于佛教，太宗在贞观二十年（646）十月的手诏中说："朕于佛教，非意所尊。"驳斥佛教报应说，还说到梁武帝佞佛亡国的沉痛教训。但是，他又对高僧玄奘表露出发自内心的尊重，为玄奘主持所译佛经作《圣教序》。可以肯定地说，太宗对佛、道的倡扬，是对佛、道文化的推崇，而对它们的宗教属性则予以排斥。

太宗清楚，作为一国之君，他不能以自己的好恶，取代民众的好恶；

不能以自己的信仰，强加于民众，而为民众的信仰。太宗深知佛教在朝野的影响，朝臣之中，信徒无数，"在外百姓，大似信佛"。禁是禁不住的。禁，只能使它无序泛滥。傅奕以儒排佛，意识先进，却严重脱离、超越现实。高祖列老子第一，是要给李唐王朝认一个好祖宗，却造成对周孔儒学的贬抑，这种极端实用主义的做法，于治无补。太宗实行开放政策，却将佛教纳入了国家体制之内，既可以立章施治，又顺应了世道人心。

对于思想文化，禁和放，效果迥异。禁，就关闭了外来文化的大门，最终走向封闭、僵化；放，就可以吸纳一切优秀文化成果，存利去弊，走向开放、繁荣，树立高度的文化自信。贞观朝开放的思想文化政策，使唐时人"凡取用外来事物的时候，就如将彼俘来一样，自由驱使，绝不介怀"。

贞观时期的长安城，是一个盛大的国际化都会，一个物质文化、精神文化的荟萃之地。儒家最高级的老师都在国子监、太常寺等官府中任职，佛教、道教最聪明的大师也聚集在这里。长安有摩尼教大法师，也有印度高僧传法。长安城中，可以看到各种"胡化现象"，胡化包含了物质文化、精神文化，从生活方式到生活器皿的方方面面。

开放、包容、消化、吸收，方有新制度、新文化的快速生长；海纳百川，乃成大唐气象。贞观时期，对外来事物，有俘来的胆量和自信；对前此400年间混乱时期的制度、文化，有继承、整合的胸襟和气度。

贞观朝三省六部政治制度，是承继于隋朝，隋用而隋乱、隋亡，唐用而显见制度的优越，爆发出作用于社会的巨大能量。法律制定，依隋《开皇律》，而成《武德律》，而有《唐律》。在立法思想上，"务在宽简"，以"王政"代替隋末暴政，"仁本、刑末。"《唐律》成为民众生命财产安全最可靠的保障。隋的科举制也拿了过来，加以完善，拓宽了人才通道。编纂《五经定本》《五经正义》，基本用的是南朝的学术。因为南朝历宋、齐、梁、陈几个时期，文化水平都相当高，北朝拓跋氏入主之后，整体文化水平难以企及。科举制和文化建设，开启了泱泱文化大唐的大门。

至玄宗朝，科举成为选官的正途。文化建设，奠定了学术、诗歌、音乐、书法、绘画、建筑艺术等全面繁荣的基础。

五

古云语："靡不有初，鲜克有终。"千古一帝唐太宗，也没有解脱这个历史魔咒。贞观十二年（638），魏徵上《十渐疏》，批评太宗"顷年以来，稍乖曩志，敦朴之理，渐不克终"。

贞观共二十三年，以贞观十一年为界，太宗在恤民、戒奢、任贤、纳谏等方面，都出现后不如前的景况。贞观后期，宫室互兴，"北阙初建，南营翠宫，曾未逾时，玉华成制"。锦绣珠玉不绝于前，犬马鹰隼无远不致。曲相谀悦代替了直言规谏，阿谀之臣取代了谔谔之士。贞观十八年（644），太宗巡幸太平宫，要大臣们讲他的过失。长孙无忌等人都说："陛下无失。"贞观十九年（645），太宗不听褚遂良、房玄龄等大臣劝谏，出兵高丽，铩羽而归。贞观二十一年（647）五月，太宗亲临翠微殿，群臣皆称："陛下德如天地，万物不得而名言。"太宗也吹嘘起自己功过古人的五条经验，接着，褚遂良颂扬："陛下盛德不可胜载，独以此五者自与，盖谦谦之志耳。"昔日的谔谔之士，竟是一副献媚阿谀的丑态。这是为什么？还是用贞观第一谏臣魏徵与太宗的对话作答吧。他说："陛下导臣使言，臣所以敢言。若陛下不受臣言，臣亦何敢犯龙鳞、触忌讳也。"

镜鉴几时照君王？又几时被君王厌之，弃之，毁之？又几时成为哈哈镜，照出扭曲的面容，呈现修饰得过分虚假的"美图"？

贞观二十三年（649）三月，太宗逝世，时年五十二岁。

历史将他定格于一位千古明君。

魏徵

诤臣风貌智臣骨

魏徵被定性为千古第一诤臣。真实的魏徵，是一个智臣，或者说是"诤臣风貌智臣骨"。他有大本事、大智慧，有和君主打交道的高超艺术，他是凭着一个又一个重大的建设性意见、建议，奠定了在历史上的地位。

魏徵上书言事，或在朝堂上奏事，言必称尧、舜，似乎面对的是尧、舜那样的君主。把唐太宗托上神坛，给唐太宗戴上高帽，让唐太宗以尧、舜之君规范自己的言行，他也由此赢得了唐太宗的高度信任。做到了这一点，即便态度差点，唐太宗却看着顺眼。话说得刺耳点，唐太宗心中舒服，乐于接受。

魏徵之诤，自始至终，以博大的智慧为底蕴，从未大意触逆鳞。否则，不知死过多少回了。

评价一个人，大都是抓他的特点，这本身就存在片面性。千百年下去，这个特点就往往被脸谱化、绝对化，甚至被扭曲了。魏徵就属于这一类人。

　　魏徵被定性为千古第一诤臣。千百年来，在人们心目中，这个诤臣的特点就是爱提意见、敢提意见，不管君主高兴不高兴，甚至不怕丢乌纱，不怕砍脑壳，有点杠子头、愣头儿青的味道。史书还有段记载：唐太宗被魏徵顶撞，下朝之后，余怒未息，咬牙切齿地说：找机会一定杀了这个乡巴佬！

　　真实的魏徵，是一个智臣，或者说是"诤臣风貌智臣骨"。他有大本事、大智慧，有和君主打交道的高超艺术，他是凭着一个又一个重大的建设性意见、建议，奠定了在历史上的地位，赢得了唐太宗的高度信任和赞扬。唐太宗说：过去打天下，辅助我的人中，房玄龄功劳排第一；现在安天下，魏徵功劳第一。

　　才有专、通之分。魏徵是个通才。尚书省积压的案件过多，唐太宗让魏徵处理，他并不是很熟悉法律，"但存大体，处事以情，人人悦服"。他还谙熟行兵布阵。在瓦岗寨时期，王世充寻求与李密决战，魏徵分析双方的优势劣势，建议李密深沟高垒制敌；辅佐太子李建成征讨刘黑闼，建议优待、释放俘虏，瓦解敌方军心。李密反其道而行，和敌人死打硬拼，惨败；李建成照办了，不战而胜。魏徵还是个办事能力很强的人。他要做的事情，都有十分把握。李密投降了李渊，李勣还在为李密坚守黎阳。魏徵主动要求出使山东，招抚李勣。他和李勣交情很深，也深知李勣是个深明大义的人。到达后致书李勣，分析天下大势，以及李勣的处境和出路，强调处在必战之地，应当早作抉择，归附明主，建不世功业。李勣接信后迅速作出投唐的决定，并立即拨付粮草，支援在山东区域内作战的淮安王李神通。魏徵做事，都给自己预留个台阶下。像关于岭南酋长冯盎造反事件的处理，唐太宗准备派兵讨伐，魏徵说，冯盎只是犹疑而不是造反，可以先派一位高级使节去做安抚工作。唐太宗照办了，岭南问题圆满解决。唐太宗说：魏徵一句话，胜过十万大军。这件事情如果办不成功呢？对国家、对自己也不会有什么损害。

魏徵被唐太宗倚为肱股之臣，"凡二百余奏，无不剀切当帝心者"，有理论，像守业比创业难；敬终比慎始难；像安不可以忘危；兼听则明，偏信则暗。更有付诸实践、成效巨大的锦囊妙计：

他为唐太宗献出治国良策。战争基本结束，国家治理排上首要位置。唐太宗和大臣们讨论教化问题，认为经过一场大乱，老百姓不容易教化。封德彝以"秦任法律，汉杂霸道"的史实，附和唐太宗的观点。魏徵则认为："不然。久安之民骄佚，骄佚则难教；经乱之民愁苦，愁苦则易化。譬犹饥者易为食，渴者易为饮也。"国家治理应当行仁义。封德彝说他是书生虚论，必乱国家，两人在朝堂上进行了一场针锋相对的论辩。实质上，魏徵对历史领悟得更透彻，对现实把握得更到位。他"通贯书术"，知道大乱之后必有大治的一般规律。他来自民间，是农民起义队伍中的重要一员，最清楚民心民意，清楚草民最需要什么。唐太宗选择了魏徵的方案，并实行轻徭薄赋、与民休息的方针，到贞观四年，实现天下大治，"岁断死二十九，米斗三钱，四夷宾服""东薄海，南逾岭，户阖不闭，行旅不赍粮，取给于道"。唐太宗对群臣说："此徵劝我行仁义，既效矣。"

他为唐太宗设计出成为尧、舜之君的目标。唐太宗这个人颇为自负，他曾经自豪地说：古代开国君主都年过四十，只有汉光武帝刘秀是三十三岁。但我十八岁起兵，二十四岁定天下，二十九岁做皇帝，比别人都强。魏徵摸透了唐太宗的心思，他所要做的，是引导唐太宗把这种自负心用到创造治绩上，做个尧、舜之君。这个目标设计，唐太宗接受了，并铭刻于心，也成为朝堂上的共识。唐太宗说，金子只有经过良匠锻造，才能变宝。我把自己比作金子，魏徵就是那个良匠。一次他问群臣："徵与诸葛亮孰贤？"诸葛亮是什么人？在人们心目中，那是才兼将相、亦神亦圣的人物。唐太宗却说："徵蹈履仁义，以弼朕躬，欲致之尧、舜，虽亮无以抗。"魏徵上书言事，或在朝堂上奏事，言必称尧、舜，似乎面对的是尧、舜那样的君主。把唐太宗托上神坛，给唐太宗戴上高帽，让唐太宗以尧、舜之君规范自己的言行，他也由此赢得了唐太宗的高度信任。做到了这一点，即便态度差点，唐太宗却看着顺眼。话说得刺耳点，唐太宗心中舒服，乐于接受。贞观十三年（639），魏徵上《十渐书》，前后对比，给唐太宗提了十条意见，言辞相当尖锐，落脚点是："明主可为而不为，臣所以郁结长叹者也！"唐太宗接书后表示知错就改，还让人写在屏风上，随时阅读。他说："人言魏徵举动疏慢，我但觉妩媚，适为此尔。"

他忠诚地贯彻了唐太宗的执政理念。唐太宗有个著名的"舟水理论"——君，舟也。民，水也。水可载舟，亦可覆舟。唐太宗可不是轻飘飘说个漂亮口号。唐之前的隋朝，曾是多么强大。但隋炀帝不恤民力，不管人民死活，当农民起义的烽火燃起，隋朝的天下就呼啦啦似大厦倾，隋炀帝被一条白练勒死。魏徵之谏，紧紧围绕唐太宗的这一执政理念展开。大臣郑仁基的女儿漂亮而有才华，皇后提出纳进皇宫，诏书已经写好。魏徵听说郑女已经许聘了人家，立即谏言：自古有道君王，"以百姓之心为心"，国君住楼台馆阁，就要想到人民也有房屋可以安身；国君吃膏粱鱼肉，就要想到老百姓也无饥寒之患；国君娶妃嫔宫女，就要想到老百姓也有娶妻成家的欢乐。郑女已经约婚，陛下还要娶她，难道是国君为民父母之道吗？唐太宗听了深感愧疚，把诏书作废了。

泰山封禅是帝王盛事。贞观六年（632），地方大员纷纷上书，朝中大臣也歌功颂德，请求唐太宗举行封禅大典，唯有魏徵认为不可。唐太宗连发六问：难道我的功绩不高？仁德不厚？华夏还没有安定？异邦还未臣服？祥瑞还没有出现？五谷不丰收？魏徵回答，陛下虽然有此六点理由，还是不可以！隋末大乱之后，国家就像个久患大病的人，陛下就像良医，为之精心治理，国力开始恢复，百姓的病苦逐步解除。但是，若要这个病人真正康复，还需要很长时间。这个时候，哪能去做劳民伤财的事呢？唐太宗听了魏徵的话，放弃了封禅的打算。这样的谏言，根于道义，立足于君主的仁民之心，唐太宗哪能不为所动？他把魏徵当作一面镜子，"以人为镜，可以明得失"。

魏徵曾经给唐太宗提过建议，希望让他当良臣而不当忠臣。太宗问良臣和忠臣有什么区别，魏徵说，良臣是让自己得美名，君主得显号，福及子孙社稷。忠臣则是"己婴祸诛，君陷昏恶，丧国夷家，祗取空名"。魏徵之诤，自始至终，以博大的智慧为底蕴，从未大意触逆鳞。否则，不知死过多少回了。魏徵死后，杜正伦因泄露唐太宗的话被黜，侯君集因造反被诛，他们都是魏徵举荐过的人。有人借机告状，说魏徵生前结朋党。朋党是历朝历代的一大祸害，是历代君王的逆鳞，唐太宗一怒之下，退掉了亲口许下的衡山公主和魏徵儿子的婚约，推倒了亲手为魏徵书写的碑。直到他征高丽得了个灰溜溜的结局，才又想起魏徵的好处，又让人把碑竖了起来。

李勣

留得情义暖人间

　　李勣起自草莽，出将入相，始终保持不变的是人生本色。他那一段段重情重义的故事，以鲜活的生命力，强烈地撞击着后人的心扉。

　　一个人对亲人有情，对朋友有义，对上、对君才有忠。不仁不义之人，不可能有忠；真情大义之人，才会成为忠贞之臣。

　　像李勣这样的人，不怕死，不爱钱，靠什么能让他尽忠报效，肝脑涂地也心甘情愿？就是一个情义。大情大义，是他的本色、他的美德，也是他的"软肋"吧？这给君主驾驭臣子留下了最可用力之处。

唐朝初年，猛将很多，英国公李勣，是其中数一数二的人物。

李勣本名徐世勣，归唐后赐姓李，高宗时避李世民的讳，改名李勣。他归唐之前，是瓦岗寨起义军中的灵魂人物。归唐之后，南征北战，消灭割据势力，打败突厥，镇守边关中都立下赫赫战功。七十五岁时还挂帅出征，打进平壤，生擒高丽王。《旧唐书·李勣传》称他："每行军用师，颇任筹算，临敌应变，动合事机。"太宗、高宗两朝，他还进入宰相班子，高宗时晋升司空。他起自草莽，出将入相，始终保持不变的人生本色。大江东去，浪淘尽，千古风流人物。他的那些英雄伟业，随着时间的推移逐渐淡为云烟，而那一段段重情重义的故事，却以鲜活的生命力，强烈地撞击着后人的心扉。

隋末唐初，天下大乱，兵匪横行。李勣生逢乱世，十二三岁就开始了在刀尖上过生活。他十七岁参加农民起义军，二十岁当上大将军，戎马一生，身经百战，见惯了冷血、杀戮，见惯了尸横如山，血流成河。这样的经历，人心要磨出千百层茧，血液要结过千百次冰，可李勣的胸中却始终藏有一份温暖，心灵始终保持着人性的温馨。唐高宗李治评价他，"奉上忠，事亲孝"。可见的信史，他在兄弟中间，是让人崇仰的大哥。"与弟弼特存友爱"，临终以家中大事相托。小弟被王世充俘虏，王世充让他致书李勣，脱离唐朝。弟弟说，大哥立身，不亏名节，决不能因为我而改变。王世充大怒，把他杀害了，死时才十五岁。姐姐老来多病，李勣看望姐姐，亲手为姐姐熬粥。他一生做惯了大事，做这类生活琐事笨手笨脚，把胡子给烧了。姐姐说，家里有仆人，这种事不要你做。李勣说：姐姐老了，我也老了，想多给姐姐做粥喝，又能做多少回呢？

单雄信和李勣是曹州同乡，在李密领导的瓦岗军中，两人并肩作战，结下生死之交。瓦岗军溃败，李密率部投降了唐高祖李渊，李勣也就成为唐朝的一员，而单雄信却投靠王世充部，做了大将军。单雄信是当时一流战将，骁勇异常，擅长马上用枪，号为"飞将军"。两军对垒，各为其主，他在战场上差一点要了李世民的命。王世充被李世民打败，单雄信当了俘虏，按惯例应当处死。李勣挺身而出：单雄信武艺绝伦，留他一条性命，必然会感恩戴德，为国家出死力。我愿意以自己的官爵赎他一命！李渊不答应。临刑前，李勣来到单雄信面前，放声大哭。哭罢，割下腿上的一块肉，递到单雄信眼前，说："生死永诀，此肉同归于土矣。"这块肉就带着我的灵魂，跟随大哥一起入土吧，我不会忘记同生共死的誓言。可我不能死，你的孩子还要有人来抚养长大啊！

一个人对亲人有情，对朋友有义，对上、对君才有忠。不仁不义之人，不可能有忠；真情大义之人，才会成为忠贞之臣。李密降唐之后，李勣镇守黎阳，掌管着大片的领土、数量众多的军队、人口。他说，这些土地、军队和人口都是魏公（李密）的，我不能自己献出去邀功。他登记造册，派人交给李密处置。高祖李渊知道了，称赞他"感德推功，实纯臣也"，还赏了他封号、土地和宅第。后来李密叛唐被杀，高祖想到李勣曾经是李密部下，让人通报李勣。李勣立即上表，要求安葬李密。高祖允准了，李勣带领部下，披麻戴孝，举行了隆重的葬礼，以对待主上的礼仪把李密厚葬了。

人来到世上，走进社会，一生事业，一世沉浮，保持一种本色人生，实属不易。李勣做到了。在接近人生尾声的时候，他说了一句话："我山东一田夫耳，攀附明主，滥居富贵，位极三台，年将八十，岂非命乎？"可谓说到了根本。李勣历经高祖、太宗、高宗三朝，李渊、李世民和李治祖孙三代，李密叛唐被诛，李勣要以臣子的身份为他发丧，李渊答应了，也包容了。李世民立李治做太子，李治善良却懦弱，揣度李世民的心境，可谓心有千千结。在一次宴会上，李世民对李勣说，我想来想去，把太子托付给你，是最合适的人选。你当年不负李密，如今也决不会负我！感动得李勣咬破手指，写出血书起誓。还喝了个大醉，倒地不省人事，李世民脱下外衣，盖在他身上。李世民建凌烟阁，李勣是入了凌烟阁的二十四功臣之一。李治当了皇帝，又让人重新给他画像，并亲自作序。泰山封禅，李勣作为封禅大使随驾，途中经过姐姐的住地，皇后知道李勣和姐姐的感情，亲自上门看望，还赐给衣服，封他的姐姐为东平郡君。

"三军可夺帅，匹夫不可夺志"，像李勣这样的人，不怕死，不爱钱，靠什么能让他尽忠报效，肝脑涂地也心甘情愿？就是一个情义。大情大义，是他的本色、他的美德，也是他的"软肋"吧？这给君主驾驭臣子留下了最可用力之处，李渊、李世民和李治祖孙三代善加引导，便成就了一代忠臣良将，也在一个朝代浩瀚的史册上，涂上了一抹温馨的人性底色。

玄奘

亦圣亦俗两行之

玄奘西行求法，历时一十七年，行程五万多里，走过一百一十个国家，取回经卷六百五十七部。这一人类史上难以逾越的修行之旅，所历挫折和苦难常人难以想象。发生在玄奘身上的奇迹，源自信仰，仰赖于信念。

十三岁，朝廷度僧，考官发问："为何出家？"这位奇异少年出语惊人："远绍如来，近光遗法。"

西行天竺之前，他遍访国内所有高僧大德，穷究可以见到的佛学典籍，以其超凡的颖悟力和见识，赢得了"释门千里驹"的美誉。

那烂陀寺学成，玄奘再次跋山涉水，遍历东、南、西印度。这个时候，他已经"隐括众经，无片言而不尽；傍稽圣迹，无一物而不窥"，法坛论辩，天下无敌手。大师功德圆满，更加眷恋故土，抛却国王、佛界的苦苦相留，踏上东归的路。

玄奘以"开王路"的俗人俗世之举，让大唐这片热土上法雨滋润，梵音悠扬。当时地域阻隔，世界其他三大文明，唯印度文明可以接触、融合。佛教文化的系统引进，为我民族本土文化注入了新鲜血液，儒道释互补，生机再现，千百年以继，薪火相传。

取经路上的唐玄奘，真实的经历和神话故事相比，艰难困苦更多。《西游记》中，玄奘有观世音菩萨护佑，有孙悟空等众弟子保驾，有猪八戒时常逗着乐子，排解寂寞。苦难虽多，宿命已定，人死不了，经取得成。而现实中的唐玄奘，是偷渡出境，杖策孤征，艰难困苦，以一人之力承当，前路不卜，生死难料。从唐高僧义净《取经诗》，当能体悟深切：

晋宋齐梁唐代间，高僧求法离长安。
去人成百归无十，后者安知前者难。
路远碧天唯冷结，沙河遮日力疲殚。
后贤如未谙斯者，往往将经容易看。

玄奘之前，西行求法的高僧数百。第一个当数三国时期魏国朱士行，杰出者唯一法显。朱士行于甘露五年（260）从长安出发，到达于阗，得到最想求取的《大品般若经》梵本，却不准他带出境外。直到晋太康三年（282）才由弟子带回，自己终身滞留西域。法显在后秦弘始元年（399），以六十三岁高龄，与慧景、道整、慧应、慧嵬四人结伴发自长安，至张掖，又有五位僧人加入到西行队伍。他们经河西走廊，取道印度河，入恒河流域，游印度及今巴基斯坦、阿富汗、斯里兰卡等。六年西行，六年游历，三年东返，十人的求法队伍，到达印度者只法显、道整二人，东归者唯一法显。他带回、翻译了《摩诃僧祇律》《大般泥洹经》等重要经律，并写成《历游天竺纪传》（编者注：亦名《佛国记》）一书。法显西行之举，给玄奘以极大激励。

玄奘求法的路线：起自长安，经今新疆、阿富汗，游历北印度、中印度、南印度和西印度，终从北印度返国。历时一十七年，行程五万多里，走过一百一十个国家，取回经卷六百五十七部，主持翻译七十五部，一千三百三十五卷。这一人类史上难以逾越的修行之旅，所历挫折和苦难常人难以想象：沙河阻隔、雪岭横绝、热海熏浪、狼虫肆虐、强盗行劫……

莫贺延碛沙漠漫漫八百里，上无飞鸟，下无走兽，更无水草。白天唯见人兽白骨，夜晚常显磷火魅影。玄奘走出百里，饮水时水袋滚翻，流淌殆尽。走五天四夜滴水未沾，僵卧沙中，生命将绝。幸好一阵凉风吹拂，人马恢复了几分气力，迷蒙中强行，"志诚通神"，竟然出现一片水源。

　　葱岭雪峰插入云端，莽无际涯。凌峰像一座座小山，拦住去路；雪崩如暴龙残虐行人。夜晚席冰而寝，冷彻骨髓。山行七日，徒侣冻死者十有三四，牛马死亡更多。

　　印度雨林浩莽千里，强盗出没。殑伽河遭遇劫匪，贼众信奉突伽天神，玄奘成为他们眼中天神的理想祭品。祭坛之上，再无生望。玄奘正念而坐，许下来生取得真经的心愿，思虑也进入到佛国净土，生死两忘。突然间黑风四起，折树飞沙，河流涌浪，船舫覆没。"佛菩萨"发威，玄奘死里逃生。

　　更有段高昌王奇缘牵系。玄奘入高昌，高昌王仰慕之至，强行扣留，欲拜为国师，终生供养。玄奘以绝食相抗，至生命危殆。高昌王惭惧，玄奘重登西行之路。

　　信仰、信念的力量无与伦比。发生在玄奘身上的奇迹，源自信仰，仰赖于信念。

　　当一个人有了为信仰、信念献身的精神，面对艰难困苦，意志弥坚，可以超出常人百倍的承受力；

　　当一个人有了为信仰、信念献身的精神，面对生死考验，视死如归，可以让山河为之动容，让魔鬼为之战栗；

　　当一个人有了为信仰、信念献身的精神，面对富贵、名利诱惑，巍然不动，不得真经，绝不回还！

　　佛菩萨的种子，在玄奘幼小的心灵中就开始萌芽。他父母早亡，在洛阳净土寺出家的二哥将他带在身边。十三岁，朝廷度僧，考官发问："为何出家？"这位奇异少年出语惊人："远绍如来，近光遗法。"随着人生阅历的增长，见证的众生苦难日多，他对佛菩萨才有了真正的理解。幼年发下的宏愿，才有了取之不竭的动力源泉。佛陀让他高山仰止：佛陀大慈大智，他用慈心、智慧引导众生解脱苦难，去除烦恼；菩萨让他奉为终生的楷模：菩萨自觉觉人，自度度人。佛、菩萨宁愿自己受苦，也要替众生赎罪，让众生得到幸福、快乐。佛陀说：我不入地狱，谁入地狱！地藏菩萨发下宏愿：众生度尽，方证菩提；地狱不空，誓不成佛。世间需要这样的圣者，因为众生的苦难太多。做这样一个人，便是涅槃、永生了。

为求正法，玄奘穷尽毕生精力。西行天竺之前，他先后从洛阳赴成都，经长江，到相州、赵州，后入长安，遍访国内所有高僧大德。有详细记载的达一十三人；穷究国内可以见到的佛学典籍，以其超凡的颖悟力和见识，赢得了"释门千里驹"的美誉。

他修为日深，声望日隆，心中的苦恼却越来越强烈："法师既遍谒众师，备餐其说，详考其义，各擅宗途，验之圣典，亦隐显有异，莫知适从。"他由此萌发无法遏止的愿望，踏上西行求法的漫漫长途。

玄奘西行的目的地是那烂陀寺，它是印度佛学最高学府。入那烂陀寺之前，他已遍游北印度、中印度，赡拜佛国圣迹，遍访诸路高僧，求法弘法，远近闻名。玄奘在寺，被视为最尊贵的客人，获得最优厚的研学条件。百岁高龄的戒贤大师亲授《瑜伽师地论》，听《瑜伽》三遍，《顺正理》一遍，《显扬》《对法》各一遍，《中论》《百论》各三遍。《俱舍》《婆沙》《六足》《阿毗昙》等，曾于沿途诸国听论，至此寻读决疑而已。他还兼学婆罗门书、印度梵书，凡经五年。那烂陀寺学成，玄奘再次跋山涉水，遍历东、南、西印度，仅在伊烂拏学《阿毗昙》、在杖林山学《唯识抉择论》，就又各花费两年时间。他要鲸吞恒河之水，穷历道邦，精穷奥业！

这个时候，他已经"隐括众经，无片言而不尽；傍稽圣迹，无一物而不窥"，法坛论辩，天下无敌手。他会通有、无二宗，造《会宗论》，戒贤等诸师无不称誉；他辩败婆罗门僧，使其无言相对，自愿"斩首相谢"；

他称雄曲女城辩论大会，受请登宝床，为论主，称扬大乘，序作论意，即著名的《真唯识论》，写一本悬于会场门外：若其间有一字无理能难破者，请斩首相谢。参会者有十八国王，大小乘僧三千余人，那烂陀寺僧千人，婆罗门及尼乾外道二千余人，"自十八日无敢论者"，法会为玄奘立美名"大乘天"。

大师功德圆满，更加眷恋故土，抛却国王、佛界的苦苦相留，踏上东归的路。不是驾着祥云，而是走着九死一生的险途。

佛家讲缘，缘有因缘、地缘、时缘、机缘，等等。玄奘回到长安，选在贞观十九年（645），心念中机缘之意自见。

太宗励精图治，泱泱大唐，开放，包容，海纳百川。但是，意识形态领域，道家李耳被李唐认了祖宗，地位自高；儒家治国必备，是最好用的药方；释家是外来的和尚，反对的声浪从未停息，对佛教的政策，也就一直处于阴晴变幻之中。贞观十一年（637），先后颁《老子宜在佛先敕》《令道士在僧前诏》。贞观十三年（639），颁《诘沙门法琳诏》。高僧法琳对令道士在僧前诏不服，上表力争，有道士借机诬法琳谤讪皇帝。太宗大怒，下诏申斥，法琳被流放益州，死于路途。这让玄奘清醒：实现"远绍如来，近光遗法"的宏愿，虽然正逢其时，但前行的路并不平坦。

玄奘的心头反复萦绕着一个最现实的问题：佛学浩无际涯，凭一己之力，穷其一生，又能译出几本经书？佛法的显扬，靠的是僧众群体的力量，一个人纵是磨穿嘴皮、踏破铁鞋，又能有几分作为？"佛法在世间，不离世间觉"，玄奘以"开王路"的俗人俗世之举，让大唐这片热土上法雨滋润，梵音悠扬。

玄奘到达于阗，滞留八个月。他上表朝廷，等候回音。表章述西行经历，期望"早谒轩陛，无任延仰之至"。太宗回信，恩敕降使迎劳，"即速来与朕相见"。这封信带来的是：洛阳城隆重的入城欢迎仪式，太宗接见，安排驻京城弘福寺，令在全国选取、调集硕学高僧，组成大规模译场，开始了史上最为宏大、最为正规化的译经工程。

玄奘心中萌生一个大念想，他在默默地催发慧根发芽生枝。贞观二十年（646），玄奘进新译经论，上表提出请求："曲垂神翰，题制一序，赞扬宗极。"同时，呈上奉太宗之命修成的《大唐西域记》。修书之举，书序、书跋之语，可谓包含深意。他追溯历史，对大唐功业夸赞至极，称大唐之治，功比三皇，超越先代；他讲述见闻，称僻地远民，咸沐惠泽，风行所及，皆仰至德，大唐武功、文德，天下第一。秘书著作佐郎敬播、尚书左仆射燕国公于志宁代表官方为《记》作序，发挥玄奘这一思想，盛赞玄奘取经、译经，太宗大力襄赞的这一文化盛事，对佛教文化传播起到推波助澜的功效。

　　为新译佛经作序，太宗婉拒。因为他对佛教的认识提升，需要一个过程，对佛教将会带来的利弊，还缺乏深思熟虑。玄奘锲而不舍，借上表感谢太宗褒扬，再请题序。他春风化雨般浸润着太宗心灵，就像两大高手，默运内力，作着心与心的博弈。太宗答应下来，以拖延为上策，"国务繁剧，未及措意"。

　　贞观二十二年（646）春，驾幸玉华宫，六月庚辰，敕追法师入宫。太宗询问译经近况，玄奘阐述新译《瑜伽师地论》大意。太宗索书览观，对佛法的认识蓦然间突变。他说，朕今观佛经，"宗源杳旷，靡知涯际，其儒道九流之典比之，犹汀滢之池方溟渤耳。而世云三教齐致，此妄谈也"。机缘圆熟，水到渠成，瓜熟蒂落，般若莲华，玄奘于是重提题序一事，太宗"方为染翰，少顷而成，名《大唐三藏圣教序》，凡七百八十一字，神笔自写，敕贯众经之首"。太宗居庆福殿，百官侍卫，命法师坐，使弘文馆学士上官仪宣读。御制众经论序，可谓照古腾今，"理含金石之声，文抱风云之润"；法门领袖玄奘，只千古而无对，"松风水月，未足比其清华；仙露明珠，讵能方其朗润"。历史的风云际会，毓秀这奇缘奇文。紧追其后，太子李治制《述圣记》。自太宗、太子序文出，"慈云再荫，慧日重明，归依之徒，波回雾委，所谓上之化下，犹风靡草"。

　　玄奘作为一个出世的高人，凡上表、致谢、陪侍太宗等礼仪备加周详，与太宗有了极顺畅、极深的思想与情感的融通。《唐太宗全集》收录与玄奘的书信往来，关涉佛教事项的诗文众多。其中，有重大影响的，有《答玄奘法师述西域记书诏》《大唐三藏圣教序》《佛遗教施行敕》《京城及诸州度僧诏》《谒并州大兴国寺诗》等。太宗临终前和玄奘的对话，颇有相见恨晚之意："朕共师相逢晚，不得广兴佛事。"玄奘成就的译经、弘法伟业，得太宗之力大焉！

玄奘以俗世之举，行净界之事，其俗至高至雅，其功至大至伟。此前，佛教创立千二百年，无一个朝代做过系统的引进、翻译，进行过深入翔实的研究。大唐做成了这件盛事，玄奘成就了这一伟业。当时地域阻隔，世界其他三大文明，唯印度文明可以接触、融合。佛教文化的系统引进，为我民族本土文化注入了新鲜血液，儒道释互补，生机再现，千百年以继，薪火相传。

武曌
怎窃盛唐改武周

史上不乏登上权力巅峰的女人。在这个女性群体中，武曌是太特殊了。她宫中宫外，无任何势力，能一步步上位，是皇帝和权臣破坏法律制度，废弃社会伦理道德，践踏政治正义结出的苦果。

一个国家，一个政权，当制度伦理荡然无存，当没有了可以坚守的行为准则，国将不国，社会必将出现重大危机。李治和长孙无忌将卫护大唐的堤坝掘开个口子，武氏就让它洪水滔天！

人心是片土地，有善的基因，也有恶的种子，可以开出鲜花，也可以使毒草疯长。武氏创造出一个百毒肆虐的小阳春，让人人成为告密者，个个变身特务。魔王高坐殿堂，朝臣无时不有身家大难临头之危。一个具有数千年文明史的国度，在武氏统治之下，加速向野蛮和兽性蜕变，专制之狞笑声，千数百年后与闻，犹令人胆寒心惊！

武氏以恶政始，却似乎欲以行善政终，大概是想在史上留下略好一些的名声？但此念一开，她统治的思想基础、政权体系也就呼隆隆倒塌了。

大唐历经高祖李渊、太宗李世民，进入治世。但是，到了第三代，即高宗李治手中，却被一个一度弃置于寺庙中的小才人武曌，玩弄于股掌之中，终致江山改姓，李唐变武周。武氏由此成为中国数千年历史上第一个也是唯一一个女皇帝。

一

史上不乏登上权力巅峰的女人。如战国时秦国的芈太后、西汉的吕后、东汉的王（政君）太后、宋朝的刘太后、清朝的孝庄太后、慈禧太后等，可以列出一串很长的名单。她们的威权，实是皇权的延伸。夫皇在世，她们或为皇后，或为宠妃，都为皇帝生下儿子，立为太子。宋朝的刘太后无子，也是收养了妃子的儿子，成为后来的宋仁宗。夫皇去世，儿皇即位，母后的威权更加突显。如果儿皇年幼，政治经验不足，根基不固，母后就能当儿子多半个家。如果母氏外戚羽翼丰满，就可能出现女主临朝的局面了。

在这个女性群体中，武曌是太特殊了。她是唐太宗李世民的才人，没有为李世民生下儿女。李世民死后，她按例被送进感业寺，正常的人生轨迹，将伴随青灯古佛度过余生。因为李治的后宫闹地震，王皇后和萧淑妃争宠，王皇后知道了武曌和李治的旧时隐情，把她弄进宫中，作为与萧妃博弈的棋子。开始，她隐身后宫，上不得台面，宫中宫外，无任何势力，何以能一步步上位，最终搅起滔天巨浪？归根结底，是皇帝和权臣破坏法律制度，废弃社会伦理道德，践踏政治正义结出的苦果。

二

李唐王朝的土壤本就毒性很重。政权交接一直充满暴力和血腥。李世民杀兄屠弟逼父，登上皇帝宝座。有其父必有其子。李世民的儿子们，争夺皇位也不乏心机。李承乾以嫡长子的优势，早早立为太子；李泰虽为次子，才情颇高，夺嫡的算计无一时停息。太子被逼反，李泰同时落势。作为常理，一个为争位闹得朝政动荡的野心家，怎么可能顺心遂意？于是，李世民的亲密战友、皇后的弟弟、凌烟阁第一功臣长孙无忌，力推皇三子李治做了太子。李治仁孝、不争，李世民立了李治，又觉得他难当大任，想改立李恪。李恪乃隋炀帝女儿杨妃所生，"恪有文武才，太宗常以为类己，欲立为太子"。但是，在长孙无忌和大臣们的反对声中，换太子不成，反酿成了新的矛盾和潜在的危机。

李治二十二岁当上皇帝，长孙舅舅作为保护人，把他呵护在卵翼之下，心理上总把他当成那个柔弱的小外甥。无形中，长孙无忌养成了权力的任性，成了专断的权臣。永徽年，发生房遗爱案。房遗爱是开国功臣房玄龄的次子，娶李世民最泼的高阳公主为妻。高阳公主为把房家爵位的继承权争到丈夫手中，状告哥哥房遗直对她非礼。李治把案子交给长孙无忌审理，长孙无忌把一个流氓案做成了谋反案，借机消灭异己。驸马房遗爱、薛万彻、柴令武皆斩，荆王李元景、吴王李恪、高阳公主、巴陵公主并赐自尽，侍中、太子詹事宇文节、江夏王李道宗、左骁卫大将军、驸马都尉执失思力等，也被流放岭表。极度无辜的吴王李恪死前诅咒："长孙无忌窃弄威权，构害良善，宗社有灵，当族灭不久！"长孙无忌践踏法制，滥杀无辜，打开了朝堂一扇血腥的大门。

与长孙无忌相较，李治滥权妄为，有过之而无不及。欧阳修撰《新唐书》，对他以"昏童"称，"昏童"实不足以彰其恶。

他无丝毫社会伦理意识。父亲的才人，被他从佛寺中弄到后宫，罔顾充斥朝堂的反对声，立为皇后。"皇后母仪于国，善恶由之"，皇帝立后，哪能像寻常人家娶妻生子？为了废王皇后，立武氏，他聚集了许敬宗、李义府等一群奸佞之辈、逐利之徒，使朝政由清明而昏暗。

他无半点政治正义理念。废王立武的功臣李义府臭名昭著，闻女囚淳于氏貌美，便弄回家中，欲纳为妾。事发，又令当事人、大理寺丞自尽灭口。侍御史弹劾，李治对李义府之罪不问，反怒斥御史毁辱大臣、言辞不逊，贬黜出朝堂。

他将皇权授受原则当作儿戏。皇帝出巡、病重等，不能坐镇朝堂，处理国事，当由太子监国，宰相辅弼。显庆五年（660），李治苦于风眩头重，目不能视，"百司奏事，上或使皇后决之……由是始委以政事，权与人主侔矣"。麟德二年（665），发展为史无前例的"二圣临朝"。到咸亨五年（674），又尊武氏为"天后"。上元二年（675）三月，李治"苦风眩甚，议使天后摄知国政"。宰相郝处俊谏阻说："天子理外，后理内，天之道也。昔魏文著令，虽有幼主，不许皇后临朝，所以杜祸乱之萌也。陛下奈何以高祖、太宗之天下，不传之子孙而委之天后乎！"李治乃止。像武氏这样一个权力欲极强的女人，一朝染指权力，就像染上了毒瘾，嗜权成癖，再也无法戒绝。

一个国家，一个政权，当制度伦理荡然无存，当没有了可以坚守的行为准则，国将不国，社会必将出现重大危机。李治和长孙无忌始作俑，武氏效其尤；李治和长孙无忌将卫护大唐的堤坝掘开个口子，武氏就让它洪水滔天！

在这样一片政治土壤上，武氏这株"恶之华"也就绽放得格外妖艳，毒液四溢，毒流天下，贻祸邦家。

三

武氏当上女皇之后，一次怒吓臣下：太宗有马名师子骢，肥逸无能调驭者。朕为宫女侍侧，言于太宗曰："妾能制之，然须三物，一铁鞭，二铁楇，三匕首。铁鞭击之不服，则以楇楇其首，又不服，则以匕首断其喉！"太宗壮朕之志。武氏统治，恰如驯骢，充斥暴力，不择手段，没有底线。驯服则是她的首要目的，为了驯服，不惜玉石焚毁，人才凋零，国家蒙难！

武氏无不敢做之事。

李治死后,她新任命裴炎为中书令,把政事堂迁到中书省,让宰相班子虚置,废除了宰相于门下省议事制度。嗣圣元年(684),中宗李显继位仅五十六天,她"集百官于乾元殿,裴炎与中书侍郎刘祎之、羽林将军程务挺、张虔勖勒兵入宫,宣太后令,废中宗为庐陵王"。李显问缘由:"我何罪?"武氏答:"汝欲以天下与韦玄贞。"韦玄贞为李显岳父,本来,这不过是李显的一句气话。武氏废李显,立李旦,为睿宗,将他幽禁于深宫,自己临朝称制。她组织造《大云经》,称自己为弥勒佛下生,当取代唐朝作为人间主宰。天授元年(690)九月初九,六十六岁的武氏实行"革命",废掉李唐,把她的皇帝儿子改称皇嗣,建立了一个女人做皇帝的武周政权。

她为满足肉欲,将冯小宝、张昌宗、张易之等收为男宠,还建立控鹤监,广置美男,供自己淫乐。她大概认为,女皇也应有三宫六院,"佳丽三千"。问题是,她为了方便冯小宝出入宫禁,让他削发为僧,做了白马寺住持。这白马寺是何等要地?佛教于东汉明帝时初入东土,以白马驮经,故立寺以纪,那是佛门圣地。一个街头卖狗皮膏药的江湖混混,做武氏男宠而显贵,住持白马寺,不是对佛门的亵渎吗?这个冯小宝,颇以自己有些武把子,欲作个八面威风的大将军。武氏便一次次任命他为行军大元帅。延载元年(694)三月,他带领十八将军征讨默啜。宰相与他议事不和,竟遭鞭打,惶惧请罪。数十万大军,交在这样一个人手中,不是拿军人的生命、国家的安危当儿戏吗?

武氏晚年,身体日坏,就把朝政大事委以面首张昌宗、张易之兄弟。二张权势熏天,贵宠至极。长安元年(701)九月,太子女儿永泰郡主、夫武承嗣嫡长子武延基,与太子嫡长子李重润私下议论说,二张兄弟何得入宫中专政?事泄,张易之告了御状,武氏逼李重润、武延基和永泰郡主自杀。两个第一家族,两位嫡长子,何等权势?竟难敌二张情势!无怪乎太子李显、相王李旦和太平公主也要看其眼色行事,"上表请封昌宗为王"。

武氏无不敢杀之人。

武氏上位、夺权和固权，充满着血腥和恐怖。为诬王皇后，不惜杀死襁褓中的幼女；为永远染指朝政，不惜毒死太子弘，诬太子贤谋反，将其流放、杀害；为改朝换代，不惜将李唐宗室"杀戮殆尽"；为防止复辟，杀了又杀，意欲杀灭臣民心中对李唐的牵系。

当平定徐敬业之乱，杀了宰相裴炎、大将军程务挺等之后，武氏怒火难息，怒斥群臣："卿辈有受遗老臣、倔强难制过裴炎者乎？有将门贵种、能纠合亡命过徐敬业者乎？有握兵宿将、攻战必胜过程务挺者乎？此三人者，人望也，不利于朕，朕能戮之。卿等有过此三者，当即为之；不然，须革心事朕，无为天下笑！"

裴炎是武氏心腹，李治托孤大臣，助武氏废中宗，立新君。大唐战神李勣的孙子徐敬业，打着恢复唐室的旗号起兵造反，武氏问计于裴炎，答："皇帝年长，不亲政事，故竖子得以为辞。若太后返政，则不讨自平矣。"这是触了武氏逆鳞。监察御史崔詧听说后，立即上言裴炎要反："炎受顾托，大权在己，若无异图，何故请太后归政？"裴炎下狱被杀。程务挺为单于道安抚大使、左武卫大将军，是抗击突厥的主帅。他密书为裴炎申辩，被斩于军中。另一员戍边勇将王方翼，和程务挺素相亲善，也被关进监狱，流放崖州而死。为了驯服臣下，管你什么国之栋梁、军之干城！

武氏无不可用之手段。

凡血腥恐怖统治，必然将国家法律制度破坏殆尽，必建立一套告密、特务组织，必以逾越法律之外的审判、刑事制度来维持。

武氏靠眼线、告密起家。从武氏二次入宫的那天起，她就不甘当一下人，她想要做的是后宫主宰。她靠眼线、告密，离间皇后、淑妃与李治的关系，也靠眼线、告密冲上皇后宝座。其手段，无非是以利收买人心。"武昭仪伺后所不敬者，必倾心与相结，所得赏赐分与之。由是后及淑妃动静，昭仪必知之，皆以闻于上。"在她的苦心经营之下，宫廷之内，成为武氏的独立王国，李治诏令，不出后宫。麟德元年（664）十二月，李治忿于武氏专恣，命西台侍郎上官仪草诏废后。诏草还在李治手上，"左右告于后，后遽诣上自诉"。风险瞬间化解，武氏毫发未损，随之而来的却是一出株连无数无辜的冤狱。

武氏揽权、上位之后，眼线、告密手段运用得更加得心应手，演化为血腥的法外统驭之术。垂拱二年（686），武氏临朝称制，盛开告密之门。还专设铜匦，即告密箱。有告密者，臣下不得问，皆给驿马，供五品食，使诣行在。虽农夫樵人，皆得召见，廪于客馆，所言或称者，则不次除官，无实者不问。于是，四方告密者蜂起。

人心是片土地，有善的基因，也有恶的种子，可以开出鲜花，也可以使毒草疯长。武氏创造出一个百毒肆虐的小阳春，让人人成为告密者，个个变身特务。下级告上级，长官告下属，仆人告主人，人自相互告，嫉人发达者告，希求富贵者告，为泄私愤者告。魔王高坐殿堂，朝臣无时不有身家大难临头之危。宰相刘祎之，北门学士出身，武氏心腹，垂拱三年（687），对凤阁舍人贾大隐发了通牢骚，犯了私下妄议武氏的大忌，说："太后既废昏立明，安用临朝称制！不如返正以安天下之心。"贾大隐立即密奏武氏，武氏极不高兴，说："祎之我所引，乃复叛我！"有人闻风而动，诬陷刘祎之接受贿赂，还与许敬宗之妾有私，武氏赐他在家自尽。

武氏从告密者队伍中拔擢一批噬人的"恶犬"，周兴、来俊臣、索元礼、侯思止、王弘义等，个个都是恶魔降世，在利禄引诱之下，无恶不作。周兴累迁至秋官侍郎，来俊臣累迁至御史中丞，相与私畜无赖数百人，专以告密为事。武氏得告密者，即令他们审讯，竞创讯囚酷法。来俊臣还与人撰成《罗织经》，教其徒罗织无辜，强成反状。索元礼所杀各数千人，来俊臣破千余家。当时，设置武氏的特别监狱于丽景门，入狱者非死不能出狱。朝士人人自危，相见莫敢交言，道路以目。或因入朝密遭抓捕，每朝辄与家人诀别说："未知复相见否？"一个具有数千年文明史的国度，在武氏统治之下，加速向野蛮和兽性蜕变，专制之狞笑声，千数百年后与闻，犹令人胆寒心惊！

四

"武氏之乱，唐之宗室戕杀殆尽，其贤士大夫不免者十八九。"不贤者死得更多，为恶为狗，失去了利用价值，下场更加可悲。武氏上演的这场悲剧能否避免？

唐太宗李世民曾指令宰相、侍臣："朕比来临朝断决，亦有乖于律令者，公等以为小事，遂不执言。凡大事皆起于小事，小事不论，大事又将不可救，社稷倾危，莫不由此。隋主残暴，身死匹夫之手，率土苍生，罕闻嗟痛。公等为朕思隋氏灭亡之事，朕为公等思（关）龙逄、晁错之诛。君臣保全，岂不美哉！"唐太宗告诫宰相、侍臣，君主和朝臣是一个命运共同体，荣辱与共，君臣命运，需要共同保全，措施重在防微杜渐。

小恶不止，大恶必起。李治、武氏的小恶，开始无人谏止，或谏止不力，终致大唐社稷易手，大臣身家性命也难保全。永徽年御史弹劾李义府枉法，李义府不受惩处，御史反被贬谪出朝，对此关乎朝廷纲纪的大事，宰相、朝臣怎可无言？但是，李义府的政敌长孙派不争，持中间立场者也无人站出来仗义执言，他们或许没有掂量出此事的分量？或是觉得为了一介小小御史得罪权臣、忤逆君主太不值得？殊不知，此时不争，后来遇到更大的事情，就更难以争，甚至不可争。显庆年，许敬宗秉承武氏旨意，将一个并不起眼的太子洗马韦季方、监察御史李巢结朋党案，做成谋逆案，把敌对势力和不顺眼的人一起连根拔掉。六位现任和前任宰相长孙无忌、于志宁、韩瑗、来济、褚遂良、柳奭，俱遭贬黜流放，或赐死，或抑郁而终。

是非面前，朝臣因私心而不言，加剧政治环境恶化；王室宗亲置身事外，明哲保身而不敢言，终致国破宗灭，结局更惨。太子李贤被废之后，太常卿李嗣贞曾经预测："祸犹未已，主上不亲庶物，事无巨细决于中宫，将权与人，收之不易；宗室虽众，皆在散位，居中制外，其势不敌，我恐诸王藩翰，皆为中宫蹂践矣。"李嗣贞之见，宗室难道无一人能悟？李治死后，武氏先废中宗，又软禁新帝，复有废太子李贤的死讯传出。稍后，淮安郡王李神通之子、平定徐敬业之乱的功臣李孝逸又遭横祸。风霜刀剑严相逼，王室宗亲却沉默、沉默。当不得不争，不得不反，期冀抱团一搏时，势已难挽，王子王孙纷纷倒在武氏屠刀之下，"唐之宗室于是殆尽矣"。

裴炎案是一起涉嫌思想犯罪案。"疑有异图"，只能算是一种犯罪推定。凤阁舍人李景谌证其必反，凤阁侍郎胡元范、纳言刘景先证其不反，都说："炎社稷元臣，有功于国，悉心奉上，天下所知，臣敢明其不反！"证反双方都是自由心证。武氏欲加之罪，说："炎反有端，顾卿不知耳。"胡、刘同时力辩："若裴炎为反，则臣等亦反也。"武氏似已词穷："朕知裴炎反，知卿等不反。"如果此时更多朝臣当堂力争，思想罪或可避免；恶例一开，地狱之门就朝着所有人敞开了。

武承嗣野心膨胀，欲为太子，做武周储君，发动一次签名运动。武氏利用此一事件，对潜藏的思想犯作了一次火力侦察，她想知道，还有谁对李唐仍然存有眷恋之心。武氏问宰相岑长倩，岑不知是计，不同意立武，由此招来杀身之祸，牵连宰相格辅元、欧阳通等数十人，同一天被杀。

五

以特务手段，行血腥恐怖统治，色厉内荏，极其脆弱，从来就不会长久。武氏以恶政始，却似乎欲以行善政终，大概是想在史上留下略好一些的名声？但此念一开，她统治的思想基础、政权体系也就呼隆隆倒塌了。周兴、来俊臣、索元礼、侯思止、王弘义这一群"恶狗"被宰杀，狄仁杰、魏元忠、张柬之等一大批正臣浮出水面，废皇帝庐陵王李显被迎回洛阳，立为太子，皇嗣李旦改封相王。神龙元年（705）又来了个大赦天下，凡文明以来，即武氏临朝称制之后二十多年的犯罪者，除了扬、豫、博三州及其他造反的魁首外，一律赦免。

政治开始出现清明气象，但此长彼消，武氏的威势大减，说的话开始失灵，发的令难行，甚至连自己的男宠也难以保全了。张昌宗牵入一桩贪贿案，并有人做证，他找术士看相，相有帝王之气。御史、司刑上书，应将张昌宗逮捕，处以死刑。案件主审宋璟，是个认死理的主，要将此案办成铁案。武氏欲救昌宗，决定将宋璟调开，一会儿命他到扬州审案，一会儿命他到幽州审案，一会儿又命他赴陇、蜀安抚民众。宋璟上书，对上述任命俱不接受，为何？不合朝廷法度，"臣皆不敢奉制"。武氏无奈，耍了个花招，让张昌宗赴御史台接受审讯，迅即下诏召回宫中。宋璟后悔莫及，叹息："不先击小子脑裂，负此恨矣。"事后，武氏令昌宗去宋璟处致谢，宋璟闭门谢客，武氏居然拿他没有办法。

这是她善念的萌醒？是支撑她嗜杀行为的强人心理崩塌？是正臣逐步走上朝堂带来的必然结果？这些方面，恐怕都发生影响。这导致了武周政权的加速覆亡，却让她得了一个善终。《新唐书·则天皇后纪》称："武后之恶，不及于大戮，所谓幸免者也。"后来，她的孙子李隆基做了皇帝，要为被她害死的自己的母亲立碑，但又不能撇开这个奶奶，于是也给武氏立了块碑，善不愿写，恶又不能写，也就成为无字碑，也算是个善评吧。

六

一个人人自危的政治氛围之下，暴政的操手同样失去了安全感。武氏耳畔，万岁的呼拜声虽然响彻云霄，呼拜者内心深处，谁不盼她立刻倒台！表面上，武氏膝下跪倒着满朝堂的忠臣，实质上，她不过是一个孤家寡人，没有一个人真正和她一心！

武氏八十一岁，病卧深宫，太子、宰相难得见面，只有张氏兄弟相伴。此种关头，宫廷政变极易发生。社稷危殆，危机爆发。宰相张柬之、崔玄暐、左羽林将军敬晖、桓彦范，司刑少卿兼知相王府司马事袁恕己担当主角，聚集了太子、相王、太平公主，武氏母系亲属武攸暨、武三思等，举事逼宫。张柬之等朝臣早有"匡复之志"，余人共同的目标是，铲除张氏兄弟，以清君侧。

神龙元年正月二十二，政变队伍至玄武门会师，奉太子斩关而入，直趋武氏所在的迎仙宫。张柬之等斩张氏兄弟于集贤殿庑下，遂进至武氏所寝的长生殿。

武氏闻变惊起，问："乱者谁邪？"回答："张易之、昌宗谋反，臣等奉太子令诛之。"

武氏看到太子，以为李显是幕后主使："乃汝邪？小子既诛，可还东宫。"

桓彦范站到前面，亮出忠于李唐，匡复社稷派的主张：太子安得更归！天意人心，久思李氏。愿陛下传位太子，以顺天人之望！

武氏又看到李湛，讶异："汝亦为诛易之将军邪？我于汝父子不薄，乃有今日！"李湛是奸佞李义府之子，"湛惭不能对"。他因为父亲的污点而羞愧。

武氏又看到崔玄暐，更加惊异："他人皆因人以进，惟卿朕所自擢，亦在此耶？"他可是自己选定的忠诚可靠的人啊。

武氏是否还看到武家的子侄，史书未详。如果知道他们也是同谋，武氏当即就得崩溃了。

大势已去，她闭目不语，陷入沉思。她一定在想：人心难测！自己用尽一生心机，想灭的，灭不了；想得到的，得到更难！为什么？

慧能

佛国菩提凡间栽

慧能担柴入市，听人诵《金刚经》，一听便悟。怀着强烈的渴求，投奔于五祖弘忍门下。

五祖传授衣钵，深夜为说《金刚经》，至"应无所住而生其心"，慧能言下大悟："一切万法不离自性。"

"佛法在世间，不离世间觉。"六祖慧能之佛，是众生佛：一切众生，悉有佛性。凡夫即佛，不悟即佛是众生；一念悟时，众生是佛。

六祖慧能的世间，便是中国的土地，古老的中国传统文化。世间觉，就是觉众生之心，众生之性。若识众生，即是佛性；若不识众生，万劫觅佛难逢。

六祖慧能的禅宗，为众生铺出通向佛国的金光大道：他于修行作了完全的革命，经书损益由己，修行在家亦得，不须坐行枯禅，师度更须自度，布施供养不是功德，自修性是功，自修身是德，于念念之中自见本性清净，自修、自行、自成佛道。

广东韶关曹溪山，曹溪的源头处，有座南华古刹，禅宗六祖慧能在此讲法三十七年。

六祖慧能是中国佛教的创立者，他的《法宝坛经》，是中国人著述的唯一一部佛经，影响中国思想文化千余年。钱穆的观点代表了学界的评价，他说："唐代之有禅宗，从上是佛学之革新，向后则成为宋代理学之开先，而慧能则为此一大转捩中之关键人物。"伟人毛泽东多次讲到六祖慧能。他说六祖是以心观心，两心相契。他说：佛经可以分为上层和劳动人民两个部分，而六祖慧能的佛经《法宝坛经》，就是劳动人民的。他看自己亲手缔造的新中国的众生，"六亿神州尽舜尧"。尧舜是中国人心目中的圣人，也就是印度的佛。"六亿神州尽舜尧"，这个神州，不就成为一方"佛国"净土，极乐世界？

一

佛说众生，众生的绝大多数是劳动人民。他们平凡、卑贱，随处有无常的苦难降临其身。六祖慧能，就是其中的一员。

他生于唐贞观年间，三岁丧父，僻居岭南，家境贫寒。年逾弱冠，犹自目不识丁，终朝采樵荒山，市薪集市，奉养寡母。这个平凡、卑贱的人，却有一颗智慧的大脑，有着不容冒犯的尊严，他高昂着高贵的头颅，行走于天地之间。

慧能拜师，可谓奇人奇遇。他担柴入市，听人诵《金刚经》，一听便悟。怀着强烈的渴求，徒步近一个月，到达湖北蕲州黄梅东禅寺，投奔于五祖弘忍门下。

一介山野樵夫，常年为日晒、风吹、雨淋、雪侵，攀岩跳涧，鸟兽为伍，其体貌举止，与天天吃斋念佛的僧众，定当形成强烈对照。

五祖弘忍，一代掌门，门人千余，面对慧能的贸然闯入，定当有几分惊诧："汝何方人，欲求何物？"

慧能答:"弟子是岭南新州百姓,远来礼师,惟求作佛,不求余物。"好大的口气!

佛教到了唐代,已达极盛。当时的实际,最贫苦的乡间下层子弟,进入佛门,多为得一条生路,或求个出身。

五祖转怒:"汝是岭南人,又是獦獠,若为堪作佛?"

慧能答:"人虽有南北,佛性本无南北,獦獠身与和尚不同,佛性有何差别?"

五祖收留了慧能,却安排到后厨,做了个适合粗壮汉子干的舂米工,一干八个月。

天生大德,难掩灵光。五祖将传衣钵,召集众僧作偈。教授师神秀作偈,题于南廊壁间:

身是菩提树,心如明镜台。
时时勤拂拭,勿使惹尘埃。

五祖看罢,知其不见自性,未得入门,却让留在壁上,与人持诵。慧能循声来到壁廊,因不识字,请在场的江州别驾张日用为其诵读。慧能听罢,说:我也有一偈,望别驾为书。张日用闻言,说:你也能作偈?这可真是稀奇事了。慧能说:"下下人有上上智,上上人有没意智。若轻人,即有无量无边罪。"

慧能作偈:

菩提本无树,明镜亦非台。
本来无一物,何处惹尘埃?

别驾为书,徒众总惊,五祖传授衣钵,深夜为说《金刚经》。至"应如是生清净心,不应住色生心,不应住声、香、味、触、法生心,应无所住而生其心",慧能言下大悟:"一切万法不离自性。"他禀告五祖:"何期自性，本自清净；何期自性，本不生灭；何期自性，本自具足；何期自性，本无动摇；何期自性，能生万法。"

心性一体，无心，则无性；无性，则身心俱亡。心性又有别，"心是地，性是王"。六祖慧能所说之心，无念、无相、无住，"我此法门，从上以来，先立无念为宗，无相为体，无住为本"。他这样说无：无念者，于念而无念；无相者，于相而离相。无住者，人之本性。这都是心的当下状态。贯通《坛经》，对六祖慧能所说之心，更容易把握，它是念念无住之心，是现实当下活泼泼的人心，通过修心，则可见性成佛。

六祖慧能所说的自性，是佛性，或称真如之性，是本净的如来藏。如来藏是怎么来的？唯识论称，万法唯识。人有八识，即眼识、耳识、鼻识、舌识、身识、意识、末那识和阿赖耶识。前面六识人人可知，后面七、八识极为复杂。第八识阿赖耶，意译为藏，称如来藏识，它作为人的记忆和信息系统，流转不息；它是生成一切诸法的种子。玄奘《成唯识论》证，阿赖耶识能够内变为"八识"种子和人身器官，外变为器世间（自然界）。前七识熏习第八识，第八识支配前七识的活动。作为第七识的末那识，意译恒审思量，它具有把阿赖耶识思量为我的那种职能。执我即有染污，故第七识被称为染污识。

《楞伽经》说：如来藏性常，能持生死流转，是涅槃、苦乐之因。如来藏藏在人的身体内，常住不灭，故人人皆有佛性。如来藏有染、净二重性，有染即众生，去染转净则成佛。

唯识论对人类奥秘的探索颇多建树。六祖慧能身上有一种不可思议的神异性。一方面，他"以心悟经"。他没读过书，不识文字，但佛经一听便悟，为人讲解。一方面，他又是"经由心悟"，创法立说，开宗立派。他说："三世诸佛，十二部经，在人性中本自具有。"此说常理难解。唯识论的探求，为我们探究六祖慧能身上的佛性之源，提供了一种启悟。

六祖慧能从他的心性论出发，建立起自己的禅宗理论体系，引发了中国佛教的一场革命。

二

禅宗的源头在印度。世尊释迦牟尼在灵山会上说法,"拈花示众",众皆默然,唯摩诃迦叶领略其机趣。世尊说:吾有正法眼藏,涅槃妙心,实相无相,微妙法门,不立文字,教外别传,付嘱摩诃迦叶。

宗门传承记载,自释迦牟尼以次,迦叶、阿难递次传至二十七代,而有达摩为印度二十八祖。达摩于南朝梁武帝时来到中土,为中国禅宗之祖。达摩传慧可,慧可传僧璨,僧璨传道信,道信传弘忍,弘忍传慧能,为六祖。

世尊"拈花示众"的公案,不见佛典,禅宗世系也无确考,不过,这两个方面对于禅宗却极其重要。它说明,中国禅宗是正教真传,没有改旗易帜,背叛祖宗。禅宗的大法,是传佛心印,直抵如来佛心,也就不必为佛典所拘。佛说:"我从某夜得最正觉,乃至某夜入般涅槃,于其中间不说一字,亦不已说当说。"佛经不过是佛祖以筏喻、月指,为迷人指迷罢了。这就给了禅宗以极大的创造空间。

正教新说,让佛教中国化,成为中国佛教、中国优秀的传统文化。它促发了儒学的新生,变身为宋代理学,它影响了哲学、书法、绘画、音乐和建筑艺术等,使它们面貌一新。

(一)六祖慧能的禅宗,让众生头上放起佛光

佛陀本是人间的觉悟者,自觉而觉人。南传佛教中,只有释迦牟尼代表佛陀。后来,佛陀释迦牟尼被超人化、神格化,成为法力无边、全知全能的佛。除了释迦牟尼佛,又有了十方三世,无数佛的存在。

佛有三身,法身、报身、化身。法身就是以不灭的教法为身,报身就是证悟后具足圆满的佛身,化身就是佛陀为教化众生显现的佛身,有超人的能力、超人的形体,遍布十方三世。

佛教徒修行的目的最终在于成佛。成佛却是一个异常艰辛、必须经过无数劫才能希望完成的漫长过程。就是说,人佛相隔,遥不可及。

"佛法在世间,不离世间觉。"

六祖慧能之佛，是众生佛：一切众生，悉有佛性。凡夫即佛，烦恼即菩提。前念迷即凡夫，后念悟即佛。前念著境即烦恼，后念离境即菩提。不悟即佛是众生；一念悟时，众生是佛。

六祖慧能之佛，是自心佛：我心自有佛，自佛是真佛。自若无佛心，何处求真佛？自心是佛，更莫狐疑，外无一处而能建立，皆是本心生万种法。故经云："心生种种法生，心灭种种法灭。"

六祖慧能之佛，是自性佛。本性是佛，离性无另佛。佛向性中作，莫向身外求。自性迷即是众生，自性觉即是佛。慈悲即是观音，喜舍名为势至。能净即释迦，平直即弥陀。自性佛一体三身。六祖慧能答智通问，说得明白："三身者，清净法身，汝之性也；圆满报身，汝之智也；千百亿化身，汝之行也。"

（二）六祖慧能的禅宗，把佛国搬来众生身边

"佛法在世间，不离世间觉。"

这个世间，便是中国的土地，古老的中国传统文化。

佛教自东汉明帝时传入中土，此后，来中土传经、赴印度求法者络绎不绝。佛教与中国的儒、道结合，逐步呈现中国特色。与此同时，却也传染了经院哲学的烦琐。因此，佛教的革命者陆续出现。东晋的慧远大师自创净土宗，以念佛观为法门，以《阿弥陀经》为经典。经中说，只要一心念"南无阿弥陀佛"，便可到西方极乐世界，以此为始，中土飘荡起"家家阿弥陀，户户观世音"的法雨梵花。不过，这个西方极乐世界，近乎虚无缥缈，只有死后才有望往生。

六祖慧能从韶州刺史韦璩所请，至城中大梵寺讲经说法，刺史之问，可说代表了千余听众的心声："弟子常见僧俗，念阿弥陀佛，愿生西方。请和尚说，得生彼否？愿为破疑。"

六祖慧能答：世尊说法，经文分明，有佛接引度化，到达阿弥陀佛国并不遥远。世尊又论相说里数，至西方有十万八千，是指人身若有"十恶八邪"，则西方世界遥不可及。所以，"迷人念佛求生于彼；悟人自净其心"。使君心地但无不善，西方去此不遥。若怀不善之心，念佛往生难到，何佛即来迎请？今天我劝大家："先除十恶，即行十万；后除八邪，乃过八千。念念见性，常行平直，到如弹指，便睹弥陀。"

六祖慧能让听众更生欢喜：我与诸人移西方于刹那间，目前便见，如何？

听众个个顶礼，说："若此处见，何须更愿往生？"

六祖慧能移来的西方，是一个"自性西方"。佛在自性中，西方亦在自性中。他说：常行十善，天堂便至。除人我，去邪心，灭烦恼，祛毒害，自心地上觉性如来，大放光明，"自性内照，三毒即除，地狱等罪，一时销灭，内外明彻，不异西方。不作此修，如何到彼？"

经云："若求净土，先净其心；心净故即佛土净。"一个个众生，成一方方净土。所有众生心地清净，世间不就是佛国乐土？

六祖慧能又与大众说《无相颂》：

> 心平何劳持戒？行直何用修禅？
> 恩则孝养父母，义则上下相怜。
> 让则尊卑和睦，忍则众恶无喧。
> 若能钻木出火，淤泥定生红莲。
> 苦口的是良药，逆耳必是忠言。
> 改过必生智慧，护短心内非贤。
> 日用常行饶益，成道非由施钱。
> 菩提只向心觅，何劳向外求玄。
> 听说依此修行，西方只在目前。

这是人间化了的教，人格化了的佛，道德化了的西天。

（三）六祖慧能的禅宗，是从众生中发现善法慧海的源泉

"佛法在世间，不离世间觉。"

这个世间，是由平凡、卑贱的众生构成。这个不能离的世间觉，就是觉众生之心，众生之性。六祖慧能说，若识众生，即是佛性；若不识众生，万劫觅佛难逢。

心量广大，周遍法界。

六祖慧能创法，一定想起了母亲的慈善，想起了邻里的和睦，想起了世间芸芸众生中那些寻处可见的长者、智者。他们也许大字不识，极其平凡，却是那么通情达理，举止从容。

六祖慧能创法，一定想起了与之为伍一十五载的猎人兄弟。岭南僻地，山高林密，毒瘴漫天，野兽横行，人是弱者。猎人们与肆虐的大自然为伍，岂不是智、勇兼备，义薄云天？岂不是可称之为，"放下屠刀，立地成佛"？

六祖慧能创法，也一定想起了所有往世、今世甚至未来世那些默默地做善事、修功德的菩萨行者。

佛性，乃最真、最善、最美的人性。最具足者，是平凡、卑贱、淳朴的众生。

众生是土地，佛性因众生而生长。

众生是绿叶，佛性因绿叶而绽放。

六祖慧能的禅宗，因其为芸芸众生所创而久长。

三

庙宇深深，僧道尊严，经书浩瀚，仪轨烦琐，求福报，做功德，还得布施钱财。因此，向佛行禅，与贫穷和文盲占多数的众生，总归缺分少缘。

六祖慧能的禅宗，为众生铺出通向佛国的金光大道。

六祖慧能的修行之道，同出于他的心性论一源。

摩诃般若波罗蜜，此言大智慧到彼岸。六祖慧能说，菩提般若之智，世人本自有之，只缘心迷，不能自悟。"一切处所，一切时中，念念不愚，常行智慧，即是般若行。"般若在行、住、坐、卧当中，般若在劈柴、担水、营商、耕田当中，青青翠竹，郁郁黄花，无非般若。

戒定慧三学，佛门修行的不易之道。六祖慧能说：一切万法，皆从自性起用，是真戒定慧：心地无非自性戒，心地无痴自性慧，心地无乱自性定，不增不减自金刚，身去身来本三昧。

何名坐禅？道由心悟，岂在坐也！

何名禅定？外离相即禅，内不乱即定。外禅内定，是为禅定。

发四宏愿，是自心、自性愿：自心众生无边誓愿度，自心烦恼无边誓愿断，自性法门无尽誓愿学，自性无上佛道誓愿成。

授无相三皈依戒，是皈依自性三宝：皈依佛者，觉也；皈依法者，正也；皈依僧者，净也。皈依三身佛，是自性一体三身佛，就是自己色身中自性具足的法身、报身、化身佛。

六祖慧能，于修行作了完全的革命，经书损益由己，修行在家亦得，不须坐行枯禅，师度更须自度，布施供养不是功德，自修性是功，自修身是德，于念念之中自见本性清净，自修、自行、自成佛道。

六祖慧能的禅宗，常被冠以"顿教"。他拜师弘忍，一闻言下便悟，顿见真如本性，是以顿悟菩提授众，就是：各自观心，自见本性。若识自性，一悟即至佛地。

人的认识，追求科学理性，认识的形成，通常呈现为渐积渐进的过程。但是，人的认识的形成，又充满着神秘、诡异，不明其来，不知其亡，忽焉在前，忽焉于后。识一人，见一地，做一事，悟一理，无不有顿悟造访，它可感、可遇却不可强求，不可言说。

佛陀讲法，说到他在开悟之前那种返回老家的感觉。他说："我像一个流浪之人，于流落荒野之外，终于发现了一条先佛走过的古道，并在这条路上前进的时候，看到了先佛住过的村落、宫殿、花园、林木、荷池、院墙以及他们曾经用过的其他许许多多的东西。"这被称为宿世的记忆。《红楼梦》中，贾宝玉初见林黛玉，如忽逢故知：这个妹妹我见过。人初到一地，蓦然起一熟识感，思：我在这里生活过。人了悟毕生为之奋斗之事业，那是灵光一闪，此时也许正在处于无心状态，青山夕阳好景入眼。人放下沉重的烦恼、解除致命的焦虑，是痴念一刹出窍，此时也许正在默诵《心经》：心无挂碍。无挂碍故，无有恐怖……顿悟，是精神的飞跃，灵魂的飞升，是天才出世，仙佛降生。

赵朴初大居士题南华寺诗，有"灵光不灭是南华"。这灵光，是卑贱者的尊贵之光，是芸芸众生的心智之光、灵性之光，是催发人类精神文化百花绽放的和煦春光。

灵光启悟，让众生以正信和勇猛精进，迈向佛国的大门，登上须弥宝座。

唐玄宗（上） 依故事而开盛唐

开元盛世是怎样出现的？当朝有识之士和后来的史家，大都把"贞观、开元之太平"联系起来考察，得出比较一致的结论："太宗定其业，玄宗继其明"，"依贞观故事"开创出"贞观之风，一朝复振"的崭新气象。

唐玄宗"依贞观故事"，是对唐太宗"贞观之治"的模仿和学步。虽是学习效仿，总有高低差异，或因经历不同，或因人性品格，或因能力水平所致。

杜甫《忆昔》诗，回忆开元盛世富足升平景象：

"忆昔开元全盛日，小邑犹藏万家室。稻米流脂粟米白，公私仓廪俱丰实。九州道路无豺虎，远行不劳吉日出。齐纨鲁缟车班班，男耕女桑不相失……"

诗非实景描述，但却符合历史真实。开元盛世，经济繁荣，文化兴盛，社会安定，内无叛乱之贼，外无危国之敌，前来朝贡的蕃国达到七十余个，成为中国封建社会最鼎盛时期。

开元盛世是怎样出现的？当朝有识之士和后来的史家大都把"贞观、开元之太平"联系起来考察，得出比较一致的结论："太宗定其业，玄宗继其明""依贞观故事"，开创出"贞观之风，一朝复振"的崭新气象。

李隆基正式执掌政权之前，朝堂极其混乱。从神龙元年（705）武则天失权，到先天二年（713）唐玄宗继位，8年间六次政变，五易皇位，王公大臣、帝后妃嫔多遭惨祸。大乱思大治。从结束武周统治之后，有识之士就提出"依贞观故事"的主张。这时候，它首先是一面政治旗帜，意在恢复李唐正统，聚拢人心。同时，这也是国家致治的现实选择。"依贞观故事"的主张，中宗、睿宗都没有做到。在睿宗朝，李隆基为太子，在姚崇、宋璟等一批大臣支持、努力下，"翕然以为复有贞观、永徽之风"。由于太平公主势力的破坏，姚、宋等一批大臣被罢免，历史又倒退回去。但是，人心所向，"依贞观故事"，势成必然。

一张白纸，写不出历史新篇。任何一位政治家，都只能借助前人的舞台，扮演好自己的角色。唐玄宗开元之始，唐朝已经立国95年。唐高祖开国建基，唐太宗转向全面建设，把"轻徭薄赋，与民休息"作为基本国策，开创了历史上有名的贞观之治。唐高宗和武后执政，继续秉承贞观年间的富民政策。中宗、睿宗时期，政局动荡，但大政方针没有根本改变。靠几代人的积累，奠定了雄厚的物质文化基础，才有了唐玄宗"受报收功，极炽而丰"的局面。前人创造了特有的机遇，唐玄宗很好地把握了机遇，这是形成开元盛世的必备条件。

"依贞观故事"，从大处讲，是继续执行有唐以来一以贯之的强国富民国策，具体分析，关键点有三：

一是选贤任能。唐太宗善于识人、用人，历代帝王无出其右。开元年间，唐玄宗在用人方面忠实地效仿太宗。宰相班子起着关键作用。开元初期，姚崇、宋璟相继为相。姚崇善于应变成务，宋璟守法持正，二人志操不同，但协心辅佐，使赋役宽平，刑罚清省，百姓富庶。宰相班子成员之间，互相取长补短，和睦共事，更是锦上添花。姚崇与卢怀慎，一个救时之相，一个清正廉明，一柔一刚，互相协调。宋璟与苏颋，一个性刚，一个善文，成为合适的搭伴。后来的张嘉贞，断决明敏；源乾耀政存宽简，不严而理。上行下效，就带出一个政通人和的大好局面。

二是听言纳谏。唐太宗好悦至言，"虽狂瞽逆意，终不以为忤"，魏徵、王珪、虞世南等大批敢于切谏的大臣，身居要职。唐玄宗刚刚铲除太平公主反对势力，即任命姚崇为相。姚崇提出十事要说，其中之一就是要唐玄宗纳谏，"臣请凡在臣子皆得触龙鳞，犯忌讳，可乎"？玄宗回答："朕非唯能容之，亦能行之。"时过两个月，他就"制求直谏冒言，弘益理政者"。梳理纳谏的事项，有功臣外放，铲除动乱隐患，稳定政局；有抑损权臣，以求久安之道；有皇后之父筑坟应依祖制；有任官必须符合程序；有公主陪嫁、游猎、娱乐、珍玩，等等内容。从宰相到一般官员，人人争献谏言，谏诤成为一时风气。

三是行俭戒奢。唐太宗行俭戒奢，恪始克终。唐玄宗则以行俭戒奢为突破口，迅速打开执政局面。他正式执掌政权一年多时间，出台一系列措施，刻厉节俭，力除浮竞。开元元年（713）十二月，下令禁断泼寒胡戏；二年七月乙未，焚锦绣珠玉于殿前；戊戌，禁采珠玉及为刻镂器玩、珠绳帖绦服者，废织锦坊；八月，禁女乐；丙寅，命有司沙汰天下僧尼，以伪妄还俗者万二千人。此外，还有遣返宫女，严禁厚葬。他发现卫士把吃剩的饭菜倒掉，大怒，要杖杀之，这个无名之辈差点因为顶风而上丢了脑袋。这些举措，以小博大，使社会风气迅速返朴还淳。

用贤、纳谏、厉俭戒奢，可说是千古不易的为政之道。

唐玄宗"依贞观故事"，是对唐太宗"贞观之治"的模仿和学步。虽是学习效仿，总有高低差异，或因经历不同，或因人性品格，或因能力水平所致。

政因人兴，唐太宗、唐玄宗相去无几。用人方面，一个信、用一体，一个用、驭为重。唐太宗用人不疑，大胆放手，至今传颂着"房谋杜断"的佳话。唐玄宗用人，疑心极重，重于用，重于驭，臣下是他的私人工具，时时防范，随用随弃。他的自私近乎病态，为了自身利益，谁都可以拿来当作牺牲品。李隆基做太子，太平公主公开煽动废黜。姚崇、宋璟献计，向睿宗建议，让太平公主离开京城，回到封地。太平公主大怒，"太子惧，奏元之、璟离间姑、兄，请从极法"，姚崇、宋璟被贬出京城。开元二十五年（737），李林甫和武惠妃合谋，告太子李瑛等造反，唐玄宗不作调查，竟一日赐死三子。这种病态的天性决定，开元历经二十九年间，宰相任职没有一人超过三年。

人格上平等，才能君臣一体，荣辱与共。对待臣子的态度，一个躬身下士，一个端足架子。唐太宗打天下九死一生，众多才俊之士和草莽英雄甘愿为他肝脑涂地，靠的是推心置腹，有比较强的君臣平等意识。唐玄宗生来就是皇室贵胄，少年时代朝拜武则天，被禁卫阻挡，他气焰冲天，"吾家朝堂，干汝何事"！因为这种"吾家朝堂"的霸气，君臣隔面也隔心。姚崇算得上玄宗"宾礼"的"故老"，但奏事时玄宗没有回应，"崇益恐，趋出……崇至中书（省），方悸不安"。连刚正不阿的宋璟，对玄宗也不乏"陛下降德音"之类的赞美诗。躬身下士，方有谔谔之士折冲朝堂。端足架子，那些本来要进言的人，话说不说，说多说少，说深说浅，就要用心掂量了。

再就执政理念作一比较，更是高下立判。唐太宗治国行政用人，有一套成熟的理念。《贞观政要》是实现贞观之治的行动指南，也是唐太宗执政实践的理论升华，它甚至成为后来一代代为政者必读的教科书。理论的清醒，才有行动的自觉与坚定。唐玄宗也有本御注《道德经》，阐发执政理念，作为理国、理身之本。两相比较，御注《道德经》不接地气，也容易把政治引向玄虚。因此，在一些大关节处，他的摇摆不定，言行不一，以及后来的大蜕变，也就容易理解了。

开元之治分三个时期，前期十年，中期十四年，后期五年。前期是最好时期，中期不如前期，晚期就走下坡路了。

由前期进入中期的标志，是起用张说为相。史称张说"当承平岁久，志在粉饰盛时"，导帝以行封禅，频繁地组织祭祠、祀郊、谒陵活动。率百官上表，请以每年八月五日玄宗生日这天为千秋节，作为全国法定节日。唐玄宗被歌功颂德所包围，什么"功格上天，泽流厚载"；什么"三王之盛，莫能比崇"，他照单全收。史臣吴兢献上花近二十年心血编纂的《贞观政要》，希望他"克遵太宗之故事"，他不置一词，尾巴翘到天上，什么高祖、太宗之业，大概也不放在眼里了。

进入开元晚期的标志，是开元二十五年，直臣张九龄、裴耀卿被双双罢黜，由口含蜜而腹藏剑的李林甫为相。极端事例，是御史周子谅弹劾牛仙客滥居相位，误引了谶书中的句子。唐玄宗大怒，命人在殿廷上痛打周子谅，绝而复苏，仍杖之朝堂，流瀼州，至蓝田死。张九龄也因为推荐过周子谅被贬为荆州刺史。至此，谏言之路阻绝。一个君主，或者一个领导，听不到谏言，就走向昏聩；听到的只是颂歌谀词，就开始向昏君庸主蜕变；如果喜谀而厌谏，阿谀者得宠，而谔谔者遭殃，就是既昏又暴，离他倒霉和垮台也为期不远了。

开元二十八年（740），发生影响朝廷命运的一件大事，有必要提起。这年十月，李隆基与杨贵妃的情爱史揭开序幕，他开始跌落进声色和奢靡享乐的陷阱里。至此，拒贤用奸、拒谏喜佞、荡心侈欲，唐玄宗样样占全。时候一到，天视、民听就要登场，对他作出"最后的审判"了。权位再高，气焰再盛，在天视、民听面前，谁都是卑微渺小的，高不起来，也半点脾气没有。

唐玄宗（下）

胡儿一吼天塌了

　　李隆基突然有了种生命的虚无感，有了种强烈的惰政、怠政心！照现时的说法，世界观、人生观、价值观严重错位、蜕变了。

　　李隆基五十六岁，二十二岁的杨玉环投入他的怀抱，重新点燃了他生命的熊熊烈焰，让他谈了一场惊天动地的恋爱。它以一个王朝的家底做本钱，以一个政权的命运做赌注，以个人和国家的悲剧收场。

　　李隆基"悉以政事委林甫"。恶恶相生，李林甫专权，造就的是佞幸、酷吏和坐大自雄的藩镇。安禄山身兼平卢、范阳、河东三镇节度使，三镇约兵二十万，占全国镇兵总数的40%。

　　许多事情，急些、昧些，祸害不大，兵事就不同了。李隆基的兵制改革，府兵制废了，彉骑制没有建立起来，致使内地无兵。所设安西、北庭、河西、朔方、河东、范阳、平卢、陇右、剑南九节度使及岭南经略使，只有河东一镇治太原，比较靠近内地，其他则属于西北边陲。这种格局，使京城附近、中原内地，武备松懈，外强中干，外重内轻，乱亡局势也就形成了。

渔阳鼙鼓动地来，惊破《霓裳羽衣曲》。

安禄山举兵反叛，大唐王朝由封建社会的极盛、中国的极盛，沦落到遍地烽火狼烟，演变为史上又一个乱世。

当时，高踞皇帝宝座的唐玄宗李隆基，已经在皇位上连续坐了43年。如果不是这场大事变，京城陷落，流窜西蜀，被迫下台，他还要在这个位子上一天又一天地坐下去。

平常人，对同一个岗位，干久了还有厌倦感，皇帝就不会吗？同样会！

他的职位没法"步步高升"，连一步也没法升，只能多给自己加些尊号，这种成人游戏，玩多了乏味。

他的祖先们训诲，不能穷兵开边，不能大兴土木，不能再建个北都、南都，也不能再挖几条大运河。没有太过刺激的大事业要干，搞文治吧，诗词、书法、音乐也算颇有些造诣了，但和那些专业人才相较，水平还是洼了点。尽管每天颂歌盈耳，想来全是千篇一律，听着腻歪。

更烦心的是，朝堂上总有那么一群乌鸦嘴，一天到晚谏，谏，谏！对他打击特大的是，二哥、八弟、四弟，这些可以开怀畅饮、击球、唱歌的伙伴，今天这个病老，明天那个离世。开元二十五年，有朝臣和宦官举证，太子瑛、鄂王瑶、光王琚图谋不轨，生龙活虎的三个儿子被他一日赐死。与此事相关联，十二月，他最宠爱的武惠妃，一场大病，说走就走了，才刚刚三十九岁。李隆基突然有了种生命的虚无感，有了种强烈的惰政、怠政心！照现时的说法，世界观、人生观、价值观严重错位、蜕变了。

气衰，则阳虚阴盛，君子道消，小人道长。阴盛，则体虚，大好的风吹日炙，也会感冒受寒，四体不适。青天白日，也会有妖魅附身。

开元二十八年（740），李隆基五十六岁，二十二岁的杨玉环投入他的怀抱，重新点燃了他生命的熊熊烈焰，让他谈了一场惊天动地的恋爱。它以一个王朝的家底做本钱，以一个政权的命运做赌注，以个人和国家的悲剧收场。

杨玉环到底有多美、多媚？还是来看白居易老先生《长恨歌》的片断描述吧！

　　　　回眸一笑百媚生，六宫粉黛无颜色……
　　　　侍儿扶起娇无力，始是新承恩泽时……
　　　　云鬓花颜金步摇，芙蓉帐暖度春宵……
　　　　后宫佳丽三千人，三千宠爱在一身……

白居易老先生，世称天下第一有福之人，风月场上久惯之辈，七十岁暮，家中还有大蛮、小蛮左拥右抱，将男女私情形之笔端，真正形、声、情并茂。

杨玉环的确可人之至。她进入李隆基后宫之前，已经做了五年寿王妃，风情自解；一生无子，没有后嗣争位的事惹李隆基闹心；不问政治，是个没有权力欲的女人；歌舞天成，是个艺术天才，成为李隆基的知音；有那么强的平等意识，两次和李隆基闹翻，被赶出后宫。李隆基离了她，食不甘味，只好变着法子再把她迎回来。

风流天子李隆基，对这样的女人，不得爱死？

贵妃喜欢新妆，专为她服务的织绣工达到七百人；贵妃喜啖荔枝，命岭南快马传送，至长安色味不变；贵妃长于音律舞蹈，皇家梨园新编排《霓裳羽衣曲》；贵妃讲究生活情趣，温泉宫改华清宫，新添温汤海棠池。李隆基偕杨玉环长驻骊山，"骊宫高处入青云，仙乐风飘处处闻。缓歌曼舞凝丝竹，尽日君王看不足。"

爱屋及乌。杨玉环的三个姐姐，崔氏封韩国夫人、裴氏封虢国夫人、柳氏封秦国夫人，加上堂兄杨铦、杨锜，五家竞开府第，极其壮丽，一堂之费，动逾千万。"恩宠声焰震天下"的杨玉环，引得无数民谣流传，"生男勿喜女勿悲，君今看女作门楣"。

大唐财源滚滚，钱财区区小事。但国家这么大，虽然海内晏然，还是有万机之事等待君王处理。李隆基自有解脱之道，因为他找到了一个心仪的宰相李林甫。杨玉环入怀伺枕之际，李林甫已经做了四年宰相，那是太有德、太有才、太有能、太体君心的宰辅了，"朕欲高居无为，悉以政事委林甫"。

　　史称，李林甫口有蜜而腹有剑，有极能与极奸两面。《旧唐书》称他"每事过慎，条理众务，增修纲纪，中外迁除，皆有恒度。而耽宠固权，己自封植，朝望稍著，必阴计中伤之"。

　　他情报工作做得到位，"中官妃家，皆厚结托，伺上动静，皆预知之，故出言进奏，动必称旨"。

　　他"杜绝言路，掩蔽聪明，以成其奸"。做了宰相，把谏官议政制度取消。有位谏官上书言事，李林甫把他黜为地方县令，并告诫其他谏官：明主在上，紧跟还跟不上呢，啰唆那么多废话干什么？你们没看到仪仗队的马吗？终日无声，享受着三品的食料，一叫就被淘汰掉，再想不出声，还有机会吗？他"妒贤嫉能，排抑胜己，以保其位"。他主政时的宰相班子，一个人说了算，谁爱提意见，就打发走人。对李隆基欣赏的大臣，要么给个闲差，让他养病；要么发配外地，离皇上远远的。

　　他"屡起大狱，诛逐贵臣，以强其势"。高压恐怖政策之下，朝堂上也就鸦雀无声了。李林甫说什么，李隆基就信什么。天宝六载（747），李隆基要招贤，李林甫说："野无遗贤。"所举朝野之士尽是"卑贱愚聩者"，李隆基偏偏也信他的。李林甫干了十九年宰相，直至病死。李隆基表彰他：清贞之节，尽公心于匪躬。有这样的"好"宰相，李隆基也就安心过他的纵情声色的幸福生活了。

　　恶恶相生，李林甫专权，造就的是佞幸、酷吏和坐大自雄的藩镇。

　　佞幸，为大唐搜刮、聚敛财富，既要满足李隆基无度的挥霍，又要支撑太平盛世花团锦簇的繁华，同时也为李林甫专权支撑台面。佞臣王铁，以此取得李隆基的宠幸，地位仅次于李林甫。借杨玉环祖从兄关系步入朝堂的杨国忠，则以搜刮、聚敛之能，入列宰相，被李隆基视作"大贤""良弼"，认为他不仅忠于国，而且能富国。酷吏，作为无恶不作的打手，用以栽赃对手，铲除异己，为揽权、夺权、专权铺平道路。坐大自雄的藩镇，以安禄山为代表，开疆拓土炫耀盛世武功，却最终毁掉了大唐锦绣河山。

本来，唐朝的兵制，是府兵制，以有户籍、符合条件的农民为兵，平时居于田亩，教练皆以农闲，有事就出去从征，事讫各还其乡。承平日久，府兵制弊端显现，兵不成兵，且严重缺额。开元后期，李隆基开始推行募兵制，谓之"扩骑"。天宝年间，因为天下殷盛，李隆基志在吞并周边民族，设了十大节度、经略使。祖宗成法，"边帅皆用忠厚名臣，不久任，不遥领，不兼统，功名卓著者入为宰相"。但受"吞并"野心驱使，李隆基犯了大忌，边将久任者，数十年不变，不遥领、不兼统的成法也废了。李林甫为了堵住边帅入相之路，把宰相的位子坐成"铁椅子"，则建议李隆基，"文臣为将，怯当矢石，不若用寒畯胡人"，胡人则善战有勇，寒族则孤立无党。李隆基赞赏并采纳了李林甫的建议，也就造就了安禄山成长、坐大的土壤。此后，边将全部由胡人担任。

恶缘相牵，冥冥上苍又把安禄山送到李隆基面前。李隆基与安禄山，凑成一段特殊因缘。开元二十四年（736），平卢讨击使安禄山奉命讨伐奚、契丹，轻敌冒进，打了大败仗，按律当斩。幽州节度使张守珪矛盾上交，执送中央处理。宰相张九龄认定安禄山狼子野心，而有逆相，请因罪戮之，冀绝后患。当时，李隆基已经开始疏远张九龄，反以安禄山"勇锐"为由，仅作免官处理。天宝元年（742），安禄山任平卢节度使入朝面圣，君臣追溯当年旧事，安禄山怎不感激涕零！李隆基对安禄山，既有知遇之恩，又是再生父母，它逾越了通常的君臣关系，彼此间的互信，他人很难撼动。安禄山借助这层特殊关系，以其特有的狡黠，征服了君心，也赢取了贵妃娘娘的慈爱之心。

李隆基每次召见，贵妃在，他总是先拜贵妃，上奏说："蕃人先母而后父耳。"李隆基很高兴。后来，又请求做贵妃的养儿，讨好贵妃，宫中俱称他禄儿。天宝六年（747），李隆基设内宴招待心腹重臣，李隆基让安禄山拜太子，不拜。左右催促，装傻，拱立道："臣胡人，不习朝仪，不知太子者何官？"李隆基信以为真，向他解释，他说："臣愚，向者惟知有陛下一人，不知乃更有储君。"安禄山派有大员长驻京师，早已掌握了围绕太子展开的激烈争斗，安禄山不拜太子，反获得李隆基的宠信。李隆基欣赏安禄山，是得意自己发现了一位能征惯战的大帅。北方奚、契丹常常叛唐，天宝四载（745）三月，李隆基采用和亲手段，以外孙女静乐公主嫁契丹王李怀节，甥女宜芳公主嫁奚王李延宠。但不到半年，奚、契丹各杀公主叛唐。安禄山率兵讨伐，大破奚、契丹，令大唐扬眉吐气。

　　安禄山摆平李隆基，摆平杨贵妃，还摆平了权相李林甫。安禄山依附于李林甫，李林甫则常对上"称其美"。有人上言安禄山必反，李林甫就出面为他辩护。安禄山对公卿皆慢侮之，但对李林甫，却总是毕恭毕敬，每次见面，虽盛冬，常汗沾衣。

　　安禄山成为皇帝、贵妃、权相的宠儿，在大唐朝野还不是顺风顺水？他一路攀升，被赐爵东平郡王，身兼平卢、范阳、河东三镇节度使，河北道采访处置使。据天宝初的统计，河东节度使治太原，兵五万五千人；范阳节度使治幽州（北京西南），兵九万一千四百人；平卢节度使治营州（辽宁朝阳），兵三万七千五百人，三镇约兵二十万，占全国镇兵总数的40%。

　　为政以勤以怠，以明以昧，因果自见，甚至不用太多时日。许多事情，怠些、昧些，祸害不大，兵事就不同了，它可为乱、养乱，甚而至于亡天下。李隆基的兵制改革，府兵制废了，只剩下衙门和官员，彍骑制没有建立起来，逐渐变了味儿，应募的皆是些市井负贩、无赖子弟，从来没有受过军事训练，致使内地无兵。所设安西、北庭、河西、朔方、河东、范阳、平卢、陇右、剑南九节度使及岭南经略使，只有河东一镇治太原，比较靠近内地，其他则属于西北边陲。这种格局，使京城附近、中原内地，武备松懈，外强中干，外重内轻，乱亡局势也就形成了。即使没有安禄山，也会出个静禄山，或乱禄山，跳出来乱天下。

李林甫死，杨国忠任相，终成乱局。安禄山根本不把杨国忠放在眼里，杨国忠制服不了安禄山，就告安禄山反，促安禄山反。安禄山害怕杨国忠暗算，又怕太子掌权后报复，箭在弦上，反就只是时间问题了。

天宝十四载（755）十一月初九，拂晓，安禄山率领号二十万大军，在蓟城誓师，正式宣告起兵造反。情报频频送达李隆基，他一概否定，称安禄山必无反心。直到十五日，"上闻安禄山定反"，才召集杨国忠商量办法。天崩地坼之际，他还和杨玉环腻在华清宫，沉溺于歌舞升平，纵情于声色之中，还不想回到朝堂，打理政事。直到十二月初一，新募集、拼凑起一支五万人的军队，离开长安，正式踏上征讨安禄山的路途。

战局的发展是，洛阳沦陷，潼关沦陷，长安沦陷，李隆基逃蜀。太子留在敌后，宣布登基，给李隆基封了个太上皇。待他返回长安，已经是一年半后的事情了。需要补缀一笔的是：李隆基仓皇出逃期间，来到马嵬坡前，六军哗变，逼迫李隆基赐杨玉环一条白练，一代佳丽香消玉殒。杨国忠则被乱军杀死。那个造反的安禄山，也被自己的儿子杀掉。

胡儿一吼，天塌了，地陷了。这场战乱，对唐王朝的重创，其一，人户锐减。天宝十三年（754），全国人户约906.9万，十年后的广德年间，人户290万，仅存不足三分之一。其二，外国骤强。回纥、吐蕃、南诏、沙陀俱成边患。其三，藩镇遍地。一个"安藩镇"倒下去，无数个新藩镇站起来。降将、功臣，各领藩镇，各修甲兵，各擅赋税。降将相约，以土地传子孙，其他藩镇则与他们互通声气，中央政权威权不震。战乱因缘促成，宦官又控制了禁卫军，这个"中央藩镇"更恶，到了可以任意更换皇帝的地步。这种乱局愈演愈烈，直到唐朝覆灭。

惜哉，大唐盛世！悲哉，苍生黎民！

张九龄
兰心桂质君子风

兰叶春葳蕤，桂华秋皎洁。
欣欣此生意，自尔为佳节。
谁知林栖者，闻风坐相悦。
草木有本心，何求美人折。

张九龄以兰叶、桂华皎洁芬芳、纤尘不染的品格，表明自己不趋炎附势、不追名逐利的高尚情操。

张九龄所处的时代，正是唐朝由极盛而极衰的转折点。他欲以一己之力，卫护好制度和伦理的大堤，卫护好来之不易的盛世局面。但是，败势已成，大势难逆，孤掌难鸣。他尽到了一个臣子的职分，一个士人的责任，也就于心无愧了。张九龄"以直道黜，不戚戚婴望，惟文史自娱，朝廷许其胜流"。

张九龄是唐代开元盛世时的名相。

开元盛世，名相辈出：姚崇、宋璟、张嘉贞、张说、李元纮、杜暹、韩休、张九龄……他们或擅长调解，或执法严厉，或长于吏治，或善识人才，或节俭治国，或个性率直，个个都有所长。

像姚崇，李隆基要拜他为相，他说，臣有十事，如果陛下觉得难以实行，"臣敢辞"。而宋璟，刚正又超过姚崇，"玄宗素所尊惮，常屈意听纳"。还有个猛人韩休，"休峭鲠，时政所得失，言之未尝不尽"。玄宗身边的人说："自韩休入朝，陛下无一日欢，何自戚戚，不逐去之？"玄宗说："吾虽瘠，天下肥矣。"

像张说，文章写得好，识别人才有一双慧眼。他初识少年张九龄，便"厚遇之"。张九龄中进士后，张说时常对人说："后出词人之冠也。"张九龄后来在文坛上的名气，如李隆基所说："张九龄文章，自有唐名公皆弗如也。朕终身师之，不得其一二，此人真文场之元帅也。"中国历史上锦绣文章浩如烟海，大浪淘沙，张九龄"海上生明月，天涯共此时"的千古名句，历久弥新。

张九龄能入名相之列，文名只是一个点缀。从诗人王维的称赞和他的夫子自道中，可以看出他一个比较直观的形象。王维在《献始兴公》一诗中称赞他：侧闻大君子，安问党与雠。所不卖公器，动为苍生谋。

张九龄遭到李林甫谗陷罢相，被贬荆州，写了十二首感遇诗。感遇诗之首篇：兰叶春葳蕤，桂华秋皎洁。欣欣此生意，自尔为佳节。谁知林栖者，闻风坐相悦。草木有本心，何求美人折。他以兰叶、桂华皎洁芬芳、纤尘不染的品格，表明自己不趋炎附势、不追名逐利的高尚情操。

儒家追奉的最高人格是君子，君子当具兰心桂质之品德。张九龄其清其洁、其秀其慧、其谅其直，其苍生怀抱，成就了其兰心桂质君子风范。

他能料事之先。曾两谏宰相张说。一谏：泰山封禅，谁陪同皇帝登山，按惯例可以破格提拔。张说自定名单，多是故旧亲近之人。张九龄谏阻："官爵者，天下之公器，德望为先，劳旧次焉。若颠倒衣裳，则讥谤起矣。"张说不以为然，引来一片议论谴责之声。二谏：张说和御史中丞宇文融政见不和，宇文融奏事，张说多数相驳，宇文融很有意见。张九龄劝张说多加防范，张说依然不以为意，结果被宇文融弹劾罢相。

他具识人之明。安禄山做裨将时讨伐奚、契丹，轻敌冒进，兵败当斩。范阳节度史张守珪想放他一条生路，押到长安，交由朝廷处置。张九龄提出：守珪军令必行，禄山不宜免死。李隆基却想免他一死，张九龄力谏："禄山狼子野心，面有逆相，臣请因罪戮之，冀绝后患。"李隆基斥责他："勿以王夷甫知石勒故事，误害忠良。"安禄山、史思明之乱发生后，李隆基仓皇出逃，避难蜀中，想到张九龄先觉之明，下诏褒奖他，"说言定其社稷，先觉合于蓍策"。

他有骨鲠之士谔谔之风。两谏玄宗封边将为相。一谏：玄宗因范阳节度使张守珪斩可突干之功，要封他为侍中。张九龄谏阻："宰相代天治物，有其人然后授，不可以赏功。国家之败，由官邪也。"玄宗与他商量："假其名若何？"张九龄说："名器不可假也。"玄宗只好作罢。二谏：玄宗想让凉州都督牛仙客做尚书，张九龄认为牛仙客资历、德望、出身都不够格，执意不可。玄宗想了个办法，要对他实封。张九龄还是不同意："陛下必赏之，金帛可也，独不宜裂地以封。"玄宗动怒了："岂以仙客寒士嫌之也？卿固素有门阀哉？"张九龄顿首说："臣荒陬孤生，陛下过听，以文学用臣。仙客擢胥吏，目不知书。韩信，淮阴一壮夫，羞绛、灌等列。陛下必用仙客，臣实耻之。"

太子是国之大本。张九龄谏废太子一事，尤见高风亮节。谋陷太子的武惠妃密遣宦奴牛贵儿告诉张九龄："废必有兴，公为援，宰相可长处。"张九龄怒斥道："房闱安有外言哉！"并立即报告皇上。张九龄为相，太子安然无恙。张九龄罢相不到半年，李隆基废了太子，并一日赐死包括太子在内的三个儿子。

兰香桂华，其质皎洁。但罡风妖氛，气候已变。这个时候的李隆基，已非开元之初。

这是开元之初的李隆基：开元二年七月乙未，焚锦绣珠玉于前殿。

戊戌，禁采珠玉及为刻镂器玩、珠绳帖绦服者，废织锦坊。八月壬戌，禁女乐。

这是开元后期的李隆基：八月五日生日这天，全国各地放假，为他庆生而过千秋节。李隆基开始纵情声色，骄奢之风弥漫。每餐，几千盘山珍海味。大兴土木，扩建温泉宫，更名华清池。长安、洛阳两都，大建行宫，分别建造宫殿一千多间。

用人上的清醒也在丧失：前面提到的那个"一人瘠，天下肥"的故事，李隆基还有段发自肺腑的话："萧嵩（首席宰相）每启事，必顺旨，我退而思天下，不安寝。韩休敷陈治道，多评直，我退而思天下，寝必安。吾用休，社稷计耳。"他说过"社稷计"的话不到一年，就把韩休罢免了。

李隆基在变，朝堂的政治生态也在变。权奸李林甫登场，他口蜜腹剑，以阿谀博得李隆基的宠信。在用不用牛仙客为相一事上，他表面上支持张九龄，面对皇上，又沉默不语，背后却上谗言："仙客，宰相材也，乃不堪尚书耶？九龄文吏，拘古义，失大体。"在废立太子一事上，他在公开场合不表态，背后却是另一副嘴脸："天子家事，外人何与邪？"

以张九龄之洞明，哪能看不清局势？他还是希望李隆基能够"慎始而敬终"，永远圣明下去。开元二十四年千秋节上，百僚上寿，多献宝镜、珍异。唯张九龄进《金镜录》五卷，言前古兴废之道：镜铭曰："以镜自照见形容，以人自照见吉凶。"又古人云："前事之不远，后事之元龟。"企盼李隆基以之为鉴，兴盛大唐。

他写《海燕》诗赠李林甫：海燕何微眇，乘春亦暂来。岂知泥滓贱，只见玉堂开。绣户时双入，华轩日几回。无心与物竞，鹰隼莫相猜。他自比海燕，而称李林甫为雄鹰，希望李林甫能够放他一马。

他借李隆基赠白羽扇，献诗自况："苟效用之得所，虽杀身而何忌？""纵秋气之移夺，终感恩于箧中。"李隆基怎能看不出他的谦卑态度，也知道他的耿耿忠心，但还是将他罢相了。

张九龄所处的时代，正是唐朝由极盛而极衰的转折点。他欲以一己之力，卫护好制度和伦理的大堤，卫护好来之不易的盛世局面。但是，败势已成,大势难逆,孤掌难鸣。他尽到了一个臣子的职分,一个士人的责任,也就于心无愧了。

张九龄"以直道黜,不戚戚婴望,惟文史自娱,朝廷许其胜流"。他自明本志,"草木有本心,何求美人折"!但是,对李隆基的天下而言,损失就大了。自张九龄罢相被贬,朝廷百官明哲保身,没人再敢直言,李隆基再也没法听到自己的过失,先是李林甫、继之杨国忠把持朝政,最终导致安史之乱,使国家黎民陷于水深火热。

李白

历史幽灵入唐来

  李白挟帝王术，怀辅弼志，拥一腔君臣际遇的热望入世，以其所言所行，书写了寄托一代又一代士人理想的独立士格宣言。

  盛唐，是站在中国历史巅峰的王朝；唐诗，是站在巅峰王朝之巅屹立不倒的文化标志；李白，是站在唐诗巅峰的最优秀的歌手，由他说出来，才产生了最强烈、最长久的震撼力。

  李白形象的本质，是把战国、战乱时期士的愿望、士的际遇集于一身，因而魅力四射，光彩照人。但是，李白的独立士格宣言，却是响在天际的雷声，是遥远时代精神的回响。天地改换，社会走向大一统，君主专制定型，君臣关系已经改变。君与臣，已经成为主属关系，主仆关系，哪里还有"独立"可言！因此，李白就像穿越历史隧道，进入盛唐的一个幽灵；他所倡扬的独立士格，已经成为幻影旧梦；他以独立士格行世，只能处处障碍，"欲渡黄河冰塞川，将登太行雪满山"，行路难，行路难！

观数千年历史，从积极入世的士人中，寻找活得最洒脱、最快意的人，第一个想到李白。对李白的洒脱、快意，当可以这样去理解：

李白，一个从历史深处走入盛唐的幽灵；

李白，一个大一统时代仍在倡扬独立人格的傲岸士人；

李白，一个高擎人的解放旗帜，寄托着士人梦想的偶像。

一

李白一生，入世心切，矢志不渝。

他二十四岁，初次出游，有《别匡山》诗，"莫怪无心恋清境，已将书剑许明时"。

二十七岁，隐居安陆，作《代寿山答孟少府移文书》，自明本志："李白自峨嵋而来，尔其天为容，道为貌，不屈己，不干人，巢由以来，一人而已……俄而李公仰天长吁，谓其友人曰：吾未可去也。吾与尔达则兼济天下，穷则独善一身……乃相与卷其丹书，匣其瑶瑟，申管晏之谈，谋帝王之术，奋其智能，愿为辅弼。使寰区大定，海县清一，事君之道成，荣亲之义毕。然后与陶朱留侯，浮五湖，戏沧洲，不足为难矣。"

李白入世、干谒失败，则作退隐。他在开元二十五年（737），作了一次为期近两年的漫游，行程数千里，却一事无成，作《郢门秋怀》："空谒苍梧帝，徒寻溟海仙。已闻蓬海浅，岂见三桃园？倚剑增浩叹，扪襟还自怜。终当游五湖，濯足沧浪泉。"但是，没过多久，他的心就定不住了。开元二十九年（741）秋，道友元丹丘奉诏入京，李白冀其荐引，镊白发以示意，"长吁望青云，镊白坐相看"。

李白退隐初期，蔑富贵、轻王侯，超然、旷达，但过不了多久，又会俗心疯长，再度热衷于对功名的追逐。做翰林供奉，是他一生最快意的时期。被"赐金还山"后，作《庄周梦蝴蝶》："青门种瓜人，旧日东陵侯。富贵故如此，营营何所求？"还作《访道安陵遇盖寰为予造真箓临别留赠》："下笑世上士，沉魂北罗丰。昔日万乘坟，今成一科蓬。"这是天宝三载（744）冬天的事，到了下一年秋天，《单父东楼秋夜送族弟沈之秦》，就像换了个人："遥望长安日，不见长安人。长安宫阙九天上，此地曾经为近臣。一朝复一朝，发白心不改。"《金乡送韦八之西京》，他的心也飞到了长安："客自长安来，还归长安去。狂风吹我心，西挂咸阳树。"

李白可谓身在江湖，心存魏阙，用世的心怎么也按捺不住。

二

《新唐书·李白传》称，李白"喜纵横术，击剑，为任侠，轻财重施"。"喜纵横术"四字，正是认识李白的一把钥匙。

李白少时，于匡山"读书于乔松滴翠之坪有十载"。"依赵蕤，从学岁余。"赵蕤为蜀中隐士，开元中召之不赴，著《长短要术》十卷，《新唐书·艺文志》列入杂家。开元十四年（726），李白作《淮南卧病书怀寄蜀中赵徵君蕤》："故人不可见，幽梦谁与适？寄书西飞鸿，赠尔慰离析。"可见两人交往之频，感情之深。

《长短经》仍是今时畅销书，有称中国纵横术大全。《长短经》讲百家治道，帝王之术，通权达变，纵横捭阖，史鉴多为战国争霸，乱世争雄。十卷中之第四卷《霸纪上》，讲历代帝王兴国的雄图霸略；五卷《霸纪中》，讲战国七雄逐鹿的纵横韬略；六卷《霸纪下》，讲三国兼争的机权谋略。"纵横术"支配着李白的言行，影响他一生命运。

李白喜欢的历史人物是：傅说、吕尚、管仲、乐毅、范蠡、鲁仲连、张良、韩信等，个个具有安邦定国的雄才大略。李白羡慕吕尚，"君不见朝歌屠叟辞棘津，八十西来钓渭滨。宁羞白发照清水，逢时壮气思经纶。广张三千六百钓，风期暗与文王亲"。李白羡慕郦食其，"君不见高阳酒徒起草中，长揖山东隆准公。入门不拜骋雄辩，两女辍洗来趋风。东下齐城七十二，指挥楚汉如旋蓬"。李白羡慕诸葛亮，"鱼水三顾合，风云四海生。武侯立岷蜀，壮志吞咸京"。李白羡慕谢安，"暂因苍生起，谈笑安黎元"。李白所想所愿，"如逢渭川猎，犹可帝王师"。"剧辛乐毅感恩分，输肝剖胆效英才。"

李白挟帝王术，怀辅弼志，拥一腔君臣际遇的热望入世，以其所言所行，书写了寄托一代又一代士人理想的独立士格宣言。

李白自喻大鹏。他有大鹏诗："大鹏一日同风起，扶摇直上九万里。假令风歇时下来，犹能簸却沧溟水。"他作《大鹏赋》，笑黄鹄，耻玄凤，鄙精卫和鹪鹩，也不把天鸡与踆鸟放在眼里，"不旷荡而纵适，何拘挛而守常？未若兹鹏之逍遥，无厥类乎比方。不矜大而暴猛，每顺时而行藏"。

李白自信冲天。"天生我材必有用，千金散尽还复来。""长风破浪会有时，直挂云帆济沧海。"

李白高冠雄剑，平交王侯。他在《送烟子元演隐仙城山序》中宣示，"吾不凝滞于物，与时推移，出则以平交王侯，遁则以俯视巢许"。对天子，杜甫《八仙歌》作评："李白斗酒诗百篇，长安市上酒家眠。天子呼来不上船，自称臣是酒中仙。"对诸侯，"安能摧眉折腰事权贵，使我不得开心颜"。他"高冠配雄剑，长揖韩荆州"。韩荆州宴客，李白谒见，行平辈礼，长揖不拜。他垂暮之年，初脱牢狱之厄，为宋中丞代笔，向天子荐己，也要高扬士人尊严，说自己"怀经济之才，抗巢由之节，文可以变风俗，学可以究天人。一命不沾，四海称屈"。

李白遇挫，心气不顺，拍屁股走人。"人生在世不称意，明朝散发弄扁舟。"

诵李白的独立士格宣言，可谓快意人生，潇洒人生。有歌词"潇洒走一回"，这是鸿蒙之中，人生一世，最大的愿望。看千年历史长河，最能与此一人生愿望相称者，当数李白。他以他的天才，有能力说出来；他以他的成就，有资格说出来！

盛唐，是站在中国历史巅峰的王朝；唐诗，是站在巅峰王朝之巅屹立不倒的文化标志；李白，是站在唐诗巅峰的最优秀的歌手，由他说出来，才产生了最强烈、最长久的震撼力。

三

士人自春秋末期产生，在战国和战乱时期，是一个独立的阶层，具有独立的人格，良禽择木，君臣平等，鱼水相依。像孔子、孟子，道不同，不相与谋，不入体制内。像荀子，是赵国人，却在齐三为祭酒，晚年入楚，为兰陵令。三国时，诸葛亮事蜀，诸葛瑾事吴，兄弟二人各择其主。李白形象的本质，是把战国、战乱时期士的愿望、士的际遇集于一身，因而魅力四射，光彩照人。

但是，李白的独立士格宣言，却是响在天际的雷声，是遥远时代精神的回响。天地改换，社会走向大一统，君主专制定型，君臣关系已经改变。君与臣，已经成为主属关系，主仆关系，哪里还有"独立"可言！因此，李白就像穿越历史隧道，进入盛唐的一个幽灵；他所倡扬的独立士格，已经成为幻影旧梦；他以独立士格行世，只能处处障碍，"欲渡黄河冰塞川，将登太行雪满山"，行路难，行路难！

李白这只大鹏，以折翅终。《临路歌》自叹："大鹏飞兮振八裔，中天摧兮力不济。"

李白"天生我材"，未必得用。他遍干诸侯，历抵卿相，却一次次失望而归。即使如韩荆州，喜奖拔后进，当时士流咸归重之，也对李白无一荐辞，何况他人！

李白唯一一次出人头地，走的是"终南捷径"。道士吴筠推荐于玉真公主，玉真公主推荐于玄宗。玄宗诏李白进京，作翰林供奉。"待诏奉明主，抽毫颂清风"，不过是写些粉饰太平的诗文。李白全集所留存，有《清平调词三首》、《宫中行乐词八首》、《侍从宜春苑奉诏试赋龙池柳色初青听新莺百啭歌》一首。李白于天宝元年（742）进京，一年后去意已决。

李白与杨山人相约，"待吾尽节报明主，然后相携卧白云"。李白本想被大用，此时已经极为失望，不免牢骚又起，纵酒街市，被人指摘，"青蝇易相点，《白雪》难同调。本是疏散人，屡贻褊促诮"。他被玄宗"赐金还山"，打发走人，是再自然不过的事了。

《旧唐书》《新唐书》俱载，李白沉醉殿上，引足高力士脱靴。《新唐书》还说，高力士受辱，挞其诗以激杨贵妃。李白赞杨贵妃诗，"借问汉宫谁得似？可怜飞燕倚新妆"。力士称，"以飞燕指妃子，贱之甚矣"。因此，"帝欲官白，妃辄阻止"。这大概是自大狂的文人犯了癔症，编造的神话，又被写史的文人抄入史书。高力士何许人物？李隆基为藩王时，"力士倾心奉之，接以恩顾"。为太子时，力士日侍左右，成为心腹。做皇帝后，力士担任宫廷禁卫，负责传达圣旨，掌管内务。李隆基说，"力士当上，我寝则稳"。翰林待诏何许人物？《资治通鉴·唐纪》称，李隆基设翰林院，"密迩禁廷。延文章之士，下至僧、道、书、画、琴、棋、数术之工皆处之，谓之待诏"。翰林待诏连个正式官职也称不上，李白一生，官场上始终是一白丁。

李白千金散尽，哪可复回！李白父亲李客，是位富商，养成了李白一掷千金的习气。"东游维扬，不逾一年，散金三十余万，有落魄公子，悉皆济之。"因为商人子弟的缘故，近年有人作起翻案文章，说李白未参加科举考试，不是不屑为，而是唐律所禁，不能为。此说所据《唐六典》，开元十年（722）开始修纂，二十六年（738）成书。修纂之始，李白已经二十二岁，修纂完成，李白三十八岁，哪还禁得了李白？挥金如土的李白，晚年尝尽了贫穷的滋味。安史之乱，李白罹罪，长流夜郎之后，家中财源断尽，生活没有了着落。上元二年（761），李白六十一岁，留下《献从叔当涂宰阳冰》长诗，"小子别金陵，来时白下亭。群凤怜客鸟，差池相哀鸣。各拔五色毛，意重太山轻。赠微所费广，斗水浇长鲸。弹剑歌《苦寒》，严风起前楹"。李白在金陵，靠着朋友们周济，不能维持生活，所以来到当涂，求靠从叔度日。

理想、愿望、壮志、豪情，所有这一切，与现实真是差之千里！

四

独立傲岸的士格，是李白人生的底色；"谪仙人"的桂冠，又为李白的形象罩上耀眼的光环。

李白的仙风道骨，是时代打上的印记。唐为李姓王朝，攀缘老子李聃为祖，道教也认老子为宗。学道修仙，成为时代风尚。玄宗注《道德经》，封《庄子》为《南华经》，庄子为南华真人。晚年则沉溺于神仙方术。道士成为天子座上客，官员与道士来往密切，修道成为入仕的"终南捷径"。唐是中国历史上首屈一指的盛世，盛世就是一场狂欢。举国皆病狂，相信人能成神仙。李白一次次退隐、出世，做什么？游山，寻仙，修仙，炼丹，成神仙。

李白是道门弟子，道师为他举行了严格的入教仪式。"抑予是何者？身在方士格。""十五游神仙，仙游未曾歇。吹笙吟松风，汎瑟窥海月。西山玉童子，使我炼金骨。欲逐黄鹤飞，相呼向蓬阙。"李白有许多道友，结交了一大批有名的道人，像吴筠、司马承祯、元丹丘、玉真公主、孔巢父等。他游遍了当时大半个中国的名山，多半是为了采药求仙，"五岳寻仙不辞远，一生好入名山游"。"炼丹费火石，采药穷山川。"

山是登上仙界的天梯。"西上太白峰，夕阳穷登攀。太白与我语，为我开天关。"

山是仙人聚居的圣境。"霓为衣兮风为马，云之君兮纷纷而来下。虎鼓瑟兮鸾回车，仙之人兮列如麻。"美如仙子的杨玉环，自然不是凡间物，"若非群玉山头见，会向瑶台月下逢"。

山是炼丹、修仙、成仙的福地。"心爱名山游，心随名山远"，李白有匡山之隐、寿山之隐、徂徕山之隐、庐山之隐等，身在仙山，与尘世的对比就愈加鲜明，与理想的冲突就愈加强烈，李白的呼号也就愈加震天撼地！

《蜀道难》让李白赢得"谪仙人"的桂冠。"噫吁嚱，危乎高哉！蜀道之难，难于上青天。"入世的蜀道上，那是猛虎把关，长蛇当道，"锦城虽云乐，不如早还家"。梦游天姥，当他从仙人世界的梦境回到现实，气郁难平，发虎吼、畅龙吟，"安能摧眉折腰事权贵，使我不得开心颜"！《鸣皋歌送岑徵君》，见"鸡聚族以争食，凤孤飞而无邻。蝘蜓嘲龙，鱼目混珍。嫫母衣锦，西施负薪"，这样恶浊、这样是非颠倒的世间，有什么可以留恋，"固将弃天地而遗身"！

当然，游山开阔眼界心胸，好诗好文本在行万里路中得。李白游山和与修诗有关的诗共百余篇；道家本是从宇宙观切入社会人生，在更广阔的时空中看待人事万物。月亮上的仙人、桂树、白兔、蟾蜍，引李白多少遐思！李白吟月诗竟达三百余篇；李白修仙笃诚，他说的那些仙翁、仙女、仙兽、仙禽，仿佛都是真的。仙人向他招手，对他说话，授他以仙诀，有时还给他白鹿、鸾凤，使他飞翔于太清。丹成仙幻，修仙术、炼内丹、服外丹，时间久了，人就产生幻觉。幻化的仙境中，李白是荒唐的，却又那么天真可爱！

五

盛唐，是中国文化最富有进取精神、最胸怀博大的时代。建不朽功业，让名标青史，是那个时代士人共同的追求。杨炯《从军行》，喊出时代的强音："宁为百夫长，胜作一书生。"

李白之诗、之文、之行，耿耿于"天生我材"，李白一生，处于怀才不遇、大志未酬的愤懑之中。

李白真的怀才不遇？玄宗说李白，"非廊庙器"。一代雄主，看一个磊落坦荡的文人，还不透进骨子里！

开元盛世，社会承平日久，治理日渐走向科学、规范。用人制度，科举成为重要渠道，并向专业人才转变。改元天宝的大赦文中，重申"国之急务，莫若求才"，要求"白身人中有儒学博通及文词秀逸，或有军谋越众，或有武艺绝伦者，委所在长官，具以备荐"，用意即在搜求专业人才。特别是宰相班子，干吏、边将和理财专家成为骨干。看清这一历史背景，即可以明白李林甫、杨国忠以至于安禄山何以崛起。李白所恃纵横术，则悖于时代，不符时用。

李白又确是怀才不遇。这和前说并不矛盾。纵横家出现、活跃于乱世，纵横术是纵横捭阖的战略、策略。当进入玄宗时代的尾声，安史之乱的迹象已萌、最终爆发之际，正是李白所恃纵横术大显身手之时。

天宝十载（751），李白英气一纵，北上幽州，入安禄山老巢，"且探虎穴向沙漠，鸣鞭走马凌黄河"。他看到国家危乱将至，有忆旧游诗追忆当时情景，"十月到幽州，戈鋋若罗星。君王弃北海，扫地借长鲸。呼吸走百川，燕然可摧倾"。脱离虎口，他第三次来到长安，却进言无门。从天宝十年起，"有言禄山欲反者，上皆缚送之。由是人皆知其将反，无敢言者"。李白在长安，留下了《述德兼陈情上歌舒大夫》，"天为国家孕英才，森森矛戟拥灵台。浩荡深谋喷江海，纵横逸气走风雷。丈夫立身有如此，一呼三军皆披靡。卫青谩作大将军，白起真成一竖子"。哥舒翰为天宝名将，陇右节度使，所辖军区，军事实力排第二位。他和安禄山有隙。观当时局势，李白交哥舒，是筹谋未来的远虑，可见其博大的胸襟格局。

天宝十四载（755）十一月，安史之乱爆发，李白羽扇轻摇，风光了一时。随着洛阳、长安失守，玄宗南逃成都，太子李亨留在北方抗敌，永王李璘按照分置的制诏，负责经营长江流域。李白逃难上了庐山。李璘派人三请，李白被说动，"苟无济代心，独善亦何益"？

李白在永王幕府，以东巡歌曲的形式，为李璘献上运筹帷幄，逐鹿天下的鸿图，整军克敌，决胜千里的大略。《永王东巡歌十一首》，讲师出有名，"天子遥分龙虎旗"；讲选帅靖乱，"但用东山谢安石"；讲严明军纪，"秋毫不犯三吴悦"；讲金陵重地，当作根本，"更取金陵作小山"；讲水陆并进，先取洛阳，再由海路北上，直捣安史老巢，"诸侯不救河南地，更喜贤王远道来"，"我王楼舰轻秦汉，却似文皇欲渡辽"。最终，"南风一扫胡尘静，西入长安到日边"。

李亨于灵武即位，是为肃宗，改元至德，尊玄宗为上皇天帝。玄宗被迫逊位。李亨攘内，首先处置威胁最大的李璘。他天子诏令一下，李璘势力土崩瓦解。李白罹罪，下浔阳狱。御史中丞宋若思将兵赴河南，道浔阳，为李白昭雪，并留于幕府。李白再露峥嵘。

李白所撰《为宋中丞请都金陵表》，堪作韩信的《汉中对》，孔明的《隆中对》。他剖分天下大势：今自河以北，为胡所凌；自河之南，孤城四垒。大盗蚕食，割为鸿沟；提出迁都金陵的建议：臣伏见金陵旧都，地称天险。龙盘虎踞，开扃自然。六代皇居，五福斯在；雄图霸迹，隐轸由存；咽喉控带，萦错如绣。天下衣冠士庶，避地东吴，永嘉南迁，未盛于此。

宋若思上表期间，也就是至德二载（757）九、十月间，由于安史叛军内讧，锋头顿挫，二京相继恢复，李白"两分天下"的运筹随之烟消。

李白被长流夜郎，遇赦放还，又生出"扶摇直上"的豪情。他想象，又有了像汉武帝读到《子虚赋》，把司马相如召到京去那样的机运，"圣主还听《子虚赋》，相如却欲论文章"。李白望眼欲穿，满怀期冀，肃宗死，"代宗立，以左拾遗召，而白已逝"。

"大道如青天，我独不得出。""我本不弃世，世人自弃我。""天生我材"，支撑着李白的"辅弼"梦。"辅弼"梦日渐破碎，"天生我材"的自信仍炽。"天生我材必有用"，或成或败，同是豪杰情怀！

六

希腊神殿中有句箴言："认识你自己。"人要认识自己，明白此生使命，实在太难。李白在五十岁时，作《大雅久不作》，已经悟了天命。"我志在删述，垂晖映千春。希圣如有立，绝笔于获麟。"

《诗经》是诗的源头，它为诗立心。古者诗三千余篇，孔子删而为三百零五篇。《诗·大雅》首篇为《文王》，追颂文王之德，以戒后王。诗中反复叮咛，以文王为法，以殷商为鉴。文以载道，大雅传大道。诗风贵自然清新。"圣代复元古，垂衣贵清真"，就是李白"删述"的深意，希圣的宏愿。希圣有立，己之诗就是有韵之《春秋》，垂晖映千古。

李白无半字虚言。李白一生，留下一千多首诗，已经被传诵了一千二百多年。"屈平词赋悬日月，楚王台榭空山丘。"

李白独立士格宣言——李白的诗魂，也不复虚幻。视地球为春秋列国，国门大开放，人才大流动，士人又将成为一个独立的群体，士人的人格独立又有了条件，士人身心解放的新时代的降临，也就为期不远。

李白不必抱憾。李白志向太过高远。立言又要立功，史上能有几人？

李德裕　拼将只手托残阳

"牛李党争"的是是非非，被政治家、历史学家和文人墨客争论了千数百年。穿透"牛李党争"的表象，其实质是围绕着太平有象无象，怎样才算太平，有为还是无为展开，从而形成两条执政路线，两大泾渭分明的阵营。与牛僧孺相对立，李德裕勠力于太平之世，拼将只手托残阳，为晚唐带来一番中兴气象。

不是做事的环境，你却专心致志地做事；他人无心做事，你却政绩不俗，就把他人置于尴尬的境地，甚至要挪位子、丢权力。所以，无心做事的人，就要拼命坏你的事。这一类人，就是所谓奸佞、小人。奸佞、小人没有多少做事的本事，坏人之事、坑害他人却有满脑子的坏水。战胜奸佞、小人，政令才能畅行。与奸佞、小人斗法，需要强大的心志，需要付出极其惨重的代价。

大唐到了文宗时期，已是夕阳残照。

大和六年（832），文宗问宰相："天下何时当太平，卿等亦有意于此乎？"牛僧孺回答："太平无象。今四夷不至交侵，百姓不至流散，虽非至理，亦谓小康。"退朝之后，他告诉同僚："主上责望如此，吾曹岂得久居此地乎？"于是，他屡屡上表请罢。年底，以同平章事，充淮南节度使。

司马光著史至此，对牛僧孺痛加挞伐。他描述心目中的太平景象，揭露当时"阉寺专权""藩镇阻兵""军旅岁兴""骨肉纵横于原野"的现实，说："僧孺谓之太平，不亦诬乎！当文宗求治之时，僧孺任居承弼，进则偷安取容以窃位，退则欺君诬世以盗名，罪孰大焉！"

这次君臣对话，还有同为宰相的李宗闵在场，他是牛党的重要成员。这一时期，与牛党相生相克，有一个所谓李党，首领是李德裕。"牛李党争"的是是非非，被政治家、历史学家和文人墨客争论了千数百年。穿透"牛李党争"的表象，其实质是围绕着太平有象无象，怎样才算太平，有为还是无为展开，从而形成两条执政路线，两大泾渭分明的阵营。与牛僧孺相对立，李德裕勠力于太平之世，拼将只手托残阳，为晚唐带来一番中兴气象。

伟大的政治家，总是善于聆听时代的声音，把握时代的脉搏，抱定矢志不渝的目标、信念，去解决时代的重大课题，以谋取社稷民生之福祉。

玄宗朝安史之乱后，藩镇割据成为社会最大的毒瘤。藩镇中，成德、幽州、魏博镇，并称为"河朔三镇"，长期割据一方，带来愈演愈烈的地方对中央的离心倾向。对藩镇强力摧抑还是姑息养奸，一直成为朝臣斗争的焦点。宪宗元和年间，宰相李吉甫、武元衡、裴度等，都是对待藩镇问题上的强硬派。武宗朝李德裕任相，与李吉甫、武元衡、裴度一脉相承，他以铁腕手段，打掉藩镇的嚣张气焰，重新树立起中央政府的权威。

会昌三年（843）昭义叛乱。这年，昭义节度使刘从谏死，其侄刘稹自称留后。武宗与宰相研究对策。李德裕说：泽潞是国家内地，不同河朔。"若因循授之，则藩镇相效，自兹威令去矣！"但说到用兵，朝堂上却是一片反对的声音，"从谏蓄兵十万，粟支十年，未可以破"。武宗问李德裕："卿算用兵必克否？"李德裕分析敌情：刘稹依恃的是河朔三镇。只要三镇和昭义形不成辅车之势，可操胜券。他立下讨贼誓言："有如不利，臣请以死塞责！"

藩镇机心难测，战局瞬息万变。平藩镇需要担当，需要冒极大风险，会有生命之危，有万一失败而不得不承担的可怕后果。李德裕明白，李德裕不怕，李德裕甘愿以生命相殉！

泽潞战事正酣，发生太原杨弁兵乱；河朔三镇虽然服从朝命，却有将领畏葸不前；河阳节度使王茂元兵败，朝议又起息兵之议。李德裕临危不惧，逐一化解，终至讨平刘稹，"一言之指麾，国势尊，主威震"。

晚唐宦官气焰熏天。李德裕成为宦官专权的终结者。宦官的权力何以那么大？因为他们掌握着禁军，掌握着行军作战的监军权，手握"枪杆子"，也就掌控了朝政甚至朝廷的命运。宪宗、敬宗被宦官所杀，顺宗朝至唐亡，除敬宗之外，八位皇帝都由宦官拥立。

武宗朝宦官头子是仇士良，他杀二王、一妃、四宰相。仇士良仇恨原宰相杨嗣复、李珏，向武宗进谗言，武宗下诏，杀掉杨、李二人。不经审讯，随便杀人，而且杀的还是宰相，这怎么得了！李德裕出手相救，杨、李得免于死，却得罪了仇士良，他要给李德裕点颜色瞧瞧。会昌二年（842），武宗上尊号，仇士良放风，说宰相正在起草制书，减少禁军的衣粮待遇和军马的粮草，公开煽动军人闹事。李德裕闻讯，立即报告武宗，武宗传谕御林军：这是谣言惑众。况且制书出自朕的本意，与宰相无关。军士情绪平息，仇士良心中惶恐。后来，他以请求退休为名试探武宗。武宗刚烈，宰相强硬，此外，新任枢密使杨钦义虽然也是宦官，却与仇士良不同。他在淮南监军时与李德裕的同事关系处得不错，内廷也就有了强力支持者。武宗下诏允准，仇士良这个不可一世的宦官大佬，就这样悄悄地退出了历史舞台。

监军制度彻底改变。李德裕与枢密使杨钦义、刘行深议定，监军不得于军要，每兵千人，听监使选取十人自卫，有功随例沾赏。诏令必须从宰相府发出。由此，军队的战斗力发生了脱胎换骨的变化。

李德裕出身河北望族，父亲李吉甫在宪宗朝两次任相。他的青少年时代，随父奔波于贬所十三年，历明、忠、郴、饶诸州。入仕后出镇地方十六年，治绩斐然，熟谙国情民意，施政无不切中时要。晚唐佛教泛滥。一僧衣食，五丁所出，不能给足。会昌抑佛，拆寺庙四万六千六百所，僧尼还俗四十一万人，收寺庙土地数千万公顷。减冗官冗吏，除科考之弊，邦交政策，有理有节。对回纥恩威并施，抓住其内部分化之机，出兵进击，给以毁灭性打击，回纥对大唐的威胁彻底解除。

看"牛党"阵营：对待藩镇，姑息养奸；面对外敌，屈辱求和；与宦官，多有扯不清的联系；用人上，惯于结党营私。

李宗闵不见功业记录，文宗朝两次入相，都靠宦官援手。泽潞刘稹败，"得其交通状"。用人"崇私党，熏炽盛中外"。牛僧孺穆宗时入相，由臭名昭著的李逢吉引荐。文宗时任相，幽州叛乱，副兵马使杨志诚逐节度使李载义。文宗问计，他献上个馊主意，说国家从幽州那里早就得不到任何好处，谁干都是一个样，干脆封杨志诚做节度使。李德裕任西川节度使，吐蕃维州悉怛谋以城降。维州本是大唐国土，西南战略要地，牛僧孺忌李德裕之功，说动文宗，将维州及其归降军民拱手送还吐蕃，悉怛谋一众被杀戮的惨状，令人目不忍睹。尤其是文宗大和四年至六年（830—832），牛僧孺、李宗闵同朝为相，两人权倾天下，朝中半成党人。

当时光的云烟淡去，历史的真相才看得分明。对晚唐这段历史，唐、五代、宋、明、清都不乏评论。明清之际，王世贞、王士禛、全祖望等论"牛李党争"，褒贬分明。王士禛的评论带有总括性，他说："唐牛李之党，赞皇（李德裕）君子，功业烂然，与裴晋公（裴度）相颉颃，武宗之治，几复开元、元和之盛，其党又皆君子也。僧孺小人，功业无闻，悉怛谋维州一事怨恫神人，其党李宗闵、杨虞卿之流又皆小人也。二人之贤不肖如薰莸然。"

不是做事的环境，你却专心致志地做事；他人无心做事，你却政绩不俗，就把他人置于尴尬的境地，甚至要挪位子、丢权力。所以，无心做事的人，就要拼命坏你的事。这一类人，就是所谓奸佞、小人。奸佞、小人没有多少做事的本事，坏人之事、坑害他人却有满脑子的坏水。战胜奸佞、小人，政令才能畅行。与奸佞、小人斗法，需要强大的心志，需要付出极其惨重的代价。

文宗朝，文宗病，口不能言。郑注献药，文宗病情好转，倚之为心腹。李训厚赂郑注，进而结交宦官，打通了上层关节。文宗要任命李训为谏官，安排到翰林院。李德裕反对。文宗说，是宰相李逢吉推荐，我不能食言。李德裕说，李逢吉身为宰相，推荐奸邪误国，也是罪人。文宗改口，说让李训担任别的职务，另一位宰相王涯也表态同意，李德裕还是反对。对郑注，李德裕也无例外，朝中重臣推荐，他却"必欲杀之"。

得罪了小人，厄运接踵而至。大和八年（834）十一月，李德裕罢相，再任浙西观察使。九年四月，又有左丞王璠、户部侍郎李汉，诬李德裕前在浙西时厚赂漳王傅母，阴结漳王，图为不轨。宰相路隋出手相救，他才躲过一场灾祸，被免浙西任，改为太子宾客分司。同月，又因所谓对文宗"大不敬"罪贬为袁州刺史，罪由是文宗初得病，王涯喊李德裕同去问候，李德裕不至。

圣贤的心灵，也有极脆弱的一面。李德裕心潮难平，遂生退隐之意。他在袁州作《伤年赋》，"余兹年五十，久婴沈痼，楚泽卑湿，杳无归期"，"嗟世路之险隘，矧驽骀之已疲"，"思保身于不危"。他走进《庄子》，寻求慰藉，寻问前路。《积薪赋》有，未若"不近田野之燎，免罹匠者之斤。冒霜雪以终岁，齐天年于大椿"。好在他的心志强大，没有垮下去，才有了武宗会昌年间的名相功业。

武宗死后，宣宗李忱即位。武宗不礼李忱，李忱厌恶武宗，也厌恶李德裕功高震主。会昌六年（846）三月，他即位之日，李德裕奉册，仪式结束，李忱对左右说："适近我者非太尉耶？每顾我，使我毛发洒淅。"

自此始，李德裕的厄运降临。四月，以使相出领藩镇，九月罢相，此后连续遭受重大打击。

李德裕满怀愤懑，写下《小人论》，称小人"便僻巧佞，翻覆难信""背本忘义""以怨报德"，可见其心寒之至。

宰相白敏中会昌年间仕途进升，全得力于李德裕之荐，这时候，暴露出一副丑恶的小人嘴脸。他的身边，立即聚集起一帮不想做事、只会坏事的奸佞、小人，他们谨领圣意，对李德裕罗织罪名，诬陷迫害。他们折腾不出什么名堂，便弄出个吴湘旧案：原江都尉吴湘，盗程粮钱，李绅治淮南，处吴湘死刑，李德裕同意。吴湘的哥哥吴汝纳，讼其弟罪不当死，李绅与李德裕相串通，欺罔武宗，枉杀其弟，要求对此案重新审理。这样的背景下搞复勘，还谈什么公正性，"冤状"还能不属实？大中元年（847），李德裕贬潮州司马。大中二年（848），再贬崖州司户参军。李忱的诏书称，李德裕"计有逾于指鹿，罪实见于欺天""纵逢恩赦，不在量移之限"。

李德裕已经身心俱疲，心灰意冷，《到恶溪夜泊芦岛》诗，发出"黄犬应闻笑李斯"的怨悔。但是，他那颗赤心还留有几分暖意，"岭头无限相思泪，泣向寒梅近北枝"，他还恋着故乡，或许也惦记着朝阙。大中三年（849），他终于辗转到贬所，登上崖州城，久立于望阙亭，"独上高楼望帝京，鸟飞犹是半年程。青山似欲留人住，百匝千遭绕郡城"。他的心情好起来，有了终老天涯的念头。但是，极其恶劣的环境，哪是久病体弱的老人所能承受！八月，妻刘氏卒，子李烨被贬于蒙州立山县，闻讣请奔丧，不允；十二月十日，李德裕"家无资，病无汤剂"，在贫病交加中离世。

清人毛凤枝论："宣宗继位，自坏长城，赞皇功业不就，唐祚因以日微。懿、僖之际，藩镇构兵于外，宦寺弄权于内，遂酿黄巢之祸，朱温出其中，因移唐祚。"唐王朝彻底玩完！

重臣立朝，甘做鹰犬，气节全失，到头来也落个千载骂名。那个白敏中，死后谥号曰"丑"，可谓苍天有眼，青史无情！

李嗣源
我祷上苍降圣人

李嗣源在部将推戴下称帝，认为自己没有能力演绎天下太平，每天晚上在宫中虔诚地烧香，仰天祷祝：

某，蕃人也，遇世乱为众推戴，事不获已，愿上天早生圣人，与百姓为主。

皇帝都称天子，是天下之主，都讲天下意识、天下目标。但是，其中的区别判若云泥：有的，是一家一姓的意识、目标；有的，是部落、寡头的意识、目标；有的，是集团、独裁者的意识、目标。他们共同的指向只有一个，就是政权意识、政权目标。而天下意识、天下目标的真髓，是以"天下为公"为价值取向，以民众福祉为根本追求，以"民为贵，社稷次之，君为轻"为不易的标准。这是古代先贤的发明和创设，是只有圣人才能担当的伟业，它激励无数英雄豪杰不懈地奋斗。李嗣源因其真诚、博大的虚怀，不把自己当圣人，却按照圣人的标准，去努力攀缘圣人的目标！

李嗣源死后，庙号"明宗"。生前，他却从来不认为自己有多么"明"。《旧五代史》后唐明宗《李嗣源传》，正文中有一则补注类的"阙文"，记录李嗣源的祷祝词。

李嗣源在部将推戴下称帝，认为自己没有能力演绎天下太平，但又不忍心看到中原连绵不断的战乱苦难。为解决内心的纠结，他每天晚上在宫中虔诚地烧香，仰天祷祝：

某，蕃人也，遇世乱为众推戴，事不获已，愿上天早生圣人，与百姓为主。

我，不过是个异族人，遇到乱世，被众人推戴为中原之主，这实在是不得已的事啊！愿上天早日降下圣人，替我来做百姓之主。

读史至此，大为触动。天下君王，竟有如此虚怀，说自己不够做皇帝的资格！天下君王，竟有如此仁心，纯以天下百姓为鹄的！

冷静思考，想道：此史料的可信度有几分？大史家的认知度又如何？

查阅欧阳修《新五代史》，欧阳修对五代持大批判、大否定态度，但对这段史料，却郑重地作为史论处理：我听长老对我说，明宗虽然出身异族，但为人纯质，宽仁爱人。在五代的君王中，是很值得称道的，"尝夜焚香，仰天而祝曰：'臣本蕃人，岂足治天下！世乱久矣，愿天早生圣人。'"

司马光写《资治通鉴》，也很重视这段史料："帝性不猜忌，与物无竞，登极之年已逾六十，每夕于宫中焚香祝天曰：'某胡人，因乱为众所推；愿天早生圣人，为生民主。'"

还有位宋代大儒胡安国，认为李嗣源焚香祝天，要上天早生圣人之言，是发于诚心，尔后果然赵匡胤诞生，成为致天下太平的宋太祖。"由是观之，天人交感之理，不可诬矣"。

一则正文之外的"阙文"、补缀，竟被欧阳修、司马光、胡安国如此看重，以如椽巨笔，浓墨重彩地加以铺排。由此可见，这些古代圣贤的著史精神、价值追求和良苦用心。

圣贤情怀忧天下，我与先贤心相契！

皇帝都称天子，是天下之主，都讲天下意识、天下目标。但是，其中的区别判若云泥：有的，是一家一姓的意识、目标；有的，是部落、寡头的意识、目标；有的，是集团、独裁者的意识、目标。他们共同的指向只有一个，就是政权意识、政权目标。而天下意识、天下目标的真髓，是以"天下为公"为价值取向，以民众福祉为根本追求，以"民为贵，社稷次之，君为轻"为不易的标准。这是古代先贤的发明和创设，是只有圣人才能担当的伟业，它激励无数英雄豪杰不懈地奋斗。李嗣源因其真诚、博大的虚怀，不把自己当圣人，却按照圣人的标准，去努力攀缘圣人的目标！

他把目光紧盯着皇天后土的芸芸众生。和朝臣聊起连年五谷丰登，四方无事，他问冯道，今年庄稼丰收，百姓的赡养是否充足？冯道说：种庄稼的人，遇上灾年饿殍满道，遇上丰年又为粮价便宜发愁，无论丰年还是灾年，都有困苦。进士聂夷中有首诗："二月卖新丝，五月粜新谷。医得眼下疮，剜却心头肉。"语虽粗俗，却说出了庄稼人的甘苦。农民是士、农、工、商中最苦的，陛下不可不了解这些情况啊！李嗣源听了很高兴，让人将聂夷中这首诗录下来，经常诵读。《旧五代史》《新五代史》《资治通鉴》等史书称，李嗣源在位七年，"兵革粗息，年屡丰登，生民实赖以休息""在位年谷丰登，兵革罕用，校于五代，粗为小康"。五代十国，兵连祸接，天下无宁日，老百姓能有这么一段太平日子，实属难得。

史上流传很多李嗣源的爱民故事。他做了皇帝之后，下令天下诸道均平民间田税，取消酒禁、铁禁，民间可以酿酒，可以自己制造铁器农具。他下令把宫廷中的猎鹰全部放飞，各地不准再行进贡。他说，朕当年曾经随从武皇帝打猎，当时秋庄稼刚刚成熟，猎物逃到庄稼地里，等把猎物捉获，庄稼也快被糟蹋光了。由此想到，放逐鹰犬打猎，有害无益，我不干那种事！他到龙门视察水利工程，看到民夫辛苦，就颁赏给酒食。几天后，有关部门上奏说："这些民夫的服役期十五日已满，但活儿没有干完，请延长五天。"李嗣源回答："现在天寒，不宜延时；更不可以失信于民。"于是，宁肯留下"烂尾工程"，徭役中止。这件事，体现了他对平民大众人格、权利的尊重和对民间疾苦的体恤。

乱世乱局，法律在藩镇手中变得越来越暴戾、恣睢和随意。李嗣源主张法律要做到公正不滥，法律的核心精神必须体现怜悯同情之心，多次颁布诏书，要求解决冤案，推举决狱明白公正的司法官员。李嗣源刚做皇帝不久，危机四伏，整天就像坐在火山口上。这时听到汇报："有百姓二人，以竹竿习战斗之事。"当下大怒，派他最倚重的大臣石敬瑭前往执法，结果杀掉了两名儿童。后来调查清楚，事情的真相是，两名未成年儿童戏耍而已。他面对这一出冤狱，推演再三，"愧惕非一"，愧疚、忧虑久久无法平息，削减自己十天的常用餐饮，罚了石敬瑭一个月的俸银，将奏报不实的官员打了二十军棍，配流登州，并对冤死者做出补偿。颁布法令，对极刑的宣判和执行作出严格规定。对小民，他没有看小，而是看得很大，这就是他的"与百姓为主"的本意吧？

李嗣源的时代，是个物质极度匮乏的时代。但再穷也不会穷皇帝，穷奢极侈的帝王，那是极天下之盛奉一人。皇帝奢靡，必然上行下效。皇帝节俭，就会带出一种尚俭的风气。李嗣源倡大公之心，顺万民之心，抑一己私心，上任之初，即大量削减宫人、伶官，取消内藏库，四方贡品全部交给国库。官员贪赃，处死，说：这是祸害百姓的蠹虫。对爱民的廉吏，表彰奖励。他平日生活中，最喜欢两样东西：法乳汤和同阿饼。法乳汤，类似于米酒，召集要员议事，每人案前奉上半盏。同阿饼，是加点肉馅儿，蒸做的一种面食。作为一位帝王，这也够"抠门"了，由此带给民众的实惠不可小看。在他带动下，朝野形成一种倡俭的风气，出现一批清廉的官员。宰相冯道生活简朴，还有个宰相李愚，生病时李嗣源派出近臣探望，见家徒四壁，病床上不过一条破旧的毯子。这种大气候下，那些盘剥百姓无度的官员也就相对收敛了。

明宗之"明"，是个大褒之词，在庙号中的含义丰富无比。李嗣源"明"吗？回答是：明。他做人，像一位大丈夫，光明磊落，站立于天地之间。他本是一员武将，冲锋陷阵，无坚不摧，能征惯战，百战百胜，功高震主，屡被猜忌，屡中谗言。皇帝派大臣暗中监视、调查他，负责调查的大臣私下劝他想想避祸的办法。他说："吾心不负天地，祸福之来，无所可避，皆委之于命耳。"该怎么做事，还怎么做事。他目不知书，四方奏章都由臣下诵读。治理天下，却凭着天生的仁德之心，良知良能，体悟出治国理政的根本道理，它不比几百卷资治宝典还管用吗？

明宗又有很多不"明"，甚至昏昧。晚年，姑息藩镇，孟知祥据两川而反；御下乏术，权臣安重诲跋扈而不能制；政权交接，安排失据而父子反目，兄弟阋墙。一个纯质、仁厚之人，在一个政治黑暗，遍地豺狼狐狸的世道，立身尚且不易，何况治理一国？忠奸本难识别，面对"白骨精"们，他又怎么不会成为心慈手软的唐僧，"愚氓"一个？不过，他有言在先，自己来做皇帝，"事不获已"——实在是不得已的事。这么一想，他还是"明"的，他做的昏昧之事，也就是"君子之过如日月之食"了。

石敬瑭

汉奸皇帝祸中华

石敬瑭开"汉奸政权"先河，割地卖国，使燕云十六州在长达424年间被异族统治。燕之南，一马平川，草原铁骑数日内就可直抵黄河，中原自此再无宁日。

反契丹，反"儿皇帝"的怒涛，像奔腾的地火，随时可能喷涌而出。石重贵要借助中原民气，叫板草原帝国，一个纸糊的王朝，又如何能打得起与强大的草原帝国的大战？

谋国，不可凭一腔热血而定策；战端，不可因一时喜怒而轻开；民气，不可秉私心而滥用。"虑善以动，动惟厥时"，滥用民气，不管道义上多么冠冕堂皇，也不管政治多么正确，给民族和人民带来深重灾难，同样是民族的千古罪人！

唐宋之间，五代十国时期，有个后晋，只存在了11年，历经石敬瑭、石重贵父子两代皇帝。石敬瑭靠给契丹做儿、称臣、割地，换来中原皇帝宝座，史称"儿皇帝"。石敬瑭死后，他的干儿子石重贵继承皇位，成为契丹的"孙皇帝"。

这父子俩，是民族的千古罪人。石敬瑭开"汉奸政权"先河，历史上无数野心家效法他，勾结外敌，建立敌伪政权。石重贵与老子反其道而行，只称孙，不称臣，后来与契丹彻底决裂，横刀相向，乾坤一掷，轻启战端，使中原遭受一场前所未有的浩劫。更严重的后果，是诱发出夷族吞天的野心，窥视中原，要做天下的共主。

后唐明宗时期，石敬瑭做到河东节度使，河东治所在太原，是当时中原地区最大、最重要的藩镇。石敬瑭翻云覆雨，他支持明宗的儿子李从珂谋反，成功后，李从珂许诺他"永不移镇"。移镇是皇帝削藩的手段，就是通过调防，让藩镇节度使脱离原来的地盘和军队。李从珂许诺在先，却对石敬瑭百般猜忌。石敬瑭揣着明白装糊涂，上书试探，说自己身体多病，希望解除兵权，或移驻其他藩镇。李从珂心存侥幸，想借机解除深重的心头病，下诏让石敬瑭徙镇太平，到一个二等藩镇。石敬瑭不再犹豫，决定造反。他与心腹密谋：我没有异志，朝廷却生事招祸，人不能坐以待毙。太原地势险固，积粮很多。如果朝廷宽容，我就服从。如果加兵讨伐，我就外结契丹，兴亡自有天数。

史上大奸大恶之人，做事大都没有底线。石敬瑭向契丹开出的条件是：请称臣，并父事契丹，自做"儿皇帝"；每年贡献银两布帛三十万；事成之后，割卢龙一道及雁门关以北总十六州奉赠契丹。对这段历史，《新五代史》《旧五代史》说法大致相同，但《资治通鉴》的说法出入很大：石敬瑭要反，掌书记桑维翰和都押衙刘知远赞同。桑维翰怂恿石敬瑭：契丹部落近在云州、应州，"公诚能推心屈节事之，万一有急，朝呼夕至，何患无成"。刘知远则谏言："称臣可矣，以父事之太过。厚以金帛赂之，自足致其兵，不必许以土田，恐异日大为中国之患，悔之无及。"石敬瑭不从。这段史实，涉及千秋功罪，谁的罪重些，谁的罪轻些。不管新、旧五代史和《资治通鉴》怎么讲，石敬瑭都难辞罪魁祸首。

事件的发展无大意外。石敬瑭反，朝廷举兵讨伐，契丹主耶律德光亲率五万铁骑，会合石敬瑭，消灭后唐，建立后晋，把石敬瑭扶上"儿皇帝"宝座。石敬瑭侍奉契丹主子，比亲爹还亲。耶律德光说：桑维翰对你很忠诚，应当做宰相。很快，桑维翰就"同平章事"，也就是宰相了。大军南下，进军洛阳，石敬瑭要留一个儿子戍守河东大本营，这相当于确定"监国"的太子，也让耶律德光指定。耶律德光看中了大眼睛的石重贵，石重贵虽然是石敬瑭的干儿子，他也毕恭毕敬接受了。石敬瑭把宰相任命权、太子决定权也拱手交给契丹了。

"儿皇帝"恶贯满盈祸中华。石敬瑭割地卖国，使燕云十六州在长达424年间被异族统治。它成为契丹的南部屏障，进可攻，退可守。燕之南，一马平川，草原铁骑数日内就可直抵黄河，中原自此再无宁日。石敬瑭恶例一开，汉奸频出，效尤者不绝。与石敬瑭同时的赵德钧、赵延寿父子，石敬瑭之后的杨光远、杜重威、李守贞等藩镇节度使，都走上这条不归路，有的开出的卖国条件，比石敬瑭还要优惠。自此而始，中华民族抵御外敌入侵，倍加艰难。甚至因汉奸败类的滋生，让一国之人蒙羞，令外人以劣等民族相视。

石敬瑭"儿皇帝"做得不容易，反石动荡此起彼伏。天雄节度使范延光反。石敬瑭亲征，前线副司令倒戈，杀进洛阳，把石敬瑭的两个儿子杀死。成德节度使安重荣反，以抗击契丹为旗帜，动员朝臣和各大藩镇。山南东道节度使安从进反，起兵襄阳，与安重荣南北呼应。石敬瑭在连年平叛和忧惧中死去，在位不到六年，被永远钉在了历史的耻辱柱上。

后晋因契丹成，也因契丹败。石重贵继承皇位之后，鲁莽颠顶，轻启战端，契丹主耶律德光率领大军，报复"石姓小子"的忘恩负义，亲手推翻了后晋小朝廷。

史书对石重贵恶评如潮。他淫侈、昏庸、暴虐。"四方贡献珍奇，皆归内府；多造器玩，广宫室，崇饰后庭，近朝莫之及；作织锦楼以织地衣，用织工数百，期年而成；又赏赐优伶无度。"石敬瑭丧期，他便急不可耐，与垂涎已久的冯氏美寡妇成婚，日夜纵乐酣饮。他借口财政困难，向民间括率，就是明火执仗地抢劫。他在位期间，括率竟达四五次之多。所谓无知者无畏，他初莅皇位，朝臣议论，当奉表称臣告哀于契丹。他宠信的权臣景延广提出，致书称孙，不称臣。大臣提出，这会引发战争，他不听，"卒从延广议"。还囚禁契丹的边境商行机构总管"回图务"，并没收人家的财产。对在晋国境内做生意的契丹人，见到就杀，货物没收。景延广比石重贵更加骄狂。契丹"回图务"获释，前来辞行。景延广口出大言：回去告诉你们主子，"中国士马，尔所目睹。翁怒则来战，孙有十万横磨剑，足以相待。他日为孙所败，取笑天下，毋悔也"！他还留字为据，契丹主大怒，发誓灭晋，以出胸中恶气。

　　石重贵、景延广莽则莽矣，却有深心的算计。当时朝野，涌动着同仇敌忾、抗击契丹的强烈民族情绪。藩镇节度使，也并不缺少民族气节。石敬瑭割地，大同节度使判官吴峦关闭城垒，拒绝接受契丹诏命。应州指挥使郭崇威，不受契丹侮辱，率众离开辖地南归。兵部尚书王权，被召出使契丹，向宗主国表示谢忱。他认为自己累世将相，不能做这种无耻之事，"吾老矣，安能向穹庐屈膝"，不赴诏命。范延光、安重荣、安从进三大藩镇反，一个不容否认的动机，是不向"儿皇帝"效忠，夺回割让给契丹的土地。同时，契丹的索求无度，引发了民间极度的怨恨；契丹的骄横无理，深深地刺激了后晋朝臣内心深处的自尊。反契丹，反"儿皇帝"的怒涛，像奔腾的地火，随时可能喷涌而出。石重贵、景延广感受到这股强烈的中原民气，他们要借助中原民气，叫板草原帝国，为傀儡政权挣得几分尊严，也积累一点合法性资本。随之而来的与契丹的三次大战，将士用命，后晋两次大胜，证明了这种判断的合理性。

　　必须强调的是，谋国，不可凭一腔热血而定策；战端，不可因一时喜怒而轻开；民气，不可秉私心而滥用。"虑善以动，动惟厥时"，滥用民气，不管道义上多么冠冕堂皇，也不管政治多么正确，给民族和人民带来深重灾难，同样是民族的千古罪人！

客观分析后晋的局势，是朝政动荡，将士离心，国困民乏的困境。连年战事，国力已经消耗到极点，人民已经穷困到极点。石敬瑭死后才结束的三场平叛战争，更是让民族的元气消耗殆尽，民不聊生，民变蜂起。一个纸糊的王朝，又如何能打得起与强大的草原帝国的大仗？

石晋政权垮台，不值得惋惜；"孙"皇帝被虏北迁草原，不值得同情。但是，对国家元气的戕害，令人痛惜；人民苦难的沉重，令人心碎；游牧民族由此萌发的统治中原的野心，灭而复炽，使中华文明出现一次次大倒退，则成为国人千年的苦痛。野蛮帝国铁蹄所到，烧杀掳掠，无恶不作。相州屠城，男子全部被杀，妇女全部被掳掠北去，"胡人掷婴孩于空中，举刃接之以为乐。"战后，相州城只搜寻到遗民男女七百人，得骸髅十余万具。

耶律德光进入大梁，坐在中原皇帝的龙椅上，向后晋百官发问："中国风俗异于吾国，吾欲择一人君之，如何？"皆曰："天无二日，夷、夏之心，皆愿推戴皇帝。"耶律德光故作谦虚之后，便成为天下共主。因为反对契丹的烽火遍地燎原，他狼狈北窜，死在归途。死前反思得失，感叹有三大失误：我允许各道州郡搜刮钱财，是第一个失误；命北国将士"打谷草"（纵兵抢掠），是第二个失误；未能及早派中原各节度使返回镇所，靠汉人治理汉人，是第三个失误。他最该反思却没有反思的是：一个夷族的首领，有没有资格做中国的君主？他与中原政权打交道，是从石敬瑭始，再到石重贵，不过十余年，这个概念已经相当模糊，他这个中国皇帝已经做得心安理得了。由此肇始，耶律德光的幽灵一直徘徊于神州大地。先是女真占据中原，此后蒙元当了回中华共主，清统治中国则达近三百年，野蛮与文明撕扯着前行。

王夫之《读通鉴论》评论这段历史：谋国而给天下留下大患，他就是天下的罪人，但罪恶是有差别的。祸在一时之天下，则一时之罪人；祸在一代，则一代之罪人；祸及万世，则万世之罪人。石敬瑭父子就是这样的万世罪人。后晋因之事成的桑维翰，因之事败的景延广，也难逃万世罪人的恶名！

宋太祖

心性淳淳蕴升平

他在脆弱的执政基础上,开出大宋三百二十年基业;在满是血腥、污秽的土地上,培育出朝野的祥和气象;在武人当朝、战事未息的社会背景下,养成一种特有的文采斐然、文质彬彬的大宋气质。

太祖之心,有惧,有慈,有仁,有公,实则淳朴平凡,此心人皆有之。太祖从心出发,治国安民,切中大本,大要不繁;从心出发,对社会积弊,也就能对症下药,渐损渐除;求利以兴,也就能视力之可行,循序而行之;除弊兴利之举,都不会为了博取盲从的大众一时的欢心,而不筹谋久远。

陈桥兵变，赵匡胤被黄袍加身，带兵返回京都，这是他执政的开端。他与诸将约法三章：太后、主上，吾北面事之；朝廷大臣，皆我之比肩。你们不得惊犯宫阙，侵凌朝贵，抢掠府库。他所率大军秋毫无犯，京城秩序井然，"市不易肆"。这个开端极佳。

赵匡胤身后，留下一笔重要政治遗产：他令勒石锁置殿中，定下三条戒律，使嗣君继位，入而跪读：一、保全柴氏子孙；二、不杀士大夫及上书言事人；三、不加农田之赋。这三条，赵匡胤做到了，他的后嗣子孙中多数也做得不错。

赵匡胤执政，其始与终，都给历史留下文明的光辉和人性的亮色。他在脆弱的执政基础上，开出大宋三百二十年基业；在满是血腥、污秽的土地上，培育出朝野的祥和气象；在武人当朝、战事未息的社会背景下，养成一种特有的文采斐然、文质彬彬的大宋气质。

儒释两家，俱讲"明心见性"。对赵匡胤那颗赤心，对他执政十七年复杂却简单的心路历程看得越是分明，越能看明白其圣君本色，其帝王伟业。

赵匡胤有一颗戒惧心。他当了皇帝，按照朝廷礼仪，尊母亲杜氏为皇太后。赵匡胤拜于大殿之上，群臣祝贺，但杜太后却快快不乐。大臣们搞不明白怎么回事，说：母以子贵，子为天子，为何不快乐呢？太后说："吾闻为君难。"天子置身于亿兆民众之上，如果治得其道，则这个九五之尊就被人崇仰；如果治非其道，一旦失控，要求做一个普通百姓也不可能了，这就是我的忧虑所在。杜太后大智大慧，赵匡胤心领神会，再拜说："谨受教。"此时，杜太后已经年届六旬，见过了太多兵荒马乱，朝代更迭；赵匡胤久在戎行，亲历了多少政变的血腥，目睹了多少帝王家族断子绝孙的灭门之祸！这种戒惧心，伴随他一生，朝乾夕惕，力求"治得其道"，没有须臾懈怠。

赵匡胤当上皇帝的第一年，反对他的军事行动就发生了两起。一起是在四五月份，后周昭义军节度使、中书令李筠在山西发动，联合北汉、契丹，杀向京都；一起是在九十月份，后周淮南节度使、检校太尉李重进在扬州发动，预谋与李筠南北呼应。赵匡胤调集全国精锐部队，御驾亲征，剿平李筠、李重进，回到京都，已经到了年底，执政期已经整整一年。

　　赵匡胤以其一代圣君的胆略、智慧和决断，决心从根子上铲除天下大乱的毒瘤。建隆二年（961）闰三月，解除慕容延钊殿前都检点、韩令坤侍卫亲军都指挥使职务，改任藩镇节度使。七月，推出深思熟虑的更大动作。他问心腹大臣赵普："自唐季以来数十年，帝王凡易八姓，战斗不息，生民涂地，其故何也？吾欲息天下之兵，为国家计长久，其道何如？"赵普回答："陛下言及此，天地人神之福也。此非他故，方镇太重，君弱臣强而已。今欲治之，惟稍夺其权，制其钱粮，收其精兵，则天下自安矣。"这次著名的"君臣对"，使赵匡胤最终作出决断，"杯酒释兵权"，成为千古佳话。

　　七月的一天，晚朝结束，赵匡胤与石守信、王审琦等故人饮酒，酒酣耳热之际，他屏退侍从，对这些禁军宿将说："我没有你们，就没有今天。但做天子也太艰难了，倒不如做节度使来得快活。我现在是长年累月不敢睡上一个安稳觉啊！"石守信等人忙问原因："陛下何出此言，今天下已定，谁敢复有异心！"赵匡胤说："你们没有异心，你们麾下的人要贪图富贵怎么办？一旦黄袍加在你们身上，你们要不干，也办不到啊！"石守信等明白了圣意，一边叩首、流泪，一边请求指示生路。赵匡胤开导说："人生如白驹过隙。所以企求富贵的人，不过多积攒点金银，自个儿好好享乐，让子孙也不再贫乏。你们何不放弃兵权，出守大藩，选择好的田宅买下来，为子孙置下永久的基业；再多收些歌儿舞女，每天饮酒相欢，以终天年；我与你们互结婚姻，君臣之间，两无猜疑，上下相安，岂不很好？"将领们见交代得如此具体明白，次日，都上疏称病，求解兵权。赵匡胤一概允准，派他们出镇地方节度使。

　　赵匡胤杯酒释兵权，极大地削弱了禁军将领的权势，解除了随时可能发生的家国大患。第二步，他又着手解决藩镇之祸，罢领支郡，将节度使驻地以外的州郡划归中央直管，财政权、司法权、监督权等分置。第三步，中央层面，由宰相、枢密使、三司使分掌全国行政、军事、财政大权。赵匡胤从容做起，形成基本的制度框架，用了四年多时间，使内部战乱的隐患消弭，大宋实现长治久安。"杯酒释兵权"，也成为中国历史上解决军阀大患最温和、最富人情味的手段了。

赵匡胤有一颗慈心。一次，御膳坊供膳，送到禁内，左右接过，放到桌上，发现食器旁有只虱子，应是厨师头上掉下来的，很恶心。但赵匡胤对左右说："勿令掌膳者知！"因为掌管膳食的人知道了，厨师必定获罪。一次，公主穿着用羽毛装饰的衣服进宫。赵匡胤说：把衣服留给我，今后不能再这么穿着。公主说，这才用多点羽毛？赵匡胤说：不然，你这么穿戴，宫内宫外必相仿效，京城翠羽的价格就会高起来，逐利者就要辗转贩卖，伤生必多。你生长在富贵之家，应当惜福，岂可造此恶业之端？

有一颗慈心，就会恤生爱物。历经改朝换代的大事变，后周柴氏子孙没有被斩草除根，以绝后患，他们都得以保全，并且受到优厚待遇。周恭帝柴宗训被封为郑王，后来被安置于房州，赵匡胤给他派了最好的老师。十三年后，柴宗训病死，赵匡胤为他素服发哀，辍朝十日，将他葬在周世宗墓地旁，谥号恭帝。这一仁厚政策，还推及各国降王。南唐国主李煜、后蜀国主孟昶、南汉国主刘鋹等，都享国封，受宾客之礼，其后代子孙，优秀者成为宋朝重臣。这颗慈心，泽被世间众多生灵。赵匡胤时代，就有了禁猎、禁渔期法规，使生态得到保护。

赵匡胤有一颗仁心。仁心，就是儒家所说仁民之心。《续资治通鉴长编》中，减赋、蠲免词语出现极多。赵匡胤一朝，十七年间，"赈"字出现二十四次，"蠲"字出现三十二次。赵匡胤即位第二日，即遣使往各州赈贷。赵匡胤主持的第一次御前会议，是疏浚五丈河，解决京都物资运输。河工挖河苦，且历朝历代，都是自带口粮。赵匡胤心有不忍，下诏：

每人每天给米二升，全国各地都要依例而行，这成为宋代的一项制度规定。宋代赋税，实行夏、秋二税。赵匡胤时代，令州县各置义仓，官方所收二税，每一石粮，留出一斗，也就是十分之一，贮存在义仓里，以备凶年赈济百姓。乾德二年（964）诏书宣布：如果地方有灾情，"即蠲其租，勿俟报"。这样的德义，三皇五帝以来不曾见过。

赵匡胤读《尧典》，感叹："尧舜之世，四凶之罪，止从投窜，何近代宪纲之密耶？"大宋制定《宋刑统》，赵匡胤提出了著名的刑律方针："禁民为非，乃设法令，临下以简，必务哀矜（核心精神是必须有怜悯同情之心）。"在他生命的最后一年九月，"开封府言：京城诸官司狱皆空，无系囚"。近百万人口的大都市，没有一个囚犯。

平定后唐的重大军事部署，赵匡胤选定曹彬为统帅。他千叮咛万嘱咐，"切勿暴掠生民"，并授予剑匣："副将以下，不用命者斩之。"赵匡胤为何如此信任曹彬？史称，曹彬轻财恤生，出使吴越，皇上的奖赏，全部用于公务，不留一钱。房子坏了，子弟们要请人修葺。他说："这时候正是大冬天，墙壁，乃是百虫蛰伏之地，不可伤其生。"曹彬有好生之德，《宋史·曹彬传》评论：太祖让他率领大军征伐江南，"而秋毫无犯，不妄戮一人者，益可信矣"。其间，围攻金陵，为避免杀戮，拖得时日长久，军中出现急躁情绪，赵匡胤在奏章上批示："朕宁不得江南，不可辄杀人也！"攻城之前的一天，曹彬让各将领焚香立誓，向神鬼保证：绝不滥杀无辜，绝不纵掠士庶！一将之用，保全了多少生民的性命！

赵匡胤有一颗公心。他要匡正唐末以来被严重毒化了的社会风气，重塑"礼义廉耻"国之四维。建隆元年（960），也就是他即位的第一年第一个月，就到国学巡视，第二个月又来巡视，目的很明确，通过"隆儒师古，躬化天下"，重视儒学，师法古圣，身体力行，教化天下。而科举取士，培养读书人队伍，进而让文官阶层成长起来，才是治本之举。五代以来，贿赂成风，科举已经没有公正可言，台阁近臣推荐决定考生命运。赵匡胤下诏，"朝臣无得公荐举人"，录取以试卷为唯一标准。翰林承旨陶谷，贿赂考官，让儿子陶戬考进士过关，还补了殿中官职。事发，主考官降职，陶谷被罚俸两月。开宝元年（968）二月，考官选定了十名进士，又有陶谷的儿子陶邴，名列第六。赵匡胤担心有鬼，下令复试。陶谷此儿非彼儿，陶邴争气，复试过关。但赵匡胤一直放心不下，怕阻不住后门，冷了天下士子的心。他又下诏令，"举人凡关食禄之家"，一律上报，专门安排复试。宋代科举，让没有任何背景的贫寒之士，中试的机会大大增加，为寒门开了进身之阶，越来越多的穷人子弟开始向学，靠读书中考改变命运。宋代，士大夫遇上了一个适意的时代。考终宋一朝，只在南宋高宗赵构时杀过太学生陈东、抚州进士欧阳澈，两位反对求和、力主抗金的士子。宽松、优裕的环境，涵养了士人的凛然正气和以天下为己任的道义担当！

公心之大，是为"天下为公"。赵匡胤传位之举，可见其"天下为公"风范，由此而彪炳青史。

建隆二年（961）六月，杜太后病重，召昔日的掌书记赵普进宫，与赵匡胤一同接受遗命。太后问赵匡胤："你知道你为何能得到天下吗？"赵匡胤强抑悲痛，回答："这都是仰赖祖宗和太后您积累的德业啊！"杜太后说："不然。实是因为周世宗让幼小的儿子执掌了天下！假如大周有个年长的君王，天下还会为你所有吗？所以，你身后要把皇位传给你的弟弟光义。四海至广，能立长君，是社稷之福啊！"赵匡胤磕头哭着说："我岂敢不听太后教诲！"随后，杜太后又对赵普说："你跟皇上一起记住我的话，不可违背。"赵普即在床前为此事立约写下誓书，签署了"臣普书"三字，藏之金匮，命谨密宫人掌管。

这段故实，史称"金匮之盟"。对"金匮之盟"，后人多有存疑。但宋太祖传位于弟，是历史。他谨守太后遗命，疼爱自己的弟弟，为他创造接班的条件。因为太祖明白，保持政权稳定，才能结束乱世。大宋根基脆弱，要保持政权稳定，需要有威有为的继承人，赵光义可当此任。历史昭告世人，选赵光义，大宋稳固了根基，奠定了长期执政的基础，人民由此过上了太平日子。但是，太祖也一定想过，其弟是否胸怀大度，其子是否可保身安？以天下苍生为念，这一切，太祖放下了，只能交付天命的安排了！

太祖之心，有惧，有慈，有仁，有公，实则淳朴平凡，此心人皆有之。太祖从心出发，治国安民，切中大本，大要不繁；从心出发，对社会积弊，也就能对症下药，渐损渐除；求利以兴，也就能视力之可行，循序而行之；除弊兴利之举，都不会为了博取盲从的大众一时的欢心，而不筹谋久远。回望历史，太祖朝除弊兴利，大刀阔斧之举实多，却都波澜不惊。他所未竟之业：迁都，离开四战之地；收复燕云十六州，俱因大势不备，也就决不强力为之。但其识见的高瞻远瞩，却使无数英雄豪杰为之折服！

宋真宗

神道设教举国狂

宋景德四年（1007），造神运动兴起，意识形态狂热化，一直持续了一十四年，"一国君臣皆病狂"。

"神道设教"出自《周易·观卦·象辞》："圣人以神道设教，而天下服矣。"真宗把"神道设教"发挥到极端，做成了一次宏大的宗教治国试验。

封建专制制度下，权力制衡失效，就像疯跑着的车驾刹车失灵，只好听任它喧嚣奔突。它所造成的灾难，终成百年大患。真宗前期，天下富庶，到其晚年，把太祖、太宗的积蓄挥霍殆尽，"内之畜藏，稍已空尽"。思想余孽恶毒未除，百年后徽宗朝暴虐狂发。

宋景德四年（1007），宋朝已经开国四十七年，宋真宗（赵恒，968—1022）执政整整十年，文治武功，勋业不俗，出现"殊邻修睦，犷俗请吏，干戈偃戢，年谷屡丰"的太平治世景象。用现在的话说，就是宋辽和好，西夏称臣，没有战争，又风调雨顺，五谷丰登，老百姓过上了太平日子。历史每逢这样的关口，官民对皇上必然颂歌盈耳，皇上也禁不住炫耀文治武功的冲动，这就要发生许多大事出来。大宋自这年开始，造神运动兴起，意识形态狂热化，一直持续了一十四年，"一国君臣皆病狂"。

宋真宗文治武功的大事，首推宋辽澶渊之盟。这是宋真宗最值得夸耀的一件大事，也是泰山封禅甚至造神运动的起因。

宋辽（契丹）是一南一北两个大国。宋朝建立之前，一个长时期内，中原和辽的领土争端死结难解。宋太祖始，化解宿冤，力促盟和。宋太宗先战后和，契丹却不买账，屡屡发动进攻。到真宗景德元年（1004），战争持续了二十六年，大战十数次，宋朝负多胜少。这一年，契丹太后和国主以倾国之力，亲率大军伐宋，宋真宗御驾亲征，抵达澶渊前线。两军交战，宋军在各个战场均占优势。契丹求和，宋廷回应，以每年赠遗三十万钱、帛，结为盟好。

由战乱走向和平，君臣士庶一片欢欣。宋真宗心潮澎湃，作《回銮诗》以纪，"锐旅怀忠节，群胡窜北荒""继好安边境，和同乐小康"。朝中重臣，兴奋发自内心。原三朝宰相、太子太师吕蒙正，前后两任宰相毕士安、王旦，边关名将李允则等，对其历史意义，都有不凡见解，作出高度评价。他们的看法，归结起来即为：强虏求和，弭兵省财，古今都称为上策。虽然每年要有赠遗，但和用兵的费用相比，不及百分之一。选择守边将帅，要得人，能够谨守誓约。

和平环境带来经济社会繁荣。至景德三年（1006），全国户口数总旧实管7417570户，16280254口，比咸平六年（1003）计增553410户，2002214口。赋税收入总63731229贯、石、匹、斤，比咸平六年计增3465290。景德四年（1007），势头更加喜人。这一年，全国各地大丰收，

第五章 泱泱中华 傲然世界

粮价便宜，政府拨款购买粮食，平抑价格。北部边疆，因为战争荒芜的土地得到大面积开垦，庄稼长势良好。国库富足，真宗下诏提高官员福利待遇。外交上局面更佳。脚踏两只船的西夏，没有了宋辽两边捞好处的空子可钻，也向宋朝称臣了。众多小国，主动纳贡，有了点"万国来朝"的气象。可以说，太祖、太宗没有做成的事情，真宗在祖上基业的基础上，办得很成功。作为一个帝王，心中的自豪感是可以想象的。

就是在这样的背景之下，景德四年十月，殿中侍御史赵湘给中书上书，请求真宗封禅泰山。宋真宗立即心思萌动，他要通过封禅，显扬盛世的荣耀，还要以此抚平埋在心头、时常发作的隐痛。

澶渊之盟，是国之大幸，民之大幸，但是，毕竟胜之不武，是屈己求和，真宗权衡利弊，作出很大的让步。重臣王钦若就说，澶渊之盟是城下之盟，是春秋时连小国都不为的耻辱。而寇准力促御驾亲征，是拿皇帝做赌注，是孤注一掷。王钦若虽然是为了诋毁寇准，却让真宗心头蒙上了厚重的阴影。这份压在心头的屈辱、郁闷，无人可以为他分担。他想的是，封禅的盛世大典，可以纾解郁闷，冲淡屈辱，甚至让人遗忘掉。但是，封禅这一史上大事，毕竟只有秦皇、汉武、汉光武、唐高宗、唐玄宗做过。真宗还有几分心虚，他犹豫难断。

朝臣心中各有打算。宰相王旦深知封禅耗资劳民之巨，说："封禅之礼，旷废已久，若非圣朝承平，岂能振举？"话音刚落，真宗以一种恼怒的口气说："朕之不德，安能轻议！"王钦若揣透圣意，想的是如何把封禅的功劳揽到自己头上。他的"神道设教"说让真宗茅塞顿开。他对准宋真宗的痛点，扯了几句雪耻的话，亮出底牌：封禅当得天瑞才可做。天瑞哪能必得？前代那是人力所为，"陛下谓《河图》《洛书》果有此乎？圣人以神道设教耳"。真宗听罢，疑虑未消，他又找到大儒杜镐，问："卿博达坟典，所谓河出图，洛出书，果何事耶？"杜镐不明皇上用意，以流行的说法回答："此圣人以神道设教耳。"王钦若、杜镐说法一致。至此，真宗对"神道设教"不再怀疑，他要利用"神道设教"，为自己行封禅之事加重筹码。

真宗通过设宴赠金，摆平王旦。他宴请王旦，还赠给美酒一壶。王旦回家打开，是一壶珍珠。他明白了皇帝心思，不再持有异议。真宗通过说神弄玄，引来"天意"眷顾。大中祥符元年（1008）正月，他向群臣述说了一件神奇事情：夜半，一位神人降临寝殿，让他布置黄箓道场一月，会天降天书《大中祥符》三篇。一个月过后，神人所说应验，黄色布帛包裹的天书悬挂于承天门屋角鸱吻之上。取来黄色布帛揭开，有二十一个汉字：赵受命，兴于宋，付于恒。居其器，守于正。世七百，九九定。黄帛里面，果然有三幅"黄字天书"。第一幅，表彰真宗；第二幅，晓谕他"清净简俭"治理江山；第三幅，祝福他世祚延庆，神佑大宋。群臣立即跪拜，高呼万岁。随后，造势、请愿、宣布"有事于泰山"，东封、西祀、谒亳州，营宫观，造神运动步步升级，举国掀起滔天巨澜。

"神道设教"出自《周易·观卦·象辞》："圣人以神道设教，而天下服矣。"大意是：鬼神之事，为人造；其目的在使民畏服。这是一种信仰构建、政治构建。真宗把"神道设教"发挥到极端，做成了一次宏大的宗教治国试验。

行封禅之事的帝王，都属于道家一路。真宗奉行的宗教，是歪曲了的道教：

它有教主，且有大宋特色。真宗梦见赵氏始祖赵玄朗，他是"人皇九人"中之一，曾经转世为轩辕黄帝；到了后唐，奉玉皇大帝之命再次降世，主管赵氏家族，总治下界。于是，赵玄朗被真宗封为"九天司命保生天尊大帝"，庙号圣祖。

它有遍及全国的道场。在京都建设玉清昭应宫，计划十七年建成。修宫使丁谓督工三四万人夜以继日，历时七年竣工，共有2600座殿宇建筑，极尽奢华。在全国州县建立天庆观，总数1000所以上。赵玄朗显灵之后，建景灵宫，供奉圣祖，天下州县天庆观增建圣祖殿。

它有权威规范的教典。真宗下诏编纂而成的《云笈七签》，计一百二十卷，堪与佛教类书《法苑珠林》相提并论。

它有官方设定的宗教仪式：给玉皇大帝上尊号，献宝册、龙符，设罗天大醮，供军民僧道烧香礼拜；诸州官吏在每年天庆、先天、降圣三大节，建道场；官员上任、离职都必须向圣祖拜谒和辞行。重大节庆日，天下官员和百姓都要在家中设案焚香，向玉帝致敬，把全国都卷入这一狂热活动。

封建专制制度下，权力制衡失效，就像疯跑着的车驾刹车失灵，只好听任它喧嚣奔突。造神运动愈演愈烈，局面失控，发动者要停下来也无能为力了。

天降天书消息传开，三月甲戌，兖州父老吕良等1287人诣阙请封禅："国家受有天命五十年，已经达致天下太平。现在上天又降下祥符，更昭显出朝廷的盛德。这就应该到泰山去奏告，以此来报答天地神祇。"真宗回复："这是很大的事，不可以轻易议论。"吕良再上言："国家年岁丰收，华夏安泰。愿皇上能上答天降神迹，早一点成就封禅盛礼。"接着，知州邵华又率官属抗表以请。己卯，兖州并诸路进士等840人诣阙请封禅。壬午，宰相王旦率文武百官、诸军将校、州县官吏、蕃夷、僧道、耆寿34370人诣东上阁门，凡五上表，请封禅。鼎沸的民意，由执政者导演而来，就是这般轻贱！夏四月，辛卯朔，天书又降于大内之功德阁。甲午，诏以今年十月有事于泰山。

东封收场，西祀启幕。大中祥符三年（1010）六月，知河中府（山西运城）杨举正向朝廷报告，河中本府父老僧道1290人联合上书，请求西祀汾阴。七月，文武官员、将校、僧道、耆老三万多人诣阙，请求祭祀汾阴后土。八月间，诸臣表章三上。这时候，真宗已经没有办法违逆民意官愿，下诏来年春三月有事于汾阴。

真宗"神道设教"，官员神道邀宠。封禅泰山，王钦若奏泰山天书降，苍龙现，醴泉涌，老虎不伤人，成群结队迁徙徂徕山。并献上泰山灵芝38000本。祭祀汾阴，报辖区内黄河清了，苍龙谷发现黄金护封的《灵宝真文》。参谒亳州老子太清宫，又是祥瑞频现。丁谓一次献上灵芝 37000 本。两个月后，又献上白鹿一只，灵芝 95000 本。他作为代理财政部长，还有这般政治头脑，所以，封禅之后，去掉了代字。三年后，进入执政班子，当上了参知政事。

造神运动其衰也速。真宗去世，寂然销声。但是，它所造成的灾难，终成百年大患。"神道设教"，金钱开道。封禅泰山前，财政"大计有余"，祭祀汾阴后，已经"恐有司经费不给"。"神道设教"耗费知多少？根据《大宋帝国三百年》作者统计，从 1008 年到 1022 年的 14 年间，三司假内藏 16 次，也就是从皇家仓库临时借钱，总数 570 万。至于财政正常开支，当超过这个数字不止几十倍。其中，最大的支出项目是建设玉清昭应宫，赏赐官员和军士，二者估计用度超过两个亿。真宗前期，天下富庶，到其晚年，把太祖、太宗的积蓄挥霍殆尽，"内之畜藏，稍已空尽"，给后人留下一个空壳子。这引发了仁宗朝庆历改革，神宗朝王安石变法，后者因失误太多，导致国家政治混乱。思想余孽恶毒未除，百年后徽宗朝暴虐狂发。宋徽宗传承真宗衣钵，变本加厉，他笃信道士、巫术，俨然以教主自居，自己是玉皇大帝长子的化身，下凡治理大宋子民。把一个国家搞得神魔乱舞，乌烟瘴气。当金兵打上家门，还想靠天神保佑退敌，终致身为俘虏，国破家亡。

宋仁宗

仁泽万物生光辉

史上明君不在少数，但明君不一定成为仁君。明君葆有不变的人性人情，大仁荡荡，小仁合于礼法，是为仁君。仁宗克己从仁，导天下归仁。仁是阳光雨露，仁是万物生长的土壤。有君臣共治的制度，有台谏的制约、纠错机制，有科举取士的人才选拔途径，又有了仁恕、宽容的政治氛围，这个民族的智慧和创造力得到空前爆发。

仁宗朝被称为盛治。它创造了一个群星闪耀的时代，它培育了独冠千古的民族精神，还给世界贡献了火药、指南针、活字印刷三大发明。

这是一个民乐太平的时代，"农桑安业岁丰登，将帅无功吏不能"。民众感受到了仁宗的福泽。仁宗逝世，宋朝派出使者前往辽国告哀，见"燕境之人无远近皆聚哭"。辽道宗耶律洪基抓着使者的手号恸："四十二年不识兵革矣。"

宋仁宗（赵祯，1010—1063）是宋朝第四任君主。他在位四十二年，执政三十年，死后庙号"仁宗"。《宋史》对他作出这样的评价："传曰：'为人君，止于仁。'帝诚无愧焉！"

宋仁宗是中国历史上第一个庙号为"仁宗"的皇帝。仁是儒家道德的最高理想。孔子思想体系的核心是仁。怎么理解仁呢？不同根器的弟子问仁，孔子有不同的解释。樊迟问仁，孔子说："爱人。"颜渊问仁，孔子说："克己复礼为仁。一日克己复礼，天下归仁焉。"仁由自身修为而致，同时要求推己及人，"己欲立而立人，己欲达而达人"。和孔子仁爱思想相联系，给后人认识宋仁宗留下了无限的空间。

仁有大仁。所谓大仁，是施及黎民社稷之仁。

明道二年（1033），三司向仁宗提出："用度不足，请假于内藏库。"内藏库是皇帝的小金库，存的是皇帝的私房钱。宋仁宗说："国家钱本无内外，盖以助经费耳。"于是，出缗钱百万。此后，"岁歉或调发，则出内藏以济之"。他是真正把内库变成了外库。在他去世后，因为财政紧张，内库无存，只好丧事从简。三司使和翰林学士奏书载："自康定、庆历以来，发诸宿藏以助兴废，百年之积，仅存空簿。"

以私房钱助兴废，仁宗出手大方。个人生活方面，却显得小气甚至吝啬。一天早晨，他对近臣说起，昨天夜里失眠腹饥，想吃烧羊肉。近臣问他，为什么不降旨？他说："宫禁每有取索，外间便为定制。我怕自此以后，每夜都要宰羊，杀生害物。"仁宗晚年，一次生病，中书、枢密院奏事于福宁殿西阁，见仁宗"所御幄帘、裀褥皆质素暗弊，久而不易"。仁宗对宰相说："朕居宫中，自奉正如此耳。此亦生民之膏血也，可轻费之哉！"

仁宗心存黎民，对民众冷暖心细如发。宋真宗下葬，有司奏请拆除灵车过往路上的城门、房屋。御史谏止，刘太后不准。仁宗说："城门卑者当毁之，民居不当毁也。"太后认可。仁宗读书，想到民众疾病之苦。他对辅臣说："世无良医，故夭横者众。"辅臣回答："古方书虽存，率多舛谬；又，天下学医者不得尽见。"于是，仁宗命医官院校定《黄帝内经》、《素问》及《难经》《病源》等医书，诏国子监摹印颁行。盐对于人，和阳光、空气一样不可或缺。河北盐本来允许市场流通，庆历六年（1046）十一月，三司决定改为专卖。这样，国家控制价格，可获重利，但百姓吃盐，则质次价高。仁宗说："使人顿食贵盐，岂朕意哉？"三司仍不放弃，寻求从调整专卖的具体办法上找出路，最终还是被仁宗否决，他下诏告知民众，原来的政策不变，并将诏书在京城张贴，"父老过诏书下，必稽首流涕"。

仁有小仁。所谓小仁，是恩泽于亲友的情谊。作为一国君主，家事、国事往往纠结在一起，大仁、小仁实难分清。小仁关乎大仁。小仁不当，会妨害大仁；小仁恰当，则化为大仁。

"狸猫换太子"的故事在民间广为流传，其中的太子，就是后来的宋仁宗。事情的真相是：宋真宗皇后刘娥的侍女李氏怀孕生了儿子，被刘后据为己有，让杨淑妃抚育。仁宗叫刘后大娘娘，叫杨淑妃小娘娘，李氏则默然杂处于宫嫔之中。刘后对仁宗抚育恩厚，却不让他知道亲生母亲是谁。刘后待李氏也极尽人情。李氏去世前，进位宸妃，死后以一品礼和皇太后服入殓厚葬，并以水银养护。朝政方面，宋真宗死，仁宗十二岁，刘后垂帘听政，但到了仁宗二十岁，及冠之年，却没有丝毫还政的迹象，还打算穿着天子的衮冕谒太庙。真宗去世前遗诏，留个尾巴，尊太妃为太后，"如有军国大事，与皇太后内中裁制"。这段皇室公案，弄不好，会成为未来巨大的政治隐患甚至是政治危机。

刘后去世，仁宗才知道了自己身世。这时候，有别有用心的人，诬言李氏暴死，有见风使舵的人，"多追斥垂帘时事"。仁宗又是怎么做的？先是让国舅开棺验视，见生母肤色如生。仁宗感叹：人言不可信，"自今大娘娘平生分明矣"！刘后灵驾发引，仁宗"亲行执绋之礼，以申孝心"，行哭出皇仪殿门。至洪福寺祭奠，扶着太后梓宫攀号不已："劬劳之恩，终身何所报乎！"他随后特别下了一道诏书："大行皇太后保佑冲人，十有二年，恩勤至矣。而言者罔识大体，务诋讦一时之事，非所以慰朕孝思也。其垂帘日诏命，中外毋辄以言。"这段皇室公案，仁宗处理得入情入理，家国一派祥和之气。

仁宗之仁，体现于治国理念、治国方针和执政风格，为仁恕、宽容。

迩英阁讲周礼"大荒大札，则薄征缓刑"，侍讲说："所谓缓刑者，乃过误之民耳，当岁歉则赦之，闵其穷也。今众持兵仗，劫粮廪，一切宽之，恐不足以禁奸。"仁宗却说："不然，天下皆吾赤子也。一遇饥馑，州县不能存恤，饿莩所迫，遂致为盗，又捕而杀之，不亦甚乎！"他下诏，死刑要上报，"大辟疑者，皆令上谳，岁常活千余"。苏轼应科举崭露头角，是因为策论《刑赏忠厚之至论》。他杜撰用典，阐发一个观点："《传》曰：'赏疑从与，所以广恩也。罚疑从去，所以慎刑也。'当尧之时，皋陶为士，将杀人，皋陶曰'杀之'者三，尧曰'宥之'者三。故天下畏皋陶执法之坚，而乐尧用刑之宽。"这不正是仁宗仁恕理念、方针的体现？这也说明仁恕理念、方针已经成为士大夫的共识，成为一种社会风尚。

苏辙参加"制举"考试的经历，最能说明仁宗朝言论的宽容度。苏辙时年二十三岁，初生之犊不怕虎，接过试题，任情挥洒。先讲仁宗有忧惧之言，未有忧惧之诚，围绕这一立论，对仁宗展开措词激烈的批评："窃闻之道路，陛下自近岁以来，宫中贵姬至以数千，歌舞饮酒，欢乐失节，坐朝不闻咨谟，便殿无所顾问。夫三代之衰，汉、唐之季，其所以召乱之由，陛下已知之矣。久而不正，百蠹将由之而出。"洋洋洒洒六千余言，将皇帝、宰执大臣、三司骂了个遍，由此搅起一场轩然大波。考官中有的力请将他罢黜，有的认为他"独有爱君忧国之心，不可不收"，被骂的时任三司使蔡襄则深感愧疚而"不敢怨"。官司打到仁宗面前，仁宗说："设制科本求直言，苏辙小官，敢言，特命收选。夫人主言动，辙虽妄说，果能诳天下之人哉？"

宋朝是中国历史上的文化鼎盛时期。文化的繁兴，必有畅所欲言的舆论环境，文化人必能享受到前所未有的言论自由。

仁恕、宽容的理念、方针用于国家关系处理，是珍视和平。辽太子耶律洪基出使宋朝，仁宗拉着他的手说："吾与汝一家也，异日惟盟好是念，唯生灵是爱。"这是他发自内心的话，在对外关系中得到最充分的体现。

当时，宋的主要邻邦是辽，西夏对宋称臣。宝元元年（1038），西夏元昊野心膨胀，自立为帝，宋朝大臣多慷慨激昂，"争言小丑可即诛灭"。双方交战，打打停停。其间，辽兴宗耶律宗真"谋聚兵幽蓟，遣使致书求关南地"。这是对两国"澶渊之盟"的背叛，是趁人之危，火中取栗。仁宗以最大的容忍度和灵活性作出应对。富弼出使辽国，申明大义，晓以利害，终以辽岁得金帛二十万实现和解。辽国提出，南朝岁增金帛须于誓书中加一"纳"字，宰执大臣以"纳"字无伤大雅，仁宗拍板。

宋夏交战，"天下被其劳，凡百赋率至增数倍"，岁课千万，系累杀戮不啻十万人。庆历元年（1041）冬至，知谏院张方平上奏，建议"和戎"，提出"自古以来，论边事者莫不以和戎为利，征戍为害"。仁宗读了他的奏书，说："是吾心也。"西夏方面，元昊倒是打了几个胜仗，却得不到土地、人口，民众生活出现大滑坡，也有了议和的愿望。谈判结局，元昊自削僭号，称臣，每年得到二十五万的岁赐。宋、辽、西夏这一番撕扯，宋朝得到了什么呢？此后，至仁宗去世，二十多年间，宋、辽、西夏关系稳定，不再有战争。

国家关系处理，战与和的取舍，涉及一国的尊严或面子，首当其冲的是国君。仁宗屈己为民，"唯生灵是爱"，实属难得。史上不少极端的爱国者，对此大为诟病，但从民众的视角看，就截然相反。

仁宗对待臣下，是以心换心，以情换情，以诚换诚。臣下对待仁宗，则报之以忠，行之以义。有情终被"无情"护，看似无情是有情。

范镇冒死谏言立皇储。嘉祐元年（1056）大年初一，仁宗暴感风眩，病中疯言疯语，接近两个月才大体康复。仁宗无子，未立太子，国本未立，这无疑是一场重大的政治危机。五月，知谏院范镇上书，请建皇储，"拔近族之尤贤者，优其礼秩，置之左右，以图天下事，以系亿兆人心"。头颅一掷为君王。"镇自分必死，乃敢言。"他前后上章十九次。按规矩，谏官谏言不被采纳，就要辞职，但仁宗却升任他为侍御史知杂事，也就是御史台副长官，七降圣旨，中书三发札子，催促范镇赴任，他都拒绝了，"待罪几百日，须发为白"。十一月，范镇入对垂拱殿，又对仁宗"泣以请"。仁宗被感动了，流着泪说："朕知卿言是也，当更俟三二年。"范镇力辞言官之职。嘉祐三年（1058）三月，以范镇为知制诰，正谢，又面论说："陛下许臣复三年矣，愿早定大计。"

众台谏廷争贵戚罢要职。仁宗宠妃张贵妃堂叔张尧佐升迁之快，极不正常。他当上了三司使，掌一国财政，宋朝习惯，不久可能成为宰执大臣。台谏官把矛头指向张尧佐，指向他背后的张贵妃和仁宗。仁宗为缓和矛盾，下诏"后妃之家，毋得除二府职位"，堵了张尧佐入相的路。随后，却又连授张尧佐宣徽南院使、淮康节度使、景灵宫使、群牧制置使四职。台谏炸锅，频上奏书，仁宗冷处理，对奏书留中不发。御史中丞王举正拿出最厉害的一手，临退朝时，留下百官，率领御史官、谏官在仁宗面前集体进谏。明道二年十二月，围绕废后争议，发生过此类事件，这一次，台谏官队伍中添了包拯，又有不同。仁宗盛怒，包拯强争，唾沫喷到仁宗脸上，君臣僵局。倒是张尧佐见众怒难犯，只领了淮康节度使、群牧制置使两个闲职。

为维护制度正义，朝臣就是这样无情。仁宗个人私情，作为人性的弱点，实难避免。朝臣无情，君主的有情才不致偏离大道。

庞籍直言正君护宰执。至和二年（1055）六月，以文彦博为首相，富弼为次相，"士大夫相庆得人"。前任宰相庞籍过京师，见仁宗，说这一任命"甚副天下望"。仁宗说："诚如卿言。文彦博犹多私，至于富弼，万口一词，皆曰贤相也。"庞籍立即纠正仁宗的看法，说：我和文彦博曾经同在中书，对他比较熟悉，"实无所私，但恶之者毁之尔"。他劝说仁宗用人不疑："用之则当信之坚，任之久，然后可以责成功。"仁宗记住了庞籍的话，给予宰执完全的信任，"君臣同心，以成天下之务"。难得文彦博这样的胆略、担当和威势：在嘉祐元年（1056）初那场重大的政治危机中，文彦博给内廷立下军令状，每日报告仁宗病情，后来又以斋醮为名，执政大臣在仁宗寝室旁轮流值宿，这就稳住了朝野人心，更不致使内侍主导、史上屡屡发生的宫廷政变重演。

史上明君不在少数，但明君不一定成为仁君。明君葆有不变的人性人情，大仁荡荡，小仁合于礼法，是为仁君。仁宗克己从仁，导天下归仁。仁是阳光雨露，仁是万物生长的土壤。有君臣共治的制度，有台谏的制约、纠错机制，有科举取士的人才选拔途径，又有了仁恕、宽容的政治氛围，这个民族的智慧和创造力得到空前爆发。

仁宗朝被称为盛治。它创造了一个群星闪耀的时代，政治家、哲学家、文学家、史学家、科学家"钜公辈出，尤千载一时"；它创造了"君臣共治"的成熟模式，君主"垂拱而治"，"政事付之公议，令宰相行之，行之而天下以为不便，则台谏得言其失，于是改之为易矣"；它培育了独冠千古的民族精神。范仲淹"不以物喜，不以己悲。居庙堂之高，则忧其民；处江湖之远，则忧其君。是进亦忧，退亦忧。然则何时而乐耶？其必曰：先天下之忧而忧，后天下之乐而乐"。其先忧后乐的天下情怀，比历史上任何一位政治家和志士仁人都来得博大，来得有底气。因为他是御边名帅，庆历新政旗手，为争真理三起三落的斗士；因为他所忧之君是一位仁君。若非仁宗，换了宋徽宗、宋高宗或其他类似的君王，这种忧思就成为一种矫情，或者可能因忧思而做了烈士！它成就了包拯，一位青天楷模。"清心为治本，直道是身谋，秀干终成栋，精钢不作钩"，为民请命，刚正不阿，世有冤情，有不公，有包拯英灵在天，黎民头顶就见阳光，心中就有温暖，就存着希望！这个时代，还给世界贡献了火药、指南针、活字印刷三大发明。

这是一个民乐太平的时代，"农桑安业岁丰登，将帅无功吏不能"。民众感受到了仁宗的福泽。他病逝的消息传出，洛阳"城内军民以至妇人孺子，朝夕东向号泣，纸烟蔽空，天日无光"。"京师罢市巷哭，数日不绝，虽乞丐者与小儿皆焚纸钱，哭于大内之前"。乡野乱山之间，"汲水妇人亦戴白纸行哭"。辽国也在悲悼仁宗。宋朝派出使者前往辽国告哀，见"燕境之人无远近皆聚哭"。辽道宗耶律洪基，也就是当年仁宗见过的辽太子，抓着使者的手号恸："四十二年不识兵革矣。"他感念仁宗，"奉其御容为祖宗"，下诏将仁宗昔日赏赐的御衣下葬，造了一座衣冠冢，"严事之，如其祖宗陵墓"。

民情、民意，就是对仁宗之仁的最好评价。

范仲淹
一记留取万古名

范仲淹胸中始终装着天下的安危，牵系着黎民百姓的苦乐。天下大事，尽收眼底；天下治策，了然于胸；当天下大任卒然临之，也就能不负天下之重托。

范仲淹主张，"儒者报国，以言为先"。他三谏三黜，其心不悔，作《灵乌赋》，一明心志："割而可卷，孰为神兵？焚而可变，孰为英琼？宁鸣而死，不默而生！"

范仲淹在朝廷为重臣，所负天下大事，一为西夏边事，一为庆历新政。战场历练，使范仲淹成长为御边干城、军中名帅。庆历新政，为死气沉沉的大宋官场注入了一剂强心剂。

范仲淹如大星丽天，有德乃成。大德巍巍，他才能不以物喜，不以己悲，养成"先忧后乐"的天下情怀；大德巍巍，他才能"富贵、贫贱、毁誉、欢戚不一动其心""事上遇人，一以自信，不择利害为趣舍"；大德巍巍，他才能面对大义召唤，蹈刃赴火而不旋踵！

我国近现代，传统文化几经沉浮；如今，又上升到一个至高的位置。传统文化的价值，在其蕴含的民族精神，由民族的杰出人物所承载。

说到民族精神，必说到范仲淹，必说到范仲淹倡导的"先忧后乐"精神，也不能不说到他的《岳阳楼记》。

一

庆历六年（1046），范仲淹已经淡出朝堂的政治中心，先罢参知政事，又罢陕西四路安抚使，徙知邓州。庆历新政流产，新政所行正一项项废止。作为新政的设计者、组织者，他的心灵深处，留下至深至重的创痛。

九月，范仲淹接到同学、好友滕子京来信。因为政争和人事纠葛，滕子京由天章阁待制、环庆路都部署，也就是经略西北一个方面的大帅，一贬、再贬，徙知岳州。滕子京含冤被黜，没有消沉，发愤求治，"政通人和，百废具兴，乃重修岳阳楼，增其旧制，刻唐贤、今人诗赋于其上"，请范仲淹"作文以记之"。

范仲淹执笔在手，平生志向、平生荣辱、平生功业成败，一幕幕浮现于眼前。登楼之思，览物之情，成为他心绪的触发点、凝结点和最合宜的抒发点。

八百里洞庭湖的四季阴晴，就像朝堂政治的风云变幻。迁客骚人们的悲喜际遇，亦如仕途之人宦海之沉浮，命运之不测。所不同者，是那些古志士仁人之心，不为境迁，不为情移，"不以物喜，不以己悲，居庙堂之高则忧其民，处江湖之远则忧其君。是进亦忧，退亦忧。然则何时而乐耶？其必曰：'先天下之忧而忧，后天下之乐而乐乎'"！

他挥毫至此，心潮汹涌，情不自禁，一声浩叹："噫！微斯人，吾谁与归！"除了这样的人，我还能和谁同道呢！

《岳阳楼记》，是范仲淹的自明本志书，是他一生立德、立功、立言实践的总结，是时代强音的一声绝响，是宋儒情怀、士人精神境界的最高写照，成为横亘神州精神时空的一道亮丽彩虹。

范仲淹一《记》留取万古名。

二

志大则功大。范仲淹年少时便有大节，慨然有志于天下。他两岁丧父，母亲改嫁。继父朱文翰任淄州长山县令，他就读于小长白山醴泉寺，留下"划粥断齑"的苦读故事。"既长，知其家世，感泣去之南都"，入应天书院，"昼夜苦读，五年未尝解衣就枕。夜或昏怠，辄以水沃面。往往馕粥不充，日昃始食"。五年苦读，学业大成。

求学期间，有《睢阳学舍书怀》诗："瓢思颜子心还乐，琴遇钟君恨即销。但使斯文天未丧，涧松何必怨山苗？"一介长白寒儒，来到官宦子弟云集的名牌书院，感受到数不清的世态炎凉。"涧松""山苗"，用西晋文学家左思诗意："郁郁涧底松，离离山上苗，以彼径寸茎，荫此百尺条。世胄蹑高位，英俊沉下僚，地势使之然，由来非一朝。"但是，范仲淹不怨天，不尤人，有一箪食，一瓢饮，人不堪其忧，回也不改其乐的心境。他坚信，天生我才，终会有知遇者，终会有实现个人抱负的那一天。

宋真宗大中祥符八年（1015），范仲淹27岁，进士及第。此后，无论是处江湖之远，官微职卑，还是居庙堂之高，位高权重，他胸中始终装着天下的安危，牵系着黎民百姓的苦乐。

乾兴元年（1022），范仲淹监泰州西溪盐仓，《上张右丞书》申明自己"慨然有益天下之心，垂千古之志"，表达其改革思想。

天圣三年（1025），范仲淹知兴化县，一个芝麻官，《奏上时务书》向垂帘听政的刘太后和仁宗皇帝提出变革文风、讲求武备、注重人才、勉励谏官、抑制恩荫等五项建议。

天圣五年（1027），丁母忧，写成《上执政书》，提出六大社会弊病：

1."朝廷久无忧""苦言难入""国听不聪";2."天下久太平""倚伏可畏""奸雄或伺其时";3."兵久弗用""武备不坚""戎狄或乘其隙";4."贤材不充""名器或假于人";5."国用无度""民力已竭";6."百姓穷困""天下无恩"。仁宗朝,是个承平之世,《上执政书》可谓"承平危言"。针对时弊,提出六条变革措施:固邦本,厚民力,重名器,备戎狄,杜奸雄,明国听。苏轼《范文正公文集叙》称:"公在天圣中,居太夫人忧,则已有忧天下、致太平之意。故为万言书以遗宰相,天下传颂。"这次上书,引起当政者注目,范仲淹入京做了一年半的秘阁校理。

此后,范仲淹上《奏论职田不可罢》书,上《时相议制举》书,上《奏减郡县以平差役》书,还上书批评内降除官,也就是太后或仁宗不走程序,批条子任命官员。如果说,上张知白的《上张右丞书》偏重于自荐,之后所上奏书,则无不涉及国事之要务、急务,由此构成了后来庆历新政的蓝图。

天下大事,尽收眼底;天下治策,了然于胸;当天下大任卒然临之,也就能不负天下之重托。

三

范仲淹忧君,难能可贵的是谏君、正君。范仲淹主张:"儒者报国,以言为先。"他三谏三黜,其心不悔。

天圣七年(1029),范仲淹任秘阁校理。做了京官,知无不言。上书谏止仁宗率百官为太后祝寿,认为天子与百官同列,亏君体,损主威。时任资政晏殊指责他"好奇邀名",范仲淹不为所屈。没过多久,范仲淹再度上书,请太后还政于仁宗。他是提出让太后下台的第一人。

明道二年(1033),范仲淹度过短暂的外放期,回京任右司谏。这是言官,言成了本分。刘太后留下遗诰,尊太妃为太后,继续垂帘听政。范仲淹首谏此事,反对立新太后,更反对垂帘听政。仁宗拨正时政,见风使舵者为讨好仁宗,起而诽谤太后。范仲淹立即告诉仁宗,对太后"宜掩其小故以全大德",不能让诽谤言论蔓延。年末,朝廷又起废后风波。郭皇后为刘太后指定,恃势而骄,仁宗执意废后。范仲淹认为尤不可,台谏官集体请愿反对。范仲淹被贬,出知睦州。他"心焉介如石,可裂不可夺",向仁宗上《睦州谢上表》,说自己"既竭一心,岂逃三黜""理或当言,死无所避",坚称"废后之朝,未尝致福",不认错,不悔改。

景祐二年(1035),范仲淹任天章阁待制,判国子监。不久,又权知开封府。范仲淹直言敢谏,宰相吕夷简头疼不已,托人告诉范仲淹:"待制是侍从官,不是负责言论的谏官。"范仲淹回答:"讨论朝廷事务,正是侍从官的职责。"景祐三年(1036),范仲淹上《百官图》,指斥宰相用人以私。告诫仁宗,警惕权臣弄权。吕夷简被激怒,向仁宗告范仲淹"越职言事,荐引朋党,离间君臣"。"结朋党"触了君主逆鳞。范仲淹被免天章阁待制,贬谪出京,为饶州知府。他这次被黜,职务上原地踏步近四年,用他自己的话说,是"大忤贵权,几成废放"。

友人梅尧臣作《灵乌赋》寄赠,以灵乌相喻,"乌兮,事将乖而献忠,人反谓尔多凶"。替范仲淹鸣不平,劝说"结尔舌兮钤尔喙,尔饮啄兮尔自遂"。范仲淹也作《灵乌赋》,一明心志:"割而可卷,孰为神兵?焚而可变,孰为英琼?宁鸣而死,不默而生!"

范仲淹忧民,在为民造福、除患。范仲淹在州县为能吏,赈灾、理狱、兴学、筑堤、疏河,事事顺遂民愿。苏州是范仲淹的故乡,苏州治绩,可见其州县任职冰山一角。景祐元年(1034),范仲淹徙知苏州,正值水灾泛滥,"灾困之氓,其室十万,疾苦纷沓,夙夜营救"。同时,疏五河,导太湖注之海,毕其功于一役。范仲淹有定居苏州的想法,购置南园之地,打算修建住宅。风水先生说,这是块风水宝地,居住在这里,可以世出公卿。范仲淹回答:既然是块宝地,就不能由我一家独享。他立即将宅地捐给地方,建起一所规模宏大的学校。范仲淹还买下大量义田,设立义庄,收入用于接济家族中的穷困人。范氏义庄至清宣统年终止，持续了800多年，土地由1000亩增加到5300亩。范仲淹将俸禄所余全部用于慈善事业，去世时竟无一件新衣裹身。

范仲淹在朝廷为重臣，所负天下大事，一为西夏边事，一为庆历新政。西夏本是宋朝藩国，到元昊自称皇帝。宋朝君臣认为，西夏蕞尔小邦，但战阵拉开，却是一再败北。康定元年（1040），范仲淹赴边，先后任鄜延路、环庆路主帅，后来与韩琦共同主持西北前线军务。他本是一个战争局部的指挥员，却能够从全局上作出战略筹划。范仲淹御边的突出贡献，是"积极防御战略"的制定和坚守。西夏小国寡民，经不起持久战争消耗；地瘠物贫，宋朝封锁边贸，西夏人的日子就不好过；西夏惯用战法，是诱敌深入，集中全力歼敌一部。随着秦凤、环庆、鄜延、泾原四路协同防御体系构成，元昊战法失灵。宋军步步为营，蚕食、进逼西夏，元昊迫于大势，不得不主动求和。战场历练，使范仲淹成长为御边干城，军中名帅。西夏人称，"小范老子腹中自有数万雄兵"。民间谚语说，"军中有一范，西贼闻之惊破胆"。

渡过边疆危机，仁宗决定铲旧布新、振兴时治。庆历三年（1043），改组政府内阁和枢密院，八月，范仲淹任参知政事。仁宗下手诏，开天章阁，多次敦促范仲淹等"条奏当务事"。九月初，范仲淹积平生之思，上《答手诏条陈十事》，即明黜陟，抑侥幸，精贡举，择官长，均公田，厚农桑，修武备，减徭役，覃恩信，重命令。当时的宰相班子，有平章（宰相）兼枢密使、同平章事兼枢密使，有原参知政事，范仲淹排名末位。《答手诏条陈十事》上达，即成为庆历新政开启的标志，成为庆历新政的纲领性文件，范仲淹义无反顾，担起了新政旗手的大任。吏治成为政改的首要任务。十月十二日，朝廷任命河北都、淮南都和京东转运按察使，考查当地官员能力、官声，提出升迁或罢黜官员建议名单。庆历新政风暴，为死气沉沉的大宋官场注入了一剂强心剂，成为宋朝改革的先声。

范仲淹"出将入相"，书写了士人的快意人生。

四

古人有立德、立功、立言三不朽之说。南宋潜说友论范仲淹,"言非徒言,而功酬其言;功非徒功,而功皆本于德……德立,则功与言俱立矣"。

范仲淹之德,有松树之劲节。范仲淹在苏州老家有先人古庐,范仲淹名其岁寒堂,宅中松树为君子树,他作诗咏松树,诗前小序赞松树之品格:"持松之清,远耻辱矣;执松之劲,无柔邪矣;禀松之色,义不变矣;扬松之声,名彰闻矣;有松之心,德可长矣。"这是他人格品德的夫子自道。

范仲淹之德,有隐士之清操。睦州新安江畔的桐庐,有严子陵钓台。严子陵是后汉光武帝刘秀的同窗好友,多次拒绝刘秀征召,隐居富春山下。范仲淹知睦州,重修严子陵祠堂,写下了传世名篇《桐庐郡严先生祠堂记》,称"先生之心,出乎日月之上。光武之器,包乎天地之外。微先生,不能成光武之大;微光武,岂能遂先生之高哉!而使贪夫廉,懦夫立,是有大功于名教也"。他以歌赞之:"云山苍苍,江水泱泱,先生之风,山高水长!"隐士清操,功在成就君德,淳厚风化。严子陵之风,也是范仲淹一生写照!

范仲淹之德,有伯夷之凛凛风骨。皇祐三年(1051)十一月,范仲淹知青州,已是日暮黄昏,接近生命的尽头。他以黄素小楷书韩愈《伯夷颂》,以这种特异的方式尽其天下忧思之责。《伯夷颂》以"士之特立独行,适于义而已"立论,赞扬若伯夷者,"举世非之,力行而不惑""特立独行,穷天地,亘万世而不顾"。《伯夷颂》彰明的士人特立独行风骨,正是范仲淹一生最鲜明的行事风格。《伯夷颂》的书写,是范仲淹一曲生命的挽歌。手书写就,政坛、文坛名流文彦博、富弼、晏殊、杜衍、贾昌朝、蔡襄等,纷纷题咏,让范仲淹彰明的特立独行士风传扬光大。

范仲淹之德,本质是依儒家学养修成的价值观。它基之于学,得之于思,成之于行。范仲淹《上时相议制举书》提出:"盖圣人法度之言存乎《书》，安危之几存乎《易》，得失之鉴存乎《诗》，是非之辨存乎《春秋》，天下之制存乎《礼》，万物之情存乎《乐》。故俊哲之人，入乎六经，则能服法度之言，察安危之几，陈得失之鉴，析是非之辨，明天下之制，尽万物之情。"《南京府学生朱从道名述》，说得更加明白："然则道者何？率性之谓也。臣则由乎忠，子则由乎孝，行己由乎礼，制事由乎义，保民由乎信，待物由乎仁，此道之端也。子将从之乎？然后可以言国，可以言家，可以言民，可以言物，岂不大哉！"

是特殊的历史机缘，成就了范仲淹。在宋代，君主"与士大夫治天下"，士人有极高的社会地位，极丰厚的俸禄待遇，极大的言论自由。这样的时代，也就激发了士人的天下情怀，涵养了良好的士风。更为特殊的一点，范仲淹所遇之君，是仁宗，一个仁君。没有这样一个特殊时代，非仁宗、仁君，岂能遂范仲淹之志？"处江湖之远，则忧其君"，岂不成了一种矫情？

范仲淹如大星丽天，有德乃成。大德巍巍，他才能不以物喜，不以己悲，养成"先忧后乐"的天下情怀；大德巍巍，他才能"富贵、贫贱、毁誉、欢戚不一动其心""事上遇人，一以自信，不择利害为趣舍"；大德巍巍，他才能面对大义召唤，蹈刃赴火而不旋踵！

五

皇祐四年（1052），范仲淹由青州徙知颍州，于五月二十日病逝于赴任途中。他向仁宗所上《遗表》，回顾检讨平生。着墨最多的，是"出将入相"的西夏战事、庆历新政。两件大事，无疑决定着他在历史上的位置。但其意不在论功，透出属意于求全的贤者心志。

检讨西夏战事，是遗憾。范仲淹早有建言，防患于未然，却没有躲过这一场边患兵燹；三年边事，心力交瘁，却仅成守御之功；范仲淹心志，是"誓复横山之壤"，结局却是个"亟逼讲和"。"燕然未勒归无计""将军白发征夫泪",当是他心中郁积的块垒。宋朝重文抑武,积贫积弱,以一人之力,怎可改变一个王朝的势运?

回首庆历新政,是愤懑!死之将至,他在《遗表》中说出了压抑在心中很久很久的话:"事久弊则人惮于更张,功未验则俗称于迂阔。以进贤援能为树党,以敦本抑末为近名。"他总结庆历新政失败的原因,有习惯势力的阻挠,有以迂阔对新政的非难,有以结朋党相攻讦的奸谋。真做、硬做者少,等靠、指责、破坏者多,"百种之谤"加身,以一人之力何以撑持?

客观评价,庆历新政软肋明显,仁宗犯了急政、糙政的错误:缺乏系统的设计和论证,缺乏必要的舆论准备,范仲淹也缺乏凌驾于宰执之上的资历、人望。最大的失误,是支点失准。《洪范》八政,食货为先。史上成功的改革,管仲主通货积财,富国强兵;商鞅主"国之所兴者,农战";北魏冯太后、孝文帝推均田制,以三长制相应和。以"地尽其力,物阜其用",也就是增食丰货为支点,生发、铺展,官员政绩评价便有了硬标准,经济、政治改革则可以配套、循序推进。庆历新政以吏治为要,何为评价官员优劣标准?转运按察使一言,怎么可以决定官员一生政治生命!没有清晰的硬标准,只有可以任意屈伸的软条条,这样去搞按察,只能使刁钻浮华者得意,廉正任事者罹祸。执行中,必然私门大开。反对派以"结朋党"发难,打的是死穴。

事也有涯,功自成坏,是非任评说。范仲淹倡导、力行的"先忧后乐"的士人精神,垂万古而不灭。

包拯

为民擎起是青天

清心为治本，直道是身谋。

秀干终成栋，精钢不作钩。

包拯不是完人，更不是神人。但是，包拯身后，名声历久弥隆，妇孺崇仰，因为他"不爱乌纱只爱民"，为民代言，为民请命，为民作主，为民撑起朗朗青天。

包拯中进士，已经二十九岁，却十年不仕。真正的读书人，并非谁的官都可以做，并非什么时候的官都可以做。

包拯屡忤仁宗，仁宗对包拯却愈发信任。包拯刺朝臣，四面树敌，却始终屹立不倒，因其清，赖其正，由其事君合道。

代代相传，包拯被艺术化，神化。包拯成了神，正义的守护神，百姓的保护神。天地人世间，只要还有善恶、有强弱、有悲喜、有不平，包拯就不会离民众远去。

在名臣辈出、群星闪耀的宋仁宗时代，包拯似乎不那么出众，他的名望、地位远不及韩琦、范仲淹、文彦博等。欧阳修在《论包拯除三司使上书》中称："拯性好刚，天姿峭直，然素少学问，朝廷事体或有不思。"欧阳修就事论人，指出包拯的弱点。

此前，张方平任三司使，"坐买豪民产"，包拯弹劾，张方平罢职。宋祁继任，包拯又上弹章，称"祁在益部多游宴，且其兄庠方执政，不可任三司"。宋祁又被罢免。仁宗灵光闪现，干脆让包拯挑起这份差事。包拯没有丝毫谦让，真的接任了。朝堂舆论哗然，欧阳修责难包拯，思虑不熟，而处之乖当，"此所谓'蹊田夺牛，岂得无过；而整冠纳履，当避可疑'者也"。不仅如此，包拯审理案件，还有过过失；因为荐人失察，受过处分。

包拯不是完人，更不是神人。但是，包拯身后，名声历久弥隆，妇孺崇仰，因为他"不爱乌纱只爱民"，为民代言，为民请命，为民作主，在民众心中，树起一座高入云天的丰碑。

一

中国政治源头，就立定了民本宗旨。《尚书·五子之歌》有"民惟邦本，本固邦宁"。《尚书·泰誓》有"天佑下民，作之君，作之师"，讲君、师是为民而作，而不是相反。历朝历代，不管君仁君虐，口头上、文诰中，都把民捧上了天。唐太宗李世民常说的舟水之喻，声荡千古，"民可载舟，亦可覆舟"。连隋炀帝杨广，在诏令中也说得堂而皇之。但是，从实处看，又有哪个朝代真正给民以位置？有几多君王、官吏心中真正有民！

宋朝仁宗皇帝，不开边衅，不兴土木，处理国际冲突，施以最和缓的方式，给民众带来天下太平的福祉。他在个人生活方面，也自奉甚俭，恤民情，惜民力。仁宗是个心中有民的仁君，这便造就了大批清廉为民的臣子，包拯就是其中一员。

包拯进入仕途的经历，与众不同。仁宗天圣五年（1027），包拯中进士甲科。科举成绩优异，仕途前景看好，"初命大理评事，知建昌县"。建昌离家数百公里，父母年高，不欲远去。包拯辞了县令，改任和州监税。和州邻近家乡，包父还是不愿前往。包拯干脆辞官，在家奉养双亲，一待十余年。直到景祐四年（1037），包拯父母都已辞世，他守制期满，才赴都城开封，听候安排。

包拯中进士，二十九岁，不算年轻。进入仕途，已经三十九岁，任天长县知县，从头干起。世人评论，以包拯为孝，但是，若换个角度看，包父的执拗，不是太不近情理吗？实质上，它的背后大有深意。

包拯家世，自高祖起，代为高官。父亲包令仪，进士及第，授朝散大夫，行尚书虞部员外郎，出帅南京，上护军，卒赠刑部侍郎。包父所历，为真宗朝之末，仁宗朝之初。真宗晚年，崇道误国，忠臣、直臣命运多舛。仁宗少年即位，太后刘氏听政，政治局势波谲云诡。知子莫如父。包拯性格刚烈，包父怎能让儿子身蹈险境？真正的读书人，并非谁的官都可以做，并非什么时候的官都可以做。

景祐四年，刘后去世，仁宗执政，仁君形象已经树立起来。包拯进入仕途，可以实现自己的人生追求。包拯有述志诗：

清心为治本，直道是身谋。
秀干终成栋，精钢不作钩。
仓充鼠雀喜，草尽狐兔愁。
史册有遗训，毋贻来者羞。

十年雪藏，实是十年身心的修炼。十年雪藏，耐得住寂寞，就是立身处世的一份底气。内功深湛，在风高浪险的官场，才能清廉自守，大道直行，终成国家栋梁之材。

二

包拯知民情。中进士后，十年未仕，行走于乡间，利用自己的特殊身份，为百姓化解纠纷，纾困解难。入仕后，出知过天长县、端州、瀛州、扬州、庐州、池州、江宁府、开封府，长期做地方官，知柴、米、油、盐之贵，对民情就吃得透，对"民本"就体悟深，民在心中，占的分量就重。

包拯说："民者，国之本也，财用所出，安危所系，当务安之为急。""果为国，岂不以爱民为心哉！《礼》曰：'与其有聚敛之臣，宁有盗臣。'则先王顾生民何如哉？"国用和民生，从来是一对矛盾。历朝历代，国用无有厌足，民生从来窘迫。怎样处理这对矛盾？包拯的回答没有半点含糊："今虽用度微窘，而诸州旱涝相继，亦当宽养黎庶，固其大本。大本不固，则国家从何而安哉！"

包拯心悟行践，知行合一。老百姓称包拯为青天，因为他主政一方，为民做事，与民作主。老百姓吃的是污水，就帮着打几眼井；瘟疫流行，就帮着清除污染源，普及治病的偏方；巫婆、神汉骗钱害人，就痛下杀手。老百姓朝思暮想，能有个富足日子。"仓充鼠雀喜，草尽狐兔悲"，兴水利，开荒地，多产粮食，老百姓碗里的饭就会稠起来。老百姓最怕打官司，因为十有八九，官司打罢，白花了钱，还丢了脸面。包拯坐堂审案，务求明察，公道。

包龙图坐镇开封府，千年传颂。他用一年零三个月，将开封府治理得井井有条。

包拯立朝刚毅，闻者皆惮之，至于闾里童稚妇女亦知其名，贵戚、宦官为之敛手。

京师大水，因言中官、势族筑园榭多跨惠民河，故河塞不通，乃悉毁去。或持地券自言，有伪增步数者，皆审验劾责之。

包拯有断案如神的名声。知天长县，有盗割人牛舌者，主来诉。拯曰："第归，杀而鬻之。"寻复有来告私杀牛者，拯曰："何为割牛舌而又告之？"盗惊服。

包拯在开封，改革诉讼制度。旧制，凡诉讼不得径造庭下。府吏坐门，先收状牒，谓之牌司。拯开正门，径使至庭，自言曲直，吏民不敢欺。老皇历称，"衙门口朝南开，有理无钱莫进来"。老百姓说："关节不到，有阎罗包老。"包青天的美名就此传扬开了。

包拯以龙图阁待制权知开封府，是他政治生命中最灿烂的时光。

三

庆历三年（1043），包拯调任御史里行，后改任监察御史、御史中丞、知谏院等。包拯做御史、谏官，可谓朝廷得人。

宋代赋予台谏官以特殊职权。台谏与政府，是平行的两个系统，"凡进退言事官，虽执政不得与闻"。台谏与宰相，又是约束皇帝之"自由意志"的机制，"国家广开言路，任用台谏官，以求天下公议"。

包拯利用台谏这个特殊阵地，正君、匡臣、刺贪、反腐，替民众代言，为民众请命。包拯为民请命的奏书，至少在五十封以上，涉及的内容，包括请薄赋敛、宽力役、救饥谨、免折变、籴粮草、罢冶户、罢科率、改盐法、改茶法、罢巡驿、除放欠、保民田、止抑配、惩赃吏等，几乎涵盖了民生的方方面面。

包拯四请免江淮两浙折变，力矫苛民弊政，救民于水火。

宋朝的税收，为夏秋两税。两税征收，衍化出名目繁多的"附加"，折变就是其一。如夏税为小麦和丝绢，各地征收，却只收现钱，不收小麦，小麦要折变为现钱缴纳。丝绢缴纳，先以丝绢折钱，又以钱折麦，再以麦折钱，花样变着法子增加。折价当以市价为准，实际却没有标准。包拯以陈州为例：夏税小麦，折变缴纳现钱，每斗纳钱一百四十文，而市场实际价格，每斗只值五十文；养蚕地区佃农，二月育蚕时节按户配盐，六月蚕事完毕，随夏税用丝绢折纳盐，蚕盐一斤，一例折作现钱一百文，又将此一百文折换为小麦二斗五升，每斗亦令缴纳现钱一百四十文，计每斤蚕盐须纳三百五十文。

这哪里有理可讲，分明是官府一口价了。

庆历四年（1044）四月九日，包拯上请免折：荆湖大旱，耕处失时，民心嗷嗷，日怀忧惧，乞免江淮、两浙、荆湖等州军，中等以下人户诸般折变，只令各纳本色。

包拯一上请免折，"未蒙指挥"。28日，二上请免折，仍是"未蒙指挥"。五月，包拯三上请免折，心急如焚。他说，折变不免，必致百姓流亡，"强壮者尽为盗贼，老弱者转死沟壑"！这次，仁宗批给三司，三司具申奏讫，他仍放心不下，再上请免折，催促落实。

包拯不恤人言，上任三司使，这个官，他是真心想做。三司使掌管全国财务，是财神爷，笔头子一歪，就能给老百姓带来很多实惠。包拯任三司使，"常遣吏宽民，凡横敛无名之人，多所蠲除"。修水利，起废田，安流民，急民所急。三司使权力大，"位亚执政，目为计相"，是北宋前期与宰相、枢密使并列的三巨头之一，为民请命，说话的分量就重多了。包拯奏请"罢天下科率"，还真办成了。所谓科率，就是京师官司的岁用百货，以往都是三司分派到地方，形成摊派、强制、贱买，一些不法官员借机中饱私囊。包拯改为自由交易方式。史载："凡诸管库供上物，旧皆科率外郡，积以困民，拯特置场和市，民得无扰。"

老百姓称包拯为青天，因为他居庙堂之高，却站在百姓一边，百姓的呼声、愿望、要求，通过包拯而上达，而实现。青天艳阳，不舍百姓，甘霖沥地，可润黎民。

四

老百姓称包拯为青天，因为他刚正不阿，正气凛然。在老百姓心目中，他是民病和弊政的天敌，是贪官污吏和邪恶势力的克星。

现存《包拯集》收文187篇，有55篇指名道姓，揭发了61名本朝人物。其中，有皇亲国戚、宰相、三司使、转运使、转运按察使、知州，还包括翰林学士、节度使和皇帝的亲信太监。在他的弹劾下，被降职、罢官、法办的重臣不下30人。

包拯七弹王逵，向祸害百姓的酷吏痛下杀手。

王逵任职，多在转运使。转运使掌一路、数州实权。王逵任荆湖南路转运使时，两税之外多征粮款三十余万贯，以"羡余"之名上缴朝廷，博取政绩。勒民太甚，激成民变，王逵被贬。

庆历五年（1045），王逵咸鱼翻身，又被任命为江南西路转运使，仍然我行我素，"苛政暴敛，殊无畏惮"。包拯两上弹章，却没有触动王逵一分一毫，他反而兼任了该路提点刑狱司一职。王逵作恶自毙，将状告他的嫌疑人五六百人监禁。为此，朝野哗然，王逵被贬。

皇祐二年（1050），王逵东山再起，充淮南转运使。包拯再劾王逵，至有四弹、五弹、六弹、七弹，火药味一次比一次浓烈。他劝止仁宗，"岂忍以一方民吏，俾王逵残害"。斥责仁宗："不恤人言，固用酷吏。于一王逵则幸矣，如一路幸何！""是一夫之幸，而一路之不幸也。"最终，王逵又一次被罢。

王逵三起三落，何以如此抗打击？是因为官员激励机制造成。包拯剖析根源，直指要害："贪于宠利者，惟务聚敛，掊克于下。前后刻暴，竞以相胜。前者增几十万，以图厚赐；后者则又增几十万，以图优赏。日甚一日，何穷之有，而民力困且竭矣。"病灶不除，酷吏、酷刑怎能禁绝？这一现象，也是历代政治一大痼疾，包拯徒唤奈何，只能做个不懈的斗士，斗争不止。

包拯弹劾张尧佐，敢触天子逆鳞。张尧佐是仁宗张贵妃的叔叔，凭着这层关系，他一年四次升迁，做到三司使。这属于非正常得官，台谏官集体行动，要把他拉下马。仁宗无奈，解除张尧佐三司使职务，却让他担任了权力更大的四使之职，即宣徽南院使、淮康军节度使、群牧制置使和景灵宫使。台谏官再掀弹劾潮，不惜行使廷辩权，散朝之后，留住皇帝，当面辩论。

包拯连上五书，六弹张尧佐，称他"久以非才，滥司大计，利权反复，物议沸腾""是非颠倒，职业都忘""惭羞不知，真清朝之秽污，白昼之魑魅也"。斥责仁宗："私于后宫，不独于圣德有损，抑又事体不可之至甚者也。"朝堂廷辩，包拯"大陈其不可，反复数百言，音吐愤激，唾溅帝面，帝卒为婴之"。仁宗退朝，张贵妃迎拜谢过。"帝举袖拭面曰：'中丞向前说话，直唾我面，汝只管要宣徽使！宣徽使！汝岂不知包拯是御史中丞乎！'"朱弁《曲洧旧闻》这段记载，除把包拯知谏院误为御史中丞，基本上都是事实。

包拯屡忤仁宗，仁宗对包拯却愈发信任。包拯七次上书，请求外任，仁宗就是不松口。包拯官位屡升，终至相位，任枢密副使。《孝经·事君章》说："君子之事上也，进思则忠，退思补过，将顺其美，匡救其恶，故上下能相亲也。"仁宗之于包拯，类此君臣。

包拯刺朝臣，四面树敌，却始终屹立不倒，因其清，赖其正。

包拯徙知端州，迁殿中丞。端土产砚，前守缘贡，率取数十倍以遗权贵。拯命制者才足贡数，岁满不持一砚归。

仁宗朝，朝臣动辄以朋党被劾，如韩琦、富弼、范仲淹等大贤也难幸免，而包拯却从未为朋党所累。因为他从来不拜门子，不结权贵，不为风偃，大道直行，"与人不苟合，不伪辞色悦人，平居无私书，故人亲党皆绝之"，赢得了朝野的敬重。

包拯做台谏官，是他品德、个性的张扬，是他"直道是身谋"的出色答卷，由此也成就了他史上无可取代的青天形象。

五

山河依旧，人事全非。宋朝之后，换了元朝。包拯身后，老百姓的日子好起来了吗？

这个场景，留住于千年史册：

通往潼关的路上，走着一位老者，他叫张养浩，曾官拜元朝参知政事，以亲老，弃官归家，朝廷七下征书不赴。陕西大灾，朝廷再下征书，命他速赴陕西赈灾。张养浩闻命，变卖家产，以奉公用，立即登程。一路行来，目中所见，灾民盈路，饿殍遍地，尸骨横陈。临近长安，这个十三朝古都，楼台宫阙，早化为断壁残垣，多为尘埋。老人万般感慨，和着血泪，写下《潼关怀古》：

峰峦如聚，波涛如怒，山河表里潼关路。望西都，意踌躇，伤心秦汉经行处，宫阙万间都做了土。兴，百姓苦；亡，百姓苦。

短短一首词，说穿了王朝本质。王朝兴盛，大兴土木，穷兵黩武，百姓或充苦役，或为炮灰；王朝衰败，改朝换代，兵燹连年，"白骨露于野，千里无鸡鸣"。

世代需要包拯，包拯神灵永生。他的在天之灵，放不下牵挂着的百姓。他如佛菩萨的化身，化于山岳、江河、大地，化在通衢、陋巷、寒舍，化入民众的口碑、浩瀚的文字、鲜活的影像中。

这是最为浓墨重彩的一笔：元代，他化身于元杂剧。元人撰包公剧16种，今存11种。明代，他化身于明传奇。明人撰包公传奇剧11种，今存5种。清代，他化身于小说、演义、京剧，清人撰包公小说、戏曲，不可胜数。《狸猫换太子》，平了太后的冤案，除了朝中大奸，还朝堂政治一个清明。《陈州放粮》，铡了发国难财的国舅，解救了被劫夺的良家妇女，法律面前人人俱得平等。《铡美案》，让不仁不义的势利小人伏法，柔弱的母子冤屈得到伸张，给弱势群体一座坚实的靠山。《铡包勉》，入情入理入法，让不徇私情、公正执法的民愿如风拂神州。

代代相传，包拯被艺术化、神化。包拯成了神，正义的守护神，百姓的保护神。

艺术化了的包拯，是真实的包拯形象的延伸，因不同的时代要求、民心民愿而不断被赋予新的内涵。

头顶一片天，脚下一个地，天地人世间，只要还有善恶、有强弱、有悲喜、有不平，包拯就不会离民众远去。

张载

宋儒抱负可擎天

"为天地立心,为生民立命,为往圣继绝学,为万世开太平。""横渠四句"的宏大抱负,须是集宗教领袖、儒之圣者和经天纬地的大政治家于一身的人物,才能去实现。其心之大、其志之雄、其气之壮,世所罕有。

"横渠四句"出自张载一人,却可作为北宋一代士人抱负的"宣言书"来看。

北宋前中期，是史上不多见的士人的黄金时代。

从太祖立国到神宗朝，125年间，逐步确立了重文抑武、和平外交的基本国策，社会相对安定、富足。肇始于隋、成制于唐的科举制度，演进为宋的"科举社会"，科举取士成为选拔官员的正途，形成"满朝朱紫贵，尽是读书人"的局面。君权相权划分明晰，宰辅专政的行政体制，极大地提高了士人的政治地位，加上优厚的俸禄待遇，强化了他们强烈的天下情怀和使命意识。那些时代的骄子，眼界、胸襟超迈千古，才华得到最大限度的释放。像寇准、范仲淹、包拯、王安石、司马光、欧阳修、苏轼、苏辙等，政坛、文坛双栖，立德立功立言，都卓尔不凡。文坛上，周敦颐、邵雍、张载、程颢、程颐"北宋五子"并时而生，又皆知己好友，"五星聚奎，伊洛钟秀"，成为历史佳话。

"五子"之一的张载，在北宋的星空中光芒并不那么耀眼，却是一个很有代表性的人物。

张载有四句话："为天地立心，为生民立命，为往圣继绝学，为万世开太平。"因张载号横渠，世称"横渠四句"，它为世代传颂，影响经久不衰。对"横渠四句"，世代大儒作注者不绝。然仁者见仁，智者见智，终觉不尽其意处颇多。张载言"学贵心悟"，以我心体悟圣哲之心，有一己之见可鉴。

为天地立心，是揭豁天地规律，会通圣贤心志，立定人间规矩。天有天道，地有地德，人有性情。"阴阳天道，象之成也；刚柔地道，法之效也；仁义人道，性之立也。"张载探讨宇宙本原，创立"气本"论，提出"参两"说，发凡孔孟仁义性善说，述天地人为一理。提出太虚无形，气之为本，气聚而成万物，万物散而为太虚；一物两体，一物无不分裂为对立的"两端"。一故神（伸），两故化，有两则有感，互感则有通，通而生万物。他否定了神性的天，又不把天纯物质化，由此确立为天地立心的法则：揭豁天地人的大道，将它赋予天地并变成天地的意志，以天地为则，借助天地的威权，化成人间大道，内尽仁性，外赞生理，成人化物，和合众生——"圣人神道设教而天下服。诚于此，动于彼，神之道与！"

为生民立命，是使民众行有遵循，身有安处，各尽其职，各守其性，"老者安之，朋友信之，少者怀之""矜寡孤独废疾者，皆有所养"。张载的《西铭》发挥颇详，其源出自孔子自述之志和《礼记·礼运》的大同思想。由此，也使重礼成为张载所创关学的突出特点。

为往圣继绝学，是使孔子发明、孟子传承，此后断绝的圣学重光。从孔子、孟子再到张载，时间分别过去了1500、1300多年，时代发生了天翻地覆的变化。因此，张载欲代孔子立言，称"己首既定，虽孔孟之言有纷错，亦需不思而改之，复锄去其繁，使词简而意备"。

为万世开太平，是重建一个像西周那样的新的礼乐之世，开创"大道之行也，天下为公"的大同社会。

一个时代的哲人，必能把握时代脉搏，发出时代的声音。"横渠四句"的宏大抱负，须是集宗教领袖、儒之圣者和经天纬地的大政治家于一身的人物，才能去实现。其心之大，其志之雄，其气之壮，世所罕有。"横渠四句"出自张载一人，却可作为北宋一代士人抱负的"宣言书"来看。

天地之心立，则可达成为生民立命的目的；立心、立命，须以继往圣"绝学"为依归；三者备，则太平之世见。所以，为往圣继绝学，是其中之根本。这成为理学家们自觉的使命，也是张载毕生为之鞠躬尽瘁的事业。

张载治学，有横绝千古的气概。他有首《圣心》诗："圣心难用浅心求，圣学须专礼法修。千五百年无孔子，尽因通变老优游。"明白了诗的背景、主旨，才能对张载学说有透彻的领悟。

佛学自东汉时传入中土，渐有取代儒学之势。唐代韩愈为捍卫儒学，回应佛学的"祖统"说，发明儒学"道统"说。提出儒学道统由尧传舜，舜传禹，禹传汤，汤传文王、武王，文、武传孔子，孔子传孟轲，轲死，不得其传，而韩愈自己是孟子之后的传人。道统说出世，虽然争论激烈，但基本为理学家们所认可。张载《圣心》诗意旨明确：儒学分圣人之心和圣人之学，道统传承背后，还有个心传系统。圣人之学可以通过礼法制度等文字材料来了解，而圣人之心则是不立文字的，它须通过学者的内省之心来领悟。孟子之后，圣学传人不是韩愈，而是自己。但张载的圣学传人身份，不为程颢、程颐兄弟和朱熹认同，程颐和朱熹把这份殊荣给了程颢。

那么，究竟如何评价张载的学术地位？张载志大才高。他少时喜欢谈兵，甚至组织民团，想夺回被西夏侵占的失地。其《文集佚存》，主要是谈兵事。21岁时，他投书主持西北军务的范仲淹。范一见"知其远器"，告诉他："儒者自有名教可乐，何事于兵？"劝他读《中庸》。张载由儒入释、入老，而后再返于儒，学问日臻淳熟。他与二程谈论道学，涣然生出自信："吾道自足，何事旁求？"于是尽弃异学。《宋史·张载传》称，"其学尊礼贵德、乐天安命，以易为宗，以中庸为体，以孔、孟为法，黜怪妄，辨鬼神。"并且注重"经世致用，笃行践履""论定井田、宅里、发敛、学校之法，皆欲条理成书，使可举而措诸事业"。张载著述流传下来的主要有：《张子语录》《经学理窟》《正蒙》《横渠易说》等。影响最大的是《正蒙》。张载自认为此书意义非凡，他的学生对此书推崇之至，称"唯夫子之为此书也，有'六经'之所未载，古人之所未言"，"人伦"及"物理"辩证都可以从中探索出答案。自明代王夫之至近代学者，多人为《正蒙》作注。他的"气本论""参两说"，闪烁着唯物论和辩证法思想的光辉，成为建构理学哲学体系的重要思想源泉。程颐评价《正蒙》之《西铭》，称"《西铭》明理一而分殊，扩前圣所未发，与孟子性善养气论同功，自孟子后盖未之见"。不仅如此，《西铭》"民胞物与"思想的阐释，使儒家理想中的太平盛世、礼乐世界现世化了。张载的心传说，对朱熹影响很大，后来朱熹把圣人心传确定为十六字："人心惟危，道心惟微，惟精惟一，允执厥中。"张载成为孟子之后圣学传人的宏愿未酬，但是，他对理学的创立，厥功至伟，可以说，没有张载就没有宋代的理学。

张载治事，践行的是一幅理想主义蓝图。张载用世之时，正是宋神宗起用王安石推进新法的关键时期。张载经荐举入朝，任崇文院校书，神宗召见，据《行状》记，"上问治道，皆以渐复三代为对"。神宗很高兴地表示,"朕且将大用卿"。此后,见执政王安石,"执政尝语曰:'新政之更,惧不能任事,求助于子何如?'先生对曰:'朝廷将大有为,天下之士愿与下风。若与人为善,则孰敢不尽?如教玉人追琢,则人亦故有不能。'执政默然,而语多不合,寖不悦"。张载和司马光等人不同,他不愿为新政服务,并非存在原则分歧,实由于执政者与议政者所处位置不同所致。执政者必立足实情,使大政方针可行,而议政者则往往易于理想化。王安石身为大儒,他向往孔子推崇的周代,"三代子百姓,公私无异财",希望恢复井田制度,"愿见井地平",使农民都有自己的耕地。他托古改制,但所颁新法,多是极折中的方案,即便如此,推行中也遭到激烈反对。张载的理想,"为政不法三代者,终苟道也",推行的如果不是夏商周三代的制度,不过都是权宜之计,不足与道。他很快辞官,回归故里,一面授徒讲学,一面做他的井田制实验。他购田数百亩,按照《周礼》模式,把田地划分为由九块组成的"井田",中间为公田,其余八块为私田,分给无地或少地的农民耕种。同时组织民众兴修水利,四渠合一,灌田近千亩。但其道虽高,其行实难,后来连朱熹也评论为书生空想。

张载处世,视气节重于生命。明清学者评论:关中士人著风土之厚,士风亦多尚气节而励廉耻。程颢评说张载:"颢接人多矣,不杂者三人:张子厚(载)、邵尧夫(雍)、司马君实(光)。"他向神宗推荐人才数十人,以张载和程颐为首。张载与诸生讲学,"每告以知礼成性、变化气质之道,学必如圣人而后已"。评判学派之间的曲直对错,依据都是儒家的典范传统。仕途路上,合其道则留,不合其道则藏,熙宁二年(1069)、熙宁十年(1077)两次辞官。熙宁十年,神宗召张载回京,任礼部副职同知太常,以复兴古礼,整治风化。但他与有司议礼不合,复以疾归,病逝于回乡路上,年仅58岁。

张载壮志未酬,英雄抱恨。那么,作为那一代士人,对他执笔写就的那份宣示抱负的"宣言书",答卷完成得怎么样呢?思想文化领域,这是一个创造了巨人的时代,一个兴旺繁荣的巅峰时代。其理学创立,使儒学继汉代"独尊儒术"之后，再次复兴，深深地融入民族的血液和灵魂。其史书、诗词、书画等文学艺术成就，为史上所不多见。在政治舞台上，士人经历了一次主宰政坛沉浮的伟大实践。以王安石、司马光为代表，作了尽情的展示和表演。他们济世拯民的探索，不乏强国富民之效，却终以失败告终。历史的结论是：这个士人群体，有着不可克服的天生的缺陷。他们主义太多，"多谋寡要"；理想过高，蹈于虚空；"意、必、固、我"的偏执难改；退让妥协的政治艺术与争一日之是非短长的学术主张相悖；又过分爱惜羽毛，缺乏舍身求法的担当，终致党争纷起，朝野动荡，人心离散，北宋覆亡。士人主宰政坛沉浮的历史，也由此终结。

邵雍

孔颜之乐裕此生

邵雍是"名教自有乐地"的笃信者。他有理论，更提供了一种实践范式。

邵雍通过对《伏羲先天图》的揣摩、推演，设计了"伏羲六十四卦图"，作为宇宙发生论的理论模型，作为万物发生发展的总图式、总规律。邵雍的《皇极经世》，打通了自然史、人类史，为现在世界编绘了一份详细的年谱。年谱在手，天文、地理、人事发展变化皆可了然于胸。

邵雍《自作真赞》："松桂操行，莺花文才。江山气度，风月情怀。借尔面貌，假尔形骸。弄丸余暇，闲往闲来。"邵雍之学，是宇宙学，阐发太极思想，宇宙在他手中，只作"弄丸"观。他看穿历史，洞察世道人情，"唐虞揖让三杯酒，汤武征诛一局棋"，"无数英雄浪白头"，都不过是匆匆过客。《菜根谭》评："人能以此胸襟眼界，吞吐六合，上下千古，事来如沤生大海，事去如影灭长空，自经纶万变而不动一尘矣。"

邵雍"非唯忘利禄，况复忘形骸""无贱无贫，无富无贵。无将无迎，无拘无忌"。唯此，方能无处不安乐，无时不安乐，"乐天四时好，乐地百物备。乐人有美行，乐己能乐事"。"吾常好乐乐，所乐不害义"。

儒者苦，苦在儒家确立的人生目标是"修齐治平"。天降大任于斯人，就要经历"苦其心志，劳其筋骨，饿其体肤，空乏其身"的磨砺。宋代的新儒家，以其重估一切价值的勇气，重溯儒家思想源头，寻找名教乐地，探求摆脱"苦境"，过一个快乐人生。其中，北宋五大儒之一的邵雍就是一个成功者。他是一个很快乐的人，自号"安乐先生"，以其安乐人生，为士人提供了一种新生活方式。

一

孔子创立儒学，至汉代发展为经学，又称名教，从此开始走向极端。它窒息人的思想，捆绑人的手脚，扼杀人的生机。物极必反。至魏晋，便出现了放浪形骸的所谓"名士风流"。当时，大名士乐广对此很不赞同，他说："名教中自有乐地，何为乃尔也？"到了宋代，出现了新儒家。周敦颐教程颢、程颐兄弟，令"寻仲尼、颜渊乐处，所乐何事"？成为宋、元、明三代理学家相传最高嘉言。

《论语》中孔颜之乐的相关章节有：

子曰：饭疏食饮水，曲肱而枕之，乐亦在其中矣。不义而富且贵，于我如浮云！

子曰：贤哉回也！一箪食，一瓢饮，在陋巷。人不堪其忧，回也不改其乐。

一次，子路、曾晳、冉有、公西华侍坐，孔子让他们各述其志。子路说强兵，冉有说足食，公西华说知礼。曾晳正忘情于鼓瑟的快乐之中，孔子点到他的名，曾晳说："暮春者，春服既成，冠者五六人，童子六七人，浴乎沂，风乎舞雩，咏而归。"众弟子的志向，只曾晳与孔子之心相通，夫子喟然叹曰："吾与点也。"

孔子早年，与颜渊有大致相近的人生经历，说自己"吾少也贱"。颜渊之穷窘屡空，生事艰困，则在孔子其他诸弟子之上。孔子的感慨，是由衷而发。程颐解释一、二章节"饭疏食饮水",本身并没有什么可乐的。尽管如此贫穷,孔子仍然不改其乐;"箪、瓢、陋巷,非可乐,盖自有其乐耳。'其'字当玩味,自有深意"。这些解释都正确,却没有回答其乐到底是什么。程颐的学生鲜于侁谈看法,说颜子所乐,是"乐道而已",程颐一口否定:"使颜子而乐道,不为颜子矣!"这就让人更加糊涂了。给人有所启悟的,是朱熹对第三章的解释。他说,曾点之言志,"不过即其所居之位,乐其日用之常,初无舍己为人之意。而其胸次悠然,直与天地万物上下同流,各得其所之妙,隐然自见于言外"。

孔颜之乐是自乐,是心境的自然流露,是即其所居之位,放情事外,从容自得乐趣于日常之间,所谓"不离日用常行内,直到先天未画前"。

近代学者钱穆写《孔子传》,对孔颜之乐下过一番探讨功夫。他说:孔子行教,前期重在用世,后期重在传道。孔子于颜渊,独寄以身后传道之望。颜渊好学,能在内心深处用功,"回也,其心三月不违仁,其余则日月至焉而已矣"。"仁"即人心之最高境界。孔子以此为教,颜渊用功绵密,故能历时三月之久,心能常在此境界中。颜渊能在此心地功夫上日精日进,故能居陋巷,箪食瓢饮而不改其乐。颜渊有追慕孔子,弘扬其道的愿望,此一种快乐,更是乐莫大焉。颜渊少孔子三十岁,颜渊死,孔子痛彻心扉,"噫!天丧予!天丧予"!

邵雍是"名教自有乐地"的笃信者。他有理论,更提供了一种实践范式。他的《击壤集》自序说:"《击壤集》,伊川翁自乐之诗也。非唯自乐,又能乐时,与万物之自得也。""予自壮岁业于儒术,谓人世之乐何尝有万之一二,而谓名教之乐,固有万万焉。况观物之乐,复有万万者焉。"

邵雍自命住处"安乐窝",自号"安乐先生",诗为"安乐吟"。邵雍活了六十七岁。从熙宁元年(1068)神宗即位,王安石变法,到邵雍去世,约十年光景,是北宋政治斗争最激烈的时期。但从邵雍的生活情况看,这十年,却是他声望最高,心情最愉快的日子。他的好友程颢说:"邵尧夫在急流中被渠安然取十年快乐。"

二

邵雍之乐，是太平之乐。他的《安乐窝铭》说："安莫安于王政平，乐莫乐于年谷登。王政不平年不登，窝中何由得康宁。"邵雍认为，本朝至仁宗，是个太平之世。本朝有五事，为自唐虞而下所未有者：一事，革命之日市不易肆；二事，克服天下在继位后；三事，未尝杀一无罪；四事，百年方四叶（四位君主）；五事，百年无腹心患。邵雍胸中，装着一部人类治乱史。宋之前的五代十国，军阀弄天下于股掌，五十四年换了十姓，战火连绵，白骨蔽野，人民置身于水火。"宁做太平犬，不做乱离人。"知道离乱之苦，才懂得"生来只惯见丰稔，老去未尝经乱离"有多么珍贵，才知道怎样去拥有、去享受太平生活。

太平之乐，乐在日常。游山、观水、会友、饮酒、品茶，乐；酬唱、弄笔、弹琴、赏画、论史，乐；与自然为伍，大化于自然，乐。芳草可怡情：雨后闲池塘，春深小院庭。密密嫩方布，茸茸绿已成。静衬花村薄，闲装竹坞清。戍垒角一弄，牧童笛数声。花月可适性："花逢皓月精神好，月见奇花光彩舒。人与花月合为一，但觉此身游蕊珠。"水木清华，可养精神："造物工夫意自深，从吾所乐是山林……花月静时行水际，蕙风香处卧松荫。闲窗一觉从容睡，愿当封侯与赐金。"

邵雍之乐，是诗书之乐。《安乐窝中四长吟》，是这位不践仕途，远离名利场的智者日常生活的写照："安乐窝中快活人，闲来四物幸相亲。一编诗逸收花月，一部书严惊鬼神。一炷香清冲宇泰，一樽酒美湛天真。"一编诗，就是《击壤集》，随意拈来，宣寄情意。一部书，就是《皇极经世》，是其一生象数学研究心血的结晶。朱熹说：康节之学，其骨髓在《皇极经世》，其花草便是诗，其诗多说闲静乐底意思。"焚香晨坐"的一炷香，是一种庄严的仪式，香烟袅袅，"虚室清泠""灵台莹静"，就可进入颜渊"坐忘之境"："堕肢体，黜聪明，离形去知，同于大通。"颜渊用这种弃知的方法，得到了内圣之道。晡时一樽酒，"斟有浅深存燮理，饮无多少系经纶",让生活的味道更淳厚。

邵雍之学,有其独特渊源:陈抟传种放,种放传穆修,穆修传李之才,李之才传邵雍。他们师徒秘密相传的,是《周易》象术学,其中心思想来自一幅所谓《伏羲先天图》。邵雍通过对这张图的揣摩、推演,设计了"伏羲六十四卦图",作为宇宙发生论的理论模型,作为万物发生发展的总图式、总规律。他说:"先天之学,心法也。故图皆自中起。万化万物生乎心也。图虽无文,吾终日言而未尝离乎是,盖天地万物之理尽在其中矣。"

邵雍认为:太极(道)是天地之本,天地是万物之本。太极一也,不动,生二,二则神(伸)也。神生数,数生象,象生器,也就是衍化为穷之不尽的具体事物。天地之道,不外一动一静的交感。"天之大,阴阳尽之矣;地之大,刚柔尽之矣。阴阳尽,而四时成焉。刚柔尽,而四维成焉。"四时代表时间,四维代表空间,形成象数思想体系的时空观。

天之阴阳,又化为太阴、太阳、少阴、少阳四象;地之刚柔,又化为太刚、太柔、少刚、少柔四象。邵雍将天之四象,对应为日、月、星、辰四器;将地之四象,对应为水、火、土、石四器。这样,一切自然、社会历史现象,都可以按八象、八器相互制约,阴阳刚柔生克制化的原理予以说明。天地万物是整齐划一、有条有理、变化万端的统一体。

邵雍手执金钥匙,"弥纶天地,出入造化,进退古今,表里人物"。他的《皇极经世》,打通了自然史、人类史,为现在世界编绘了一份详细的年谱。他创立了"元、会、运、世"的推算公式,129600年为一元,一元之数是"《易》之生数",或者说是宇宙万物从复卦初爻成的阶段的开始,到坤卦毁的阶段的完成,为人类的一个发展周期。每元12会,各10800年;每会30运,各360年;每运12世,各30年。"元、会、运、世"各有卦象表示,每年亦有卦象表示,年谱在手,天文、地理、人事发展变化皆可了然于胸。

邵雍告诉我们,宇宙有生灭,人事有成坏。自唐尧下至五代,三千多年历史,存在"皇、帝、王、伯"四种政治模式,其具体特点,分别是"道、德、功、力"。四种政治模式往往交叉出现,又衍化为十六种混合模式。邵雍用这十六种模式评断历史形势，臧否历史人物，其历史观可谓"通古今之变"的象数思维模式。司马光感叹："使天地万物无逃于数，呜呼妙哉。"

登山者以凌极峰之巅为乐，涉水者以极五洋之深为乐，航海者以发现新大陆为乐，窥天者以漫步月球为乐。天地鸿蒙见日开，该给邵雍带来何等巨大的快乐！邵雍写下《皇极经世一元吟》，表达这种快乐心情："天地如盖轸，覆载何高极？日月如磨蚁，往来无休息。上下之岁年，其数难窥测。且以一元言，其理尚可识。一十有二万，九千余六百。中间三千年，迄今之陈迹。治乱与废兴，著见于方策。吾能一贯之，皆如身经历。"

邵雍之乐，是和善之乐。他的《安乐吟》诗说："乐见善人，乐闻善事。乐道善言，乐行善意。"不管是朝廷重臣、社会贤达，还是平民百姓，都与邵雍保持着良好关系。保守派人士如富弼、文彦博、司马光、吕公著，与他时有唱和，友情笃深；变法派人士如王安石，佩服他的为人，称"邵尧夫之贤，不可及矣"。邵雍对新法，持事外之观。新法初行时，一些保守派官吏，欲投劾而归，以书问邵雍，邵雍说："正贤者所当尽力之时，新法固严，能宽一分，则民受一分之赐矣。投劾而去何益？"

《宋史·邵雍传》称：他居洛阳三十年，冬夏闭门读书，春秋两季出游，出则乘小车，一人挽之，惟意所适。士大夫家识其车音，争相迎候，童孺厮隶皆交相谓曰："吾家先生至矣。"不复称其字。每到一家，子弟家人争具酒馔。虽闺门骨肉事，有未决者，亦求教。康节先生以至诚为之开解，莫不悦服。十余家如康节所居安乐窝起屋，以待其来，谓之"行窝"。邵雍去世后，有乡人在挽诗中写道："春风秋月嬉游处，冷落行窝十二家。"

三

"万化万物生乎心。"人的快乐，关键在于人内心的平衡。只有内心平衡，才能处理好与自然、与他人、与社会的关系，才能不为外境所迁，让快乐常住。

邵雍《天人吟》说：天学修心，人学修身。邵雍讲修心、修身，所论最多的是"闲""静"："闲中气象乾坤大，静处光阴宇宙清。""气静形安乐，心闲身太平。""仙家气象闲中见，真宰功夫静处知。"

邵雍有《四事吟》，无论贵与贱，"会有四不赴"，即公会、生会、广会、醵会不赴。"时有四不出"，即大寒、大暑、大风、大雨天不出。不赴、不出，减少多少无谓的应酬，带来多少闲暇！身闲，可以带来心闲，却也不乏例外，也就是身心分离。邵雍的《思山吟》，说得到家，"只恐身闲心未闲，心闲何必住云山。果然得乎情性上，更肯埋头利害间。"这是当头棒喝！断得了利害，才能身心一致，"安如泰山"。

邵雍少时，家境贫寒。每日上山打柴，暇时苦读。后来他说："学不至于乐，不可谓之学。"立下大志，准备学有所成，干一番经天纬地的事业。认定了象数学，便成为一生追求。三十九岁，为便于学术发展，从共城迁洛阳。因无力建房，住进天宫寺。朋友和门生帮助，买了房子，"蓬荜环堵，不蔽风雨"。七年后，洛阳地方长官拆掉一座旧官衙，建房30间，请邵雍住了进去，富弼还让门客为他在对面买下一座花园。他的居所，类似于当下流行的"招贤公寓"，只不过不是政府出钱，是社会贤达集资。十余年后，朝廷行买官田法，邵雍的居园是官地，"榜三月，人不忍买。诸公曰：'使先生之宅他人居之，吾辈蒙羞矣。'司马温公而下，集钱买之"。宅契户名是司马光，园契户名是富弼，庄契户名是王拱臣，康节初不改，说："贫家未尝求于人，人馈之，虽少必受。"他告诉儿子邵伯温："名利不可兼也。吾本不求名，既为世所知矣，何用利哉？故甘贫乐道，平生无不足之意。"

仕途进黜，往往成为评价人的成就、人的价值的标准。宋代官员，有很高的社会地位、极丰厚的俸禄待遇。有客相劝，天子极求贤，当求美官。当官之后的生活，是"通衢张大第，负郭广良田。朱门烂金紫，青楼泛管弦。外厩列肥骏，后庭罗纤妍"。但是，朝廷多次相召，邵雍一辞再辞。嘉祐六年（1061），邵雍五十一岁，丞相富弼让他出来做官，说："如不欲仕，亦可奉致一闲名目。"他婉言谢绝。之后，文彦博官洛阳，以两府礼召，他没有答应。熙宁初，朝廷正式下诏荐举隐逸，邵雍被推荐为秘书省校书郎、颍川团练推官。他再次推辞，朝廷不允许，只好勉强应命，却称病不赴任。邵伯温对父亲的举措不理解，问："大人至和中，仁宗在御，富公当国，可谓盛矣，乃谢聘不起，何也？"邵雍答："本朝至仁宗，政化之美，人材之盛，朝廷之尊极矣。前或未至，后有不及也。天之所命，非偶然者。吾虽出尚何益？是非尔所知也。"邵雍的人生，当是"若蕴奇才必奇出"！

有什么样的胸襟，就有什么样的心境。邵雍《自作真赞》："松桂操行，莺花文才。江山气度，风月情怀。借尔面貌，假尔形骸。弄丸余暇，闲往闲来。"邵雍之学，是宇宙学，阐发太极思想，宇宙在他手中，只作"弄丸"观。他看穿历史，洞察世道人情，"唐虞揖让三杯酒，汤武征诛一局棋""无数英雄浪白头"，都不过是匆匆过客。《菜根谭》评："人能以此胸襟眼界，吞吐六合，上下千古，事来如沤生大海，事去如影灭长空，自经纶万变而不动一尘矣。"朱熹答学子问："'邵子这道理，岂易及哉！他腹里有这个学，能包括宇宙，终始古今，如何不做得大！放得下！今人却恃个甚后敢如此！'因颂其诗云：'日月星辰高照耀，皇帝王伯大铺舒。'可谓人豪矣！"

邵雍"非唯忘利禄，况复忘形骸""无贱无贫，无富无贵。无将无迎，无拘无忌"。唯此，方能无处不安乐，无时不安乐，"乐天四时好，乐地百物备。乐人有美行，乐己能乐事"。"吾常好乐乐，所乐不害义。"

邵雍所处的时代，是一个士人的黄金时代。它达到士人精神的高点，有范仲淹"先天下之忧而忧，后天下之乐而乐"；它拓出士人襟怀的极处，有张载"横渠四句"——为天地立心，为生民立命，为往圣继绝学，为万世开太平；它将刚正不阿的山河正气，化为不朽的"包公"形象；它将爆发的民族智慧，凝结为世界仰慕的火药、指南针、活字印刷三大发明。

在这样一个时代，邵雍以其快意人生，赢得了生前身后名。邵雍作为一个学者，"历代皆重其书"。他去世后，宋哲宗年间谥"康节"，按照谥法，温良好乐曰"康"，能固所守曰"节"。到了南宋，朝廷追封他"新安伯"，从祀孔子文庙。一介布衣，身后能享此殊荣，两千多年来唯有邵雍一人。邵雍之学，有其历史的局限，但邵雍的人生态度、生活方式，激活了儒学鲜活的情感基因，所创造的人生范式，是值得世人永远珍惜的宝贵财富。

王安石
良法民愿不相契

中国农业社会,农民的生存之道衍化为一种根深蒂固的农耕文化,就是不举债,不涉险,不求人,自给自足。这种秉性,又由他们特有的生存状态养成。农民难,农民苦,农民有耐苦的韧性。苦难之极,一日一餐,吃草根、啃树皮、吞观音土,可以熬出头,活下来。但是,若有外来钱物,背上债务,手头一松,用度或可畅快一时,身家却将万劫不复!

朝中重臣,大都出身高门大户,王安石本人,也是地主缙绅之家,他们弄不懂中国农村,吃不透中国农民,也就闹不明白,为民谋利的"好事",民为什么不认可、不领情,反而厌恶、抵触。

宋神宗赵顼（1048—1085）即位不久，即向执政大臣问起王安石近况：工部郎中、知制诰王安石为母守孝，期限已满，却屡屡告病，不听诏令，回朝履职。他是真生病，还是"有所要邪"？曾公亮立即为王安石辩护，并趁机举荐：王安石"有辅相之才"。吴奎马上反驳：我与王安石共过事，他行事迂阔，万一用了他，"必紊乱纲纪"。

宋神宗之问，思虑已久。吴奎之驳，度准了君心。宋神宗即位，刚刚二十岁，血气方刚，他要有一番作为，实现富国强兵，改变积贫积弱的颓局。他问计于韩琦、富弼、司马光等重臣，话不投机，便把目光转向了王安石。王安石权位不高，名气很大，做人做事，特立独行。仁宗时上《万言书》，力倡改革，神宗做太子时，就有身边心腹要员力荐过他。君臣之间，心志相契，比什么都宝贵、重要。

宋神宗要拜王安石为相，君臣际会，实现宏伟抱负。出于策略考虑，他让王安石先知江宁府，再做知制诰、侍读。熙宁二年（1069）二月，改组宰执班子，让王安石参知政事，并设置制置三司条例司，由王安石主持，筹划变法事宜。王安石成为事实上的宰相。当年始，一项又一项改革举措频频出台。

王安石权力基础脆弱。王安石为相，朝中重臣看好者不多。前后两任宰相韩琦、富弼，参知政事唐介，侍读孙固，御史中丞吕诲等，俱持异议，他们的意见，主要是：王安石心胸狭窄，性格执拗，食古不化，若让他执政，必然多所更张，困扰天下。因此，让他做个翰林学士则有余，处辅弼之地则不可。不认可，也就不买账，不配合，做事就难了。

这不可怕。王安石有神宗鼎力支持。但是，宋朝政体是君主与士大夫共治天下。士大夫既有柱国擎天的心志，又分外看重名节操守。他们可以不买皇帝的账，合则留，不合则去。宰相富弼，对神宗屁股还没坐稳就急于变法求成很不认同，任职后称病不上班，十上章辞位。司马光因政见相异，拒绝做枢密副使，九上章辞位，跑到洛阳著书去了。此后，那些铁骨铮铮的台谏官，那大名鼎鼎的范仲淹之子范纯仁和苏轼兄弟，那太子府出身的韩维，一个个都跑路了。神宗挽留韩维：你是东宫旧人，应当留下来辅政。韩维说：如果我的建议能够实行，胜于富贵。如果只是凭借旧日的恩典被重用，不是我的心愿。

这还不可怕。变法不是为了百姓吗？对百姓有利，你不让他干，他还偷着干，冒着杀头的危险也干。现代的农村大包干，不就是个铁证吗？变法有皇帝掌舵，有政府推动，如果真正对百姓有利，谁也挡不住！

新法所行，是"欲苏国民之困而增其富，乃就其富取其赢"，通俗地说，就是民利增而国库盈。国、民"两利"的利源，当时不外农、商。农、商见利，积极性调动起来，自然民众得福，国库丰盈。那就看变法有没有调动起农、商的积极性，是为农、商兴利，还是与农、商争利。

《青苗法》要义，是国家贷款给农民，解决生产急需，贷与不贷，农民自愿。贷款分春秋二次发放，半年一还，利息20%，一年一还，利息40%，遇到灾难，可以延缓还本付息。看上去，这比农民借高利贷，利息动辄60%甚至100%，要低得多了。青苗法颁行，陈留县令姜潜，在县城张榜三天，又在乡村张榜三天，却没有一个农户报名。他说，此法百姓不愿。但推行不力，上级要追责，只好称病辞职了。那么，全国各县乡又是怎么推行的呢？主要做法是：硬性摊派，完成规定指标，穷富连保，使回款能有保证。到后来，闹得个民怨鼎沸，朝野震荡，神宗痛悔不已："始谓可以利民，不意乃害民如此。"他先后两次宣布废除新法，又两次犹疑，收回成命，新法废而复行。

法善？法恶？对此，宋神宗和司马光有段对话。神宗说，不是法不好，是用非其人。司马光说，法本来就不是良法。神宗说，开始就敕令禁止摊派和强迫命令。司马光说，事实上到处都在搞摊派和强迫命令。开封界十七县，只有陈留县张榜，却没有一个百姓愿贷，另外的十六个县能不是摊派和强迫命令吗？君臣二人，都没把道理说充分。这一论争，甚至持续九百余年。

青苗法或一时可行：变法者强调，周之时，有推行的记载，暂且作为信史，但那个时候，是井田制，管理区域、管理单元简单，便于操作。法或一地可行：一乡一县，范围小，如果条件差不多，加之官员贤达，易于成功。法或一人群可行：商业发达，农民有商人头脑，以货易货，钱物转换有法者；或必贷不可、以往以借高利贷为生的农户，也易于接受。但是，从全局考量，法不可行。

古代农业，靠天吃饭，旱涝风雹难测，风险极大，利润微薄。贷款取息，半年20%、全年40%，从土地里能产出这么高的回报？不能！即使科技高度发达的当下，农民种地所得，减去种子、化肥、农药、浇水成本，也就是个盈亏持平，工夫是白搭上的。前几年资本下乡，眼见得一年年无利可图，也纷纷撤资回城了。中国农业社会，农民的生存之道，衍化为一种根深蒂固的农耕文化，就是不举债，不涉险，不求人，自给自足。这种秉性，又由他们特有的生存状态养成。农民难，农民苦，农民有耐苦的韧性。苦难至极，一日一餐，吃草根、啃树皮，吞观音土，可以熬出头，活下来。但是，若有外来钱物，背上债务，手头一松，用度或可畅快一时，身家却将万劫不复！

朝中重臣，大都出身高门大户，王安石本人，也是地主缙绅之家，他们弄不懂中国农村，吃不透中国农民，也就闹不明白，为民谋利的"好事"，民为什么不认可、不领情，反而厌恶、抵触。如果他们心中有民，会睁眼正视法令的危害，想想是该止该废还是存利除弊。如果被官身迷了心窍，那就只想听到盈耳颂歌，看到所谓"民莫不歌舞圣泽"的乡情民事了。

农联着商。《市易法》出台，是迟早的事。宋代商品经济发达，流通领域，出现大户垄断现象，势所必然。但是，国家变成实际的垄断者，官员出面做起商人，不是更加违背常理吗？其结果，官员借机取利，以求升迁。市场凋敝，大批商人破产，市易法之行，实成聚敛、暴敛！还有保马、保甲法，把国家要办的事，转嫁于民间。免役法，由民间出力变为出钱，过去没有役钱之累的下等户、单丁户、女户，也要向国家交钱了。这么一来，国家财源广进，旱涝保收。熙宁六年的青苗钱利息达292万贯，熙宁九年的免役宽剩钱达393万贯。民呢？青苗、免役各种名目加赋于身，负担愈重、受害愈深。民间流传，王安石罢相后回金陵，不打扰官府，自取便道。在乡村见一寡妇唤猪吃食，嘴里喊着"王安石，王安石"。问其缘故，说王安石变法，人人交免役钱，我从哪里来钱？就指望这头猪了。王安石又来到一凉亭下，见一群乡民聚集，人人手拿锄头、木棍。一问方知，说王安石要从此地经过，要抓住他痛揍，一泄胸中恶气。

大政方针走歪，百姓受苦，官员也跟着遭殃。因为历朝历代，都是同一种观点，上面从来都正确，所有糗事，都是因为官员素质低，心不正，把好经念歪了。对王安石变法，历史也是这么盖棺论定。梁启超写《王安石传》，特别指出此一现象。他对王安石所用之人逐一分析，认为即便被称作小人甚至打入奸臣之列者，主要的劣迹，不过推行新法过于积极罢了。这对各级官员实在不公。试想，君主号令、政府全力推动的大政，作为一级官员，不办、缓办或消极地办，是尽忠尽职吗？搞摊派、联保、强迫命令，变着法子做出点说得过去的政绩，能说只是官员的错吗？设身处地，你我活在当时，有个一官半职，怎么办呢？消极对待被处分？拍拍屁股走人，饭碗也不要了？难！

往事逾近千年，对王安石变法的评论，常说常新，众说纷纭。细加梳理，笔者发现，历史忽略了一个高人之见。他叫邵雍，北宋五子之一。一部《皇极经世》，专治天人盛衰吉凶之事。他从未在政治舞台上登场，但一双锐目，却看透政坛风云。变法正酣，他将诗作结集出版，取名《击壤集》，老宰相富弼为诗集题诗，揭开其皮里阳秋。

《击壤集》实取《击壤歌》之意。史传尧帝来到郊外，看到一位白发老农，一面吃食，一面玩击壤。这是一种木制游戏玩具，互相撞击决定胜负。过了一会儿，老农又拍着肚皮，快乐地唱起歌来，歌词是：日出而作，日入而息。凿井而饮，耕田而食。帝力于我何有哉？尧帝听罢，真正放下心来。他认为，农民能吃饱，拍着肚皮悠闲地击壤，对天子的权力毫无压力，才是天下太平的景象。

以"击壤"讽喻时事，寓意深刻。古代治术，讲求顺应自然，无为而治，无为而无不为。无为而治，是发挥"看不见的手"的作用。"看不见的手",最为灵巧,可造田园锦绣,可致禾稼丰茂,牛羊满川,可让百工争秀,可绘清明上河之图。"看得见的手",动宜慎之又慎。此手一伸,常常会一手遮天,霸蛮无道,做出愚笨、悖谬之事。道理至简,千古不易。宋神宗以尧舜、李世民自期,王安石动辄打出先王旗号,双双都是大有为者。然而,君臣携手推动的这一场大变法,是不是有悖此道,有为而无度了呢?

司马光

史圣何亏经纶才

司马光是守法派的理论家，灵魂人物，虽下笔千言，却缺乏对守法派主张，特别是"祖宗之法"的系统阐释，也忽略了如何除朝政之弊，难服天下士，难合官民意，又怎么可能打动神宗，说动王安石？

贬抑司马光最有影响的两人，是王夫之、梁启超，他们都集中于司马光"无术"。司马光的术，也就是执政的政治智慧，到底是有是无，是高是低呢？

司马光执政后实行的更化，与变法是两条路线的尖锐对立、激烈较量，是一次极其艰巨的"拨乱反正"。正确的指导方针，是彻底否定熙、丰新法，清出场子，再谋建设，重开新局。

司马光堪为后世师，无愧治世能臣。知书而不知用，执政无术而误国的大帽子，又怎么能扣到司马光头上？

史上，大学问家登上政坛要津的不多，把学问用于安邦定国，成功者更是凤毛麟角。

北宋是个例外。宋代，君主与士大夫共天下。王安石、司马光两位学问大家，都登上宰执的高位。当其时，皇帝或年轻，或幼龄，他们的话语权就更重了。

两人是政治上的死对头。王安石变法，司马光反变法。王安石淡出政坛多年，司马光当上宰相，尽废新法。对两人的功过，誉之者捧上天，抑之者呼为亡国祸首。王安石当政近十年，施政方略得到淋漓尽致的展现。司马光任相，仅八个月去世，自任门下侍郎（副相）算起，也不过一年半时间，政术或为人忽略，或严重曲解，评说者就难免失之偏颇和公正了。

一

司马光是"史圣"。司马光不朽，因他有一部《资治通鉴》。

《资治通鉴》初成，为《通志》八卷，时在英宗治平三年（1066）。神宗继位，赐书名《资治通鉴》，并作序奖励，认为它"鉴于往事，资于治道"。熙宁二年（1069），宋神宗起用王安石变法，司马光政见不合，乞放外任，专心修史。又用时十五年，至元丰七年（1084），《资治通鉴》始告完成，前后花去十九年时间。全书294卷本，上起东周周威王二十三年（前403），下迄五代时后周世宗显德六年（959），计1362年。取材除十七史外，包括杂史、传状、文集、谱录等数十种，可谓网罗浩瀚。

《资治通鉴》四字，寓意深刻。王夫之《读通鉴论》说："'资治'者，非知治知乱而已也，所以为力行求治之资也。""'鉴者'，能别人之妍媸，而整衣冠、尊瞻视者，可就正焉。""论鉴者，于其得也，而必推其所以得；于其失也，而必推其所以失。其得也，必思易其迹而何以亦得；其失也，必思就其偏而何以救失。乃可为治之资。""其曰'通'者，何也？君道在焉，国是在焉，民情在焉，边防在焉，臣谊在焉，臣节在焉，士之行己以无辱者在焉，学之守正而不陂者在焉。虽扼穷独处，而可以自淑，可以诲人，可以知道而乐，故曰'通'也。"

怎样读懂这部大书？读懂《资治通鉴》，须把握"六言"。司马光上神宗疏，提出修心之要有三：曰仁，曰明，曰武；治国之要有三：曰官人，曰信赏，曰必罚。司马光说，自己"获至三朝，皆以此六言献，平生力学所得，尽在是矣"。

修心三要，讲自身锻造，治国三要，讲经世致用，交集点在用人。《通鉴》开篇，关于"三家分晋"的背景交代，用倒叙法记述了公元前453年，赵、魏、韩联合消灭智氏的事件，把用人观发挥得淋漓尽致。

执掌晋国政权的智宣子，准备确定智瑶为继承人，族人智果反对。他说，智瑶有超越他人的五项长处：仪表堂堂、精于骑射、才艺双全、能言善辩、坚毅果敢，却有一项短处：居心不仁。如果他以五项长处来制服别人而做不仁不义的事，谁能控制得了他呢？

果然，智瑶掌权后，刚愎骄狂结冤树敌，贪婪成性致智氏灭族。

司马光就此写出长篇"臣光曰"，阐明自己的用人观。结合他的上神宗疏，大致可以理解为：才与德是不同的两回事，才是指聪明、明察、坚强、果毅；德是指正直、公道、平和待人。才是德之资，德是才之帅，用人以德为重。人分圣人、君子、愚人、小人。无圣人，君子可用；宁用愚人，不用小人，因为小人才能越大，祸害越大。怎么识别君子与小人呢？司马光讲了李克论相的故事。论相也是论人，"居视其所亲，富视其所与，达视其所举，穷视其所不为，贫视其所不取，五者足以定之矣"。读史至此，令人拍案叫绝！

《资治通鉴》的宝贵价值，还在其资政的智慧。《资治通鉴》伴伟人毛泽东一生，他前后读了十七遍。"立德立功立言"的三不朽人物曾国藩，穷尽书海，最称赏的是《资治通鉴》。他说："窃以为先哲经世之书，莫善于司马温公《资治通鉴》。其论古皆折衷至当，开拓心胸，能穷物之理，执圣之权。"

所谓"执圣之权",也就是"守正出奇,通权达变"。这是儒、道、法、兵、纵横各家共同的主张。《资治通鉴》举例:东汉末年,灵帝去世,少帝继位,母亲何太后听政,舅舅何进担任大将军,要尽诛宦官。太后不听,何进乃召四方猛将进京,胁迫太后。幕僚陈琳进谏说,大将军行此事,"无异于鼓洪炉以燎毛发。但当速发雷霆,行权立断,违经合道,天人顺之"。引兵入京,"功必不成,只为乱阶"。何进不听,引发董卓之乱天下。司马光著《资治通鉴》,对这段历史可谓斟酌再三,舍"违经合道"四字,书以"行权立断,则天人顺之"。这告诉我们,处理事情,要明确是非曲直,却要圆融、权变,脚踏实地,与时迁移,应物变化,立俗施事,而无所不宜。

《资治通鉴》的资治智慧,可谓无有际涯。司马光作为硕学大儒、政坛宿要,以此经世致用,交出了怎样一份答卷?

二

王安石和司马光一生死磕。两人同立朝堂,冲突起自神宗朝一次财政问题的朝议。司马光讲节用,王安石不以为然,说:国用不足,由于未得善理财之人,"善理财者,不加赋而国用足"。司马光说:"此盖桑弘羊欺武帝之言,太史公书之以见其不明耳。"两人在这件事上如此较真,各有深意。

宋神宗做太子时,戎装见太皇太后曹氏,问自己像不像个大将军。太皇太后怒道:你将来是要做皇帝的,皇帝的职责是坐镇宫中,号令四方。领兵打仗自有人去做。他卸下盔甲,但强兵的宏愿仍炽。他要荡平西夏,降服北辽,开疆拓土,做一代雄主。

神宗上位之初,询问宰相富弼:如何富国强兵,雪先帝用兵败北之耻?富弼毫不客气:希望您二十年不言兵。一代老臣从他身上,闻到了汉武帝的气味,如果再出个桑弘羊,黎民社稷的灾难就为期不远了。

熙宁二年（1069），神宗以王安石参知政事，推行新法，诏司马光任枢密副使，位同宰执，意欲以此缓和变法派和守法派的矛盾。司马光四辞不就，并上札乞罢三司条例司，废青苗、免役法，上《奏弹王安石表》，怒斥"安石首倡邪术，欲生乱阶，违法易常，轻革朝典，学非言伪，王制所诛，非曰良臣。是为民贼"。神宗不予理会，他另选他途，三与王介甫书，动之以情，劝王安石罢新法，一书比一书火药味浓。王安石写了《答司马谏议书》，更不给司马光留半点面子：

"今君实所以见教者，以为侵官、生事、征利、拒谏，以致天下怨谤也。某则以谓受命于人主，议法度而修之于朝廷，以授之于有司，不为侵官；举先王之政，以兴利除弊，不为生事；为天下理财，不为征利；辟邪说，难壬人，不为拒谏……如曰今日当一切不事事，守前所为而已，则非某所敢知。"

司马光是守法派的理论家、灵魂人物。虽下笔千言，却缺乏对守法派主张的系统阐释。守法派说王安石鼓吹"三不足之说"，即"天变不足畏，祖宗不足法，人言不足恤"，实际上体现了王安石的变法思想。"天变不足畏"，贻害实大。皇权至高无上，谁去制约皇帝？只能靠天。后来，哲宗、徽宗天不怕、地不怕，以致无恶不作，人间就大乱了。守法派所守，乃祖宗之法，祖宗之法到底是什么？特别需要阐明。像永不加赋，节用恤民，是评判一个王朝善恶的标志；像止戈息战，维护和平，是宋朝重文抑武制度设计所决定的不二抉择，也是太祖、太宗、真宗、仁宗朝战事所证明的正确的外交路线；像君主垂拱、政事付之公议、宰相行之、台谏言得失的"君臣共治模式"，可视为史上最开明、最健康的政权运行机制；像改良求进，是仁宗以庆历新政为鉴，晚年最富成效的施政实践。韩琦、富弼是庆历新政的主将，亲历西夏战和的劫难，这无疑是他们极力抵制王安石变法的动因。这些都是祖宗之法，早已成为国是民意。司马光没有说清楚，也忽略了如何除朝政之弊，难服天下士，难合官民意，又怎么可能打动神宗，说动王安石？至于"人言不足恤"，倒不必去较真。敢于担当，想有所成功者，谁不是捂起耳朵做事？

王安石所答，多强词夺理。所谓"受命于人主"，神宗才二十一岁，刚做皇帝不到一年，就将"三把火"燃遍全国，还不是你王安石一手遮天？所谓"举先王之政"，王安石当年上仁宗万言书说得明白："臣以谓今之失患在不法先王之政者，以谓当法其意而已。""法其意，则吾所改易更革，不致乎倾骇天下之耳目，嚣天下之口，而固已合乎先王之政矣。"法先王之意，不过一面招摇的旗帜，无非断章取义，或无稽之自语。宋之大儒盈朝，在他们眼里，王安石的"先王之意"，破绽百出。所谓"为天下理财"，政府之手越伸越长，凡取利者，无不往手中集中；凡应担之责，无不转嫁于民；凡可虑之风险，无不推脱得一干二净，对民众的重负可想而知。

皇帝年轻，变法心切，大势难逆。司马光忠心剖露，臣责已尽，便恳乞外放。熙宁三年（1070），出知永兴军，后改判洛阳留守司御史台，从此绝口不谈政事，专心修史。这的确应当归功于王安石变法，成就了《资治通鉴》，书写下史坛第一盛事。

三

司马光成为守法派当然的领袖人物。居洛十五年，天下以为真宰相。

神宗去世，哲宗继位，年仅九岁，太皇太后高氏听政，起用熙、丰变法时期被外放的大臣，推行"更化路线"。

元丰八年（1085）四月，遣内侍向司马光问政。

五月，司马光为门下侍郎。虽然首相、次相、枢密使由变法派主将占据，司马光得到重用，守法派陆续返回朝堂。

元祐元年（1086）正月，司马光任尚书左仆射兼门下侍郎，成为首相。这时候，他已六十八岁，身体完全垮了，只做了八个月宰相，就与世长辞。其间，"以疾谒告，十有三旬不能出"。

对司马光的宰执生涯，《宋史》、宋人李焘《续资治通鉴长编》、清人毕沅《续资治通鉴》等，都评价甚高：

及为门下侍郎，苏轼自登州召还，缘道人相聚号呼曰："寄谢司马相公，毋去朝廷，厚自爱以活我。"

辽人敕其边吏曰："中国相司马矣，切毋生事，开边隙。"

光自见言行计从，欲以身徇社稷，躬亲庶务，不舍昼夜。宾客见其体羸，举诸葛亮食少事烦以为戒，光曰："死生，命也。"为之益力。

百姓闻其卒，罢市而往吊，鬻衣以致祭，巷哭而过，车盖以万千数。京师民画其像，刻印鬻之，家置一本，饮食必祝焉。归葬陕州，四方来会者万人。

元祐共历八年。司马光去世，更化派失去了灵魂人物，力量不能凝聚，反分裂为洛党、蜀党、朔党，互相攻讦，政局终至不可收拾。

太皇太后高氏去世，哲宗执政，改元绍圣，绍述神宗，政治又翻了烧饼，变法派重回朝堂，更化派诸臣被放逐、迫害。哲宗还要太岁头上动土，对太皇太后予以清算。家天下，皇帝一人的天下，大宋气数将尽，朝臣又能奈何！

哲宗短命而死。换了徽宗，重用奸臣蔡京，终致北宋覆亡。

四

亡国之恨，是国人难以平复的隐痛。南宋人把仇恨记在王安石账上，明清交际时人，又拉上司马光陪绑，或干脆扬王抑司马。最有影响的两人，一是王夫之，一是梁启超，两人都推崇史家司马光，又都对宰相司马光大放贬词。所迥异者，王夫之极言熙、丰变法之恶，斥王安石为小人；梁启超极言熙、丰变法之功，赞王安石为我国文明史上少见的完人。

王夫之写出专著《宋论》，在神宗、哲宗、徽宗卷，对宰执司马光作"最后的审判"。其主要观点，司马光"其病有三：一曰惜名而废实，二曰防弊而启愚，三曰术疏而又不逮"。术，既包括经济、政治，也包括识人、用人。

在王夫之看来，司马光学问极大，不过就是一个大书柜，半点实际本事没有。

经济上，是个外行。"虽以温公经济之实学，上溯威烈，下迄柴氏，井井有条，一若目击而身与之；然至于此，则有茫然若群川之赴海，徒见其东流，而不知归墟者何天之池矣"。

政治上，懵懂于大局，盲目蛮干。"上不知有志未定之冲人，内不知有不可恃之女主，朝不知有不修明之法守，野不知有难仰诉之疾苦，外不知有睥睨不逞之强敌，一举而委之梦想不至之域。"司马光"拥女主以行其志""以阴御阳，以女制男，何殊乎以夷狄令中国，以小人治君子乎"？

司马光用人行政，乱作为。"进一人，则曰此熙、丰之所退也；退一人，则曰此熙、丰之所进也；兴一法，则曰此熙、丰之所革也；革一法，则曰此熙、丰之所兴也。"其进用者，全是熙、丰所退之人，难道就选不到一个可当大任的新人吗？

司马光不会用人，因不懂识人，"无他，在知其人之言，而不知古今先哲之言"。"圣人之言，言德也，非言道也，而公所笃信者道……道广而不精，存诚而不知闲邪，于以求知人之明，不为邪慝之所欺，必不可得之数也。"

那么，应当怎么做呢？王夫之说："盖否极而倾，天之所必动，无待人也。"新法"其不可行者，已昭然其不可行；无所利者，已昭然其有害；敝而弗为之修，弛而弗为之督，三年之中，如秋叶之日向于凋，坐而待其陨矣"。可惜司马光与诸君子，"积怒气以临之，弗能须臾忍也"。

这就越说越荒唐，越说越像梦中呓语了。王夫之在《徽宗》论中说："熙、丰之时，青苗、保甲、保马、市易之法，束湿亟行，民乃毁室鬻子，残支体，徙四方，而啼号遍野。"王安石引用吕惠卿、邓绾、章惇、曾布等群小，让蔡京学会了他们"贼贤罔上"的秘计。苛政病国虐民，"引凶人之旅进"，互为因果，"则安石之所以贻败亡于宋者此尔"。

司马光重回朝堂，宰执朝政之季，如王夫之所说，熙、丰之政已将民众推向水深火热之中，变法派主将仍然占据要津。如此朝政，如此朝堂，等上三年，就能"坐而待其陨"，恶政就可以自消，奸人就可以自灭？

梁启超贬斥司马光的观点，是王夫之《宋论》的翻版。他说，司马光为相，尽废新法，且窜逐神宗朝旧臣。"一言蔽之，则当时于熙、丰所行之事，无一不罢；于熙、丰所用之人，无一不黜而已。"他还陈袭明朝贡生陈汝锜司马光论的观点，"激靖康之祸者君实也"。梁启超说：祸宋者实唯蔡京，蔡京之得跻显要，汲引之者，"非荆公而温公也"。这不过是根据一段不稽的史实，敷衍的荒唐结论。

邵伯温见闻录载，司马光欲废募役法，复行差役，群僚以为难，蔡京五日而了之。诣政事堂白温公，温公喜曰："使人人如待制，何患法之不行？"对此，《续资治通鉴长编》《续资治通鉴》都予驳正，"非事实也""非其实也"。司马光元祐元年正月二十一日告病，直至五月十二日方入对。正月二十一日上疏，乞罢免役法，二月七日得旨依奏。此时卧病在家。梁启超所谓"温公赏其才，遂加委任"，更是想当然。司马光行差役法未及一月，蔡京被台、谏弹劾挟邪坏法，出知成德军，遂流落外任十年。

王夫之、梁启超贬抑宰相司马光，都集中于"无术"，司马光的术，也就是执政的政治智慧，到底是有是无，是高是低呢？

五

熙、丰变法，前十年主要由王安石唱主角，后八年神宗一手操作。十八年国策，何以仅一年多即被全盘推倒？

是站在君主一边，还是站在民众一边？立场不同，对熙、丰变法的看法就截然相反。熙、丰变法的结局，国家似乎富足了。这种富足，不是由于财富增长。王安石变法，"凡政之可得民财者，无不举"，百姓的日子就不好过了。富国是为了强兵，内政与开边相伴随。上有所好，下必兴焉。熙宁元年，就出了个王韶，上《平戎策》。西北边疆也就一直没有消停过。自熙宁开边，得西夏兰州、米脂两城及义合、吴堡等六个堡寨。但灵州、银川寨两次大败，宋兵民役夫死者达六十万人，所费金钱更是天文数字。

那些被贬出朝堂的守法派大臣，长期任职地方，更多地接触了民情，对民众的疾苦有了更切实的感受。因此，十多年过去，他们的立场不光没有改变，反而坚持益坚。

熙、丰变法是皇帝主导，官员是皇帝任命，大政方针经皇帝认可，官员行事，是按皇帝的意愿所为。因此，更化派废新法心切，变法派抵制也烈。变法的功过，你说民穷了，他说国库的银子装不下；你说开边以惨败告终，他说熙、丰武功了得；你举无法强辩的恶果，他说那是执行中的失误，好经被歪嘴和尚念歪了；你说此一法当止，他举出数条好处，讲不可停废。

更化和变法，是两条路线的尖锐对立，激烈较量，是一次极其艰巨的"拨乱反正"。现实足以说明，如果不站在高处，用大刀阔斧手段，而是纠缠于具体事务、陷入细节之争，任何事情也别想办成。正确的指导方针，是彻底否定熙、丰新法，清出场子，再谋建设，重开新局。

司马光重出政坛，抱荆山之玉，握灵蛇之珠，展示了极大的政治智慧。

首先是借助舆论。元丰八年四月，司马光上疏，提出"明下诏书，广开言路，不管有官无官，凡知朝政阙失及民间疾苦者，并许进实封状，尽情极言"。时臣僚民庶应诏言新法不便者数千人。司马光又奏：付三省，委执政看详，择可取者，或进奏，或留置左右，或降付有司施行。这就形成了浓厚的更化氛围。

二是打破思想障碍。举国上下，翘首以待新政。变法派却四处散布，孔子有言，"三年无改于父之道，可谓孝矣"。这种"护旗"说，极有蛊惑力。思想禁锢不破，更化难行。司马光以"改父之政而当"的大量史实，提出"若病民伤国，岂可坐视而不改哉"？他把神宗与王安石、吕惠卿分开，把神宗的美意与挟私者的作为分开，提出"先帝之志，本欲求治，而群下干进者，竟以私意纷更祖宗旧法，致天下籍籍如此，皆群臣之罪，非先帝之过也"。他还强调，太皇太后所行，是"以母改子，非子改父"，是恢复正确的神宗思想。思想的大堤一旦冲开，政治路线、组织路线的基础也就要崩塌了。

三是全面否定新法。为什么要这么做呢？全面否定新法，才能干净利落，尽快了结这段历史；全面否定新法，才能把变法派骨干赶出朝堂，搬掉更化路上的拦路虎；全面否定新法，才能凝心聚力，为开创新局面创造良好政治氛围。

元丰八年七月，罢保甲法；十一月，罢方田均税法；十二月，市易法、保马法相继罢除。次年，改元元祐，废除新法如雷厉风行。

正月，司马光大病。时青苗、免役、将官之法犹在，而西戎之议未决。司马光感叹："四害未除，吾死不瞑目矣。"

免役法波及面最广，给最下层民众造成的负担最重。免役当罢，差役当复，先让民众休养生息，是更化的大本。他上疏论免役五害，乞直接降敕罢除。复差役争议最大，但得到多数人支持，主张"推行大意，修完小节"。最大的底气，是役钱宽剩，一二年间不致缺用，政策可从容修正。

西戎之议，是外交政策更化的焦点。司马光意在借新皇登基，修复与西夏的关系，创造一个和平的周边环境。他主张，边计以和戎为便。详询范纯仁等戍边大臣，提出罢兵弃地，使归所掠百姓。此事关系太大，数次上疏，终罢。

四是为更化提供组织保障。思想、政治举措如疾风骤雨，人事更易也无稍殆。更化派首先夺回了言官这个重镇。元丰八年十月，监察御史王岩叟首劾章惇，侍御史刘挚劾蔡确，左正言朱光庭奏言"退三奸""进三贤"："蔡确、章惇、韩缜，宜解机务；司马光、范纯仁，宜进之宰辅；

韩维宜置之宥密。退三奸于外以靖百辟,进三贤于内以赞万机,太平之风,自兹始矣。"蔡确、韩缜先后罢相,章惇罢枢密院,分别出知州郡。司马光、吕公著先后拜相,宰执大权转入更化派掌握之中。

用人路线服务于更化路线。政治站位摇摆者,司马光坚决不用。朝臣荐范纯仁、韩维皆可为右相,司马光以履历未深,升迁太骤,众情未服为由,认为韩维任门下侍郎、范纯仁依旧,最为允当。

司马光为何抑韩维?韩维是神宗太子府旧人,他极力举荐,把王安石推上相位。后来,因保甲法与王安石意见不合,乞请外放。他是出入于变法派、守法派之间的人物。范纯仁是正人君子,却知小不识大。司马光施政大刀阔斧,他则主张,"法固有不便,然亦有不可暴革,盖治道惟去太甚者耳"。范纯仁施政以妇人之仁,主张忠恕待人,"不宜录人之过太深"。他还极力为蔡确、章惇、邓绾辈,争一好些的外放之地。蔡确是个什么样的人?神宗弥留之际,他阴谋立君自重,失败后反诬太皇太后欲立自己亲生儿子为君。

国策能否贯彻,决定国家前途,民众苦乐。与蔡确、章惇、邓绾辈,并非仅是政见之争,这是些阴谋家、野心家,大奸大恶。妇人之仁,除恶不尽,后患无穷。

熙、丰历十八年,进人多变法派,"监司多新进少年",更化人才断层。怎么办?司马光的方针,是首先起用老臣,作为过渡。文彦博已是八十多岁高龄,司马光极力举荐,特授太师、平章军国事。同时,"令近臣于郡守中选举,而于通判中举转运判官。又设十科荐士法"。持之以恒,则三到五年,新人就能走上重要领导岗位,八到十年,就可以完成新老交替。

元祐更化,并非像史家所言,是简单、粗暴的肯定、否定。对新法的每一项否定,都保留其合理处;对熙、丰前祖宗之法的弊端,都有清醒的认识,有更革的主张,有鲜明的求新趋势。每黜一人,都有御史进言,或赞成,或反对,堂堂正正。

六

司马光所处政局极为严峻。

最大的政治隐忧，或曰"熙、丰旧臣，多奸巧小人，他日有以父子义间上，则祸作矣"。司马光正色驳斥："天若祚宋，必无此事！"

官员队伍的现实，如卫尉丞毕仲游遗司马光书所说："今欲救前日之弊，而左右侍从、职司使者，十有七八者皆安石之徒，虽起二三旧臣，用六七君子，然累百之中存其数十，乌在其势之可为也！"势不可为，复辟又有何难？其党分布中外，起私说以摇时政，"怨愤已积，一发其祸必大"。

更化派没有达成共识，如范纯仁者不在少数。废新法，苏轼主张不同，认为差役、免役，各有利害，"轻重盖略等矣"。提出"法相因则事易成，事有渐则民不惊"。与司马光争持不下。中书舍人范百禄更是个修补匠，说差役法不必变，"第减出钱之数以宽民可也"。他们的主张，具体看无比正确，但大处着眼，任何一项更化，恐都将陷入无休止的争论，更化路线根本无法推行。

用人路线上，对变法派骨干如何处置？如范纯仁者也不在少数。司马光任首相后病患缠身，朝政多数时间由右相吕公著主持。范纯仁影响吕公著，吕公著左右太皇太后。吕公著取绥靖政策，说："治道去太甚耳。文、景之世，网漏吞舟。且人才实难，宜使自新，岂宜使自弃邪！"太皇太后下诏，慰存反侧。御史纷纷上疏反对，由此造成更化派内部分裂。

执政之基未固，更化刚刚开启，两条路线相争，胜负未决，绥靖的错误主张，引出极其严重的后果。后来，更化派宰执吕大防、刘挚等一味和稀泥，仿佛在为自己留后路了。

司马光对大局了然于胸，按照他的部署，坚持更化路线不动摇，不改变，积以时日，政治共识当会达成，政策自会落地生根，官员格局也会逐步改善，朝政新局面可期。

历史巨人，方可成旋转乾坤之功。

现代中国，经几十年"左"倾、十年"文革"、毛泽东逝世之后，将向何处去？后来，实现历史性转变的种种举措，和司马光执政时期，有多么惊人的相似之处：开放舆论，开展真理标准讨论，彻底否定"文革"，解放、起用老干部，清理"三种人"，推进干部队伍革命化、年轻化、知识化、专业化，实现新老交替，走向改革开放……司马光堪为后世师，无愧治世能臣。知书而不知用，执政无术而误国的大帽子，又怎么能扣到司马光头上？史家又怎么可以无一颗对前贤的敬畏之心！

宋徽宗

昧对变局国运消

　　北宋前期，国际上最强大的敌人是辽。宋真宗时，两国订立澶渊之盟，实现百年和平。宋徽宗时，辽国衰败，大金强大起来，国际力量消长导致敌友阵营格局发生重大改变。宋徽宗看不见这个重大变局，和金合作，攻打辽国，要借机夺回被辽国占据的燕京地区，以雪旧耻。辽国灭亡，强大的金国成为强邻、强敌，很快，北宋就亡了。

无论是正史，还是文学名著和民间传说中，蔡京、童贯、梁师成辈，都是大奸大恶之徒。在他们之上，那个昏庸之主宋徽宗，用奸宠佞，亡国败家，早就被钉在了历史的耻辱柱上。然而，任何历史都难盖棺论定。美国历史学家、华盛顿大学历史系教授伊佩霞所撰《宋徽宗》，对蔡京等人重新评价，对宋徽宗大作翻案文章：如果不是偶然因素——金国侵略而灭宋，宋徽宗将以"圣主"的形象留存于史书。历史观不同，结论竟如此南辕北辙。

宋哲宗早逝、无子，在世的兄弟中，申王赵佖居长，因患有眼疾，与君主无缘。论资排辈，诗书画俱佳的艺术家端王赵佶，阴错阳差，当上了皇帝。他执政 24 年间，创造了所谓"文治盛世"，建立了祖上梦寐以求却无法企及的武功——收复燕京。这些表面的繁华，却是建立在沙滩上的楼阁，瞬息间烟消云散。北宋灭亡，他和他的皇后嫔妃、王子公主及一大批朝中重臣，成为女真人的俘虏，被押送到边远的黑龙江地区，受尽屈辱和苦难，客死他乡。宋徽宗悲剧的酿成，除了史书所说，因其混账皇帝的混账行径之外，根本在于悖逆大势，采取了错误的治国方针。

宋徽宗即位，面临比较宽松的国际国内环境。就外部看，辽国作为北部边疆的强敌，自真宗朝宋辽和平条约签订，近百年间相安无事。而辽国内部，政局动荡，当政者荒淫、昏暴，声色犬马，加剧了政权没落，已经自顾不暇。北部边疆另一个敌国西夏，历经哲宗朝进剿，已经完全处于守势。国际环境提供了一个良好发展机遇。就内部看，经济萎靡，财政拮据，内囊已空，朝廷三令五申，强行调拨地方财源，还不能解决守边士兵饿肚子，发展成为最紧迫的任务。因此，顺应朝野意愿，借机和平环境，抓住良好发展机遇，完全可以创造出一个太平盛世。但是，宋徽宗又是怎么做的呢？

他昧于国内大势，违逆民意人心，偏离发展大道，导致朝政日坏，经济衰退，国弱民穷，民变四起。

宋徽宗在政治上搞了次"翻烧饼"。他即位之初，大张旗鼓地为"保守派"的贤人君子们恢复名誉、职位,将那些顶着"改革派"桂冠招摇的奸恶之徒逐出朝堂。一年后风云突变,他重新祭起父、兄的改革大旗,将司马光、文彦博、苏轼等"保守派"一巴掌打入地狱。连续公布元祐党人黑名单,并御笔书写309人的党人榜,刻碑立于全国各地。这些元祐党人,有的是名副其实,有的是徒遭冤枉,有的是借机整人的人又被人整倒。凡列入奸党名单者,死去的剥夺荣誉,存世者统统罢官流放,子女不得入朝为官。赵宋朝堂从此一派乌烟瘴气,官员人人自危,无心正经做事。

宋徽宗对宫殿、园林表现出特殊偏好。他大兴土木,闹得举国不宁。建景阳宫,供奉父兄神位。建道观,献媚神仙道士。建王子公主宅第,无度地耗费国家钱财。建皇家园林艮岳,包括北宋最奢侈的宫廷工程延福宫等30多种建筑,荟集了全国的山水奇景、异卉奇石和珍禽异兽。生民不堪盘剥,方腊起义,令江南涂炭,晁盖等一干好汉智劫生辰纲,造就一场轰轰烈烈的梁山事业。

宋徽宗极度热衷面子工程。他铸九鼎,鼎成后建设九成宫,安放九鼎。一座宫殿意犹未尽,又在铸鼎处再兴土木,修建一座纪念堂,名曰宝成宫。他筹划、耗时12年,调动1万多人,修建明堂,亲自起草诏书,宣布明堂建成。他领导制定了宫廷礼仪《政和五礼新仪》,设立大晟府,铸造编钟,谱成新律。他征调全国各地的著名道士进京,编纂大型道教文献《道藏》,主持了八百人参加的传度神霄宫秘箓仪式。他组织编纂了《政和瑞应记》,各地报告祥瑞的奏书,有非文字所能尽者,图绘以进。上有所好,下必风从。宋徽宗朝祥瑞多多,花样百出,瑞应画作多达数千卷。宋徽宗笔下,就有赤乌、芝草、甘露、白色禽兽、万岁之石,等等。虚浮的繁华,制造出"文治盛世"的幻象。

他昧于国际大势,对国际形势变化和国际力量调整的重大影响判断失误,"天魔"降世,大祸将临,他却痴想是天神垂青,"天降福音",作出亡国败家的一系列错误决策。

国际力量博弈,当时已经主要体现为宋、辽、金三国关系。辽、金两国，或敌或友，处在急剧翻转之际。1115年，女真人从辽国独立，建立金国，对辽展开猛烈攻势。宋徽宗开始派遣使臣，从山东渡海，与金国取得联系，建立宋金"海上联盟"。这一决策，严重违背宋辽和约，但从利益角度着眼，还能讲出些道理。1120年四五月份，金兵攻克辽国上京；1121年年初，金兵再克辽国中京，辽国天祚帝失踪，大臣拥立耶律淳在燕京称帝。这时候，就应当及时作出研判，这是可以利用的机遇，还是潜伏的巨大危机？宋徽宗君臣缺乏迅速回应，造成战略上被动挨打。

国际局势的重大逆转，是金兵一路打到辽国的西京大同、南都燕京，逼近宋朝国门。一个比辽更加强大的敌国已经崛起，危国之患已经迫在眉睫。这时候，敌友关系已经发生根本改变，昔日的朋友金国，已经成为最危险的敌人，而昔日的敌人辽国，成为携手抗金的可靠盟友。正确的战略方针，应当是举国动员，加强军备，厉兵秣马，准备应对可能发生的大规模侵略战争；应当是迅速调整国际关系，培植抗金势力，寻求外部联盟，形成对金的牵制之势。在这一危亡关头，宋徽宗却利欲蒙心，做出一个遗恨千古、遗臭万年的决策：联合金兵，夹攻燕京。依谈判协定约定，事成之后，通过对金输银纳绢，收复燕京地区，建立不朽的盖世武功。

最终，宦官童贯统率的宋军太不争气，连吃败仗。金兵独力攻下燕京，将城内财产、人口劫掠一空，逼迫宋廷接受了输银纳绢的苛刻条件后，扔下一座空城一走了之，让宋徽宗过了一把"英主"的瘾，沉迷了一段颂歌盈耳的日子。殊不知，金国这个新崛起的军事集团，哪里停得下征服世界的隆隆战车，它挟着滚滚烽烟，风驰电掣般扑向中原大好河山。

史家总结宋亡的教训，提出许多假设：假设不接纳辽国降臣赵良嗣，就不会有宋金结盟；假设方腊起义不在宋军北征燕京时爆发，则不会暴露宋廷的软弱无能，金兵就不敢对宋产生非分之想；假设宋廷没有违反与金的协约，接纳金国降将张毂，贪恋平州和另外两个州的土地，金国就没有理由挑起事端。假设实在不少，实则，即使这所有假设都没有发生，宋徽宗君臣也难逃违逆大势、错误决策的厄运。

宋廷上下，难道就无一有识之士？这时的宋廷，已是豺狼当道，黄钟毁弃，瓦釜雷鸣。宦官童贯掌军，足球流氓高俅当上太尉，街头混混加足球流氓李邦彦、靠说段子扮优伶取悦皇帝的王黼都做到宰相。宋徽宗身边的宠臣蔡攸，则是自己几十年的玩伴。而宋徽宗本人，已经自我膨胀到极点，利令智昏到无可救药。他觉得自己是一个伟大的政治家、军事家、艺术家。他运筹帷幄，大手一挥，就可决胜千里，哪里还有半点清醒，哪里还容得下他人置喙？边将清醒的思考——是选择与辽国共处还是与金国为邻？却像耳旁风般刮过，不留丝毫影响。

金兵大军围城，宋徽宗下一纸罪己诏，把皇位让给太子，逃命为上。他对自己的滔天罪行认识很到位：

言路壅塞，导谀日闻；恩倖持权，贪饕得志。搢绅贤能，陷于党籍；政事兴废，拘于纪年。赋敛竭生民之财，戍役困军伍之力，多作无益，侈靡成风。利源酷榷已尽，而谋利者尚肆诛求；诸军衣粮不时，而冗食者坐享富贵。灾异谪见而朕不悟，众庶怨怼而朕不知，追惟己愆，悔之何及！

这些痛悔之言，不管是出于真心还是假意，不管是为了赵家天下还是为了一己的苟安，也不管他对自己如何斥骂，把自己说得多么十恶不赦、一文不名，都已经无济于事，悔之晚矣！

苏轼

古今谁人识坡翁

苏轼沉浮在朝争的旋涡中，有短暂的大红大紫，多数时间失意、潦倒，在贬谪流放中度过。他的思想经历着震荡、起伏，或由儒向道，或由道向儒，或儒释道互参，他的人生和诗文陶熔了超然、旷达和浓重的仙风逸韵。

苏轼从释道求解脱，不是走向虚无，是达到心灵的和谐，走向无处不适意的乐境。

"长恨此身非我有，何时忘却营营？"苏轼多么向往摆脱肉身的束缚，放飞那颗自由自在的灵魂！《前赤壁赋》说"遗世独立"，酣畅淋漓；《后赤壁赋》续"羽化登仙"遥思，透彻入骨。赋中极写孤鹤，孤鹤乃仙化之人，人乃鹤之凡身。孤鹤掠舟相访，化道士梦中对晤。人生是梦，梦又何尝不是人生？吾是肉体凡胎，又何尝不是不坏之仙体？我们此生只是短暂的过往，前生很可能是仙人，来世也会再度成仙，只是还不能参悟明白罢了！

中国古代的读书人，多出入于儒道之间。成功者，怀抱儒家理想，干世事功，其文思翰墨，耗在文案公牍或治世的策论中，大都为时光尘埋。失败者，躲进道家的世界，找到心灵的栖居地，心智转化为文字，就有了个性，添了灵性。那些经历过庙堂之高者，眼界、胸襟不同，为文的格局，则非一般文士可与较高低。

苏轼是出入于儒道之间最突出的代表。仕途之上，他有人生得意的巅峰时期，也有跌入深渊、以囚徒之身被贬谪流放的漫长岁月。天生异才，没有让他成为治世能臣，却将他羁留于文苑，千百年来，以"坡仙"为人所乐道，以诗文予人生以亮色，给人心以慰藉。

一

宋代是中国文化的鼎盛时期。朝廷通过科举选拔官员和治国精英。书读得好，文章写得漂亮，就能平步青云。宋真宗御笔亲撰《劝学书》，有"男儿欲遂平生志，五经勤向窗前读"。

史称唐宋文章八大家，苏氏父子就占了三席，即苏洵和他的两个儿子苏轼、苏辙。苏洵的史论最为时人称道，文坛泰斗欧阳修评其博辩宏伟，即使贾谊、刘向亦不过如此。苏洵仕途蹭蹬，便用心于苏轼兄弟的培养。

治史，必知古察今。苏轼承苏洵之教，养成对时事的敏感和对历史的卓识。庆历三年（1042），苏轼尚是八岁蒙童。《庆历圣德诗》从京城传到先生之手，诗中涉及范仲淹、富弼、韩琦、欧阳修等朝中名臣。苏轼在侧，对这些名人穷根究底，先生只好详细解说，告诉他："这韩、范、富和欧阳四人，是当今天下的人杰！"这些伟大人物，与他后来的生命历程，都发生非常重要的关系。

苏轼考进士，策论为《刑赏忠厚之至论》，论题出处为《尚书·大禹谟》孔安国注文，"刑疑付轻，赏疑从众，忠厚之至"。这正是宋仁宗

"仁政"国策的最合宜表达。应选拔特殊人才的制科考试，所作《留侯论》，畅言忍为大勇，帝王不轻用其锋。刘邦和项羽，胜败在忍与不忍之间。这是以古喻今，颂扬国家外交政策。宋朝第三代皇帝真宗，与辽签订澶渊之盟；第四代皇帝仁宗，屈君为民，输币帛促成与西夏的和局，百姓安乐太平，国家和平发展。仁宗亲临这次策试，归宫后面露喜色，对曹皇后说："吾今日又为子孙得太平宰相两人。"意指苏轼、苏辙兄弟。

苏轼早享大名，得张方平、欧阳修等大贤拔擢之力良多。苏轼家乡四川眉州，是西南偏僻省份一座小城。时值礼部侍郎张方平知益州，他是宋朝政治与学术都屈指可数的人物，任上网罗地方贤达，才有了熟识苏氏父子的机缘。他对苏轼以国士相待，并向文坛盟主欧阳修力荐。苏轼考进士，应礼部试，欧阳修任主考官，读到考官梅尧臣推荐的《刑赏忠厚之至论》，欣喜若狂。因是糊名弥封的卷子，疑是自己的学生，也是唐宋八大家之一的曾巩所作，为避嫌而抑置第二。后来，苏轼依例致书谢各试官，欧阳修拿着苏轼的谢启给梅尧臣看，慨然道："读轼书，不觉汗出，快哉，快哉！老夫当避路此人，放他出一头地。"

"好风凭借力，送我上青云。"但这助力的好风，也促成苏轼一生的悲剧命运。

仁宗死，经英宗短暂的过渡期，神宗即位，起用王安石变法，苏轼心中的偶像韩琦、富弼、张方平，和他的恩师欧阳修等，全部是新法的反对派。苏轼和他们志向相投，感情相通，也就成为这一阵营中坚定的一分子，仕途的坎坷、凶险自可预知。

宋朝政治，自推行新法始，就没有走出乱局：宋神宗在位十八年，保守派大臣或被贬谪，或辞职旁观。神宗死，高太后临朝八年，起用保守派大臣，全部推翻新法。高太后死，哲宗执政八年，绍述神宗，又对保守派即所谓元祐党人残酷打击、迫害。哲宗死，徽宗即位，短暂的平稳期过后，又开始乱折腾。

苏轼沉浮在朝争的旋涡中，有短暂的大红大紫，多数时间失意、潦倒，在贬谪流放中度过。他的思想经历着震荡、起伏，或由儒向道，或由道向儒，或儒释道互参，他的人生和诗文陶熔了超然、旷达和浓重的仙风逸韵。

二

知密州，是苏轼由儒向道转变的重要节点。

儒与道的区别在哪儿？儒道释三家，宗旨都是救世济人。不同处，儒家立足于人类社会，讲入世，求事功，看重当下。道家从宇宙观入社会观，于更广阔的空间、更久远的时间中，对人、事作出思考和价值判断，让人旷达、超然。释家则是对道家宇宙观、社会观的再超越。在中国，释借道而传播，说道常常包含了释，宋代则出现了"三教合一"的趋势。可以说，儒是成长的养料，滋养向上的精神，道、释可做人在挫折、失败、困厄、苦痛中疗治身心的方药。

苏轼青少年时代，饱受儒学浸染，怀抱修齐治平的远大理想。王安石变法，他两上皇帝书，建议尽罢新法。上书中提出一个观点，"国家之所以存亡者，在道德之浅深，而不在乎强与弱；历数之所以长短者，在风俗之厚薄，而不在乎富与贫"。这番远离现实的书生议论，不幸说中了北宋的走向，而为后世政治家所看重。苏轼政治上站错位，似乎不宜在中枢部门留任，由大理评事改任杭州通判。他作为助理官员，在杭州做的事情，值得今天说道的，是留下一首吟西湖的小诗，"水光潋滟晴方好，山色空蒙雨亦奇。欲把西湖比西子，淡妆浓抹总相宜"。

熙宁七年（1074），苏轼三年任期届满，他内心期盼，重返汴京。递交的报告，却以弟弟在济州任掌书记为辞，希望到山东任职。朝廷顺水推舟，把他打发到密州任太守。这像当头一棒，把他给打蒙了。

苏轼踏入仕途，已经一十八年，盖世的才华，消磨于流水的岁月，实现匡时济世的抱负，越来越渺茫。密州生活与杭州相比，真乃天上人间。杭州湖光山色，美酒佳人，密州桑麻之野，粗食恶酿，饭不得饱，采杞菊聊以助食。他自述当时心境,"此生何所似,暗尽灰中炭""颠倒不自知,直为神所玩。"赴密州途中,有早行马上寄子由词,心情抑郁难平,情绪极为消沉,"当时共客长安,似二陆初来俱少年。有笔头千字,胸中万卷,致君尧舜,此事何难?用舍由时,行藏在我,袖手何妨闲处看。"口气大,牢骚盛,以至于被元代文学大家元遗山视为假冒伪劣。

知兄莫如弟。政事渐有头绪,苏轼"稍葺所居园北旧台而新之",苏辙致信,为之命名曰"超然台",作《超然台赋》,流露出对乃兄达观天性的笃信。超然是据《老子》"虽有荣观,燕处超然"的句子取义,表达的思想是,人若能游于物之外,即从自己切身的事物中超脱出来,客观冷静地对待自身的遭遇,就会心平气和,优游自在了。"士生于世,使其中不自得,将何往而非病?使其中坦然不以物伤性,将何适而非快?"

苏轼气之所禀,生就了天然的道家情愫。少时读《庄子》,有"深得我心"之叹。密州地处胶东半岛,仙风氤氲,徐福海上仙山求药,"八仙过海"等,都发生在这片神秘的土地上。密州是盖公故里,留下他助汉丞相行黄老之术治国的佳话。密州治内,盖公遗迹历历可见。特有的土壤,失意潦倒的人生,让他心中道家的种子疯长,让他的思想由儒向道加速转换。

《超然台记》述超然物外,无处不快乐的达观人生,超然成为苏轼一生为人为文的风向标。中秋词把酒问天,生出乘风归去的出世怅往。但天上琼楼玉宇虽好,人间亭台篱舍同样值得留恋,"人有悲欢离合,月有阴晴圆缺,此事古难全"。"中秋词自东坡《水调歌头》一出,余词尽废。"梦亡妻,齐生死,勘破阴阳两界,"夜来幽梦忽还乡,小轩窗,正梳妆。相顾无言,惟有泪千行"。《江城子》记梦,成为最为震撼人心的悼亡词,让王弗贤惠、美丽的形象留驻人间。《超然台记》、《水调歌头》中秋词、《江城子·之卯正月二十日夜记梦》等,都可以列入苏轼一生最好的诗文。

密州时期,苏轼的人生经历只是失意、沮丧,致命的厄运和灾难尚未临头,他的思想还时儒时道,不脱红尘的牵系。《盖公堂记》以三易医而病愈甚,赞盖公治国之道,"治道清静,而民自定",意在矫新法之枉。《江城子·密州出猎》,期盼得到朝廷信任,"会挽雕弓如满月,西北望,射天狼"。不过，密州是他由儒向道的节点，此后一直朝着道家的路途大步走去。

三

苏轼晚年自题画像，"心似已灰之木，身如不系之舟；问汝平生功业，黄州惠州儋州"。述其一生在贬谪流放中度过，贬谪流放的人生苦难，造就了苏轼。

黄州是他首次遭遇贬谪流放之地，一待五年多。

元丰二年（1079），发生乌台诗案。苏轼知湖州，所上谢表成为导火索。台谏官何正臣、舒亶、李定等一齐发难，指斥苏轼以诗文"谤讪君上""愚弄朝廷""先王之法当诛"。台谏官举证，白纸黑字。苏轼对新法的抵触、抨击，终其一生，始终不曾改变。苏轼所要坚守的，是政治正义。如果苏轼有罪，属于思想罪。如果以言治罪，并无尺度可循，杀头也不为过。王安石之弟王安礼规劝神宗的话，说到要害："自古大度之君，不以言语罪人。"神宗最终网开一面，谳定苏轼充黄州团练副使，押解本州安置，不得签书公事。他余怒未息，敕令严责苏轼：讪毁国政，出于诬欺。陂词险说，情实俱孚。奸言乱众，义所不容！

苏轼初到黄州，惊魂未定。从湖州官衙被捕，到出狱，历时一百三十二天。家人被惊吓，朋友受牵连，他交代好了后事，在狱中待死。劫后余生，人似乎还在噩梦中。人生最大落差，是以待罪之身，被排除于官僚队伍之外，甩出惯常的人生轨道，社会圈子，政治舞台，似乎成了无所皈依的孤魂野鬼，"谁见幽人独往来，缥缈孤鸿影"。他白日梦游，月夜徘徊，待心绪平静下来，开始考虑怎么打发未来的日子：走过了大半生的读书人的仕途，还有没有回归的那一天？

皇帝年富力强，变法意坚如铁。新进充斥朝堂，明的、暗的政敌，正龇着噬人的獠牙，政坛哪还有自己的一席之地？再想那些同路人，韩琦、欧阳修已逝，富弼、范镇辞官归隐，司马光潜心著书，张方平沉迷酒杯，苏辙一言不发，常通书信的友人也都不谈国是了。政局乱云飞渡，政见一为南辕，一为北辙，自己怎么可以回去！回去能有什么作为？还不如同行尸走肉？

苏轼不会自暴自弃，更不会被命运击倒，他走上了一条自我救赎之路，转向了自身，转向了自己的内心世界，转向了可以疗治身心的道释。他出入于佛寺道观，行参禅悟道之法，对炼丹和长生养身之术也发生浓厚兴趣。

人对于一种宗教，一般可分学习、研究和笃信、信仰数重境界。学习、研究对人影响极大，却还未入精深。入精深，须达笃信、信仰，用以修养身心，化作日常行为。苏轼大难不死，参禅悟道，就进入了此一重境界。

苏轼回归了田园，成为一个地道的农夫。朋友帮忙，获得废弃的旧营地五十余亩，清除茨棘瓦砾，成为可耕之田，他取名东坡，"在东坡种稻，劳苦之中亦有乐事。有屋五间，果菜十数畦，桑百余株，身耕妻蚕"，过着平常农家日子。

苏轼回归了自然，成为大自然的一个顽童。他种田的空闲，常于城内小醉一回，躺在草地上酣然入睡，"初被酒以行歌兮，忽放杖而醉偃。草为茵而块为枕兮，穆华堂之清晏。纷坠露以湿衣兮，升素月之团团。感父老之呼觉兮，恐牛羊之予践"。一日醉醒夜归，听着滔滔江声，忽生身世之感叹："长恨此身非我有，何时忘却营营？夜阑风静縠纹平，小舟从此逝，江海寄余生。"

苏轼在黄州，自号东坡居士。自此，苏轼的大名便让位于东坡。

东坡多么向往摆脱肉身的束缚，放飞那颗自由自在的灵魂！多么向往修悟到道家的境界，化为一只孤鹤，飞升到神仙的世界去！赤壁泛舟江月，"飘飘乎如遗世独立，羽化而登仙"，也忽发人生须臾、沧海一粟之叹。但此时此境，他又极清醒、极乐观："自其变者而观之，则天地曾不能以一瞬；自其不变者而观之，则物与我皆无尽也。"天地之间，物各有所主。明白自然之道，遂顺性命之理，不为己禀己能，勿生分毫妄求。这江上之清风、山间之明月，不就是你我之共有？不就是造物赐予你我的快乐吗？《前赤壁赋》说"遗世独立"，酣畅淋漓；《后赤壁赋》续"羽化登仙"遥思，透彻入骨。赋中极写孤鹤，孤鹤乃仙化之人，人乃鹤之凡身。孤鹤掠舟相访，化道士梦中对晤。人生是梦，梦又何尝不是人生？吾是肉体凡胎，又何尝不是不坏之仙体？我们此生只是短暂的过往，前生很可能是仙人，来世也会再度成仙，只是还不能参悟明白罢了！这仙梦、神游，魅人极了！

东坡将道、释注入儒的基因，走向"三教"融合。东坡所悟道法禅理，化虚无为妙有，变消极成积极，成旷达。《水调歌头》所写，是历史发展中的人生："大江东去，浪淘尽，千古风流人物。"英雄伟业虽化为云烟，但江山常在，江月常留，当举酒相酹。快哉亭上所见，是快意人生：茫茫江面，忽然风兴浪涌，碧峰千仞，"掀舞一叶白头翁"。狂涛巨浪中的弄潮儿，竟是一位白发老翁！庄子言风，有地籁，有人籁，"吹万天籁"。孟子说气，至大至刚，充塞天地。此风非他风，风气合一，"一点浩然气，千里快哉风"！此翁非他翁，是坡翁。《定风波》记沙湖道上遇雨所悟，是定、慧人生："莫听穿林打叶声，何妨吟啸且徐行？竹杖芒鞋轻胜马，谁怕，一蓑烟雨任平生。"

四

放在历史长河中考量，东坡的价值是文人。

作为文人，黄州是他艺术生命最坚实的土地，是他艺术创造不竭的源泉。黄州时期，达到他艺术创造的巅峰，源头活水，奔流不息，笔灿莲花，珠圆玉润。

命运弄人。元祐年间，政治这只巨手，又把东坡拉回到官员队伍。他重新走上儒家事功之路，先后担任翰林学士知制诰、兵部尚书、礼部尚书等要职。巨大的成功，给他带来的却是失落、苦恼。像进入朝堂的头三年，文牍如山，难得喘息，八百多道诏命由他起草，还始终伴随小人的攻击谩骂。"断送一生消底物，三年光景六篇诗。"三年只写下了六首小诗。

他是否可以拒绝回朝？儒家思想已经渗透进他骨子里。像初贬黄州时，他给被诗案牵累的朋友李常写信："吾侪虽老且穷，而道理贯心肝，忠义填骨髓，直需谈笑死生之际……虽怀坎懔于时，遇事有可尊主泽民者，便忘躯为之，付与造物。"王巩因诗案受到的处分最重，被贬岭南。东坡给他的信中说："杜子美困厄中，一饮一食，未尝忘君。诗人以来，一人而已。"这就是典型的中国读书人，这样深重的"尊主泽民"情节，他怎能不回？

命运弄人。绍圣年间，政治这只巨手，又把东坡推向贬谪流放之路。自定州贬英州，贬惠州，再贬儋州。这个时候，他已是花甲之年，思想又重返道释，以这剂方药养护身心，在语言不通，缺药少食的瘴疠之地，活过了近八年岁月。其间仍有大量诗文问世，不过，无一达到密州、黄州时期的艺术高度。即便如《记游松风亭》类名篇，也是思想与意象不称，如一巨颅侏儒。因为最好的年华已逝？因为岭南的文化土壤瘠薄，文化氛围缺乏？毕竟，东坡的诗文，是从历史文化发出新芽，绽放奇葩。东坡是天降文星，但天才需要天才碰撞，才能迸发灵感的火花。

短命皇帝哲宗死了，徽宗即位，太后执政，起用元祐党人，东坡却病死在回朝的路途。如果没有这样的意外，他的思想又要来一次翻转，再经历一次由道释向儒的回归？

五

思想转换不易。人从成功的高点垂直降落，跌到命运的谷底，太剧烈，太疾速，没有心理准备，没有适应过程。

东坡成功转换，因为他不忘来处。常念自身本是西南偏僻之地一农家子弟，故能随遇而安，苦乐由之。贬谪流放官员没有俸禄，他可以躬耕东坡，养活自己，养活家人。东坡酒量极微，却不能无酒。读他的好文好诗，好书好画，都有酒神的影子。他能品御赐的佳酿，也可饮乡间的浊物，用囫囵吞咽法，能不辨滋味。儋州度岁，海上船只为风浪所阻，岛上断食，他居然找出一个龟吸法，以气功救荒度日。

东坡成功转换，因为他明白出处。他是反对新法的朝中重臣的高足、挚友，还被视为保守派领袖司马光背后的智囊人物，他无怨无悔，心有所幸，故能坦然承受所有无常的厄运。哲宗大赦，东坡心有所动，托亲友打探，自己可否离中原近些。朝令终有明旨，"元祐臣僚独不赦，终身不徙。"他反致书安慰亲友："某睹近事，已绝北归之望，然中甚安之，未说妙理达观，譬如原是惠州秀才，累举不第，有何不可？"再贬儋州，政敌仍不罢手，把他从原来的住处逐出，只得偃息于城南桄榔林中数日，则说："尚有此身，付与造物者，听其运转，流行坎止，无不可者。"后来买地建一草房，名之桄榔庵，摘叶书铭，写诗以纪，"且喜天壤间，一席亦吾庐"。

东坡成功转换，因为他坚信人生还有另一种价值。他除了大量的诗文书画创作，在黄州著《论语说》，在儋州续著《易传》《书传》，还有109首和陶渊明诗。当和陶诗收篇，他写信让苏辙写序，说："然吾于渊明，岂独好其诗也哉？如其为人，实有感焉！"

东坡的禀性，助成他的转换；转换的成功，又让他更好地适应"为神所玩"的命运。他从释道求解脱，不是走向虚无，是达到心灵的和谐，走向无处不适意的乐境。这也是新儒家寻找的"孔颜乐地"。

六

东坡成功转换，能被接受、认同，是其大幸。

宋代文化繁荣，以思想活跃为土壤。思想活跃，绝非舆论一律，信仰单一，必是一个世界，多种声音。这是孕育东坡的条件。东坡是时代的产儿。

思想活跃，必有相逆的思潮出现，拉向纯粹、单一、固化一极。这个时期，宋代的理学逐渐走向成熟。张载、邵雍、程颢、程颐和东坡是同一代人。理学家维护儒学的纯粹，对东坡也就不乏贬低之辞。如理学集大成者朱熹评东坡，"早拾苏张之余绪，晚醉佛老之糟粕"。这当作为时代思潮转向的标志看待。

实则，东坡之道释，是"苏化"了的道释，是他以一颗赤子之心取其真善美的道释，是儒释道互参。因此，见之于人，尽显东坡魅力；行之于文，更添苏文意韵。好的文学作品，不是人工提纯的水晶，而是自然的璞玉。

欲说东坡从新悟，古今谁人识东坡！

完颜亮

欲望一纵必魔狂

完颜亮"三志"："国家大事皆自我出，一也。率师伐国，执其君长问罪于前，二也。得天下绝色而妻之，三也。""三志"说尽了人世间的欲望，有权欲、色欲、征服欲，也包括物欲，等等，因为一个帝王，国家都是他的，物的取予就如同囊中取物一般容易了。他因为欲望而失去人性和理智，最终行同禽兽，走向疯狂，成为一个典型的欲望狂魔。

人欲难平，欲不可纵。平常人放纵欲望，因为环境条件所限，为祸有限。一个君王，天下都是他的，如果放纵欲望，就会害己误国，成为大恶。金代完颜亮，是开国君主完颜阿骨打之孙、辽王宗干的第二个儿子，后来做了一个时期的帝王。他穷奢极欲，为所欲为，落得个乱箭穿身的下场，被继任者贬为海陵王、海陵庶人，谥号炀，在历史上留下了"使天下后世称无道主以海陵为首"的臭名。

海陵做臣子时，常和尚书省令史高怀贞谈各自志向。海陵说："吾志有三：国家大事皆自我出，一也。率师伐国，执其君长问罪于前，二也。得天下绝色而妻之，三也。"这"三志"，说尽了人世间的欲望，有权欲、色欲、征服欲，也包括物欲，等等，因为一个帝王，国家都是他的，物的取予就如同囊中取物一般容易了。他因为欲望而失去人性和理智，最终行同禽兽，走向疯狂，成为一个典型的欲望狂魔。

海陵做臣子时，就心怀不轨，觊觎皇帝宝座，通过弑君篡位，做上了皇帝，欲望的泛滥如洪水滔天。他屠灭宗族，剪刈忠良，大逞淫威。为了把首都迁到燕京，把祖宗创业发迹的旧都宫殿、寺庙和王公府第毁坏净光。海陵初为宰相，对女色颇有节制，妾媵不过三数人；做上了皇帝，便呈欲无度，"淫嬖不择骨肉""妇姑姊妹尽入嫔御"。看上谁的老婆，就让她把丈夫杀掉，弄进宫中。看到自己叔伯家那些姊妹个个漂亮，就让她们分别跟随自己的妃子，出入禁中，与之淫乱，卧内遍设地衣，裸逐为戏。凡宫人在外有夫者，皆分番出入。海陵欲率意幸之，尽遣其夫往上京，妇人皆不听出外。常令教坊番直禁中，每幸妇人，必使奏乐，撤其帏帐，或使人说淫亵语于其前。或妃嫔列坐，辄率意淫乱，使共观。或令人效其形状以为笑。他极度变态，还有一种狂妄的自恋。当得知宫中嫔妃莎里古真与人有不正当关系时，愤怒地责问："尔爱贵官，有贵如天子者乎？尔爱人才，有才兼文武似我者乎？尔爱娱乐，有丰富伟岸过于我者乎？"怒甚，气咽不能言，最后还是对莎里古真抚慰、宠幸如初。

海陵在满足征服欲上走得更远。他有一首抒怀诗，为蔡珪代作："万里车书一混同，江南岂有别疆封？提兵百万西湖侧，立马吴山第一峰。"

表明了他消灭南宋，一统天下的"大志"。皇太后徒单氏劝谏他不要伐宋，他就把皇太后杀了，还在宫中焚烧，把骨头抛到水中，并一气杀了她的侍婢十多人。太医祁宰利用给元妃看病的机会劝谏，宋人无罪，师出无名，伐宋"人事之不修""天时不顺""地利不便"，海陵将祁宰戮于市，还没收了他的家产。为了制造战舰，毁民庐舍以为材，煮死人膏以为油。以倾国之兵伐宋，殚民力如马牛，费财用如土苴，致使土地荒芜，人口锐减，经济萧条，民不堪命，盗贼蜂起。完颜雍乘机发动东京兵变，海陵在长江北岸扬州瓜洲渡被前线将士乱箭射死，时年四十岁，年仅十二岁的太子也成了刀下之鬼。

海陵在大兴土木上也是出了名的。先是花费四年时间扩建燕京，"制度如汴京"。接着营建南京汴梁，负责营建的大臣谏止："往岁营治中都，天下乐然从之，今民力未复而重劳之，恐不似前时易成也。"海陵根本听不进去。宫殿建设极尽奢华，运一木之费至二千万，牵一车之力至五百人。宫殿之饰，遍敷黄金而后间以五采，金屑飞空如落雪。一殿之费以亿万计，成而复毁，务极华丽。

这样一个首恶之主，却自我感觉良好。迁都燕京前，有司图上燕城宫室制度，营建阴阳五姓所宜。海陵曰："国家吉凶，在德不在地。使桀、纣居之，虽卜善地何益；使尧舜居之，何用卜为？"话说得俨然像一位圣君。为了塑造一个圣君形象，海陵可谓一个耍两面派的高手。海陵侍太后于宫中，外极恭顺，太后坐起，自扶掖之，常从舆辇徒行，太后所御物或自执之。见者以为至孝，太后亦以为诚然。但一旦触怒了他，不怕担弑母的罪名。一次，他对侍臣说："昨太子生日，皇后献朕一物，大是珍异，卿试观之。"即出诸绛囊中，乃田家稼穑图。"后意太子生深宫之中，不知民间稼穑之艰难，故以为献，朕甚贤之。"为了欺骗天下之人，"或以敝衾覆衣，以示近臣；或服补缀，令记注官视之；或取军士陈米饭与尚食同进，先食军士饭几尽；或见民车陷泥泽，令卫士下挽，俟车出然后行。与近臣燕语，辄引古昔贤君以自况"。还显责大臣，使进直言，却用佞臣为谏官。这些作伪之举，不过也是为了日后留名，满足另一种欲望罢了。

君主的嗜欲，佞者皆有以投其所好。张仲柯出身市井无赖，说传奇小说，杂以俳优诙谐语为业，后为海陵任命为秘书郎。他探知海陵伐宋的心思，便常常加以诱导。一次侍坐在侧，海陵说："汉之封疆不过七八千里，今吾国幅员万里，可谓大矣。"张仲柯说："本朝疆土虽大，而天下有四主，南有宋，东有高丽，西有夏，若能一之，乃为大耳。"作为随元妃入宫的家奴，梁珫的谀词更加高明，他极言宋刘贵妃绝色倾国，从"色"上为海陵灌迷魂汤。海陵听后大喜，牢记于心。一次议及伐宋，海陵兴致勃勃地谈道："向者梁珫尝为朕言，宋有刘贵妃者资质艳美，蜀之华蕊、吴之西施所不及也。今一举而两得之，俗所谓'因行掉手也'。"南征将行，还命县君高师姑儿贮衾褥之新洁者，俟得刘贵妃用之。迎合他当帝王的欲望，更有一群宵小聚集在他周围，借熙宗失德，酗酒妄杀，人怀危惧，弑君篡位得逞。

皇帝称为天子，权力无限。天子也是凡人，欲望和凡人没有两样。阻止天子胡为，便是圣贤们思考的大事。易曰："天垂象，见吉凶，圣人象之。"孔子因鲁史作《春秋》，于日星风雨霜雹雷霆皆书变而不书常，所以明天道、验人事。董仲舒发明了天人感应，来吓唬天子，制止那些暴君、昏君和其他君们的欲望泛滥。其实，"天视自我民视，天听自我民听""民之所欲，天必从之"。恶欲横流，必然带来天怒人怨，人怨的报应来得更直接，也并不太慢，海陵因欲望放纵而成为欲望狂魔，亡身且成首恶主，"可不戒哉"！

岳飞

千载传唱满江红

岳飞身上，闪烁着民族的浩然正气，或问："天下何时太平？"岳飞说："文臣不爱钱，武臣不惜死，天下太平矣！"岳飞治军，纪律严明，"冻死不拆屋，饿死不掳掠"，不拿百姓一丝一线。岳家军骁勇善战，把草原铁骑打得一败涂地，哭爹喊娘。岳飞坚决反对妥协投降，誓死抗金，恢复山河。岳飞《满江红·怒发冲冠》词："三十功名尘与土，八千里路云和月。莫等闲，白了少年头，空悲切……待从头，收拾旧山河，朝天阙。"满怀英雄志，一腔爱国情，激励了多少中华男儿！

岳飞墓前，有秦桧夫妇和万俟卨、张俊的跪像。这正是：善有善报，恶有恶报。有的报之生前，有的报之身后，有的则报之子孙，报之以加倍的罪厄。

杭州西湖畔，有岳王庙、岳飞墓。墓前有雕塑一组，奸臣秦桧夫妇和张俊、万俟卨背缚双手，跪于地上。这四个大奸大恶、人间败类，是谋害岳飞的凶手。路过之人，必以口唾吐其面，这是世道人心所向，是他们应得的惩罚。回想当年那段民族耻辱史，这组雕塑实是缺憾极多。害死岳飞的罪魁祸首，是南宋小朝廷的高宗赵构，雕塑不能缺了赵构这个主角，应让赵构跪岳王。对暴君昏主，塑形以警世，比拿几个奸臣顶罪，比儒家发明的"天谴"说，要有用得多。

岳飞精忠报国，是抗金英雄，但首先是义勇卫桑梓的热血儿男。朗朗乾坤，大好河山，老百姓过着太平日子，却突然来了伙穷凶极恶的强盗，烧杀淫掠。你不想任人宰割，就得奋起抗争，把强盗赶出家园。岳飞带领乡间子弟，举起抗金的义旗，黄河、淮河流域的忠义之士，纷纷聚集到岳字旗下。这支抗金大军，发展成为南宋朝廷最强大的主力之一，岳飞的思想、人格，也随之不断升华。岳飞身上，闪烁着民族的浩然正气，或问："天下何时太平？"岳飞说："文臣不爱钱，武臣不惜死，天下太平矣！"赵构要为岳飞建造宅第，他婉言拒绝，说："敌未灭，何以家为？"岳飞治军，纪律严明，"冻死不拆屋，饿死不掳掠"，不拿百姓一丝一线。岳家军骁勇善战，把草原铁骑打得一败涂地，哭爹喊娘。金军哀叹："撼山易，撼岳家军难！"岳飞坚决反对妥协投降，誓死抗金，恢复山河。岳飞《满江红·怒发冲冠》词："三十功名尘与土，八千里路云和月。莫等闲，白了少年头，空悲切……待从头，收拾旧山河，朝天阙。"满怀英雄志，一腔爱国情，激励了多少中华男儿！岳母刺字"精忠报国"的故事，妇孺皆知，光耀千古！这样的抗金英雄、保家卫国的义士，自然赢得世代景仰。

奸相秦桧，死心塌地做投降派，不除岳飞，议和求降终为所梗，还惧怕"己必及祸"。《宋史·岳飞传》称，金帅致书秦桧："汝朝夕以和请，而岳飞方为河北图，必杀飞，始可和。"绍兴十一年（1141），宋金"和议"已成。七月，秦桧唆使其死党万俟卨，弹劾岳飞。宋军高级将领张俊秉承秦桧意旨，以胁迫、收买手段，让岳飞部下王俊诬告，定岳飞部将张宪串通岳飞谋反。御史中丞何铸奉诏审讯，未获一丝反状，力辩岳飞无辜。秦桧又经赵构同意，改命万俟卨为御史中丞，以酷刑逼供锻铸冤狱。面对天下奇冤，抗金名将韩世忠诘问秦桧：谋反证据何在？秦桧回答："其事体莫须有。"韩世忠愤慨地说："'莫须有'三字，何以服天下？"皇天不语，终成大恶。十二月二十九日，岳飞赐死于大理寺，年三十九岁，张宪、岳云诛于都市，家属流于岭南。

奸佞用世，忠良运舛，一代名将，含冤九泉！

高宗赵构，一副投降派嘴脸。京都沦陷，徽、钦二帝被俘，赵构登基。他刚当上皇帝，就开始谋划向金朝求和乞降。自建炎元年（1127）至绍兴七年（1137）十一年间，共遣使赴金十三次，求和乞降之心，何等急切！建炎三年（1129）七月，赵构在逃跑路上向金帅递上"乞降书"，一副卑躬屈膝的奴才嘴脸："古之有国家而迫于危亡者，不过守与奔而已。今以守则无人，以奔则无地，此所以諰諰然惟冀阁下之见哀而赦已。故前者连奉书，愿削去旧号，是天地之间，皆大金之国而尊无二上，亦何必劳师远涉而后为快哉！"

金朝的战略意图，是消灭赵氏后人，以绝后患；建立傀儡政权，统治中原。先扶张邦昌，建立大楚国。大楚倒台，刘豫的大齐国又粉墨登场。这就让赵构一直拉着个逃跑的架势，从南京商州逃到扬州，从扬州逃到杭州，从杭州逃到海上，金兵北返，再回杭州，南宋朝廷就像个流亡政权。南宋能够支撑和存续，以至于后来金朝同意它乞和求降，全靠遍地燃起的抗金烽火，靠韩世忠、刘锜、岳飞等将帅英勇抗敌开出的局面。当金朝当权者更替，同意南宋乞和求降，秦桧立即当上宰相，赵构已经心如迷狂，什么称臣，什么割地，什么纳币，敌国说什么，他就答应什么，连跪接金国诏书的事，他也要做，求得苟安一日算一日了。

这是赵构呈送金国的誓表："臣构言：今来画疆，合以淮水中流为界，西有唐、邓州，割属上国……既蒙恩造，许备藩邦，世世子孙，谨守臣节。每年皇帝生辰并正旦，遣使称贺不绝。岁贡银绢二十五万两匹，自壬戌年为始，每春季差人搬送至泗州交纳。有渝此盟，明神是殛，坠命亡氏，踣其国家。"

金主诏谕"宋康王赵构"：今遣使"持节册命尔为帝，国号宋，世服臣职，永为屏翰。呜呼！钦哉，其恭听朕命"！

南宋，成为金朝所封的一个藩邦；赵构，则是金主属下的一个臣子。这真是民族的奇耻大辱！

到了这个时候，抗战的浪潮，就被视为洪水猛兽；抗战的将领，就成为最大的危险分子；抗战的行动，就成为对"和平大局"的破坏。主战派文臣武将，面临全面大清算，或掉头转向，或卖身投靠，方得保全。否则，或遭贬谪，或受罢黜，或被灭身毁家。《续资治通鉴》载，岳飞"忠愤激烈，议论不挫于人，卒以此得祸"。这论及他高贵的心灵，也涉及他刚直的性格。岳飞二十岁从军，起自行伍，本非建制内部队，不懂帝王机心，不谙厚黑的宋廷官场纵横屈伸之术，功大名高，多遭时嫉。赵构磨刀霍霍之际，"邦无道则隐"，他却大道直行，死不改悔，也就注定了命运以悲剧终。

岳飞让赵构心中不爽。岳飞时时把迎回徽、钦二帝挂在嘴上，那把他赵构往哪里放？岳飞让他苟安的生活不得安宁。宋金"和议"之始，岳飞在鄂州上言："金人不可信，和议不可恃，相臣谋国不臧，恐贻后人议。"宋金"和议"达成，赵构大赏群臣，岳飞上表："唾手燕云，终欲复仇而报国；誓心天地，尚令稽首以称藩。"还说："今日之事，可忧不可贺，勿宜论功行赏，取笑敌人。"话语之犀利，直戳赵构心窝。岳飞冒犯了他至高无上的君王威权。绍兴七年（1137）二月，赵构任命岳飞为湖北京西宣抚使，作出让他率领淮西军北伐姿态，但随后变卦。岳飞十分愤慨，自请解除兵权，上庐山为母守丧，赵构大为震怒。绍兴十年（1140），由吴璘指挥的川陕战场，韩世忠指挥的东路战场，岳飞指挥的中路战场，均获大捷。岳家军朱仙镇一战，收复旧京汴梁在望。赵构却连下十二道金牌，令岳飞立即班师。岳飞心肝俱摧，悲愤地喊出："十年之功，废于一旦！所得州郡，一朝全休！社稷江山，难以中兴；乾坤世界，无由再复！"

这样一个岳飞，赵构必欲置之死地。夺兵权，由他批准；设诏狱，由他决定；逮捕岳家父子，他下旨；改御史而刑讯逼供，他同意；最后岳飞含冤，他"诏飞赐死"。说什么民族元气，说什么国之栋梁，说什么身家性命，说什么帝王度量，谁碍了他的手脚，眼都不眨一眨，就让他死！

宋金"和议"达成，面对那点残山剩水，夕阳黄昏，赵构全无廉耻，粉饰着天下太平、"大宋中兴"，迷醉于湖山之乐，哪管它金占区洪水滔天，民众于水深火热！赵构奢靡有道。他当了太上皇之后，德寿宫日常开销全包，还每月零花钱四万贯，是太师等最高月俸的一百倍，另加每年生日寿礼银五万两、钱五万贯。他索取无度，把孝宗赵昚积攒的封库桩的战备钱也掏空了。上行下效。南宋朝臣将帅们迷醉声色，也要安乐死。一朝文武，过起纸醉金迷的日子，且把杭州作汴州。

苍天走眼！赵构、秦桧、张俊、万俟卨，个个寿终正寝。秦桧死，一批冤案平反昭雪；但赵构在，岳飞案就是铁案，岳飞冤魂就难得安息。

历史有情！赵昚继位，河山灵运，正义啸声，催动他顶着压力，把岳飞的案子翻了过来，把岳飞遗骨葬在西湖栖霞岭。到宋宁宗赵扩时，追封岳飞鄂王，敕建岳王庙。

又过了两百多年，岳飞墓前，有了秦桧夫妇和万俟卨的跪像。秦桧之妻王氏，这个史上连名字也没有留下的女人，因为经常与秦桧谋于东窗之下，也就落了个裸身陪绑的可悲下场。此后，这组雕像中又增加了张俊。这正是：善有善报，恶有恶报，不是不报，时候不到。有的报之生前，有的报之身后，有的则报之子孙，报之以加倍的罪厄。

岳飞墓前的下跪者，赵构却一直缺席。赵构当跪！他要跪向山河忏悔！他要跪向祖宗谢罪！他要跪向被惨害的忠烈的在天之灵，乞求他们赐给几分宽恕。

朱熹

大儒名高路迢遥

朱熹将宇宙学与伦理学沟通。经朱熹改造，一个庞大的以人的伦常秩序为本体轴心的儒学体系得以建立。

朱熹非圣却成圣。朱熹的五经说问世，两汉以来五经在国家上层建筑中的主导地位就动摇了。

朱熹对思想文化最大的创新和贡献，是四书学体系的建立。他用《大学》《中庸》《论语》《孟子》代替五经的权威，提出四书才能体现出以孔子为代表的中华文化的内在本质。他穷其一生精力，写出《四书章句集注》。朱熹的四书学以传统儒学文化的四条精神血脉，构建起一个庞大的理学体系。

与朱熹一生的文运相较，其生计和仕途就过于穷窘了。他被裹挟进政治斗争的旋涡，受到了严重的政治迫害，履薄临深，疾病缠身，跛着一条腿，颠簸于避祸之途；瞎着一只眼，著述于生命的最后时光。大儒离世，身背"伪学魁首"恶名。

在我国思想文化史上，影响最大的两个人，一是孔子，一是朱熹。孔子集前古思想文化之大成，开创儒学；朱熹集孔子以下学术思想之大成，使儒学重光。朱熹思想不仅统治了中国七百多年，而且影响到整个东南亚，并演化为东亚世界的统治哲学。

从南宋末，到元明清，历代统治者都把朱熹捧上至尊地位：南宋咸淳五年（1269），朱熹婺源故居，被封为文公阙里，与孔子阙里南北并行。明景泰六年（1455），朱熹后裔世袭翰林院五经博士，至清末方罢。朱熹《四书章句集注》被定为国学，成为科举取士的标准教科书。清朝皇帝康熙，说"读书五十载，只认得朱子一生所做何事"。他下诏编纂《朱子全书》《性理精义》，并亲自作序，称朱熹"集大成而绪千百年绝传之学，开愚蒙而立亿万世一定之规"。在封建帝王的倡导下，朱熹成了万世圣人。

一

朱子学为理学，朱熹理论体系的最高范畴是理。理在逻辑上先于、高于、超越于万事万物，又是构成万事万物的本体存在。人世间的伦理纲常便是理的具象化："天理流行，触处皆是：暑往寒来，川流山峙，父子有亲，君臣有义之类，无非这理。""天理，只是仁义礼智之总名，仁义礼智便是天理之件数。"朱熹将宇宙学与伦理学沟通，经朱熹改造，一个庞大的以人的伦常秩序为本体轴心的儒学体系得以建立。

理学也称道学，道学家志向远大，以为天地立心，为生民立命，为往圣继绝学，为万世开太平而自许。朱熹处在偏安一隅的南宋之世，大敌压境，危如累卵，官场污浊，民穷盗起，社会到了"无一毛一发不受病"的境地。思想文化方面，历经残唐、五代，儒学式微，几成佛家天下，朱熹担忧三代以下中国将成佛国。他以舍我其谁的使命担当，一生事业，致力于明儒道以尊孔，拨乱世以返治。他成为名重一时的学界领袖，并借重这一特殊身份，大胆正君，面刺皇帝，指出天下之正，首在君王正心诚意；天下之病，皆由君心不正所致。朱熹生前不为君王和权贵所容，在党禁中背着"伪学魁首"的恶名离开人世，大儒一生道路，曲折而富有传奇色彩。

朱熹一生，是在自我否定中度过的。他是儒家弟子，父亲朱松、刘子翚、刘勉之、胡宏、李侗，是对他影响最大的五个老师。他们都对程颢、程颐学说有很深的造诣，李侗则是"二程"的再传弟子。但是，世风浸染，连皇帝老儿都提出以佛养心，朱熹这个儒学后生也难免与世浮沉，他成为造诣很深的禅学信徒，耽溺于佛学禅宗十余年。朱熹正式受学于李侗，又经过了三年同安主簿的历练，对社会现实有了切实认知，逐步实现由禅返儒，一变而为他崇拜的禅宗大师——宗杲禅学最严厉的批判者，也成为儒道最有力的维护者。

朱熹对自己学术思想的否定更是毫不留情。他是《诗》学研究权威，观点被广泛引用。但随着思想的深化，自己作了全盘否定。他有《易》的研究专著问世，后来提出全新观点，删繁就简，以约制胜。时人评论其《易》说太略，朱熹回答：譬之烛笼，添得一条骨子，则障了一路明。若能尽去其障，使之通体光明，岂不更好？而其《论》《孟》《学》《庸》系列专著，则随着学问日深，一次又一次大动刀斧。苟日新，日日新，又日新，他在否定之否定中，保持着旺盛的学术生命力。

朱熹一生，可说是一个论辩人生。他那个时代，真是个百家争鸣、学术繁荣的时代。大师无论在朝在野，办书院、建精舍，讲学授徒，思想在交融、碰撞中并进。朱熹首战，是与宗杲—无垢（编辑注："无垢居士"是张九成别号）佛学的交锋。隆兴二年（1164），宗杲去世，以佛兼儒的宗杲和以儒兼佛的张九成，骤然成了士大夫们最倾心的两颗巨星。宗杲的口气很大，"古人脚踏实地处，不疑佛，不疑孔子，不疑老君，然后借老君、孔子、佛鼻孔要出自气"。他把杂糅佛儒老的妙法"心传"给了张九成，张是宗杲的嫡传弟子。宗杲生前认朱熹为神交，他为朱熹作偈："径山寄语朱元晦，相忘已在形骸外。莫言多日不相逢，兴来常与精神会。"但是，已经走出禅学营垒的朱熹，却对宗杲—无垢佛学给予了致命一击。他写出《杂学辨》，对流行一时的宗杲—无垢佛学进行了全面清算。他与陆九渊心学学派展开论战，看透对方的禅学本质，也认识到自己学术思想的"支离之病"，实现一次学问的突进。他重评湖湘学派的论战，同浙东功利学、事功学的论战，以及同易学大家程迥、袁枢的论战等，都大量吸收了对方的学术精华，促进了自身学术思想的丰富与发展。

大师自有大师风范，这就是见贤思齐，海纳百川，有容乃大。闽学领袖朱熹、浙学领袖吕祖谦和湖湘学领袖张栻，既是论辩的强敌，又是可以相互攻玉的他山之石。朱熹佛学论辩，伤及吕氏祖人，吕祖谦不以为忤，两人精诚合作，著成流传后世的《近思录》。论辩中张栻逐渐认同了朱熹的观点，一个学派领袖，果断地放弃自己的主张，最后湖湘学汇入了朱子学流派。吕、张二人，倾其所见，帮助朱熹完善其学术思想。朱子学中，凝结着二人的心血和智慧，闪烁着那一代儒学大师的泱泱风采。

朱熹非圣却成圣。朱熹的五经学离经叛道。他认为《诗》多讲男女爱情，《书》为伪书，《礼》为秦汉后作品，《易》是卜词，《春秋》三传皆历史，对《春秋》要当历史看，甚至不必费工夫去读，更反对为《春秋》作注。赵构、赵昚父子号称以孝治天下，赵构还亲书《孝经》，下诏天下各州都要刊石。朱熹却根据这部御书的《孝经》本子写出了《孝经刊误》，把《孝经》分为经、传两个部分，宣称"历来以《孝经》为孔子之自著，则又可笑之尤者"。这在赵构父子眼里，简直是一种亵渎侮慢圣经的行为。朱熹的五经说问世，两汉以来五经在国家上层建筑中的主导地位就动摇了。

朱熹对思想文化最大的创新和贡献，是四书学体系的建立。他用《大学》《中庸》《论语》《孟子》代替五经的权威，提出四书才能体现出以孔子为代表的中华文化的内在本质。他穷其一生精力，写出《四书章句集注》，形成集大成的新儒学。他把四书连成一体，找出其内在逻辑结构：《大学》定其规模，是入德之门；《论语》立其根本，讲复礼为仁；《孟子》观其发越，讲"尽心—知性—知天"；《中庸》求古人微妙处，讲一个"理一分殊"。朱熹的四书学以传统儒学文化的四条精神血脉，构建起一个庞大的理学体系，提供了一剂人性救赎、道德完善的济世良药。儒家留下的思想资料毕竟太过零星、贫乏了。朱熹要在这贫瘠的土地上栽植理学的参天大树，必须大胆突破，标新立异。他极大地突出《大学》《孟子》的地位，并把《大学》置于《论语》之上，由此招致经学保守派纷纷攻难，连他的一些弟子都表示反对。但朱熹就是朱熹，"平生罪我只春秋""群讥众讥不能忧"。他就《诗》的研究致信浙学代表人物吕祖谦，公开亮出否定一切传统权威的旗帜："不要留一宗先儒旧说，莫问他是何人所说，所尊，所亲，所憎，所恶，一切莫问，而唯本文本义是求，则圣贤之指得矣。"朱熹的血液中充盈着打破迷信、实事求是的科学基因，但历史的怪异之处是，他的学说却被统治者改造扭曲，变成了扼杀人性的软刀子、束缚思想活力的沉重枷锁。这是封建专制的罪孽，并非朱熹之过。正心先正君，朱熹也是从此处下手、着力。但是，像朱熹这样敢于正君的能有几人？君自己不正，又无人去正，也就走向只正臣民，走向相反方向，社会就更恶了。

与朱熹一生的文运相较，其生计和仕途就过于穷窘了。但穷窘磨人也炼心，文穷而后工。朱熹一生每每称穷，如自谓"贫病日侵而仕宦之意日薄""家贫亲老急于禄养""饥寒危迫""食贫不得已""贫病殊迫亦只得万事减节""今无他望，顾残年饭吃饱耳"。作为他著书教学场所，又每每称陋。他结庐多处，皆美其名曰精舍、书堂、晦庵等，其实皆茅宇柴扉。朱熹淡泊于仕途，从政时间只有七年，其中三年同安主簿，二年知南康军，知漳州一年，知潭州两个月，而奉祠时间长达二十一载，就是做一个有禄无事，住地听便的管庙官。他深知"天命"所赋，对朝廷的任命一辞再辞。任内大道直行，不搞所谓有经有权的变通，这连他的好友和弟子都极力反对。其实他涉足仕途，非事功，是行道，是对自己理学思想的躬行实笃和实践检验罢了。他所负使命，是用思想的武器改造社会人生，是靠在实践一线的弟子们去从事立功的事业。绍熙五年（1194）十月十一日，他得到一次特殊的任职机会，焕章阁待制兼侍讲，成为帝王师。他利用这一难得的机遇，大正君心，干预朝政，面奏机密，借重君权与奸佞、权贵斗争,"我愿君王法天造,早施雄断答群心",结果只干了46天,到十二月二十一日,就被理宗赵扩客客气气地逐出朝堂。他被裹挟进政治斗争的旋涡,受到了严重的政治迫害,履薄临深,疾病缠身,跛着一条腿,颠簸于避祸之途;瞎着一只眼,著述于生命的最后时光。大儒离世,身背"伪学魁首"恶名。下葬仪式,也让当政者极度恐慌,严加防范。天下儒子评判其一生事业,见仁见智,倒是他的志同道合的诗人朋友辛弃疾,写出了如洪钟大吕般的挽词:所不朽者,垂万世名。孰谓公死,凛凛犹生!

二

朱熹一生,做的是传承和弘扬孔孟之道的大事业。诗词书墨,不过偶尔为之。但是,这些末道小技,却持久、广泛地流传于世,让人透过他道貌岸然、正襟危坐的表象,看到一个有血有肉的朱夫子。

最有代表性的,是他的《观书有感》诗:

半亩方塘一鉴开,天光云影共徘徊。

问渠那得清如许,为有源头活水来。

它是诗,也是画,借景抒怀,借物言志,浓缩了深奥的做人做事做文的哲理。它是教书育人之法,是读书治学之道,是突破、创新规律的揭示。

因为偶尔为之,诗的写作时间、地点和背景,便成了千古之谜。因为诗作影响至大,朱熹所到之地,多处有半亩方塘遗址:

出生地尤溪县南溪书院前,有半亩方塘、活水亭、朱子观书处。

朱熹祖籍婺源县武口乡三都村,明代建有"源头村",有旧亭遗址。

淳安西边郭村乡马凹里村瀛山之巅,宋时建有瀛山书院,有得源亭、方塘遗址。

同安莲花镇渔湫窟内,刻有朱熹《观书有感》,其摩崖石刻和天光云影的自然意境相一致。

此外，朱熹由少年到青年时期的成长地崇安五夫，也有半亩方塘。

《观书有感》写作地点众说纷纭，写作时间、写作背景更无确论。可资参照者，有乾道二年（1166）、淳熙三年（1176）说。学者陈来提出，此诗作于南宋乾道二年。这时，正是朱熹师事李侗后的思想转变时期，他从痴迷于"空言无实"的禅宗，转到了致力于"切实工夫"的儒学上来。学者束景南提出，朱熹在这一年从胡宏书中认识了"敬"，又在湖湘学领袖张栻"以持敬主一的求仁为急"启示下，把"敬"当作了存养的根本功夫。"源头活水"是指"敬"，是借喻他对"敬"的豁然领悟。

笔者反复揣摩钱穆《朱子学提纲》、束景南《朱子大传》、高令华《朱子事迹考》和朱熹《四书集注》《近思录》等，认为诗作时间以淳熙三年说最为合宜，"源头活水"则为直追孔孟、直探五经原点。这样一种结论，更合于诗作的微言大义。

朱熹思想发展经历过一个复杂过程。他曾经耽迷于禅宗十余年时间，经过同安县主簿三年历练，对社会现实有了切实认知，三十一岁时正式拜李侗为师，逐步实现由禅入儒的思想转变。

隆兴二年（1164），展开佛儒论战，写出《杂学辨》，对盛行一时的宗杲—无垢禅学进行全面清算。

淳熙三年四月，与浙学领袖吕祖谦作寒泉之会，从周敦颐、程颢、程颐、张载的十四种书中集出六百二十二条，分为十四类，编成《近思录》一书，借"四子"语言，架构起自己的理学体系。

同年，参加鹅湖之会，与陆九渊心学派激烈交锋，看透心学的禅学本质。陆九渊则写诗相讽，"支离事业竟浮沉"，使他深受触动，开始反躬自责解经立说"屋下架屋"的"支离"之病。

淳熙三年春，与吕祖谦作三衢之会，开始对五经正本清源，纠《诗》解之错谬、《书》解之不通、《易》解之缺失、《礼》书之驳杂，以及以《春秋》为代表的史书之偏离大道。

这时的朱熹，正处于从思想的困惑期到灵感的爆发期、理学体系的升华期，进入思想文化巨人殿堂的大门正朝他徐徐开启。

四月六日，朱熹与吕祖谦告别，在赶往婺源的路途中，反复研读《近思录》，脑海里翻腾着对自己生平学问的自我反思。四月二十一日到达婺源，即致信吕祖谦，"悟向来涵养功夫全少，而讲说又多，强探必取，寻流逐末之弊，推类以求，众病非一，而其源皆在此，恍然自失，似有顿进之功。若保持不懈，庶有望于将来"。

这时的朱熹，仿佛一个大雾迷蒙中的行人，蓦然间云开日出，前路豁然开朗，蓦然间领悟到舍我其谁的使命担当，领悟到此生下功夫的方向、方法。这就是，传承孔孟道统，将孔孟儒家主体文化发扬光大；这就是，抛开前人的拐杖，直探圣经本原，不能再从他人语中求孔孟，而要从孔孟自己语中求孔孟，这才接通了中华文化奔腾不息的源头活水，这样的弘道事业才具有不朽的价值！

朱熹脚踏着故乡的土地，以昂扬的激情向乡人、学子讲经论学。这日游朱塘，山深水静，荷华其间，慨然曰："是吾梦游所也，此谁之土？"弟子滕璘相告，这里叫朱绯堂，"先业也，先冢在此"。朱熹高兴地说："是宜为亭，以领山水。予取幅纸，吾为著书，以告同志者共成之。"但因"四顾无楮笔，则已"。回到县衙，县令张汉请朱熹为藏书阁作记。朱熹参观书阁，翻阅典籍，朱绯堂的情景又浮现眼前，他挥毫写下《观书有感》，把他此时此刻的心境情绪、"道问学"感悟作了最为恰切而生动的概括。

从此，朱熹进入了对自己学术思想的全面总结清理时期。在淳熙四年（1177），完成了《四书集注》体系的建立。随后，逐步转向五经学，在《诗》《书》《易》《礼》《春秋》的研究方面独树一帜。在治学方法上，致力恢复儒经原貌，经、传相分，就经解经，由博返约。观其一生学术研究轨迹，这一转折异常清晰。

《四书章句集注》体系的建立，是其学术思想的一次厚积薄发。朱熹在三十四岁时，就写出了《论语要义》；四十三岁，《论孟精义》成书；四十三岁、四十四岁，《大学章句》《中庸章句》也已经草成。有了"顿进之功"、找到"源头活水"之后，他痛下针砭，大破大立，改《论孟精义》为《论语集注》，单独撰写《孟子集注》，并对《大学章句》《中庸章句》作了全面修改。淳熙九年（1182），朱熹首次把《大学章句》《中庸章句》《论语集注》《孟子集注》作为一编合刻，经学史上与五经相对的四书之名第一次出现，使最能体现中华文化内在本质的孔孟学说得到彰显，使四书逐步代替五经，取得了思想史上的统治地位。

朱熹对《四书章句集注》用力最著，穷尽毕生精力。《四书章句集注》初刻后，淳熙十二年、十三年、十五年三次大修订，淳熙十六年序定后，又作反复修改。庆元元年（1195），朱熹去世的前三天，仍在修改《大学·诚意章》。《四书章句集注》集历代研究成果之大成，并将其一生心得融会其中。它征引诸家，自汉以下凡五十余人，专就《论语集注》言，也有三十余家，而改为《集注》前则是一依二程，旁及二程之朋友与门人者，最多只九人。他断言《大学》格物论内容缺失，特作一百三十四字的《补传》。《四书章句集注》还有一个突出特点，就是重在就《语》《孟》本文，逐字逐句，训诂考据，务求发得其正义。他一再向弟子自诩，《四书章句集注》"添一字不得，减一字不得""如秤上称来无异，不高些，不低些"。

岁月迢递，朱子学的光环在消退，而《观书有感》诗所揭示的"尊德性""道问学"的规律和方法，却依然洋溢着蓬勃的生命力。昔日，它为朱熹走向时代思想文化之巅、成为历史文化巨人廓清道路；今天，它为中华文化长河保持活水源源提供着无尽的启示。

陆游

且把诗书聚国魂

陆游素志，本非章句诗文，自期甚高："规模肯堕管萧亚，梦想每驰河渭间。"南郑的军旅生涯，成为陆游生命的转折点。陆游戍边，萌生了诗人之悟，诗艺之悟，进而达到诗魂之悟。

诗人之悟，核心是使命之悟，诗歌将成为他的武器、他的战场、他抗敌灭虏的号角、恢复山河的大旗。

诗魂之悟，就是诗歌所要高扬的一个民族的愿望、一个时代最强的声音、一个朝代最大的也是无可推脱的使命。

诗歌是写魂、聚魂最好的形式，陆游就是最优秀的歌手。诗艺是术，诗魂是道，天机云锦，运乎一心，则无处不得道，无途不达道。

南宋在历史上有没有留下什么？它所留下的，是恢复中原的信念追求。在这个王朝的百多年间，这一信念追求虽然逐渐烟淡而成空梦，却化作一颗不死的种子，见机即发。民族危亡关头，燃成救亡图存的火炬，凝聚起排除千难万险、战而胜之的不竭的力量。

这是陆诗永恒的价值，陆游不朽的贡献！

陆游一生，似乎一直处于心志与现实的矛盾冲突中。

他志在效命疆场，"上马击狂胡，下马草军书"。但是，从皇帝，到知己，至多把他看作一代诗人。后人梁启超《读陆放翁集》则说："辜负胸中十万兵，百无聊赖以诗鸣。"

他毕生主战，临死心系北定中原。但是，"生逢和亲最可伤，岁辇金絮输胡羌……报国欲死无战场"。他成为持不同政见者，仕途坎坷，而当时和戎的国策，却不能说完全不符合敌我双方的现实。

褒陆游，把和戎一概斥为苟且偷安，过于武断，是错误的；那么，是陆游错了吗？也不是。当真正读懂了陆游，就解开了这个矛盾死结。

放在历史长河中看南宋，这是一个将半壁江山丢给了异族的王朝，恢复中原，是它的使命。不管哪位帝王，哪个时期，不管政治怎么正确，忘记了这一条，就是忘记了使命；做不到这一条，就是有负于使命。

陆游始终明白这一使命，"孤忠要有天知我，万事当思后视今"。

陆游一生，用诗人的笔，永不疲倦地为这一使命呐喊，"此身死去诗犹在，未必无人粗见知"。

陆游，成为时代精神的化身；陆诗，成为时代最强的音符。

一

南宋历151年，九位帝王，分别为高宗、孝宗、光宗、宁宗、理宗、度宗、恭帝、端宗、卫王。至宁宗赵扩中期，南宋建立已经八十年左右。看国际局势，此前，主要的敌人是金国；之后，则表现为成吉思汗的蒙古、金、宋的鼎立。之前，南宋恢复中原，是同金的战争；之后，蒙古崛起，开启灭金之战，且呈摧枯拉朽之势，南宋的灭亡就是早晚的事了。

陆游活了八十五岁，经历的就是这样一个历史大变局。

1126年靖康之变，赵构侥幸脱出金兵之手，于次年建立南宋。他在位三十六年，退位后，又做了二十五年太上皇。起初，南宋就是个流亡政权。在金兵追逐中，一路逃跑，从南京（商丘）而扬州，由扬州而杭州，由杭州而海上。金兵北返，再回杭州，改名临安，为临时首都。

南宋能够支撑和存续，以致后来金朝同意它求和乞降，全靠沦陷区遍地燃起的抗金烽烟，靠吴玠、吴璘、刘锜、韩世忠、张浚、岳飞等将帅英勇抗敌开出的局面。绍兴十年（1140），西路、东路、中路战场均获大捷，岳家军朱仙镇一战，收复汴梁在望，众将皆主中原可复。赵构重用奸相秦桧，却把全国军民浴血抗战的硕果，作了求和乞降的本钱。另外，还加上岳飞父子的人头作为筹码。和议达成，称臣，割地，东以淮水、西以大散关为界，岁纳银绢二十五万两匹。

赵构建元，陆游三岁。以转运副使落职的父亲，带着全家南逃，回到故乡山阴。父亲是主战派官员，虽然退居林间，身边不乏爱国志士，侍郎周聿、给事中傅崧卿、参知政事李光等，每议及国家前途，竟至痛哭流涕，食不下咽。这在童年陆游心中，播下爱国的种子。

他崇拜将殁犹三呼渡河杀贼的宗泽："君不见昔时东都宗大尹，义感百万'虎'与'狼'？疾危尚念起击贼，大呼过河身已僵。"

他屡屡于诗文中深悼岳飞："堂堂韩岳两骁将，驾驭可使复中原。"

他从小立下恢复中原的大志。六十岁之后所作《书愤》，打下早年烙印："早岁哪知世事艰，中原北望气如山。楼船夜雪瓜洲渡，铁马秋风大散关。塞上长城空自许，镜中衰鬓已先斑。出师一表真名世，千载谁堪伯仲间？"诸葛武侯出师表，大旗猎猎，写下"汉贼不两立，王业不偏安"，自誓"鞠躬尽瘁，死而后已"。陆游一生，以此自勉！

陆游入世较晚。他三十岁试礼部，主试官置第一，以论恢复而语触秦桧，为秦氏所黜落。秦桧死，34岁始出仕，任宁德县主簿。赵构时代，陆游难酬大志。

二

孝宗赵昚，对陆游有知遇之恩。

孝宗继位，陆游迁枢密院编修官兼编类圣政所检讨官。这个时期，他配合南宋北伐，起草了《与夏国主书》《蜡弹省札》等重要文稿。前者是争取西夏成为战争同盟国，后者是计划在敌占唐、邓、海、泗以北建立若干独立国，以分化敌人，发动北方人民起义。所撰《代乞分兵取山东札子》，阐发的是进取中原的进兵方略。这个时期，陆游成为中枢内政外交重大方针的直接参与者。

孝宗器重陆游，缘于他的文学才华。帝师史浩等荐陆游善词章，谙典故，孝宗召见，说"游力学有闻，言论剀切"，遂赐进士。一次，孝宗问周必大，当今诗人，谁能比得上李白？必大说，唯有陆游。由此，时人称陆游为小李白。陆游起知严州，过阙陛辞，孝宗说："严州，山水胜处。职事之暇，可以赋诗自适。"孝宗临禅位的前一年十月，给右丞相周必大一道手谕，说想起用陆游做郎中官，唯恐外界啧有烦言，可以先给一个少监。由此，陆游回京，任军器少监，成为管理军事装备的主要官员之一。入见，孝宗说："卿笔力回斡甚善，非他人可及。"陆游的诗，绝非以山水胜处赋诗自适，那是忤逆时政的诗，孝宗称善，可见其心胸肚量。

孝宗时代，陆游有数次机会，得以效力于抗敌前线。枢密使张浚都督江淮东西路，陆游通判镇江府；枢密使王炎抚川陕，辟陆游为干办。两地都是军事前沿。通判镇江，他向张浚提出恢复中原的主张，"岂无必取之长算，要在熟讲而缓行"。任王炎干办，"陈进取之策，以为经略中原必自长安始，取长安必自陇右始""国家四纪失中原，师出江淮未易吞。会看金鼓从天下，却用关中作本根。"

四川宣抚司在兴元府南郑县，宣抚使是西北的军民长官，司、使设置是一种战时体制。宋室南迁之后，从汉中到四川，为富庶之区、经济重镇。军事上，大散关、仙人原，是西北屏障。南郑在秦岭高处，下面是褒城、骆谷，这一条路，通向长安。

陆游身处边关，号角连营，烽火高台，金戈铁马，感受着军魂的激越，心也与沦陷区人民跳动在一起。

南郑边关，让陆游一生魂牵梦萦，"最思出甲戍秦陇，戈戟彻夜相摩声"。"横槊赋诗非复昔，梦魂犹绕古梁州。"

南郑边关，成就了陆游，影响陆游一生，在他生命史上展现出光辉灿烂的一页。

《诉衷情》，就是边关旧梦，引燃家国情怀的爆发：

"当年万里觅封侯，匹马戍梁州。关河梦断何处？尘暗旧貂裘。胡未灭，鬓先秋，泪空流！此生谁料，心在天山，身老沧洲！"

国耻未雪，壮志未酬，陆游悲愤难平。

三

国际局势的突变，带来南宋国策的调整。

金主完颜亮恶名昭著，弑君弑母，好色乱伦，大兴土木，穷兵黩武。竭尽国力，先修中都燕京，又营南都汴梁，随即兴起一场对宋的灭国战争。敌后民众不堪盘剥，纷纷起兵反抗。金朝内讧，拥完颜雍为君，即金世宗，完颜亮在采石矶被将士乱箭射死。

完颜雍即位的第二年，赵构也将皇位禅让于赵昚，即宋孝宗。完颜雍明白，灭宋多么不可企及，外交方针力主和平，意欲维持两国现有格局不变。作为南宋，就很难接受了。孝宗与朝臣，借金朝政局未稳之际，发动北伐，史称"十日战争"，以大败于符离县而终。宋、金再签和议，南宋皇帝不再向金朝称臣，改为叔侄之国，岁贡改为岁币，银绢各二十万两匹，减五万两匹，但南宋放弃采石之战所占海、泗、唐、邓、商、秦六州。

也许是天矜百姓，让宋、金同时降生两位好皇帝。宋孝宗对父尽孝，对国尽忠，对民尽职，史称有为之君。金世宗朝乾夕惕，励精图治。《金史·世宗纪》有段评价，大意说：自太祖以来，海内用兵，安定之年未几。世宗久典外郡，明祸乱缘故，知吏治得失。南北讲和，与民休息，孜孜求治，得为君之道，上下相安，家给人足，号称"小尧舜"。

孝宗与世宗同一时期当政。世宗在位二十九年（1161—1189），世宗死，孝宗也禅位于太子。之后二十年，金章宗在位，继世宗余绪，金朝进入鼎盛期。只在晚年岁月，因宫廷内乱，蒙古崛起，国势逆转。

处于这样一个时代，孝宗主战、恢复的意图也就压抑着。由此，女真民族和中原人民享受了四十年和平安定岁月。

历史就是这样无情。民族的愿望，现实的条件，国策的制订实施，并非能够统一，多数时候无法统一，甚至形成尖锐冲突、对立。作为一个国家的舵手，就只能克制自己的愿望。孝宗和戎，内心深处又何尝须臾忘记"恢复中原"？一班只知俯首听命的朝臣，又哪里真正明白君心？或者，只是以顺从作为保位进爵的手段？

和平环境下，实则强敌压境，忧患更深。举国上下，当卧薪尝胆，发奋图强，结果呢？却完全走向了反面：朝堂上下，文恬武嬉，太上皇带头挥霍，银子花得像流水。高官豪门，追逐歌舞，醉生梦死，"山外青山楼外楼，西湖歌舞几时休？暖风熏得游人醉，直把杭州作汴州"。这不是导向亡国的趋势吗？还谈什么扫平胡虏，恢复中原？这种时候，主战的声音、恢复的呐喊，就成为凝聚国民之魂，推动一个民族向上的力量。

和戎国策下，最可贵的声音，就是这种反调，这才是对君主真忠，对国家、对一个政权真爱！

陆游像一个踽踽独行者，抱持着不同政见，呼喊着与朝堂相悖的声音。

他让皇帝难堪："和戎诏下十五年，将军不战空临边，朱门沉沉按歌舞，厩马肥死弓断弦！戍楼刁斗催落月，二十从军今白发。笛里谁知壮士心？沙头空照征人骨。"

他内心深处，还是期望得到君主的理解，"和亲自古非长策，谁与朝家共此忧"？"孤忠要有天知我"，痴心可得日月鉴！

他让朝堂衮衮诸公无地自容："诸公可叹善谋身，误国当时岂一秦？不望夷吾出江左，新亭对泣亦无人。"他已经无所畏惧，不怕他们诬陷、弹劾，不怕他们罢了他的官，断了他的仕途前程。

他让国人时时闻听警钟长鸣："中原干戈古亦闻，岂有逆胡传子孙。遗民忍死望恢复，几处今宵垂泪痕。"覆巢之下，岂有完卵？沦陷区人民，过的是以泪洗面的亡国奴的日子！

四

陆游素志，本非章句诗文。"少鄙章句学，所慕在经世，诸公荐文章，颇恨非素志。"陆游自期甚高："规模肯堕管萧亚，梦想每驰河渭间。"

看陆游的恢复之策，武略出众；看陆游的治吏之道，文韬不凡。陆游获任朝奉大夫、权知严州，到临安朝见，延和殿对话，堪称一篇精彩的治政纲领。他说："朝廷之体，责大臣宜详，责小臣宜略；郡县之政，治大姓宜详，治小民宜略；赋敛之事，宜先富室，征税之事，宜核大商——是之谓至平，是之谓至公，行之一邑则一邑治，行之一郡则一郡治，行之天下而治不逮于古者，万无是理也。"

看孝宗主战时期，对陆游的器重，是视他为廊庙之材。孝宗亲赐陆游、尹穑二人进士，尹穑后来做到监察御史、殿中侍御史等。陆游担任敕令所删定官，同事周必大，后来做到宰相，封益国公。陆游调圣政所，同官范成大，后来也做到宰相。为了恢复中原的夙愿，陆游走上了一条持不同政见者之路，一条仕途上的自我毁灭之路，也是一条人生的炼狱之路。为了恢复中原的夙愿，陆游决不摧眉折腰，决不折节以求，一生蹭蹬，无怨无悔。这种担当、坚守、牺牲、付出，是成就一个伟大诗人的人格支撑，"谁能养气塞天地，吐出自是成虹霓"。

陆游本来不屑于以诗得名，却逐渐悟到了诗人的使命担当，也对他的诗文充满自信，最终以诗人盖棺论定。

南郑的军旅生涯，成为陆游生命的转折点。陆游戍边，萌生了诗人之悟，诗艺之悟，进而达到诗魂之悟。

枢密使王炎调离川陕，陆游也改任成都安抚使参议员，恢复中原的前景愈加黯淡。他赴任途中，路过剑门关，李白、杜甫都曾走过此关，留下诗章。陆游似乎突然间悟到了宿命的安排："衣上征尘杂酒痕，远游无处不销魂。此身合是诗人未？细雨骑驴过剑门。"

当然，他这种诗人之悟，有一个很长的过程，晚年回顾平生，越益看得明白："百岁光阴半归酒，一生事业略存诗。不妨举世无同志，会有方来可与期。"

诗人之悟，核心是使命之悟，诗歌将成为他的武器、他的战场、他抗敌灭虏的号角、恢复山河的大旗。

诗魂之悟，就是诗歌所要高扬的一个民族的愿望、一个时代最强的声音、一个朝代最大的也是无可推脱的使命。

诗歌是写魂、聚魂最好的形式，陆游就是最优秀的歌手。使命担当，舍我其谁？

因为只有陆游，是半个多世纪抗敌战事的亲历者、参与者；因为只有陆游，历经南郑前线战火硝烟的洗礼，国魂、军魂融入血脉，化作了不变的基因；因为只有陆游，时代的机遇垂青于他。二十年后，他的回忆之作《九月一日夜读诗稿有感走笔作歌》，说到了这一"天机"的触发："世间才杰固不乏，秋毫未合天地隔。"世代不乏人杰，时运无可为，只能空悲叹。时运待其人，必赋予他独特的经历，养成他担当的才能，启悟他使命的自觉，召唤他义无反顾、百折不挠地去完成使命。

诗艺之悟，对成就陆游也不可或缺。他说，"我昔学诗未有得"，南郑前线，酣宴军中、打球筑场、阅马列厩、华灯纵博、宝钗艳舞、琵琶羯鼓，"诗家三昧忽见前，屈贾在眼元历历。天机云锦用在我，剪裁妙处非刀尺"。诗艺是术，诗魂是道，天机云锦，运乎一心，则无处不得道，无途不达道。

五

陆游删定诗作，定名《剑南诗稿》，是他使命旗帜的揭橥。乾道二年（1166）陆游四十二岁，诗作一万八千八百首，已经以诗闻名，他删定为九百四十首。严州任内，陆游六十三岁，大动刀斧，只保留九十四首。因为"剑南"二字，让陆诗飘扬起使命的大旗，成为《剑南诗稿》鲜明的主题。忍痛割爱，使得诗魂鲜活，国魂军魂高亢。梁任公读陆放翁集，慧眼独具，一语破的："诗界千年靡靡风，兵魂销尽国魂空。集中什九从军乐，亘古男儿一放翁。"

和戎国策，延续四十年，朝野只传管弦，举国不闻鼓角，诗歌难为空穴来风。陆诗的诗材由何而来，诗魂以何承载？陆游找到了一条路径，一种天才独具的艺术形式，这就是：以梦载诗魂，以物寄情怀，将梁州岁月，化作诗的酵母，诗的奔流不息的源泉。

清代学者赵翼核计，陆游记梦诗九十九首。"谁知蓬窗梦，中有铁马声。"他在梦中抒发胜利的欢笑，描述现实中无法实现的理想。如《五月十一日夜且半梦从大驾亲征尽复汉唐故地……》："天宝胡兵陷两京，北庭安西无汉营，五百年间置不问，圣主下诏初亲征。熊罴百万从銮驾，故地不劳传檄下。筑城绝塞进新图，排仗行宫宣大赦……凉州女儿满高楼，梳头已学京都样。"他在梦中，有时像一员猛将，跃马大呼，夺关斩将，"三更抚枕忽大叫，梦中夺得松亭关"；有时又不失书生本色，草檄招安，作歌告捷："更呼斗酒作长歌，要遣天山健儿唱"；有时他又像一位军师，随从皇帝亲征，不仅恢复了"两河百郡宋山川"，而且"尽复汉唐故地"。

诗魂丽天，山河附灵。陆游笔下，一纸草书，一幅画马，一张山河图，一把刀与剑，都触发他的前敌之思，让他热血沸腾。季节嬗变，秋雁新鸣，风雪交作之声，都让他那颗战士的心随着天地悸动，"国仇未报壮士老，匣中宝剑夜有声。何当凯还宴将士，三更雪压飞狐城"！

诗魂燃旺生命之火，陆游老当益壮，"壮心未与年俱老，死去犹能作鬼雄"，八十二岁，还唱出了"一闻战鼓意气生，犹能为国平燕赵"的豪语。

诗魂点亮希望之光，陆游挫而弥坚，"僵卧孤村不自哀，尚思为国戍轮台。夜阑卧听风吹雨，铁马冰河入梦来"。

陆游生前，为山河破碎而饮恨，但他坚信，身后终有金瓯得全的一天。死亡临近，留下《示儿诗》："死去元知万事空，但悲不见九州同。王师北定中原日，家祭无忘告乃翁。"

历史演绎着一个又一个王朝的更替，历史长河中，无数个王朝如雪过无痕，留不下半点影子。

南宋在历史上有没有留下什么？它所留下的，是恢复中原的信念追求。在这个王朝的百多年间，这一信念追求虽然逐渐烟淡而成空梦，却化作一颗不死的种子，见机即发。民族危亡关头，燃成救亡图存的火炬，凝聚起排除千难万险、战而胜之的不竭的力量。

这是陆诗永恒的价值，陆游不朽的贡献！

成吉思汗

一代天骄怎长成

成吉思汗的世界里，无论是世间的苦难、挫折、失败，背叛、诡谲、邪恶，还是人事的幸运、遂顺、成功，忠诚、正直、良善，都成为他人生路上的宝贵财富，教给他做人做事的准则，也让他成就了担当"天降大任"的品德才干。

帖麦该川整军，实行千户制，将部众按照十户、百户、千户进行划分，设立十夫长、百夫长、千夫长。千夫长、百夫长既是行政长官，又是军事首长，这是高度军政一体的制度，国家成为一台完整的战争机器。每一个人，都成为战争机器的一个部件；每一粒粮食、每一寸布帛，都成为战争机器的一滴油、一分燃料，这将爆发出何等强大的战力！

成吉思汗实现了君权、神权、政权的统一。他既是至高无上的君王，又是上帝派在人间的代表，还是国家的化身和灵魂。随着这一制度的建立，不断扩张中的庞大的蒙古帝国，有了统一意志，有了根本遵循，只要臣服君王的神圣、法律的权威，任何宗教和它的信众都不被歧视、不受压迫，也不会遭到迫害。它消解了宗教冲突、宗教战争这一给人类造成无穷苦难的渊薮，给世界带来福音与和谐。这是蒙古人征服世界的有力武器，也是一个仅有百万人的民族能够维系和统治一个横跨亚、非、欧三大洲，720多个民族、人口达6亿的世界大帝国的奥秘所在。

天高地阔、浩茫无垠的蒙古高原上，诞生了一位世界第一征服者。他本名铁木真，汗号成吉思。他和他的儿、孙三代带领蒙古民族开拓的疆域，超过了亚历山大大帝、恺撒大帝等世界上任何一位帝王。

蒙古人的伟业赖成吉思汗之力，蒙古草原上又是怎样长成了这样一位历史巨人？

一

孟子在《告子》下篇中说了一个道理："天将降大任于是人也，必先苦其心志，劳其筋骨，饿其体肤，空乏其身，行拂乱其所为，所以动心忍性，曾益其所不能。"以这番议论，观照成吉思汗的人生经历，再合适不过。

成吉思汗出生的时代，天下大乱，遍地烽烟。记录成吉思汗事迹的权威史书《蒙古秘史》，这样形容蒙古草原当时的情形："星空团团转旋，各部纷纷作乱。谁能在床铺上安睡！都去劫掠财源。大地滚滚腾翻，天下到处作乱。谁能在被窝里安睡！人们互相残杀。"

成吉思汗的三世祖合不勒汗，统一了蒙古部落。第二代俺巴孩汗，被塔塔儿人出卖，送到金国，遭木驴之刑而惨死。第三代忽图拉汗与金人十三战，复仇未果，死后部族开始离心，成吉思汗的父亲也速该作为部族首领，却没有获得可汗之名。成吉思汗9岁，父亲被塔塔儿人毒死，他由一位高贵的王子变身难民，由人上人跌入社会的最底层，人生的境遇也从此翻了个儿。

成吉思汗母子被部族遗弃。强势的泰赤乌部落首领塔里忽台，拉走了成吉思汗父亲的所有部众，把他们母子遗弃在渺无人烟的大草原上。一位年轻的母亲，带着七个幼小的孩子，靠挖草根、摘野果、捕鱼捉虾活下来。

这样的苦日子也无法安生。成吉思汗兄弟在长大，泰赤乌人惧怕后患，必欲斩草除根。成吉思汗被追杀，做了俘虏，靠好心人帮助，侥幸逃脱魔掌。父债还得子偿。当年，父亲抢了蔑儿乞首领弟弟的妻子做了自己的女人，她就是成吉思汗的母亲诃额仑。成吉思汗17岁成家立业，刚刚过上正常人的日子，蔑儿乞人前来报仇，抢走了他的妻子孛儿帖，好在肯特山密林的庇荫救了他一命。

权力场上演绎的是翻云覆雨、爱恨情仇。成吉思汗步入社会后，一次次遭遇背信弃义，两次走到全军覆没的边缘。

克烈部脱斡邻勒汗是成吉思汗父亲的结义兄弟，蒙古族札答阑部首领札木合则是成吉思汗的结义兄弟，两人曾经施以援手，联手打败蔑儿乞人，帮成吉思汗夺回了妻子。随着成吉思汗名声日隆，势力日盛，昔日的父子、兄弟反目成仇。

札木合以一次盗马事件为由，调动三万人马，对只有五千部众的成吉思汗发动进攻。成吉思汗战败，逃进深山峡谷，才逃脱了被灭绝的命运。

脱斡邻勒汗做人处世寡恩薄情。克烈部内讧，他失掉王位，流浪于戈壁荒漠。成吉思汗派人找到他，帮他恢复了汗位。双方联合征伐强大的乃蛮部，脱斡邻勒汗抛下成吉思汗部，夜间独自率部撤离战场。成吉思汗及时得到情报，才躲过了一场灾难。脱斡邻勒汗遭遇乃蛮部追击，人马、财物被抢，儿子桑昆战马被射伤，身陷重围，妻小成了俘虏，是成吉思汗出手，救他们父子逃过一劫。

危难关头，两次被救，脱斡邻勒却恩将仇报。克烈部倾其全力，对成吉思汗发动了一场灭绝战。成吉思汗大败，一路撤退到了蒙古国界的边缘，班朱尼河河畔，身后跟随者只剩下十多个人。他树起旗帜，创业打江山二十多年，又回到了起点。

成吉思汗见识了人性的极度丑恶，也得到了人间最美最善的友情和温暖。他做俘虏出逃，泰赤乌人四处搜捕，锁尔罕失剌老人和他的儿子沉白、赤剌温，不怕给家族引来灾祸，藏匿他，帮他逃出魔掌。他出生时送来貂皮襁褓的札儿赤兀歹老人，把长大的儿子者勒蔑送到跟前，做他的仆人。成吉思汗家中马匹被盗，他追踪盗贼的途中，遇到富家子弟博尔术，牵来自家的骏马，一路陪伴他追回被盗的马匹。赤剌温、博尔术、者勒蔑，这些忠诚正直、侠肝义胆的汉子，后来都成为他打江山的勇将，坐江山的栋梁。

成吉思汗的世界里，无论是世间的苦难、挫折、失败、背叛、诡谲、邪恶，还是人事的幸运、遂顺、成功、忠诚、正直、良善，都成为他人生路上的宝贵财富，教给他做人做事的准则，也让他成就了担当"天降大任"的品德才干。他褒扬忠诚，推崇坦荡，仁德仗义，言践信诺。他仇之以仇，恨之以恨，恩之以恩，德之以德。他以其特有的领袖风范、人格魅力，吸引着草原的英雄、天下的豪杰，如江河入海，纷纷投奔到他的旗帜之下。

二

成吉思汗的力量发展迅猛。1189年的一天，贵族们聚在一起，推举他为蒙古族的可汗。

蒙古族又有了自己的可汗。但成吉思汗所思，绝非蒙古贵族们所愿。贵族都有自己的牧场，有独立的族群和人马，他们找一个可汗，不过是要找一个带领他们掳掠更多、获利更大的头领，合则留，不合则去；有利益则聚，利益不大则散。这种松散型部落联盟，完全靠不住，也没有前途，祖先们的先例、发生在父亲身上的教训，明摆在那儿。

成吉思汗所想，是要建立一个紧密型政权。他真正可以依赖的力量，是追随他创业、征战的伴当。他要以此建立自己的核心团队，一起创业，一起成长，一起成功。因为共同的志向，大家相聚在一起，描画着共同的愿景，培育起凝聚团队的精神、灵魂。这个团队的人与人之间，也因此成为一个整体，像人有大脑与四肢一样，无法分离。这个团队的力量虽然一时还很弱小，终究能够壮大起来。

他按照自身的意志，迈出极为关键的一步，让他由一个草莽英雄，成长为一位民族英雄，也使他的事业比草原上任何一位英雄豪杰都走得更远。他的政权组织说来简单，不过按照当时的基本需求，设置了侍卫、司膳、管家、驿递、畜牧、马匹和器械管理等职位，重要职务都由他的追随者担当。它看似平常，影响深远，因为这个当时并不起眼的团体，由此奠定了向国家组织形态演变的基础。贵族们没有进入权力核心，感到失意、失望，暂时把不满压抑在心中。但是，最终还是因为权力博弈，引燃了他们愤怒的火焰。

征战塔塔儿人之前，成吉思汗宣布两条命令：第一，战斗结束之前，不准收缴战利品，战斗结束后统一收缴、分配。这是剥夺了部落首领对战利品的支配权。第二，第一次冲锋退回原地，要紧跟第二次冲锋，否则，以违反军令罪处斩。这是部分剥夺了部落首领对所属部众的指挥权。

贵族们寻机滋事。主儿勤部拒绝参战，还趁火打劫，袭击了成吉思汗的营地。成吉思汗没有丝毫犹豫，以牙还牙，率领大军，扫灭了主儿勤部，将逃跑的首领追回斩首。成吉思汗的叔叔、堂弟和阿勒坛王子违抗军令，与塔塔儿人的战斗还在进行之中，即开始抢夺战利品。成吉思汗派出将领，夺回他们收缴的物资、马匹。三位亲王因为尊严受到冒犯，与成吉思汗结下冤仇，拉着大队人马投靠了克烈部。

两条命令颁布，是成吉思汗统一政令、军令，进行政权再造，打造国家组织形态的破冰之举，付出这样的代价，值得！

帖麦该川整军，促成松散的部落联盟蜕变。征战乃蛮部，成吉思汗率领大军行进到帖麦该川，组织了一次大规模整编。一是实行千户制，将部众按照十户、百户、千户进行划分，设立十夫长、百夫长、千夫长。二是建立护卫队，从千夫长、百夫长、十夫长和白身人子弟中挑选千名勇士，平时轮值担任侍卫，战时作为身边一支铁军。千户制和护卫队的建立，标志着政权的新生、军队的新生。他手中拥有了一支高度统一、纪律严明的常规军，他领导的蒙古部落已经成为一个真正的政治实体。

这次整编的深远影响在于，构建起未来大蒙古国政权架构的雏形。

蒙古国建国之后，按照千户制，自上而下建立起社会组织架构。千夫长、百夫长既是行政长官，又是军事首长，平时管理行政事务，战时带领所属千户、百户、十户出征作战，出多少人，备多少马，带多少物资，"一竿子插到底"。新设置千夫长之上的万户长，作为军事统帅，战事发生时，授权指挥某个方面军。

这是高度军政一体的制度，国家成为一台完整的战争机器。每一个人，都成为战争机器的一个部件，都与战争的胜负利益攸关；每一粒粮食、每一寸布帛，都成为战争机器的一滴油、一份燃料，这将爆发出何等强大的战力！

原来的护卫队，扩大为万人的薛怯军，拱卫在成吉思汗身边。千夫长、百夫长、十夫长的子弟们，成为薛怯军的一员，既拥有极大的荣耀，又成为质子，使他们的祖辈、父辈，也就是各级官员，更加忠诚于成吉思汗，效力于国家。

蒙古民族流传着圣母阿阑豁阿五箭教子的故事：她给五个儿子每人一支箭，让他们折断，儿子们都很容易地把箭折断了。她又拿五支箭捆在一起，让五个儿子去折，谁也没有折断捆在一起的五支箭。阿阑豁阿对儿子们宣示的，是团结的力量。成吉思汗打造了一条坚固的纽带，把蒙古民族团结在一起，凝聚在他的旗帜之下。

三

蒙古民族信仰萨满教。萨满教认为日月、山川、江河、大地都有神灵，最高的神灵是长生天腾格里。腾格里是众神之主，人的命运的主宰。

萨满教中的萨满，是长生天在人间的代表，是民众心目中的神灵。君王由长生天安排，却要由萨满宣示，神权在政权中，甚至和君权相伯仲。

成吉思汗信奉长生天。他自幼就自觉着上天的启示。一生中无数次逢凶化吉，遇难呈祥，更让他生发出我命不凡的心态和天命在我的担当。

成吉思汗第一次称汗前，萨满豁尔赤首先作出预言：长生天安排铁木真为汗。他问成吉思汗：我做出这么重大的预言，将来你做了国主，怎么回报我？成吉思汗说，我真的做了国主，就封你万户长。豁尔赤胃口很大：还要任我挑选三十名美女为妻。成吉思汗答应下来，后来兑现了诺言。可见，在成吉思汗心目中萨满的分量、神权的能量。

成吉思汗身边最著名的萨满，是晃豁塔歹人阔阔出。人们称他帖卜腾格里，蒙古语是接近长生天之意。他是民众心中的神明。有人见过，他骑着骏马飞上天庭，去与神面谈。他对成吉思汗说："神命你为普世君主！""天神跟我谈过话，他说，我已把整个地面赐给铁木真及其子孙，命他为成吉思汗，教他如此这般实施仁政。"成吉思汗完成蒙古草原游牧民族统一大业，1206年春天，蒙古忽里台大会二次选举他称汗，宣布大蒙古国诞生。开国大典上，阔阔出以他的权威，批准铁木真为成吉思汗，他是"赖长生天之力而为汗者"。

君权需要神权庇荫。成吉思汗把阔阔出作为长生天的使者，自己的精神导师，国家的领路人，对他有一种迷信，一种无形的畏惧。仿佛示好于他，长生天就能送来福音；得罪于他，长生天就会降下处罚，就会有无形的厄运降临。出于这样的原因，当神权不断地蚕食君权，与君权发生冲撞，他就换成了另一个人，无所适从，甚至胆小怕事。

阔阔出倚恃神的化身、神权的影响，向成吉思汗家族的威权发起公开挑战。一次，成吉思汗的弟弟合撒尔和阔阔出发生口角，遭阔阔出七兄弟围殴，被打得鼻青脸肿。阔阔出还在成吉思汗面前，离间他们兄弟的关系：长生天宣示旨意，"一说铁木真坐天下，再说是合撒尔坐天下。如不及早除掉合撒尔，将来之事实难预料"。长生天的旨意，让成吉思汗对合撒尔起了疑心，加意防范。

对成吉思汗最小的弟弟帖木格，阔阔出也不放在眼里。阔阔出吸引着成吉思汗的部众，也拉走了帖木格的一些人马。帖木格派管家前去交涉，阔阔出七兄弟把管家毒打一顿，让他背着马鞍回去复命。帖木格亲自出面要人，阔阔出兄弟又对他一顿羞辱，让他给阔阔出下跪。

帖木格流着泪，找到成吉思汗，长跪不起。成吉思汗的妻子孛儿帖说话了：这些晃豁塔歹人为何如此狂妄？"今且如此，那在将来还能让你尚幼弱的孩子们掌管这家国江山吗？"

妻子这位人间导师，让成吉思汗猛醒，让他回到严酷的政治现实，也让他从神权中获得一次新的解放：他自己才是长生天的使者，是长生天降生在人间的唯一神祇，也是唯一具备资格与长生天对话的人。此外，没有其他的代表，不需要任何中间传话人。出现了，必须铲除！

成吉思汗设计除掉了阔阔出，让德高望重的乌孙老人做了别乞，也就是萨满的管理者。打掉大萨满阔阔出，朝堂上，百姓中，风浪不起。

成吉思汗完成了由人到"神"的超越。蒙古长篇史诗这样咏唱："啊！我的大汗啊！您是人中之龙，天之骄子。受长生天之命，来到凡间造福万民。"

人间的秩序由他安排，神界的是非要他摆平。蒙古国部落众多，语言文化不同，信仰各异。成吉思汗征服的国度、疆域，更是教派林立，宗教纷争、倾轧甚至战争此伏彼起。成吉思汗最大的难题，是如何使这些被征服的部落、城市和国家，在一个政治的统治下和谐共存。他确定了处理教派关系的原则，制定了治国大法：国家利益置于宗教之上。宗教和法律就像打结的银丝带，但是，皇帝的法律就是金轭。在这个认同之下，宗教平等，信教自由，禁止任何人"因宗教原因打扰或骚扰任何人""每个人都有按照自己的喜好表达自己信仰的自由"（杰克·威泽弗德《成吉思汗》）。

至此，成吉思汗把君权、神权都掌握到自己手中，实现了君权、神权、政权的统一。他既是至高无上的君王，又是上帝派在人间的代表，还是国家的化身和灵魂。这是专制，也充斥着迷信，却是符合当时实情的最先进的制度。随着这一制度的建立，不断扩张中的庞大的蒙古帝国，有了统一意志，有了根本遵循，只要臣服君王的神圣、法律的权威，任何宗教和它的信众都不被歧视，不受压迫，也不会遭到迫害。它消解了宗教冲突、宗教战争这一给人类造成无穷苦难的渊薮，给世界带来福音与和谐。历史的走向昭明：这既是蒙古人消减战争对抗、杀戮和极度血腥，征服世界的有力武器，也是一个仅有百万人的民族，能够维系和统治一个横跨亚、非、欧三大洲，720多个民族、人口达6亿的世界大帝国的奥秘所在。

成吉思汗缔造的大蒙古国，是一个马背上的国家，一个移动的国家；是一部战争机器，一部有国家意志、有灵魂的战争机器。它又有一个最优秀的驭手，他是一位天神、一位战神，这位天神、战神也生活在马背上。这个大蒙古国，机动、灵活，来去如风，海则海上来，陆则陆上去。不动如山，动如雷震。守如磐石；征讨，则无敌于天下。

丘处机

神仙萦怀凡间事

弱冠寻真，陇山苦修，师长临终的教诲，教门弟子的期许，成吉思汗的盛邀，这所有的一切，莫非都是为了正在行走中的这一件大事？"我之帝所临河上，欲罢干戈致太平。"

丘处机西行演道，不说方技，不谈黄白，也不怕成吉思汗失望，矢口否定长生之术，从大道上找到了中原文明和蒙古文明的契合点，用大道拨动了一代天骄，一位历史巨人的心。

他所传播的是正大的中华文明，教给成吉思汗的是中国正统学术，儒道两家忠孝仁义的话。尤其谆谆劝其戒杀而治天下，确立合乎人类文明的战争法则，这对一代帝王的意志，对一个正在建立中的王朝的走向，无疑会产生积极影响。

山东半岛，海天茫茫，仙气氤氲，少不得出一些重量级的神仙人物、道门盛事。徐福海上寻仙药的传说，八仙过海的故事，齐丞相曹参拜盖公为师学习黄老治国之术的史实，就发生在这片土地上。宋金之末、蒙初，王重阳来到这里，创立全真教，把昆嵛山作为修道之地，收全真七子，个个名留青史。

全真七子之一的丘处机，十九岁拜王重阳为师，五十七岁做了道长，活到七十三岁，已经修持得大彻大悟，超然物外了。他驻足于莱州海滨的昊天观，修仙讲道，过着神仙日子。这一年，竟动了凡心，关心起人间事，历尽千难万险，不远万里，到达阿富汗兴都库什大雪山，为一代天骄成吉思汗演道，传播中原文明。两人结下一段奇缘，也由此让世人记住他，感念他。

一

凡是宗教教主和以学术思想自任的大师，无不有一颗用世之心。

丘处机所处的时代，正值亡国灭种的危难关头。中华大好河山，蒙古、南宋和金等，多国峙立，对山东半岛的争夺战处于拉锯状态。作为在民间影响极大，又有长生之术的神仙，丘处机成为皇朝争夺的热门人物。金、宋分别派出使者邀请，被他断然拒绝了。当地官员劝驾促行，他说："我之行止，天也，非若辈所及知。"

1219年冬，成吉思汗从蒙古西部边境派出的使臣，找到丘处机，盛情相邀。丘处机立即答应下来，带领十八弟子，踏上了西去演道的漫漫长途。

"前者南京及宋国屡召不从，今者龙庭一呼即至，何也？"

他看透了历史大势：南宋小朝廷，苟安江南一隅，已经如残阳夕照。金人统治的垮台，已是迟早的事。而蒙古之兴，大势已成，这是必须面对的现实。

他被成吉思汗的真情打动：成吉思汗的诏书，对他推崇备至，称他"怀古君子之肃风，抱真上人之雅操"，视之为吕尚、诸葛亮一辈人物。邀"丘师先生"暂屈仙步，不以沙漠悠远为念，"或以忧民当世之务，或以恤朕保身之术"。

他更为负膺道门教职：道教之祖老子，曾经蜀郡西游，函关东别，传播大道。全真教以"三教合一"为主张，讲求真功真行，既要完备内修的功夫，又要济贫拔苦，济世度人。

丘处机师徒达成共识，形成共同的心愿："道其将行，开化度人，今其时矣。"

二

西行演道，是教门的一次集体修行，苦修苦行。

行程时日难料，会面地点在何处，也无法确知。丘处机师徒走到燕京，得知成吉思汗已经远征西去。他们到达高昌国，离启程已经一年多，询问"更几得至行在"？回答是："西南更行万余里即是。"1221年11月，他们到达原花剌子模国新都撒马尔罕，成吉思汗却因追击残敌，去了印度边境。大雪封山，道路遥隔，又过了半年，他们终于在1222年5月到达成吉思汗行营，约定了演道日期。这时候，花剌子模国王子继位，聚众反扑，多地叛乱，成吉思汗决定亲征，卜于十月问道吉。这一来，又要等待半年。

"道人之心，无适不可。"丘处机西行心志坚定，内心澹然，还吟诗稳固弟子必行之志："丘也东西南北人，从来失道走风尘。不堪白发垂垂老，又踏黄沙远远巡。未死且令观世界，残生无分乐天真。四山五岳都游遍，八表飞腾后入神。"

西行演道，艰险备尝。这是一片刚刚被蒙古人征服的土地，丘处机师徒"喋血战场，避寇叛域，绝粮荒漠"，经历了一次次无法预料的艰险。

这也是当年唐玄奘西行求法走过的一段路程。大漠热浪，险峰模绝，池沼暗陷，"大雪山积雪甚高，马上举鞭测之，犹未及其半"。慧立著《玄奘传》有这样一段描写："宋玉称西方之艰，层冰峨峨，飞雪千里，即此也。嗟乎，若不为众生求无上正法者，宁有禀父母遗体而游此哉！""法师今雪岭求经，亦可谓如来真子矣。"虽然高僧大德们信仰不同，却是殊途同归。这段感慨，用于丘处机，一个年逾古稀、西行传道的老人，又是多么恰当！由信念生发的力量，又是多么神奇！

三

西行演道，是一次道门精神的升华。

如果说，西行初步，是出于道门的职责，其使命意识，还萦绕着诸多仙界的缥缈；那么，走进现世，贴近了水深火热中的黎民大众，这种使命意识就是生发于内心了。

驻足燕京，触发家国忧思。蒙古和金是世仇。燕京这座世界闻名的城市，金国的首都，历经战火劫难，于1215年5月被蒙古人攻占。成吉思汗下令，"让这座城市消失吧"。随之而来的，是抢劫、屠杀、放火，一座繁华的城市在熊熊大火中变成一片瓦砾。燕京北部，以长城为依托，形成中原屏障。蒙古人先后四次发动攻金战争，长城一线的野狐岭、居庸关、翠屏口，都成为战场。野狐岭一带，金人40万大军尽没于此，"僵尸百里"，白骨累累。

丘处机心情变得沉重，一改道人安闲心。他诗寄燕京道友：

"十年兵火万民愁，千万中无一二留。去岁幸逢慈诏下，今春须合冒寒游。不辞岭北三千里，仍念山东二百州。穷急漏诛残喘在，早教身命得消忧。"

他心中所想，是乱世黎民之苦，浮现于眼前的，是山东二百州榛莽千里的国破家亡的悲惨景象。他虽非玄圣，却要担起向一个正在开化的民族传播中原文明的责任,以减轻因战乱给黎民带来的无尽痛苦!

行期匆匆两载,丘处机师徒到达了花剌子模国。这里还是一个战场。这个国家,正遭受着蒙古人带来的世上不多见的苦难。

蒙古人的征服,出师有名。花剌子模,是当时伊斯兰世界最强大的国家。成吉思汗希望与他们友好往来,派出了500人的豪华商队,却在国王默许下遭到劫杀。成吉思汗派出使者,要求惩办凶手,他们又对使者杀害、污辱。这分明是个流氓君主,强盗国家。成吉思汗率军复仇,仇上加仇,他的女婿和爱孙死在疆场,复仇的手段也就格外残酷。

花不剌,是伊斯兰世界的圣地,蒙古人放火烧城,大肆屠戮;撒马尔罕,是天堂之城,美丽而繁华,人口五十万,变成一堆废墟;玉龙杰赤,是花剌子模旧都,屠杀持续三天三夜,又引水灌城,不让一人活下来;呼兰珊省,是沙漠上的绿洲,绿洲从此消失。其重要城市尼沙布尔、巴米安,一切有生命的动物,包括猫、狗、飞鸟,全部处死。

蒙古人的行事方式是,"仇之以仇,恨之以恨,恩之以恩,德之以德"。把它作为个人行为,无可否定。但是,作为一种国家意志,就谬之千里了。百姓何辜?河山有怨!

丘处机滞留撒马尔罕,萌生人类情怀。城市劫后余生,人口不足战前的四分之一。满眼残垣断壁,偷盗成风。他走进国王的旧宫,感慨万端:"日月循环无定止,春去秋来,多少荣枯事?五帝三皇千百祀,一兴一废长如此。"

他与新朋旧友相叙、出游,他们是刘仲禄、镇海、耶律楚材、郑师真,都是成吉思汗的近臣、重臣。他从他们那里了解蒙古这个民族,考量成吉思汗的思想行为、做事风格。

他的万里之行有了最明确、最主要的目标,这就是劝说成吉思汗尽快结束残酷的屠杀政策,以教化手段使百姓顺从。

异国他乡的夜晚,万籁俱寂,他回顾平生,心潮难平:弱冠寻真,陇山苦修,师长临终的教诲,教门弟子的期许,成吉思汗的盛邀,这所有的一切,莫非都是为了正在行走中的这一件大事?"塞北重宣钓巨鳌",

为了西行演道，成吉思汗两次宣诏，给他创造了千载难逢的为国家、为黎民请命祈福的机遇，这是上天所降的大任？或是全真教命中的一段因缘？

1222年中秋节，丘处机傍河而上，走在谒见成吉思汗的路途，遇中原挚友、三太子医官郑师真，说出心中事："我之帝所临河上，欲罢干戈致太平。"

"其道合与不合，未可必也"，但是，他有信心，有智慧，有那么多同道相助，一定会功德圆满。

四

丘处机西行演道，展示的是东方泱泱大国风范，让人看到的是一位仙风道骨的道长神姿。"方其未召也，澹然海上，其与世相忘久矣。一日有诏，迎致诚，出自然，非有以要之也。又其所以奏对者，皆以道。"

这个道，是天道，具体说，就是信仰。中华古代传统文化尊崇天命观；而蒙古人则信奉长生天，认为人的命运由长生天操纵，成吉思汗是长生天派来人间，造福万民。蒙古帝国的民众已经把成吉思汗当成了神，神权、君权、政权在这里已经融为一体。从天道立论，顺天—应人—修己，万理可通。

丘处机不说方技，不谈黄白，也不怕成吉思汗失望，矢口否定长生之术，从大道上找到了中原文明和蒙古文明的契合点，用大道拨动了一代天骄，一位历史巨人的心。

成吉思汗："它国征聘皆不应，今远逾万里而来，朕甚嘉焉。"

丘处机："山野诏而赴者，天也。"

"陛下本天人耳，皇天眷命，假手我家，除残去暴，为元元父母，恭行天伐。如代大匠斫，克艰克难，功成限毕，升天复位。"

"陛下修行之法无他，当外修阴德，内固精神耳。恤民保众，使天下怀安则为外行，省欲保神为乎内行。"

成吉思汗："师每言劝朕止杀，何也？"

丘处机："天道好生而恶杀。止杀保民，乃合天心。顺天者，天必眷佑，降福我家。况民无常怀，惟德是怀；民无常归，惟仁是归。若为子孙计，无如布德推恩，依仁由义，自然六合之大业可成，亿兆之洪基可保。"

成吉思汗问以雷震事。答："雷，天威也。人罪莫大于不孝，不孝则不顺乎天，故天威震动以警之。似闻境内不孝者多，陛下宜明天威，以导有众。"

成吉思汗打猎，射一野猪，坐骑跌倒，野猪旁立，然后跑掉。丘处机劝谏："天道好生，今圣寿已高，宜少出猎。坠马，天戒也。豕不敢前，天护之也。"

成吉思汗"深契其言"，他召集太子、诸王、大臣说："汉人尊重神仙，犹汝等敬天，我今愈信。"命左右将丘处机演说的道理记录下来，教育诸子。

《元史·丘处机传》称："太祖时方西征，日事战伐，处机每言欲一天下者，必在乎不嗜杀人。及问为治之方，则对以敬天爱民为本。问长生久视之道，则告以清心寡欲为要。"

他所传播的是正大的中华文明，教给成吉思汗的是中国正统学术，儒道两家忠孝仁义的话。尤其谆谆劝其戒杀而治天下，确立合乎人类文明的战争法则，这对一代帝王的意志，对一个正在建立中的王朝的走向，无疑会产生积极影响。

五

西行演道，历时四年，丘处机师徒于1224年2月回到燕京。一人之力，于教门，于社会，于黎民，惠莫大焉。

成吉思汗赐给丘处机虎符，副以玺书，免除全真教门下赋税。回程中，派骑兵数千护送，下诏改天长观为长春宫，又敕修白云观，合而为一。并以万岁山、太液池赐之，改名万安宫，令丘处机掌管天下道教。成吉思汗时常想起这位神仙，遣使问候，挚情感人："朕常念神仙，神仙毋忘朕也。"

丘处机师徒借此影响，救了许多国民的命：

时国兵践踩中原，河南北尤甚。民罹俘戮，无所逃命。处机还燕，使其徒持牒，招求于战伐之余。由是为人奴者，得复为良，与濒死而得更生者，毋虑二三万人。

后来，忽必烈统一中国的时候，丘处机的徒弟尹志平等，世奉玺书，袭掌其教。其余门人，分符领节，各据一方，执掌他的教化，也庇护了无数国民的生命财产。直到元武宗至大三年（1310），也就是丘处机去世七十三年之后，元帝还为全真教加赐金印。

全真教祖师王重阳有诗："儒门释户道相通，三教从来一祖风。"中华传统文化，儒以天下为己任，释以度人为追寻。当国家危难之际，受异族统治之下，丘处机作为一位道教教长，神仙心萦凡间事，走出仙界乐园，拼将夕阳之躯，勤力保存民族命脉，救黎民于苦难，让道的大本大源作了一次淋漓尽致的展示。追怀千古，见其为人，可谓道风泱泱，精神永光。

耶律楚材

儒行佛心向治平

夏人常八斤，以治弓见知，很诧异地问耶律楚材："本朝尚武，而明公欲以文进，不已左乎？"耶律楚材回答："且治弓尚须弓匠，岂治天下不用治天下匠耶？"

耶律楚材为"卜筮之臣"十年。元太宗窝阔台登基，耶律楚材走上前台。他作为"治国匠"，治国方略涉及蒙古帝国治国理念的转变，政治体制的转变，游牧文明向农耕文明的转变，兴起一场自上而下的深刻革命。

推动这样一场变革，一代"治国匠"，必须具备大人格、大境界，修成"忘死生，外身世，毁誉不能动，哀乐不能入"的定力。他在和友人诗中说："赠君一句直截处，只要教君能养素。但能死生荣辱哀乐不能羁，存亡进退尽是无生路。"

天下士人的抱负，是修齐治平。但是，这条路上的成功者却是凤毛麟角。耶律楚材能够脱颖而出，成为其中的佼佼者，经历了比他人更多的曲折、磨难，在士人中也更具典型意义。

命运弄人，出其不意，把耶律楚材推上人生的十字路口，让他面临艰难的抉择。

耶律楚材有显赫的家世。他是辽丹东王八世孙，父亲以金章宗时尚书右丞终。他十七岁时，奉章宗诏旨，参加朝廷特设的宰相子弟考试，所对独优，任职尚书省令史，考满即授开州同知。不料鹏程路上，风云突变。1211年，大蒙古国开始发动攻金战争。首都燕京内武夫为乱，金帝（卫绍王）被杀，继位的金宣宗率官员南逃。耶律楚材留守燕京，任尚书省左右司员外郎。1215年春，燕京陷落，他拜北方佛教界领袖万松行秀为师，遁入空门。

耶律楚材所想，是为金守节，尽臣子之忠。但是，士人的抱负又时时让他遭受内心的折磨。他博览群书，尊崇儒家，志在济世拯民，"经书兴我志，功业逼人忙"。他的追求，是"致主泽民元素志""唯思仁义济苍生"。

万松行秀门下苦修三年，让他勘破释家大关节，体悟到道、佛、儒三教同源："三圣真元本自同，随时应物立宗风。"三教指归，都是济世度人。他要走出空门，以更加积极的态度入世。他萌生了新的忠君观，冲破了束缚思想的牢笼。1218年，成吉思汗下诏，召见耶律楚材。他历时三个月，到达漠北。他与成吉思汗有段对话，成吉思汗说："辽与金为世仇，吾与汝已报之矣。"可谓一语破的，告诉耶律楚材，他的角色转换符合纲常。耶律楚材答："臣父祖以来皆尝北面事之，既为臣子，岂敢复怀贰心，仇君父耶！"应对不失气节，又说出内心的复杂感情，让成吉思汗敬重。

耶律楚材雄心勃勃，满怀期许。他在《过闾居河四首》中回忆当时心情:"千山风烈来从虎,万里云垂看举鹏。尧舜徽猷无阙失,良平妙算足依凭。"但是,等待他的却不是什么君臣际遇、春风得意,而是十年失意。

夏人常八斤,以治弓见知,很诧异地问耶律楚材:"本朝尚武,而明公欲以文进,不已左乎?"耶律楚材回答:"且治弓尚须弓匠,岂治天下不用治天下匠耶?"成吉思汗"闻之甚喜,自是用公日密"。成吉思汗晚年,嘱咐他的继承人窝阔台:"此人天赐我家。汝他日国政当悉委之。"

成吉思汗器重耶律楚材。但是,成吉思汗时期,国家是在征战的马背上,举国所重,是开疆拓土,而不是致治太平。耶律楚材来到漠北8年,随成吉思汗先征花剌子模,再征西夏,直至1227年秋成吉思汗去世。此后,拖雷监国二年。这个时期,耶律楚材的作用不过是卜筮之臣,观察天象,预卜出征吉凶。他生不逢时,理想与现实差之十万八千里,内心痛苦,胸涌波澜。《湛然居士文集》中,写于1227年至1228年的大量抒怀诗是他内心的真实写照。他生出强烈的归隐之心,"何日解官归旧隐,满园松菊小庵清"。但是,他又深感愧疚,心有不甘,"苍生未济归何益""隐忍龙庭且强留"。

元太宗窝阔台登基,耶律楚材终于走上前台。他深得帝心,被委以重任,迅速崭露头角。太宗三年(1231)秋八月,建立中书省,任命耶律楚材为中书令。耶律楚材作为"治国匠",先上"便宜十八策",再陈"时务十策"。他的治国方略,涉及蒙古帝国治国理念的转变,政治体制的转变,游牧文明向农耕文明的转变,兴起一场自上而下的深刻革命。

他将一个游牧帝国引向农耕文明。蒙古民族逐水草而徙的生活方式积习难改。蒙古帝国的征服战争,主要目的是财富掠夺、人口掠夺。他们摧毁城市,迁徙人口,对农耕文明不认识,不适应。近臣别迭等进言:汉人无补于国,"虽得汉人亦无所用,不若尽去之,使草木畅茂,以为牧地"。如果照此办理,数千年的中原农耕文明,又要退回到游牧民族的落后生活方式,人民遭殃,生产力将遭受重大破坏。

"别迭进言"，给耶律楚材提供了大刀阔斧施政的契机和突破口。他借机提出一整套经济重建方案："陛下将南伐，军需宜有所资，诚均定中原地税、商税、盐、酒、铁冶、山泽之利，岁可得银五十万两、帛八万匹、粟四十余万石，足以供给，何谓无补哉？"耶律楚材的奏对，触动了元太宗的兴奋点，他立即表示赞同："卿试为朕试之。"耶律楚材创立燕京等十路征收课税使，长贰皆用颇有名望的儒士，极天下之选，参佐皆用经验丰富的省部旧人。这一制度设立一年后，"上至云中，诸路所贡课额银币及仓禀米谷簿籍具陈于前，悉符元奏之数"。

　　古都汴京是中原文明精华所聚。耶律楚材救汴京于危如累卵之际。蒙古习惯法：凡敌人拒命，矢石一发，则杀无赦。太宗五年（1233）正月，蒙古军队攻陷汴京。汴京陷落之前，守城军民的顽强抵抗使蒙古军队遭受重大损失。主将速不台奏请元太宗，要进行大规模屠城。无数惨痛先例在前，每次屠城，无不是屠杀，继之抢掠、放火，人寰化鬼域，城郭成瓦砾！耶律楚材闻讯，跑着去见太宗，说："将士暴露凡数十年，所争者地土人民耳，得地无民，将焉用之？"太宗犹豫不决，耶律楚材再奏："凡弓矢甲仗金玉等匠及官民富贵之家，皆聚此城中，杀之则一无所得，是徒劳也。"蒙古习惯法，城破后留用工匠儒释道医卜等专门人才，耶律楚材以此劝谏，太宗立即认可，下诏"除完颜氏一族外，余皆原免"。当时，避兵汴京者147万人。

　　耶律楚材以一身之力，引领历史的车轮滚滚前行，极大地护卫了百姓的生命财产。

　　他开启了军国体制变革的先声。蒙古帝国是军国一体制。这一体制，具备战争动员的巨大优势，却是国家走向太平稳定的心腹大患。军国体制的直接产物是地方割据。尤其是中原地区，出现了许多独立王国。他们各土其地，各分其民，擅赋专杀，手握重兵。如史天泽之于真定，严实之于东平，张柔之于保定，"地方二三千里，胜兵合数万，如异时齐晋燕赵吴楚之国"。把握时机，及早铲除这一隐患，一个国家、一个政权，才能避免动荡和内乱。

耶律楚材变革军国体制，从州郡入手。奏请"凡州郡宜令长吏专理民事，万户总军政，凡所掌课税，权贵不得侵之。"又举荐镇海、粘合重山与之同事。这是一种将民权、军权、财权分治的制度，是自下而上对国家政权架构的重塑，是对地方实力集团利益的剥夺，也威胁到皇室成员和贵族的私利，必然引起强烈反弹。燕京路长官石抹咸得不向宗王进谗言，说耶律楚材一贯重用南朝旧人，亲属也在南朝，必有贰心，应当上奏将他杀头。宗王派出使臣，将耶律楚材告到御前。事情株连到镇海、粘合重山，二人惊惧，两腿战栗，说："何必强为更张，计必有今日事！"耶律楚材镇定自若，耐心劝慰二人："自立朝廷以来，每事皆我为之，诸公何与焉！若果获罪，我自当之，必不相累。"

"惟希一统皇家义，何暇重思晁氏危？"为国为民，耶律楚材不怕落个汉初时晁错的下场，不怕为削藩而罹杀身之祸！幸好，元太宗发现这是诬告，他才躲过了一场大难。

军国体制改革虽然没有走通，却为未来国家治理走上正常轨道引领了方向。

他在蒙古君臣心中播下文治的种子。长时期的战乱，对文化摧残尤其严重。南宋使臣北上路过燕京，记下当时景象：有亡金之大夫混于杂役，堕于屠沽，去为黄冠，皆尚称旧官。王宣抚家有推车数人，呼运使，呼侍郎。长春宫多有亡金朝士，既免跋焦，免赋役，又得衣食，最令人惨伤也。

"君子云亡真我恨，斯文将丧是吾忧。"耶律楚材时时向太宗进说周孔之教，讲述"天下虽得之马上，不可以马上治"的道理。从尊孔入手，发动修葺孔庙，确立儒学地位。汴京未下，他即遣使入城，索取孔子五十一代孙孔元措，安置于曲阜，专门奉祀孔庙，次年诏封衍圣公。耶律楚材开文治的大事件，是太宗十年（1238）戊戌试。耶律楚材上奏："制器者必用良工，守成者必用儒臣。儒臣之事业，非积数十年，殆未易成也。"太宗高度认可，说："果尔，可官其人。"耶律楚材就此建议恢复科举取士。这一年，蒙古治下的中原各地举行考试，分为经义、词赋、论三科，儒人被俘沦为奴隶者，也让就试，其主人隐瞒不遣者处死。戊戌试得士四千三十一人，免为奴者四分之一。

建立新税制，发行纸币，整顿驿站等方面，耶律楚材也多有建树，使国家治理有了基本规制。太宗八年（1236），和林城万安宫成，太宗大会诸王贵臣，亲自执觞赐耶律楚材，说："朕之所以推诚任卿者，先帝之命也。非卿，则天下亦无今日。朕之所以得高枕而卧者，卿之力也。"

耶律楚材在政坛上的结局以悲剧终。悲剧的成因，是蒙古统治集团的短视和贪欲，它断送了一代政治家的生命，也将国家引向混乱。

耶律楚材既定正常税负，朝议以为太轻。后来，有些富人为了取利，提出扑买课税。所谓扑买，就是用钱向官府买得赋税征收权。这将出现可怕的后果。因为扑买之后，可以任意盘剥，加倍征收，牟取暴利。耶律楚材全力制止这一恶政发生。

太宗十一年（1239），回回奥都剌合蛮再提扑买，将中原税额由每年110万两，一下子增加至220万两。御前决策之际，耶律楚材极力辩谏，至声色俱厉，言与涕俱。元太宗说："尔欲搏斗耶？"又说："尔欲为百姓哭耶？姑令试行之。"耶律楚材力不能止，叹息说："民之穷困，将自此始，于是政出多门矣！"

元太宗去世，脱列哥那皇后摄政，变本加厉。她以御宝、空纸付奥都剌合蛮，让他从意填写。耶律楚材不买账，"必欲如此，臣不敢奉诏"。脱列哥那再次下旨：奥都剌合蛮奏准事理，令史若不书填，则断其手。耶律楚材再次亮明态度："军国之事，先帝悉委老臣，令史何与焉？事若合理，自是尊行；若不合理，死且不避，况断手乎？"他厉声说道："老臣事太祖、太宗三十余年，固不负于国家，皇后亦不能以无罪杀臣。"脱列哥那心中怨恨，但对待这位先朝勋臣，也只能"曲加敬惮"罢了。

事实上，自太宗十二年（1240）始，即以奥都剌合蛮充领诸路课税所长官。此后，随着新官任命，耶律楚材在尚书省就只存虚名，而无实职了。《湛然居士文集》收耶律楚材诗文，至1236年止。他晚年心境如何，不过是后人揣测，国事日非，老臣气短，说他"愤悒以死"，当属合宜？

耶律楚材是仲尼门徒，又是万松行秀门下高足。他奉行"以儒治国，以佛治心"，儒释互补，成一代名相。

治国者必以修身为本。修身实是修心。士人修心以使心灵高洁、强大，治国方可勇猛精进。修心的大道，佛家参悟得更加透彻。耶律楚材时代，外部矛盾尖锐，统治者内部危机四伏。耶律楚材所为，就历史长河观，并非创制，但就蒙古帝国而言，却是一场地覆天翻的大事变。处在这样的环境中，从事这样一场变革，一代"治国匠"，必须具备大人格、大境界，修成"忘死生，外身世，毁誉不能动，哀乐不能入"的定力。他以身许国，正身立朝，行政风格和谏君的刚猛，正与他那段名言相符，他在和友人诗中说："赠君一句直截处，只要教君能养素。但能死生荣辱哀乐不能羁，存亡进退尽是无生路。"

因为修成此一境界，他才能在没有路的地方蹚开路，虽然与他期许的"殷周礼乐真予事，唐舜规模本素心"相去很远，却为此后蒙古帝国在建立元朝后走向汉治，承续中原文明开了先河。

明太祖（上）
如此变脸为哪般

朱元璋建立的政权，由两大利益集团支撑，一个是旧地主豪绅，一个是新功臣勋贵。他要维护政权，必须依靠这两大利益集团。他要为农民谋取利益，就必然会激化和两大利益集团的冲突。

朱元璋心中那份大筹划，是改变农民的处境，让他们有地种、有饭吃、有衣穿，别再受欺压，过上个安稳日子。农业社会，赋税、差役都得农民出，"要使国家富强，必得农民安居乐业才办得到"。朱元璋告谕群臣，但遇官吏贪污蠹害吾民者，罪之不恕。

朱元璋急得直跺脚，说："我欲除贪赃官吏，奈何朝杀暮犯！""朕才疏德薄，控驭之道竭矣。"他昭告天下以谢罪："凡我天下良民，怜朕不敏！"

中国历史上，农民起义当上皇帝，建立一个延续数百年的王朝，只有刘邦和朱元璋两个人。刘邦大小还当过一阵子亭长，朱元璋则是出身社会最底层、最贫苦的农民。

社会存在决定社会意识。他做皇帝的洪武朝，对待农民的态度和其他朝代相比，大不一样。洪武朝下半期，他对功臣大开杀戒，充满血腥，究其原因，盖出于此。

朱元璋祖上是江北沛县，几辈人从沛县到江南，又从江南回江北。爹从句容到泗州，又到灵璧、到虹县、到钟离，不到十年就搬一次家。为何？总是佃人地种，地伺候熟了，大户就加租夺佃，只好拉家带口另寻活路。元朝至正四年（1344），淮北旱灾、瘟疫并行，十几天内，父亲、大哥、母亲贫病交加，先后离世。大嫂带着女儿逃荒去了，只剩下他和二哥，以泪洗面。兄弟俩厚着脸皮去求雇主刘德，给块荒地埋葬亲人，却被一顿痛骂赶了出来。好心人刘继祖看不过眼，给了一块荒地，亲人才落了土。邻居汪大娘和儿子汪文，替朱元璋备了香烛和一点礼物，央告皇觉寺的高彬师父，收下元璋当了小沙弥，给他找了条生路。但是，灾情太重，寺院也收不上租子，他当了五十多天和尚，就四处化缘去了。三年后回到皇觉寺，安稳了四年，政府军一把大火烧了寺院，他落脚、求生的路又给堵死了。苦难的人生经历，埋下仇恨的种子，他恨狠心的大户，恨那些只知道饮酒作乐、搜刮钱财，却不管民众死活的官员。同时，他也感恩那些帮助过他的好心的贫苦人。

朱元璋走投无路，为了找碗饭吃，入了农民起义的红巾军。红巾军反元朝，反大户，烧香拜弥勒，宣传明王降世。朱元璋因为做人本分，打仗机智勇敢，被元帅之一的郭子兴赏识，将养女嫁给了他，这是他人生至关重要的一步。当他看到起义军首领难以成事，毅然回到家乡，自己招募队伍。一个善良、本色的青年农民，体恤民情，不妄杀人，队伍有纪律，有知识、有实力的人士开始向他靠拢，甚至影响一方的豪绅也被他网罗到帐下。李善长劝他学刘邦，使他心中有了一个榜样。冯国用兄弟劝他取金陵，作为立足之地，以图中原，使他确立了一个大目标。

朱升开导他"高筑墙，广积粮，缓称王"，使他具备了其他起义军首领最缺乏的远见卓识。他打下婺州后，设立郡学，请大儒宋濂主持，浙东名士刘基、叶琛、章溢等也归附到帐下。被朱元璋称作"吾之子房"的刘基，为朱元璋运筹帷幄，逐鹿中原，立下汗马功劳。什么弥勒菩萨、明王降世，在朱元璋的世界里没多少概念，他所明白和笃行的，还是祖辈传承、融化在血液中的儒家那一套道德伦理。

但是，地主豪绅群体的加入，其利益要得到保护，其价值观潜移默化影响着朱元璋。他就逐渐分裂为两个人，一个是农民起义领袖，另一个是地主豪绅的保护人。他所建立的政权，也就由两大利益集团支撑，一个是旧地主豪绅，一个是新功臣勋贵。他要维护政权，必须依靠这两大利益集团。他要为农民谋取利益，就必然会激化和两大利益集团的冲突。这个政权埋下了巨大的矛盾和危机。

农民皇帝心中有农民。他经常挂在嘴上的话："四民之中，农民最劳最苦。"遇到荒年，他就想到父母吃糠咽菜的苦日子，一连数日和妻妾同吃草蔬粗粝，祭告父母，与民同艰。荆蕲等地遭水灾，他寝食不安，前往赈灾的户部主事赵乾，却坐视民死不当回事，他气愤难抑，下令处斩。听到运卒溺海，他告诉群臣：辽阳土旷人稀，我不想设置行省，辛苦百姓戍卫。岁饷从海上运输，迫不得已。每每听说一夫要做航海之行，家人则怀诀别之意。近期又有溺海者，我通宵不寐，你们抓紧讨论屯田法。九月是北方种麦季节，他听到有工程兴建，要求立即停工，将农民放回，不能误了农时。他还有农民骨子里那种知恩图报的厚道，即位之后，把汪大娘请进皇宫做客，赠田给刘继祖，为他们的后代在皇陵管理部门安排了差事。

他心中那份大筹划，是改变农民的处境，让他们有地种，有饭吃，有衣穿，别再受欺压，过上个安稳日子。农业社会，赋税、差役都得农民出，"要使国家富强，必得农民安居乐业才办得到"。

军屯，从至正十六年（1356）起步，支持了旷日持久的战争，也减轻了农民负担。和平年代再加完善，洪武末年，军屯面积达到八十九万三千一百多顷。朱元璋对此颇为得意地说："我京师养兵百万，要在不费百姓一粒米。"劝课农桑，鼓励垦田，人给十五亩，蔬地二亩，免租三年，额外垦田，永不收税。兴修水利，沟渠陂塘，能蓄水防旱涝的，广为整治。每一二年，全国就有一项重大水利工程。他就像个絮絮叨叨的农家老人，"今天下太平，百姓除粮差之外，别无差遣，各宜用心生理，以足衣食，如法栽种桑麻枣柿棉花，每岁养蚕，所得丝绵，可供衣服，枣柿丰年可以卖钞，俭年可当粮食。里老尝督，违者治罪"。到洪武二十六年（1393），天下无弃土，"是时宇内富庶，赋入盈羡"。国家富了，富惠于民。至洪武十三年（1380），普免天下田租，其余年份部分蠲免，多是遍及数府的普惠，有的一免数年。洪武二十六年下令户部，地方官在饥荒年，可以先发库存米粮赈济，事后呈报，立为永制。他用了二十年时间，组织大规模人口和土地普查，编定赋役黄册和鱼鳞册，建立起严格的户籍制度，使赋役征收和土地归属有了依据，让大户无法逃税，让百姓免除不该有的负担，重土安心，不见异而迁。社会刚刚历经大的动荡，需要安定下来。

良好愿望实现，需要大户收敛，官员清廉。他深知大户的暴敛和对土地的侵吞是造成农民困苦和破产的罪恶之源，对大户处处防范、抑制。让富民子弟充当宿卫，赴京补吏，成为一种控制手段。对富户进行大规模迁徙，或南京，或凤阳，或山东，明初将江南苏、松、杭、嘉、湖一带的十四万富户迁往凤阳。他们离开了故土家园，还不准私自回去，是极大的打击。他们伪装成乞丐，以逃荒为名，唱着凤阳花鼓回乡扫墓："说凤阳，道凤阳，凤阳本是好地方，自从出了朱皇帝，十年倒有九年荒。"以此来发泄心中的怨愤。大案清查，对牵连其中的大户痛下杀手，很多大户为此而倾家荡产。

他对官员是一副冷脸。洪武二年（1369），告谕群臣，但遇官吏贪污蠹害吾民者，罪之不恕。洪武四年（1371）十一月立法，凡官吏犯赃罪不赦。洪武八年（1375）空印案，惩治使用空白印信官吏，凡主印者及署名签字者一律处死，佐贰官以下杖百戍边。洪武十八年（1385）郭桓案，严惩贪官污吏，除户部侍郎郭桓等处死外，牵连六部尚书、侍郎以下官员、各布政司官吏及民间富户极多。空印、郭桓两案，坐死者达数万人。

治吏的效果如何？"朕设官造民，业不胜任，又且罪盈。法古天讨，以除民害，愈加害民。必欲除奸，复生奸甚。"且看朱元璋自己说的事例：

浙西所在有司，凡征收害民之奸，甚如虎狼。且如折收秋粮，府州县官发放，每米一石，官折钞二贯，巧立名目，取要水脚钱一百文，车脚钱三百文，口食钱一百文。库子又要辨验钱一百文，蒲篓钱一百文，竹篓钱一百文，沿江神佛钱一百文。按朱元璋的说法，这一石米，地方官以种种名目苛敛的数量竟多达九百文。

黄册编制，豪强乡绅勾结里甲胥吏，肆意涂改，虚报死亡，隐漏资产，改换户籍，捏甲做乙，在中间环节榨取利益，甚至大量侵占百姓土地。连黄册攒造费用，也成了官吏的生财之道。因为要地方筹措资金，自然摊派到百姓头上。一册攒造总费用，正常多则百两，少则五十两，官府说多少是多少，收两百两，则有一百两可入私囊。

朱元璋急得直跺脚，说："我欲除贪赃官吏，奈何朝杀暮犯！""朕才疏德薄，控驭之道竭矣。"他昭告天下以谢罪："凡我天下良民，怜朕不敏！"

病因何在？在功臣勋贵违法悖礼。大贪不除，污吏难治。朱元璋与功臣勋贵的矛盾，已经到了不可调和的地步。这个勋贵集团，在中枢为高官，在乡里则为缙绅，他们以族亲为身基，形成一个能与皇帝抗衡的利益集团、一个贪官污吏和黑恶势力的保护网。治贪腐，必须向功臣勋贵动刀！

明太祖（下）
如此变脸为哪般

　　大明开国功臣，或起自社会最底层，或兴于乡间草莽。对于这个群体，由无法无天的乱世向和平环境下的礼法社会转变，太难。

　　一个礼法社会，应当尊重功臣，给功臣以应有的地位和待遇。但是，功臣之功，正是因为他们推翻违反公平正义的腐朽统治，建立起一个进步的政权，给人民带来福祉。如果他们恃强凌弱，蠹害国家，鱼肉人民，就走向了反面，蜕变为旧政权的余孽，恶势力的代表，新政权的异己，民众的公敌，对他们的清算，就和诛戮功臣有了本质的区别。它充满血腥，却归于善，而不再是恶。

朱元璋治国之策，有一个从宽松到趋紧，再到高压的转变。

至正二十四年（1364），他称吴王，建百官，就告谕徐达等，建国之初，先正纪纲，并着手与臣下议定律令。建国初颁大明令，疏节阔目，欲以简以严，共期无刑之化。洪武六年（1373）重定，七年律成，篇目准于唐律，可谓详备，但"贪墨之吏，奸顽之民，尚未格心，乃有非常之诛"。

朱元璋对待功臣，本来抱着理想化的愿望，君臣共享太平。他对功臣变脸，由温情脉脉，到冷酷无情，再到大开杀戒，有一条清晰的轨迹可寻。

先是教育劝诫。他当上皇帝后，谆谆诫谕群臣：廉公当官，犹行坦途；苟贪罹法，如入荆棘中，即出无完体。洪武六年，他令工部于午门、中书省、御史台前作铁榜申诫公侯："不以功大而有骄心，不以爵隆而有怠心，故能享有荣盛，延及后世。大抵敬谨为受福之本，骄怠为招祸之原，惟知道者可以语此。"他诫谕武将的一番话，已经透出杀气，"往在战阵，以力为能，以胜为功。今当讲求古名将功成后事君何道，持身何礼，所能保全功名者何人，常以为鉴"。

再是姑息宽宥。最突出的事件，一是洪武三年（1370），封薛显为永城侯，明封实贬。他有一段圣训，语重心长：薛显刚忍，屡戒不悛，至妄杀胥吏，杀兽医，杀火者，杀骑卒，杀天长卫千户，夺其孳畜。师还，其妻着丧服，拦路告御状痛哭喊冤。"朕欲刑之，人将谓天下初定，即杀将帅。今仍封侯，谪海南……庶功过不相掩，国法无废，卿等家居，戒显所为。"再是洪武十年（1377），江夏侯周德兴在家乡大兴土木，有罪当下狱，特赦之。这种现象，在勋贵中并非个别，他们大都借营建临濠中都大修府第。朱元璋召谕将相大臣："国家宫室之外，未尝筑一台榭。汝辈私取材木，自广结构。念昔相从，皆赦不治。夫法度者，所以一天下也，为功臣诎之再三，难矣。"从中可以看到朱元璋心中的矛盾、纠结和随时可能引燃的熊熊怒火。

朱元璋枉费了良苦用心。大明开国功臣，或起自社会最底层，或兴于乡间草莽，素质太差。对于这个群体，由无法无天的乱世向和平环境下的礼法社会转变，太难。宽宥没有效果，杀一难儆效尤。

揭开历史画面，可谓触目惊心：

永嘉侯朱亮祖所为多不法。镇广东，有土豪数十辈欺行霸市。番禺知县道同把首恶抓获，案犯同伙争相贿赂朱亮祖，求他说情。但道同不买账，朱亮祖破械放人，并找碴儿鞭打道同。富民罗氏给朱亮祖送女人，其兄弟怙势为奸。道同照样抓人，朱亮祖又强行夺走。道同一怒之下，把他的劣行上报朝廷。但朱亮祖弹劾道同傲慢无礼的状子先到，道同含冤被杀。朱元璋后来明白了真相，把朱亮祖和其子一同召回，鞭打而死。

宋国公冯胜目无军纪。朱元璋命令他驻守庆阳，节制诸军，他却自作主张，引兵还朝。朱元璋大怒，因他功劳大没有治罪。洪武二十年（1387），他率军征元太尉纳哈出，多匿良马，让门子宴请纳哈出之妻，索要大珠异宝。王子死了才两天，就强娶了人家的女儿，招致降军复叛。朱元璋大怒，收回了他的大将军印。

颖国公傅友德史书未见不良记录，但洪武二十五年（1392）竟出昏招，向朱元璋请怀远田千亩。朱元璋很不高兴，说："禄赐不薄矣，复侵民利何居？"

淮安侯华云龙，镇北平，颇骄僭，居元脱脱大第，用元宫龙榻。受到朱元璋叱责，荒饮生病而死。葬礼降格，宋濂奉命所作神道碑发出警告：乃知往古韩信彭越之流，怙功自专，卒致夷灭，皆其自取。

武定侯郭英，借军士作临濠宫殿之机，私自调用士卒。多蓄家奴百五十人，擅杀男女五人，被劾，宥之。

贵戚、家奴、"衙内"劣迹斑斑。这是洪武二十三年（1390）后的几起案件：驸马都尉欧阳伦顶风而上，走私贩茶。家奴周保，遇到河桥巡检司吏检查，竟大打出手。欧阳伦被赐死；吉安侯陆仲亨、临江侯陈德家人犯法，夺旧赐公田；触舻侯朱寿，二子兴能俱犯法，当死，特宥之；冯胜子谅杀人，当论死，以功臣子，特免之……

最大的毒瘤，是淮西勋贵集团。它的恶行像癌细胞一样裂变、扩散。

它的盘根错节，就像水畔恶竹，根株相牵相连，撕扯不断。朱元璋对功臣大变脸，清除淮西勋贵集团，搅动了全国政局，波及数十年。

淮西集团的形成有其深厚的历史根源。朱元璋初据集庆，将帅多是淮西班底。明朝建立，洪武三年首封功臣，封公者李善长、徐达、常遇春之子常茂、李文忠、冯胜、邓愈六人，皆淮西人。终洪武朝，封公者十一人，新增汤和、蓝玉、胡显、常升、傅友德，只有傅友德是砀山人。封侯者五十七人，仍以淮西人居多。封伯者六人，是安抚性质。淮西勋贵与皇族、勋贵与勋贵之间，多有联姻，结成利益集团，一荣俱荣，一损俱损。

胡惟庸案标志着淮西勋贵集团走上衰败之路。洪武四年（1371），淮西勋贵集团的代表人物韩国公、丞相李善长，"贵富极，意稍骄"，且陷害非淮西官僚杨宪，引起朱元璋警觉和不满，致仕回乡。胡惟庸任左丞，成为淮西勋贵集团新的核心。他后来独相数岁，生杀黜陟，或不奏径行。四方躁进之徒和功臣武夫失职者，争走其门，馈遗金帛、名马、玩好，不可胜数。其子在街道骑马，坠马死于车下，他一气之下，把挽车的人杀死了。朱元璋大怒，让他偿命。他说，给些钱打发了吧。朱元璋不答应，他心生恐惧，开始与死党们串通谋反。洪武十三年，胡惟庸被告谋逆处死。此后，胡案不断蔓延，淮西勋贵遭大肆杀戮。牵延到洪武二十三年，李善长及全家七十余口被诛。罪状是：年以七十有七，毫不检下，尝欲营第，从信国公汤和借用卫卒三百人。京民坐罪应徙边者，善长请免其私亲丁斌等。朱元璋大怒，亲自审问丁斌，李善长之弟牵连进胡惟庸谋反案，李善长以知逆谋，不发举，狐疑观望怀两端，大逆不道被治罪。

蓝玉案标志着淮西勋贵集团的覆灭。蓝玉作战勇猛，功勋卓著，除徐达、常遇春之外，无人可与比肩。但他骄蹇自恣，强占东昌民田，御史按问，逐御史。北征还，夜扣喜峰关。此时关门已经关闭，关吏没有及时开门，他纵兵毁关而入。把元朝皇妃据为己有，受到朱元璋怒斥，皇妃听说后惊惶自尽。起初欲封蓝玉梁国公，以过改为凉，镌其过于券，蓝玉犹不悔改。在军擅黜陟将校，进止自专。西征还，为太子傅，不乐，曰："我不堪太师耶？"他既违法又忤礼。蓄养奴仆、义子几千人，作为随从亲信。马坊廊房，皆用皇宫规制。营店舍宅垣中，招集百工，兴为市易，与民夺利。洪武二十六年（1394），蓝玉被告谋反，族诛者万五千人。其中列名功臣者，除蓝玉外，尚有十三侯、二伯。

一个礼法社会，应当尊重功臣，给功臣以应有的地位和待遇。但是，功臣之功，正是因为他们推翻违反公平正义的腐朽统治，建立起一个进步的政权，给人民带来福祉。如果他们恃强凌弱，蠹害国家，鱼肉人民，就走向了反面，蜕变为旧政权的余孽、恶势力的代表、新政权的异己、民众的公敌，对他们的清算，就和诛戮功臣有了本质的区别。它充满血腥，却归于善，而不再是恶。因为听任强权任性胡为，会使更多的生灵涂炭，会演变为更大的血腥。清修《明史》评论，淮西勋贵集团的下场是咎由自取，"人主不能废法而曲全之，亦出于不得已，而非以翦除为私计也"。

评价历史人物，最主要的是看他对人民的态度。古今史家，不乏此一进步史观，人民立场。近代史学家孟森评论朱元璋："太祖之好用峻法，于约束勋贵官吏极严，实未尝滥及平民，且多惟恐虐民，是以谨于守法而致成诸案。""民权不张之国，不能使官吏畏法，则既豢民膏，复以威福肆于民上，假国宠以殃民，即国家养千万虎狼以食人耳。"权威明史《国榷》著者、明末人谈迁评价朱元璋，一语道破"天机"："重典刑乱，至殄之功臣大吏。市血陈殿，殆同秦隋，而天下宁谧，奸盗慴息，则爱民之心，天地百神，深为谅之，国祚灵长，职此故也。"

需要提及的是，明史大家吴晗的影射史学，造成对朱元璋的极大误读。他有四种《朱元璋传》版本存世，评价朱元璋，一时为"最伟大的军事统帅""最伟大的政治家""伟大的民族英雄"；另一时则为"以屠杀著名的军事统帅""最阴险的政治家""虐待狂的病症患者"，历史人物成了可以任意揉捏的面团，其立场和治史态度走偏，其歪曲了的历史，应当重新正过来。

明孝宗 | 人性的光辉有多明亮

深宫之中，宫女们不是充斥着无尽的争斗吗？在这里，却协力同心，保护一个幼小的生命；深宫之中，太监们不是恶的代名词吗？在这里，却大义凛然，成为善的化身。人性的花朵在哪里都可以开放，人性的光辉原来可以这样亮丽！

明代有两大弊政，一是皇帝死后，宫妃殉葬；二是倚重内侍，太监为恶。

先说人殉。史载，太祖死后，四十六妃葬孝陵，其中所殉唯宫女十数人；成祖十六妃葬长陵，中有殉者；仁宗殉五妃；宣宗殉十妃。不但皇帝死后宫妃殉葬，诸王也有殉葬制。宫妃殉葬之日，哭声震殿阁，惨不忍睹。

再说阉患。由明宣宗始，设内书堂，选十内侍，令大学士作教习，逐步成为定制。由是多通文墨，晓古今，逞其智巧，逢君作奸。数传之后，势成积重。先有王振，中有刘瑾，后有魏忠贤。这几个大太监，为祸之烈，在历史的排行榜上都名列前茅。

有这么一对父子，明英宗朱祁镇、明宪宗朱见深，把人殉废除了。明英宗由此得到青史赞誉，明宪宗落实父亲遗训，善行福泽子弟。

朱祁镇这个人，前后在位二十二年，重用宦官，杀过功臣，当过俘虏，没有一点可以说道的政绩。但是，他是一个谦虚的人，一个好人，一个充满人性的人。明史称赞他，恭让后谥，释放被朱棣推翻的建文帝的幼子和家属，罢宫妃殉葬，"则盛德之事可法后世者矣"。朱祁镇的太子朱见深，苦大仇深。朱祁镇兵败当了俘虏，朱见深的太子之位被废，差不多八年时间，遭遇了世态炎凉，随时都有被杀头的危险。后来朱祁镇重登皇位，他又重新被立为太子。他和他的父亲一样，也没做过什么像样的事情，却落实父亲的临终嘱咐，从此之后，再无殉葬的事情发生了。

在朱见深身上，发生过几件奇事。一是从小服侍他的姓万的宫女，始终对他不离不弃，也成了他最亲的亲人。朱见深继位，万宫女成了皇帝的妃子。那时，她三十五岁，他十六岁。第二年，万妃生了一个儿子，朱见深高兴异常，万妃被封为贵妃。但不幸的是，这个孩子很快夭折了，万贵妃也没法生育了。从此之后，宫中凡有怀孕的，她都想方设法让人打掉胎儿。官军征伐土蛮，俘获一个姓纪的女孩，送进宫中，管理钱库。她读过书，聪明，脾气又好，人人喜欢。一次朱见深遇见了，就宠幸了她，种下了龙种。这个孩子的命运，是不是和其他无辜者一样呢？

人性的光辉开始显现了。先是一个普通的宫女出场。说普通，因为史书没有记下她的名字。她奉万贵妃之命，打探情况。这个宫女回报说：纪宫女得了病，并没有怀孕。她被换了住处，孩子生了下来。万贵妃知道了，又派人去把这个孩子溺死。又是一个普通的太监出场。他叫张敏。说普通，因为他是一个看门的太监。他见到了母亲和孩子，说，孩子在这里不安全，我把他抱走，你可以常去看他。从此，深宫里多了这么一个孩子，你给一口饭，我送一件衣，一年年长大，唯有皇帝不知道，万贵妃不知道。

这么过了五年，一个偶然的机会，张敏将这件事情报告了皇帝，父子才得相认。这个孩子，叫朱祐樘，当了太子。之后，朱见深的儿子多起来。万贵妃怕孩子长大报复，劝皇帝废了太子。朱见深听从了。这时候，又是一个太监出场。他叫怀恩，掌司礼监。面对皇帝的圣旨，他长跪不起，回答说：您的命令我不能执行。因为执行了您的命令，天下人会杀了我，而不执行您的命令，您也会杀了我。都是一死，还是您把我杀了吧。朱见深大怒，把他发配到南京当闲差去了。明史还提到一个太监，为这个幸存下来的苦孩子当老师的太监，叫覃吉。皇帝给太子封地，覃吉劝太子辞让，说作为太子，将来天下都是您的，要封地做什么？太子偷看佛书，覃吉跪地说，佛书虚妄，太子应当读圣人之书。

读史至此，让我异常激动。深宫之中，宫女们不是充斥着无尽的争斗吗？在这里，却协力同心，保护一个幼小的生命；深宫之中，太监们不是恶的代名词吗？在这里，却大义凛然，成为善的化身。人性的花朵在哪里都可以开放，人性的光辉原来可以这样亮丽！我曾经怀疑、动摇过，对人心不古扼腕长叹，而这段历史却让我对人性的善良重新充满信心。

这个苦大仇深的孩子，就是史上有名的明孝宗。他当上皇帝之后，要回报那些好人。他斥逐奸佞，赶走宫中的法王、佛子、国师、真人，重用忠臣，拼命做事，还以忍让的方式饶恕了万贵妃的亲属。明史有两段评价：明有天下，传世十六，太祖、成祖而外，可称仁宗、宣宗、孝宗而已。孝宗独能恭俭有制，勤政爱民，兢于保泰持盈之道，用使朝序清宁，民物康阜。史书还没有忘记一个小人物，就是那个教孝宗读书的覃吉，"弘治之世，政治醇美，君德清明，端本正史，吉有力焉"。人性的光辉，也成就了一代明君。

张居正
救世何惧万箭攒

皇帝幼冲,"举天下大政一以委公"。张居正柄政十年。他"慨然以天下为己任",通识时变,勇于任事,大刀阔斧,推行新政,给大明王朝带来最后一线曙光。

倒转世运,只手回天,张居正是和一个时代角力。他挑战官场,挑战士林,挑战特权阶层,挑战纲常伦理,甚至挑战皇权。每一事必有非议,每一行必有抗争。各种反对势力或明或暗,等待时机,准备将他置之死地。机阱满前,众镞攒体,隐忧四伏,张居正看得分明,却全然不惧。他明告天下之人:"臣是顾命大臣,义当以死报国,虽赴蹈汤火,皆所不避,况于毁誉得丧之间!"

张居正其人，史评始终泾渭分明、毁誉互参。最善意的评论，比居正为伊、周；最恶意的评论，比居正为操、莽，甚至斥为禽蛊。其实居正既非伊、周，亦非操、莽，更不是禽蛊。他只是张居正，一个受时代陶熔而同时又想陶熔时代的人物，以"这个时代这一人"看张居正，才不失其本真。

历经正德、嘉靖两朝，特别是嘉靖皇帝四十五年的怠政、荒政，大明王朝军政败坏，财政破产，边患不断，大厦将倾。嘉靖"宾天"，隆庆继位，他重用徐阶、高拱、张居正等大臣，拨乱反正，兴利振举，却因为没有解决好朝臣内争的恶性滋长，引发又一波朝政震荡。徐阶扳倒高拱，高拱又扳倒徐阶，隆庆六年（1572），张居正又趁隆庆病重、去世之机，联合宦官冯保，把高拱赶下台，坐上首辅位子。

张居正上位，有权谋，也有势所必然。隆庆撒手人寰，把江山留给一对孤儿寡母，也就是十岁的万历和生母李太后。当时的政治格局，首辅高拱权倾朝野，太监首领孟冲是高拱举荐，万历母子若要不被悬空，让大明还是大明，必得做一次权力重组。现成的办法摆在那儿：就是利用隆庆遗诏、万历圣旨，换掉孟冲，进而换掉高拱。在宫内，换上万历的大伴冯保做太监首领；在朝堂，则由冯保的同盟张居正来做内阁首辅。这也是后来太后、冯保、张居正"政治铁三角"的成因。

皇帝幼冲，"举天下大政一以委公"。从隆庆六年六月，到万历十年（1582）六月，张居正柄政十年。他"慨然以天下为己任"，通识时变，勇于任事，大刀阔斧，推行新政，书写了一段辉煌历史，给大明王朝带来最后一线曙光，十年留下百世名。

他从官员队伍下手，创立考成法，整顿吏治，使政风肃然。明朝政治的沉疴：重重叠叠的衙门，大大小小的官吏，成日办公、办公，却只是办纸。国家法令、章程，俱化作纸笔的浪费、纸上的旅行。张居正创立考成法，以六部控制督、抚，以六科控制六部，以内阁控制六科。六科本来直接向皇帝负责，张居正却把内阁变成了六科的顶头上峰，空前地将大权集于一身。考成法推行，把办纸变为办事，官员们老大不舒心，却不敢再有偷心，"令朝下而夕奉行"。

他对特权阶层动刀，核准地亩、赋役合一，国力大增。国家的运转靠赋役，赋来自土地，役的承担靠人丁。明朝自洪武年之后，地亩、人口却在大规模缩减，国家财政日窘。症结在哪里？万历五年（1577）十一月，令天下度田，限三年完成。以此作基础，又在全国推行一条鞭法，将田赋、徭役及各种杂役，并为一条，折成银两，计亩征银，按田计赋。万历八年（1580）十一月，勘实全国田亩701万顷，比有据可查的弘治年多出300万顷，这就把问题的盖子一下揭开了。原来，官宦豪门之家，有减免赋役的诸多优惠，百姓纷纷投倚，有的干脆把土地奉送，甘当奴隶，这些田、丁就成为逃脱赋役的黑户。新的赋役制度，对宦豪之家真正是灾难临头了。

整顿驿递制度，则是对官员特权的剥夺。驿站是明代唯一的交通制度，使用驿站的证件是勘合，兵部可以发，各省可以发，领用者没有期限，还能送人。护照越发越滥，"山林术士皆得乘传"，大小官员，到了驿站，百般勒索，"马动以六七十匹，夫动以二三百名"。张居正施以霹雳手段，严格规定标准，追责毫不留情，或降级，或革职。特权变身"特险"，谁还去贪便宜摆谱？"两都大臣，诸方面起任，至傲民舟车，就旅店食"。

士林是个让当政者棘手的"马蜂窝"，张居正把它狠狠地捅了一下。明朝皇帝荒政，也就导致朋党的兴盛。朋党之兴，必借书院和讲学聚众，抨击时政，指摘权要，成一时流风。张居正为新政推行，对浮浪士风进行整顿，先禁讲学，再作釜底抽薪。万历三年（1575）四五月间，他上《请饬学政疏》，提出控制各省提学官，以此控制府州县学生员。万历七年（1579）正月，诏毁天下书院，尽改各省书院为公廨，先后毁掉的应天等府书院达六十四处。

他选将强兵，以固国防，力排众议，起用争议很大的名将戚继光、李成梁，守卫蓟、辽等边关重镇。四方边陲，将星闪耀，鞑靼、土蛮、倭寇不敢再动侵掠的邪念，保证了边疆以至于首都的安宁。

正像一些史书所说，新政的实施，不会没有错谬，也不会没有滋弊，但是，它带给社稷黎民的福祉谁也难以抹杀。

倒转世运，只手回天，张居正是和一个时代角力。他挑战官场，挑战士林，挑战特权阶层，挑战纲常伦理，甚至挑战皇权。每一事必有非议，每一行必有抗争。各种反对势力或明或暗，等待时机，准备将他置之死地。机阱满前，众镞攒体，隐忧四伏，张居正看得分明，却全然不惧。

他明告天下之人："臣是顾命大臣，义当以死报国，虽赴蹈汤火，皆所不避，况于毁誉得丧之间！"

他向友人、同僚一吐衷肠："仆今不难破家沉族，以徇公家之务，而一时士大夫乃不为之分谤任怨，以图共济，亦将奈之何哉？计独有力竭而死已矣。"

整顿吏治遭弹劾："政严则苦，法密则扰，非所以培元气、存大体。"清丈地亩，浮议沸腾："吹求太急，民且逃亡为乱。"驿递治理，言者称"时政苛猛"，以摇惑众听。正学风之举，得罪天下士林，"三尺之儒亦交口詈之"。夺情事件，挑战纲常伦理，张居正被攻得体无完肤。张居正父亲去世，需守制三年，他不想为此使权力易手，新政废弃，以至于罹不测之祸。虽然有万历让他夺情的圣旨，还是逃不脱众矢之的。他的门生、同乡也纷纷上疏，或请令居正奔丧归葬，或请令居正回籍守制。翰林编修吴中行等五人被杖、谪戍，人情汹汹，指目居正，至揭谤书于通衢。

最危险的挑战，是触逆皇权；最可怕的攻击，是对君臣关系的离间。政治要走向清明，国家要达于至治，需要君主贤明，以身垂范。张居正对万历的期许，是做尧舜之君。但是，万历的成长，却是一步步向昏君、暴君蜕变，君臣矛盾也就日趋尖锐化、公开化。

从万历三年八月准备大婚起，万历就开始迭生是非，派出宦官，赴苏杭督办织造，频繁下诏，征进银两，购买金珠宝石。他大婚之后，太后、冯保、张居正的监管、辅导松弛，他穷奢极侈的恶欲疯狂地生长。万历六年（1578）二月，谕内阁，要给两宫圣母上徽号，传与户部、光禄寺，各拿十万两来用。四月，口传谕旨，命每季再增进金花银五万两，全年共增二十万两，用以购买猫睛宝石金珠。万历七年（1579）三月，征光禄寺十万金。四月，又以内库缺钱，令工部铸钱，供其私用。张居正一谏、再谏、数谏，百般无奈之下，放出犯上的狠话，"再征，臣等不敢奉诏矣"。

张居正愤怒、失望，慈圣太后内心深处又怎能没有同感，甚至忧惧？万历八年（1580）三月，皇帝十八岁，当走上前台，君临天下，张居正恳辞首辅，归政乞休，慈圣太后却以决绝的态度拦阻。慈圣太后谕万历："待辅尔到三十岁，那时再作商量。"更加严重的是，她还动了废帝的心念。万历八年十一月某夜，万历带领宠信太监，夜游别宫，小衣窄袖，走马持刀，醉后差点把两位内侍打死。太后知道后，把万历喊来，让他取来《汉书》，跪读卷六十八《霍光传》："光即与群臣俱见，白太后，具陈昌邑王不可以承宗庙状。"一个慈母，在怎样绝望的心境下才会发这样的狠呢？由此，却埋下万历仇母、仇师的祸根。居正柄政，意味着万历失政，还有被废的威胁。张居正由此被推上悬崖绝壁，"早夜兢兢，诚不知死所矣"。

江山易改，本性难移。万历还是那个万历，张居正还是做他那个柄政的严师。万历九年（1581）春，再起外戚恩荫事由。万历要将岳父王伟弟王俊、男王栋加恩授职，张居正拟定奏复，万历不满，让文书房官口传圣谕：授职低了，且为何无世袭字样？张居正无奈，提高了王俊官阶，却上疏称："至于世袭一节，则祖宗旧制，决不敢违越也。"十一月，万历要钱的命令又下：增加云南岁进九成黄金，除定额两千两外，再加两千两。户部官哗然，上疏谏阻，万历不允，君臣僵持。此事折腾了半年，直到十年五月，张居正提出个折中方案："或如抚、按言，准其输价来京，命户部如数买进。"才算打破了僵局。此议，距张居正得重疾仅二十天，距他去世仅一个月零九天！

他已经抗不住"众镞攒体"之伤，他已经无力支撑来自四面八方的重压，他已经为"致君尧舜上"的理想破灭而精神崩溃，忽啦啦似大厦倾，昏惨惨似灯将灭，马力已竭，强策鞭于修途，"计独有力竭而死已矣"，竟一语成谶！

救世必当自我救赎。今人看古人，时代陶熔，他们亦圣亦魔。救世必当去其魔性，众镞攒体方可立于不败之地。那个时代的人做不到，张居正做不到。

他专权自恣，左支右绌。张居正选择内阁阁员，必以可驾驭、能服从为条件。先有吕调阳，以调阳弱而荐之。次有张四维，恂恂若属吏，不敢以同僚自处。后有马自强、申时行，"二人皆守位而已"。这样的内阁，和则和矣，问题就来了。以一人之力，操控一个国家机器的运转，以开国皇帝朱元璋的雄才大略，尚难办到，何况一个张居正？

他铜臭熏心，私欲膨胀。辽王被废，张家将废府据为己有。建府第，开贿门。子女关难过。万历五年，长子敬修、次子嗣修，双双进士及第，两人的策论，皆由文士何洛文所为。万历八年，三子懋修又高中状元，怎不让天下侧目？张居正绝算不上"贪"，那个时代的高官显贵，哪一个不是豪宅、园林无算？但是，一旦遭到清算，又怎能脱得了罪责？

位高望重，也就有些忘乎所以了。万历六年六月，张居正回乡葬父返朝，道经襄阳，襄王出候；过南阳，唐王出候，邀居正赴宴。按明朝规矩，公侯谒王，是要执臣子之礼。万历十八岁亲政未遂，对居正愈发"尊重"起来，赐札称"元辅"，或称"先生"，称"少师张先生"，待以师礼。张居正真伪不辨，俨然自负为帝者师。臣子的荣辱，只是咫尺间的事，他怎么忘记了前辈首辅夏言、严嵩、徐阶、高拱，或断头弃市、或狼狈乡里的悲剧呢？

张居正的"阿喀琉斯之踵"，成为身后被罪的死穴。万历御批：张居正诬蔑亲藩，私占废辽田亩，专权乱政，罔上负恩，谋国不忠，当剖棺戮尸，抄家没产，亲属烟瘴地充军。

张居正长逝，人去政息，大明的最后一线回光暗去。历史学家的结论，明亡，亡于万历。万历对张居正的清算，戕害的是国家元神，摧毁的是士人精神，打断的是民族的脊梁。士不忧道，不担当，颠顸朝堂，苟且处世，积为沉疴，一个民族也就患上严重的软骨病，怎么能有凝聚人心、抵御外侮的能力？因此，一个约百万人口、十六万军队的清朝，臣服了一亿人口的中华大帝国，就没有什么可奇怪的了。

王世贞
难得难守是书生

读书人走出书斋，步入社会，如泉水出山，必定是"在山泉水清，出山泉水浊"？王世贞偏要做股清流，不染尘埃。在朝中任职的父亲也告诫他："士重始进，即名位当自致，毋濡迹权路。"

个人的磨难、父亲的冤死，使他对官场彻底失望。他发誓离开这个是非之地、人生险途，做一个文士，"策名艺苑"，"立不朽之盛举"。

王世贞作为首屈一指的文人，居于首屈一指的园林间，享受着读书人的尊崇，良朋美姬，诗酒相娱，不是神仙般的日子吗？但中国的读书人，走仕途是条大路。在这条路上走得不顺，遇到挫折，遭遇失败，或者身心疲累之时，也往往生出些"种豆南山下"的心绪。但是，真正付诸行动的，那是极少数。一旦有了机会，不管德才是否配位，不管天赋、志趣与位子多么忤逆，就忙不迭带上行李上路了。

韩愈在《与鄂州柳中丞书》中，描述了一个书生形象："阁下，书生也。《诗》《书》《礼》《乐》是习，仁、义是修，法度是束。"现实生活中，人们对书生大致相同的认知，是有坚守，能担当，重名节，不随波逐流，同时又有空疏、迂腐、不识时务的一面，为争一时是非，可以不计后果，甚至不惜身家性命。活跃于明代嘉靖、隆庆和万历年间的大名士王世贞，官场、文场两栖。他做过高官，又是文坛领袖。他要坚守书生本色，又要适应官场规则，由此，在矛盾、纠结甚至痛苦中度过了一生。

王世贞19岁中进士，可谓少年得志。读书人走出书斋，步入社会，如泉水出山，必定是"在山泉水清，出山泉水浊"？王世贞偏要做股清流，不染尘埃。在朝中任职的父亲也告诫他，"士重始进，即名位当自致，毋濡迹权路。"王世贞仕途起步，亮出个大格局。

他不徇私情，秉公执法。初任刑部，接手一个棘手的案子：锦衣卫一阎姓军官犯法，通过皇帝身边的宦官，找到锦衣卫头头陆炳求情，陆炳大包大揽，但王世贞不买他的账；陆炳又找到首辅严嵩讲情，王世贞仍然不松口；陆炳无奈，只好把罪犯藏匿家中，王世贞搞个突然袭击，将罪犯抓捕归案。

他不畏权贵，伸张正义。权相严嵩虽奸恶，却重才，想把王世贞罗致门下。这是多少人梦寐以求而不可得的事。但是，王世贞的态度是，"数近，而数远之"。他写诗明志，讲读书人要有气节，不与权贵拉拉扯扯。严嵩专权祸国，兵部武选司员外郎杨继盛上书弹劾，被打入大牢。王世贞入狱看望，送去汤药，并多方奔走营救。杨继盛妻子上书为夫诉冤，他代写诉状。杨继盛被杀，他凑钱为其买了墓地、棺木，张罗葬礼，还组织文学社团写诗悼念。

王世贞激怒了严嵩，个人付出了沉重代价，也给父亲引来杀身之祸。吏部两次拟议他任提学，皆被严嵩否决，去了个盗贼猖獗的青州任兵备副使。父亲作为蓟辽总督，御敌失策，"嵩构之，论死系狱""竟死西市"。

个人的磨难，父亲的冤死，使他对官场彻底失望。他发誓离开这个是非之地、人生险途，回归"同学少年"时代的初衷，做一个文士，"策名艺苑","立不朽之盛举"。

王世贞所处的时代，是个社会转型的时代。商品经济发达，思想空前活跃，文化市场高度繁荣。古董和书画收藏、戏曲观赏、图书刊刻、文人结社，成为一时风尚。同时，社会上盛行奢靡之风，那些王公贵族、达官贵人，费尽心机营居室、筑园亭、养优伶、事博弈，《金瓶梅》一书就是当时一幅传神的世情画。这样一个时代，王世贞铁了心做个文人，日子会过得很风光、很滋润。明史《王世贞传》载："世贞始与李攀龙狎主文盟，攀龙殁，独操柄二十年。才最高，地望最显，声华意气笼盖海内。一时士大夫及山人、词客、衲子、羽流，莫不奔走门下。片言褒赏，声价骤起。"像他这个身份地位，题个字，作个序，写个墓志铭，或者逢上重要会议、论坛，出个场，说几分钟无比正确又不着边际的话，数万、数十万"人民币"就会进入囊中。王世贞已经相当富有，开始建造园林，他自己记载就有八园，其中弇山园与上海豫园为同一人设计、督造，营造时间也差不多，堪称国中第一园了。他作为首屈一指的文人，居于首屈一指的园林间，享受着读书人的尊崇，良朋美姬，诗酒相娱，不是神仙般的日子吗？

但中国的读书人，走仕途是条大路。在这条路上走得不顺，遇到挫折，遭遇失败，或者身心疲累之时，也往往生出些"种豆南山下"的心绪。但是，真正付诸行动的，那是极少数。一旦有了机会，不管德才是否配位，不管天赋、志趣与位子多么忤逆，就忙不迭带上行李上路了。严嵩倒台，嘉靖死，父亲的冤案平反，同学、同事纷纷得以起用，王世贞的用世之心又萌动了，忍不住再入官场。

王世贞重出江湖，做事风格变化不小。他收敛了锋芒，懂得了人情世故。但是，骨子里的东西难以改变，书生本性难移。他任职郧阳巡抚，辖区内的荆州，是操控着国家政权的内阁首辅张居正的家乡。荆州府学生员闹事，冲击县衙，凌辱知县，带头人是张居正的小舅子。他依法处理，"论奏不少贷"。你张居正高兴也好，怨恨也罢，我做得没错！还有荆州发生地震，朝廷要求各地官员"修省"。王世贞查阅了西汉著名易经学者、占卜大师京房的著作，并进行了占卜，得到的结论是"臣道太盛，坤维不宁""用以讽居正"。结果，惩罚又一次落到头上。他被任命为留都大理寺卿，这个职务，相当于现在的最高法院院长，是名列前茅的"小九卿"。但是在上任的路上，却遭到言官弹劾，只好打道回府了。一说，这是张居正背后指使。不过，他接到了张居正的来信，安慰他说，待舆论平息，"旋当复公"，就是任职很快会落实。

走仕途，理政事，要守经，还须知权，处理经权关系实难。万历五年，王世贞在名节上栽了个跟头。这年，张居正父亲去世，按国家规定，他要辞去官职，回家丁忧二十七个月。但皇帝年少，其他内阁成员支撑不了局面，皇帝三番五次下诏，让张居正夺情，也就是不丁忧，不赴丧。对此，清流派举着维护纲常伦理的大旗，不怕流血牺牲，前赴后继。张居正挥舞大棒，对强硬分子残酷打击，大批官员被罢官、杖责、贬谪、发配。在这场惨烈的政争中，王世贞必须选择怎么站队。经过官场历练，他有了大局观，处理事情，不再汲汲于虚名而注重于实际。因此，他站在了坚定地支持张居正一边。但是，他千不该万不该，不该向张居正送去厚礼，频致书信，还为张家祠堂写了《世德庆源祠记》，核心内容是颂扬张家祖德，为张家出了张居正这位伟大人物而庆幸。你王世贞出于什么动机？是为了"旋当复公"的留都大理寺卿吧？王世贞此举，被言官、清流视为严重失节。大节一亏，则此人无足道矣。此后，王世贞每有升迁，必有言官弹劾，什么贪腐、淫佚，大节已亏，小节不拘，恶言秽语，让他颜面丢尽。

封建时代，不乏闪耀于精神星空的杰出人物，但那毕竟是极少数。多数的读书人，则被那只看不见的"历史之手"玩弄于股掌之中，走向共同的宿命：终其一生，纠结于宦途，官越尊，棱角越平，是非心越模糊，不少人甚至逐渐泯灭了良心，成为大奸大恶之徒。王世贞难入杰出人物之列，也非凡俗之辈，一生基本保持了书生本色。对他的所谓"失节"，不必过于上纲上线。留给历史的遗憾是，他没有沿着人生转型的路走到底，像他的同时代人李开先、汤显祖，写出《宝剑记》《牡丹亭》，为民族文化大厦的建设多添些砖瓦。

王阳明
心路漫漫向圣堂

王阳明教人,从立志始。他说:"立志而圣,则圣矣;立志而贤,则贤矣。志不立,如无舵之舟、无衔之马,漂荡奔逸,终亦何所底乎?"

阳明学"得悟于龙场,大彻于征宁藩"。"圣人之道,吾性自足,向之求理于事物者误也。""良知真足以忘患难,出生死。""信得'致良知'三字,真圣门正法眼藏。"

何谓良知?"良知者,孟子所谓'是非之心,人皆有之'者也。"良知何以要致?"性无不善,故知无不良……但不能不昏蔽于物欲,故须学以去其昏蔽。"良知如何致?"尔那一点良知,是尔自家底准则。尔意念着处,他是便知是,非便知非,实实落落依着他做去,善便存,恶便去。"

王阳明以极不平凡的一生,实现了他做圣贤的读书第一义。圣人之圣,"此心光明"。心学之成,不就是修成一颗光明的心,去照亮人心复善的路?

儒学到了宋代，一变而为理学。明代的统治者，改造理学，将它抬升为"国教"，成为服务于君主专制的奴仆。长成于体制之外，本是为众生立言的新儒学，正式走入统治思想的殿堂，完全长入统治阶级的肢体之后，就成为异己的力量，为众生所厌弃。于是，有了王阳明心学横空出世。

王阳明生前，门徒已计万人。他"立德、立功、立言"，成为"三不朽"人物。在他去世后的五百多年间，把他当作精神领袖的伟人不胜枚举。

一

王阳明教人，从立志始。他说："志不立，天下无可成之事。虽百工技艺，未有不本于志者……故立志而圣，则圣矣；立志而贤，则贤矣。志不立，如无舵之舟、无衔之马，漂荡奔逸，终亦何所底乎？"

王阳明出生于一个优越的家庭，有一个宽松的成长环境。祖父封翰林院修撰，父为科考状元，任皇帝侍讲，朝中高官。王阳明自负才高，心高气傲，祖父宽纵，养成独立、自由的个性。

王阳明十一岁，问塾师说："何为第一等事？"塾师答："惟读书登第耳。"王阳明怀疑，说："登第恐未为第一等事，或读书学圣贤耳。"

王阳明立下圣贤之志，还在多年之后。十八岁，谒学者娄谅，谓"圣人必可学而至"，遂深信不疑。致力于宋儒格物之学，思先儒谓"众物必有表里精粗，一草一木，皆涵至理"，官署中多竹，即取竹格之；沉思其理不得，还大病一场。觉得自己不是做圣贤的料，"乃随世就辞章之学""自念辞章艺能不足以通至道"，又转向佛、道。任刑部主事期间，决狱江北，事竣游九华山，访道寻仙。次年，回越养病，筑室阳明洞中，行导引术。他拂尘参秘诀，"渐悟仙释二氏之非"，认为老子讲修身养性，"其专于为己，而无意于国家"；释氏"把心看作幻相，渐入虚寂去了，与世间若无些子交涉，所以不可治天下"。

弘治十七年（1504），王阳明主考山东乡试，游阙里，登泰山，追缅先圣，唤醒了士人情怀，重新回归儒学。他作《泰山高》，抒发对儒家圣人"高山仰止，景行行之"的向往之情："俯仰宇宙，千载相望，堕山乔岳，尚被其光，峻极配天，无敢颉颃。嗟予瞻眺门墙外，何能仿佛窥室堂？也来攀附撮遗迹，三千之下，不知亦许再拜占末行？"作《山东乡试录序》，励人，也是自励："颜渊曰：'舜何？人也；予何？人也。有为者亦若是。'"

王阳明回到京师，与翰林学士湛若水结识，一见倾心。两人相约，共以倡明圣学为事。湛若水所学，上承程颢、陆九渊、陈白沙心学儒脉，讲"默坐澄心，体认天理"，王阳明立此八字为座右铭。王、湛定交，成为王阳明心学的起点，也影响他一生。

二

王阳明门生钱德洪说，师学"得悟于龙场，大彻于征宁藩"。

王阳明被贬龙场，"居夷处困"，是心学花开期。

正德元年（1506），武宗朱厚照初政，大宦官刘瑾窃权，南京科道上疏揭刘瑾罪状，被逮系诏狱。王阳明上疏营救，招来大祸。他被逮下狱，出狱后谪贵州龙场驿丞。父亲受到牵累，贬谪、免官、致仕。

龙场在贵州西北万山丛棘中，"蛇虺魍魉，蛊毒瘴疠，与居夷人鴃舌难语，可通语者，皆中土亡命"。王阳明逃过刘瑾党徒的追杀，来到贬谪之地，九死一生，"吾今惟俟命而已，他复何计？"日夜端居澄默，以求静一，久之胸中洒洒。因念："圣人处此，更有何道？"忽中夜大悟格物致知之旨，"始知圣人之道，吾性自足，向之求理于事物者误也"。

龙场之悟，标志着王阳明"心具万理，知行合一"心学体系的诞生。

王阳明心学核心是"致良知"。他巡抚南、赣，平定宁王朱宸濠之乱。

《年谱》称："今经变后，始有良知之说。"

刘瑾倒了，朝政照样暗无天日。朱厚照荒淫暴虐，宠幸太监，残害忠良。筑豹房，养神僧异人，授房中秘术，广搜民女，供其淫乐。以出关亲征为名，搜刮民财，抢掠民女，夺马指挥妻，称"马皇后"；纳山西娼妇，称"刘娘娘"。北国玩腻了，又要南巡，祸害富庶的南方地区。

正德十四年（1519），宁王朱宸濠举兵造反。事出仓促，朱宸濠数十万大军出动，王阳明手中无一兵一卒。他折冲樽俎，发动义兵，斗智斗勇，仅用四十三天就平定了这场大乱。但是，立下盖世之功的元勋，却差点招来杀身之祸。

朱厚照率领十多万大军南下，要抢夺平叛之功，让王阳明把俘获的宁王交他，放回鄱阳湖，再演活捉的闹剧。首鼠两端的朝中重臣，怕与宁王往来的赃证落入王阳明手中，诬他为勾结宁王的内贼，必欲置他于死地。朱厚照听信谗言，派出数路宦官、近臣接收要犯，派出贴身内奸，搜罗王阳明谋反的证据。诏令献俘的地点一变再变，让王阳明奔波于献俘的路途，无所适从。

局势波谲云诡，凶险异常，王阳明进不得，退不能，干脆辞官解兵，上了九华山，听候处分。朱厚照不得不找个处置办法，王阳明奉敕兼巡抚江西。他到达南昌，不再忧谗避毁，高调行事，"雷要打，便随它打来，何故忧惧"？他阅兵讲武，震慑群小，作《啾啾吟》，表达对群小的极度蔑视，"东家老翁防虎患，虎夜入室衔其头。西家儿童不识虎，执竿驱虎如驱牛"。

朱厚照把自己折腾死了，嘉靖皇帝朱厚熜上位。新皇帝做事，阴晴莫测。他准备重用王阳明，敕令已下，为辅臣所阻，风向立变，给王阳明安个南京兵部尚书的空衔，赠伯爵，允准他便道归省。苦的是那些与他共同赴难的将士，几乎无人得到封赏，有的甚至罹罪蒙难，不少蝇营狗苟之辈，却借机加官晋爵，他们与平乱半点边不沾。王阳明怀着悲愤，两次上疏，力辞封赏，为平乱将士请命，表达对奸佞宵小的不齿："殃莫大于贪天之功，罪莫大于掩人之善，恶莫深于袭下之能，辱莫重于忘己之耻，四者备而祸全。"

天理早就离开人世，朝堂上还有谁存有畏惧之心？还有谁知羞耻二字为何物？王阳明说了等于白说，说了还不如不说！

这样的皇帝，这样的朝堂，这样险恶的世道人心，将何以处世？何以教人？

王阳明心中痛极，也失望至极，"惭无国手医民病，空有官衔縻俸钱"。他羡慕起一生不仕的邵雍，"自识淮阴非国士，由来康节是人豪"。他有了彻底归隐的打算，"越水东头寻旧隐，白云茅屋数峰高"。

心学大师的心，很快定下来。磨难炼心，让他的心更大、更坚、更洁。经朱宸濠之乱，"益信良知真足以忘患难，出生死"，"信得'致良知'三字，真圣门正法眼藏。往年尚疑未尽，今自多事以来，只此良知无不具足。譬之操舟得舵，平澜浅濑，无不如意，虽遇颠风逆浪，舵柄在手，可免没溺之患矣"。

致良知"大头脑"的确立，标志着王阳明心学体系的成熟。

心学，致良知，知行合一，撑起阳明学的大厦。

三

思想禁锢到极端，专制统治也走到极端，政治昏暗必陷于极端。这个时候，求变的呼声、变革的思想也纷纷登台。变革思想的创立，往往借重古代文化原典，追本溯源，拨乱于正，作出符合时代需要的阐释。

王阳明立说，也无例外，所不同处，是他所作追溯更深更远。他提出，思想是公众的权力，不由哪一个人专有："夫道，天下之公道也；学，天下之公学也。非朱子可得而私也，非孔子可得而私也。天下之公也，公言之而已矣。"他提出，心为裁判，一切思想皆可评判，真理面前人人平等，不能因为出于圣人或者庸常而改变："夫学贵得之心，求之于心而非也，虽其言之出于孔子，不敢以为是也，而况其未及孔子者乎？

求之于心而是也,虽其言之出于庸常,不敢以为非也,而况其出于孔子者乎?"

由此,他公开揭起心学的旗帜:"士之学也,以学为圣贤。圣贤之学,心学也。""圣人既没,心学晦而人伪行……心学何由而复明乎!"他疏浚心学源流,令人信之弥坚:"夫圣人之学,心学也。学以求尽其心而已。""尧、舜、禹之相授受曰:'人心惟危,道心惟微,惟精惟一,允执厥中。'此心学之源也。中也者,道心之谓也;道心精一之谓仁,所谓中也。孔孟之学,惟务求仁,盖精一之传也。"孟子曰:"'仁,人心也。学问之道无他,求其放心而已矣。'又曰:'仁义礼智,非由外铄我也,我固有之也,弗思耳矣。'"

由此,提出万法归心,"万化根源总在心",确立他的心本体论:"心即理""心外无物,心外无事,心外无理,心外无义,心外无善""故心外无学也"。格物致知是求理于心,不是外求于物。所谓格,就是格此心中之理;所谓致,就是致此心中之理。

王阳明把《孟子》所谓"良知"合诸《大学》,提出"致良知"。他说:"致良知是学问大头脑,是圣人教人第一义。"

何谓良知?"良知者,孟子所谓'是非之心,人皆有之'者也。""是非只是个好恶,只好恶就尽了是非,只是非就尽了万事万变。""是非之心,不待虑而知,不待学而能,是故谓之良知。是乃天命之性,吾心之本体,自然灵昭明觉者也。"

良知何以要致?"性无不善,故知无不良……但不能不昏蔽于物欲,故须学以去其昏蔽。"

良知如何致?"尔那一点良知,是尔自家底准则。尔意念着处,他是便知是,非便知非,实实落落依着他做去,善便存,恶便去。他这里何等稳当快乐。此便是格物的真诀,致知的实功。"

《大学》专讲格物致知,王阳明著《大学问》,作为师门教典,阐发得更系统,更透彻明白。"大学之道,在明明德,在亲民,在止于至善。"王阳明说:"明明德者,立其天地万物一体之体也。亲民者,达其天地万物一体之用也。""至善者，明德、亲民之极则也。"格致诚正、修齐治平，"此正详言明德、亲民、止至善之功也"。格者，正也。正其不正以归于正。物者，事也。事各归于正，而吾良知之所知始无亏缺障蔽，得以极其至矣。

王阳明晚年，将平生学问总结为"四句宗旨"："'无善无恶是心之体，有善有恶是意之动，知善知恶是良知，为善去恶是格物。'以此自修，直跻圣位；以此接人，更无差失。"

纯熟的学问，是多么明切简易！

四

王阳明讲"知行合一"，"人须在事上磨，方能立得住，方能'静亦定，动亦定。'"

正德四年（1509），王阳明主贵阳书院，始论"知行合一"。"知行合一"，是致良知的功夫。

王阳明说："某尝说知是行的主意，行是知的功夫；知是行之始，行是知之成。""圣学只一个工夫，知行不可分作两事。""凡古人说知行，皆是就一个工夫上补偏救弊说，不似今人截然分作两件事做。""今人于已知之天理不肯存，已知之人欲不肯去，且只管愁不能尽知，只管闲讲，何益之有？"

王阳明门生黄绾有段评点，"'知行合一'，亦本先民之言，盖知至至之，知终终之，只一事也。守仁发此，欲人言行相顾，勿事空言以为学也"。

"知行合一""在事上磨"，让王阳明敢担事，能成事，不鄙事，实现"立德、立功、立言"的志向、抱负。

正德五年（1510），王阳明三十九岁，任职庐陵知县，干得风生水起。

正德十一年（1516），王阳明任都察院左佥都御史，巡抚南、赣、汀、漳等地。当时，大帽、茶寮、浰头、桶冈等贼寨势连四省，兵连累年。敕谕王阳明："抚安军民，修理城池，禁革奸弊。一应地方贼情、军马、钱粮事宜，小则径自区画，大则奏请定夺。"他在一年零三个月间，彻底平定匪患。原来面对数十万剿匪大军几乎不可动摇的土匪，在王阳明指挥的一万余部队面前，不堪一击。

正德十四年（1519）六月，平定宁王之乱，他尽显文韬武略，谈笑间，强虏灰飞烟灭。

王阳明施手正乾坤，凭的是心学功夫。

知庐陵，惟以开导人心为本。在县七阅月，谆谆慰父老，使教子弟，毋令荡辟。庐陵百姓诉讼成风，为打官司，不惜倾家荡产。他"慎选里正三老，坐申明亭，使之委屈劝谕。民胥悔胜气嚣讼，至有涕泣而归者。由是圄圄日清"。

王阳明巡抚南赣，攻心为先，真情化人。山中贼匪本是山下乡民，山下乡民是山上贼匪的耳目。官军一有举动，尽在贼匪掌握之中，这是官军屡征屡败的根源。王阳明釜底抽薪，对乡民教育严管并重，立《十家牌法》，规定遇面生可疑人，即行报官，或有隐匿，十家连坐。这一招，使山中贼匪惶恐不安。随后，抚谕贼巢："尔等今虽从恶，其始同是朝廷赤子。譬如一母十子，二子背逆。若此二子者，一旦悔恶迁善，号泣投诚，为父母者，亦必哀悯而赦之。何者？不忍杀其子者，乃父母之本心也。""呜呼！民吾同胞，尔等皆吾赤子，吾终不能抚恤尔等，而至于杀尔，痛哉！痛哉！兴言至此，不觉泪下。"被谕文蔼然哀怜无辜的挚情打动，酋长黄金荣、卢珂等率众来投，愿效死以报。

征剿期间，他与门人书，"破山中贼易，破心中贼难"。战事结束，立即着手设县治，立社学，制订推行教化百姓的《南赣乡约》，所思所行，是铲除乱源，让民心去恶向善，建立一个太平社会。

平宁王之乱，打的是心战。叛军的战略意图，是径袭南京，遂犯北京，故先下南康，再下九江，继而攻至安庆城下。安庆如果失守，则南京大门洞开。王阳明以三策谋划平乱："濠若出上策，直趋京师，出其不意，则宗社危矣。若出中策，则趋南都，大江南北亦被其害。若出下策，但据江西省城，则勤王之事尚易为也。"

王阳明行空城、疑兵、反间连环计。他让"密电"满天飞，似乎正有几十万大军分道并进，克期夹攻叛军老巢南昌。伪造了朱宸濠手下将官投降的密状，朱宸濠伪相、智囊李士实、刘养正内应文书，故意将这些公文遗落、泄露。朱宸濠方寸大乱，留兵观变。王阳明争取了宝贵的时间，集结义兵，把叛军迟滞于江西境内。随后，先围南昌，攻其必救，设伏于朱宸濠回援的必经之路鄱阳湖，一战平乱。其间，有官员对王阳明的攻心战不以为然，问："事济否？"王阳明反问："未论济与不济，且言疑与不疑。"答："疑固不免。"王阳明说："但得渠一疑，事济矣。"

王阳明治政、整军，克敌平乱，处处显见心学功夫。

五

王阳明心学出世，像晴天响起一声霹雳。致良知风行，更搅起朝野一场大风暴。

人唯此心，心为裁判，则一切是非、价值就有了重估的必要；良知人人心中具足，是则信，非则否；是则行，非则弃，对现存的思想、制度、文化和观念、行为，将会形成多么巨大的冲击，引发多么巨大的震荡！

王阳明挑战的，是一个庞大的士人群体。正德九年（1514），王阳明出任南京鸿胪寺卿。这个时候，他名望不张，也谈不上立下多少功业，却在应天府学公开揭起心学旗帜。这是程朱理学的堡垒。府学教授们要以程朱理学谋官取俸，府学学子们要以程朱理学敲开入仕的大门，仕途的幸运者还要以程朱理学作为治政的金科玉律。王阳明登高一呼，要将心学由"庇其乡间家族"推广到"庇一省一郡"，直至"庇天下"，这不是要捣天下士人的祖宗牌位，砸仕途中人的饭碗，毁读书人一生期冀的大好前程吗？一时间，南都官学派发起围攻，继而波及全国学界。

与朱熹的对立，是对"国教"的冲击。朱学与王学的尖锐矛盾，一个主理在物中，主张向外格物穷理；一个主理在吾心，主张向内正心求理。一个析心、理为二，一个合心、理为一。王阳明说："朱子所谓'格物'云者，在即物而穷其理也。即物穷理，是就事事物物上求其所谓定理者也，是以吾心而求理于事事物物之中，析'心'与'理'为二矣……若鄙人所谓致知格物者，致吾心之良知于事事物物也。吾心之良知，即所谓天理也。致吾心良知之天理于事事物物，则事事物物皆得其理矣。致吾心之良知者，致知也。事事物物皆得其理者，格物也。是合心与理而为一者也。"用学界的术语说，朱熹和王阳明，一个是客观唯心主义，一个是主观唯心主义。朱、王都讲存天理，去人欲。朱的存、去，存的是现实社会的法则，去的是人的欲望、需求；王的存、去，都在心源。因此，朱学最终走向对人的思想禁锢，王学则走向人性的解放。对于封建专制统治，这就形同"洪水猛兽"了。

对"国教"的冲击，是重大的庙堂政治。因此，随着王阳明立下剿匪、平叛之功，徒众日多、从之者日众，也就谤议日炽，打压一天比一天严重。

御史秉承一班宰辅的意志，奏劾王阳明"学术不正"，乞禁"叛道不经之书"，在朝中掀起遏抑心学的风潮。

科举考试会试，以心学为问，阴诋王阳明，阻遏尊信阳明学的士子中举入仕。王阳明门生钱德洪、王畿等意外落第。

坐在庙堂之巅的嘉靖，认定王阳明"窃负儒名""尤非圣门之士""诋毁先儒""传习邪说"，下诏："近年士习多诡异，文辞务艰险，所伤治化不浅。自今教人取士，一依程朱之言，不须妄为叛道不经之书，私自传刻，以误正学。"

嘉靖禁学，决定了阳明学的劫难，王阳明人生的悲剧命运。

面对学禁，王阳明教诲弟子，勇于经受"炼狱"之磨，做大智大勇的信良知的勇者，不做唯唯诺诺的"乡愿"。

面对学禁，王阳明心地坦然，大道直行。他坚信真理越禁，传播越速，"圣学从兹大明矣"。修造新的伯府府邸和阳明书院，以待四方学子。冲破学禁重重雾霾，八邑才俊纷纷来投，成为信仰勇毅的王门弟子。

王阳明那颗心，分明已达圣贤境界："昔者孔子之在当时，有议其为谄者，有讥其为佞者，有毁其未贤，诋其为不知礼，而侮之以为东家丘者，有嫉而诅之者，有恶而欲杀之者。晨门、荷蒉之徒，皆当时之贤士，且曰：'是知其不可而为之者欤……'然而夫子汲汲遑遑，若求亡子于道路，而不暇于暖席者，宁以蕲人之知我、信我而已哉……呜呼！此非诚以天地万物为一体者，孰能以知夫子之心乎？"

王阳明以夫子之道为己任，不以此身为己有，犯天下之谤而不自恤，唯愿"明良知之学于天下，使天下之人皆知自致其良知"，让人心复明，人心复归，让我中土成为一个良知社会。

六

王阳明名声越隆，嘉靖越忌，权臣越怕。嘉靖忌的是王阳明给他的荒暴统治带来麻烦，权臣怕的是王阳明进入朝堂，抢了他们的位子和风头。

一代栋梁，被闲弃六载。

广西少数民族头领卢苏、王受反叛朝廷，嘉靖又想到王阳明，让他总制两广军务，领兵平叛。王阳明为国再建奇功，在生命的最后时光，为良知学作了最后的诠释。

卢苏、王受反叛，是民族政策失误所致，王阳明定下招抚之策。卢、王深惧王阳明威名，率二万余众，到达南宁府城下，自缚受降。一场骚扰三年之久的民乱，仅用两个月平定，不折一矢，不杀一兵，夷民全部遣返归田。

断藤、八寨瑶贼，为广东、广西盗贼渊薮，盘亘二千余里，都邑罹害数十年。良知所示，"积为民患者，心亦不忍不为一除剪"。王阳明自主决断，雷霆扫穴，将断藤、八寨叛乱一举扫平。这犯了"大忌"。

王阳明带病出征，此时已是命悬一线。他上疏请求回籍养病，久无回音，只好先回广州，等待诏命。衡之是非之心，并无半分错处，却成为诬陷者"擅离职守"的口实。他在生命最后时光，唯求落叶归根，靠最后一点元气支撑，走上返乡的路，却病逝于途中。门人问其临终嘱咐，答："此心光明，亦复何言？"

王阳明结局，让英雄泪下。两广捷音报到朝堂，嘉靖从王阳明《八寨断藤峡捷音疏》中找出两大罪状："此捷音近于夸诈，有失信义；恩威倒置，恐伤大体。"

"守仁即卒，桂萼奏其擅离职守。帝大怒，下廷臣议。""帝乃下诏停世袭，恤典俱不行。"削去王阳明的伯爵封号，不作任何封赏，还下诏禁伪书。

这个嘉靖，天天守个炼丹炉，修神仙之道，炼御女功夫。搜刮民财，大兴土木。遭海瑞痛骂："嘉靖者，言家家皆净无财用也。"他不上朝，不听政，对统驭术却心中透明。他知道心学的可怕、致良知的厉害。一切从心，他的家天下，他的龙庭，恐怕都要倒塌，天下人心不就大乱了吗？但话说回来，如果照着心学的路数，去恶存善，不就朝着太平盛世走了吗？嘉靖无这个心，更不想有这个行，那就只能禁心学，抑忠良，背民心，反潮流，倒行逆施了。

王阳明早就看清了嘉靖和朝堂那帮宵小的嘴脸，对他们不存半点希望。故去世前不留一言，不书片纸，"亦复何言"？

王阳明以极不平凡的一生，实现了他做圣贤的读书第一义。圣人之圣，"此心光明"。心学之成，不就是修成一颗光明的心，去照亮人心复善的路？

王阳明心学，历久弥新，元气充盈。

它如试金石，任何一种思想，不管捧得怎么神圣；任何一种制度，不管说得怎么完美；任何一种文化，不管涂抹得怎么光鲜，以心观照，立见多少纯度，多少沉滓。

　　它像倚天剑，任何一个时代，不管给人捆上多少枷锁，加上多少禁锢，良知所到，立可斩除，还人一个清亮亮的头脑，一个自由自在的身心。

顾宪成
聚一股浩然正气天地间

顾宪成被革职为民,大病一场,是身病,更是心病。他最终自我解脱,还是靠找回了一颗平常心。

他沉浸于圣贤书中,著书讲学,忧道之心日重,而正本清源、承继大儒正道宏愿渐萌。举起东林的旗帜,重建东林书院,维系儒学道统学脉,匡正世道人心,是机缘巧遇,更是重大责任!

那些争国本、护忠良被贬谪的诤臣,荟聚东林;那些后起的耿介刚烈之士,把东林作为栖身之所。那些充满理想的后生学子,也把东林作为向往、追寻的一方精神圣地。在史上最黑暗的时期,东林士人以血肉之躯,留给山河一股浩然正气。

所谓东林党,不过一批志同道合的正人君子,是共同坚守的人间道义将他们的名字写在了一起。真正可以列入东林谱系中人,实则不多。众多的正人君子,以至后来南明的复社、几社成员,都被冠以东林党头衔,当是东林的骄傲。

顾宪成仕途鼎盛时期，任职吏部文选司郎中，不过一个司局级干部。但是，他的影响却延及万历、泰昌、天启、崇祯四朝，直至明王朝的灭亡。这是因为，他创办东林书院，举起恢复儒学正脉的大旗，以孔孟、程朱之学重塑世道人心，让一脉相承的民族浩然正气荡漾于天地之间，在正邪的殊死大较量中，上演了一出感天泣地的英雄悲歌。

万历二十年（1592）、二十一年（1593），接连发生了两件大事，搅起朝中一场政治风波，硬生生播下了东林书院的种子。

一件事，是争国本，就是立太子之争。万历皇后无子，妃子所生两子，当立长子朱常洛，但万历属意的却是朱常洵，立太子一事一拖再拖。君臣争执多年，闹得内阁成员一个个辞职。王锡爵初任首辅，万历向他传旨，先将三个儿子一并封王，以待嫡子。王锡爵害怕触怒万历，准备拟旨。消息传出，举朝大哗，反对者前赴后继。

另一件事，是京察，就是京官考核。吏部尚书孙鑨、考功司郎中赵南星主持此事，他们秉公行事，得罪了执政，万历以专权、结党罪名，处罚吏部官员，将赵南星削职为民。大批官员不怕触怒皇上，为吏部争公道。

两起政治事件中，顾宪成都是重要角色。争国本，他以吏部验封司员外郎身份，联合四部同官上书，反对三王并封，迫使万历取消旨意；京察期间，他任赵南星的副手，实是参与、决策者。争国本，救忠良，大批官员获罪，或被贬谪，或削职为民，顾宪成反而升了职，担任了吏部考功司郎中，成为吏部四司中最重要部门的主官。

但是，福祸相依，危机在前。不久，会推内阁成员，由吏部尚书陈有年和顾宪成主持。这次的推荐名单不合执政意图。内阁要员提出建议，无效。因为朱元璋立下规矩，朝廷六部直接对皇帝负责；顾宪成坚持，堂堂天曹，不为内阁作牛马走。吏部侍郎出面通融，顾宪成仍不买账，"堂官口，司官手"，我不签字画押，你又能奈何？但是，推荐名单犯了一个大忌，致仕在家的原内阁成员王家屏名列首位。当年为争国本，王家屏愤然辞职，炒了万历的鱿鱼，万历余怒未息。他问罪吏部，对顾宪成新账旧账一起算。顾宪成被革职为民，回家当老百姓去了。

顾宪成大病一场，是身病，更是心病。一片忠心，正道直行，与天子宰相争是非，是为了国家大计、社稷前途，自己有什么错？这种结局，他想不通。病体垂危，心灰意冷，百药不治。友人相告：先生之病，非药石能治，习忘可医。但是，忘记过去，哪有那么容易？友人再告，以无心为忘。宋代大儒杨龟山先生教人看未发气象，一看志便有归，此不忘之忘。他最终自我解脱，还是靠找回了一颗平常心。他作示儿帖，实是夫子自道，"昔在大圣大贤，往往厄穷以老，甚而流离颠沛，不能自存"，我德能平平，能有今天，已经是上苍的特殊眷顾了！此心有归，让他渡过了一出人生大关节。

读书人自有自己生活的世界。他沉浸于圣贤书中，开始了著书讲学生涯。课士于同仁堂，连岁弟子云集；会同人讲学于两泉之上，群贤毕至；作《还经录》，答门人书信谈《论学》；与阳明派代表人物管志道论辩，成《质疑篇》《续质疑篇》，俱是从本体上阐明性善，辟佛道二氏虚无之说，驳正王阳明"无善无恶心之体"的流弊。五十一岁写成《证性编》，乃是学术探索的系统性整理。理事样样看得透彻，愈见时代学风不正，所致思想混乱，所成行为狂悖，忧道之心日重，而正本清源、承继大儒正道宏愿渐萌。

日有所思，夜有所想，心痴成梦。一夜，他梦见于崇正书院拜谒程颢、程颐传人杨时，梦醒却成一大启迪。五百年前学界盛事，杨时师事二程，学成南归，一时学者风从，尊为正宗。杨时在无锡讲学一十八年，建有东林书院。举起东林的旗帜，重建东林书院，维系儒学道统学脉，匡正世道人心，是机缘巧遇，更是重大责任！看顾宪成当时心境，真正豪情万丈："如此机缘，不可辜负，宜作何酬答？如此担子，不易肩荷，宜作何承当？"一番经纬大业，似是天授，就这样交付给了东林士人。

东林旗举，名师云集。那些争国本、护忠良被贬谪的诤臣，荟聚东林；那些后起的耿介刚烈之士，把东林作为栖身之所。像东林"八君子"顾宪成、顾允成、高攀龙、安希范、刘元珍、钱一本、薛敷教、叶茂才，个个都是政界精英，学界骄子，讲学东林，朝野瞩目。那些充满理想的后生学子，也把东林作为向往、追寻的一方精神圣地。顾宪成把对圣学的心悟、践得，融注于会约、学规和日常讲授，似春风化雨，滋养着学子的灵魂。东南毓秀地，仿佛洙泗河畔，杏坛高张，弦歌盈耳。这是学术的荟萃，也是正气的聚合，在野则一派清和，入朝则浩然盈漾。

顾宪成"身在江湖，心存世道"。他有句名言："官辇毂，志不在君父；官封疆，志不在民生；居水边林下，志不在世道。君子无取焉。"这一个忧国忧民忧时的士人群体，风声雨声读书声，声声入耳；家事国事天下事，事事关心。政治的大势，官员的贤愚，民间的苦乐，尽看得分明，"而朝士慕其风者多遥相应和"。

万历三十四年（1606），也就是顾宪成革职为民十二年后，政治气候有些回暖。吏部向皇帝提交一份起废官员名单，人员多达二百名。又过了两年，圣旨下达，起顾宪成为南京光禄寺少卿添注。光禄寺是个管膳食的衙门，添注是等待候补，又是在南京方面，虽然职微事轻，却是"恩命首及"，一时间把顾宪成推上了风口浪尖。

顾宪成不愿出山，上疏乞休。他心中所念，危厦还须大木擎。他致信淮抚李三才，表明心迹："凭轼而观，时局千难万难，必大才如丈、卓识如丈、全副精神如丈，方可旋转在望。"李三才有大略，敢作敢为。他斥万历、骂执政，一再上疏，呼吁罢除矿税，并以折税监、体民情而深得淮人之心。万历三十七年（1609）正月，加户部尚书兼左副都御史，进入内阁呼声很高。

这里有一大玄机：起复顾宪成，起复东林诸君子，进而起复大批废弃官员，必然挡了在朝衮衮诸公的晋升之路，本来唾手可得的权位，失之交臂，本来到手的利益，还可能被挤压甚至剥夺。这就让朝堂上乱纷纷狗撕猫咬的各个派系空前地同声相求，团结一致了。

这里有一着大棋：李三才闪亮登场，为一场大战找到了突破的口子：攻三才，则东林必救，可布一网打尽之局。东林名高，顾宪成望重，挡住顾宪成复出，不许东林出头，则可以阻断众多废弃官员的起复之路。

顾宪成处于两难境地：李三才被诬，顾宪成出手，必落入陷阱；顾宪成又不能不出手，是非大节处缩头，还配东林的盛誉吗？他致书内阁首辅、吏部尚书，褒誉李三才。信件传布，被刊登到邸钞上。一时舆论大哗，南北言官极恶者邵辅忠、徐兆魁辈，猛攻李三才，连及顾宪成，"谓之东林党"。"朋党"是帝王大忌，冠以"朋党"之名，一招制敌，终结了李三才的政治生命，也把顾宪成拖入了政治旋涡，掀起后来政坛的滔天波澜。

顾宪成刊刻《以俟录》，撰写《自反录》，公布了给内阁和吏部要员的信，力驳所谓"东林党"的谬谈。万历四十年（1612）五月二十日，他在毁誉互参的舆论旋涡中辞世。五月上旬，还写了答友人书，表达对时局的忧虑。他没有疗救的力量，却在寻求疗救的良方，主张以一种平和的心态宽容不同意见。二十年前，他曾经代吏部撰疏，深知史上朋党祸患之恶："党之一字，汉唐宋倾覆之原，皆在于此。"镜鉴高悬，历史的悲剧绝不能重演！

东林的心传大法："皆令究其源头，果是性命上透得来否？勘其关头，果是境界上打得过否？"东林的高功夫，"大圣大贤善养浩然之气"，必埋头读书，使义理浃洽，变易其俗肠俗骨；必澄神默坐，使尘妄消散，坚凝其正心正气。东林倡导、振拔、培育的这种浩然正气，在顾宪成身后，在正义与奸恶势力的殊死搏斗中，盎然一时。

进入泰昌（1620）、天启（1621—1627）两朝，废弃官员一个个起复，东林士人的风采得到一次充分展现。其代表性人物：顾宪成之友，有邹元标、赵南星；顾宪成之徒，有冯从吾；受顾宪成之教者，有高攀龙、杨涟；还有高攀龙的学生魏大中，为顾宪成教子的缪昌期。邹元标，都察院左都御史，废弃官员中较早的起复者。赵南星，吏部尚书，正臣的核心人物。冯从吾，都察院左都御史。杨涟、魏大中、缪昌期，有名的六君子核心成员。

这个期间，也出现了史上最邪恶的魏忠贤集团，趋炎附势者蚁聚于魏忠贤羽翼之下，魏家有"五虎""五彪""十狗""十孩儿""四十孙"，鹰犬遍地。阉党的丑恶与血腥也作出了最龌龊的表演。

东林士人，多是书生本色，是非泾渭分明，依仁蹈义，舍命不渝。魏忠贤有意与赵南星修好，派侄子登门拜访，被赵南星轰走。赵南星挚友魏允贞（字见泉）的儿子魏广微，攀附魏忠贤，当上内阁成员。他放低身段，三至赵南星家门，赵南星不见，还说："见泉无子！"高攀龙劾两淮巡盐御史崔呈秀贪腐成性，劣迹斑斑，主张严惩，皇帝据此下旨，崔呈秀革职听勘。崔呈秀后来成为魏忠贤的干儿，阉党集团第一元凶。杨涟发起对魏忠贤的决战，劾其二十四大罪状，魏大中、缪昌期等都是冲锋陷阵的骁将。实则，这是一场结局没有悬念的战争：魏忠贤背后有昏庸的少年皇帝，他的"对食"客氏，又是皇帝的奶妈，皇帝畸恋着的女人。魏忠贤还握有东厂，一个血腥的杀人工厂。善良的人们，怎么斗得过亘古难得一见的恶魔？

莫道书生空议论，头颅掷处血斑斑。这是史上最黑暗的时期，东林士人以血肉之躯，留给山河一股浩然正气。邹元标、冯从吾被魏忠贤诬陷，罢归乡里。赵南星被诬陷流戍山西，含冤而死。高攀龙被革职回籍，阉党必欲将他置于死地。高攀龙在被捕前夕，赴水而死，留书一封：臣辱国耻，臣不愿受辱，宁效屈原以殉节。最惨烈的是"六君子"冤狱，他们个个被折磨得体无完肤，死于酷刑之下，家人还要为他们偿还栽赃在身的巨额"贪污"孽债。

魏忠贤编造了多种东林党谱系，他眼中的邪恶者，个个载入东林党名录，迫害、杀戮，无所不用其极。所谓东林党，不过一批志同道合的正人君子，是共同坚守的人间道义将他们的名字写在了一起。真正可以列入东林谱系中人，实则不多。众多的正人君子，以至后来南明的复社、几社成员，都被冠以东林党头衔，当是东林的骄傲。

后人对东林士人多有苛责，说他们不是搞政治的料，不该与魏忠贤势同水火，应当内外一体，共辅朝政；不该责人过苛，把大批可以作为朋友的人逼到阉党队伍中去了。是非留待评说。当时的现实是，王朝末路，天不可补，与其沾一身污秽，做一些无益的裱糊，倒不如质本洁来还洁去，为前路燃一把火炬，为世道人心添几分希望。不正是因为东林士人舍身求法的拼死一搏，才加速了魏忠贤阉党集团的灭亡吗？后人对顾宪成多有牵强、不实之评，从他黯然离朝，到他办书院、去世，短暂的人生，留下的是极清极踏实极易分辨的足印。

顾宪成，一个职位不高的下野官员，一个立志传承孔孟、程朱儒学正统的士人，可谓担起了时代重任，建树不俗。

崇祯

复辽终成亡国恨

崇祯召对于平台，问以平辽之策。袁崇焕回答："倘皇上能给臣便宜行事之权，五年而辽东外患可平，全辽可复！"

严酷的现实是，努尔哈赤建立的女真人的后金（大清），已经在侵占的大片辽土上扎下深根。这个时期，正是女真民族大有为之时，大明能够抵御住大清的猛烈攻势已经不易。

五年复辽大梦，酿成社会危机大爆发。平辽加赋，正是农民起义的直接诱因，高迎祥、李自成、张献忠、罗汝才等推翻大明的豪杰都顺势而起。五年复辽大梦，引发朝堂政局动荡。崇祯至死不承认自己的过失，认定"诸臣误朕"！

李自成大军浩浩荡荡杀奔燕京，推翻了大明王朝，崇祯吊死煤山。崇祯君臣，共同上演了一出英雄悲剧。

崇祯要做中兴之主，即位后先后抓了两件大事：一是粉碎魏忠贤阉宦集团，二是平定辽东。头一件大事做得精彩，风波不惊，人心大快，显示了不凡的政治智慧。后一件大事，朝野关注，如果做成功，也将名垂青史。但是，因为严重脱离实际，又加求功心切，把国家引向动荡和灾难，终成亡国之恨。

一

崇祯元年（1628）四月，以抗击后金英雄袁崇焕为兵部尚书、督师蓟辽。七月，崇祯召对于平台，问以平辽之策。袁崇焕回答："倘皇上能给臣便宜行事之权，五年而辽东外患可平，全辽可复！"袁崇焕放大言，是为"聊慰上意"。崇祯完全当真，视为国策；袁崇焕后悔莫及，提出种种苛刻条件，争取回旋余地。崇祯有求必应，还授予他尚方宝剑。

袁崇焕没有退路，赶赴辽东前线，大刀阔斧整顿。他要来银粮，补足欠饷，按照自己意图任命将领，撤销辖区内辽东、登莱巡抚，保证权力运行顺畅。皮岛位于辽东、朝鲜和登莱之中，战略价值重要，毛文龙以左都督挂将军印，设镇皮岛，为朝廷所倚重。因为长期养成的军阀习气，冒饷、走私，又不服管制，袁崇焕越权斩帅，对毛文龙先斩后奏，令崇祯"大为震骇"。但正逢用袁之际，他出于无奈，也只好认了。

崇祯对五年复辽满怀期许，完全被袁崇焕的大言所误。严酷的现实是，努尔哈赤建立的女真人的后金，已经在侵占的大片辽土上扎下深根。

万历年间，皇帝怠政，努尔哈赤趁势坐大，用三十六年时间统一了女真部落，万历四十六年（1618）正式向大明宣战。明辽东经略先后历杨镐、熊廷弼、袁应泰、孙承宗、高第等数任，杨镐领军打了萨尔浒一战，损失惨重，大明由攻势转为守势。后来，熊廷弼以守稳住局面，孙承宗在明和后金的弃地上向外推进，构筑城堡，建立防御体系，渐有转机。高第时期，却又引兵撤回山海关内。袁崇焕时任辽东巡抚，镇守宁远，抗命不退，说：

"我宁前道也，官此，当死此。"他率领守军发挥炮火优势，先后打退了努尔哈赤和皇太极的围攻。"宁锦大捷"成为大明最好的战绩。

女真是一个马上民族，努尔哈赤建立起一支铁军。皇太极在征战中成长，允文允武，用兵如神，即位后改后金为大清。这个时期，正是他带领女真民族大有为之时，大明能够抵御住大清的猛烈攻势已经不易，五年复辽真正是痴人说梦！

你有你的守策，我有我的打法。崇祯二年（1629）十月，皇太极甩开袁崇焕的宁锦防线，率八万大军绕道数千里，从燕京北部的喜峰口、龙井关、大安口、洪山口四处，捣破长城，蜂拥进入。燕京戒严，史称"己巳之变"。崇祯又惧又羞又愤，袁崇焕回救招招失策，朝野万口訾议，加上皇太极以反间计助力，崇祯新账旧账一起算，将袁崇焕逮捕，绑发西市凌迟，其兄弟妻妾流放。

袁崇焕五年复辽大言，祸身惑君，给明亡结下祸胎，崇祯在复辽大梦中丢了江山社稷。

二

五年复辽大梦，酿成社会危机大爆发。明朝为农民起义军推翻，平辽加赋，正是农民起义的直接诱因。

平辽需足兵，足兵需足饷。当时，国家一年的财政收支亏欠达113万两白银。崇祯元年七月，也就是五年平辽的国策确定之后，崇祯让廷臣各陈己见，户部尚书择其可行者，列"增盐引，议鼓铸，括杂税，覈隐田，税寺产"诸事，虽然是琐屑权宜之计，也导致"民以重困"。

这一年，陕西大灾，老百姓没饭吃，先吃草根，后吃树皮，树皮吃光，挖食山中石，官府又要催债，只能逼上造反的路。十一月，农民起义星火燃起。十二月，固元兵变，士兵因欠饷劫掠州库，加入起义队伍。

顺天府尹黄道周上疏，一针见血地提出：今日汲汲者非兵（辽）事乎？竭天下之力以奉饥军而军愈骄，聚天下之军以博一战而战无日，此计之左也。崇祯不予理睬。崇祯三年（1630）十二月，再增田赋，"每亩加九厘之外再增三厘"，总计165万两白银。

辽东事发，至万历年末，增辽饷达到500万两白银。崇祯即位以后，年加赋达680余万两白银。天下越穷，"盗贼四起"，农民军结成36营，众20万，高迎祥、李自成、张献忠、罗汝才等推翻大明的豪杰都顺势而起，农民起义如星火燎原。至崇祯六年（1633）十一月，各路起义军渡过黄河，进入河南，在陕西、山西、河南、湖北、四川攻城略地，形成不可阻挡之势。

国病民困，崇祯偏要饮鸩止渴。崇祯十年（1637），兵部尚书杨嗣昌提出"必先安内然后攘外，必先足食然后足兵"，增兵12万，增饷280万，设"十面网"，下三月苦功，了十年不结之局。君臣一拍即合，崇祯传谕："暂累吾民一年，除此腹心大患。"结果，一年之征，却成永久之赋。剿饷之外，又增练饷，辽饷、剿饷、练饷相加，计1670万。"明季百姓之困，至是极矣"。

加赋见到一时之效。这一年，张献忠势穷投降，李自成大败，率十八骑逃进商洛山中。但是，民不聊生，益起为盗，剿"贼"大军撤向攘外战场，农民起义的烽火迅即如烈焰腾空。张献忠再反，李自成出山，流民景从，一年间发展为数十万大军，略定河南四十多个州县。

张献忠、李自成分别建立政权，李自成提出"剿兵安民"口号，发动强大政治攻势，所到之处，宣传"三年免征，一民不杀"的政策，"所至风靡"，民为之歌："杀牛羊，备酒浆，开了城门迎闯王，闯王来时不纳粮。"农民起义愈演愈烈，大明江山最终在农民起义的滚滚洪流冲击下轰然倒塌。

三

五年复辽大梦，引发朝堂政局动荡。

魏忠贤阉党遍布朝堂，虽然经过清洗，贼心不死，借袁崇焕案刮起翻案风。朝堂奸佞和阉党势力搅在一起，借袁崇焕案陷害忠良，夺权上位。袁崇焕下狱，座主韩爌受弹劾，从内阁辞职，回归乡里。阁臣钱龙锡，因对袁崇焕五年复辽存有疑虑，曾赴寓所当面请教，被抓住把柄，罗织罪名，逮捕入狱，定以极刑，后从轻流放。又从袁崇焕、钱龙锡交结误国，向上追究到内阁首辅成基命。君子斗不过小人，成基命三次上疏，辞归故里。这一系列阴谋的背后主使，是阁臣周延儒和温体仁。成基命辞去，周延儒一跃而为首辅。此后，周延儒罢，温体仁跃任首辅。温体仁罢，周延儒复出。周、温俱入明史《奸臣传》，二人长期把持朝堂，明朝政治又怎能不被搞得暗无天日？

　　袁崇焕案引发崇祯对朝臣的极度不信任。崇祯以除阉宦立威朝堂。他即位之初，禁止廷臣结交内侍干扰朝政，下令撤销边疆监镇太监。"己巳之变"后，崇祯全面恢复明朝旧弊，派太监提督京营戎政，前往山海关、宁远、蓟州、宣府、大同各镇，监视兵粮、赏抚。令朝官舆论大哗的是，他还任命太监为户、工二部总理，监视中央政府财政支出，专设衙门，权限如外任官总督。工部尚书因不赴其约，竟被崇祯诘问罢官。刑科、户科给事中上疏反对，吏部尚书率朝臣联名公疏力争，崇祯召集朝臣，予以训斥：你们外臣果肯做事，朕何必要用内臣？把责任一股脑儿推给大臣。倚重太监，疏离大臣，君臣离心，国事再无一线希望。

　　崇祯一朝历十七年，撤换了五十个内阁大学士，杀了两个首辅大臣，撤换了十四个兵部尚书，其中九个被治重罪，撤换了十七个刑部尚书，处死或被逼死的督师、总督十一人，斩杀巡抚十一人。他视大臣如家奴，杀大臣如杀犬豕，终成孤家寡人。崇祯末年，已经无人可用，只好从监狱中捞人。他们有前兵部尚书傅宗龙、陕西巡抚孙传庭、户部尚书侯恂等，戴罪囚犯领军剿"贼"，这是些被皇帝废弃的人，跟着他们拼命能得到什么功名富贵，说话谁听？一个个出来当一回炮灰，赔上身家性命罢了。朝中重臣悲剧的酿成，有崇祯性格因素：刻薄寡恩，猜疑心重，但与袁崇焕案引发的朝堂内争也有极大关系。

崇祯末日将至，在御前会上大发感慨："朕非亡国之君，事事乃亡国之象。"至死不承认自己的过失，认定"诸臣误朕"，大臣个个该杀！

四

从崇祯元年平台召对，沉醉于袁崇焕五年复辽大梦，崇祯的调门越抬越高。崇祯七年（1634）三月五日殿试策问，他立定主题，"今欲灭寇恢疆，何策可效？"崇祯十二年（1639），研究辽东战事，他又以"灭寇雪耻"条幅传示群臣。支撑他复辽灭寇大梦的深层情结，由礼部右侍郎蒋德璟一语道破："我皇上'灭寇雪耻'四字，就是中兴大有为根本。"做中兴之主的宏图大志，让他"名令智昏"。

崇祯属于过分明察，"恃一人之聪明"治天下的主儿，他并非没有清醒的时候。一个重病缠身的政权，内外两线作战，哪有胜算？崇祯十一年（1638）五月，兵部尚书杨嗣昌主张对清议和，争取北边三年无事，集中精力平定内乱，实现先安内后攘外的目的。崇祯认可，明、清多次非正式接触。但是，大臣颠顶，大道理出口，理直气壮："堂堂天朝，何至讲款？"崇祯不作明确表态，九月边事又起，机会错失。

复辽大梦，又让崇祯常常处于糊涂之中，对复辽灭寇心存侥幸。

崇祯十一年年底，崇祯调陕西、山西、河南、湖北、四川五省军事总督洪承畴率兵入卫京师，转任蓟辽总督，被崇祯倚为抗清的重镇。

大清对大明，胃口越来越大。战略、策略，却是步步为营。崇德五年，也就是崇祯十三年（1640），皇太极调整对明总体战略：伐美树，须剪重枝，确定灭明以"剪重枝，伐美树"为策略，先下宁锦，再抵关门，进取中国。第一步，把义州作为屯兵之地，设营挖壕，围困锦州。

前线战云密布，洪承畴方寸不乱。他主张且战且守，立足打一场持久战。崇祯同意洪承畴的作战方案，却又朝令夕改，命洪承畴出关，调集玉田、蓟州、宁远、广宁前屯卫、宣府、大同、密云、山海关等八路总兵、十三万人马，云集宁远前线，在锦州、松山、塔山、杏山一线，摆开决战的态势。下达密诏，要洪承畴"刻期进兵"，速战速决，以期灭此朝食，灭寇雪耻，实现中兴大梦。

洪承畴下令进兵，将粮草囤于杏山、塔山之间，率六万人马抵达松山。皇太极闻报，带领三千人马日夜兼程，从盛京赶往松山前线，切断松山、塔山间的通道，断绝明军粮草，使松山陷于孤立无援的境地。明总兵恐慌，军心大乱，纷纷弃战突围。洪承畴孤守松山，至崇祯十五年（1642）二月被俘降清，五月锦州陷落。"五年复辽""灭寇恢疆""灭寇雪耻"终成泡影。

崇祯再次同意议和，皇太极开出纳贡数额、疆界区划，不想事机外泄，朝堂哗然，纷纷以《春秋》大义、传统政治伦理否定媾和。关乎江山社稷存亡，但可能会留千秋骂名的事，崇祯自己不敢担当，却想让内阁来背这个"黑锅"，怎么可能？他蓦然变脸，杀兵部尚书，处死内阁首辅，和议仓促收场。条条大路阻绝，宁锦御疆边兵不敢贸然内调，李自成大军浩浩荡荡杀奔燕京，推翻了大明王朝，崇祯吊死煤山。

崇祯君臣，共同上演了一出英雄悲剧。崇祯立志中兴，"灭寇恢疆""灭寇雪耻"，无可非议，却也无半点值得嘉许。因为严重脱离国情、不谙敌情的大志，把国家引向绝路，把黎民投向水火。袁崇焕一腔英雄热血，"五年复辽"大言误君，其罪难逃。

第六章

千年变局　问路东西

明末，中国经济、政治、文化正在形成由农业社会向工业社会，或者说向资本主义形态加速发展的趋势。一些启蒙思想家宣布了封建君主专制的死刑，预言了新制度的曙光。但是，因为女真民族入主中原，封建君主专制又存活了近300年。

清初，康雍乾时期，西方先后经历了文艺复兴、启蒙运动、工业革命、资产阶级革命。清末面临的『数千年未有之大变局』，是西方现代文明之变对古老中国的冲击。

应对大变局，是一代又一代志士仁人的使命。曾国藩、李鸿章、康有为、张之洞、慈禧、袁世凯、孙中山等，是最具代表性的人物，他们的理论、实践，对中国近代史产生了深远影响。

皇太极

哪料诗书传国长

皇太极为女真民族定鼎燕京、入主中原奠定了基础。

他定国号为大清之后，搞了一次声势浩大的防止"汉化"的"传统教育"，回顾本民族的历史，反思现实，并提升到文化的高度，充满强烈的忧患意识。

皇太极之虑，绝非杞人忧天。在重大转折关头，作出战略思考，又事涉国之大本，显出其大政治家本色。但是，他没有想到的是，汉化不忧且应喜。汉化带来的，是对大清一统天下、江山稳固的重大作用。

中国历史上，有一个少数民族，三次建立政权，两次统治中国，它就是女真族。

女真族在唐代称靺鞨，首领祚荣建立渤海国。五代时靺鞨改女真，并走向衰落。北宋时期，完颜阿骨打建立大金，把宋王朝赶到杭州，偏安一隅。明末，努尔哈赤建立后金，之后，其子皇太极定国号大清，并将女真族改称满洲族。

金朝历九代，凡一百二十年。金在国人中名气较大，是因为岳飞抗金的故事几乎家喻户晓。清朝算上努尔哈赤共历十二帝，享国二百九十五年，有为的君主极多，像努尔哈赤、皇太极、康熙、雍正、乾隆等，都名垂青史。其中，定国号大清的皇太极，为大清定鼎燕京、入主中原奠定了基础。皇太极去世，摄政王多尔衮率清兵入关，在二三年时间里就打垮了南明弘光政权、李自成大顺政权、张献忠大西政权，基本稳固了全国局势。

皇太极是努尔哈赤四大贝勒中年龄最小但实力最强的一个。努尔哈赤去世后称汗，与三大贝勒俱南面坐，共理朝政。他从汉族势力中寻求支持，取得了汗的独尊地位。

他用汉人：清朝开国四大文臣希福、范文程、宁完我、鲍承先，后三位是汉人。《清史稿》评价：希福屡奉使，履险效忱，抚辑属部；文程定大计，左右赞襄，佐命勋最高；完我忠谠耿耿，历挫折而不挠，终蒙主契；承先以完我荐直文馆，而先完我入相，参预军画。间除敌帅，皆在经纶；草昧之绩，视萧、曹、房、杜，殆无不及也。

他仿汉制：天聪三年（1629），建立了由满汉文人组成的文馆，职掌"翻译汉字书籍""记注本朝政事"，为推行汉化运筹帷幄。天聪五年（1631），设立吏、户、礼、兵、刑、工六部，分掌国家行政事务。天聪十年（1636），又将文馆扩充为内国史馆、内秘书院、内弘文院，负责撰拟诏令、编纂史书、掌管和起草对外文书与敕谕、讲经注史、颁布制度等。

他推行汉文化：令满汉官员子弟8岁以上15岁以下者皆就学读书，

称二三年内，"就学者既众，我等将成礼义之邦"。

皇太极定国号为大清之后，治国方略却来了个一百八十度的大转弯。崇德元年（1636）十一二月间，他搞了一次声势浩大的"传统教育"，回顾本民族的历史，反思现实，并提升到文化的高度，充满强烈的忧患意识：

"朕读史，知金世宗真贤君也。当熙宗及完颜亮时，尽废太祖、太宗旧制，盘乐无度。世宗即位，恐子孙效法汉人，谕以无忘祖法，练习骑射。后世一不遵守，以讫于亡。我国娴骑射，以战则克，以攻则取……恐后世子孙忘之，废骑射而效汉人，滋足虑焉。"十二月十九日，他又召见所有亲王、贝勒、固山额真、文馆大臣及其他高级官员，要求他们阅读《金世宗本纪》，训诫臣下，话说得有点危言耸听：若仿效汉人服饰制度，宽衣大袖，左侧挟弓，废骑射之术，则社稷将倾，国家将亡。

这次传统教育的效果如何，史书着墨不多，但透过一些蛛丝马迹，还是可以看出当时的情形。

一是有人质疑：你教育别人，自己不就是一个汉化的推手吗？皇太极辩解说：朕发此言，实为子孙万世之计也。在朕岂有变更之理？恐日后子孙忘旧制，废骑射，以效汉俗，故常切此虑耳。我国士卒，初有几何？因娴于骑射，所以野战则克，攻城则取。天下人称我兵曰：立则不动摇，进则不回顾。

二是有人公开反对。他的忠实谋士宁完我就明确告诉他：要理解文治的艺术，就应阅读四书；要改进战术，就应研究孙子等军事家的著作；要探究王朝兴衰之理，就应求助于《资治通鉴》。

三是有人依然我行我素。皇太极最信任的弟弟多尔衮，借助他给予的权力，全盘接受汉化。

查阅《金史》，金世宗并非一个死抱住部落旧俗不放的守旧帝王。他接任皇帝的背景是，金熙宗失德，发展到酗酒滥杀。完颜亮弑君篡位，荒淫贪暴，被部下乱箭穿身而死。金世宗靠造反坐上皇位，牢记前车之鉴，朝乾夕惕，励精图治。《金世宗本纪》评价他：躬节俭，崇孝弟，信赏罚，重农桑，慎守令之选，严廉察之责……孳孳为治，夜以继日，可谓得为君之道矣。当此之时，群臣守职，上下相安，家给人足，仓廪有余，刑部岁断死罪，或十七人，或二十人，号称"小尧舜"，此其效验也。这才是真实的金世宗。皇太极是误读了历史，金的衰落、金世宗之后的灭亡，根本原因是君昏臣暗，又恰逢一个新的马上民族蒙古的崛起，并非忘记了本民族文化，并非像一些历史学家所放的大言，什么"金以儒亡"。

即便如此，清太宗皇太极之虑，绝非杞人忧天。在重大转折关头，作出战略思考，又事涉国之大本，正显出其大政治家本色。

因为他知道对手的强大。和他交过手的明朝守边大员，个个身手了得：孙承宗筑起宁锦防线，皇太极至死也没有突破；袁崇焕练出一支关宁铁骑，装备了先进炮火，努尔哈赤在炮火中伤身而亡；洪承畴是在战争中锻炼出来的帅才，手中有一支洪兵和无数战将；还有个祖大寿，勇冠三军，成为后金骑兵无法逾越的铜墙铁壁。

因为他知道人性的弱点。皇太极宠爱宸妃海兰珠。崇德六年（1641）九月，他正领兵在松锦战场与大明交战，听说海兰珠病重，竟然情令智昏，下令撤出战场，驱马急返盛京沈阳。人还未还，宸妃已经去世，皇太极朝夕哭泣，竟至昏迷，太医抢救一日方苏醒。在大臣劝谏之下，他曾悔悟道："天之生朕，原为抚世安民，今乃太过于悲悼，不能自持。天地祖宗知朕太过，以此警示。朕从今当擅自排遣也。"但是，一次打猎经过宸妃墓地，又扑倒在墓上大哭一场，从此"圣躬违和"。他或许想到，到了乾隆年间，接受检阅的部队已经拉不开弓，而他的子孙在大清灭亡时，已经蜕化为一批废物般的八旗子弟。

他知道大势难逆，文化忧患徒唤奈何。但是，他没有想到的是，汉化带来的，是对大清一统天下、江山稳固的重大作用。

顺治九年（1652）九月二十日，顺治在太学举行"释奠先师孔子"典礼，勉励太学生笃守"圣人之道"。第二年，颁谕礼部，将"崇儒重道"作为一项基本国策。

康熙亲政之后，便在太学举行了释奠孔子之礼。康熙二十三年

（1684），南巡返京途中，亲临曲阜，举行隆重的谒孔活动。在孔子塑像前行三跪九叩大礼，还手书万世师表匾额。并大力表彰朱熹，命将朱熹论学精义汇编成《朱子全书》，以此"阐扬文教，鼓舞儒林"。

此后，清代的帝王，对崇儒重道的国策坚持并发扬光大。

唯有诗书传国长。国家治理，靠一支强大的官员队伍。官员队伍的选拔，需要一套科学体系。先秦时代，世袭为官。两汉魏晋以后，以德才家世为条件选官，所谓九品中正，却蜕变为"上品无寒门"。到了隋唐，确定为科举取士，它摒弃了血缘、门第等为官的门槛，也抛弃了虚无缥缈的"道德""才干"来衡量的模式，完全凭名次选官，公开、客观，成为当时全世界最公平的选官制度。

天子重英豪，文章教尔曹。万般皆下品，唯有读书高。

朝为田舍郎，暮登天子堂。将相本无种，男儿当自强！

读圣贤书，接受儒家伦理，形成共同的价值观，从而维系国家稳定和统一。这一制度实行了一千三百年之久。直到今天，读书而"知识化"，也和考试密不可分。通过这样的选官制度，实现了民族的大融合，培养了有能力的忠诚的政权维护者。清末发生太平天国起义，真正的读书人没有人参加，反而是曾国藩之流的读书人组织起农民军，挽救了大清王朝，出现了一时的中兴气象。

诗书传国也传家。诗书之家继世长。国如此，家亦然。多少家族，多少朝代兴亡，依然靠着诗书，保持着门第的兴旺。

汉化不忧且应喜。倒是皇太极的子孙们到了最后，紧抱祖宗之法不放，闭关锁国，没有因应时代之变、文化之变，而落伍于世界，导致了大清的垮台。

黄宗羲
思想启蒙写新章

黄宗羲《明夷待访录》问世二百三十年后，梁启超、谭嗣同等将其书钞印散布，作为宣传民主主义的工具。继其后，孙中山领导的革命党，也曾钞印书中《原君》《原臣》等篇，推动革命。

我国文明史，绵延五千年，沿着文化长河的源头顺流而下，自孔孟、墨子、老庄之后，确有种越来越压抑、越来越沉重，甚至越来越暗黑之感。君主一日胜似一日地神化，臣民一日胜似一日地奴化，民众则一日胜似一日地驯化、矮化。读《明夷待访寻》，就像走出了数千年亿万里之隧道，眼前光明大放，气脉充盈，蓦然见一极美极丽、天宽地阔之世界。

有其时方有其书。每当"天崩地解"的前夜，先哲们无不从政治原则的原点出发，从人类终极理想设计未来社会蓝图。黄宗羲"托古改制"，言必称"三代"，并不掩其对封建君主制的彻底否定，并不因此泯灭其思想的现代价值。

清康熙二年（1663），黄宗羲《明夷待访录》问世。它对封建君主专制制度作出"最后的审判"，称"为天下之大害者，君而已矣"。

二百三十年后，梁启超、谭嗣同等倡民权共和之说，将其书钞印数万本，秘密散布，作为宣传民主主义的工具。继其后，民主革命的先驱孙中山领导的革命党，也曾钞印书中《原君》《原臣》等篇，推动革命。侯外庐《中国思想通史》称，"此书类似《人权宣言》"。梁启超论定，此书"于晚清思想之骤变，极有力焉"。

《明夷待访录》早于卢梭《民约论》（编辑注：又称《社会契约论》）一个世纪。明亡之后，一个野蛮民族又统治中国267年，将封建君主专制制度推向极端。这样一本奇书的出世，是起于一个学者的痴狂臆想，还是一种历史发展的必然？

一

封建专制制度的灵魂是家天下，其君主、官僚制度，财产、法律制度等，是帝制的柱石、梁檩，将这些柱石、梁檩摧毁，封建帝制的大厦也就轰然倒塌了。

封建专制制度之下，君是天、是父，君恩浩荡，泽被万民。但黄宗羲却说：君以我之大私为天下之大公，视天下为莫大之产业，"敲剥天下之骨髓，离散天下之子女，以奉我一人之淫乐""为天下之大害者，君而已矣"。

黄宗羲攻击封建官僚制度："跻之仆妾之间而以为当然。""'君父，君父'则吾谁欺！"不过让"仆妾"做得心安理得罢了。君设臣，臣为君，职责是牧民。因此，苟无系于社稷之存亡，则四方之劳扰、民生之憔悴，亦以为纤芥之疾也。

黄宗羲攻击封建法律制度："其所谓法者，一家之法，而非天下之法也。""此其法何曾有一毫为天下之心哉！"天下之乱即生于法之中。此非法之法，前王不胜其利欲之私而创之，后王或不胜其利欲之私以坏之。坏之者固足以害天下，其创之者亦未始非害天下者也。

黄宗羲攻击封建经济制度：井田既坏，租税制让民无可耕之田，天下之赋日增，民日困于前。有明自漕运而外，尽数折银，天下金银纲运于燕京，尽入于皇室。民间"银荒"，则银贵物贱。"故田土之价不当异时之什一，岂其壤瘠与……百货之价亦不当异时之什一，岂其物阜与？曰否，市易无资也。当今之世，宛转汤火之民，即时和年丰无益也。"

黄宗羲推倒旧制度的大厦，清理掉废墟，还要在这片土地上构建一个理想社会。

黄宗羲视政治权力为国家公器："以天下为主，君为客。""天下之治乱，不在一姓之兴亡，而在万民之忧乐。"凡君所毕世经营者，为天下也，"不以一己之利为利，而使天下受其利；不以一己之害为害，而使天下释其害。"这样的君，类似墨子《兼爱》篇中的"兼君"，由人民自由选出，是人类的谋幸福者。

黄宗羲视君臣关系为分工协作："治天下犹曳大木然，前者唱邪，后者唱许。君与臣，共曳木之人也"。臣之道，"我之出而仕也，为天下，非为君也；为万民，非为一姓也"。吾以天下万民起见，君非其道，未之敢同，未之敢许也。"君臣之名，从天下而有之者也。吾无天下之责，则吾在君为路人。出而仕于君也，不以天下为事，则君之仆妾也；以天下为事，则君之师友也。"

黄宗羲视法律制度为造福天下之手段。尧、舜、夏禹、商汤、周文，知天下之不可无养也，为之授田以耕之；知天下之不可无衣也，为之授地以桑麻之；知天下之不可无教也，为之学校以兴之，为之婚姻之礼以防其淫，为之卒乘之赋以防其乱。此三代以上之法，它给民众以财产权、受教育权、安全保障权等，"因未尝为一己而立也"。

黄宗羲设计了权力分立、制衡机制。他的意识中有责任内阁制要素。宰相与天子同议可否，天子不能尽，则宰相批之，下六部施行。宰相设政事堂，分曹以主众务。他也有近代代议制意识。公其是非于学校，"天子之所是未必是，天子之所非未必非，天子亦遂不敢自为非是"。学校的重要职能，类似西方之议会，郡县学官，由地方公议产生，大学祭酒，其重要与宰相同。

黄宗羲政治上主张民主，经济上谋求平等。他提出恢复井田制，由国家向人民授田。提出"工商皆本"，世儒"以工商为末，妄议抑之。夫工固圣王之所欲来，商又使其愿出于途者，盖皆本也"。

我国文明史，绵延五千年，沿着文化长河的源头顺流而下，自孔孟、墨子、老庄之后，确有种越来越压抑、越来越沉重，甚至越来越暗黑之感。君主一日胜似一日地神化，臣民一日胜似一日地奴化，民众则一日胜似一日地驯化、矮化，卑微到尘埃中瞧不见了。读《明夷待访录》，就像走出了数千年亿万里之隧道，眼前光明大放，气脉充盈，蓦然见一极美极丽、天宽地阔之世界。

二

有其时方有其书。

黄宗羲生于明万历三十八年（1610），卒于清康熙三十四年（1695），浙江余姚人，学者称他为梨洲先生。黄宗羲所处的时代，是一个"天崩地解"的时代。所谓"天崩地解"，不仅有李自成打进北京，崇祯吊死煤山，清朝入主中原，更有传统的农业社会向近代工商业社会转型的震荡。学者的观点，这个转型过程始自嘉靖年间（1522—1566），而以江南经济发达地区表现得尤为明显。江南地区的苏、松、常一带，商业、金融业和纺织、印染等手工制造业繁荣发展，带动城镇化和新兴市民阶层壮大。经济发展融入全球化进程，由"夷入市中国"变而为"中国商于夷"。新型的士商关系开始形成，商人士大夫化，士大夫商人化。

经济生活发生变化的同时，政治生活也随着改变，新制度的种子也在孕育、生长。士林风标顾宪成、高攀龙倡导言论自由，"以众论定国是""公天下以选举"。著名思想家吕坤提出民众作为社会主体地位的观点，称"天之生民，非为君也；天之立君，以为民也"。"岂其使一人肆于民上，而剥天下以自奉哉！"皇帝的权威受到重创，带有启蒙意义的"非君议政"思潮由此而生。海瑞上《治安疏》骂皇帝，指斥嘉靖赋役常增，万方则效，室如悬罄，"嘉靖者，言家家皆净而无财用也"。待到万历时代，更有雒于仁给万历上"酒、色、财、气"四箴疏，指斥万历好酒贪杯、沉湎女色、贪财好货、用气伤时，骂皇帝骂得更恶。

东林党的主要代表人物，原籍都在江南地区，多是工商家庭出身，或与商业活动、新兴市民阶层有着千丝万缕的联系。黄宗羲的父亲黄尊素为著名的东林党人，黄宗羲也是有"小东林"之称的复社成员。东林党人关注民生，维护工商业者正当利益，也就赢得这一阶层的支持。天启六年（1626），阉党集团对东林党人血腥屠杀，缇骑（编辑注：缇骑，锦衣卫属下人员）奉诏命赴苏、浙逮捕周顺昌、黄尊素。士人杨维斗带头上街，游行抗议，苏州市民万余人聚雨中，"众怒如山崩潮涌"，打得缇骑抱头鼠窜。准备前往抓黄尊素的缇骑也被袭击，市民"焚其舟，沉其橐于河"，逮捕令"驾帖"也不见了。

士人讲学、结社，影响朝政。复社倡"虚君"制，政治理念激进。崇祯五年（1632），虎丘大会，"先期传单四出，至日，山左、江右、晋、楚、闽、浙以舟车至者数千人"。《复社姓氏录》具名者二千二十五人，如此庞大的士人队伍，对于时政会产生多么大的影响力！崇祯十一年（1638），寓居南京的阉党余孽阮大铖欲谋起复，复社成员聚会，推东林遗孤顾杲、黄宗羲等为首，宣布《留都防乱公揭》，把阮大铖赶到南门外的牛首，再不敢露面了。

这个时代，民主启蒙思想如春花绽放，黄宗羲等一大批启蒙思想家出现，似东风催发。《明夷待访录》发出的是时代的声音，是工商业者和新兴市民阶层的诉求，是晚明思想文化激荡的产物，是时代先进思想的集大成者。

三

有其人方有其文。

黄宗羲概括自己的人生经历,"初锢之为党人,继指之为游侠,终厕之于儒林"。

黄宗羲是反对封建专制统治的斗士。他十七岁,父亲罹于阉祸,惨死狱中。十九岁,赴京为父申冤。时阉党集团已经覆灭,他在京做了几件大快人心的事。他与仇家许显纯、李实对质,预先藏利锥于身,在公堂上突然出锥猛刺许、李,使其流血被体,还把另一仇家崔应元痛揍一通,拔了他的胡子回家祭父。随后,找到残害父亲的两名狱卒,将他们痛殴致死。冤狱平反,黄宗羲带领被害诸家子弟,在诏狱中门设祭,哭声如雷,达于禁内,崇祯为之长叹,"忠臣孤子,甚恻朕怀"!黄宗羲的快意恩仇与浩然正气,震动了朝野。

黄宗羲是反清复明的爱国志士。崇祯十七年(1644),明朝覆亡,清军入关。南明弘光政权建立,仅维持一年。从这一年开始,到黄宗羲五十三岁,十多年间,是他参加反清复明的"游侠"时期。他毁家纾难,拉起家乡子弟,建"世忠营",起兵抗清。追随鲁王政权,先后任左佥都御史、左副都御史,尽一己之力,苦撑明祀残业。这个期间,他深山立寨,海上漂泊,东洋乞师,出生入死,明知局势难以挽回,仍知其不可为而为之。当抗清复明的梦想终化泡影,他甘做遗民,至死不仕新朝。

黄宗羲是开"经世致用"学风的一代宗师。家学渊源,父亲嘱咐,"学者不可不通史事,可读《献征录》",并留给他自著的明朝《大事记》。他数年内将家藏《献征录》及明十三朝实录、《二十一史》等研读完毕。此后,游学拜师,博学多采,时风熏染,形成其经史并重的治学方针,目的则在"足以应务"。

天降大任待斯人。亡国之痛,让那一代身负天下之责的士人,陷入探究治乱的时代之思。黄宗羲作为其中的代表性人物,于顺治十年(1653),写出他的第一本政治著作《留史》。其自序称:"仆生尘冥之中,治乱之故，观之也熟。农琐余隙，条其大者，为书八篇。"此书主要内容为十年后的著述《明夷待访录》（简称《待访录》）吸收。弟子以为，所遗数篇，仍有独立价值，得以保存，篇目为《文质》《封建》《卫所》《朋党》《史》。对照《待访录》所论十三篇：君、臣、法、相、学校、取士、建都、方镇、田制、兵制、财计、胥吏、奄宦，都是最尖锐之社会问题，关乎治乱之大本，《留书》必当一一触及。

明朝政治最黑暗处，是宦官专权，以特务组织锦衣卫和东厂、西厂操生杀大权。明朝政治最动荡处，是党争不断，至政权覆亡始告终结。明朝最大忧患，是戎狄入侵。北寇进犯，屡屡兵临京畿。"土木之变"，英宗被俘；辽东满人乱起，万历三年三加饷，崇祯辽饷、练饷、剿饷齐征，年计征银一千六百万两。百姓不堪重负，造反求存，外患引发内乱，内外交困。兵制应变，由屯田、卫所，改募兵，再改大将募兵，致将悍兵骄，尾大不掉。一个御戎，牵动田制、财计、兵制、建都，甚至连实行封建制还是方镇制以强地方的治策也虑及了。

人治社会，治乱决定于人君。朱元璋的后辈子孙，成器者寡。万历贪财、怠政。光宗做皇帝仅一月，死于淫乐。熹宗沉溺于土木工程，大权旁落，宦官魏忠贤勾结熹宗奶妈客氏，一手遮天。崇祯刚愎自用，志大才疏，草菅大臣，人才一空。后来的弘光小朝廷，唐王、鲁王、桂王政权，无非苟延残喘。皇帝荒唐、淫暴，根子出在封建君主专制，天下归一家一姓。"庆父不死，鲁难未已"，病源不去，百计千方，都无助益！

当然，《留书》的论说很难有《待访录》的视野和深度。因为这个时期，黄宗羲毕竟还是作为一个残明遗臣，在尽着救亡复国的责任。值得关注的是《留书》的《史》篇，坚守"华夷之辨"，称"中国之与夷狄，内外之辨也。以中国治中国，以夷狄治夷狄，犹人不可杂之于兽，兽不可杂之于人也"。"华夷之辨"，让他坚守民族气节，至死不仕"外夷"，也是促成他与封建君主制彻底决裂，《待访录》得以问世的重要条件。

壬寅，也就是康熙元年（1662），是抗清复明志士仁人希望破灭的一年。四月，桂王被吴三桂绞杀。五月，郑成功卒于台湾。十一月，鲁王阻。"壬寅前，鲁阳之望未绝，天南讣至，始有潮息烟沉之叹，饰巾待尽，是书于是乎出。"

故国不再，身心飘零，一介遗民，苟活于乱世，对民族、对人民情怀愈炽，对历史的总结也越易打破一朝一姓局限，也不再被任何的禁忌所掣制，对制度的批判、对未来社会理想的憧憬，也就更具有终极性。

黄宗羲所设计的理想社会蓝图，在过往，被视为无望的狂想，而在今天，已多为现实。其民主启蒙思想与西方不谋而合，亦非偶然。每当"天崩地解"的前夜，先哲们无不从政治原则的原点出发，从人类终极理想设计未来社会蓝图。黄宗羲"托古改制"，言必称"三代"，并不掩其对封建君主制的彻底否定，并不因此泯灭其思想的现代价值。黄宗羲所"待访"者为谁，史上众说纷纭，答案绝不是康熙这个所谓"圣君"，不是反清复明的民族英雄，不是维新变法的康、梁或倡民主革命的孙中山，而是真正以"天下为公"为理想，并且可以真正实现这一理想的一代伟人。

顾炎武

啼血声声哀兴亡

"有亡国,有亡天下。""保国者,其君其臣肉食者谋之;保天下者,匹夫之贱与有责焉耳矣!"顾炎武把国与天下作了明确区分,这和通常对"天下兴亡,匹夫有责"的理解大不相同。

认识优秀传统文化,应把握其原本义和引申义。原本义,是原来的特定环境条件下所确指;引申义,是后人在新的时代、新的环境条件下的转化、创新、发展。

"天下兴亡,匹夫有责"的原本义,是指道德风俗建设。"天下兴亡,匹夫有责"的引申义,是现代意义上的爱国情怀。严复所探求者,是民众对国家的"自觉之爱"。这种"自觉之爱"的形成,必须以建设真正的人民民主的国家为保障,必须使人民真正感受到国家是自己的国家,国民一体,则天下、国家一体。由此,"天下兴亡,匹夫有责"才有了历久弥新的价值。

明末清初，一代大儒顾炎武发出一声呐喊："天下兴亡，匹夫有责！"仿佛一声春雷，炸响于神州大地，震荡了一代又一代中华儿女的心。

一

表面看，"天下兴亡，匹夫有责"，很容易理解，实际上，吃透其深意却难。

顾炎武《日知录·正始》篇说："有亡国，有亡天下。亡国与亡天下奚辨？曰：易姓改号，谓之亡国；仁义充塞，而至于率兽食人，人将相食，谓之亡天下……是故知保天下，然后知保其国。保国者，其君其臣肉食者谋之；保天下者，匹夫之贱与有责焉耳矣！"

今人的概念，天下与国家本同一义。顾炎武却把天下与国家作了明确区分，这和我们通常对天下兴亡的理解就大不相同了。"易姓改号，谓之亡国。"封建君主专制制度下，国乃一家一姓之所有。一姓亡，另一姓兴，百姓还是那个百姓，生活还是那个生活，"兴，百姓苦；亡，百姓苦。"因此，这样的国之兴亡，与百姓有什么关系？"保国者，其君其臣肉食者谋之"，让那些大大小小的既得利益者忙活去吧！

"仁义充塞，而至于率兽食人，人将相食，谓之亡天下"，此说不大容易明白。实质上，认识优秀传统文化，应把握其原本义和引申义。原本义，是原来的特定环境条件下所确指；引申义，是后人在新的时代、新的环境条件下的转化、创新、发展。

二

"天下兴亡，匹夫有责"的原本义，是指道德风俗建设。《日知录》卷之十三，辑文三十七篇，主题集中于一点，就是道德风俗。《华阳王氏宗祠记》说得更加明确："有人伦，然后有风俗；有风俗，然后有政事；有政事，然后有国家。""民德厚而礼俗成，上下安而暴慝不作""至于今日，而先王之所以为教，贤者之所以为俗，殆澌灭而无余矣……于是机诈之变日深，而廉耻道尽，其不至于率兽食人而人相食者几希矣。"

顾炎武探究道德风俗的成毁，始自周之末，终之于明末清初，有批判，更有建设，为了"鉴古训今""鉴古筹今""稽天成德"，即认识历史发展规律，建设一个"人文化成"的理想社会。

道德风俗之大义，是民族气节、天理人伦。顾炎武立论于孟子批"杨、墨之言，至于使天下无父无君而入于禽兽者也"，认为魏晋时期大义沦丧。晋朝司马氏杀嵇康，嵇康子嵇绍长成，山涛劝嵇绍仕晋，说："为君思之久矣。天地四时，犹有消息，而况于人乎？"一时传诵，以为名言。顾炎武怒斥山涛"不知其败义伤教，至于率天下而无父者也"，而嵇绍忘其父而事其非君，是犯天下之大不韪而不顾。"自正始以来，而大义不明，遍于天下"，以致出现了大臣争事胡主刘聪、石勒的卑鄙邪恶丑行。

顾炎武所论，现实指归明确。他所痛斥的无父无君、"率兽食人"者，是那些丧失民族气节，投降清朝，向新朝屈膝下跪，双手递上投名状的贰臣，是那些带领清朝军队残杀自己同胞的汉奸、二鬼子。他所痛心的"人将相食"，是指道德沦丧、风俗澌灭后出现的见利忘义、图财害命等种种丑恶的世道人情。

重德厚俗千年事，王朝兴亡指顾间。顾炎武提出，先王之教，皆变于自《左传》记事终止后的一百三十三年间，不待秦始皇并天下，而文武之道尽矣。驯至西汉，此风未改。孝武表彰六经之后，师儒虽盛，而大义未明，故新莽居摄，颂德献符者遍于天下。光武"尊崇节义，敦厉名实，所举用者，莫非经明行修之人，而风俗为之一变"。曹孟德崇奖跅弛之士，下令再三，至于求"负污辱之名、见笑之行、不仁不孝而有治国用兵之术者"，于是权诈迭起，奸逆萌生。"夫以经术之治，节义之防，光武、明、章数世为之而未足，毁方败常之俗，孟德一人变之而有余。"五代之季，士大夫忠义之节变化殆尽。北宋经太祖、真、仁几世，范仲淹、欧阳修、唐介等诸贤以真言谠论倡于朝，于是中外缙绅知以名节为高，廉耻相尚，尽去五季之陋。王安石用事，移人心，变士习，为朝廷之害，历数十年，滔滔之势，一往而不可反。"

"国家之所以存亡者，在道德之深浅，不在乎强与弱。历数之所以长短者，在风俗之厚薄，不在乎富与贫。""礼义廉耻，国之四维。四维不张，国乃灭亡。""欲筑太平基，请自厚俗始。"重德厚俗，当存清议，倡名教，知耻，重厚，耿介。重德厚俗，官民各有其责。德重俗厚，则国泰民安。这就是"知保天下，然后知保其国"的道理。

顾炎武的数千年道德风俗论，抵得上一部厚重的天下道德风俗利病书。

"天下兴亡，匹夫有责"的引申义，是现代意义上的爱国情怀。天下与国家，为同一概念。国家之忧，当为国民之忧；国家有难，国民当共赴国难；国欲富强，国民当人尽其能。

顾炎武所处的晚明时代，就社会内部结构看，是传统的农业社会向现代工商业社会的转型期。商品经济的繁荣，让利益驱动力充分显现，让民众的智慧、民力的潜能爆发。"吴中风俗，农事之获利倍而劳最，愚懦之民为之；工之获利二而劳多，雕巧之民为之；商贾之获利三而劳轻，心计之民为之；贩盐之获利五而无劳，豪猾之民为之。""海滨之民，惟利是视，走死地如鹜，往往至岛外区脱之地曰台湾者，与红毛番为市……官府即知之而不能禁，禁之而不能绝"，"异时海贩船十损二三，及循习于常，所往来，舟无恙，若安澜焉，盖海滨民射利如此。"徽州商人"勤俭甲天下，故富亦甲天下。贾人娶妇数月，则出外或数十年，至有父子之邂逅而不相认识者……其数奇贩折，宁终身漂泊死，羞归乡对人也"。

"民享其利，将自为之，而不烦程督"，是经济规律。顾炎武由这一经济规律，提出他的近代经济学命题："为天子为百姓之心，必不如其自为。"他说："天下之人各怀其家，各私其子，其常情也。为天子、为百姓之心，必不如其自为，此在三代以上已然矣。圣人者因而用之，用天下之私以成一人之公，而天下治……故天下之私，天子之公也。"顺应这一历史大势，在具体制度政策上，国家当对经济活动少加干预，当在保护私有财产、调整货币政策、赋税政策等方面着力，使民得国利，国得民力。

近代西学大师严复，在《原强修订稿》中，由顾炎武的近代经济学命题，引发出近代政治学命题。严复认为，顾炎武"合天下之私以成天下之公"的思想，本质上与西欧近代民主政治理念相通。他说："西之教平等，故以公治众而贵自由。"又说，西方人"若有深私至爱于其国""此其何故哉？无他，私之以为己有而已矣"。国家的法律是人民制定的，官员是民选的，国家保障公民的民主自由权利，国家利益实际上是每一个公民的私人利益的体现。因此，人民给国家纳税，无异于自营其田宅；趋死以杀敌，无异于自卫其家室。有鉴于此，严复主张以顾炎武"合天下之私以为公"的思想来改造中国的政治制度。他说："居今之日，欲进吾民之德，于以同心合志，联一气而御外仇，则非有道焉使各私中国不可也。顾处士曰：'民不能无私也，圣人之制治也，在合天下之私以为公。'然则使各私中国奈何？曰：设议院于京师，而令天下郡县各公举其守宰。"严复所探求者，是民众对国家的"自觉之爱"，不是一方予另一方的无条件的要求，不是一方从外部强加于另一方的一种义务。这种"自觉之爱"，才坚如磐石；建立在这种"自觉之爱"基础上的"匹夫之责"，才有如奔涌的地火，威力无可估量。这种"自觉之爱"的形成，必须以建设真正的人民民主的国家为保障，必须使人民真正感受到国家是自己的国家，国民一体，则天下、国家一体。它蕴含于顾炎武思想之中，因时代条件的变化而刮垢成光。由此，"天下兴亡，匹夫有责"才有了历久弥新的价值。

三

有其人，方有其文；人如其文，文才更显其真理的感召力。

天下兴亡，尽匹夫之责，顾炎武的天下第一大事、第一大义，是救亡图存。面对亡国灭种的灾难，民族矛盾上升到首位，保国就有了特定的内涵。国亡，则民众命如蝼蚁，何以言保天下事？所以，保国和保天下就成为命运一体。在当时，残明政权作为国家的象征，是抗击外敌侵略，凝聚保国保种人心和力量的一面旗帜。顾炎武义无反顾，投入反清的武装斗争。他先被南明弘光政权聘为兵部司务，后被隆武政权聘为兵部职方司主事。"职方掌舆图、军制、城隍、镇戍、简练、征讨之事。"这一时期的顾炎武，手执鹅毛扇，活动于五湖三泖的各支义军之间，"遥看白羽扇，知是顾生来"。隆武帝被杀，持续三年的江南抗清武装斗争失败，但顾炎武反清复明的志士魂始终未泯。他的多半生，是在北方游历。他在山东停留的时间最长。"不得山东，则河北不可取；不得河北，则中原不可复。"但由北向南，以图匡复，无从着手。他又把考察重点转向山西、陕西，由西向东，是汉、唐得天下的路线。他移居华阴之后，致书三侄，"华阴绾毂关、河之口，虽足不出户，而能见天下之人，闻天下之事。一旦有警，入山守险，不过十里之遥；若志在四方，则一出关门，亦有建瓴之便"。

抗清复明，大梦成空。他誓死不臣二姓，不与清廷合作。东阁大学士熊赐履任史事，以书召顾炎武为助，他回答："愿以一死谢公，最下则逃之世外。"清廷开博学鸿词科，征学海内名儒，诸公争欲致之，他令门人在京者固辞："刀绳具在，无速我死。"清廷大修明史，诸公又欲特荐之，他贻书叶学士讱庵，谢以身徇得免。或曰："先生盍亦听人一荐？荐而不出，其名愈高矣。"先生笑曰："令人强委禽兽，而力拒之以明节，则吾未之闻矣。"

顾炎武作为一代大儒，倾其一生之力，为天下兴亡所尽匹夫之责，是为民族复兴准备思想文化条件。"天道有盈虚，智者乘时作。"他给黄宗羲的信中说："天下之事，有其识者未必遭其时，而当其时者，或无其识。古之君子所以著书待后，有王者起，得而师之。"他在《立言不为一时》中称："天下之事，有言在一时，而其效见于数十百年之后者。"《天下郡国利病书》《肇域志》《日知录》，是他一生心血的结晶，是"其效见于数十百年之后"的济世拯民之言。

崇祯十二年（1639），顾炎武秋闱被摈，退而读书。感四国之多虞，耻经生之寡术，于是历览二十一史、十三朝实录、天下图经、前辈文编、说部以至公移、邸抄之类，有关于民生之利害者，随录之，旁推互证，务质之今日所可行，而不为泥古之空言，曰《天下郡国利病书》。

著述已成，他有了北游的打算，"欲游览天下山川风土，以质诸当世大人先生"。朋友们特为他写了一份《为顾宁人征天下书籍启》，启示说："冀当世大人先生，观宁人之文以察其志，而助之闻见以成其书。匪直一家之言，异日天下生民之福，其必由之矣！"这一游，竟有数十年，往来曲折二三万里，所览书又得万余卷。其别有一编，曰《肇域志》，为考索利病之余，合图经而成者。全祖望《顾亭林先生神道表》称："凡先生之游，以二马二骡载书自随，所至阨塞，即呼老兵退卒，询其曲折，或与平日所闻不合，则即坊肆中发书而对勘之。"

"必有体国经野之心，而后可以登山临水；必有济世安民之识，而后可以考古论今。"光绪三十四年（1908），朝廷批准顾炎武从祀文庙，部臣奏议中特别指出，其利病书"所言皆天下大事，卓然名论"。《日知录》一书，顾炎武"平生之志与业皆在其中"。卷前语自白："愚自少读书，有所得辄记之，其有不合，时复改定。或古人先我而有者，则遂削之。积三十余年，乃成一编，取子夏之言，名曰《日知录》，以正后之君子。"《日知录》"采山之铜"，在茫茫书海中挑出切合于己意的他人之言，表达自己的思想见解，所作阐发，则起画龙点睛之效。顾炎武期冀，"有王者起，得以酌取焉，其亦可以毕区区之愿矣"。其门人潘耒在《日知录》序中预言："异日有整顿民物之责者，读是书而惕然觉悟，采用其说，见诸施行，于世道人心，实非小补。"

"一身长飘落，四海竟沦胥。"顾炎武一生，亡国之痛时时啃啮其敏感的心灵，反清复明的大愿始终燃烧于胸。"手中无长缨，一生志图龙。真龙终难觅，画龙蹈虚空。"诗言志。读其诗文，难免让人生此锥心之痛、长太息之叹。但他所发凡的"天下兴亡，匹夫有责"的民族精神，他为民族复兴倾尽匹夫之责的士人情怀，已经化为民族的基因，流淌于国民的血液，成为保国强种的澎湃动力。

乾隆

落后岂是因闭关

乾隆五十八年（1793），英国派出的使团，曾经来到他的朝堂作了一次"亮剑"。长剑出鞘，中西对决的胜负早就没有了悬念。

一个民族自立于世界民族之林，根本要靠自主创造。乾隆一朝，中国人的创造发明和对人类的贡献又是什么？可谓"一穷二白"！

乾隆使封建专制，特别是思想文化专制达到登峰造极。乾隆寄希望于只有一个大脑，这就是皇帝的大脑；寄希望于只有一个意志，这就是皇帝的意志；寄希望于只有一个是非标准，这就是唯我是从。思想文化专制之下，中国人不敢说话，不敢思维，不敢著书立说，只能闭紧嘴巴，扔掉笔杆，关闭思维机器，民族的活力、创造力窒息。一个万马齐喑的民族，只能是一个走向衰败、覆灭的民族。

思想文化专制的必然产物，是闭关锁国。思想文化专制步步推进，国门的缝隙也就一天比一天狭窄。

中国近代史，是一部受凌辱、被欺侮的历史。西方世界，英、法、德、美凌辱、欺侮，蕞尔小邦葡萄牙凌辱、欺侮，东方近邻沙俄、日本也要凌辱、欺侮。

落后就要挨打。导致近代中国落后挨打的罪魁祸首是乾隆。乾隆怎么让中国落后了呢？闭关锁国！这几乎成为定论。但是，我要说，这个所谓定论错了。它只是说到了表象，没有挖到根本。

一

乾隆死后四十多年，鸦片战争爆发。乾隆没有亲自和世界列强过招。但是，在他的晚年，乾隆五十八年（1793），当时的西方头号强国英国派出的使团曾经来到他的朝堂作了一次"亮剑"。长剑出鞘，胜负早就没有了悬念。

大清帝国一方，乾隆创造了数千年封建社会最辉煌的盛世。疆域之广，亘古无匹；人口之众，比最盛的明朝多了一倍多，达到2.97亿；国内生产总值世界第一；边疆安定，社会和政局稳定。

大英帝国一方，英国特使马戛尔尼带来一份丰厚的礼单，展示了英国的国力、军力。其中，有天体运行仪、地球仪、赫歇耳望远镜、帕克透镜、气压计等科学仪器，有蒸汽机、棉纺机、梳理机、织布机等工业机械，有榴弹炮、迫击炮、卡宾枪、步枪、连发手枪等先进武器，有装备一百一十门火炮的巨型战舰"君王"号舰艇模型。这里透出的，是经历工业革命之后，大英帝国的冰山一角。乾隆在位的六十年，正好是英国经历了工业革命的全过程。

通过这冰山一角，也吹进来西方千年未有之大变局的劲风。西方世界，正处于一个科技创新的时代。蒸汽机的发明，以及与纺织机、轧花机、梳理机、飞梭的集成，完成了从工场手工业向机器大工业、从个体工场手工生产向大规模工厂化生产的变革，成为技术革命、工业革命、生产方式革命的牵引器。西方世界，正处于一个制度革命的时代，资本主义制度取代封建制度，议会制、民主制取代君主集权专制。卢梭发表《论人类不平等的起源和基础》《社会契约论》，提出"天赋民权"。法国大革命爆发，发表《人权宣言》。华盛顿宣布拒绝担任第三任总统，完善了美国的民主政体。西方世界，正处于一个征服的时代——征服自然，征服海洋，征服殖民地，为喷涌的资本和商品开辟市场。

国力、军力和软实力的对比，将"乾隆盛世"的衰朽暴露无遗。马戛尔尼中国之行得出的结论，大清帝国不过是"一艘破烂不堪的头等战舰"。这个时期，清帝国社会制度已经腐朽，经济还是以农业为主的小农经济形态，没有现代科技，军队装备基本处于冷兵器时代。石头筑成的海防炮台，挨不过依靠科学仪器瞄准的几发炮弹轰击；用人的血肉筑起的长城，更挡不住洋枪洋炮泼洒的弹雨。

一个民族自立于世界民族之林，根本要靠自主创造。中华民族是一个聪明的民族，创造了灿烂的人类文明，包括先进的科学技术。伟人毛泽东说，中国应当对于人类有较大的贡献。乾隆一朝，中国人的创造力哪里去了？中国人的创造发明又是什么？可谓"一穷二白"！封建专制，特别是思想文化专制，把中国人的创造力扼杀殆尽了。这才是中国落后挨打的根子！

一个民族要赶上世界潮流，也必须打开国门，开放拿来。史学界的观点：如果乾隆能通过马戛尔尼访华敏锐地感觉到迫在眉睫的威胁，并抓住这最后的时机积极经略海上，加强中外海上交流，并非没有可能获得大量最新西方军事及科技成果，迅速赶上世界水平（《16世纪至19世纪鸦片战争前的中国海外贸易政策述评》）。可惜，封建专制，特别是思想文化专制之下，这只不过是一种不可能发生的假设。

二

清朝经历了封建制度的成熟、鼎盛和终结。乾隆汲取历代王朝的经验，继承祖先的成功做法，使封建专制，特别是思想文化专制达到登峰造极。

乾隆深信，数十年来，国家全依靠我们三代皇帝以一人之力竭力主持，小心把握权柄，才使国家政治一直在轨道上运行。因此，他必须乾纲独断，把所有权力集于一身。他实行秘密立储制度，立太子也就是确定接班人，完全由一个人说了算。设立军机处，剥夺了朝廷各个衙门的权力和大臣的议政权、决策权。一个人带着个秘书班子，运作着庞大的国家机器。他还将宗室亲王排除在决策层之外，绝不允许太后碰触他的权柄，对仅存的两个弟弟，"时加训迪，不许干预政事"。他将君臣关系变成了赤裸裸的主子和奴才关系。对臣下，可以任意践踏、凌辱，要打要杀，视如草芥。乾隆十三年（1748），皇后去世。加之社会矛盾增多，乾隆心绪失常，"天子一怒，血流漂杵"，约一年内，处死的大学士、总督、巡抚、提督等大员就有塞楞额、周学健、常安、讷亲、张广泗、庆复、李质粹等，被贬革者不计其数。塞楞额、周学健掉了脑袋，是因为违制剃头，这一制度其实早已名存实亡。

与历史上众多的帝王相比，乾隆专制的特异之处，是思想文化专制。这个方面，乾隆最有能力、最有时间、最有手段，也最有韧性。他六岁开始读书，青少年时期，多数时间在书斋中度过，精通汉文化，还熟悉满、蒙语言。二十四岁登基，当了六十年皇帝，三年太上皇，勤勉政事，深谋远虑。"太上禁其心，其次禁其言，其次禁其事"（《韩非子·说疑》），要"建立大清王朝万代永固之基"，要驯服民众的肉体，更要控制民众的头脑和心灵。

乾隆组织领导了一场思想文化大革命。这场大革命，有建设，有破坏，大立大破。一是重写历史。乾隆三十三年（1768），编成《御批历代通鉴辑览》，系统讲述了从黄帝到明末共计四千五百五十九年的历史，从"天下一家"和"大一统"的角度重建"正统观"，重新论证了历代少数民族政权的合法性。二是根据时势需要，大幅修正对当代历史人物的评价。清朝夺天下，需要汉人官员、士子顺应潮流，归顺和效力大清。政权稳固之后，就要重新厘定忠奸标准。乾隆设立《贰臣传》，清朝开国时期"事二君"的汉人功臣，一个个成了不忠的贰臣。三是大规模整理中国历史文献，官修《四库全书》，对中国文化古籍重新遴选、评价、存毁、删削。打着建设的名义，搞了一场禁书运动，销毁的书籍"将近三千余种，六七万卷以上，种数几与四库现收书相埒"。

乾隆发动的思想文化大革命，手段极端恐怖，过程透着血腥。乾隆统治期间，制造的文字狱达一百三十多起，涉及皇权、政权、主流意识形态的大案、御案接二连三。

文字狱，就是思想罪，是以言论和文字治罪。胡仲藻"坚磨生诗钞案"，很有代表性。胡仲藻，曾任内阁大学士，是首席军机大臣鄂尔泰的得意门生，与其从子、甘肃巡抚鄂昌过从甚密。案件从乾隆十八年（1753）启动，二十年（1755）三月，乾隆召集大学士、九卿、翰林、詹事、科道官等宣布胡的罪状，指出诗钞中"种种悖逆之不可悉数"：如"一把心肠论浊清，加'浊'字于国号之上，是何肺腑"？如"天非开清泰""斯文欲被蛮"，谁是蛮子，谁又辱没了谁的斯文？大清统一全国已经一百多年，还在煽动民族情结，是何用心？如胡仲藻任广西学政时"所出试题内，考经义有'乾三爻不象龙之说'……乾隆乃朕年号，龙与隆同音，其诋毁之意可知"。胡仲藻斩立决，鄂昌与胡仲藻唱和，"其罪实不容诛"，又加其所著《塞上吟》，称蒙古为胡儿等罪状，鄂昌赐自尽，已故大学士鄂尔泰也被从贤良祠撤出。

文字狱起，无处不是雷区。写诗著文罹祸，藏书、刻书、售书、读书，都可能引来大难临头，家破人亡。乾隆四十二年（1777），乡间举人王锡侯因为编了本叫《字贯》的字典，引出一起特大御案。《字贯》序言中称："《康熙字典》所收四万六千字有奇，学者查此字遗彼字，每每苦于找遍全书，掩卷而仍茫然。"说的是《康熙字典》排序，字与字之间没有联系，查起来很不方便。他的这部《字贯》，解决了这个问题，把同义字贯穿一处，便于查找。《康熙字典》是"圣祖皇帝御制"，王锡侯说不如他的字典好，岂不狂悖？谁也没有想到的是，案件报到乾隆那里，却一下子成了顶格大案。原来，王锡侯解释避讳，却把康熙、雍正和乾隆三个人的名字，也就是玄烨、胤禛和弘历写了出来。关于避讳，乾隆曾经发过上谕："避名之说，乃文字末节，朕向来不以为然。"这一次却撞了枪口。乾隆御批："此实大逆不法为从来未有之事，罪不容诛，应照大逆律问拟！"王锡侯斩立决，子孙七人斩监候，妻、媳及未及十六岁者赏给功臣为奴，"双眼无珠"、没有发现重大政治问题的江西巡抚斩监候，两江总督也被追责，官降一级。

文字狱起，文化鹰犬遍地而起。官府四处密访，无耻文人和败德小人为虎作伥，出入学馆、书铺，甚至到私人书房中用偷、骗、买等卑鄙手段获取告密材料，或为了立功，或为了邀赏，或借以泄愤。乾隆三十九年（1774），有个叫简上的人，用三元钱从屈大均族人屈稔涢处诓得屈大均三本著作，从而制造了一起大案。屈著是有悖逆文字的禁书，屈稔涢被斩立决。

乾隆寄希望于只有一个大脑，这就是皇帝的大脑；寄希望于只有一个意志，这就是皇帝的意志；寄希望于只有一个是非标准，这就是唯我是从。他推动着这个民族沿着他设定的轨道狂奔。

思想文化恐怖政策之下，文人学者何以立世？张廷玉，康熙秘书，雍正朝一度任首席军机大臣，乾隆朝封伯爵，晚年屡受蹉磨，取消伯爵封号，取消雍正特批的享配太庙殊荣，以大学士致仕回籍。不想，因亲家贪污致罪，乾隆又想起了他，派出心腹变相抄了张廷玉的家，想以文字狱将他置之死地。结果，将抄缴的书籍、信件等审查半月，竟无一本禁书，无一字涉及政治。张廷玉自编年谱，也只是详细记载了皇帝的恩遇、赏赐，竟无一字涉及对朝政的评论。还有位协办大学士梁诗正，赋闲在家。乾隆特别交代当地新上任官员，留心他对文字案的反应。两人见面，梁大谈为官心得："笔墨招非，人心难测，凡在仕途者，遇有一切字迹，必须时刻留心，免贻后患。"后来一次谈话，他又说："一切字迹最关紧要，我在内廷时惟与刘统勋二人从不以字迹与人交往，即偶有无用稿纸亦必焚毁。"大学士，是当时最有头脑、最有知识的社会精英，最聪明的大脑就是这样一种生存状态!

思想文化专制之下,中国人不敢说话,不敢思维,不敢著书立说。只能闭紧嘴巴,扔掉笔杆,关闭思维机器,民族的活力、创造力窒息。一个万马齐喑的民族,只能是一个走向衰败、覆灭的民族。

三

思想文化专制的必然产物,是闭关锁国。

按照思想文化专制的标准,越看就越觉得外来文化是异端邪说、洪水猛兽,越想就越觉得外国人是这种"病毒"和祸害的传播者。因此,思想文化专制步步推进,国门的缝隙也就一天比一天狭窄。

康熙朝,一度开放了海禁,设立广州、漳州、宁波和云台山四处外商来华通商口岸。到了乾隆二十二年(1757),以"民俗易嚣,洋商错处,必致滋事"为由,将通商口岸限制于广州一地。广州的对外贸易,又被清政府特许的"十三行"商人把持,外国商人来华,只限于与几个特许行商接触。

乾隆二十五年(1760),英国商人洪仁辉告御状,状子呈到了乾隆面前。洪仁辉诉说外商受到的种种歧视,并提出增加宁波等通商口岸。乾隆派大臣赴广州处理了不法官员,却以洪仁辉"勾结内地奸民,代为列款,希图违例别通海口"的罪名,将他"在澳门圈禁三年,期满后驱逐出境",为他写状子的"汉奸"被砍头。

乾隆五十二年(1787),他把对外政策的思考写成诗歌:"间年外域有人来,宁可求全关不开。人事天时诚极盛,盈虚默念惧增哉。"诗中透出对开关将会带来的危险的戒惧,宁可闭关不开,排拒外来势力。

闭关日久,便形成天朝心态,盲目自大,自家无物不备,无事不能,外国人的东西,再好也不过是些"奇技淫巧"。乾隆五十八年(1793),英使马戛尔尼来访,提出通商的六项要求,包括增加通商口岸、设立英商居住区，英国商人在广州可以自由来往，优待免税或减税等。这是一次正式的商贸谈判，但是，在思想文化专制的氛围笼罩下，所有要求一概被斥为"非分干求"，砰然关闭了谈判的大门。

思想僵化、停滞，导致科学技术停滞；科学技术停滞，导致经济形态停滞；经济形态停滞，也就导致社会制度僵滞。按照马克思的观点，经济基础决定上层建筑。西方世界，经历了长达一个半世纪的文艺复兴，也就是思想解放运动，人的思想空前解放，活力空前迸发。他们富于创造性的大脑，提供了源源不断的科学技术发明，转化为最活跃的生产力。它推动着社会化大生产的到来，孕育了新经济形态、新社会阶层和新政治制度，时机成熟，便破土而出。这是西方经济社会变革演进的一条清晰的轨迹。乾隆推行的思想文化专制，枯竭了中华民族的创造之源、变革之源，经济制度和社会制度也就只能在原地打转转，甚至向后转。

20世纪80年代初，伟人邓小平发表一篇影响中国命运的讲话，有一段话，振聋发聩："一个党，一个国家，一个民族，如果一切从本本出发，思想僵化，迷信盛行，那它就不能前进，它的生机就停止了，就要亡党亡国。"这一结论，也是对乾隆时代病症最精准的诊断。当然，两相比较，乾隆时代的时代病要严重得多，是病入膏肓。

道光

守成忍看南天倾

  道光朝的大事变,有张格尔叛乱,有太平天国起义,有鸦片战争爆发,中国进入半封建半殖民地,道光成了身子一半在古代、另一半在近代的怪胎。

  鸦片禁、销,国际争端肇始。列强打到了家门口,打,下不了必战的决心;谈,又拉不下架子。战和失据,最终战败求和。自此始,签订一个又一个不平等条约,国家再无宁日。

每当经过古运河遗址，遥想当年繁华，总想起清代的道光皇帝，想到他决定运河命运的那次重大决策。

历史上，运河是中国南北大通道。首都北京需要的粮食，主要靠运河行船，南粮北调。道光四年（1824），洪泽湖高家堰大堤决口，水位急剧下降，漕船搁浅，京城粮道断绝。万般无奈之下，道光做出决定，雇用商船，启动海运。结果，粮食很快运达，没有一船损失，还省了大把的银子。主持海运的大臣乘机上奏，提出从下一年开始，漕粮全部改为海运。这么好的事情，却被道光一手拍死了，理由是影响社会稳定。靠河吃河，依靠河运生存的衙役、船帮、茶楼、酒肆、妓院以及黑社会，这个达几十万人的群体作乱怎么办？

海运叫停，漕运重启，运河的繁华又维持了半个多世纪，直到光绪二十七年（1901），漕运历史才画上了句号。

运河有幸国不幸。道光的决策，逆经济发展趋势而动，也失去了一次匡正政风的绝佳机会。至道光朝，官风不正已经到了不治理就要亡族亡国的危险。道光初登大位，朝着陋规下刀，整顿官场风气。陋规名目繁多，光是乱收费、乱罚款、请客送礼，就让道光知难而退。政风整顿打了一阵子雷，雨点没滴，就无声息了。

漕运改革，经济背后是政治。弃漕改海，庞大的管理衙门可撤，官船建造、维修可止，积淀千年的社会污秽可以荡涤净尽，以此打开一个突破口，不就可以将匡正政风之举势如破竹地推开去吗？道光不为，因为他不是革故鼎新的君主，而是一个守成之君。

守成之君的突出特征，是大事决策缺乏战略思维，不筹长远大计。面对重大矛盾，头痛医头，脚痛医脚，能捂住一天是一天，能敷衍一时算一时。一个君主，这么处理军国大事，国家的麻烦就大了。

道光朝的大事变，有太平天国起义搅动得半个中国地覆天翻；有新疆张格尔叛乱，调动了全国的精锐部队，打了一年多，花了一千多万两银子才平息；有鸦片战争爆发，中国进入半封建半殖民地，道光成了身子一半在古代、另一半在近代的怪胎。有历史学家提出，这主要起于"天变",人事的原因又怎么可以忽略呢?

鸦片危害由来已久。鸦片问题,实质是中英贸易逆差问题;鸦片战争,实质是一场贸易战争。清朝和英国人通商,茶叶、丝绸、瓷器等在英国销路极畅,英人推销的钢琴、钟表、西餐刀叉、睡衣睡帽,却不符合国人消费需求,清朝贸易顺差巨大。英国人找到了鸦片,但它使清廷每年流失千余万两白银,还让吸鸦片者变成"烟鬼"。道光君臣尚不懂国际贸易,更缺乏全盘筹划,采取的对策是全面禁烟。道光的举措,显示了他的急切之心,他要全面禁毁鸦片。这么重大的对外政策,却根本没有考虑可能引发的后果,也没有应对之策。当英国侵略者借机滋事,道光想来个息事宁人,把林则徐作为牺牲品,将他撤职查办,发配边疆,希望以此和强盗们做交易。当英国强盗举兵入侵,他又首鼠两端,和战游移,战而无备,谈又拉不下架子,最终战败求和,中英条约签订,外祸始成。此后,国家再无宁日,一拨又一拨西方强盗学步英国,纷纷上门敲诈,寻求利益均沾。

有其君必有其臣。道光初政,选择曹振镛为首席领班军机大臣。曹振镛在这个位子上,一坐就是十五年,直到去世。曹振镛不贪、不骄,做事原则是"多磕头,少说话"。多磕头表示顺从、谦恭;少说话,是对朝廷大政少发表意见,要多听皇上的,要言听计从。道光节俭,衣服打着补丁,臣子们衣服上的补丁自然更多。一次,道光悄悄问曹振镛,他裤子膝盖处的补丁用了几两银子。曹振镛清楚,皇帝被内务府算计狠了,起了疑心。他不想得罪同僚,往狠里说了个三两。道光大怒,原来他自己衣服上的一个补丁花了一千两银子。曹振镛追悔莫及!后来道光又偷偷咨询他,市场上鸡蛋多少钱一个,他回答:臣胃口不好,消化不良,从不吃鸡蛋。道光从他那里听不到实情,却听来不少馊主意。道光整天有看不完的奏折,厌烦至极,不看吧,又怕被大臣糊弄。曹振镛给道光出了个点子,皇上有空,抽阅几本,见有点画谬误,用朱笔标出来,发出后让臣下传观。臣下知道皇上您看过了,细微处也不放过,就不敢随意上奏,更不敢疏忽大意了。这个馊主意的危害很快显现。自此之后,大臣们轻易不敢再上奏折，上奏则专在抠细节上用心思。这阻断了多少言路，又阻断了多少贤路！

道光立储，和选"相"是同一路数。皇六子奕䜣天资聪明，文武双全，四子奕詝远不能及。奕詝依师傅杜受田之计，藏拙示孝，藏拙示仁。道光二十六年（1846），皇帝、大臣和皇子狩猎南苑，奕䜣获禽最多，奕詝未发一矢。道光问他，他回答说，正是春天，鸟兽孳育，不忍伤生以干天和。道光大悦，说："此真帝者之言！"遂决定立奕詝为太子。圣人立言，讲一个中正持平，"好话说尽，坏事做绝""巧言令色鲜矣仁"，那是一验再验。后来的咸丰帝奕詝，有"真帝者之言"，更有败国君王之行。在他任内，第二次鸦片战争爆发，首都沦陷，圆明园被烧得残垣断壁。他吸鸦片，迷丝竹，耽溺于醇酒妇人，折腾垮了身子，三十一岁一命归西，留下个六岁的太子，使政权旁落到大字识不了几斗的慈禧手中。奕䜣则活到六十七岁，他在同治、光绪朝长期担任清廷首脑，重用汉臣，定乱绥疆，引进西洋长技，外交走上正途，出现回光返照的"同光中兴"。假如去庸用能，历史就将改写了。

看道光断事、用人，其日常行政的琐碎、怪谬，也就不足为奇了。有几则比较典型的事例：道光元年（1821），有御史奏请，封禁京城之外城开设戏园、戏庄，道光允之；道光二年（1822），令督抚严饬福建地方官，严纠械斗，一有械斗之案，立即将为首之犯查拿，严行惩办；道光十五年（1835），禁八旗兵丁穿用绸缎；道光十八年（1838），禁旗人妇女缠足及衣袖宽大。一个管理广袤国土、亿万民众、乾纲独断的君主，连"奇装异服"都管起来，只会越管越乱了。

《清史稿》为道光盖棺论定："守成之令辟也。"就是守成的好皇帝。道光所处的时代，恰逢千年未有之大变局，不能直面时代矛盾，不思迎难进取，而取守成之道，逆潮流而动，只能败家误国。道光坐天下，外患、内乱，娄子捅破了天，何好之有？

龚自珍

忧国莫轻是微官

龚自珍所处的时代，朝野普遍陶醉在承平之中。龚自珍犀利的目光，看到的却是盛世中的衰相。他敲响盛世警钟，"凭君切莫登高望，忽忽中原暮霭生"；指出万马齐喑的现实，"一睨人才海内空"。

龚自珍的金玉良言，或者如石沉大海，或者以"头衔不称"被批，或者以"位卑言高"为上司所不喜。不是说位卑未敢忘忧国吗？他大概不会明白，只有实现国民一体，只有国的官员们真正把自己归位到为人民执政的"公仆"时，位卑者之忧才能真正具有价值！

龚自珍时常躲进那个任个性自由张扬的一人世界。在这个世界里，"三寸舌，一枝笔，万言书，万人敌，九天九渊少颜色"。在这个世界里，"怨去吹箫，狂来说剑，两样销魂味"。他问世人，我这"侠骨幽情箫与剑，问箫心剑态谁能画"？

龚自珍（1792—1841）一生，只做到一个六品小官。但是，他一生倾力所为，却是肉食者谋之的庙堂事业。龚自珍一生，因为狂傲的个性不被世人理解。但是，他却把一颗赤子之心、人间大爱捧给世人，直到叶落归根，还如杜鹃啼血，吟出"落红不是无情物，化作春泥更护花"的心音。他以他的思想影响，改写了历史，也使一代又一代人记住他。

龚自珍所处的时代，是继所谓乾隆盛世后的嘉庆、道光年间，朝野普遍陶醉在承平之中。龚自珍犀利的目光，看到的却是盛世中的衰相。他二十三岁时，写下抨击时弊的《明良论》四篇，"四论皆古方，而中今病"。二十六七岁时，写下《乙丙之际箸议》二十五论，它敲响盛世警钟，"凭君切莫登高望，忽忽中原暮霭生"；指出万马齐喑的现实，"一瞥人才海内空"。他对西北边患和东南沿海夷祸深怀忧惧之心，筹划安边之策，写下研究新疆、蒙古问题的专论，并就制止鸦片走私及其危害提出建议。他还就制止土地兼并、推进政治改革大声疾呼。他立志做一个王安石式的改革家，救世济民，挽狂澜于既倒。

先务科举，再攀仕途，侧身庙堂，"致君尧舜"，这是士人实现抱负的必由之路。龚自珍科举之路蹭蹬。科举制度走到他那个时代，已经百病千疮。他从骨子里厌恶、鄙夷行将就木的科举制度，怀疑作为考试主题的儒学，甚至提出"诸子百家，儒先亡否"的疑问；他明知科举文章要严守绳墨，下笔却总是锋芒毕露；他明知诗词歌赋写作有害于治经史之性情，"为之愈工，去道且愈远"，却嗜之如癖，这又怎么能成为科场上的幸运儿而不是失意者？道光六年、七年（1826、1827），他毅然决然做了两件事。第一件事，烧八股文。他科场四战四败，出于无奈，抱着二千篇八股文，去向此道第一高手姚学塽求教。姚大师读了他的文章后说，"我文着墨不着笔，汝文笔墨兼用"。着墨是阐发经义，着笔是议论时政，八股文写作之大忌。龚自珍遭遇当头棒喝，决定痛改前"非"，含泪把二千篇文章全烧了。第二件事，是第三次戒诗。龚自珍天纵诗才，二十岁时写的诗词，被古文字学家段玉裁高度评价："几如韩李之于文章，银碗盛雪，明月藏鹭，中有异境。"他这次戒诗，戒得决绝，此后十多年间很少着墨。说来不是巧合，他后来再进考场，即中进士。但是，这要付出多么沉重的代价！一个人最痛苦的事情，是不想做的事情必须去做，还要牺牲了自己的志趣，作为安身立命的事情去做。龚自珍内心之痛，如经历一次炼狱之磨！

龚自珍科场屡屡受挫，却终有成功之时。仕途之上，则从来与幸运之神无缘。清朝统治，实行文化专制，禁锢思想自由，摧残扼杀人才。荼毒人才的手段，是"徒戮其心，戮其能忧心、能愤心、能思虑心、能作为心、能有廉耻心、能无渣滓心"，致使朝堂上下，人性扭曲，政风败坏，讲揣摩奉迎，讲循规蹈矩，讲韬光养晦、和光同尘。那些第一流的人才，把智慧用在了如何当好马屁精上。乾隆朝，那个满族能臣和珅，总是能先承圣意，很快就从御用轿夫成为当朝第一红人。那个文采风流的纪晓岚，则以倡优的作派，靠写些吹捧文章，以博取乾隆欢心而固宠。

龚自珍始终葆有一颗赤子之心，赞赏黄犊、童稚本色，呼唤个性解放。其《呜呜硁硁》《歌哭》《人草稿》《梦中作》《太常仙蝶歌》《己亥杂诗》之"少年哀乐过于人"等，都淋漓尽致地袒露了他做人的纯真精诚，可敬可爱。但是，这么做人实难，这么立于朝堂，则成为一个另类。他不懂恭迎圣意，使绝佳的人生际遇擦肩而过。参加庶吉士考试，如果成功，可以入翰林，仕途会很光明。考试的题目是"安边绥远疏"。时值新疆发生张格尔叛乱，道光帝"英明决策"，从东三省调集三千骑，将叛乱平息。龚自珍始终关注边疆局势，答卷见识高卓，犀利深刻，有读卷大臣欲置一等，最终却被弃置一边。他开出的安边绥远良方，却偏偏裹上一层苦药，说照他的治理办法，新疆就不会出现叛乱，出现了也不用从外地调兵，多耗钱粮，又骚扰地方。这不是自诩比皇帝还高明吗？他对等级森严的官场规则一窍不通。任内阁中书，参加修订《清一统志》，做校对官，却写出五千言的建议书，大谈西北塞外源流、世系风俗、山川形势。朝廷新任命镇守吐鲁番领队大臣，他又借机上书，并附上经过反复修改的论文《西域置行省议》。考进士不久，写下《上大学士书》，提出改革意见。改任礼部主事，又上书堂上官，论四司政体宜沿宜革三千言。

这些金玉良言，或者如石沉大海，或者以"头衔不称"被批，或者以"位卑言高"为上司所不喜。他感慨万千，伤心欲碎，不是说位卑未敢忘忧国吗？但是，他大概不会明白，只有实现国民一体，只有国的官员们真正把自己归位到为人民执政的"公仆"时，位卑者之忧才能真正具有价值！

人的天性压抑久了，常常以怪异的形态爆发。龚自珍被视为癫狂、呆子、怪魁。他张扬的个性，如天马行空，时常狂态大发。他诽圣谤贤，什么"后代儒益尊，儒者颜益厚"，什么李白诗十之六七为谎言，白居易写的是最烂的诗，"回眸一笑百媚生"，那是妓女，怎么用来写贵妃？还有更离奇事。一日在某戏园与人聚会，众人谈及龚氏家学，多赞语。谈及其父、三品官员兼学者龚丽正，龚自珍评其所学曰："稍通气。"再论及其叔父、礼部尚书龚守正，他大笑曰："一窍不通。"边笑边将足置于桌上，背向后倾，不小心座椅歪倒，扑身倒地，引来满园哄堂大笑。《清史稿·龚自珍传》称他："所至必惊众，名声藉藉，顾仕宦不达。"

龚自珍时常忏悔，终是本性难移。世俗难入其法眼，他也难被世俗所容。为解除无尽的烦恼和痛苦，他只好时常躲进那个任个性自由张扬的一人世界。在这个世界里，"三寸舌，一枝笔，万言书，万人敌，九天九渊少颜色"。在这个世界里，"怨去吹箫，狂来说剑，两样销魂味"。他问世人，我这"侠骨幽情箫与剑，问箫心剑态谁能画"？他问自己，"何日冥鸿踪迹遂，美人经卷葬年华"，却一语成谶，辞官南归的路上，经历了访僧问道，佳人旖旎，痛快淋漓地写下三百一十五首人间好诗后，突然间离世而去，留下个千古谜团。

或许是，天生斯人，赋予他的使命，是做一个思想家，而不是成为一个干吏。予他一副狂态，是为了警醒世人，永远不要将他忘却。

他被当时人注目，是他成为一个大预言家：当他离世之际，鸦片战争爆发并走向失败，这是衰世世相的大暴露；他离世后十年，太平天国起义，席卷了大半个中国；他离世后四十年，中俄《伊犁条约》签订，边疆领土被沙俄宰割。

他被后世人记住，是因为他的思想成为晚清"思想自由之先导"，成为维新派手中变法改革的武器，像暗夜中燃起炬火，照亮了世人前行的路。

　　他被今人说道，是因为伟人毛泽东用他的诗，讲了一个革故鼎新，人民群众"鸡毛上天"的大道理："九州生气恃风雷，万马齐暗究可哀。我劝天公重抖擞，不拘一格降人才。"毋庸置疑，只要这万钧鸣雷般的声音震荡于神州大地，古老的中国就将永远生气勃勃，神韵风发！

曾国藩

功业本于学问成

曾国藩谈立志:"君子之立志也,有民胞物与之量,有内圣外王之业,而后不忝于父母之生,不愧为天地之完人。"

史上伟人,冥冥中似有天助。无数的偶然事件,鬼使神差,给他送去成事的机缘。

曾国藩的最大功业,从皇朝的视角看,是荡平太平天国,克平乱世;其更高价值、恒久意义,是捍卫了中华传统文化。

曾国藩流年不顺,父亲去世,回家奔丧,赋闲在家一年零四个月,学养功夫、做事风格与以往已经不是同一境界,"大约以能立能达为体,以不怨不尤为用。立者,发奋自强,站得住也;达者,办事圆融,行得通也"。

曾国藩官师合一,事业领袖、精神领袖兼备。他学问事功,以厚德化俗为指归,故其精神、人格魅力,不因朝代更替而存废,不因时光流逝而湮灭。

《清史稿·曾国藩传》称："国藩事功，本于学问，善以礼运。"历史学家胡哲敷研究曾国藩的治学方法，作出结论："五百年来，能把学问在事业上表现出来的，只有两人：一为明朝的王守仁，一则清朝的曾国藩。二人都是以书生而克平世乱，都是在千辛万苦中，把学问事业，磨炼成功，都是戎马倥偬之间，读书为学不倦。"

一

曾国藩的学问，大概涵盖哪些方面？

曾国藩久居翰林院，见识了皇家藏书的洋洋大观。"古籍之浩浩，著述者之众，若江海然，非一人之腹所能尽饮也，要在慎择焉而已。"他作《圣哲画像记》，取三十三人，图其像而师事之。他们是：周文王、周公、孔子、孟子，左丘明、庄子、司马迁、班固，诸葛亮、陆贽、范仲淹、司马光，周敦颐、程颢、程颐、张载、朱熹，韩愈、柳宗元、欧阳修、曾巩、李白、杜甫、苏轼、黄庭坚，许慎、郑玄、杜佑、马端临，顾炎武、秦蕙田、姚鼐、王念孙。

曾国藩把学问归于四途，这三十三人，就是最具代表性的人物。学问之四途，曰义理，曰考据，曰辞章，曰经济。"义理者，在孔门为德行之科，今世目为宋学者也。考据者，在孔门为文学之科，今世目为汉学者也。辞章者，在孔门为言语之科，从古艺文，及今世制义诗赋皆是也。经济者，在孔门为政事之科，前代典礼政书，及当世掌故皆是也。"三十三位圣哲，文、周、孔、孟之圣，左、庄、马、班之才，不可以哪一个方面体论。葛、陆、范、马，在圣门则以德行而兼政事。周、程、张、朱，在圣门则德行之科，皆为义理。韩、柳、欧、曾，李、杜、苏、黄，在圣门则言语之科，所谓辞章者。许、郑、杜、马，顾、秦、姚、王，在圣门则文学之科。顾、秦于杜、马为近，姚、王于许、郑为近，皆为考据。此三十三子者，师其一人，读其一书，终身用之，有不能尽。

三十三位圣哲的书，真正读罢也非易事。曾国藩自己，重点读的也不过十余种。"余于'四书五经'之外，最好《史记》《汉书》《庄子》《韩文》四种，好之十余年，惜不能熟读精考。又好《通鉴》《文选》及姚惜抱所选《古文辞类纂》，余所选《十八家诗钞》四种。""此十种者，要须烂熟于心中，凡读他书，皆附于此十书，如室有基而丹桂附之，如木有根而枝叶附之，如鸡伏卵，不稍歇而使冷，如蛾成垤，不见异而思迁，其斯为有本之学乎？"

　　影响曾国藩一生学问事业的，当特别说到顾炎武。曾国藩图画国朝先正遗像，"首顾先生，次秦文恭公，亦岂无微旨哉"？他要表达的，是中国文化的微言大义。

　　孔老夫子怀一颗拯世济民之心，以人为本，宗崇仁礼，上承三代，执两用中，建立了大一统的中华文化。孔子去世之后，七十二子人各异说，经世之学遂湮没而不彰。"吾儒之学，以经世为宗，一变训诂，再变词艺，而儒名存实亡矣。"明末清初，一代大儒从文化上探求亡国之因、救世之道。顾炎武作为杰出代表，追溯学术本源，打破门户藩篱，倡扬经世致用的实学，成一代通儒、经世学的大宗。曾国藩称："吾读其书，言及礼乐教化，则毅然有守先待后，舍我其谁之志，何其壮也。"顾炎武称："夫子所以教人者，无非以立天下之人伦……有人伦，然后有风俗；有风俗，然后有政事；有政事，然后有国家。"倡导"天下兴亡，匹夫有责"，不要让人世间"仁义充塞而率兽食人，人相食"。

　　曾国藩"善以礼运"，与顾炎武一脉相承。他说："古之君子之所以尽其心养其性者，不可得而见，其修身、齐家、治国、平天下，则一秉于礼。自内焉者言之，舍礼无所谓道德；自外焉者言之，舍礼无所谓政事。""风俗之厚薄奚自乎？自乎一二人之心之所向而已……然则转移习俗，而陶铸一世之人，非特处高明之地者然也。凡一命以上，皆与有责焉者。"这"一二人"，是曾国藩自命；"一命以上"，包括所有小官小吏。陶铸一世之人，转移习俗，是曾国藩一生学术所在，功业所在。

二

曾国藩教育诸弟："夫学莫先于立志，志之不立，犹不种其根，而徒事培拥灌溉，劳苦无成矣。"志为学之帅，决定人生的方向。

曾国藩二十五岁，初入北京会试，就抱有澄清天下之志。《乙未岁暮杂感》："去年此际赋长征，豪气思屠大海鲸。湖上三更邀月饮，天边万岭挟舟行。竟将云梦吞如芥，未信君山划不平！"又咏："频年踪跡随波谲，大半光阴被墨磨。匣里龙泉吟不住，问予何日斫蛟鼍。"

中了进士，做了翰林，成为"天之骄子"，他的志向更是心雄万夫。他在《致诸弟书》中谈立志："君子之立志也，有民胞物与之量，有内圣外王之业，而后不忝于父母之生，不愧为天地之完人。"

曾国藩是命运的幸运儿。

曾国藩的家世，太普通了。他的出生地湖南省湘乡县白杨坪村，距县城一百二三十里。曾家世代务农，到了曾国藩的爷爷，有了百亩家产，开始让儿孙辈读书。曾国藩的父亲连考了十七次，到四十三岁，才中了秀才。他自知资质平平，把希望寄托在曾国藩身上。曾国藩十四岁即参加乡试，二十三岁考中秀才。此后，来到著名的岳麓书院读书。名师的确不同，次年他就中了举人。五年后，中进士，点翰林，此后一路顺风顺水，在朝十年七迁，道光二十七年（1847），升授内阁学士兼礼部侍郎衔，官居二品。这一年，他才三十七岁，湖南三十七岁便官至二品者，清朝没有第二人。直到咸丰二年（1852）正月，遍兼兵、工、礼、刑、吏各部侍郎。

史上伟人，冥冥中似有天助。无数的偶然事件，鬼使神差，给他送去成事的机缘。

道光十五年（1835），曾国藩入京会试未中，留京参加次年的恩科考试，仍然没有所获。返乡途中"窘甚"，向做睢宁知县的同乡易作梅贷百金。过金陵，见到书肆上有部《二十三史》，爱不释手，掏钱买了下来，数额不足，以衣裳抵价。归家，父亲竹亭公且喜且戒之，"尔借钱买书，吾不惜为汝弥缝，但能悉心读之，斯不负耳"。得来不易，方知珍惜。"公闻而悚息。由是侵晨起读，中夜而休，泛览百家，足不出庭户者几一年。"后来，他在翰林院任职，立课程，至读史一项，又提到借钱买书一事。如此读史，印记方深。

道光二十一年（1841）七月十一日，他午饭后与好友至琉璃厂，购《朱子全集》一部。十二、十三日，各读了十多页，想到该请教理学名家唐镜海。十四日，在唐先生处，问检身之要、读书之法、治经之道。先生告他，修身最是"静"字功夫要紧，读书当以《朱子全书》为宗，以为课程，身体力行。还说到河南倭仁艮峰，用功最笃实，每日自朝至寝，一言一动，坐作饮食，皆有所记。由唐鉴（编辑注：即唐镜海），又拜倭仁，"教余写日课，当即写，不宜再因循"。自此立志自新，两个月后又谨立课程，为主敬、早起、静坐、读书不二、读史、谨言、养生、保身、作字等。日课、日省，曾国藩坚持终生。

购书之外，曾国藩还有段住居缘。道光二十六年（1846）初冬，曾国藩寓居报国寺，隔壁就是顾炎武祠。他赋诗追述顾炎武生平，极赞顾先生道德文章："独有文书巨眼在，北斗丽天万古明。音声上溯三皇始，地志欲掩四子名。丈夫立言要须尔，击瓮拊缶乌足鸣？"可见其心灵震荡之巨之烈。

购书缘、住居缘，对他命运的影响至大至重。怎么这么说呢？像道光十八年（1838）春闱，他复试名列第一，策文题目为史论，《九月戊辰诸侯盟于葵丘》。供职翰林，因无实绩，故升迁或放差，均以考试为定。可见的策文题目，多是史论和理学的性道之论，曾国藩逢考，必定鸿运当头，谁能否定购书缘的青睐？而唐鉴、倭仁，都足以一言移君主之心，又怎能不对曾国藩的命运以影响？看曾国藩一生学问事功，他不正是顾炎武所期待的"有王者起"，也就是把他为民族复兴作准备的学说付诸实施的那些人？

三

曾国藩仕途之上,春风得意;心灵精神,却出现危机。又是一次重大历史机缘,改变了他命运的走向。

居庙堂之高,才知国事之艰难;涉宦海之深,才知政事之诡谲。清朝政治,行的是思想文化专制,到乾隆朝而达极巅。道光较乾隆,多宽厚,少才略,最为突出的特征,是选人用人的平庸。先后出任首辅的曹振镛、穆彰阿、潘世恩等,在皇帝面前,奉行的是"多磕头,少说话",奉命唯谨。上行下效,整个大清官场,"京官之办事通病有二,曰退缩,曰琐屑;外官之办事通病有二,曰敷衍,曰颟顸"。国势江河日下。道光二十年(1840),鸦片战争爆发,割地赔款,列强砸开了国门。道光死后的当年,又有洪秀全、杨秀清在广西金田揭竿而起。

咸丰继位,下诏求言,让曾国藩心中的希望奔涌、升腾。到咸丰元年(1851)末,在一年多的时间里,他呈送十一道上皇帝书,除一道复命折为例行公事外,其他十道均为建言疏。十疏中又有五道非比寻常,包括《应诏陈言疏》、《敬呈圣德三端预防流弊疏》、《务陈民间疾苦疏》、《议汰兵疏》和《平银价疏》。这些奏疏,在万马齐喑的沉闷政坛上,有石破天惊之效,引起朝野的注目和议论。奏疏抄件传到湖南后,被人广为传抄争阅。曾国藩的好友刘蓉为此赋诗:"曾公当世一凤凰,五疏直上唱朝阳。"但是,他为君为民的一片丹心,换来的又是什么?"自客春求言以来,在廷献纳,不下数百余章,其中岂乏嘉谟至计?或下所司核议,辄以'毋庸议'三字了之;或通谕直省,则奉行一文之后,已复高阁束置,若风马牛之不相与……而书生之血诚,徒以胥吏唾弃之具。每念及兹,可为愤懑!"这种伤心、失望、愤懑无法压抑,自然就在给皇帝个人提意见的奏疏中流露出来,差点葬送了他的前程。

曾国藩厌倦了官场的浑浑噩噩。他的《送李子彦诗》:"立朝本非汲黯节,媚世又无张禹才。似驴非驴马非马,自憎形影良可哈。"他在咸丰二年(1852)正月初十、十一所作《浪淘沙》,叹"坐耗尚方钱,饱食安眠",

"直者委沟边，曲者攀缘。何从何去两茫然"。他致诸弟和好友欧阳小岑、罗泽南等的信中，明确表达了退隐之志："自审精神魄力，诚不足任天下之重，无为久虱此间，赧然人上也。""计稍迟岁时，即当解组归养，从吾子与孟容（罗泽南与刘蓉）于万山恬寂中耳。"

根据这样一种心态，可以预测，在水浑浪浊、鲨恶蛟狂的官场，曾国藩的前途已经泰极否来。等待他的，或和光同尘，以一庸吏终老一生；或去官还乡，以一介寒儒寂然泉林。

咸丰二年，曾国藩被朝廷委任为江西会试主考。八月，赴江西的路上，接到母亲去世的消息，转道回乡奔丧。这时候，太平军打到了湖南。丁母忧之际，接到诏命，在本省帮办团练。他在家中只待了四个多月，即赴省城长沙，从此走上了十二年的从戎之路。建湘军，征洪、杨，以一介书生而为军国砥柱，中兴名臣。

四

曾国藩的最大功业，从皇朝的视角看，是荡平太平天国，克平乱世；其更高价值、恒久意义，是捍卫了中华传统文化。

洪秀全不同于历代农民起义领袖之处，是以西方宗教体制建立政权。他自称天王，以上帝为天父，以耶稣为天兄，天王奉天父、天兄之命进行统治，这就是天国。这正是西方中世纪式的神权统治。

《天朝田亩制度》，没收土地，平均分配，"有田同耕，有饭同吃"，却从来没有实行过，破坏了传统的社会经济基础，却不事建设。文化方面，称儒、释、道俱为妖术，"举中国数千年礼义人伦，诗书典则，一旦扫地荡尽。毁宣圣之木主，污关岳之宫室，无庙不焚，无像不灭"。如果太平天国统一天下，无疑是一场文化浩劫，中国历史不知要倒退多少年。

曾国藩是书生起兵，动员起保桑梓、卫家室的书生和本分农民，举的是护民卫教的旗帜。咸丰四年（1854）正月二十八日，曾国藩发布《讨粤匪檄》，宣布出兵的目的：慰孔孟人伦之隐痛，为百万生灵报枉杀之仇，为上下神祇雪被辱之憾。

洪、杨自广西金田村起事，出广西，入湖南、湖北、江苏，攻克金陵，不再做流寇，建都金陵，兵分两路，向清廷进攻。北伐军由安徽、河南、山西转战到直隶的天津，并没有如隋、元末年，登高一呼，十八路烽烟燃起。北伐军到了天津，终成强弩之末而被围歼。西征军战略意图，在开拓金陵腹地，巩固、扩大太平天国版图，由金陵上溯，先克安庆，继围南昌。杨秀清又力趋上游，进攻武汉。

清廷对太平天国的围剿，于广西、湖南、湖北、金陵一路失手。咸丰三年（1853）始，兵分两路，一路集中于南京扬州，称江南大营；一路集中于南京城外的孝陵卫，称江北大营，意在切断金陵与外面的陆路联系。两路大军，屯兵坚城之下，却围而不剿，无所作为。

曾国藩学养深厚，应验在"凡规划天下事，久无不验"。

曾国藩墨绖出山，不过以一在籍侍郎，帮办团练。清廷任命的各省帮办，多达四十三名。团练性质，本属民兵，自带干粮，有事集中，没事回家种田。大敌压境之际，社会渣滓也趁势泛起，这样的团练断难适应。曾国藩上奏朝廷，获准在省城建一大团，粮饷取诸公家，作正规训练，平时剿匪，太平军打上家门，也可以抵御。当时，湘乡大儒罗泽南等训练的千名团丁已经檄调长沙，"由是吾邑团卒，号为湘勇"。这成为湘军成事的班底。

曾国藩在省城做事，挂的是审案局的牌子，对土匪恶霸，立审立判，持严刑峻法。他还要求绿营兵和团勇共同出操，逢三逢八，亲自到场训话。曾国藩此举，以客犯主，动了军、地官员的奶酪，闹到省城不容的地步。他毅然决定，以便于剿匪为名，移驻衡阳练兵，这成为湘军成事的一大关键。

太平军水军横行江湖。江忠源、郭嵩焘等在前线作战，深感东南皆水乡，"必与敌争长江之险，然后可以言战"。曾国藩凭借衡阳地处湘水、蒸水交汇处的优势，硬是组建起一支水师，成为太平天国的最大克星，也成为他的嫡系部队。

太平军所向披靡。曾国藩预言，绿营兵腐败无能，已经无可救药，"恐岳王复生，半年可以教成其武艺；孔子复生，三年不能变革其恶习"。他重起炉灶，练乡勇万人，"或可驰驱，中原渐望澄清"。

曾国藩组建湘军，"选士人，领山农"。可考证的179名湘军将领中，书生出身的达104名，这些人多是乡间的举人和秀才。湘军组成，一县一营，每一营内，都是同乡人。他们"呼朋引类"，有同乡、同里、同族的关系，所以能"齐心相顾，不肯轻弃伴侣"。湘军所要求将官，"有操守，没官气，有条理，少大言"。湘军战法，"结硬寨，打呆仗"，最适合对付数量上处于绝对优势的太平军的人海战术。

曾国藩从战争中学习战争。"所履大厄凡三"：咸丰四年（1854）正月，初次出兵，靖港之败，投水自尽，为部下救起；咸丰四年十二月，湖口之败，座船被掳，文案尽失，欲赴敌以死，被部下劝止；咸丰十年（1860），太平军抄曾国藩祁门大营，最危急之际，离祁门仅六十里，"曾国藩手书遗嘱，帐悬短刀，随时准备自尽"。湘军屡败屡战，却越战越勇，一日壮大一日。先肃清湖南，走出家乡，再肃清湖北，继而进入江西。在江西打了五年恶仗，全境肃清，便将主战场全面转移到安徽。

安徽争夺战拉开序幕，曾国藩立即上折，奏陈攻取金陵战略：自古办窃号之贼与办流寇不同。剿办洪秀全，法当剪除枝叶，并捣老巢。欲廓清诸路，必先攻破金陵；欲攻破金陵，必先驻重兵于滁、和，而后可去金陵之外屏，断芜湖之粮路；欲驻兵滁、和，必先围安庆。安庆为金陵之锁钥。曾国荃的吉字营，扫清桐城、潜山、太湖等外围之后，开到安庆城下，挖濠筑墙，成久困长围之势。

咸丰九年（1859），太平军破清廷江北大营。咸丰十年闰三月，再破江南大营。一个多月时间内，江苏南部除上海外，全部落入太平军手中。

体制外的湘军，终成中流砥柱，曾国藩受命两江总督，加兵部尚书。"是时江、浙贼氛炽，或请撤安庆围先所急。"曾国藩上折明确提出：安庆一军，目前关系淮南之全局，将来即为克复金陵之张本。安庆城围不可遽撤！太平军为解安庆之围，再行"围魏救赵"之计，突入湖北，直捣武昌，迫使湘军回援。曾国藩致信安庆城下的沅弟、季弟：安庆之濠墙能守，则武昌虽失，必复为所克，是乾坤有转机也；安庆之濠墙不能守，则武昌虽无恙，贼之气焰复振，是乾坤无转机也。

曾国藩战略定力坚如磐石。安庆终被攻破，金陵大门敞开，湘军吉字营再行长围之策，洪秀全就只有坐困危城、坐以待毙了。

曾国藩的学问，在经世致用中激活、融通。曾国藩对不黑不白的社会，"痛恨刺骨"，任京官、办理团练军务初期，都是强矫一流人物。在长沙，为除暴安良，攘臂越俎，诛斩匪徒，获"曾剃头"恶名。为排除练兵障碍，参长沙协副将清德。移军江西，统省并不看好这群"湖南佬"，征饷、课税处处被掣肘。他再向江西官场宣战，参巡抚陈启迈，陈被罢官，按察使恽光宸也跟着丢了乌纱。但曾国藩流年不顺，江西战场的对手是石达开，曾国藩损兵折将，丢城失地，与江西官场的嫌隙也更深了。

咸丰七年（1857），曾国藩父亲去世，他立即撒下江西的烂摊子，回家奔丧。朝廷两次要他夺情，他都坚执不出。他借机向朝廷要钱要权，想争取一个最起码的做事环境。但朝廷待他，却完全依战局的变幻。一时，把他晾在一边，开去他的兵部侍郎之缺，各路军营事务不得参预；一时需要了，又给了他一块"钦命办理浙江军务前任兵部侍郎关防"的牌子，让他重返战场。

曾国藩赋闲在家一年零四个月，学养功夫、做事风格与以往已经不是同一境界。后来，他在《致九弟书》中，对前后变化说得很明白："兄昔年自负本领甚大，可屈可伸，可行可藏。又每见得人家不是。彼从丁巳（咸丰七年）戊午大悔大悟之后，乃知自己全无本领，凡事都见得人家有几分是处，故自戊午至今九载，与四十岁以前，迥不相同，大约以能立能达为体，以不怨不尤为用。立者，发奋自强，站得住也；达者，办事圆融，行得通也。"

凡学问事功，必有经有权。经为所守道义、做事准则，不可更易；权为做成事的方式方法，当因时、因事而变。凡做事，离不开社会环境。

与人打交道，乃平等关系，没有你高我低。我以诚待人，人多以诚待我。多烧香，多作揖，精诚所至，金石为开。做事求得路路畅通为好，事不如愿，是机缘不到，只好将事情放缓甚至放下，或另择他事，等待机缘到来。毋怨天尤人，宠辱不动其心，成败不移其志，功到自然成。曾国藩练就了金刚不坏之身，无论是天界、魔界和人世间，都可以任由纵横驰骋了。

五

曾国藩官师合一，事业领袖、精神领袖兼备。他学问事功，以厚德化俗为指归，故其精神、人格魅力不因朝代更替而存废，不因时光流逝而湮灭。

咸丰十年八月，曾国藩在日记中坦陈心迹，"当今之世，富贵固无可图，功名亦断难就，惟有自正其心以维风俗，或可辅救于万一"。

曾国藩当得起"传统中国的最后一尊精神偶像"。他参得透生死，看得淡毁誉。同治三年（1864）六月十六日，曾国荃的吉字营攻克金陵。这最后的成功，来得多么不易！功名盖世，而谤亦随之。太平天国幼主逃亡，他根据前线报告，上奏业已焚死。中外纷传，洪秀全占据南京十余年，金银如海，则实全无所得，又就地把李秀成杀了，于是群言嚣嚣。尤其是曾国藩手中有数十万大军，能不闹得万重深宫中的太后神经兮兮？

圣贤之心，非常人所能揣度。站在风口浪尖，置身政治旋涡，曾国藩又是怎么想、怎么做的？他想的是来之不易的和平环境需要倍加珍视，他想的是面对山河破碎、社会败坏、民众流离而百废待举的责任，"谬领大藩三千里，疮痍不救胡为哉"？至于个人的毁誉、荣辱、得失，他已经完全置身事外，看得淡如云烟。"左列钟铭右谤书，人间随处有乘除。低头一拜屠羊说，万事浮云过太虚。"他这样劝慰功最高、谤最多的九弟。

这番心境胸怀，又何尝不是他的夫子自道？

曾国藩六月二十五日抵金陵。九天以后，即七月初四，即定议裁撤湘勇；十三日，札撤湘勇二万五千人；二十二日片奏，与曾国荃商定，将金陵全军裁撤其半；八月二十七日，驰折代奏，曾国荃因病，请开缺回籍调养。当上海协饷银送达，支发江皖各路湘军欠饷后，曾国藩定议撤遣湘勇，什去八九，仅存三千人，作为护卫亲兵。他救灾恤患，减租召垦，整顿盐务，疏通商运，重开乡试。他要通过恢复经济，刷新吏治，兴教育才，让风气有所拔振，让民众的苦难能减一分，则少一分。

曾国藩视名节大于天。苟利国家，他也可以不惜一掷。同治九年（1870），曾国藩任直隶总督，天津发生教案。不法分子迷拐幼童，老百姓谣传系天主教所为，"挖眼剖心，采生配药"。地方官员未作及时处理，引发群体事件，焚毁教堂、使馆，打死包括法国领事在内的十九名法、俄、美、英等国人。

清廷官员，于外事纠纷避之唯恐不及。曾国藩正在请假养病之际，当可以推托。但是，他不放心他人处理此事。他信不过一些人的所谓忠诚，更不放心一些人对国情的认知。忍辱负重，徐图自强，是他忧国的远谋。但汹汹的民意，不担实责、又想巧取名声的政客，此时却是无比"血性"，无比"爱国"。鲁莽行事，酿成战端，则国民之大灾大难又要临头！

曾国藩赴任之前，写好遗嘱，交代好了后事。他抱一颗赴死之心。但现实让他清醒：国民的祸福，却无法以自己的壮烈赴死替代。这样的局面之下，他只能以自己一生的名誉，而代太后和皇帝蒙羞，代朝廷受过。名，是他一生所最珍重，要付之东流；耻，是他一生所谨避，他要承受。他又一次"打脱牙和血吞"。

曾国藩奏诛为首滋事者，将府、县参奏革职，交部治罪，保得了一个和局。一时舆论大哗，说他偏护洋人，至呼为"卖国贼"。在北京的湖南人，把他所题会馆的匾额也烧毁了，大有白简纷纷，举国欲杀之势。他也引咎说："内惭神明，外愧清议，聚九州铁不能铸此错。"实则，以当时事势，舍曾国藩之所办，更无办法。

曾国藩以身垂范，在修身，亦在齐家。史上，《曾国藩家书》用于治家，可称最切实、内涵最丰富、最见成效，影响也最深远。

曾国藩所嘱者，二语而已：盛时常作衰时想，上场当念下场时。富贵人家不可不牢记此二语。曾国藩所持者，耕织诗书。曾国藩标其祖德，归纳为八字：书、蔬、鱼、猪、早、扫、考、宝。读书，种蔬，养鱼，养猪，谓可以"觇人家兴衰气象"。早起，扫屋，祭祀祖先，亲睦乡里，因他祖父常说："人待人无价之宝也。"曾家上自夫人，下至儿媳、女儿们，皆不废女红针织。曾国藩教育兄弟子侄，多在读书做人。他致澄弟，"吾不愿代代得富贵，但愿代代有秀才。秀才者，读书之种子也，世家之招牌也，礼仪之旗帜也"。

自其发达后一百七十余年，曾家出过二百多位名人，最著者为教育家、学者、慈善家。最难得的，是没有出一个纨绔子弟。

六

曾国藩以"匹夫之贱与有责焉"勖勉属员，以"引出一班人才，倡成一时风气"。

世间流传《冰鉴》，曾国藩相人之书。书是假托其名，但他相人厉害却无半点掺假。曾国藩巨眼卓识，英才蔚起，造成中兴的气象。"得人不外四事：曰广收、慎用、勤教、严绳"。李鸿章是他的门生，在幕府陶熔多年，以"才大心细，劲气内敛"荐为江苏巡抚。左宗棠是他的朋友，在湖南巡抚骆秉章幕府帮办，为湘军筹措粮饷，他以其"取势甚远，审机甚微""才可独当一面"荐为浙江巡抚。在籍道员沈葆桢为官有清名，曾国藩越二级荐为江西巡抚。其余如彭玉麟、杨载福、塔齐布、鲍超，则拔之于微末之时，都立下赫赫战功。曾国荃由他一手栽培，"九载艰难下百城"。围困金陵长达两年，深沟高垒，先得把自己的三万多人马围得牢靠。最危急的战况，前面有坚城内强敌出击，背后有李秀成数十万大军陷阵，内外夹攻。曾国藩多次有撤围的考虑，曾国荃一力撑持，意志之坚韧不输乃兄。彭玉麟颇具曾国藩风范，"创立水师，治军十余年，未尝营一瓦之覆，一亩之殖"。平定太平天国后，力辞兵部侍郎，给皇帝的奏书说：士大夫进退关系风俗盛衰，要以自己的行动为皇上扶树名教，振拔人心。

曾国藩职权所及，必为厚德化俗的园囿。他撰有《题金陵督署官厅》《题州县官厅》《又题州县官厅》《再题州县官厅》楹联。《题州县官厅》楹联：长吏多从耕田凿井而来，视民事须如家事；吾曹同讲补过尽忠之道，凛心箴即是官箴。

他撰有《劝诫浅语十六条》，分为州县四，营员四，委员四，绅士四。撰有《爱民歌》《水师得胜歌》《陆军得胜歌》。《爱民歌》歌词有："三军个个仔细听，行军先要爱百姓……军士与民如一家，千万不可欺负他。日日熟唱爱民歌，天和地和又人和。"

化俗即是化心。这是曾国藩圣贤心的体悟。化心，终归于良知良能的悟守和恶俗恶行的去止。曾国藩箴言盈耳：

"静中细思，古今亿万年无有穷期，人生其间，数十寒暑，仅须臾耳。大地数万里不可纪极，人于其中，寝处游息，昼仅一室耳，夜仅一榻耳。古人书籍，近人著述，浩如烟海，人生目光之所能及者，不过九牛之一毛耳。事变万端，美名百途，人生才力之所能办者，不过太仓之一粒耳。知天之长而吾所历者短，则遇忧患横逆之来，当少忍以待其定；知地之大而吾所居者小，则遇荣利争夺之境，当退让以守其雌；知书籍之多而吾所见者寡，则不敢以一得自喜，而当思择善而约守之；知事变之多而吾所办者少，则不敢以功名自矜，而当思举贤而共图之。夫如是，则自私自满之见可渐渐蠲除矣。"

曾国藩诫语警世："圣贤教人修身，千言万语，而要以不忮不求为重。忮者，嫉贤害能，妒功争宠，所谓忌者不能修，忌者畏人修之类也。求者，贪利贪名，怀土怀惠，所谓未得患得，既得患失之类也。忮不常见，每发露于名业相侔、势位相垺之人；求不常见，每发露于货财相接、仕进相妨之际……忮不去，满怀皆是荆棘；求不去，满腔日即卑污。"

曾国藩一生跋涉在成为圣贤的路上，今日之我，否定昨日之我；今日之业，又新昨日之业。他离世前三天，还说："通籍三十余年，官至极品，而学业一无所成，德行一无可许，老大徒伤，不胜悚惶惭赧！"

他救大清于一时，却不过留下回光返照的一抹残阳。他让中华传统文化的旗帜不倒，却无力应对洪水猛兽般涌入的西方文化的冲击。末世劫运，人心大坏，他厚德化俗的一生苦度，对社会大气候的转移，又有几多成效？他临终对自己的至苛严责，当是他失望、失败而又不愿服输的心音吧？

李鸿章

筹策无奈应变局

李鸿章的"大变局论",可谓石破天惊。它成为时代的声音,也成为近代史的主题。

李鸿章把着外交的大门,也掌着外来投资的锁钥。从1886年至1894年,中国得到八年喘息。这一时期,正是外资进入的大潮涌动期。但是,外商投资意向踊跃,项目落地数少声稀。

李鸿章作为"大变局论"的提出者,却不是一个合格的应对大变局的领导者。李鸿章国防、军工为主的洋务,成为一个魔圈,差不多限死了外资发展的前景。发展洋务的手段,是官督商办,即先出官本,再由商集资,给企业戴上了紧箍咒,很难办好;让外资很难进得来,外资也不会愿意进来。富和强,是以制度文化支撑的。就富求富,就强求强,是缘木求鱼。李鸿章对西方制度、文化,存有严重的偏见,这就使他的洋务舍本逐末,归于惨败,也使中国错失了向工业化、现代化转型的良机。

同治九年（1870），李鸿章官运撞头。八月，任直隶总督；十一月，清廷撤销三口通商大臣，由直隶总督兼任。

上谕称：直隶总督自当长驻津郡，"所有洋务海防各事宜著归直隶总督经营……山东登莱、青道所管之东海关，奉天奉锦道所管之牛庄关，均归该大臣统辖"。

这两项职务，看似地方、方面大员，实则集兵权、行政权和外交大权于一身。

自太平天国起事，清八旗、绿营兵一败涂地，湘军、淮军成为国家军事支柱。平定太平天国之后，曾国藩撤并湘军，保留了李鸿章拉起的淮军。淮军成为清廷最强大的军事力量，驻防"直隶东昌、山东济宁、江苏徐州及长江下游与武汉"地区。

清廷没有外交概念，所有外事统归于洋务。中央政府不与外夷打交道，与各国的交涉只能在国门天津，而不能在国都北京进行。因此，清廷虽然设有负责外交事务的总理衙门，直隶总督就成了总理衙门的总代表，李鸿章俨然成为国家外交全局的主持人。

从此，李鸿章的命运和清廷的荣辱、中华民族的命运紧紧连在了一起。

一

治策、国策依国内外形势而制定。准确判断形势，形成正确的治策、国策，国家的事情才能办好。

李鸿章对形势的认识，可谓远见卓识。他提出："欧洲各国，百十年来由印度而南洋，由南洋而中国。凡边界、腹地，前史之所未载，亘古之所未通，无不款关而求互市。合地球东西南北九万里之遥胥聚于中国，此三千余年一大变局也。西人专恃其枪炮轮船之精利，故能横行于中土。"

中国欲自强，不再受制于西人，则莫如学习外国利器；欲学习外国利器，则莫如觅制器之器，师其法而不必尽用其人。欲觅制器之器与制器之人，则或专设一科取士。士终身悬以为富贵功名之鹄，则业可成，艺可精，而才亦可集。

李鸿章的"变局论"，可谓石破天惊。它成为时代的声音，也成为近代史的主题。实现富国强兵，民族复兴，成为李鸿章及其后来一代代仁人志士的不懈追求。

李鸿章有此"千年变局"的卓识，因其特定的土壤和条件。他初出曾国藩师门，回乡招募、编练淮军，保卫上海，见识了外人洋枪队开花炮和来福枪的威力，淮军也由此尝到了西方先进装备的甜头。因此，他在沪期间，就办起了江南制造局，开启了"师夷长技"的洋务实践。

他的卓识，也得益于幕僚班子的智慧。李鸿章初到上海，就上奏保举了冯桂芬、郭嵩焘。后来，又把曾国藩幕府的薛福成招至门下。冯桂芬所著《校邠庐抗议》一书，被晚清师夷实践者奉为理论指南。他提出："以中国之伦常名教为原本，辅以诸国富强之术。"他被张之洞推崇为"中体西用"的启蒙典范。后来，光绪皇帝变法，将他的书重印，发给政府各个部门。郭嵩焘、薛福成二人对西方的认知，与冯桂芬又有高下之别。两人先后出任驻英公使，都认为议会制是最好的政治制度，而科学技术、义务教育、政府鼓励工商业，使用机器创造财富、供养人民，是欧洲既富且强的原因。冯桂芬、郭嵩焘、薛福成等的先进观点，无疑给李鸿章以极大影响。

"丈夫只手把吴钩，意气高于百尺楼。一万年来谁著史，三千里外欲封侯。"李鸿章心雄万夫，他的内政外交事业，风生水起。

同治九年十月，在天津建立机器局。

同治十一年（1872）正月，挑选学生前往美国留学。十一月，建立轮船招商局。

光绪元年（1875）十一月，请求派遣使者赴日本。十二月，请求在各省建立西洋学堂。

光绪五年（1879），在上海开设机器织布局。

光绪六年（1880）二月，开始订购铁甲船。七月，在天津设立水师学堂。八月，开设南北洋电报。十二月，请求开铁路。

光绪七年（1881）四月，开设开平矿务商局。六月，创设航运公司。十一月，招商局接办各省电报。

光绪十一年（1885）五月，在天津开设武备学堂。

光绪十三年（1887）十二月，开办漠河金矿。

光绪二十年（1894）五月，在天津开设医学堂。

李鸿章最具影响的事件，是光绪十四年（1888）北洋海军成军，世界排名第八，中国的国防有了一支海上雄师。

这些事件，以中国自身变化论，在国人眼中，可谓开天辟地；以世界三千年未有之大变局论，在外人眼中，"鸿章之洋务仅为皮毛"。

李鸿章以其远见卓识，超越了同时代人，而立于时代潮头。但是，李鸿章对世界大变局的内涵，也就是变在何处、凭何而变，不过一知半解；对西方的看法，存有严重的偏见。这就使他的洋务舍本逐末，归于惨败，也使中国错失了向工业化、现代化转型的良机。

二

强靠富支撑。拥有坚船利炮和制器之器，要花大把的银子，培养、雇用制器、操器之人，也要花大钱。从表面上看，李鸿章洋务败在钱上，外交败在钱上，形象也败在钱上。

办洋务，是应对千年大变局的破局篇，办海军，又是洋务最大的亮点。中国七省数万里海疆，兼及台湾、朝鲜的防卫，本来要建北洋、南洋、福建、广东四支水师。因为可供海战的船只不多，暂时先精练北洋海军一支。就这一支海军，很快也被缺钱所苦。自北洋海军组建，至中日甲午战争爆发，七年中未添一船一炮。1894年3月，离甲午战争爆发不到五个月，北洋海军上"拟购新式武器折"，希望进口新装一批速射炮，考虑经费紧张，先买12门，装备定远、镇远主力战舰，预算需白银34.5万两，也落了空。这个期间，日本却是举国协力，经略海洋，海军舰船总吨位、主力战舰航速等实力指标远超北洋。甲午之战，北洋海军一败，大势就去了。

不富，无以支撑强。弱国、战败国还有什么外交可言？打仗打的是钱。不富，打不起仗，只能一味妥协，出让主权，出卖原则。战败国的外交官，只能被迫签订一个个卖国条约，背个汉奸、卖国贼的骂名。

中国自己没钱，要富要强，得利用外资。第一次鸦片战争，英国人用坚船利炮轰开了中国的大门。第二次鸦片战争，英法联军占了首都，却不夺清廷的江山，签了个《北京条约》后，炮艇开走，大军撤退。他们到底来干什么？是看好了中国的市场。西方世界经过工业革命，财富喷涌，开始了外国殖民，商品和资本输出。

洋人进来，先是通商，推销商品，后是资本输出，即投资中国，开发矿山，建设铁路、港口、码头，搞轮渡、电信、银行等。随着这一阶段的推进，就要触及你的国民经济命脉，触及文化领域、意识形态。因为发展程度不同，命脉也不是一成不变。在人家已经不是命脉，他就要你来个再开放。你要么让步、适应，要么冲突，或闭关锁国，或战端重开。这就是开放国家间出现的周期性冲突。人家闯进了家门，那就得利用，利用得好，是祸也可以变福。

李鸿章把着外交的大门，也掌着外来投资的锁钥。中法之战后，从1886年至1894年，中国得到八年喘息。这一时期，正是外资进入的大潮涌动期。以窦宗仪《李鸿章年（日）谱》所载1886、1887年主要事件为例：

1886年：四月十七日，德国企业组合代理人爱克纳向鸿章总署接洽贷款三千万两白银，建开滦矿厂。鸿章表示，愿借款，但不愿负债过巨，谢绝。三月二十三日，日本企业组织准备向中国投资贷款，谋获得建设铁路工厂合同。三月三十日，德国日本组织轮船公司向中国发展贸易。五月十一日，法国企业组织向中国竞争贷款建设。

1887年：四月二十二日，比、英、法、德、美各国公使偕各国商业代表分在京津活动，争取投资中国合同。四月二十九日，比国（比利时）皇家企业公司总经理来津谒鸿章接洽修铁路。五月十九日，各国公司争向北京承包修建三海及北京宫殿，估计需银五百万两，求以关盐税作抵。七月二十一日，美国西方电报公司向鸿章接洽装置电话于中国。美企业家积极向鸿章谈投资。八月八日，马建忠、马良等与美人积极谈借款开发中国资源。盛传中美合作投资开发中国，汇丰银行股票在伦敦大跌。八月十六日，德法公使因中美投资消息向总署要求给中国提供贷款。八月二十日，由波人米建威代理及美人费城企业组合巴特与李鸿章代表商定的开发中国计划在报纸发表。

计划大意为：中美合资组织官银行，资本四千万两白银。以两万万两白银为开发中国，统一币制发行纸币，整理中央及地方金融，建设铁路，治理黄河，安置电话等企业投资。中国方面以鸿章为代表，美国方面以钢铁大王范德比尔特为代表。世界报纸哄传，各国争相加入。

但是，外商投资意向踊跃，项目落地数少声稀。

三

李鸿章作为"大变局论"的提出者，却不是一个合格的应对大变局的领导者。

李鸿章专注于军事、国防，孜孜以求的是购船购炮，建设船坞、炮台。有了利器，又着手办学堂，派军官、学生留洋。近代化的军队，必须有近代化的交通、通信，所以又要有造船厂、电报局，有铁路、航运；"船炮机器之用非铁不成，非煤不济"，又要有煤矿、铁矿等。国防建设处处需要花大钱。清廷财政捉襟见肘。1887年西方经济学家研究，中国一年的财政所得所用不出白银两千万镑，当法国五分之一，英国十分之一。中央政府支配之经费，不出两百五十万镑，约七百万两。这个时期，慈禧建三海工程，庆六十大寿，花掉两千八百万两；光绪娶亲，花掉八百万两。用于国防的开支，还能有几多预算？军费开支项目，又能有几人可以染指？

李鸿章国防为主的洋务，成为一个魔圈，差不多限死了外资发展的前景。梁启超批评李鸿章，"知有兵事而不知有民政"。李鸿章没有弄明白，民政的洋务与兵事的洋务相辅相成，还会给兵事的洋务成长创造一个良好生态。

李鸿章发展洋务的手段，是官督商办，即先出官本，再由商集资。他一再指示："摒除官场习气，悉照买卖常规。"愿望虽好，不过一厢情愿。就说洋务史上有名的上海机器织布局，光绪五年开始筹建，先是督办者谎报，说可集资二十一万两。定购了机器，买好场地，工程动工了，却只收了三千二百两。织布机付款期限已到，要求挪借公款。筹建过程中，又提出免税，确保专营，十年内不准他人染指，和同孚祥、丰泰银行、兆丰银行打起官司。接着，管理又出了大事。所报招股50万两，仅实收银35.2万两，其余全系股票抵押。实收银中，又有14.3万两或别经放出，或另押股票。机器本可抵沪，却让存留外洋，贴给利息，"殊属贪利误公"。到了光绪十三年，已经难以为继，旧商各股就已集新股接办，另开纺纱轧花新局，已经净亏7.99万两。光绪十五年（1889）十二月，终于开机试办，又是缺钱，李鸿章出马，帮着凑成30万两。直到光绪十八年（1892）九月，又报"增设机本竭蹶"，李鸿章批准借拨支应局应付炮价项下银20万两。官是冤大头，商也老大不情愿。政府插手，要安置官员，干预经营。企业红火了，舆论吵吵嚷嚷收归国有。企业萧条了，赖账甩包袱，政府强势，商人找谁说理去！

李鸿章的官督商办政策，给企业戴上了紧箍咒，很难办好；让外资很难进得来，外资也不会愿意进来。李鸿章搞洋务企业，是要打垮洋人企业，替国人出一口恶气。这是我们国人常犯的毛病，动不动就泛政治化。

开平矿是个例外，但经营虽然成功，政治代价惨重。光绪三年

（1877），动议煤矿建设。筹备期间，才想到了运输，提出个开挖疏通河道，走水路的方案。耗资巨大，矿局承当不起，找到个理由，治水属于国计民生大事，让盐务和地方妥筹，州县绅士帮办。明眼人一看便知，这是一面之理，政府投了巨资，煤矿赚到大钱，商人按股分红，坐收大把的银子，说得通吗？煤炭本为军用，产量大了，开始销往国外。首供北洋舰队的五槽煤也就是无烟煤，时常断供，卖给外商赚高价去了。李鸿章出海试驶快艇，嫌"五槽煤烟太重，致碍目见旗号"，哪是什么五槽煤烟重，是以次充好。此事终无破解之法，因为北洋舰队军费拮据，付款总是拖欠，商人趋利，在和权力博弈了。还有更糟糕的事情：煤矿建了铁道，一百六十只运煤驳船、五只小轮船没了用场，找李鸿章搞来牌照运盐，还免除民船要缴的码头收费。这一来，民间多少船家，多少马车、驴车户和脚夫失业？私人赚钱，国家也许得利，害民也苦。

海上的坚船利炮，国人有几个瞧得见？瞧得见的洋务，就这么烂！

或问：修铁路，外人不是争相投资吗，为何同样办不成？李鸿章埋怨士大夫囿于辞章之学，不识大变局，埋怨慈禧耳朵根子软，缺少定力和主见，难办事。日本外相伊藤博文认为中国的言官动辄弹劾，办不成事。史家说李鸿章对慈禧过于忠顺，而误了关乎国家工业化、现代化的大事。这已经涉及政治改革的主题了。

四

富和强，是以制度文化支撑的。就富求富，就强求强，是缘木求鱼。

李鸿章贬低西人制度文化，是不识其中三昧。李鸿章认为："中国文武制度，事事远出西人之上，独火器万不能及。""中国文物制度，迥异外洋獉狉之俗，所以郅治保邦，固丕基于勿坏者，固有自在。"就是说，转危为安，转弱为强，在文物制度方面，还是自己的优越。外洋则是"獉狉之俗"，绝对不可以效仿。到了晚年，他游历俄、德、法、英、美、加四个多月，目中所见，所熟记于心的，还是"泰西格物之功效，致力之材能"，仍然不见提高。

国内有识之士，并不乏真知灼见。光绪三年五月，李鸿章送马建忠去法国留学。马建忠上书李鸿章，说"欧洲之强，不全在船坚炮利，而政治法律亦有关"。此前，郭嵩焘也专门致信李鸿章，劝说不要只专注于军事。光绪十年（1884）十月二十九日，两广总督张树声病殁，临终遗奏，"请变法自强"，谓："西人立国之本体，在育才于学堂，论政于议院。轮船大炮电线铁路皆其用。中国遗其体而求其用，常不相及。纵令铁舰成行，铁路四达，犹不足恃也。宜采西人之体以行其用，则奠国家灵长之业矣。"这番话，对李鸿章的洋务之失，可谓鞭辟入里。

西方之富强，不仅是船坚炮利，也不仅是有制器之器和制器之人。西方工业革命兴起之前，经历了文艺复兴、启蒙运动，历经近三百年的思想解放过程。人的面貌一新，创造力迸发，才有了科技突破，工商业繁兴，新制度建立。新制度新文化，是其器物发达、船坚炮利的支撑和保证。

制度，有教育制度、人才选拔制度、兵役制度、经济制度、政体、军制、国体；文化，如民主与科学精神，哪一项都关系重大。没有现代教育制度，不改科举，士人就死守仕途，不屑于西方的奇技淫巧。没有现代经济制度，商法不立，工商业则无以立足。没有现代兵役制，坚船利炮就没有灵魂，军人干政，国家大乱的根源就难以铲除。没有民主与科学行吗？观念是行动的先导！

回到铁路话题。光绪十四年（1888），李鸿章通过醇亲王奕譞所管的海军衙门，奏请修建津通路，理由是将沿海与内陆联结，"外借海路之需，内备征兵入卫之用"。此事经慈禧批准，即将进入实施阶段，一时朝臣奏章纷呈，弹劾四起。

反对者来头可不小，他们是：光绪皇帝，军机大臣翁同龢、张之万，尚书孙家鼐、奎润，奎润是二十一人联衔，还有侍郎、内阁学士、御史、侍御史，等等。不就是修一条铁路吗？何以如此声势浩大？李鸿章两次致书奕谖，一次上疏朝廷，极力一辩："论者乃云是臣下之利，非君上之利；是外洋之利，非中国之利；是一二人之私利，非千万人之公利，此颠倒是非之辞也。"这段辩辞，倒是让人悟到了背后玄机。

上一年，即光绪十四年十月二十二日，英国泰晤士报记者诺曼晤李鸿章，谓：鸿章为无冕之王，为巨富之一，拥有七万五千人俱近代装备之私人军队。这段话颇多依据。所谓私人军队，有些夸大其词，不过，淮军确是李鸿章从安徽老家拉出来的队伍，由他亲手缔造、直接指挥，将领们都是跟着他发达。北洋水师提督丁汝昌，原是淮军马队将领，凡事都听李鸿章行事。甲午之战期间，光绪让他寻敌，李鸿章让他避战；光绪撤了他的职，下旨押赴京师，李鸿章一纸奏疏，就将他保下来。士大夫们个个饱读史书，历史上的权臣，对一个政权的威胁会有多大！这种疑惧极为现实。甲午之后，李鸿章垮了，不是又出了个袁世凯，把清廷的江山夺走了？

李鸿章所办洋务，俱在其辖区之内，洋务越兴，其个人势力愈强，愈成独立王国。"君弱臣强，国柄下移"的危机，朝堂朝臣能不百倍警惕？李鸿章所办洋务，是官督商办，有官股，有个人股，官给许多特权，商又是那么几个巨富，世传多李鸿章股份。这都涉及军制、商法，真正国之大者。

这就出现了一种现象：李鸿章要办之事，无事不遭反对；李鸿章已办之事，无事不遭清算。所送出洋学子，因"染西俗"太过而奉文撤回；所建江南制造（造船）局，被劾"靡太重"而吁请裁撤；所办轮船招商局，被劾"企业归商不归官，局务漫无钤制，流弊不可胜穷"；请设南北洋电报，反对者称电线会变乱风俗，是背祖离宗之举；所开建平金矿，反对者以与皇陵风脉有关，请"照旧封禁"。津通铁路决定被推倒重议，倒是有张之洞、曾国荃等支持修建铁路，但张之洞提出不建津通路改建芦汉路，曾国荃也对修津通路三缄其口，决不附和。津通路被否，芦汉路也泡汤。至甲午战争止，中国仅有铁路五百公里。

政治改革，成为洋务的死结、李鸿章事业的死结，也是清廷命运的死结。清廷不愿意改，或者停留于口头，能拖则拖。因为要改，就要改掉君主专制，限制慈禧无限的权力。李鸿章也不想改？未闻其言，也不见其行，还帮助朝鲜除掉了搞政治改革的开化党领袖金玉均。因为要改，就要剥夺一代权臣巨大的利益。但是，不改，一旦遇到内外风暴的冲击，就是他们宿命的终结。处在千年未有之大变局中，怎么可能没有掀天搅地的狂风骤雨呢？甲午战端一开，北洋海军、淮军几近覆亡，李鸿章本钱输光，彻底垮台。之后，又来了个庚子之变，不过十年，清朝也倒在了武昌起义的枪声中。

对照鲜明，同样处在数千年未有之大变局中的日本，在应变中出手不凡：日本承认本国器物、制度、文化全面落后，立宪法，设议院，普及全民义务教育，殖产兴业，国营企业示范，扶持民营经济发展。实行义务兵役制，以西方军制设置军队体制。甲午战争爆发的前一年年底，日本外相向众议院报告，日本自1868年明治维新，二十五年来，对外贸易由三十万两白银增加到一万万六千二百万两；有三千英里（约四千八百公里）铁路线；一万英里（约一万六千公里）电报及各种航行大洋船只。日本有最现代化之常备陆军十五万人，有各式军舰四十只，与欧洲任何国家相比无逊色。日本已实施代议政治，今日不怕任何人。日本应变，从里而外，脱胎换骨，顺应世界潮流，走在了东亚前列。

还有个沙俄。从1801年亚历山大一世上台，乔装埋名赴西方学习，推行西化，历经几代沙皇，已经有了向外扩张的实力。在清廷君臣眼里，沙俄似乎相隔遥远，实则西伯利亚铁路建成，海上航道开通，也就来到了家门口。

不难推测，清廷的悲剧命运和我民族的灾难已经离之不远了。

五

应变赖内政，也离不开外交。正确的外交政策，当生于变局，立足变局，服务于应变的治策、国策。

李鸿章被称为中国近代史上屈指可数的外交家。他的外交政策是力促和局，徐图自强，与朝中有见识、有担当的重臣如奕䜣、文祥、曾国藩等一脉相承。李鸿章的海防论，是重要的外交应变对策。他提出，历代备边，多在西北，数千年来未有之变局，使备边重点由西北转向东南万里海疆。依现在的财力，既备东南万里之海疆，又备西北万里之饷运，只能"困穷颠蹶"。李鸿章心中，边省虽然重要，但腹地倘遭破坏，国家大势也就去了。若腹地强盛起来，边省及藩属当然就可保存了。

李鸿章的外交政策能否落实，得看两个前提条件，一是君主为国屈己的胸襟，一是士大夫勇于直面现实的心态。但是，皇帝和士大夫极度自恋，对洋人的怒火随时都能燃成烈焰。随着光绪年齿渐长，朝中逐渐形成所谓后党、帝党，主和派、主战派，这池子水就浑了。尤其在光绪十五年慈禧训政、光绪亲政以后，国人的腰好像一下子粗了，国力好像一下子壮了，喊打声压倒了一切。因此，李鸿章一再强调，不能再在外交上走上一贯的老路，即事端一出，动辄开战，战则必败，败则议和，和则割地赔款。但清廷的外交，却一而再、再而三地栽倒在这条覆辙之上。

光绪九年（1883）至十一年的中法之战，为了维护对越南的宗主权，此战胜败不好定论，共用银三千余万两，其中借外债达2193.5万两。中国主要造船基地遭受严重破坏，福建水师主力丧失殆尽，史家称"所蒙经济损失，估计在一万万两以上"。越南不久即沦为法国殖民地。

光绪二十年（1894）中日甲午之战，为了保卫藩国朝鲜，大败，签订《马关条约》，赔款2.6亿两白银，割让台湾、澎湖列岛。

光绪二十六年（1900）庚子之变，清廷利用义和团向英、美、俄、德、日等11国宣战，大败，签订《辛丑条约》，赔偿白银4.5亿两，约38年还清，本息共计9.8亿两，外人设使馆区，驻兵，并派兵驻扎从北京到山海关铁路沿线。

李鸿章的海防论，更被人视为"卖国"说。海防、塞防必须并重，哪能重此轻彼？祖国的领土一寸不能丢！这些话，当然冠冕堂皇却最不靠谱。西征平定新疆回乱，收回伊犁，支出白银四千二百万两，其中欠下外债一千零七十七万两，还差一点与沙俄开战。海防重点还从何谈起？东南万里海疆，只能听天由命，任凭它危机四起了。

六

没有实力坐底，李鸿章外交方面绝大的精力只能用于以夷制夷。列强瓜分世界市场，划分势力范围，总要发生矛盾，形成利益冲突。所谓以夷制夷，就是利用矛盾，以西方制东方，以东方制西方，或西方、东方诸国互制。

中国古代讲远交近攻，是说最危险的敌人是家门口的强邻。晚清的局面一日坏过一日，终致不可收拾，祸首是日本。随着日本国力的增长，扩张野心疯长，占了清廷的藩国琉球，又垂涎另一个藩国朝鲜。朝鲜是辽东半岛的屏障，朝鲜安则辽东安，战略地位重要。清廷没有保卫朝鲜的实力，李鸿章只能拿以夷制夷作赌注了。

李鸿章的做法，是借助西方扼制日本，让朝鲜半岛开放，引英、法、美、德进入朝鲜，形成内部势力均势。开放导致各种政治势力空前活跃。先有开化党人发动"甲申政变"，后有东学党人甲午之乱。中日军队同时进入朝鲜，甲午战争爆发。其间，李鸿章电报频频，令驻西方、驻俄国公使斡旋，寄希望于列强干预。动不到自己的根本利益，谁会出手帮你这个穷兄弟？列强纷纷宣布中立，以夷制夷告吹。

李鸿章奉命赴日，签订丧权辱国的《马关条约》，再次设局以夷制夷。割台湾，他不甚争执，意台湾对中国并无大利，而日本占领，将与英国发生冲突。割辽东半岛，威胁京畿，料俄必不甘坐视，故以之归日，而使日俄冲突。当然，割与不割，由不得李鸿章，日本要定了这块宝地。果然，沙俄出面，联合西方列强干预，日本多索取了三千万两银子，退出辽东。沙俄绝无半点菩萨心肠，不过借机实现其在远东扩张的野心。事后，胁迫清廷酝酿了一个《中俄秘约》。这个秘约，在丧失中东铁路的权益后，又直接为沙俄强占旅顺、大连开了路。这就是强邻的可怕。它既要你的金银珠宝，又要你的河山疆域。

秘约一签，西方列强在中国的势力均衡被打破，出现了新一轮瓜分潮。

以夷制夷的遗害，让李鸿章死前景况凄惨。他离开这个世界一小时前，俄国使臣还在其床前，逼他签字画押。

国家间利益为上。所谓"友谊"，"利谊"太重，铜臭熏天，不足为凭。平等靠自强争取，外交以武备支撑。没有武备的外交，无论手段多么高明，最终不值几斤几两。

光绪二十七年（1901）元月二十九日，遭庚子之变，正在流亡中的慈禧，自西安的窑洞中发出上谕，这是清末新政的改革宣言。上谕称："近之学西法者，语言文字，制造机械而已。此西艺之皮毛，而非西政之本原也。""学其皮毛而又不精，天下安得富强？"这是对洋务运动最权威的结论，也是对李鸿章一生事业失败的盖棺论定。

康有为

书生狂飙救世潮

万木草堂成为学术争鸣的讲堂、新学传播的重镇,为维新变法事业锻造了思想理论武器,培育了堪当大任的英才。

《新学伪经考》《孔子改制考》两部巨著,成为维新变法运动强大的思想武器,也由此奠定了康有为的维新变法领袖地位。

康有为走的是"以君权变法的路子"。梁启超称,从光绪十五年(1889),康有为开始上书,请及时变法以图自强,书格不达,此后"凡七上书,其不达也如故,其频上也如故,举国俗流非笑之,唾骂之,或谓为热中,或斥为病狂。先生若为不闻也者,无所于挠,锲而不舍"。

康有为为光绪提供的变法大计,概言之,是"以俄国大彼得之心为心法,以日本明治之政为治谱"。戊戌变法虽然失败,却打开了变革的闸门,大潮汹涌,任什么力量都难以阻挡。

1840年鸦片战争之后，在近代中国，应对三千年未有之大变局，成为紧迫的时代主题。

从林则徐，到奕䜣、文祥、曾国藩，再到李鸿章、左宗棠、张之洞，以洋务运动破题，答卷却极不如人意。他们不明白西强东弱的成因，变器物不变制度、不变文化，以我国"文武制度""文物制度"为金科玉律，以"中学为体，西学为用"为思想武器，以国防军工、官督商办为洋务重点和政策方针，使洋务运动的路子越走越窄，一步步进入死胡同。

求强而愈弱，化危而患深。甲午战败，割地赔款；德占胶州湾，俄占大连、旅顺，瓜分势成；朝鲜、安南、缅甸、琉球，藩屏尽失。中华民族到了最危险的关头，一次全面、系统的变革呼之欲出，这是救中国的唯一出路。

时代呼唤本民族的伟大人物出现。他要了解东方，更要知道西方，东西结合，提供思想理论指导，设计政治改革纲领；他要组织维新变革力量，冲破守旧的营垒，扫清前行的障碍，为新制度的大厦鸣炮奠基。这是一个民族的重托，也是一个时代的使命。天降大任予一介布衣，康有为发起、领导的维新变法运动架起民族复兴史上不可逾越的阶梯。

一

广东、广西，在我国历史上长期处于落后状态。近代因为西方列强东侵，西学东渐，两广一度成为开放前沿，开始领风气之先，领袖人物辈出，先有洪秀全，继之康有为，后有孙中山。

康有为于1858年出生于广东南海县，其先代为粤省名族，世以理学传家。他自幼受到正规的传统文化教育，十九岁投入粤中大儒朱次琦门下，三年求学，打下坚实的理学政学基础。此后，屏居独学于南海之西樵山，巧遇翰林编修张鼎华。通过这一忘年之交，"尽知京朝风气，近时人才，及各种新书""既念民生艰难，天与我聪明才力拯救之。乃哀物悼世，以经营天下为志"。

光绪十四年（1888），康有为三十一岁，是他成为维新变法领袖的重要节点。这一年，张鼎华频招康有为游历京城，又逢顺天乡试，五月决定成行。到了北京，张鼎华病重、去世，他侍药、营丧，结识了诸多京师要人，做了几件轰动京师的大事。

置身政治中心，天下事看得分明，康有为忧国之心日重。时值中法战争，马江之败，我福建水师主力丧失殆尽，但手握乾坤的慈禧太后仍在挪用海军经费，大营园林；朝廷卖官鬻爵，文恬武嬉，"大厦将倾，而处堂为安；积火将然，而寝薪为乐"。

康有为一向自命不凡。他久居乡下，遍阅古籍，又游历沪、港，网罗西书，博收西学。这个时候，他自我感觉良好："合经子之奥言，探儒佛之微旨，参中西之新理，穷天人之赜变。""学有所得，超然物表，而游于人中，倜傥自喜。"但是，天子脚下，人文渊薮，随便哪一路神仙，都有满身的道业，一介乡下穷儒，却无论如何上不了台面。康有为偏偏不以位卑为意，藐视官场陈规。这一时期，公卿中潘祖荫、翁同龢、徐桐颇有时望，康有为"以书陈大计而责之，京城哗然"。他还三诣徐桐门下，徐桐不见；投书徐桐，"越日原书发回，以狂生见斥也"。

这个时候，发生一件大事，皇陵山崩千余丈，在时人眼里，这是上天的警示。康有为发愤上万言书，极言时危，提出"变成法""通下情""慎左右"的政治主张，要求变法图强。

按照祖宗成法，一介寒儒，哪有资格上皇帝书？书达圣听，更比登天还难。康有为先通过国子监友人呈递，被阻；又通过都御史代上，也没有成功。很快，一个乡下秀才上书皇帝、倡言变法的事情传开，"朝士大攻之"，有乡人觉得丢人现眼，要把他逐出京师。好友劝他，"勿言国事，宜以金石陶遣"。他住在古木参天的汗漫舫里，日以读碑为事，尽观京师收藏家金石数千种，写成了论书法的册子《广艺舟双楫》，倒是意外收获。

一年零四个月后，康有为离京返乡。京都之行虽然乡试落第，一事无成，他却已经成为一个名气极大的人物了。

他初试锋芒，雄心勃勃，遇挫而志不馁，作《出都留别诸公》诗以抒胸臆："沧海惊波百怪横，唐衢痛哭万人惊。高峰突出诸山妒，上帝无言百鬼狞。岂有汉廷思贾谊，拼将江夏杀祢衡。陆沉预为中原叹，他日应思鲁二生。"

看他那份英雄豪气，充塞天地之间："眼中战国成争鹿，海内人才孰卧龙？抚剑长号归去也，千山风雨啸青锋！"

二

康有为"既绌于国，乃讲于乡"。他回到家乡，竖起万木草堂的牌子。万木草堂成为学术争鸣的讲堂、新学传播的重镇，为维新变法事业锻造了思想理论武器，培育了堪当大任的英才。

一批才华横溢的青年才俊投到门下。梁启超初中举人，却拜一介秀才为师，成为他的第一批学生之一。几年后，康有为以办报唤醒民众，以创设学会凝聚士人，以跻身君侧而行维新变法主张，那些骨干分子都出于万木草堂。康有为从此进入学术创造的鼎盛期，康学思想体系在这里形成。这一方弦歌之地，终因酿成近代史上的维新变革风暴而名闻天下。

每当社会处于大变革时期，思想政治界的领袖人物总是回到文化原点，寻找思想资源，为变革提供思想理论武器。如南宋大儒朱熹，为从佛学手中夺回中华文化主阵地，重新审视"六经"，而找到"四书"，以终生精力注"四书"，建立起中华文化核心思想体系，影响了明清两代。明末清初，一代大儒从文化根源上反思亡国之痛。黄宗羲以其《明夷待访录》，尤其是《原君》《原臣》《原法》等名篇，敲响了君主专制的丧钟，启发了一代革命者。顾炎武重新发掘"六经"宏旨，倡人伦，正世风，以"天下兴亡，匹夫有责"的呐喊而唤醒世人，不要让社会沦落到"率兽食人，人相食"。

康有为走的是先儒的路数。他重估中华传统文化，写出《新学伪经考》《孔子改制考》两部巨著，成为康学体系的两大支柱，成为维新变法运动强大的思想武器，也由此奠定了他的维新变法领袖地位。

《新学伪经考》在别真伪，《孔子改制考》在发明圣作，"知微言大义之所存"。

中国传统文化有一个极大的软肋，就是古文经和今文经的大公案。相因成习，几成定论，认为秦始皇焚书，"六经"失传，从汉文帝废除禁书令开始，儒家典籍逐渐得到归集、整理。而康有为提出："秦火虽焚，而'六经'无恙，博士之职不改，孔氏世世不绝，诸儒师师相受，微言大义至今具存。以为'乖绝'及'书缺简脱，礼坏乐崩'，皆歆邪说，攻今学真经而创古学伪经也。"

刘歆怎么能创出古学伪经呢？因为他是皇朝的总校书，后来又成为王莽的国师，能移易是非，窜乱古今。他编造了一个故事：鲁共王扩建宫室，坏孔子壁，发现了一批经书，用钟鼎古文写成，包括《毛诗》、古文《尚书》、《周官》、《左传》、古《孝经》等。刘歆还提供旁证，河间献王也从民间搜集到这些经典。这些伪造的典籍，有的列入由"六经"发展而来的"十三经"，其中影响最大的是《周官》《左传》。《周官》托为周公所作，实是辑晚周、战国诸书而纂，讲周及诸侯国的制度、礼法，它是古文经学的宗主，成为王莽政治改革的根据。《左传》则是依左丘明《国语》改造，以史实解《春秋》。经过贾逵、马融、郑玄、许慎等的发展，古文经压倒了今文经。古文学家以孔子为"述而不作"的史学家、教育家，"五经"成了周公的发明。

康有为指出，"孔壁既虚，古文亦赝，伪而已矣，何'古'之云！"连河间献王一段史实也是假的！刘歆伪造经典，帮助王莽篡权，身为新臣，则经为新学伪经。康有为断言："凡后世所指目为'汉学'者，皆贾、马、许、郑之学，乃'新学'，非'汉学'也；即宋人所尊述之经，乃多伪经，非孔子之经也。"清朝学者所尊的孔子，也都不是孔子之学，而是朱子之学。朱子之学，只知"四书"，不知"六经"，大半实是刘歆之学。

康有为登高一呼：两千年来，成千上万的读书人，二十个王朝的礼乐制度，统统把这种伪经奉为圣统，竟然没有一个人敢违背，没有一个人敢怀疑，结果孔子的微言大义不著，圣法扫荡无遗！

孔子的"微言大义"又是什么？康有为提出，春秋战国时期，诸子百家纷纷创立教义，阐发各自的政治主张。为了增强说服力，都把理想中的社会制度托为古代。孔子是托古改制的杰出代表，"六经"中之尧、舜、文王，都是孔子改制所寄托的先贤。孔子创立儒教，亲自作了《诗》《书》《礼》《乐》《易》《春秋》，作为托古改制的典章。孔子由此成为布衣改制的素王。

康有为将西方进化论等现代学说融入"六经"，形成了变革进化的理论体系。康有为指出，孔子之圣意、改制之大义，也就是由《公羊》所传的"三统""三世"说。康有为"喜言'通三统'，'三统'者，谓夏、商、周三代不同，当随时因革也；喜言'张三世'，'三世'者，谓据乱世、升平世、太平世，愈改而愈进也"。

孔子是中国改革派的始祖，"六经"充满改革精神，改革才是孔子思想的真髓！作为真正的孔门弟子，应当怀一颗济世拯民之心，举起孔子的大旗，为维新变法奔走呼号！

康有为立论，用四面包围之法，他从十四个方面层层剖析：秦焚"六经"未尝亡缺考、《史记》经说足证伪经考、《汉书》河间献王鲁共王传辨伪、儒林传辨伪、刘歆及王莽传辨伪、经传于通学成于郑玄考；他遍攻伪经，还写出《毛诗》《古文尚书》《古文礼》《周官》《费氏易》《左氏传》《国语》《古孝经》《尔雅》《小尔雅》《说文》的辨伪。但是，任何学说都难免片面、偏激之处，康有为阐发引申经义时，"往往不惜抹杀证据或曲解证据，以犯科学家之大忌"，由此为论者所诟病。

《新学伪经考》《孔子改制考》一经问世，立即于思想文化界引起"大飓风""大喷火""大地震"。有本叫《翼教丛编》的书，很有代表性，其序言称，维新变法思潮使"邪说横溢，人心浮动。其祸肇始于南海康有为，弟子梁启超张其师说，其言以《新学伪经考》《孔子改制考》为主，而平等、民权、纪年诸说辅之。伪六籍，灭圣经也；托改制，乱成宪也；倡平等，堕纲常也；申民权，无君上也；孔子纪年，欲人不知有本朝也"。这真是十恶不赦，死有余辜！这也恰恰说明，两部巨著的作用是多么巨大！

三

布衣任天下，必须借助体制。孔子周游列国，为弘道，更为经世。汉儒叔孙通制礼仪，董仲舒倡"独尊"，无不是借助体制。康有为以先儒为师，走的是"以君权变法的路子"。

梁启超《康有为传》称，从光绪十五年，康有为开始上书，请及时变法以图自强，书格不达，此后"凡七上书，其不达也如故，其频上也如故，举国俗流非笑之，唾骂之，或谓为热中，或斥为病狂。先生若为不闻也者，无所于挠，锲而不舍"。

康有为每上皇帝书，必逢国难当头、大事变来临之际，必借助汹汹民意。第一次上书，值马江战败，他茅庐初出，尚缺经验。二次、三次、四次上书，值《马关条约》签署之际，清廷赔款割地，他组织起赴京参加乡试的爱国学子，京城轰动，举国哄传。五次上书，德占我胶州湾，德军毁坏即墨文庙，他发动又一次"学潮"，造成强大的维新变法声势。

事实上，康有为第三次上书，就已经通过都察院上达。光绪不愿做亡国之君，勤力求强。帝师翁同龢联络维新变法力量，礼贤下士，登门拜访，与康有为建立联系，并一力举荐。光绪二十四年（1898）正月初二，李鸿章、荣禄、翁同龢等受命延见康有为，询问变法之宜。正月初七，康有为六上皇帝书，同月七上皇帝书，上书建议成为光绪维新变法的大政方针。四月二十三日，光绪诏定国是，决行变法。二十八日，召见从未赴任的六品工部主事康有为，听他面陈变法大计，面谕军机大臣："康有为著在总理衙门章京上行走"，许其专折奏事。

随着一次次上书、递折，康有为的维新变法纲领日渐成熟。他力主全面变革，提出："购船置械，可谓之变器，不可谓之变事；设邮便，开矿务，可谓之变事矣，未可谓之变政；改官制，变选举，可谓之变政矣，未可谓之变法。日本改定国宪，变法之全体也。"

他为光绪提供的变法大计，概言之，是"以俄国大彼得之心为心法，以日本明治之政为治谱"。康有为称，大彼得知时从变，破弃千年自尊自愚之习，排却群臣阻挠大计之说，"微服作隶，学工于荷、英，遍历诸国，不耻师学，雷动霆震，万法并兴"。用不了几十年的工夫，俄文明大开，辟地万里，而称霸全球。康有为奏议："我朝变法，但采鉴于日本，一切已足。"具体为六大端：一是"大誓群臣以定国是"；二是"立制度局以议宪法"；三是"超擢草茅以备顾问"；四是"纡尊降贵以通下情"；五是"多派游学以通新学"；六是"改朔易服以易人心"。国体政体，是君主立宪，三权分立。

戊戌变法"百日维新"，光绪颁布诏令，康有为运筹帷幄。他日夜编辑新书上呈，计有《日本明治变政考》《俄罗斯大彼得变政考》《突厥削弱记考》《法国革命记序》等十余种，每书必加案语，凡中国变法之曲折条理，无不详尽发挥，光绪深以为然，采案语以为谕旨。康有为把握维新变法的节奏，频频上折或代拟奏折，如定国是、废八股、定立宪、开国会、设新京、断发易服、满汉不分、开制度局议行新政等，维新变法措施一项项化虚为实。

四

应对三千年未有之大变局，行千年罕见之大变革，必当令朝局风起云涌。撤衙门、去冗员，使多少权贵利益受损，饭碗被砸？废八股、兴新学，又使多少士人蓦然间迷了方向，失了前途？权力和利益博弈，人心惶惶，谣言四起，刀光剑影，血雨腥风。

顽固势力以明、暗两手反对、抵制。慈禧死党荣禄大权在握，叫嚣："祖宗之法不能变。"军机大臣则称："开制度局，是废我军机也，我宁忤旨而已，必不可开。"王文韶心机则深："上意已定，必从康言，我全驳之，则明发上谕，我等无权矣，不如略敷衍而行之。"

康有为万般无奈："所议我折似无一语驳者，似无一条不行者，上亦无以难之，虽奉旨允行，而此折又皆成为虚文矣。"康有为怒上《波兰分灭记》，极言波兰丧失改革良机，国家覆亡、官民所历种种苦难。光绪览后为之唏嘘，从此大发雷霆，撤礼部六堂之职，进杨锐、刘光第、林旭、谭嗣同为四品军机章京，参与新政，并诏令裁撤机构，裁汰冗员。

维新与守旧的博弈，逐渐阵线分明。顽固派一方，只要攻倒光绪，就胜券在握。攻倒光绪，最现成，也是最阴毒的一手，就是怂恿慈禧废帝，或重新临朝听政。他们明目张胆，上折请愿，造谣生事。维新派一方，只要保住光绪，就有光明的前途。保住光绪，或除去慈禧，或扼制慈禧的权力，让光绪真正成为口含天宪的真皇帝。对维新派而言，这要靠外力，更要靠光绪自强，借力打力。维新派放出口风，京城疯传，九月天津阅兵，将废皇帝。谣言的智慧含量有限，因为慈禧废皇帝，随时可为，何必要到九月阅兵，还把地点放到天津？

慈禧军政大权在握，轻易不会为谣言所惑、为近幸左右。维新派玩火，在涉足兵权。康有为看好袁世凯，派弟子赴天津，探袁世凯的态度，认为袁倾向于我，"甚至谓吾为悲天悯人之心，经天纬地之才"。于是上折荐袁，请召见加官优奖，又让谭嗣同递密折，请抚袁以备不测。光绪召见袁世凯，降旨嘉奖，赏给侍郎衔。至此，维新派的战车也就开向了万劫不复的深渊。慈禧立即出手，将光绪囚禁于瀛台，维新派人头滚滚，血染京城，百日维新失败。

史书多称，血案酿成，罪在袁世凯告密。实则，袁世凯告密也好，不告密也罢，到了此一关头，慈禧如不出手，就不是慈禧了。

五

凡革命和大进步事业，必要有志士仁人振臂一呼，必当有先烈的尸骨铺出成功的路。

光绪不愧是爱新觉罗的子孙，柔弱之躯却不乏刚烈和血性。百日维新，足见他以身许国、死生不避的英主豪气。诏定国是第四天，慈禧断其臂膀，撤翁同龢，他气不馁；慈禧布兵收权，刀剑相逼，他心不惧；朝臣反对，政不出朝堂，他我行我素。他何尝不明白儿皇帝该怎么做？何尝不熟知乃祖乾隆、嘉庆父子相处之道？何尝不懂得隐忍以待时？是国家再不能等，他也不愿等！

戊戌变法、百日维新虽然失败，却打开了变革的闸门，大潮汹涌，任什么力量都难以阻挡。后来的晚清新政，是一种前后承继；而激进的革命党人，虽撞响了大清的丧钟，却也实实在在地是在救中国。从这个意义上说，光绪和康有为们的功业可歌可泣、可敬可仰。

六

戊戌之年（1898），康有为不过四十一岁，正当盛年。但就他的事业论，此后岁月，不过是他生命的黄昏。

康有为以侥幸不死之躯，寄身海外十六年。他三周大地，遍历四洲，经三十一国，行六十万里，走遍天涯海角，要做一耐苦不死、遍尝百草的神农，求一医中国沉疴的良方。他最终找到的，却是君主立宪制。在他的晚年，辛亥革命爆发六年之后，还跑到北京，直接参与张勋复辟，企图利用懵懂颟顸、追权逐利的军阀实现其君主立宪的大梦，却被军阀利用，赚来一个保皇复辟的恶名。虽然，孙中山的民主共和同样归于失败，使国家和人民处境更恶，但是，历史倒车却不能开！

政治舞台，因为逆潮流而动，被时代冷落。文化领域，他鼓其余勇，试图以孔教重塑理想社会蓝图,救赎世道人心。孔子在他笔下,由中国的圣人,而资产阶级革命家,而大同理想创说者,而东西方文化集大成者。康有为称:"孔子之道,其本在仁,其理在公,其法在平,其制在文,其体在各明名分,其用在与时进化。夫主乎太平,则人人有自主之权;主乎文明,则事事去野蛮之陋;主乎公,则人人有大同之乐;主乎仁,则物物有得所之安;主乎各明权限,则人人不相侵;主乎与时进化,则变通尽利。"康有为在《大同书》中所阐发的孔子天下为公的大同理想,与欧洲空想社会主义如出一辙。他还出任孔教会长,四处奔波,传播孔学大道。但是,在革命大潮和新文化运动冲击下,孔子近百年间走的是否运,康有为的奋争只能徒唤奈何。

康有为的余生,其言虽拙,其行虽愚,其心却善,这是一个始终怀着悲天悯人的大情怀,为了信念奋斗到生命的最后一息,倒在前沿阵地上的大英雄!

慈禧
宪政畸变误晚清

庚子之变引发清末新政,新政深化引发清末宪政。

慈禧和她的继任者,没有天下为公的大政治家情怀,多的是家天下和集权专制的算计,路走歪了。

为行宪作准备的官制改革,没有走出朝堂政争、权术运作的窠臼。绅商集团为代表的立宪派,成为朝野最不可忽视的一股政治势力。慈禧无视他们的声音、他们的诉求。地火运行,终成喷涌之势。清政府背负着沉重的战争赔款。新政、宪政双管齐下,事功浩大;后来,鸦片禁政再张,贪大而力不逮,去恶而求其速,财政困局成为压垮大清的最后一根稻草。

清廷在行宪中倒台,实则因慈禧养成了三大乱源:一个孙中山领导的革命党、一个新兴的工商阶级和一个袁世凯为代表的军头集团。

历史转了一个圈，又回到原点：由慈禧亲手扑灭的改革，仅仅过了两年多，又由慈禧亲手发动，轰轰烈烈搞了起来。前者史称戊戌变法，后者史称晚清新政。这场新政，促成了中国由封建专制制度走向现代民主政治制度的变革。

一

从1840年开始的50多年间，外国列强欺人太甚，大清王朝又太不争气。几次交手，西方的强盗，大清打不过。甲午一战，又被"蕞尔小邦"日本打得一败涂地。一腔热血的光绪皇帝试图通过变法图强。他撇开大清政权这架无力操控的旧机器，和"太上皇"慈禧顶着牛，领着帮文人搞单干，最终走上拉拢军人、企图靠政变软禁慈禧的绝路。国事一团乱麻，强盗趁火打劫。德、俄、英等国强迫清政府签订租借条约，胶州湾、旅顺、大连、九龙、威海卫成了列强的租借地，中国真正被瓜分了。

慈禧从幕后走到前台，重新执政。守旧派大叫开放过头，国内的仇洋情绪如大海怒涛，推着大清又走了段封闭排外的回头路。最昏庸、给民族带来又一次大灾难的决策，是庚子年同时向11个帝国主义国家宣战，借助风起云涌的义和团，攻打外国使馆，杀灭洋人和"二毛子"，引得八国联军进北京。首都沦陷，大清政权成了流亡政府，一路西逃，经河北、山西，驻跸西安，达一年零四个月。

这一次天崩地坼的大震荡，让慈禧变得清醒、理智。她感到了从未有过的空虚、危机、恐惧，真正尝到了孤家寡人的滋味：洋人要和她算账，国内人怨鼎沸，东南数省公然宣称朝廷谕旨是"伪诏"，以"互保"为名，与朝廷离心。她就像坐在了漂浮于大海中的一叶孤舟上，随时都会被风浪吞没。她要重回权力的宝座，就要把握时代潮流，顺应臣民意愿，收拾人心，收拾山河。她别无选择，义无反顾，发起一场规模空前的改革，这就是始于1901年的清末新政。

新政的范围涉及广泛，主要是：改军制、练新兵、兴经济、办实业、废科举、兴新学，改官制、汰冗员，等等。新政的推进章法缜密，成效卓著。戊戌变法时想做的事情，都有所涉及，也都启动或办成了。像法律体系的建设，民法、刑法、公司法，或出台，或成文，个人的人身和财产权得到确认。像新的教育体系，建立全国、省、县三级新式学堂，派出留学生。新式学堂考试，给予一定比例的进士、举人、秀才名额，新旧衔接，为科举路上的士人搭好新的谋生、进取之阶，延续了1300多年的科举制退出了历史舞台。利用外资规模空前，铁路、电信等基础设施建设突飞猛进，营商环境的形成，促进了工商业发展，经济增长成为史上最快的时期之一。

二

改到深处是政体。

1905年，日、俄在我东北疆域开战，日胜俄败，这是君主立宪的"蕞尔小邦"日本在不到10年内打败的第二个封建大帝国。一时间，"立宪必胜，专制必败"成了朝野最大的共识、最强烈的呼声。同年10月，清廷派出五大臣出洋考察，历时八个月，访问美、法、英、德、日等十三个国家，多方论证，作出预备仿行宪制的决定。1908年8月，《钦定宪法大纲》和《逐年筹备事宜清单》颁布，宣布九年后召开国会，实现君主立宪。

宪政是西方近代政治文明的产物。随着工业革命的发展，资产阶级成长、壮大，在推翻封建制度的斗争中，提出"主权在民""法律面前人人平等"以及代议制、普选制等主张。革命胜利后，他们用宪法和制度予以确立。美、法等国取民主共和模式，多数国家取君主立宪。君主立宪，英国是虚君制，日本则赋予君主极大权力。不管哪种立宪模式，颁宪法，设议会，实行责任内阁，立法、司法、行政三权分立，都是不能或缺的要义。

实行宪政，是社会制度的大革命，是要把延续了数千年的封建帝制的大船驶向资本主义的港湾。从事这样一场革命，需要越过无数激流险滩，应对一个又一个难以预料的风险，需要巨大的胆识魄力、高超的驾驭能力，更需要一个至高无上的权威掌舵。历史的遗憾是，在慈禧统治中国的四十七年漫长岁月中，领导这场大革命，却只留给她两年多的时间，已经太迟了。

慈禧对宪政若明若暗，对宪政的未来难作判断，又不能不对朝野的愿望作出积极回应，"预备仿行宪政"就成为她"高明"的政治抉择。预备仿行，就把握了主动权，进退自如；就可以摸着石头过河，苗头不对，随时调整；还可以土洋互参，多些大清特色。

慈禧和她的继任者，没有天下为公的大政治家情怀，多的是家天下和集权专制的算计，起步就走歪了。预备仿行宪政，确定的指导思想是"大权统于朝廷，庶政公诸舆论"，选择的立宪模式，仿效日本，而比日本更加集权。制订宪法的程序，有钦定宪法、协定宪法、民定宪法三种，《立宪纲要》明确规定实行钦定宪法。宪法大纲的性质，是一部极端的君权宪法，规定了十四条君上大权，有"大清皇帝统治大清帝国，万世一系，永永尊戴""钦定颁行法律及发交议案之权""召集、开闭、停展及解散议院之权""设官制禄及黜陟百司之权""统率陆海军及编定军制之权""总揽司法权""发命令及使发命令之权"。这哪是宣布行宪，分明是个集权收权宣言！好在大清毕竟要行宪了，举国上下也就忙碌着同庆黎民社稷之福了。

但是，这样搞预备仿行，隐患太多。它的伸缩空间太大，最终极易将宪政扭曲变形，让它面目全非，也极易给各种思潮、各派政治势力留下角力的空间，它们会举着这面旗帜，贩卖私货，图谋各自的政治诉求和利益，会让政坛风起云涌，风雷激荡。

慈禧在，威权在，驾驭不难。1908年11月14日、15日，光绪、慈禧先后离世，3岁的溥仪成为皇帝，权力交给了他的父亲，年仅25岁的载沣，一个无足够政治经验、无驾驭复杂局面能力的皇族亲王，宪政的走向就无法预料了。

三

行宪，是清王朝大厦的重构，工程浩大。慈禧作为传统政治家，诏定先从官制改革突进。按照传统政治思维，国家机器由官员组成，由官员推动运转，宪政也得由官员推行，改了官制，宪政就有人办，就有了头绪。

1906年9月1日，清廷宣布预备仿行宪政，先从改官制入手。随后，编纂官制馆成立，负实责的为庆亲王奕劻，具体做事的是袁世凯。最终上奏的方案，要点首在设责任内阁，裁原军机处及内阁。内阁大臣共14人，总理大臣1人，"秉承圣谟，翊赞机务，平章内外政事"。置左右副大臣各1人，协同总理大臣"平章内外政事"。其次则更定各部，共设11部。这个方案，符合宪政原则，实行责任内阁，将使中央行政体制有根本性改变。但是，这个方案也有致命的软肋，责任内阁是向议院负责，议院之设，需先选议员，抛开议员、议院而先有责任内阁，也就本末倒置了。

官制改革，是政治权力的再分配，牵涉到所有官员和集团的利益，反弹激烈，反对者有军机大臣，有王公贵戚，有各部大员、司员，有满员，连太监也借机向慈禧跪求，看在对主子无比孝敬的份儿上，给留个饭碗。

为行宪作准备的官制改革，没有走出朝堂政争的窠臼。最有代表性的两股势力，一是奕劻、袁世凯当红派，二是军机大臣瞿鸿禨、邮传部尚书岑春煊清流派。瞿鸿禨暗中向慈禧奏陈、上帖，称实行责任内阁，则太后将无权，主张宪政当循序渐进。他有个人权力的谋划，更有对宪政前途的担忧。责任内阁成立，奕劻为总理，袁世凯必为副总理，奕劻不任事，责任内阁实际成了袁世凯的天下。"清议以奕劻贪庸，世凯跋扈，多右鸿禨。"瞿鸿禨不愿让奕劻、袁世凯摘取宪政果实。慈禧终被说动，方案公布，否定了责任内阁制，保留军机处，不过，仍有向责任内阁过渡的意思；设立专管司法行政的法部，以及规定大理院专管审判，并预设资政院，也有使行政与立法、司法分离，向三权分立过渡的意思。官制改革，和了稀泥。

瞿鸿禨推倒了责任内阁方案，也让袁世凯"兵、利、权均失"。袁世凯参与政务、会办练兵事务、办理京旗练兵等各项兼差被开，北洋六镇中的第一、三、五、六镇划归新设立的陆军部统辖，只留第二、四镇由袁世凯调遣、训练。瞿鸿禨乘势出击，联合岑春煊，"恃慈眷优隆，复拟将首辅庆邸一并排去"。奕劻、袁世凯强力反击。他们深知，慈禧最恨康有为、梁启超，故不择手段，编造、罗织瞿、岑交通乱党的证据，将二人逐出朝堂。

奕劻、袁世凯势力再度膨胀，权力的天平严重失衡。慈禧再作弥缝，调载沣入军机处，对付奕劻；调袁世凯入军机处，明升暗降；调张之洞入军机处，牵制袁世凯。

官制改革的结局，在慈禧身后埋下了祸根。瞿鸿禨、岑春煊一派销声匿迹后，朝中再无一股力量可以抑制奕劻、袁世凯弄权、专横。张之洞、载沣一老一少，张之洞很快去世，载沣嘴上无毛，与奕劻、袁世凯斗法，还差几个段位呢。

载沣摄政，照着慈禧依样学样，手段却拙劣百倍。在全国呼吁加快宪政步伐的浪潮中，他重操慈禧官制改革的故技，以先设责任内阁，然后再开国会相敷衍，却弄出个皇族内阁，让天下人心尽失。

慈禧和载沣，背离宪政方向，抛开现代政治理念、政治框架玩弄权术，无论巧拙，俱适得其反，自酿的苦酒只好自己喝下。

四

与宪政相伴随，立宪派团体应运而生。

1906年9月1日，清廷宣布预备仿行宪政；12月16日，上海及江浙绅商即成立预备立宪公会，举郑孝胥为会长，张謇、汤寿潜为副会长。

绅商是民族工商业者的精英。鸦片战争之后，随着洋务运动的兴起，民族工业迅速发展。甲午战后，朝廷鼓励民间资本兴办实业，官员、士绅纷纷下海。状元张謇，抱定实业救国的理想，创办大兴纱厂、大兴实业集团，产业涉及二十多个门类，成为我国轻工业的开拓者、奠基人。他曾经赴日考察，对宪政有着较深的认识，认为中国之弱、日本之强，"一行专制，一行宪法，立政之宗旨不同耳"。清廷预备仿行立宪，张謇立即活跃于政坛。以张謇为代表，民族资产阶级作为一个阶级，借机登上历史前台。

绅商集团为代表的立宪派，来路正，有钱有势，有极强的政治运作能力。他们游说当权政要，联络流亡海外的康、梁造势，推动宪政落地，争取最大利益，成为朝廷最不可忽视的一股政治势力。

预备仿行宪政，中央、省要为设立议会作准备。1907年9月20日，谕设资政院"以立议院基础"；10月19日，命各省设咨议局，议长多由士绅、绅商担任。资政院、省咨议局是准议会，在实际操作中，却发挥了议会作用。以咨议局、资政院为阵地，由立宪派人士发起、组织的全国请愿活动、倒阁风潮和保路运动，直接影响、决定了清王朝的命运。

慈禧死后，清廷政治越发昏暗，朝堂内派别林立。奕劻一派，掌握着军机处，无钱不贪，无赂不受，保位固荣，无所事事。隆裕太后身居后宫，也不甘寂寞，以妹夫载泽握度支大权，专行苛敛。摄政王载沣，控制不了局面，头脑中满汉畛域、一姓天下的意识却盖过祖辈，在身边着意罗织了一个少壮派亲贵集团。他执政没几天，就下令成立专归自己统辖的禁卫军，任命自己的弟弟贝勒载涛、贝勒毓朗、陆军部尚书铁良为训练大臣。次年，设立军咨处，后改军咨府，派毓朗管理。任命另一弟弟载洵为筹办海军事务（后改海军部）大臣。1910年，又授载洵为参预政务大臣，毓朗为军机大臣。这些皇族亲贵，不是什么好鸟。载洵的贪腐，与奕劻可有一拼。他赴欧洲考察海军，就落下个按照各国招待程度分购军舰，以作报答的丑闻。时人评论大清势运，"以政府社会各方面之现象观之，国不亡，无天理"。张謇说："我辈在，不为设一策而坐视其亡，无人理。"立宪派领袖们为国分忧，责任不泯，想的是催促早开国会，推开宪政，以制度制约权力，引国家走向正途。

张謇所思，与朝野的仁人志士心有相契。宣统元年（1909）8月30日，张謇与江苏巡抚瑞澂及立宪派人士议决，由瑞澂联合各省督抚，请求朝廷"速组织责任内阁"，江苏咨议局联合十四省咨议局"请速开国会"。各省咨议局代表齐集上海，确定了组织请愿团进京上书，请愿速开国会的重大行动。进京请愿一而再、再而三、三而四，声势一次比一次浩大，逐渐演变为全国性群众运动。第三次请愿后，资政院也通过"速开国会案"，18位督抚、将军、巡抚、都统联衔电奏，请速设责任内阁，速开国会。大势难逆，清廷宣布，先行设立责任内阁，提前两年，于宣统五年（1913）召开国会。

这显然缺乏诚意。无议会而成立责任内阁，可以完全按照执政者的意愿圈定，无非搞出个钦定内阁。宣统三年（1911）5月8日，以奕劻为首的"皇族内阁"面世。13名成员中，9名满族，汉族仅占4名；9名满族中，皇族又占7位，居于领导和多数地位。新内阁的总、协理大臣，没有一个新人物，全是军机处的老班底。刚刚辞官的侍讲学士恽毓鼎在日记中写道："处群情离叛之秋，有举火积薪之势，而犹常以少数控制全局，天下乌有是理！其不亡何待？"

立宪派人士掀起倒阁风潮，就是再自然不过的事了。

第二届咨议局联合会，把推翻皇族内阁作为中心议题。会议通过都察院，两次代递另简大臣组织内阁折。皇族内阁先是置之不理，后又副署上谕，称"黜陟百司系君上大权，载在先朝《钦定宪法大纲》，并注明议员不得干预""乃议员等一再陈请，议论渐进嚣张，若不亟为申明，日久恐滋流弊"。不但以皇帝谕旨施压，还密令都察院不准再为代奏，堵了联合会呼诉之门。

先朝的立宪陈规，本就是畸变了的专制王朝的私货，随着局势发展，已经完全不符合朝野的诉求。高压政策失去了效力，立宪派公开站到政府对立面。联合会通告全国，辞气已近决绝："盖今日种种之恶政治，皆我政府之所铸造，我父老思之。迩年以来，朘削我民之脂膏，以蹙我民之生命者，谁之咎？割让我国之土地，以饱外国之馋吻者，谁之咎？委弃海外之侨商，任屠戮呼吁而不顾者，谁之咎？"通告公开号召推翻政府："皇族政府之阶级不废，无所谓改良政府，亦即无立宪可言。"

就在同一时期，以咨议局为阵地，立宪派人士组织发动的保路运动，成为引发辛亥革命、推翻清王朝的导火索。

五

新政启动之初，清政府背负着沉重的战争赔款：

甲午战败，巨额赔款二万万两白银，"赎辽费"三千万两，合计二亿三千万两，相当于当时政府财政收入的三倍半。只好向列强借款维持，三次借款总额超过三亿两。

庚子之变，《辛丑条约》规定，赔款四亿五千万两，本息合计九亿八千多万两。

这样一种国情，新政、宪政双管齐下，事功浩大；后来，鸦片禁政再张，贪大而力不逮，去恶而求其速，财政困局成为压垮大清的最后一根稻草。

新政、宪政门类繁多，诸如中央新政衙门、学堂建设、地方新政机构建设，用款靡费。编练新军一项，即占到全国财政收入的三分之一以上。

编练新军自光绪二十七年（1901）12月在全国展开，专设练兵处，庆亲王奕劻总理练兵事务，袁世凯为会办大臣，铁良襄同办理。练兵处、兵部奏准，在全国编练36镇。袁世凯一手训练了一、三、五、六各镇军队。光绪三十二年（1906）11月，改兵部为陆军部，统一指挥全国新军，将练兵处并入其中，铁良为尚书。皇族亲贵拿到了军权，整军经武近于疯狂。后任陆军部尚书荫昌提议，"必须以全国收入十分之五六专供陆军之用"。载洵当了海军大臣，又推出庞大的海军复兴计划。

钱从何处筹？"清廷厘税之入，以鸦片为大宗。"历经各省整顿，实现鸦片税收跨省、跨界经略，收益大幅增加，洋土药各类名目的税收，每年可达四千万两以上。

宪政引发鸦片禁政。1906年9月20日，清廷发布禁烟上谕，"著定限十年以内将洋土药之害一律割除净尽"。鸦片之害，深入我民族、国民骨髓，朝野恨不灭此朝食，各省督抚纷纷要求缩短期限，禁种、禁吸、禁运的执行比原计划提前了7年有余。鸦片税收直线下降，以印花税抵补计划无疾而终，改以盐斤加价、举办牌照捐、整顿田房税契之策，食盐、米谷、田房契税、肉类、茶类成为主要搜刮对象，各地苛捐杂税多如牛毛，捐税数目达到六十余种。"朝廷责之酷吏，酷吏责之有司，有司不取之百姓，将于何取之？"百姓未得新政之利，却处处身受新政之害。

百姓穷，朝廷更穷，靠借外债度日。借债要有抵押。皇族内阁执政第二天，就发布决定，铁路收归国有，用筑路权、后续投资优先权换来了英、德、法、美银行财团的600万英镑贷款。这就捅了马蜂窝。

湖广铁路商办，本是朝廷决定，改为国有，粤、川、湘、鄂四省民间资本损失巨大，所购股票权益难保。四省咨议局组织发起抵制运动。四川铁路股款系按亩加捐，涉及民众以千万数。四川咨议局发动国民，组成保路同志会，议长、副议长成为事实上的会长。20余天，入会者达到10万人，分会遍及全川，全省罢工、罢课、罢市、抗捐活动如火如荼。清政府对人民开枪镇压，同志军进军成都，革命风暴到来。朝廷急调武昌新军入川，武昌城内革命军人乘虚举义，辛亥革命爆发。清廷调动新军赴武昌镇压，军人不服调动，只好让开缺回籍养疴的袁世凯重新出山。最终，大清一方，内阁解散，皇帝退位；起义者一方，把袁世凯推为大总统，延续2000多年的封建制度寿终正寝。

六

清王朝因新政、宪政而亡，旧制度下，大革命的发生是否来得诡异？

孙中山先生有言，世界潮流，浩浩荡荡，顺之则昌，逆之则亡。

西方工业革命后，列强以市场、资本的海外扩张为目的，以坚船利炮打开中国的大门。原来的天朝上国，迎来三千年未有之大变局。应变图存，由洋务运动而戊戌变法，而仿行宪政，有其内在的历史逻辑，实质是一个由变器物而变政体、变国体的大变革过程。

戊戌变法，是中国的一次历史机遇，被慈禧和顽固派所扼杀。康、梁流亡海外，丑化慈禧，誉美光绪，倡扬君主立宪，影响国内外舆论。具有先进思想的知识阶层不再对清王朝抱着幻想。孙中山发起成立兴中会，组织同盟会，发动了"驱除鞑虏，恢复中华"的革命，举起推翻清王朝的大旗，动摇了清王朝统治的思想基础。留学日本的年轻军人接受孙中山的革命主张，且直接付诸行动。这是慈禧统治时期造就的王朝第一乱源。

新政之兴，宪政之起，新兴民族资产阶级登上历史舞台。绅商作为清王朝的士人、臣子，怀抱一颗忠心，欲以一己之力助王朝中兴。依他们的愿望、要求，当以国为念，以世界通行之现代政治改造政体、国体，真行宪而非假行宪，守宪政之本而弃权变之谬。如此，专制制度的大厦需大加拆建，一家一姓利益将受到极大冲击，而大清也许尚有最后的希望和机会。清王朝让最后的希望破灭，机会再也回不来了。武昌起义枪声一响，11月13日，清政府公布的《重大信条十九条》，可谓中规中矩的君主立宪政体，朝野却无人理会。变革来迟了一步，宪政功亏一篑。

绅商为主的立宪派人士，转身为清王朝的掘墓人。武昌起义爆发后，各省咨议局的议长多数投入革命阵营，各省咨议局摇身一变，多成了民国的省议会。在革命策源地武昌，起义发起者寻找声望卓著的人物充任领袖，物色的第一人就是咨议局议长汤化龙。汤婉辞都督之职，却在"建民国、用共和政体"、推举军政府都督、通电各省咨议局"立举义旗"、参与军政府制度初创中，成为一摇鹅毛扇的军师。

中国近代工商业，是在慈禧统治时期兴起、壮大，民族资产阶级也逐渐成长为一个独立的阶级。与之相伴随，是他们不断增长的政治诉求。妥善处理与这个新兴阶级的关系，执政者当"代表先进生产力的发展要求"。慈禧让他们长大，却无视他们的声音、他们的诉求。地火运行，终成喷涌之势。这是慈禧统治时期造就的王朝另一乱源。

袁世凯是慈禧统治时期成长起来的一代枭雄，因新政、宪政脱颖而出，因练新军拥有了独特的资本。武昌起义后，清政府寄望于他，举君主立宪旗帜，挽救大清。国民寄望于他，服膺革命大业，建设民主共和。袁世凯本是旧时代人物，时代却让他担起了让社会由旧向新的使命，这是历史的无奈。

袁世凯做了总统之后，与孙中山、与国民党斗法，中国政治舞台一度成为各种主义的试验场。最终，袁世凯倒退复辟，做了八十三天洪宪皇帝后毙命。孙中山借苏俄助力而崛起，确立了国民革命军政、约法、宪法三时期，宪政之行，也就渺然无期了。

可以说，慈禧统治时期，培育了新制度的基础，也造就了变革或者革命的条件。变革，或可以替代革命。大清不能顺势，慈禧和她的继任者不能领导变革，也就只有覆亡一途了。

张之洞
中体西用好立身

张之洞心涌波澜，百感交集。步入社会，走上仕途，不过三十多年时间，国事竟变得如此不堪回首！作为一代精英，他踌躇满志，多么希望做一个天下经纶手，让民族挺起脊梁，保持自立自尊。

《劝学篇》系统阐述了"中学为体，西学为用"的思想文化主张，为张之洞一生所奉行。他因恪守中体，而保持儒臣本色；因践行西用，而以能吏用世。儒臣能吏，在他身上得以恰当融合。

"中体西用"，是近代史上一个复杂的政治文化现象，它的产生有特殊的时代背景。中学和西学，有一般和具体的区分。一般意义上，中学是指中华传统文化，西学包括西政、西艺，包括西方制度、伦理。从这个意义上说，"中体西用"，是一个国家、一个民族正确的文化方针。具体意义上，中学具有时代性区分，先秦"百家争鸣"时期，秦汉之后"独尊儒术"，大不一样；西学也有中世纪蒙昧落后和文艺复兴、启蒙运动之后的不同。

清朝末年，救亡图存的洋务运动、维新变法运动和民主共和革命相互交织。其中，洋务运动是体制内的变革，维新变法运动是体制外与体制内结合的产物，民主共和则是力图推翻帝制的制度再造。

无论哪一种变革，都是围绕对西方文明的取舍范围、吸纳力度，围绕如何处理中华文明和西方文明的关系展开，因其范围、力度和方式的不同，或为改良，或为变法，或为革命。

张之洞作为清廷重臣，久居封疆，位极军机，是体制内最开明的官僚，思想最为开放，洋务实绩卓著，是名副其实的开新者；同时，因其体制的角色认知，又表现出守旧、落后的一面。观其一生，最具代表性的思想观点和实践特征，是"中学为体，西学为用"。"中体西用"，也是那个时代影响最大的一股潮流。

一

张之洞与李鸿章基本属于同一代人，对国内外大势的认知高度一致。李鸿章作出"三千余年未有之大变局"的论断，张之洞则提出："今日之世变，岂特春秋所未有，抑秦、汉以至元、明所未有也。"遭遇世变，是他痛苦的人生经历；应对世变，是他殚精竭虑、呕心沥血的毕生事业。

近代中国应对世变的过程，是一个学习西方、加快西化的演变过程。甲午之战，败于"蕞尔小邦"的日本，标志着"师夷长技"的学习无法救亡，更难以图强。随之，制度、文化的效仿渐进、渗透，社会变革力量也由此急剧分化。孙中山在檀香山成立兴中会，举起"驱除鞑虏，恢复中华"的革命旗帜。康有为组织公车上书，士人阶层登上政治前台。维新变法力量通过发动民众、运动皇帝，与帝党携起手来，形成"山雨欲来风满楼"的维新变革之势。

张之洞与革命党人不共戴天，与维新变法派却有着共同的家国情怀，变革愿望，由此出现短暂的"蜜月期"。康有为创办强学会，张之洞捐款五千元，成为会员。康有为亲赴江宁，盘桓二十余日，张与康隔日一谈，每至深夜。康有为请张之洞出面设立上海强学会，张之洞"颇以自任"，慨然应允。康有为亲撰《上海强学会序》，张之洞也同意以自己的名义刊布。对维新变法派大将梁启超，张之洞优礼有加，襄助他在上海创办《时务报》，称誉"实为中国创始第一种有益之报"。还专门发文，公费订阅，送湖北全省文武大小各衙门及各书院、学堂。

道不同，张、康渐行渐远。随着维新变法运动的深入，张之洞与康有为的分歧越来越大。康有为主张完全效法西方，立宪法，设议院，行民权，撰《新学伪经考》《孔子改制考》，伪六经，乱成宪，动摇主流意识形态。梁启超的时论，也越来越偏离轨道。这就触动了封建专制的制度、文化，张之洞与康有为、与维新变法派反目，势同水火。

张之洞心涌波澜，百感交集。步入社会，走上仕途，不过三十多年时间，国事竟变得如此不堪回首！作为一代精英，他踌躇满志，多么希望做一个天下经纶手，让民族挺起脊梁，保持自立自尊。偏偏天不遂人愿，先有俄侵伊犁，后有法占藩属越南，继之日割台湾。甲午后，列强瓜剖，其势已成，德占胶州而意在齐鲁，俄占旅大而意在满洲，法索广湾而意在两粤，吴淞为长江咽喉，英又焉得不觊？山河破碎，国何以国！他心怀善愿，多么希望四万万同胞众志成城、同心御房，偏偏人心难测，分崩离析。孙中山的革命党倡"乱"于海外，康有为维新变法派流布"邪说"于域内，"学者摇摇，中无所主，邪说暴行，横流天下"，长此以往，"吾恐中国之祸，不在四海之外，而在九州之内矣"。

使命在前，"虽千万人吾往矣"。张之洞挺身而出，擎起拨乱反正的思想文化大旗。他招兵买马，鼓列成阵，派汪康年夺回《时务报》，让门生廖平——孔子改制的作俑者之一——著书自驳。以周公吐哺的求才之心，招徕章太炎加入阵营，终因意见相左未能如愿。张之洞重操旧业，冲锋陷阵，于戊戌年（1898）三月，写下一生最重要的理论著作《劝学篇》。他"日撰一首，率以灯下为之，黎明而就，次日复改，易稿至于六七"，系统阐述了"中学为体，西学为用"的思想文化主张。

六月十一日，光绪诏定国是，变法维新。七月二十五日，张之洞通过翰林侍讲黄绍箕呈进《劝学篇》。光绪"详加披览"，以为"持论平正通达""于学术、人心大有裨益"。慈禧也深加称许，遂以上谕形式下令，要求广为刊布，实力劝导，"以重名教，而杜卮言"。该书当时发行达两百万册，连洋人也出来捧场，纷纷翻译出版，大大助长了《劝学篇》的声势。由此，人们顺理成章地将张之洞与"中体西用"说联系起来，视他为这一思想的代表人物。

二

　　"中体西用"，是时代的强音，是时代精神的升华。它并非张之洞的发明，由张之洞担纲，却当之无愧。

　　就"中体西用"首次作出清晰表述者，当数冯桂芬。咸丰十一年（1861），他在《校邠庐抗议》一书中提出，"以中国之伦常名教"为原本，"辅以诸国富强之术"。循此思路，王韬、郑观应、沈寿康、梁启超、孙家鼐等，多有引申。1896年4月，沈寿康在《匡时策》中提出："中西学问本自互有得失，为华人计，宜以中学为体，西学为用。"梁启超则在《西学书目表后序》中论证道："舍西学而言中学者，其中学必为无用；舍中学而言西学者，其西学必为无本。无用无本，皆不足以治天下。"1896年8月，孙家鼐在《遵议开办京师大学堂折》中，详论中、西学关系："今中国创立京师大学堂，自应以中学为主，西学为辅；中学为体，西学为用；中学有未备者，以西学补之；中学有失传者，以西学还之；以中学包罗西学，不能以西学凌驾中学。"对"中体西用"的精蕴，可说阐发无余。

　　张之洞《劝学篇》，就其学术意义讲，是"中体西用"论专著，是"中体西用"理论的集大成者。就其政治价值论，是开明官僚维新改良的思想理论武器和行动纲领。

　　《劝学篇》首明"中体西用"大义。《劝学篇》分内、外篇，"内篇务本，以正人心；外篇务通，以开风气。内篇九：曰同心。明保国、保教、保种为第一义"。"吾闻欲救今日之世变者，其说有三：一曰保国家，一曰保圣教，一曰保华种。夫三事一贯而已矣。保国、保教、保种，合为一心，是谓同心。保种必先保教，保教必先保国。"

《劝学篇》提出中学、西学先后有序。"先入者为主，讲西学必先通中学，乃不忘其祖也。""今欲强中国、存中学，则不得不讲西学。然不先以中学固其根柢，端其识趣，则强者为乱首，弱者为人奴，其祸更烈于不通西学者矣！"怎么循序呢？"今日学者必先通经，以明我中国先圣先师立教之旨；考史，以识我中国历代之治乱，九州之风土；涉猎子、集，以通我中国之学术文章，然后择西学之可以补吾阙者用之，西政之可以起吾疾者取之，斯有其益而无其害。"

《劝学篇》强调中学、西学会通。张之洞首先提出邪说暴行形成的根源："图救时者言新学，虑害道者守旧学，莫衷于一。旧者因噎而食废，新者歧多而羊亡。旧者不知通，新者不知本。不知通，则无应敌制变之术；不知本，则有菲薄名教之心。夫如是，则旧者愈病新，新者愈厌旧，交相为瘉，而恢诡倾危、乱名改作之流，遂杂出其说，以荡众心。"怎么会通呢？就是"中学为内学，西学为外学，中学治身心，西学应世事，不必尽索之于经文，而必无悖于经义。如其心圣人之心，行圣人之行，以孝弟忠信为德，以尊主庇民为政，虽朝运汽机，夕驰铁路，无害为圣人之徒也。"张之洞的会通思想不断深化，弥合新旧之见，融合中西之学，成为他此后着力的重点。光绪二十六年（1900）1月，他在致两江总督刘坤一等的电报中提出："鄙意此时不必言新政，但言化新旧之见而已……枢纽只在'化新旧之见'五字。"

张之洞的西学，是"政艺兼学"。他说的西政和西艺，有明确的界限："学校、地理、度支、赋税、武备、律例、劝工、通商，西政也。算、绘、矿、医、声、光、化、电，西艺也。"他在《劝学篇》中列举十五项主张，《变法第七》提出："夫不可变者，伦纪也，非法制也；圣道也，非器械也；心术也，非工艺也。"

言论自由当归入西政。《劝学篇》对外国报馆林立，宣国是、达民情赞赏有加："吾谓报之益于人国者，博闻次也，知病上也……大抵一国之利害安危，本国之人蔽于习俗，必不能尽知之，即知之亦不敢尽言之。惟出之邻国，又出之至强之国，故冒言而无忌。我国君臣上下，果能览之而动心，怵之而改作，非中国之福哉？""近人阅洋报者，见其诋誉中国不留余地，比之醉人，比之朽物，议分裂、议争先，类无不拂然怒者。吾谓此何足怒耶……古云：士有诤友。今虽云国有诤邻，不亦可乎！"其思想观点，不乏锐气和锋芒。

三

"中体西用"，为张之洞一生所奉行。因恪守中体，而保持儒臣本色；因践行西用，而以能吏用世。儒臣能吏，在他身上得以恰当融合。

中学是张之洞的有本之学，学养深厚。他四岁入塾，八岁读完四书五经，十三岁成秀才，十五岁考取第一名举人，二十六岁中进士，点探花，授翰林院编修。此后十八年，十年学官生涯。出任山西巡抚之前，还有多年的翰林院、国子监闲官经历。封疆任上，重视文化教育，以儒臣名世，以"有学"自负。做四川学政时所著《书目问答》，举书二千二百余部，为学人所推重。中学成为他修齐治平的看家本领，打下他为人为官的坚牢根柢。

张之洞一生，做到了爱国、忠君、勤政廉守。处理对外关系，在中俄冲突期间，为从沙俄手中收回伊犁，他与张佩纶、陈宝琛屡屡筹策，上奏朝廷。从光绪五年（1879）到六年的一年多时间，前后为《中俄条约》签订上疏二十余次。张之洞抚晋之后，"职限方隅，不敢忘经营八表之略"。光绪八年（1882），法国吞越步伐加快，中法战争一触即发。次年十一月初一，他一日内为备战连上三折。张之洞奉诏督粤，成为南疆前线一员主帅。奏"振全局在争越南，争越南在此数月"，起用年近七旬的老将冯子材，协调湘、淮系将领关系，为战备筹借款五百万两，取得谅山大捷，"自中国与西洋交涉，数百年以来，未有如此大胜者"。

张之洞晚年与李鸿章发生一次冲突。李鸿章致电军机处，称"不料张督在外多年，稍有阅历，仍是二十年前在京书生之习"。由此激怒了张之洞，他致电友人说："合肥谓鄙人为书生习气，诚然，但书生习气似较胜于中堂习气耳。"所谓书生习气，实则为是非分明的原则性，为儒家倡导的敢于"正君"的巨大勇气。

1900年，义和团起。五六月间，慈禧利用义和团向十一国宣战的旨意渐明，张之洞持坚决反对态度。他致电军机大臣荣禄和多省督抚："从古无一国与各强国开衅之理，况中国兵力甚弱，岂可激众怒，召速祸？查拳匪乃乱民妖术，无械无纪，断不能御洋兵。"他联络两江总督刘坤一，与各国驻上海领事取得谅解，制定《东南保护条约》。6月21日，清廷下诏与各国宣战。28日，负互保条约落实之责的盛宣怀、余联沅来电：适见宣战各明旨，与所议保护章程多窒碍。如钧意坚定，仍可办理。即请切实电示，备各领事诘问时出示，以坚其信。张之洞扣压宣战上谕，回电："此间并未奉到宣战谕旨。无论北事如何，敝处与刘岘帅一力承担。仍旧原议办理，断不更易。"林文忠公有言，"苟利国家生死以，岂因祸福避趋之"，张之洞做到了！宣布参加"东南互保"者，计有两江、湖广、山东、两广、浙江、福建等省督抚，中国大片河山免遭乱民之祸、兵燹之灾。事后，慈禧倒是真心体恤张之洞的耿耿忠心，赏他"太子少保衔"。

张之洞任湖北学政，任满交卸，有诗送妹亚芬："人言为官乐，那知为官苦。我年三十四，白发已可数。"这是年轻时候的张之洞。他这种勤政心，终生不渝。他督鄂十七年，"劳歌已作楚人吟"，晚年仍兢兢业业，事必躬亲，"心血耗尽，夜睡仅五、六刻，午睡仅三、四刻，且甚艰难……每饭一瓯，仍不消化"。

清朝的京官清苦，任职翰林院更甚，多盼望放一任考官，收取例银，添补生活，偿还欠债。张之洞在四川学政任上，于例得参费银两万两，却辞而不受，离任时竟无钱治装，售所刻万氏十书经版，始得成行。因其清，才得以在结束学官生涯之后加入北"清流党"，成为名噪京师的"牛角"。清流留名，也成为难破的戒律，让他一生保持名节清操。

四

西学是张之洞力倡之学。他由纯儒而趋洋务，是一个很大的转折。

作为士林清流，"以不谈洋务为高，见有讲求西学者，则斥之曰名教罪人，士林败类"。张之洞抚晋，由清谈转向经世，开始接触洋务。督粤五年，是其洋务起步阶段。督鄂十七年，创造了洋务事业的辉煌：

创办芦汉铁路。芦汉铁路由张之洞提议，在张之洞手中建成。它北起京城外的卢沟桥，南至湖北汉口镇，总长一千二百公里，"此则铁路之枢纽，干路之始基"。张之洞设想："芦汉一路乃中国全路之大纲，将来南抵粤海，北接吉林，中权扼要在此，生发根基亦在此。气势畅通，全局自振，运载之利犹其末也。"

创办汉阳炼铁厂。为亚洲第一家大型钢铁联合企业，实际投资白银五百六十八万两，为清末投资最多的洋务项目。铁厂兼开矿、炼铁、开煤三大端，创地球东半面未有之局。

创办湖北枪炮厂，晚清较大、较先进的军工企业。枪炮厂建设、生产费用浩大，建设厂屋、购买材料计银五百二十万两。其设备、产品先进，在全国明显地后来居上。它生产的步枪"汉阳造"，直到二十世纪中期，依然是中国主要步兵武器。

创办湖北布、纱、丝、麻四局，奠定了华中近代纺织工业基础，构成比较完整的近代纺织工业体系。

张之洞创办的洋务事业，实业之外还有：办新式教育，派留学生，编练新军等，也需要特别提及，因为对近代中国的走向带来极大影响。据光绪三十三年（1907）统计，留日学生全国共计5400多名，湖北所派学生即有1360名，占了四分之一。湖北新军经清廷统编为陆军第八镇和暂编第二十一混成旅，兵员15000人，成为清末仅次于北洋六镇的最强新军。混成旅协统黎元洪，就是那位被武昌首义者推为群龙之首的风云人物。

张之洞的西学，本是速成之学，西学为用，破绽迭出。经济有规律，张之洞却无视规律。办事当量力而行，张之洞却一再做无米之炊，东支西绌，抽肥补瘦，肥的变瘦，瘦死。洋务是标准的现代化建设，办厂赖科学技术，张之洞却多长官意志。汉阳铁厂开矿、炼铁、采煤一体筹建。铁厂开炼，才发现铁矿含磷多，必先入炉烧炼，加大了成本。煤质硫多灰多，取制焦炭不宜熔铁。高价购焦，仅供十余日用，又要停炉，等米下锅。如此，铁贵、钢贵、相关产品贵，销售无多。

外部环境过恶。掌洋务大权的李鸿章，认定张之洞"大言无实"，凡事全不看好，只作提醒，实无扶持。后来翁同龢掌度支，张之洞请款，动遭驳诘。其间遭大理寺卿徐致祥参劾，张之洞被调查。说他浪掷正供，迄无成效，百计弥缝，多方搜索；说他志大而言夸，力小而任重，"外不宜于封疆，内不宜于政地。惟衡文校艺，谈经征典，是其所长"，恨不将他置于死地。

张之洞的洋务事业陷入不可自拔的泥淖。预算一再追加，至六七百万，仍不足用，始有奉旨招商接办。铁厂成为死症。直到芦汉铁路开建，张之洞成为主要督办者，盛宣怀以路、矿、厂打包承办，才给他解了套。

张之洞语于僚属："自官疆吏以来，惟在晋两年，公事较简，此外无日不在荆天棘地之中。"但他毕竟"根深接元气，狂飙难倾倒"。对他筚路蓝缕的洋务创举，不能责之过苛。张之洞开出了一片现代化的田园，播撒了现代大工业的种子，当春乃发生，必绽开繁花，结出丰硕果实。毛泽东在谈及中国近代工业发展时特别强调：讲到重工业，不能忘记张之洞。

五

"中体西用",是近代史上一个复杂的政治文化现象,它的产生有特殊的时代背景,也由此造就了张之洞性格的多重性、形象的多面性。

体和用,本不可分割。有体方有用,无体用将焉附?因此,"中体西用",是一代人借用体用概念,以阐发主次、本末的道理。

中学和西学,也有一般和具体的区分。一般意义上,中学是指中华传统文化,西学包括西政、西艺,包括西方制度、伦理。从这个意义上说,"中体西用",是一个国家、一个民族正确的文化方针,具有积极、进步的意义。具体意义上,中学具有时代性区分,先秦"百家争鸣"时期,秦汉之后"独尊儒术",大不一样;西学也有中世纪蒙昧落后和文艺复兴、启蒙运动之后的不同。

梁启超在《清代学术概论》一书中提出:"综观二百余年之学史,其影响及于全思想界者,一言以蔽之,曰:'以复古为解放'。第一步:复宋之古,对于王学而得解放;第二步:复汉唐之古,对于程朱而得解放;第三步,复西汉之古,对于许郑而得解放;第四步:复先秦之古,对于一切传注而得解放;夫既已复先秦之古,则非至对于孔孟而得解放焉不止矣。""以复古为解放"的目标指向,实是回到中华文化的原典精神,借重其中的原始民主和民本主义,为政治制度的变革开道。在冯桂芬、王韬、郑观应和康有为、梁启超等开明思想家群体中,康有为走得最远,在他笔下,孔子成为改制的素王。

张之洞的中学,是秦汉以后的中学,是愈演愈烈的专制主义制度和文化。张之洞所说的保种,从捍卫民族自立自尊地位言,确有其积极意义。除此之外,张之洞所说的保国,实指捍卫清王朝及政治体制。他在《劝学篇》中,一气列出清廷十五项仁政,提出"凡我报礼之士、戴德之民,固当各抒忠爱,人人与国为体,凡一切邪说暴行足以启犯上作乱之渐者,拒之勿听,避之若浼,恶之如鹰鹯之逐鸟雀",锋芒直指维新变法派,特别是鼓吹民主共和的革命者。张之洞所说的保教,实指捍卫中华传统文化的主干孔儒之学的至尊地位，明确"三纲"为中国神圣相传之至教，礼政之原本，人禽之大防。"故知君臣之纲，则民权之说不可行也；知父子之纲，则父子同罪、免丧、废祀之说不可行也；知夫妇之纲，则男女平等之说不可行也。"这里的"三纲"，与先秦原典也相去甚远。当时的思想家即指出，它出于《礼纬》，董仲舒论证之，《白虎通》引之，朱熹发挥之，并非儒学原教，"三纲之说非孔孟之言也"。

张之洞保国、保教的目的，是挡住洪水猛兽般的西方制度、伦理的冲击，守住大清王朝的核心阵地。张之洞也为西学设置了一道不可逾越的红线、禁区，将西方制度、伦理排除在外。

由张之洞的社会地位所决定，在维新变法派和革命党眼里，他是忠实的封建卫道士；在清朝权力阶层中间，他又是开明的新派人士。光绪百日维新前夕，理学家徐桐推荐，他奉诏辞去湖广总督，进京陛见，途中因沙市发生焚烧洋房案，折回本任，躲过了一场政治风浪。庚子事变之后，慈禧推行新政，张之洞入军机，成为新政的主要设计者之一。不过，这个时候，大清王朝行将就木，朝堂权臣倾轧，满族新贵揽权，中央地方对立，矛盾全面爆发。慈禧、光绪去世，朝局就像脱缰的野马，更不可为。张之洞有种大厦将倾的不寒而栗之感，更多了几分老臣谋国的深沉。清廷推立宪，他不置可否，改官制，他反对，视为招乱之源。他说服摄政王载沣，不杀袁世凯，"反复开陈，始令回籍养疴"。曰："吾非为袁地，乃为朝局计也。"为合乎立宪潮流，他推自己的幕府成员郑孝胥出面担任立宪预备会会长。立宪预备会由官僚资本组成，后来成为一股强大的政治势力，催开国会，催建议院，催出各省参议会成立，成为大清王朝分崩离析的一道道催命符。

宣统元年（1909）10月4日，张之洞弥留之际，载沣视疾，无一言语及国事。载沣出，张之洞哀叹："国运尽矣。"他在对大清的绝望中离世。

"我有倾河注海泪，顽山无语送寒流！"

张之洞谥号"文襄"，与立有平定太平天国、收回新疆之功的左宗棠"左文襄"同。

袁世凯
国情国体国事怎缠绕

孙中山、袁世凯的一次"握手",二千多年封建专制的中国就能一步跨进当时制度最先进的民主共和国?

袁世凯全盘接受了以孙中山为代表的革命党人的建国、治国政纲。孙中山组织制定宪法,让总统做"虚君",行责任内阁制。打天下、治乱世的袁世凯怎么可能做"虚君"?国运所系、民意所归,也不允许他做"虚君"。行责任内阁制,要先有政党,选举议员,组成议会,由大选获胜的多数党出任总理,进行组阁。这就成为潜伏于新兴政权的重大危机。

袁世凯将革命党人取缔,把民主共和的笼子砸个稀巴烂,绕个圈子,又回到起点,也就是他的君主立宪的建国、治国纲领。不过,这个时候的君主,已经非袁世凯莫属了。

1911年10月10日，辛亥革命爆发，袁世凯时在河南彰德洹上，被清朝末代皇帝的父亲、摄政王载沣"开缺回籍养疴"。四天后，袁世凯被起复。一个月零两天后，袁责任内阁成立，袁世凯独揽朝廷军政大权。又过了三个月多一点，至1912年2月15日，袁世凯当选中华民国临时大总统。他从一个被废黜的落魄大臣，到掌握全国政权，仅仅用了四个月零十一天。

革命党人的胜利，也快得出人意料。1911年，清政府以铁路国有名义收回民间筑路权，作为抵押物向外国银行借款。湘、鄂、川、粤四省保路运动爆发，武汉驻军主力外调入川，武昌空虚。受革命党人影响的湖北新军打响起义的枪声，迅速占领武汉三镇，组成军政府。一个月内，全国22省即有13省响应，清王朝呈土崩瓦解之势。

革命党人无法相信自己能够掌控政权，而是看好袁世凯，孙中山只好把国家前途寄望于袁世凯。1912年1月1日，孙中山宣誓就任中华民国临时大总统，他致电袁世凯："如清帝实行退位，宣布共和，则临时政府决不食言，文即可正式宣布解职，以功以能，首推袁氏。"

袁世凯就职清廷内阁总理大臣之际，提出"君主立宪"政纲，"余之主意在留存本朝皇帝，即为君主立宪政体"。孙中山就任中华民国临时大总统之际，提出民主共和政纲，"倾覆满洲专制政府，巩固中华民国"。一个君主立宪，一个民主共和，完全不同的两种国体，中间隔一条似乎难以逾越的鸿沟。

袁世凯与革命政府讲和、妥协。1912年2月12日，清帝溥仪被迫下诏退位。2月14日，孙中山辞职。2月15日，袁世凯当选中华民国临时大总统。

孙中山、袁世凯的一次"握手"，二千多年封建专制的中国就能一步跨进当时制度最先进的民主共和国？在这个数千年一遇的历史转型期，领袖们的智慧和才干，能否引领新兴共和国的航船渡过处处激流暗礁的"长江三峡"？

一

君主立宪是袁世凯心仪的政治诉求。

1901年庚子之乱过后，慈禧太后、光绪皇帝带领大清流亡政权从陕西回到北京，为了收拢人心，决定推行新政。这是一场全面、深刻的变革，最具标志性的事件，是确定君主立宪目标。直隶总督袁世凯作为最具实力、务实开明的干臣，站到了君主立宪的潮头。他联合江督周馥、鄂督张之洞上疏，促成清廷五大臣出洋考察宪政。清廷宣布预备立宪之前，他就设立宪法研究所，作法理研究。1906年8月，清廷启动官制改革，袁世凯被列为编制大臣，主导了官改。方案草成，责任内阁名单拟就，庆亲王奕劻为总理，军机大臣瞿鸿禨、直隶总督袁世凯为副理。此一方案反弹强烈，反对势力以大权旁落、威胁大清政权之利害引起慈禧高度疑忌。慈禧强力逆转，官制改革失败，袁世凯手中北洋六镇之兵被拿走四镇，所兼参与政务、会办练兵事务等八大臣之职尽数免除。

袁世凯出山，本在荡平革命党人。随后战略方针转变，"妥协辅之以武力"。妥协的底线是，革命党人认同君主立宪。但革命党人的原则不容置疑，袁世凯必须拥护民主共和。袁世凯一百八十度大转变，是因为"言和则词说已穷""言战则饷械两绌""彼众若狂，醉心民主，兵力所能平定者土地，所不能平定者人心，人心涣散如决江河，已莫能御"。这同样是清政府最大的债主、英国殖民者的认识和转变。为了保护在中国的巨大利益，他们力求促成南北和解，避免更大的战乱，让可以操控的袁世凯掌握全国政权。但共和风闻，清廷内部的反对力量势如江河洪波。他们中有以东三省总督、黑龙江总督、直隶总督、陕西总督、署两江总督为代表的忠清官员，有恪守纲常礼教的普通士绅，更有北洋集团内部冯国璋、王士珍等大批北方军人。袁世凯逐一转变、分化、瓦解，控制局面；恩威并施，使清室赞同皇帝逊位。袁世凯代表旧政权接受了新兴革命政权的民主共和政纲。

君主或共和，为国体；立宪或非立宪，为政体。君主立宪，可看作袁世凯建国、治国的政纲。他放弃了已有的建国、治国政纲，他和他的智囊们没有新的，也来不及制定出新的建国、治国政纲，也就全盘接受了以孙中山为代表的革命党人的建国、治国政纲。

二

作为职业革命家，孙中山先后组建兴中会、中国同盟会，同盟会章程明确提出"驱除鞑虏，恢复中华，创立民国，平均地权"。他长期流亡海外，熟悉现代政治，但是，并无组织领导建设社会的实际历练。他的骨干团队中，多是留学生中的热血青年，对中国实际若明若暗。因此，以孙中山为代表的革命党人，为这个崭新的共和国制定的建国、治国方案，是照抄照搬本本，全盘西化的西方模式。加之与袁世凯妥协，革命党人内部意见纷纭，对袁世凯的政治态度，革命党人将信将疑，孙中山在有限的临时大总统任期内，着手制定宪法，确立制度，为袁世凯打造一个"笼子"。

中华民国体制原本模仿美国总统制，总统即是国家元首，又是政府首脑，权力极大。宋教仁反对，主张模仿法国责任内阁制，被孙中山否决。但孙中山组织制定宪法，又改为法国责任内阁制，让总统做"虚君"。行责任内阁制，要先有政党，选举议员，组成议会，由大选获胜的多数党出任总理，进行组阁。当时的进步官僚、革命党人、立宪党人，并没有谁真正懂得政党为何物，这就造成政治上的大难题。还有定都南京还是北京，孙中山主南京；黄兴主北京，被孙中山否决，此举也是针对袁世凯的调虎离山计。这就埋下了革命党人和袁世凯的尖锐矛盾，成为潜伏于新兴政权的重大危机，也给国家机器的运转造成重重障碍。

三

袁世凯从1912年2月就任中华民国临时大总统,到1916年6月6日去世,共4年多时间,他在共和的路上举步维艰。

这个时期,可谓内忧外患、危机四伏。清廷为镇压太平天国起义,允准督、抚练兵,让他们掌握了兵权,形成严重的军阀和地方割据局面,国家如一盘散沙。白朗农民起义,波及鄂、豫、皖、陕、甘五省,历时数年。袁世凯和革命党人短暂的蜜月期过后,孙中山组织二次革命反袁,虽然被迅速镇压,更大的革命风暴正在酝酿形成。国家贫弱,必遭外侮。英国频频制造事端,企图割裂西藏;俄、日三次密谋,将内蒙古瓜分;沙俄鼓动蒙古独立;日本企图将中国变为其保护国。1914年7月一战爆发,日本借机占我青岛和胶东半岛,中、日签订城下之盟《中日新约》,即丧权辱国的"二十一条要求"。

打天下、治乱世的袁世凯怎么可能做"虚君"? 国运所系、民意所归,也不允许他做"虚君"。政体设计与国情、国事的冲突凸显,且日趋激烈。

自古打天下的开国者,多取强势、集权。唐绍仪内阁组成,本来由袁世凯一手主导,内阁重要成员多是袁的追随者和下属,如今做事,关系全颠倒了。当时尽人皆知的故事说,每次总理唐绍仪晋谒总统时,袁的左右就说:"唐总理又来欺负我们总统了。"当然,也有相反的情形,如就借外债的事与六国银行交涉,财政总长熊希龄几乎事事请示总统,而目无总理了。款借到了,指派用场,总统也就顾不得总理了,还有啥责任内阁呢! 袁世凯"无法无天",唐绍仪面子丢尽,微服出京,一去不返,内阁倒台。

首任内阁危机,是共和政体深层矛盾的爆发。宋教仁被杀案,则是共和政体崩盘的导火索。

国会组建提上日程。根据《临时约法》第五十三条:"在本约法施行后,限十个月之内,由临时大总统召集国会。"按照《国会组织法》,国会分参、众两院,合计议员841人。搞政治,拼选举,就得组党。据《民国初年的政党》一书，当时大陆上一下子冒出大小政团六百余个。袁世凯一手操纵，旧官僚、立宪党人组建了一个进步党，影响力有限。革命党人宋教仁以同盟会为基础，整合实力较强的政治团体，组建国民党，推孙中山任理事长，孙中山并不看好这个乌合之党，就让宋教仁做理事长。国民党员人多势众，在国会议员中占到三分之二。按照多数党组阁的原则，宋教仁声言要组建一个清一色的政党内阁。如果此一事做实，袁世凯主导的内阁就变成了宋内阁，国会又是国民党占多数，还是个反对党，袁世凯就真正成为"虚君"了。

谁知政局风云突变。1913年3月20日，宋教仁应袁世凯之约，赴京商谈，于上海火车站被谋杀。案件很快破获：刺客武士英，为特工应桂馨临时收买，应桂馨为洪述祖领导，洪是国务院的一名秘书，袁世凯六姨太的一位近亲。案件审理中，武士英、应桂馨死于狱中，洪述祖越狱而逃。案件背后有无主使，主使者为谁？国民党认定是袁世凯，宋教仁至死未疑袁世凯，袁世凯通令自辩称，刑事案件应候司法机关判决，岂容散布浮言，坐贻实祸？但孙中山认定是袁世凯，总统犯法，无公理可争，决定公开发动武装反袁，进行二次革命。这就背上了武装推翻国家政权的罪名。武装起义未逾月，革命军全军覆没，国民党全党上下被扫地出门，孙中山、黄兴等流亡国外，大批国民党员被捕杀。

对国民党占绝对多数的国会，袁世凯还是让它留存了一阵子。这个国会，对袁世凯是处处掣肘。袁世凯由临时大总统改选正式大总统，第一次投票不得通过，强行进行第二次投票。袁世凯要制定一部宪法，《天坛宪法》出台，对总统的限制比《临时约法》还大。袁世凯提名国务员，国会偏偏不予批准，至再有提名，被提名人多予力辞。袁世凯与国会的矛盾越来越尖锐。不久，袁世凯宣布解散国民党，438名国民党籍国会议员全部被追缴议员证书和徽章，人数超过国会议员半数，国会瘫痪，随之解散。不久，又下令停止地方议会。

以美为师、民主共和政体的实验，以全盘失败告终。

四

袁世凯开始走自己的路，这条路怎么走？他是封建王朝的封疆大吏，他的政权基础、核心团队，多数是封建官僚、专横武人，他生长在这样一片政治土壤上，只能走向独裁专制的老路。

君主立宪是袁世凯始终未变的政纲。清末仿行宪政，他是主导、力行者之一。他出任清廷内阁总理大臣，宣布政见时明确表示："以限制君权之君主立宪政体与国民欲取以尝试，不论是否与合宜之他种政体比较，则君主立宪实为经常之计。"他多次与驻华公使说："共和政体将给国家带来分裂和毁灭的双重结果。"他与革命党人达成妥协，迫于形势，重于权变。他的《致各督抚电》，重申自己本来"抱定君主立宪宗旨"，尽诉承认共和的苦衷和此中原委，"伏乞亮鉴"。将革命党人取缔，把民主共和的笼子砸个稀巴烂，他绕个圈子，又回到起点。不过，这个时候的君主，已经不是大清皇帝，而是非袁世凯莫属了。

他毁会造会。解散国会后，设立政治会议，由各省代表组成，负责研究政策，供政府采用。设立约法会议，制定《中华民国约法》，规定国家设立立法院，立法院正式成立之前，由参政院代行职权。参政院成员由袁世凯委任，参政院组成后，通过《修正大总统选举法》，规定大总统任期十年，得连任。每届大总统选举，由大总统推荐有被选举资格者三人，这意味着袁世凯当上终身大总统，且可传子传妻。

他变更官制。废除共和体制的国务院和国务院总理，设顾问性质、无决策权的国务卿，内阁各部改为总统直辖。对陆海两军军制，搞废督裁兵和将不专兵。设立陆海军大元帅办事处，袁世凯自兼处长，段祺瑞、冯国璋等军头一个个成了办事员。各省废督之后，原有实权的民政长官改制成虚衔的巡按使。废（虚）省改道，以道尹掌实权。改造北洋军，设立模范团，自兼团长。挑选优秀将校，预定五期培训十师模范军官目标。他还大量擢用清廷旧臣，恢复爵位，祀天用衮冕，致使一帮清朝遗老错判形势，跳出来呼吁清帝重新归位。

袁世凯成为最有权势的大总统，形同封建时代的开国皇帝，政令专一，大刀阔斧，说一不二。应当承认，许多重大政策，像军制、官制改革，对于加强中央集权，消除军阀割据自雄的乱源，整军强国，可谓治本之策。这些举措，即使触及北洋军事集团核心骨干、立宪党人利益，他也不惧。但是，无制约的权力，可以让统治者任性胡为；无制约的无限的权力，可以让统治者无限地任性胡为。其势酿成，蝴蝶的翅膀在眼前的一次扑扇，就能影响他刮起一场飓风。

五

袁世凯柄国，国体构想、国政运作本于一个国情论。这个国情论，有洋派，也有本土派。洋派由美国法学大家古德诺提供，本土派出自袁世凯智囊杨度。

古德诺任袁世凯顾问，1913年5月抵京，1915年夏结束，断断续续一年半时间。这个时期，正处于民主共和实验的关节点。古德诺认为，国民党议员所控制议院，抓权太甚，有损于共和政体三权分立的平衡。《临时约法》《天坛宪法》都是采取的法国内阁制，古氏不以为然。因为中国是个大国，乱源甚多，中央行政管理应该强而有力。中国应实行总统制，权力应当超过当时的美国总统。所谓近朱者赤，近墨者黑。古氏离职，留下篇《共和与君主论》，弹起帝制的老调。他说，各种政体制度本身，如帝制也，共和也，固无绝对优势之可言。其所异者端在其采用之各族群国家是否适用之也。他举美、法、墨等国家政体，得出结论，帝制、共和原是半斤八两，没啥轩轾，各有所适罢了。按中国的教育、文化和政治、社会各种条件，应该以君主立宪为宜。

杨度是君主立宪派代表人物。他留日期间，即发表《金铁主义》长文，全面阐述其君主立宪观点。清末仿行宪政，袁世凯保举他以四品京堂委充宪政编查馆提调。袁与革命党和谈期间，杨度曾以立宪党名义，调和共和立宪、民主立宪歧见。共和国立，杨度死硬不改。他见古德诺奇文可加利用，抛出《君宪救国论》，具体论说所谓中国国情，吹嘘君主立宪的美妙前景。他的结论：欲求富强，先求立宪；欲求立宪，先求君主。一旦改为君主，君主"欲上安皇室，下慰民情之计，皆必以宪政为归"。德皇威廉第一、日本明治天皇"挟专政之权推行宪政，故其宪政确立甚速，其国家的进步至猛"。原来，君主立宪，国可富，兵可强，袁可成空前绝后之大事业，成中国之威廉第一、明治天皇。他甚至论及，建立帝制可以消除竞争最高权力可能引发的战乱，"竞争大总统，不为罪恶；竞争君主，乃为大逆，谁敢试此者？此即定于一之效也"。真可谓对国民、对袁世凯灌的迷魂汤。

国情论者所愚迷处，行了五年多的民主共和，不是最现实的国情吗？梁启超撰《异哉所谓国体问题者》，警告说，如今共和国体已定，而当年翻云覆雨之士，又要翻云覆雨，乱来一气，民不聊生，国亡无日，不难测也。历史倒车是开不得的。像杨度辈可谓连人性也一窍不通，还侈谈什么国情？袁世凯不砍杨度的脑袋，还赐匾"旷代逸才"，是自己脑袋也大进水。

老百姓都想求个富贵，政治人物都想谋个更大、再大的舞台。帝王定于一家，就让英雄豪杰们无法为如此多娇的江山竞折腰了。所以，此点说破，杨度不是在离间袁世凯与其核心团队的关系，分裂袁氏集团吗？且看事实：袁世凯要称帝，文臣武将们纷纷撂挑子。护国战争打响，段祺瑞、冯国璋都晾了他的台，四川总督陈宧还向护国军献策，以此道理反间冯国璋，果然大获成功，冯国璋在背后捅了袁世凯的刀子。后来，黎元洪、冯国璋、徐世昌、曹锟等，一个个过了把总统瘾，段祺瑞则当了一阵子权势熏天的临时执政。因此，只要反对势力振臂一呼，袁世凯的帝制还有不垮台之说？

孙中山为代表的革命党人，不谙国情，难成国事。袁世凯曲解、玩弄国情，行旧制，开倒车，终酿灭顶之灾。国情乃立国、治国之圭臬，但国情强调不当，也是乱国、灭国之魔障。怎么把握好国情？用得着《尚书》中的一句话："人心惟危，道心惟微。惟精惟一，允执厥中。"

杨 度

卧龙沦落跳梁俦

杨度的人生路，在封建时代读书人身上极具代表性。青年时代，志向远大，一腔热血，家国情怀。学而后仕，初心日渐泯灭，成为一标准官僚，甚或一贪腐败类。代代相续，国家政治未见改观，反成日渐腐烂之势。

杨度是清末民初时期的风云人物。留日期间是著名学生领袖，骚动、激进、反帝、排满。早年科场用功，19岁中举；参加清政府经济特科考试，又取得第一等第二名的优异成绩。

他才大名高，志大，野心更大。留日期间写下《湖南少年歌》，"群雄此日争逐鹿，大地何年起卧龙"，颇为自负地以卧龙自许。当他在政坛上崭露头角，文人墨客争相奔走杨门，他写一条幅贴到会客室门左：等到新君践祚，我当了内阁总理，"再为诸君谋啖饭地"。他大才大名大志，无奈德不相配，也就膨胀为无度的野心，终为所累，大半生走入政治歧途，落得个帝制余孽、跳梁小丑的骂名。

杨度的荣辱与袁世凯密不可分。袁在天津设立宪法研究所，闻知杨度精通宪法，便聘他为顾问。袁进入军机处，与张之洞联名保奏，杨度以四品京堂充宪政编查馆提调。袁世凯还向西太后建议，延揽精通宪法人士，向皇族亲贵重臣讲解宪法，并推荐杨度担任讲师。因为这些特殊因缘，当袁世凯被"开缺回籍养疴"，杨度仍然奔走于北京和彰德养寿园之间，为袁世凯通信息，作策士。

袁世凯借武昌起义二次出山，凭借手中军事实力，以养敌、逼宫、再与革命党摊牌的策略，使清帝逊位，又实现与革命军议和，全票当选中华民国临时大总统。这个时候的袁世凯，俨然成为民族振兴的希望。杨度追随袁世凯，一则报答知遇之恩，二则把袁作为可以辅佐的"明君"，来实现平生政治抱负，无可厚非。

清末民初的大形势，是沧海横流、风雨如晦，大关节处极多。杨度学问本不纯正，难免进退失据。他师从大学问家王闿运，求学三年，自称最大的心得是王闿运的"帝王之学"。依王闿运自述、杨度表白，"帝王之学"实为纵横之术。王闿运曾自撰一联，其中两句："纵横计不就，空余高咏满江山。"杨度在《湖南少年歌》中谈到自己的老师："更有湘潭王先生，少年击剑学纵横。"纵横术最盛是在战国，苏秦、张仪作为代表人物，朝秦暮楚，全无政治道德可言。依此等政治信仰，奔竞于政坛，随着政治上得势，杨度身上的恶欲便迅速爆发：

利禄巨蠹，不输于他人。武昌起义爆发，清廷重臣奕劻交给杨度 70 万两白银，游说袁世凯左右，促袁出山，却被杨度中饱私囊。华昌炼锑公司筹资困难，找到杨度，杨度活动袁世凯、张之洞，拉来 16 万两补助款，也拿了华昌炼锑公司五万元干股。

政客伎俩，后来居上。他在袁世凯身边布置党羽，掌管机要，掌握袁的机密、意向，左右动态。拉拢有用之人，或为袁所用，或荐引与袁接近，在自己左右形成一个派系。他极力博得袁世凯的好感，更着意结交袁氏长公子袁克定，成为"太子"最为倚重的狗头军师。

他生活之腐烂，成时人笑柄。他进京之后，娶有一妾；又买一雏妓为妾，事泄后遭遇各方攻击，别筑金屋暗藏。他组织筹安会，从袁克定处获得大把经费，他大肆挥霍，包养扬州女子花云仙逾年，因筹安会解体，袁氏败亡，床头金尽，花云仙亦"蝉曳残声过别枝"了。《杨度传》作者对杨度的私生活讳莫如深，著名作家唐浩明三卷本长篇小说《杨度》则设计了一个情节：杨度要把八大胡同云吉班叫富金的美丽妓女赎出，云吉班班主开价 40 万元。杨度一时拿不出这么多钱，挪用筹安会经费可得 15 万元，再七凑八凑可得 5 万元。班主说杨老爷马上要做宰相了，先拿 20 万把富金带出班，等当了宰相再交 20 万。杨度不再犹豫，在馆娃胡同租房把富金接了出去。唐浩明设计这个情节颇有深意，杨度在人生得意时生活放纵，便引发经济的贪婪，因经济的贪婪，又使他在仕途的邪路上铤而走险。

古人有言，一个人德不配才，终有灾殃；德不配位，终成祸患。到后来，杨度的政治博弈已经蜕变为赤裸裸的追名逐利。袁世凯当上临时大总统，便加快打造袁家新王朝。他以警察包围国会，胁迫议员正式选举他为大总统。他派人暗杀威胁到他权力的国民党领袖宋教仁。他废除宣誓效忠的临时约法，制定中华民国约法，使总统的权力等同于封建皇帝。他与日本签订丧权辱国的二十一条，卖国贼的嘴脸暴露无遗。这个时候，杨度应当最清楚袁世凯是什么东西。但是，为了能够飞黄腾达，成为新朝宰相，他完全堕落为袁世凯的奴婢。袁世凯复辟帝制，《君宪救国论》由他首先唱出，帝制运动由筹安会首先公开活动，他又是筹安会"六君子"之首。两个首先，一理论，一实践，他一时成为国人口诛笔伐的罪魁，如过街老鼠，且众叛亲离，梁启超登报与他绝交，王闿运劝他"早日奉母南归"，妹妹也写信批评、规劝。他却利令智昏，不思回头。蔡锷云南首义，成为袁氏王朝的催命符，也成为杨度君宪运动政治生命的死刑判决书。

　　杨度的人生路，在封建时代读书人身上极具代表性。青年时代，志向远大，一腔热血，家国情怀。学而后仕，初心日渐泯灭，成为一标准官僚，甚或一贪腐败类。代代相续，国家政治未见改观，反成日渐腐烂之势。杨度也未脱千百年桎梏与轨道，如其成功，朝堂上不过又添一极端贪腐的官僚罢了。袁氏败亡，杨度梦断宰相路，最终留了一个光明的人生尾巴，加入中共，为进步事业尽了一份力，算是一大幸事。

张謇

状元经世荡新潮

张謇中状元不久,父亲去世,他回籍守制。张之洞以《马关条约》有许日本人设厂语,谋自设厂,江南北苏州、通州各一,通任张謇。

万人仰目的状元,不怕人说你清高、说你矜持、不食人间烟火,怕的是说你俗气,说你下作、不自重。以"皭然自待之身,溷秽浊不伦之俗",价值几何?值不值得?张謇踟躇累日,找到了精神慰藉;随着实业拓展,认识升华到一个新的境界。

张謇加速向一个社会活动家、实业政治家转变。"一生之忧患、学问、出处,亦尝记其大者,而莫大于立宪之成毁。"

以官僚资本为代表的立宪派人士的初衷,是为挽救大清作最后的努力,却无意中扮演了王朝掘墓人的角色。资本的能量一旦爆发,改造社会的力量会有多大!

中国封建社会，历时2132年，比较权威的统计，共有状元504名。状元荣耀至极，"状元及第，虽将兵十万恢复疆土，凯歌荣旋，献捷太庙，其荣不可及也"。

张謇是光绪二十年（1894）状元。他由一个贫寒农家子弟，登上极尊极荣的士人魁首；又从居庙堂之高的人上之人，下海办厂，投身于"四民"之末的商人行列，成就了史上唯一一个"实业状元"；他聚合资本的势力，投身制度再造，推动立宪运动，斡旋共和民国的成功。

状元经世，激荡着时代新潮。一个封建士大夫，淬火新生，为革命活动家，为一代实业政治家。

一

乡村贫寒农家子弟，要走仕途有多难？

一个人仕途的成功，需要聪颖的天资、百倍的勤奋，更需要名师指引路径。三者皆备，尽足人事，就听天命的安排了。

张謇是个聪明孩子。张謇四岁，叔父"命背诵《千字文》，竟无讹"。张謇勤奋超常。考秀才年龄，睡觉时在枕边系两根短竹，夹住辫子，"寝一转侧即醒，醒即起读，晨方辨色，夜必尽油二盏"。夏天防蚊虫叮咬，书桌下放两个坛子，将双脚放入坛中。

名师出高徒，穷乡僻壤要遇名师就不易了。张謇四岁起随着三位哥哥读书，七年后换了老师，"检视前所读书，音训句读多误，令自《学》《庸》《论》《孟》始，尽易新本，授令重读"。十八岁，又从海门厅训导赵彭渊读，原来所学，又见其短。师命选桐城方氏所订《四书文》《明正嘉隆万天崇文》《朱子四书大全》和名家制艺文，"每课艺成呈阅，则乙抹过半，或重作，乙抹如前"，逾半年，抹渐少，学业大有长进。张謇师遇赵彭渊，是他的大幸。

张謇二十一岁，走出家门，赴江宁开始幕府生涯，为生计，也为见识外面的世界，追寻青春梦想。他赋诗述志，"暂时离别勿耿耿，黄鹄有翼终须翔"。

作为东南文化中心，江宁书院众多，名师丛集。张謇从惜阴书院山长薛慰农接受了严格的应试训练；从钟山书院山长李小湖，学"治经读史为诗文之法"；从凤池书院山长、桐城派大师张裕钊，"学古文法"，得为文之旨，合义理、词章、考据为一体。张裕钊还命张謇"读韩昌黎，须先读王半山（王安石），读《晋书》"。几年后，晚清名臣沈葆桢为考官，读到张謇考卷，令人传话，"文不可但学《班书》，当更致力《史记》"。这个时候，他可算真正找到了学问门径，各个门派大师的"翰海秘籍"，涵养了他成为士林高手的强大内力。

张謇家贫，又属"冷籍"，三代无人入学为生员。为避考试遭学官与保人勾结索费，遵师命冒籍张驹后人赴考，中了秀才，却陷入被人敲诈勒索的无妄之灾，负债一千多万，几近倾家荡产。这样的家境，又是怎么维持学业？海门训导赵彭渊恤其贫，三年未收学费一文。通州知州孙云锦对他赏识，视为弟子。孙云锦调任江宁审发局，知他家贫，招为书记，自己月俸银仅五十两，给他的月俸为十两，还引荐他与淮军将领吴长庆相识。吴有意延揽，特为张謇筑茅屋五间于其后堂，为读书兼治文书之所，月薪二十金。如果没有赵彭渊、孙云锦、吴长庆提携，张謇很可能就湮没于乡间草野之中了。

这种贵人相助现象，有无可寻的道理？张謇居家，父母常常教导：得人之恩，当永记，但恩不可轻受。"家中债，有父母在，可渐理，勿以为念；冀非分财，辱父母。"出门理行装，母亲以所闻人言相诫："闻誉当如闻毁，则学进；闻毁当如闻誉，则德进；他日任事，亦当如此。"父母的话，他铭记在心，听人良言，即录以励己。

张謇一路走来，遇到众多人生导师。在通州，王治覃先生告他立身之道："遇富贵人不患无礼，而患无体；遇贫贱人不患无恩，而患无礼。"劝诫他："文字骄人，贫贱骄人，富贵骄人，皆可鄙；然贫贱之骄，可免于谄，但忿疾则不可，有圭角亦不可。""恐浊世不相容也。奖劝之恩，既周且挚。"张謇为生活所迫，二十三岁即入军幕，惜阴书院山长薛慰农召他询问近况，殷殷相嘱："谋生急于读书，张杨园之论，熟思无忽。但事皆有命，毋役于境，斯为养气之学耳。"后来，张謇考举人落榜，访吏部侍郎、江苏学政夏同善。夏做过光绪老师，是南派清流头面人物之一，与他每谈竟日，勉励他："科名得失无足轻重，但藉此多读书，充实根柢。""要当涵养器度，精究义利为世用，然后可耳。"还留他住在署内，襄校明春试卷，"其憩拳恳款之意，直与我赵师相埒也"。

张謇这颗优良种子，撒落在贫瘠的土壤，却幸运地获取了太多的阳光、水分、养料，助他成长，助他成就器识、气度、节操和用世观，成就为一个好人。世称"好人一路平安"，因世间君子多乐于助好人。而张謇一生，也从未忘记回报他们的知遇、提携之恩，由此可见古君子交谊之道。

张謇十五岁中秀才，三十二岁中举人，四十一岁科场夺魁。其间，为维持生计，不辍学业，参幕府，主书院，修史志，这样的人生经历，不乏行政、军事、外交的磨炼，让他与闭门苦读者有极大不同，落笔为文，彰显经世的功夫和才华。尤其在吴长庆幕府八年，决定了他此生命运。

吴长庆以儒将著称于淮军，平生轻财礼士，先后任直隶正定镇总兵、浙江提督、广东水师提督，帮办山东防务。光绪八年（1882），清朝藩国朝鲜发生"壬午兵变"，日军进入汉城。吴长庆奉命入朝平乱，任张謇"理画前敌军事"。张謇"手书口说，昼作夜继"，展示了不凡的政治军事才能。平乱奏捷，吴长庆亲拟奏章，请叙其功，称"张季直赴机敏决，运筹帷幄，折冲樽俎，其功自在野战攻城之上"。吴长庆时有公牍奏报朝廷，帝师翁同龢从中知道了张謇这个小老乡，也激赏他的才华，"公与幕府签，闻讯辄书尾"。

光绪十一年（1885），张謇赴京师参加顺天乡试，以第二名录取，南人取中北榜第二名，从顺治年至此仅三人，翁同龢亲往张謇住处祝贺。光绪十二年（1886）之后，张謇进士考试，四试四落榜。试期内，翁同龢曾四次叮嘱考官，想法猜中张謇考卷，却次次落空。张謇已经认命，"试事愿四十为断"。甲午恩科会试，父亲恳劝张謇"更试一回"。张謇遵父命赴考，试具"杂借自友人，榜发之前，不听录"。不料礼部会试取中第六十一名，复试取中第十名。殿试，翁同龢命收卷官坐候张謇交卷，直接送到自己手中，评以"文气甚老，字亦雅，非常手也"。与阅卷大臣商议，列前十名之第一。

经过二十六个春秋的坎坷曲折，张謇蟾宫折桂，心情却是复杂的，他在当天的日记中写道："栖门海鸟，本无钟鼓之心；伏枥辕驹，久倦风尘之想。一旦予以非分，事类无端矣。"

二

张謇与庙堂，有缘无分。

张謇中状元，正逢甲午之变。他襄助帝党领袖翁同龢，谋划对日战争，其间突然收到父亲去世急电，离京回籍守制。他请假三年零七个月，戊戌变法前夜，回京销假，襄助翁同龢谋划变法事宜。6月11日，"明定国是诏"颁行天下，"百日维新"开始。四天后，却风云突变，翁同龢被开缺回籍，张謇再次请假南返。

甲午离京在籍，张謇踏入商海，多方运筹，大生纱厂奠基。戊戌请假，张謇以"通州纱厂系奏办，经手未完"为理由。自此，他十四年不到京，笃志于实业救国。

状元办厂，时势使然。中日甲午之战，清廷惨败，被迫签订《马关条约》。张謇获知条约内容，惊呼："和约十款，几罄中国之膏血，国体之得失无论矣。"他为时任两江总督张之洞起草《条陈立国自强疏》，提出自强八项主张。洋务巨擘张之洞，以《马关条约》有许日本人设厂语，谋自设厂，江南北苏州、通州各一，通任张謇。

对张之洞的任命，担还是不担？"余自审寒士，初未敢应，既念书生为世轻久矣，病在空言，在负气，故世轻书生，书生亦轻世。"张謇刚刚写就了立国自强的锦绣文章，却不去一试身手，岂不被人看作只蹈空言的书生？

要担，从何入手？虑"通州产棉最王而良，謇因议设纱厂"。他两月内奔波于通州、海门、上海之间，招商劝导，有通、沪六董，合议任办，张謇"任通官商之邮"，让民间资本放心、顺利地生长，让国策真正落地。

张之洞一生不脱书生气，张謇一直是个吃文字饭的人，书生与书生相激迸发的灵感，空想、负气的成分不少，一旦进入实际运作，就远不是那么回事了。

万事开头难，最难的是筹钱。上海方称集股不易，通州方报集股困难，股东打退堂鼓，官方许诺的银子也成空言。后来，官方以闲置纺机入股，占一半股份，厂制改官商合办。商董害怕官气，又改"绅领商办"，即责任专在张謇，官股只提取红利，不参与厂务。厂制确定，股东的心也稳下来。

办厂历尽艰难困苦，最苦的是与官吏交涉。"有排抑之人，有玩弄之人，有疑谤之人，有抵拒挠乱之人。消弭捍圉，艰苦尤甚。"朝廷的官，什么都要审批，什么都可以管，但企业是死是活，却与他无分毫关系。官本来四六不通，却习惯于坐在"主席台"上，发号施令。他的话就是权威，因为他代表官府，不管官大官小，萝卜长在背（辈）上。他手中攥着资源，给谁不给谁，猫腻就多了。盛宣怀、张謇各领一厂，盛一年内两得官银十万，张则分文不进。张謇以辞职相迫，时任两江总督刘坤一饬通州官府支持。这既伤了下级官员面子，又要动地方奶酪，知州有意让他难堪，派遣"签役四出"，搞成了强征苛捐杂税，引发众怒。公司与本地豪强陆某发生地权纠纷，官府不予调停。陆某又劫公司荡草，电令海门厅追捕，得报已将陆某缉拿归案，后知归案者是陆某弟，"陆氏以犯弟预充正犯"。主犯逍遥法外，乱子就没完。

办厂的路千回百折，最不容易的是"旧我"的蜕变。万人仰目的状元，不怕人说你清高，说你矜持，不食人间烟火，怕的是说你俗气，说你下作，不自重。以"皭然自待之身，溷秽浊不伦之俗"，价值几何？值不值得？张謇踟蹰累日，找到了精神慰藉：投身实业，一可以"求国之强"，二可以筹措办教育资金，"言商仍向儒"。

张謇的成长过程，铸就了他坚忍不拔的个性；张謇的幕府生涯和庙堂身历，让他参悟了真正的人生价值，"愿为小民尽稍有知见之心，不愿厕贵人受不值计较之气；愿成一分一毫有用之事，不愿居八命九命可耻之官。""事成不成命也，无可怨者。"仰人鼻息、等因奉此、无所事事的官，决不去做！认准的路，决不回头！

张謇"时时存必成之心"，又"时时作可败之计"，山穷水尽关头，不怕孤注一掷，将收购来的棉花在上海出售，作救急资金。工厂按计划开工，让烟囱冒烟，机器运转，然后，收棉纺纱，棉尽机停，出售工厂，还款股东。

好在大生纱厂具有棉花产地的天然优势，可以节省运输成本；较低的工人工资、管理费用，可以降低人力成本。地方小纺织的兴起，形成巨大的棉纱需求市场，而当地人认当地纱。通州地僻，洋货的倾轧鞭长莫及。这些综合优势，使上海大厂的产品也无力竞争，大生厂棉纱上市，很快站稳了脚跟。

随着实业拓展，张謇的认识升华到一个新的境界。他在《记论舜为实业政治家》一文中，系统阐述了自己的主张："史记舜耕历山，渔雷泽，陶河滨，作什器于寿丘，就时于负夏（索隐就时，若乘时射利也）。又一年而所居成聚，二年成邑，三年成都。无论耕渔之为农，陶与作器之为工，就时之为商，其确实者矣。舜若止是自了汉，作个人事业，人孰附之……若非舜之实业发达，亦未必人人归附如此。"放下了重士轻商的传统包袱，实业就成为他终生为之奋斗的理想追求。

张謇实业救国的蓝图变得异常清晰：大生纱厂成功，依托纺织业，建设原料基地；以实业为基，发展社会事业。垦辟荒滩，筑堤造田，在东南沿海，建设一个新生活的样板。到辛亥革命前后，大生已成为一个以纱厂为轴心，拥有二十多家企业的资本集团，经营范围涵盖纺织、盐垦、金融、航运、医药、玻璃制品等数十个领域。通海地区，教育、文化、慈善等社会公共事业齐备，学校即达340多所。沿海荒滩垦区，聚起一个六七千人的小社会。张謇理想中"新新世界"的雏形，诞生于东南沿海。他的宏伟目标，是从一隅出发，将他的社会改造试验，由垦区，推广到通海地区，推广到江苏省，进而推广到全中国。

张謇筚路蓝缕，跋涉于成聚、成邑、成都的漫漫长途。

三

实现实业救国理想，需要的基本条件，一是和平环境，二是国家制度保证。战乱只能导致破坏，而财产权无保障，商人无尊严，实业不受鼓励，反遭抑制，又何谈振兴？因此，作为实业家，追求和平的愿望也就格外强烈，改良政治的诉求不能不时常萦绕于心。

庚子之变，把张謇推向政治的风口浪尖，让他加速向一个社会活动家、实业政治家转变。

大生纱厂刚刚见到曙光，转过年头，义和团运动蜂起。排外拒洋，自民间而朝堂，形成一股滔天巨浪。不久，清廷作出最为荒唐的决策，以一国向十一国宣战。八国联军占领北京，慈禧携光绪西逃长安，战火由北国向江南蔓延。刘坤一、张之洞等地方督抚深知朝命之谬，盛宣怀、张謇等实业家更不愿祸延江南。张謇往见两江总督刘坤一，推动"东南互保"，也就是以东南为中立区，与列强和平共处。这与朝命悖逆，刘坤一幕客沮止。刘坤一举棋不定，再询张謇："两宫将幸西北，西北与东南孰重？"张謇一语说透天下大势、政治玄机："虽西北不足以存东南，为其名不足以存也；虽东南不足以存西北，为其实不足以存也。"刘蹶然道："吾决矣。"即于本日电湖广总督张之洞，议商协同行动。"东南互保"，多方响应，保住了国中大片静土，大生纱厂安然无恙。

政治改良，张謇不再一味寄望于腐朽的朝廷和颠顶官府。他组建商会、农会、教育联合会，由一地而一省，而促成全国的联合；由一业而行业，而向政治组织演进。通海垦牧公司成立，董事会带有浓重政治色彩，董事郑孝胥、汤寿潜、罗振玉等，与张謇一样，都成为晚清和民国政坛上的重要人物。张謇聚合起资本的势力，积聚起政治改良、制度再造的巨大能量。

张謇的名字，与立宪紧紧联结在一起。他晚年回顾平生，说："一生之忧患、学问、出处，亦尝记其大者，而莫大于立宪之成毁。"庚子乱后，清政府推行新政，张謇获赏三品衔，为商部头等顾问。新政演进为立宪，光绪三十二年（1906），慈禧下诏"仿行立宪"。张謇在同时代人中，对立宪的认知更到位。他赴日考察，对日本立宪有切身感受，中日两国一显颓败，一呈强盛，营商环境则有天壤之别。无他，"一行专制，一行宪法，立政之宗旨不同耳"。他得出结论，"立宪则存，不立则亡"。

张謇深知，关乎国运民命的立宪，知之不易，行之维艰。"与其多言，不如人人实行，得尺则尺，得寸则寸。"张謇所力行，一则做舆论，一则建组织，一则造成运动，俱得立宪之大要。他为张之洞拟《请立宪奏稿》，刻印《日本宪法》，上达慈禧。刻印《日本宪法义解》《议会史》，分送督抚和朝中重臣。他与北洋大臣袁世凯为旧交。当年在吴长庆军幕，留袁世凯"执行前敌营务处事"，成为袁世凯官途的重要台阶。后来，吴长庆政治失势，袁世凯投向李鸿章，张謇鄙视其为人，从此不通音信。为立宪事，"至是始一与书"。他组建预备立宪公会、咨议局研究会。预备立宪公会以郑孝胥为会长，张謇、汤寿潜为副会长，郑、汤都是他的挚友、垦牧公司董事。根据《预备立宪公会会员题名录》统计，358名会员中，77人担任过知县以上官职，84人是企业主、公司经理、商会总理，其余除少数知识界精英外，绝大多数是企业投资者（王树增《1911》135页）。作为官僚资本，他们出入于官商两途，有权、有钱，善游说，会运作，自此成为搅动晚清政坛风云的一股巨大的政治力量。省咨议局成立，张謇当选为议长，省咨议局具备了议会和地方立法机构的特征，是"国会之权舆"。

张謇立足两大阵地，要风得风，要雨得雨，发动了一场影响全国的运动，组成33人国会请愿团，名为"咨议局请愿联合会"，联络16省咨议局代表，赴京请愿，要求"速开国会，组织责任内阁"。这几项，已经远远超出了"尺""寸"之得，分明是陇、蜀之望了。开国会，必先选议员，议员选总统，立宪法，实质上也就立宪了。责任内阁，是立宪国政府的主要组成形式。张謇立定请愿宗旨："秩然秉礼，输诚而请。得请则国家之福，设不得请，而至于三，至于四，至于无尽。诚不已，则请亦不已。"请愿的声势一次比一次浩大，第三次请愿，要求各省联名者达到一百万。

请愿团登高一呼，立宪派人士四处游说，局面大翻转。资政院本代表朝廷，却声明支持开国会，十八省督抚纷纷奏请，早开国会。朝廷先拒绝，后敷衍，把依靠、合作力量越来越多地推向了敌对阵营。全国翘首以待的责任内阁公布，却成了皇族内阁。风雨飘摇之际，舟失舵手，慈禧、光绪同一天去世，摄政王载沣无力控制局面，他大概以为，集权在手，皇室即可无忧，结果适得其反，把人心全弄丢了。人心看不见，却是一团体、一国家的黏合剂，作用多大，不言自明。后来，咨议局向地方政权演化，武昌起义，宣布咨议局为军政府。各省以此为模式，纷纷宣布独立，清王朝轰然土崩。

立宪派的初衷，是为挽救大清作最后的努力，却无意中扮演了王朝掘墓人的角色，资本的能量一旦爆发，改造社会的力量会有多大！这也表明，专制统治和民间资本具有天然的敌对性，要维护专制统治，就必须限制民间资本的实力、权力；而要繁荣发展民间资本，又不能不推倒专制统治。

革命打碎了张謇的立宪梦，船行激流险滩，他顺应潮流，服膺了革命。因为革命之后，立宪派骨干摇身一变，纷纷成为新的军政府要员。张謇站在革命者立场，反劝说清廷国务总理大臣袁世凯认清大势，放弃君主立宪主张，转向民主共和。张謇对于民主共和，恐怕知之有限；对革命，他也并不赞成。他的《革命论》，代表了他的主张，《革命论》称："二千年来，革命不一，而约其类有四：曰圣贤之革命，曰豪杰之革命，曰权奸之革命，曰盗贼之革命。汤武圣贤也，假汤武者豪杰或庶几？其次类皆出入于权奸盗贼之间。此诚专制之国体，有以造之。"但是，张謇明白一个至理，国内天崩地坼的危机，"欲和平解决，非共和无善策，此南中万派一致之公论"。他利用自身影响，促成了江浙沪军政府的联合，全力斡旋孙中山、袁世凯南北阵营和谈，推动南北统一。

张謇早就淡了做官的心。辛亥年初，作《逢官便劝休》："逢官便劝休，言下一刀断。若还须转语，溺鬼不上岸。"但是，他后来既做过孙中山的官，也做过袁世凯的官。张謇应孙中山之邀，担任中华民国实业总长。他清楚，"时局未稳，秩序未复，无从言实业"。他所以赴任，是希望临时政府尽快成立，尽快统一南方各省步调，以求与袁世凯达成统一协议。清帝逊位，孙中山守诺辞职，袁宫保变成了大总统。后来，张謇又允诺担任袁的农商总长。张謇的目的，是借此更大的舞台，实现实业救国的宏愿。

两年总长任职业绩，用他自己的话说："私计实业之事万端，我国民智待牖；必有法律而后有准绳，有技术而后有规划，有经济而后有设施，故拟首订法律，次事查勘，次设劝业银行。法律则延揽通晓工商法之人，编辑各条例，先后已成二十余种。"其他几项，因经费拮据，无法引用农商技术专家；利用外资，至欧战发生，借贷之源亦绝。中法第一劝业银行，粗已签字，而履行固无定期。他坐在衙门，画诺纸尾，"其于国民实业前途，茫无方向"。

国家的政治，更是一天坏过一天。孙中山让位，把总统制改成责任内阁制，袁世凯这个大总统，只是个荣誉性虚衔。国会议员三教九流，议不成任何事。强人袁世凯撇开内阁，解散国会，行中朝制，把权力集于一身，后来干脆复辟帝制。张謇辞去一切职务，与袁划清界限。

袁世凯在，国家有一统的象征，大生集团也进入鼎盛期。袁世凯死，群龙无首，内战不断，外敌入侵，国就不国了，也就再无实业救国可言。

张謇改良政治、再造制度的良愿，以大败局终。这是一代人的悲剧。天下兴亡的责任，他肩扛身背，奔走呼号，披坚执锐而力搏，无愧于时代骄子，也不负作为士人队伍魁首的荣名。

孙中山

天下几时可为公

孙中山先生"决计抛弃其医人生涯，而从事于医国事业"。他一度抱有政治改良的善愿，很快希望破灭，转为革命、流血一途，站立在时代潮头，谱写出近代中国波澜壮阔的历史画卷。

革命党人待他，有失公道；同盟会战友对他，问心有愧。他无怨无悔。解职大总统，心中所想，不是不做事，而是要做"比政治紧要的事"。征战、流亡、漂泊、困厄，种种所遇，皆等闲视之。此心光明，烛照万物，胸中孕育，是一瑰丽之中华。

在他九十周年诞辰之际，毛泽东撰文指出："现代中国人，除了一小撮反动分子以外，都是孙先生革命事业的继承者。"

"世界潮流，浩浩荡荡，顺之则昌，逆之则亡。""天下为公。""博爱。"三幅手迹，可见孙中山先生的宽广心胸、高尚灵魂、人生动力之源。

这是一种奇特的历史现象：天安门城楼上，常年悬挂着毛泽东巨幅画像。每逢重大节日，天安门广场上也要摆放孙中山巨幅画像。孙中山缔造了中国国民党，建立了中华民国。而毛泽东参与缔造了中国共产党，打倒了中国国民党，推翻了中华民国，建立了中华人民共和国。毛泽东代表新兴之国，孙中山代表"前朝旧政"。这个新中国，何以赋予孙中山这样崇高的位置，给予他这样特殊的敬重？

一

孙中山先生有言："人之才志不一，其上焉者，有不徒苟生于世之心，则虽处布衣而以天下为己任。"这当是他从心而发，以自心度人心。

孙中山先生出生于广东省香山县大字都（今中山市南朗镇）翠亨村，本是个乡村穷孩子。后来，哥哥孙眉闯荡海外，成为拥有巨额资产的农场主。孙中山十二岁随母就兄，走出国门，在檀香山入初中、高中读书。后来又赴香港求学，获得医学硕士学位。从十二岁到二十六岁，接受西方教育十四年。经过短暂的行医生涯，他即投身推翻清朝，建设民国的革命，长期流亡欧美、东南亚、日本等世界各地，至辛亥革命年，才结束了十六年的流亡生活。这样的知识结构、人生阅历，真正当得起世界眼光，天下情怀！

孙中山先生的革命思想萌发于香港。香港与香山，两地远不过50英里（约80.5公里），一处高楼林立，秩序井然，生活文明，一处破败、混乱，落后愚昧，"外人能在七八十年间在一荒岛上成此伟业，中国以四千年之文明，乃无一地如香港者，其故安在"？他由市政研究，进而为政治研究，结论是："最要之先着，厥为改变政府。"中国则数百年来只有败坏一切的恶政府。因此，大学毕业、步入社会之后，他"决计抛弃其医人生涯，而从事于医国事业。"他一度抱有政治改良的善愿，很快希望破灭，转为革命、流血一途，站立在时代潮头，谱写出近代中国波澜壮阔的历史画卷。

二

中国的历史，从秦代就有了皇帝，到1911年辛亥革命，已有2133年。上溯至传说时代，从公元前2206年夏禹家天下开始，由一家统治一国，已有4118年了。皇帝是天子，奉天承运，统御子民。中国人活不下去了，就造反，推翻一个王朝，打倒一个皇帝，又换上另一个王朝，另一个皇帝。中国历史就这么循环着，中国人的生活就这么一代代延续着。

进入近代，西方列强用坚船利炮轰开中国的大门，瓜剖我国土，鱼肉我人民，志士仁人起而谋求变法图强。靠谁呢？靠皇帝。洋务运动、戊戌变法、清末新政，无一例外。这清末新政可不一般，它要立宪，要限制皇上的权力，这给国人多大的期冀啊！但是，偏偏有人不认同，不买账，这些人，就是留学日本、欧美，知道世界潮流的新一代知识分子，其代表人物是孙中山先生。他要推翻清朝，打倒皇帝，抛开英、德、日、俄的君主立宪，取美、法的民主共和，行当时世界最先进的政治制度。这君主立宪、民主共和两派，也就争得沸反盈天。

君主立宪很时尚，很主流。朝廷倡导，官僚资本为主的立宪派人士全力推动，他们还利用官商两道的能量，运动朝中重臣推波助澜。在海外，有康有为、梁启超极力鼓吹。作为戊戌变法的主将，康、梁可谓名动天下，尤其梁启超一支凌云健笔，行文汪洋恣肆，横扫千军。他先后创办《清议报》《新民丛报》，一文即出，洛阳纸贵，其《少年中国说》《新民说》曾唤醒多少国人！他推崇君主立宪，理由也堂堂正正：英、德、俄、日等列强，都因为君主立宪而昌。看世界历史，"各国皆由野蛮而专制，由专制而君主立宪，由君主立宪而始共和，次序井然，断难躐等；中国今日亦只可为君主立宪，不能躐等而为共和"。但是，现实却残酷无情，君主立宪就要保皇帝，就要维持清朝的统治。光绪皇帝被慈禧太后软禁于瀛台，囚徒一个，能有多少指望？清王朝这座腐朽的大厦，换几根梁檩就能避免崩塌？

民主共和派要来个改天换地。早在1894年，孙中山先生创立兴中会，就发出振兴中华的呐喊，确立了"驱除鞑虏，恢复中国，创立合众政府"的行动纲领。1905年，兴中会、华兴会、复兴会联合创立中国同盟会，成为全国性革命组织，借助机关报《民报》，对康、梁等君主立宪派猛烈抨击。章太炎、汪精卫、胡汉民等共和派大将，个个都是文星降世，堂堂之阵，猎猎之旗，声势雄壮。通过论战，广泛传播了孙中山先生民主共和的主张：革命纲领，"驱除鞑虏，恢复中华，平均地权"；三民主义，民族，民权，民生；五权宪法，行政权、立法权、判决权、考试权、弹劾权；革命步骤分为三期：军政时期，约法时期，宪法时期。纪念《民报》创刊周年，孙中山先生发表演讲，对论战作出结论："因不愿少数满洲人专利，故要民族革命；不愿君主一人专利，故要政治革命；不愿少数富人专利，故要社会革命。"

这场论战，决定了中华民族的走向。民主共和蓝图渐趋清晰，民主共和思想深入人心。武昌起义，受革命党人影响的湖北新军确定推出的首领，不是君主，不是王侯，而是作为人民公仆的总统；举起的旗帜，不是帝国，不是王朝，而是国民作主的中华民国。中国的发展进步，融入浩浩荡荡的世界大潮。

三

武昌克复，孙中山先生正流亡美国丹佛，独立省份、革命党人似乎把他忘得无影无踪了。他从当地报纸上得到消息，迅即经华盛顿、伦敦、巴黎辗转归国，途中活动，筹款，外交，观察、判断起义前景，决定何去何从。

他领导组织过十次武装起义，十次失败，对武昌起义也不抱过高期望。他返国归程，前后达2个月零9天，这无疑是主要原因。但是，局势的演变出乎意料。武昌起义之初，黎元洪、黄兴分别以中华民国湖北军政府都督、中华民国军政府临时总司令名义致电袁世凯，如袁反正，推翻清朝，当推为中华民国总统。此后，17省份次第独立，各省代表聚会南京，就黎元洪、黄兴意见正式作出决定。这一意愿达成之前，革命势力需要成立临时政府，选举过渡总统，却难产了。代表们推出的候选人是：一、黎元洪，二、黄兴，三、袁世凯，四、孙中山。显然，代表们安排的棋局，大总统一职，没有孙中山先生的位置。但是，说破时局，大总统一职却是非孙中山先生莫属。

如果陷于纠纷，无法尽快建立政权，选出元首，革命者就还是叛臣、逆贼，逼迫袁世凯倒清，打出的牌就不硬气；夜长梦多，如果革命势力内部矛盾爆发，要么毁于内乱，要么被清廷各个击破；还有，尽快着手，为新兴的共和国绘制蓝图、鸣炮奠基，也是当务之急，这能坐等袁世凯来做吗？老袁那帮封建遗老遗少，还不给设计出个中华封建大帝国来？革命远未成功，职位等同使命，舍孙中山先生，谁堪当此大任！

他挺身而出，受命临时大总统，结束了革命阵营群龙无首的乱局。政府机构正式组建，新旧交替有序展开，他还试图破解财政危机，如果此举成功，可乘势北伐，彻底摧毁封建势力。面对站稳脚跟的南方政权，袁世凯只能选择民主共和，无法售其奸谋，耍弄花样。由此，中华民族结束了数千年的皇权统治，共和国体扎根人心，无论何人开历史倒车，国人共愤，风过草偃。

孙中山苦心孤诣，擘画共和国制度蓝图。制定《中华民国临时约法》，组建临时议会，确立三权分立、责任内阁制，为统一后的国家政权搭建起基本架构。自此开端，中国大地上兴起了民主共和制度的试验。

孙中山先生出任临时大总统，任职四十五天，实际担当政务，也只有三个月。但是，如果没有他委曲求全，就任这个随时准备下台的临时大总统，辛亥革命的前景将是一个极大的未知数。

他抢抓时机，揭橥建国方略之实业发展鸿篇巨制。如果说辛亥革命之举是振兴中华的政治篇，实业兴国的硕划则是振兴中华的建设篇。

革命、建设，是为两步。先革命，后建设，建设方有条件；不革命，而建设，建设难成；革命后，不建设，革命必失人心。辛亥革命发生，孙中山先生返国前夕，已有构想："以工商实业为竞点，为新中国开一新局面。"他辞去临时大总统，解职当天，即向世人宣布："今日满清退位，中华民国成立，民族、民权两主义俱达到，唯有民生主义尚未着手，今后吾人所当致力的即在此事。"

国要富，先修路。他欣然接受袁世凯任命，"筹划全国铁路全权"。铁路规划初成，他的建国方略之实业计划落墨；1918年《实业计划（物质建设）》面世，标志着建国方略成竹在胸。

中国近代开启的现代化建设，无不是兴起于一区域、一局部，于一国的繁荣进步终如杯水车薪。孙中山先生之胸襟怀抱，世界富国强邦图景尽在掌握；神州山河大地、物华人文，齐收眼底。凡路、港、厂矿建设，江海河湖治理，城市、区域发展布局，生产生活、现代通信保障，无不考虑详备，一体谋划。以交通为重点，铁路、公路、水路贯通，陆路可开运河，水路因地制宜，长江三峡极险处炸礁石，狭窄处筑高坝，地尽其力，物尽其用。

实业计划的现代意义在于：世界市场观念，提出中国天然财源能有相当开发，则可成为世界中无尽藏之市场；对外开放观念，提出以路权、矿权吸引国外资金；"时间即金钱"观念，反对封闭型自给自足发展模式，倡导拿来主义；抢抓机遇观念，大声疾呼乘欧战结束之际，对接战争工业转产；统筹规划一国建设观念，实为国民经济和社会发展长远规划之滥觞。

孙中山先生一双巨手，要让高山低头，让江河改道，让高峡出平湖，让坎坷成大道，让旷野起都市，让荒原献珠宝，让中华民族以富丽庄严之姿雄踞世界。先生笃信：我四万万人民聪明才智自古无匹，五千年文化为世界所未有，千百年前已尝为世界之雄，以工商实业奠定富强之基，建设一个"驾乎欧美之上的真民国"，大业可期。

回首这段历史，革命党人待他，有失公道；同盟会战友对他，问心有愧。他无怨无悔。解职大总统，心中所想，不是不做事，而是要做"比政治紧要的事"。征战、流亡、飘泊、困厄，种种所遇，皆等闲视之。此心光明，烛照万物，胸中孕育，是一瑰丽之中华。

四

孙中山先生和共产党人成为同道。他的革命生涯中，矗立起一座新的里程碑。

英雄识英雄。对孙中山先生领导的中国革命，无产阶级革命导师列宁极为赞赏。列宁领导俄国十月革命成功，建立世界上第一个苏维埃政权，孙中山先生心生向往。他说："法、美共和国皆旧式的，今日惟俄国为新式的。吾人今日当造成一最新式的共和国。"

孙中山先生心目中，法、美的旧，因为财富为少数资本家拥有，富者越富，贫者越贫，工人生活艰难，起而反抗，社会革命风暴又起。俄国的新，因其实行社会主义，工农当家作主，消除了人间一大罪恶，解决了世界至大难题。

1896年，孙中山先生流亡伦敦近一年时间。他考察英国社会现状，目睹英国产业工人大罢工被血腥镇压。他研究各种主义，推崇马克思学说，称马克思为"社会主义中的圣人"，设想把中国建成世界上第一个社会主义国家。列宁的成功实践，使社会主义由纸上画卷而成现实，有了可效仿的楷模。

"以俄为师"，成为孙中山先生不可动摇的信念。共产国际代表马林给他两点建议："第一，要进行中国革命，就要有好的政党，这个政党要联合各界人民，特别是工农大众。第二，要有革命的武装核心，要办军官学校。"两点建议，振聋发聩，说到孙中山先生内心深处。

孙中山先生领导的国民党，以中国同盟会为基础组建。中国同盟会，由他领导的兴中会、黄兴领导的华兴会和章太炎、刘师培、陶成章等为骨干的复兴会联合成立，成分复杂，宗派严重，思想、组织从未统一。同盟会时期，信奉无政府主义的章太炎、刘师培、陶成章等，因为捐款事件、筹款矛盾和《民报》复刊纠纷，两次发起倒孙风波，最终发展为组织分裂。为此，孙中山先生曾经着手再造新党。辛亥革命胜利，"革命军起，革命党消"思潮泛滥，同盟会走向四分五裂，直接导致了辛亥革命不堪回首的结局。为争胜国会选举，宋教仁负责组建国民党，他四处拉人入党，整天拿着个本子乱填，谁进党都可以登记。为了把五个党团合并为一个国民党，把党纲中的三民主义也废弃了，国民党成了"乌合党"。反袁护国失败，孙中山先生流亡日本，再次着手改造党，因为党规中"服从领袖"的条款，黄兴等大批党内精英与他分道扬镳，这个党从此一蹶不振了。

孙中山先生选择的革命道路，是武装起义。他靠会党，靠绿林好汉，靠旧式军人，一次又一次失败。反袁护国、护法，靠军阀，军阀们朝秦暮楚，拥孙、倒孙，翻手为云，覆手为雨。他奋斗大半生，仍像刘皇叔遇到诸葛孔明之前，寄人篱下，上无片瓦，下无立锥之地。

孙中山先生发明民族、民权、民生之三民主义，但民国成立十余年，国家一日坏过一日，民众生活一日苦过一日，这个党为民众做过多少实事？手中又有几多民众？

孙中山先生何尝不想改造党，建设一支忠诚的革命武装，唤起千千万万民众作为坚强后盾？非不为也，力不能也，法不行也。

此时此际，共产国际同意中共党员以个人身份加入国民党，中共决定与国民党结成统一战线，共同完成反帝反封建的民主革命。孙中山先生终于找到了同盟军。有苏俄作后盾，有中共为同道，他有了底气。

他改组国民党，实现国共合作。指定包括陈独秀在内的九人为国民党改进方案起草委员，起草出党纲和总章。聘苏联顾问鲍罗廷为组织训练员，赋予极大的权力。委任廖仲恺、汪精卫、李大钊等九人为国民党改组委员。改组后的国民党，共产党人李大钊、瞿秋白、毛泽东、林祖涵等十人当选为中央执行委员、候补执行委员，约占总数的四分之一。成立工人部、农民部，农民部部长林祖涵，工人部由共产党人负实际责任。

他筹办军官学校，建设有理想的革命军。苏联派出教官、提供经费、武器，国共两党合作，在黄埔岛创办陆军军官学校，即著名的黄埔军校。军队建立了党代表和政治部，面貌为之一新。黄埔军校为国共两党培育了众多军事栋梁，将星如云。

国民党内的右派，与共产党的主张水火不容，国共合作交锋激烈。邓泽如、林直勉等联名向孙中山先生提出政策报告，反对"容共"。孙中山先生当即斥责："你们不同共产党合作，我就解散国民党，加入共产党。"你们不肯放弃自己的主张，"那么好，开除你们的党籍"。

国共合作的标志性事件，是国民党一大召开。大会通过的《宣言》，体现出孙中山先生进取、进步的鲜明个性和政治取向。《宣言》重新解释三民主义：民族主义，亮出反帝的旗帜；民权主义，强调民权为平民共有，非少数人所得而私；民生主义，确定平均地权、节制资本二原则。平均地权，至孙中山先生在农民运动讲习所演讲，提出"耕者有其田"，成为消灭封建土地制度的纲领。节制资本，指国家控制银行、铁道、航路等国民经济命脉。这个"联俄、联共、扶助农工"的新三民主义，成为国共合作的基础，与共产党领导的新民主主义革命纲领基本相同。

在他去世之后，共产党人继承他的事业，完成新民主主义革命，并将这一革命引向社会主义前途。

在他九十周年诞辰之际，1956年11月12日，毛泽东撰文《纪念孙中山先生》，指出："现代中国人，除了一小撮反动分子以外，都是孙先生革命事业的继承者。我们完成了孙先生没有完成的民主革命，并且把这个革命发展为社会主义革命。我们正在完成这个革命。"

五

孙中山先生有三幅手迹广为流传，一幅：世界潮流，浩浩荡荡，顺之则昌，逆之则亡。二幅：天下为公。三幅：博爱。三幅手迹，可见孙中山先生的宽广心胸、高尚灵魂、人生动力之源。

孙中山先生认为：人类进化之目的为何？即孔子所谓"大道之行也，天下为公"，耶稣所谓"尔旨得成，在地若天"，此人类所希望，化现在之痛苦世界而为极乐之天堂者是也。孙中山先生是中国儒家所说的圣人，是终生不渝的基督教徒。他把孔子的大同世界和基督的极乐天堂视为人类终极目标，坚信人类终将走向大同世界、极乐天堂，为此而不懈探求，勠力奋斗，奉献终生。

因为这样的信念、情怀，他抛却一党一派之私见，不断以今日之我否定昨日之我，接受世界最先进的制度文化：反对君主立宪，倡导美、法的民主共和；去欧美制度的恶果，行民生主义的社会革命；世界上第一个社会主义国家出现，他又"以俄为师"，引共产党人为同道，并肩前行。终其一生，始终站在时代前列，指导潮流。

因为这样的信念、情怀，他不做权贵高官，定位人民公仆；不为亲友谋半分私情，而可牺牲个人的一切。服膺革命需要，他毅然出任随时可能下台的临时大总统；民族利益当前，辞去职务，没有半点犹豫。哥哥孙眉是著名爱国华侨，为支援孙中山先生的革命事业，捐献了近乎全部家产。1912年2月，广东都督一职空缺，党、军及社会团体向孙中山先生发出百多封推荐信，推荐孙眉。孙中山先生以粤督任重，家兄质直，素不娴于政治为由阻止，避免任人唯亲之嫌。老兴中会会员、幼年同乡好友杨鹤龄，以对革命作出贡献之功，函请谋求官职，孙中山先生又拿好友开刀，警戒他人。他批复来信说："真革命党，志在国家，必不屑于升官发财，彼能升官发财者，悉属伪革命党。"

孙中山先生的著述中，有一《家事遗嘱》，读之令人心生波澜，感慨万端。全文如下："余因尽瘁国事，不治家产。其所遗之书籍、衣物、住宅等，一切均付吾妻宋庆龄，以为纪念。余之儿女，已长成，能自立，望各自爱，以继余志。此嘱。"

清末民初乱世，凡督军、省长、县长诸官员，哪个不成富家翁？而先生之遗，唯有两千多本书，一所有五个房间的住宅和一些还未用完的日用品。就连在上海的这所住宅，也是由海外华侨集资捐助的。为了革命的需要，这所房子曾先后典当过三次，最后才赎了回来。

在一个远未实现"三民"的国度，对于政治家，国民所期许，其言行不必强求一致，现实中做到也难。但是，孙中山先生以身作范，言行如一，其人格魅力，超越时空；国民对其主义，当会更多一些信赖，更多一些忠诚。

图书在版编目（CIP）数据

中华精神大历史：历史关键节点上的关键人物 / 傅绍万著. -- 北京：东方出版社，2024.10

ISBN 978-7-5207-3967-2

Ⅰ.①中… Ⅱ.①傅… Ⅲ.①历史人物—列传—中国 Ⅳ.①K82

中国国家版本馆 CIP 数据核字（2024）第 108369 号

中华精神大历史：历史关键节点上的关键人物
（ZHONGHUA JINGSHEN DA LISHI:LISHI GUANJIAN JIEDIAN SHANG DE GUANJIAN RENWU）

作　　者：	傅绍万
责任编辑：	冯　川
责任审校：	曹楠楠　金学勇
出　　版：	东方出版社
发　　行：	人民东方出版传媒有限公司
地　　址：	北京市东城区朝阳门内大街 166 号
邮　　编：	100010
印　　刷：	鸿博昊天科技有限公司
版　　次：	2024 年 10 月第 1 版
印　　次：	2024 年 10 月第 1 次印刷
开　　本：	710 毫米 × 1000 毫米　1/16
印　　张：	41.5
字　　数：	610 千字
书　　号：	ISBN 978-7-5207-3967-2
定　　价：	108.00 元

发行电话：（010）85924663　85924644　85924641

版权所有，违者必究

如有印装质量问题，我社负责调换，请拨打电话：（010）85924602　85924603